suhrkamp taschenbuch
wissenschaft 302

Je hartnäckiger die literarische Theorie ihren Gegenstand »objektiv« zu beschreiben versucht hat, desto vollständiger ist er ihr entglitten – bis sie, in ihrem gegenwärtigen desolaten Zustand, noch nicht einmal mehr zu sagen weiß, was das Spezifische der Literatur ausmacht.

Christian Enzensbergers politische Ästhetik, die 1977 zuerst erschien und in diesem Band in einer stark erweiterten Fassung neu vorgelegt wird, zeigt, daß die Literatur ihrem Leser, fiktiv und oft schwer bemerklich, etwas nachliefert, was er in seiner Erfahrungswirklichkeit, der zeitgenössischen zumal, dauernd und schmerzlich vermißt – nämlich die Qualität einer durchgängigen *Interpretierbarkeit* seines Handelns und Erlebens, die Qualität von angebbarem und nachprüfbarem *Sinn*. Literatur dient dazu, gesellschaftlich erzeugte Sinndefizite kompensatorisch zu beheben.

Enzensbergers Ästhetik ist eine so entschiedene wie schlüssige Aufkündigung aller hergebrachten Übereinkünfte über die Literatur; auch nach einer nunmehr dreijährigen und oft heftig geführten Debatte hat sie von keinem ihrer Ergebnisse abzurücken brauchen. Wohin sie in der Neufassung ihre Positionen auch weiterverfolgt hat, ins Spiel, in den Traum, in den Wahn, in die Entsprechung von ästhetischen und gesellschaftlichen Formen, jedesmal hat sich ihre Grundthese neu bestätigt: alle Literatur ist ein Versuch zur strukturellen Nachahmung der geglückten Gesellschaft.

Literatur und Interesse

Eine politische Ästhetik
mit zwei Beispielen
aus der englischen Literatur

Zweite,
fortgeschriebene Fassung
von
Christian Enzensberger

Berlin Winter 82/83

Suhrkamp

suhrkamp taschenbuch wissenschaft 302
Erste Auflage 1981
© Suhrkamp Verlag Frankfurt am Main 1981
Suhrkamp Taschenbuch Verlag
Alle Rechte vorbehalten, insbesondere das
des öffentlichen Vortrags, der Übertragung
durch Rundfunk und Fernsehen
sowie der Übersetzung, auch einzelner Teile
Satz und Druck: Georg Wagner, Nördlingen
Printed in Germany
Umschlag nach Entwürfen von
Willy Fleckhaus und Rolf Staudt

———————

CIP-Kurztitelaufnahme der Deutschen Bibliothek
Enzensberger, Christian:
Literatur und Interesse : e. polit. Ästhetik
mit 2 Beispielen aus d. engl. Literatur /
Christian Enzensberger. – 2., fortgeschriebene Fassung,
1. Aufl. – Frankfurt am Main : Suhrkamp, 1981
(Suhrkamp-Taschenbuch Wissenschaft ; 302)
1. Aufl. im Hanser-Verl., München, Wien.
ISBN 3-518-07902-6
NE: GT

Inhalt

Zweiter Teil
Das Nützliche in Wirklichkeit:
Charles Dickens' *Oliver Twist*

Vorwort

In diesem Buch bin ich auf etwas gestoßen, was ich gar nicht gesucht hatte und worüber ich dann eher erschrocken war als froh – eine Erklärung, nicht weniger, warum das Schöne schön ist: eine rationale Auflösung für das Rätsel der Kunst; dazu ihren Entstehungsgrund aus der Gesellschaft und Geschichte; und schließlich ihre wahre Verwandtschaft zur Utopie. Diese drei Sachen waren, einmal gefaßt, auf eine schlagende Weise einfach und offensichtlich, so sehr, daß ich sie lange nicht auch für *neue* Einsichten halten wollte. Das *waren* sie dann aber, oder jedenfalls muß mir einer das beruhigende Gegenbeispiel noch zeigen – und so bin ich ins Nachdenken darüber verfallen, warum sie solang unentdeckt geblieben sind: weil, wie ich meine, der Weg dazu verstellt, *historisch* verstellt gewesen war.

Die hier vorgetragene Theorie über das Kunstschöne hat in einer anderen als der gewohnten Denkrichtung gelegen: »das materialistische Denken beginnt bei der Anwendung der ratio auf die Erforschung ihrer eigenen Bedingtheit«, hat Alfred Sohn-Rethel gesagt[1], und mit einer solchen, lang vernachlässigten Bedingtheit (und nicht mit der Kunst) war ich zunächst auch nur beschäftigt. Am Materialismus fast aller Spielarten muß einem irgendwann auffallen, wie er alles und jeden vom ›Interesse‹ bestimmt und verunstaltet sieht: den Kapitalismus, die Bourgeoisie, die herrschende Theorie über Gesellschaft, Politik und Kunst (wie diese selbst) – das alles unterliegt demnach dieser gravitationsähnlichen Kraft, wird herrschaftsparteilich, bürgerliches Denken, falsches Bewußtsein. Darin lag für mich wie für andere zuerst einmal ein politisches und moralisches Problem, und zwar kein leichtes: aber dann eben auch eins der Theorie. Mit welchem Recht konnten wir als Marxisten glauben, ausgerechnet die *unsere* wäre in dieser Hinsicht unverfälscht? Die dafür angebotene Garantie, daß sie als einzige den ›korrekten Klassenstandpunkt‹ einnehme, war mir zu wenig; dazu hatte ich von diesem Standpunkt aus zuviel politischen und theoretischen Unsinn reden hören, zuviel Eigeninteresse sich durchsetzen sehen – aber vielleicht war er gar nicht eingenommen worden, am Ende war er so ohne weiteres gar nicht *einnehmbar*.

Als Ausweg bietet sich an, durch das Mittel der Reflexion selbst herauszufinden, was es mit ihrer Interessenverfälschung auf sich hat: inwiefern man also nicht denkt, was wahr ist, sondern was man wahrhaben möchte. Aber wer dieser Frage nachgeht, wird schnell erfahren, wie zäh, geschickt und schwer bemerkbar sich das Eigeninteresse gegen seine Aufdeckung wehren kann; und je ernster er sie stellt, desto sicherer tappt er in eine Falle, die dann von innen nicht mehr aufgeht. Von der Vorstellung demoralisiert und gepeinigt, es könnten auf eine unerkennbare Weise *alle* seine Einsichten falsch sein, mag das Denken sich schließlich gar keine Gegenstände mehr vornehmen, kann sich kaum noch selbst bewerkstelligen. Ist es denn in der gesellschaftlichen Arbeitsteilung nicht *als* Denken immer schon wahrgenommenes Eigeninteresse? Müßte es demnach nicht mit sich selbst aufhören – und könnte noch nicht einmal angeben *warum*, weil seine Gründe wiederum die falschen wären? Eine Lähmung, eine Art *Denkangst* kann sich hier einstellen, gleichzeitige Unmöglichkeit zu denken und nicht zu denken, mögliche Falschheit der Ergebnisse wie der Ergebnislosigkeit: ein verworrener und fahler Selbstzustand, wie ihn wiederum Sohn-Rethel an einem analogen Punkt ähnlich an sich bemerkt hat.[2]

Um auf diesen Zustand, der krankheitsähnlich werden kann, und es bei mir lange war, zu spekulieren: so vermute ich dahinter nicht nur die häßlichen Folgen einer Denkfigur, bei der durch die Schlußfolgerungen die Voraussetzungen immer zweifelhafter werden, sondern auch eine vitale Reaktion darauf, daß das Denken, indem es sich kritisch auf die eigene Interessiertheit richtet, gleichzeitig gegen seine biologische Grundfunktion der Selbsterhaltung andenken soll. Dies, zugegeben, nicht unter allen vorstellbaren Lebensumständen, aber klassengesellschaftlich doch allemal, wo eben Selbsterhaltung und eigene Interessendurchsetzung bis in die frühesten Anfänge miteinander verquickt sind. Von daher interesseangetrieben und interessekrank, sperrt sich das Denken gegen diesen Gang, *es mag nicht mehr*, und weicht deswegen bei jeder Gelegenheit (und sicher auch im folgenden noch oft genug) aus auf *allgemeine* Fragen von Bewußtseinsbestimmtheit, auf Theorien über fremdes und ›objektives‹ Interesse, kurz auf alles mögliche –, bis es schließlich doch wieder zurückkommen muß auf den wunden Punkt: daß das bei ihm hauptwirksame Interesse nicht irgendeins von irgendwem, sondern nur das nächste und *eigene* sein kann, und das ist meistens einfach, oft auch jämmerlich: aber mir scheint, das macht nicht viel, wenn es nur endlich Gegenstand und nicht mehr unerkannte *Quelle* der Gedanken ist. Es lautet in meinem und unserem Fall – soweit wir diese Beschäftigung teilen –, daß wir auf Kosten der nicht intellektuellen Arbeit von der Literatur und ihrer Wissenschaft *leben;* daß diese Tätigkeit sozial *prämiert* ist; und daß wir uns in ihr bewegen und entfalten können, wenn auch mit zweifelhaftem Glück. Weiter, daß wir uns, aus Eigeninteresse, in Gottesnamen *weiter* so betätigen wollen, *egal* auf wessen Kosten, *seis auch* falsch geehrt und mit säuerlichem Vergnügen; und schließlich, daß wir deswegen, solang wir dieses einfache Verhältnis bei unserer Betätigung nicht mitdenken, auch *nichts wahrhaben wollen,* was sie grundsätzlich in Zweifel zieht.

Der Fall ist doch wahrhaftig in seiner Problemlage nicht unzugänglich: aber obwohl die in ihm liegenden möglichen Fehlerquellen unübersehbar sind, vor allem sein von keiner Sache mehr gedeckter Legitimationsdrang, finde ich ihn theoretisch nirgendwo ernsthaft bearbeitet. Wie kommt das? Das ist mein Thema. Aber ich will darüber weder anklägerisch reden noch aus Bekenntniswut; und schon gar nicht sehe ich in dieser Problematisierung ein bloß eigenes Verdienst. Die Frage nach den Erkenntnisfolgen von wahrgenommenem Eigeninteresse, so kommt mir vor, ist eine *historisch errungene* Möglichkeit, nicht immer schon stellbar, sondern erst, seit die bürgerliche Intelligenz nicht mehr um jeden Preis, das heißt bei Gefahr der Selbstzerstörung, an ihrem Interesse festhalten muß. Nicht mehr wie zu Marx' Zeiten muß sie wählen zwischen dem Britischen Museum und einem zwölfstündigen Fabrik- oder Bürotag. Ihre objektive Interessenverklammerung ist lockerer geworden, und so auch die mit der Literatur: es *passiert* ihr nichts mehr Schlimmes, wenn sie beide von Grund auf befragt und notfalls losläßt, oder jedenfalls ist sie imstand dazu – wie ihre massenhafte Abwanderung in die nichtprivilegierte Arbeit beweist.

Die Frage nach dem Interesse als theoretische zu stellen: das habe ich hier am Beispiel der Literatur und der Literaturwissenschaft versucht, und das Ergebnis ist eine Einsicht in die Entstehung und Beschaffenheit der Kunst gewesen. Aber es gibt noch andere Beispiele, und größere Bereiche, an die diese Frage zu richten wäre, und vor allem derjenige, auf den sich aller Ehrgeiz von materialistischem Denken richten muß. Denn mir scheint, daß hier, vor aller Augen, der Grund für die vielberätselte ›Bestimmtheit‹ des Bewußtseins durch das ›gesellschaftliche Sein‹ liegt: weil es nämlich, aus unerkanntem Eigeninteresse, immer so, wie es war, bestimmt sein *hat wollen* – und nur über die Befragung dieses Interesses wäre seine Bestimmtheit demnach aufzuklären und, wer weiß, zu unterlaufen.

Zu dieser Befragung braucht es, als logische Voraussetzung, einen Punkt, der der eigenen Interessiertheit nicht mehr unterliegt. Ein solcher Punkt, der der bloßen Reflexion unerreichbar bleibt, läßt sich auch finden: in der *Erfahrung*, auf die sich dieses Buch so oft es kann berufen wird. Das Denken ist vom eigenen Interesse geleitet, aber nicht mit ihm identisch. Die Interessenfrage muß nicht denkzerstörerisch und bodenlos bleiben. Es *gibt* ein Interesse *an der Interesselosigkeit*, und oft ein dringliches; es *gibt* einen klassengesellschaftlich nicht vereinnahmten Bereich der Existenz und der Reflexion, und mit ihm ist jeder täglich wie lebenslang beschäftigt – so nah, daß er erst durch einen eigenen Einfall wieder zum theoretischen Untersuchungsgegenstand hat werden können. Ich nenne ihn, mit dem einzigen Wort, das dafür zur Verfügung steht, den Bereich von *Sinn*. Für etwas, was Sinn hat, läßt jeder sein Interesse stehen – könnte er nur erst herausfinden, wo ein solcher Sinn unzweifelhaft sich aufhält. Das gerade scheint aussichtslos: denn jede Herrschaft muß das Bedürfnis danach beruhigen und nach Möglichkeit in ihren Dienst stellen, um funktionieren zu können. Deswegen, keineswegs aus Zufall, ist dieser Bereich dem Wort wie der Sache nach von altersher mißbraucht, der eigentliche Zielpunkt aller Ideologie gewesen. Daher auch das Flüchtige, Schillernde, vor allem aber die *Klebrigkeit* des Begriffs: wer zuviel von ›Sinn‹ redet, dem soll man auf die Finger schauen. Was der Begriff *wirklich* meint, das war auf seine wahre und schöne Gestalt zurückzubringen, bevor sich darin wieder der authentische Gegenbereich zum Interesse, die eigentliche *gesellschaftliche Dimension* von Denken und Handeln zeigen konnte, mehr noch, ein unentdecktes *Organ*, mit dem der Einzelne dauernd ‹registriert, inwieweit sein gesellschaftliches Verhältnis geglückt oder mißlungen ist: und dann stellte sich auf einmal und unerwartet heraus, daß gerade hier und nirgendwo sonst auch das *Kunstschöne* seinen Ursprung und seine Gegenwart hat.

Das alles wäre ohne die thematisierte Frage nach dem Eigeninteresse nicht aufzudecken gewesen. Wer sich einmal auf sie eingelassen hat, versteht nicht mehr, warum alle augenblicklich von etwas anderem reden, sobald sie in die Nähe kommt. Dadurch hat dieses Buch hinter viel entwickelte Theorie zurückgehen müssen, und ist dabei nachbarlos und wohl auch schlecht monologisch geworden, weit ausholend ins Abstrakte. Wegen dieser Schwächen war ich sicher, daß ich seine Thesen auch an einigen durchgeführten *Beispielen* konkretisieren und praktisch erproben sollte. Denn es ist eine Erleichterung, aber angsterregend und verwirrend ist es auch, wenn sich bei einem so langbedachten Gegenstand plötzlich zeigt, daß sich mit ihm in Wahrheit alles ganz anders verhält.

I Theorie

Die Literatur als Idol der Wissenschaft

Fast so alt wie die Literatur ist das Nachdenken über ihre Funktion in der Gesellschaft; und wenigstens solang es den Marxismus gibt, dauert die Suche nach ihrer gesellschaftlichen Ursache. Aber niemand kann behaupten, dieses Nachdenken und diese Suche wären bis jetzt besonders erfolgreich gewesen. Oder wer kann mir sagen, welche unzweifelhafte gesellschaftliche Funktion die Literatur hat? Wer *kennt* ihre Ursache?

In Wahrheit ist beides: woher die Literatur kommt und wozu sie dient, nicht schwer zu finden; jeder Leser hat es schon einmal erfahren, und dann schnell wieder woanders hingedacht. Die zwei Fragen sind ungelöst geblieben, nicht weil die Antwort außer Sichtweite, sondern weil sie *zu nahgelegen* hat. Die Literatur, so wird sich zeigen, folgt einem durchaus einfachen, starken und unzweideutig benennbaren Bedürfnis ihrer Leser. Mit diesem Bedürfnis aber hat es seine eigene Schwierigkeit: es läßt sich richtig nur bezeichnen durch eine Abgrenzung von seinem Gegenspieler, dem *Interesse* nämlich, das der Einzelne als sein Allernächstes für sich durchsetzen will – auch dann noch, wo es nicht mehr legitimierbar und ungesellschaftlich geworden ist. Von da an freilich will er an diese Interessendurchsetzung, weil sie mit Schuld und Unrecht verquickt ist, nicht mehr gemahnt sein. Die Literatur verhilft ihm zu der Beruhigung, die er sucht. Sie ist ideologische Scheinlegitimierung von durchgesetztem Eigeninteresse: und daher will er sie dazu zwar benutzen, aber nichts wissen von ihrem eigentlichen Ursprung und Auftrag.

Die Wissenschaft hat diese gewollte Blindheit nicht durchbrochen, sondern befördert: denn sollte ihr die Legitimierung ihres Gegenstands mißlingen, so wäre ihre eigene gefährdet. Wiederum aus Eigeninteresse, und als Scheinlegitimierung zweiter Ordnung, hat sie so die Ursache der Literatur entweder geleugnet oder falsch bestimmt, und ihre Funktion grundsätzlich und immer wieder *überschätzt*, bis sie zuletzt zum reinen *Idol* erhoben war. Der Vergleich ist nicht zufällig gewählt: denn wie im Kultbild werden auch in der Literatur nicht die Fähigkeiten aufgesucht, die sie wirklich *hat;* sondern es werden ihr diejenigen anphantasiert, die wir *gerne von ihr hätten.* Diese Zuschreibungen ruhen indessen auf bloßen Glaubenssätzen, die ihren Ausgang alle von zwei Hauptdogmen genommen haben. Nach dem ersten kommt der Literatur ein Vermögen zur *Abbildlichkeit* zu, nach dem zweiten eine bewußtseins- und damit gesellschaftsverändernde *Wirkung.* Allein die kritische Theorie hat eine Weile den Verdacht festhalten können, bevor sie ihn dann wieder hat fahren lassen, die Literatur wäre vielleicht zur *Verfälschung* ihrer Vorbilder und zur *Stabilisierung* des schlechten Bestehenden verurteilt.[3] Bei allen anderen Sparten der Literaturwissenschaft aber hat, wie schon der kürzeste Überblick zeigt, etwas anderes als die *Unentbehrlichkeit* der Literatur für den gesellschaftlichen Fortschritt, die richtige Welterkenntnis oder die Lebensbereicherung des Einzelnen nie zur Debatte gestanden.

Der ältere *Idealismus* etwa ist den ideologischen Erfindungen der Literatur noch in hemmungsloser Identifikation gefolgt und hat alle ihre Abbildungsansprüche, das allgemeinmenschliche oder Weltwesen betreffend, blind unterschrieben; ihre Wirkung galt ihm als die einer ›Lebensschule‹, auch da noch, wo sie das sehr ausdrücklich *nicht* sein wollte. Diese Position hat auch der einfachsten Sorte von Ideologiekritik nicht standhalten können und ist, von ihrem schier endlosen Troß einmal abgesehen (aber gerade mit *dem* hat man es in der praktischen Interpretationsarbeit ja dauernd zu tun), inzwischen als ›überholt‹ weitgehend verlassen: aber über die Möglichkeit, sie könnte vielleicht einem analogen und nicht weniger interessierten Überschätzungsfehler unterliegen, hat auch ihre Nachfolge nicht näher nachgedacht. Sie schreibt der Literatur die Fähigkeit zu, nicht so sehr das ›Wesen‹ als vielmehr den *Sinn* des Beschriebenen und angeblich Abgebildeten zu fassen, oder ihm einen solchen Sinn gar zu *geben:* und wenn sie dann feststellt, daß darin »all dies Im-Leeren-Enden von Sinnlinien entfällt« und die Teile »so zu einem selbständigen Sinnkreis zusammengeschlossen (sind), daß sich für niemanden ein Hinausgehen auf irgendeine andere Zukunft und Wirklichkeit motiviert«[4], lehnt sie sich, als wäre damit alles gut, zufrieden zurück, ohne sich über die offensichtliche ideologische Seite solcher Sinnüberschreibungen die mindesten Gedanken zu machen.

Dem *Marxismus* ist eine nicht weniger deutliche Überschätzung der Literatur unterlaufen. Sie gilt ihm, ohne jeden Nachweis, als ›Waffe im Klassenkampf‹, und daher besteht er von allen Sparten wissenschaftlicher Bearbeitung von Literatur am nachdrücklichsten auf dem Dogma ihrer politischen Wirkung und gesellschaftsabbildenden Kraft. In seiner stursten Ausprägung wird sie auch nur nach dieser angeblichen Wirkung von ihm gewertet und dieser Wertung entsprechend anbefohlen. In einer bloß noch mechanistischen Wirkungstheorie scheint für ihn festzustehen, daß ein einziger von der Parteilinie abweichender literarischer Satz den Leser politisch auf ewig versaut, oder daß er nur genügend proletarische Romane zu lesen braucht, um zum neuen Stachanov zu werden. Die Folge ist (etwa bei Lukács) eine ebenso blinde Belobigung wie Verdammung der Literatur *je nach Thema*, bis man dann im spartakistischen Tiefparterre dieser Meinung zu der Aufrechnung kommt, wieviele Seiten eines Romans dem adeligen Helden und wieviele den Dienstboten gewidmet sind. Die Frage, ob es eine entsprechende literarische Wirkung überhaupt *gibt*, ist buchstäblich verboten; und eine verneinende Antwort wäre wohl auch keinem der Beteiligten, vom Kulturfunktionär bis zum proletarischen Schriftsteller auf der Datscha, besonders lieb: nämlich nicht aus ›Parteilichkeit‹, die ja wenigstens über verschiedene Bücher noch verschieden urteilt, sondern aus *Eigeninteresse* wird auch hier die Literatur als Ganzes in eine gesellschaftliche Schlüsselrolle gehievt – und vor *der* Art von Interessiertheit sollte sich hüten, wer sie bei allen andern unentwegt ›entlarven‹ will.

Die dogmatische materialistische Literaturwissenschaft bietet dabei gleichzeitig ein Beispiel dafür, wie Interessiertheit auch die Theorie verkürzen und durcheinanderbringen kann. Auf den unauflöslichen Widerspruch zwischen klassengesellschaftlich *notwendig* falschem Bewußtsein einerseits, und der angeblichen Möglichkeit von wirklichkeitsadäquater literarischer Abbildung andererseits will ich hier nicht näher eingehen; auch nicht auf das Problem, warum der sonst allgemeine Ideologieverdacht sogleich erlischt, und die Entstehungsfrage verstummt, sobald ein Roman, und sei es der literarisch heruntergekommenste, sich thematisch auf die Arbeiterseite schlägt: der muß dann zur lobenswerten, aber unerklärten ›Ausnahme‹ oder gar zum ›menschheitlichen Erbe‹ erhoben werden. Wichtiger erscheint mir eine andere Theorielükke. Die politische Relevanz von Literatur läßt sich nur wahrscheinlich machen, wenn diese als direkte Äußerung und Vertretung von

Klasseninteresse aufgefaßt wird: sonst wäre nämlich auf der Freund- wie Feindseite wenig mit ihr zu holen.

Mit diesem Entstehungs- und Funktionsmodell stößt der herkömmliche Literaturmarxismus aber immer wieder an dieselben zwei Grenzen. Erstens kann er mit der ganzen neueren bürgerlichen Literatur schlechterdings *nichts mehr anfangen:* denn seit Baudelaire geht das Bürgertum darin doch mit einer solchen Schärfe mit sich ins Gericht, daß man von einer direkten Interessenvertretung vernünftigerweise nicht mehr reden kann. Daher wird dann dieser Literatur die moralische Kategorie der ›bürgerlichen Dekadenz‹ oder des ›falschen Klassenstandpunkts‹ gleichmacherisch aufgestülpt; und aus dem ›Interesse‹ wird ein ›Interesse letzten Endes‹, wobei die Differenz zwischen den beiden nie untersucht wird. In ihr, nämlich im *Unkenntlichmachen* von Interesse, liegt aber gerade, wie sich zeigen wird, die spezifische ideologische Leistung von Kunst. Zweitens enthält dieses Modell weder eine Erklärung dafür, warum sich das Klasseninteresse ausgerechnet eine *ästhetische* Ausdrucksform suchen sollte, noch eine Darlegung, was in dieser Ausdrucksform mit den Inhalten *passiert* – außer wieder die alten idealistischen, daß das Kunstschöne das *Wesen* hinter den Erscheinungen erfaßt, und auf eine geheimnisvolle, aber besonders nachhaltige Weise auf seinen Rezipienten *wirkt*. Und was eine materialistische Ästhetik zeitigt, die keine *andere* Theorie vom Schönen hat, das haben Lukácsens schreckliche Irrwege und seine lederne Nachfolge erwiesen: die spricht dann, von der Frage nach der Funktion der Form in Verlegenheit gebracht, vom ›Primat der Inhalte‹, allenfalls noch, als bestünde daraus die Form, von ›Technik‹, und wünscht sich das, was Literatur zur Literatur macht, im übrigen hinter die sieben Berge.[5]

Im bürgerlichen Lager ist wenigstens das Dogma der Abbildlichkeit von Literatur zumeist schon aufgegeben[6]; dafür wachsen, vor allem im Umkreis der *Rezeptionsästhetik*, die Theorien über die Wirkung von Literatur zahlreich aus dem Boden – umso zahlreicher anscheinend, je weniger und unwilliger sie faktisch gelesen wird. Sie werden sich im folgenden weitgehend von selbst erledigen; hier will ich nur die wichtigeren aufzählen und ihnen einen vorläufigen, polemischen Einwand entgegenhalten. Nach diffuser Allgemeinansicht bringt die Literatur, an die verwirrende Vielfalt der Lebenserfahrungen angelegt, einen ›Gewinn an Intensität und Orientierung‹; nach einer Formel von Dieter Wellershoff ist sie ein ›Simulationsraum für alternatives Probehandeln mit herabgesetztem Risiko‹; nach Jürgen Habermas ›herrschaftsfreier Dialog‹; nach anderer, weitverbreiteter Meinung kann der Leser durch sie neue Erfahrungs- und Verhaltensweisen erwerben, neue Möglichkeiten der Sensibilität, oder eine höhere Qualität seiner Sprachperformanz. Faßt man jetzt einmal alle angeführten Behauptungen über die literarische Wirkung zusammen, dann müßte demnach der fleißigste Leser im Lauf der Zeit auch zum rollengeschicktesten, hierarchieempfindlichsten, sprachgewandtesten, sensibilitätsgeübtesten, nebenbei noch klassenkämpferischen Wundertier geworden sein – und wer will mir (oder sich) weismachen, daß damit der Normaltypus des *Literaturprofessors* treffend beschrieben wäre? Der ist doch vielmehr in der Regel sprachlich eingeschränkt aufs Kauderwelsch, und in seinem hierarchischen Verhalten auf die Päpstlichkeit, vom Klassenkampf zu schweigen: und doch werden alle diese Wirkungstheorien professoral erfunden oder vertreten.

Eine andere und geschicktere Form der Literaturverhimmelung hat von der *Literatursoziologie* ihren Ausgang genommen: der Himmel wird leergelassen bis auf ein unbekanntes Allerheiligstes, das ihn als deus absconditus bewohnt. Was die Literatur ist und kann, darüber weiß diese Wissenschaft erklärtermaßen nichts zu sagen; sie ist ihr bloß ein vorgefundener Gegenstand. Aber dann wird sie nach den Bedingungen und dem Zusammenhang ihrer Produktion und Rezeption so aufwendig erforscht, daß dieses unbekannte Etwas jedenfalls ein gesellschaftlich hochbedeutsames Etwas sein muß; ihre positive Funktion ist *unterstellt*. Die Frage nach ihrer *Entstehung* aber wird gerade an dem Punkt abgeschnitten, wo sich diese Funktion anfangen könnte zu zeigen. Stattdessen wird Literatur ›zurückgeführt‹ auf Marktverhältnisse, von denen jedenfalls die hohe Literatur nie konstitutiv bestimmt gewesen ist; oder auf Autorenstereotypen, Leserstereotypen, ›Erwartungshorizonte‹ – nur woher kommen dann wiederum *die*? Der Literatursoziologie sind sie einfach, *was sie sind*, oder historisch jeweils *waren;* und nach Art des ethnologischen Gottesbeweises gilt ihr die Literatur (wie demnach auch sie selbst) für gesellschaftlich wichtig, weil sie von ihren Lesern immer für wichtig *gehalten* worden ist: aber in welchen Hinsichten, *wodurch* wichtig? Diese Frage läßt sich, so die

Behauptung, wissenschaftlich nicht stellen: sie wird durch Ausklammerung beantwortet.

Auf einer ähnlichen Linie hat sich der neuere *Literaturformalismus* unter dem Einfluß des Strukturalismus, der Systemtheorie, der Linguistik und Semiotik zu einer Neufetischisierung der Literatur fortbewegt, die mehr und mehr zum Albtraum wird, weil er das, *was* er da zum Fetisch macht, zunehmend *verliert*. Er weiß nämlich zwischen der Literatur und der Nichtliteratur gar nicht mehr zu unterscheiden. Jedenfalls sind die ästhetischen Kriterien der ›Abweichung‹ von der sprachlichen Norm, der Selbstverweisung und der Fiktionalität, die er dafür angibt, offensichtlich ungenügend: wer eine zwecklose Lüge falsch formuliert, wird dadurch noch lange nicht zum Dichter. Anstatt nun aber dem intuitiven Begriff von Literatur, den jeder Leser hat und verwendet, bis zum Genaueren nachzugehen, läßt ihn die heutige Wissenschaft einfach träge *fallen*, und wirft alles Gedruckte in einen großen Topf von ›*Texten*‹, dessen verschiedene ›Sorten‹ dann auch immer wieder ineinander verschwimmen. Wer aber das *Spezifische* seines Gegenstands nicht mehr benennen kann, darf auch nicht mehr erwarten, seine Beschaffenheit noch richtig zu erfassen. Es ist damit *logischerweise* alle Sicherheit dahin: auf die bange Frage, ob sich die Literatur auf die Wirklichkeit bezieht, oder nicht vielmehr nur auf nicht näher definierte ›Wirklichkeitsmodelle‹[7], folgt die nächste: ob sie überhaupt auf etwas bezüglich sei[8] – und schließlich wird es sogar zweifelhaft, ob sich über den Zusammenhang zwischen den Zeichen und der ›Außertextlichkeit‹ noch irgend etwas Sicheres ausmachen läßt.

Denn nicht nur die Literatur, sondern auch ihr reales Gegenüber ist der Wissenschaft jetzt ungreifbar geworden: »Wirklichkeit (ist) keine intersubjektiv eindeutige Vorgegebenheit, die nur auf *eine* Art richtig getroffen werden kann, sondern eine nach Kontexten, Perspektiven und Zwecken in Kommunikationsspielen variierende *Verfaßtheit*«.[9] Dann freilich! Ich würde so etwas wie die *United Fruit* oder den Stücklohnakkord zwar nicht ausgerechnet Kommunikationsspiele nennen und meine, *so* verschieden wären die möglichen Arten, sie richtig zu treffen, nicht. Aber hat man sich einmal auf eine derartig durchformalisierte Bestimmung von Wirklichkeit geeinigt, dann muß von da an auch jede ›Verfaßtheit‹ als gleich wirklich und gleich richtig gelten; und auf der anderen Seite werden die ›Texte‹ damit *zugleich weltsetzend und unüber-*

prüfbar: sie können gültig sein »in gedachten, erträumten, erhofften, wirklichen, alternativen *Welten* . . . der verschiedenen Sprecher und Hörer bzw. der Sprecher-Hörer, die miteinander kommunizieren, (sind) auf Sprecher und Hörer relatierte explizite Beschreibungen von Sachverhalten«.[10] Ob sie teilgültig, falsch oder ideologisch sind, läßt sich nicht mehr feststellen, und ihr Verhältnis zu einer ihrerseits nicht mehr faßbaren Wirklichkeit läßt sich nur noch so beschreiben, daß sie *irgendwie* grundsätzlich anders seien als diese: sie bilden »eine ›eigensinnige‹ Sprachwelt, in die Momente der Lebenswelt zwar als Versatzstücke integriert werden können, . . . aber prinzipiell eine andere ›Seinsverfassung‹ erhalten«.[11] Die Literatur ist neuerlich zum autonomen Seinsbereich erhoben, zur Entität, die sich nicht mehr danach befragen läßt, wozu und warum sie wovon handelt, sondern nur noch nach der Art und Weise ihres Hergestelltseins.

Spätestens hier stellt sich die Frage, warum die Wissenschaft, nachdem sie von der Literatur ja offenbar doch nichts mehr weiß, denn nicht endlich *aufhört,* von ihr zu reden. Die kritische Auflösung hinfällig gewordener Sicherheiten wäre ihr einziges Verdienst – hielte sie nur nicht an *einer* Sicherheit, der hinfälligsten von allen, so zäh fest wie seit eh und je: daß die Literatur für jeden Einzelnen und die Gesellschaft, wenn auch strittig bleibt *welche,* so doch jedenfalls eine *überragende* Bedeutung hat; und wenn diese *inhaltlich* ins Wanken kommen sollte, wird sie *institutionell* um so nachdrücklicher befestigt: allein durch den quasimathematischen Pomp und die schiere Größe der technologischen Begriffsapparaturen wird der Literaturstudent in die Knie gezwungen vor dem strukturellen Wunderwerk, dem er sich nur noch in der operationalisierten transformationellen Gedichtanalyse nähern darf. Über lauter *Richtigkeiten* gerät die Frage nach der Wahrheit der Literatur ganz aus dem Blick; und worin ihre Wichtigkeit dann eigentlich noch bestehen soll, darüber wird gestottert oder geschwiegen.

Im ganzen Umkreis der hier betrachteten Wissenschaft ist der Literatur eine nur durch Glaubenssätze und Unterstellungen gestützte Schlüsselposition zugesprochen, die zu ihrem tatsächlichen kulturellen Stellenwert in ein immer krasseres Mißverhältnis tritt. Es zeichnet sich darin eine unsichtbare *Denkgrenze* ab, die nicht nur eine nüchterne kritische Befragung der Literatur verhin-

21

dert, sondern eine sofortige Flucht in die Gegenrichtung einer blinden Rechtfertigungswut auslöst. Der Antrieb dazu liegt offensichtlich *zunächst einmal* im Eigeninteresse der Literaturwissenschaft: *deswegen,* weil sie ihre eigene gesellschaftliche Bedeutung nicht in Zweifel ziehen mag, überwertet sie so bedenkenlos die ihres Gegenstands, und zwar, soviel hat das Professorenbeispiel glaube ich vorhin zeigen können, mit einer *Interessennaivität,* die außerordentlich ist – und die sich *im weiteren* dann aber doch wieder herleitet aus einer interessenverdeckenden Fähigkeit der Literatur selber. Auflösen läßt sich diese Grenze offenbar nur durch eine gezielt *gegeninteressierte* Überprüfung aller Behauptungen darüber, was die Literatur angeblich alles ist oder kann; und dazu muß man sie anlegen an eine Leseerfahrung, die sich über die Selbsttäuschung und das bloß Herbeigewünschte hinaus auch bis ins *Nichtgewollte* und *Nichtgewünschte* weiterverfolgen läßt. Das aber ist wiederum, mit einem Minimum an Verläßlichkeit und Kontrolle, nur mit *einer,* nämlich der *eigenen* Leseerfahrung möglich.

In dieses deutlichste und nächste Beispiel für den literarischen Vorgang braucht sich der Beobachter nur hineinzubegeben, und schon fallen die alten, ängstlichen Zuschreibungen von der Literatur ab, tun sich neue Einsichten auf. Die Literatur kann und will *nicht* das Wesen ihrer Gegenstände fassen. Sie ist *keine* Waffe im Klassenkampf und *keine* direkte Vertretung von Klasseninteresse. Sie ist *nicht* Widerspiegelung, noch auch nur eine getreue Abbildung der Wirklichkeit, sondern *vermeidet* im Gegenteil deren Nachahmung, soweit es ihr möglich ist. Daß sie auf ihren Leser verändernd wirkt, sein politisches oder kritisches Bewußtsein schärft, seine Wahrnehmungsweisen, Sensibilität, oder Sprachfähigkeiten innoviert, läßt sich *nicht* nachweisen: wohl aber das *Gegenteil.* Sie ist *immer* ideologische Beruhigung, lügt und *muß* lügen, und entgeht dem allenfalls in der Trivialität und offen zugegebenen Unwahrscheinlichkeit. Sie ist durch ein *einfaches* Kriterium von aller Nichtliteratur zu unterscheiden. Sie bearbeitet Erfahrungswirklichkeit auf eine *angebbare* Weise, die ihr damit auch, in einer bestimmten Hinsicht, als *durchaus* faßbare zur Verfügung steht. Sie entwirft *keine* ›Wirklichkeitsmodelle‹ – oder wenn, dann immer nur dasselbe. Sie hat eine deutlich *erkennbare* gesellschaftliche Ursache und Funktion, und steht in einem *nachvollziehbaren* Zusammenhang mit der Geschichte. Auf der anderen Seite ist sie (oder doch wenigstens das Kunstschöne im allgemeinen) *trotz alledem* unentbehrlich: freilich nicht für den Fortschritt, sondern weil wir sonst um den *Verstand* kommen könnten. Sie unternimmt in *jedem* ihrer Werke einen Versuch zur symbolischen Wiederherstellung der utopischen Gesellschaft, und ist zugleich ein Beispiel und Vorbild für deren grundsätzliche Einholbarkeit.

Diese Ergebnisse mögen überfällig oder unglaubhaft erscheinen: in ihrer Summe widersprechen sie jedenfalls allen bisherigen Übereinkünften über die Literatur. Wenn sie richtig sind, dann hat die Literaturwissenschaft in ihren marxistischen, idealistischen und formalisierenden Unterarten ihren Gegenstand bis heute *falsch bestimmt,* sowohl nach seiner Herkunft, seiner Funktion, seinem Vermögen wie seiner Beschaffenheit, und also in *jeder wesentlichen Hinsicht:* ein schlimmer Schluß. Er hat sich lange angekündigt in einem wachsenden Gefühl, dem meinen auch, in der Wissenschaft über die Literatur immer nur haltlos und entfremdet zu reden, administrierend in unbekanntem Auftrag, in den sonderbar hohen geflöteten Tönen des ideologischen Allgemeinsubjekts, und in gelehrten Artikeln, deren ›intendierter Leser‹ *nachweislich* kein anderer sein konnte als der liebe Gott – und das heißt doch wohl, über einen kaputten Kommunikationskanal zwischen niemand und niemand. Über lauter Antworten auf Fragen, die an die Literatur gar nicht mehr *gerichtet* sind, ist das Wichtigste verlorengegangen, nämlich die Begründung dafür, *wozu* wir tun, was wir tun, wenn wir schreiben oder Geschriebenes untersuchen, die *Legitimation,* kurz und wiederum: der *Sinn* dieser Betätigung. Wie massiv dieser Sinnzweifel werden kann, hat die Studentenbewegung gezeigt, wo er die halbe Germanistik in die politische Aktion getrieben hat; und es wäre doch eher zu verwundern, wenn er sich heute durch technologische Abspeisung so ganz stillen ließe, daß er als Leiden oder Angst nicht mehr erfahren würde. Die existentielle Krise, die inzwischen zum Normalverlauf des Literaturstudiums gehört und eine wachsende Zahl von drop-outs zur Folge hat, verweist aufs Gegenteil. Und woher sonst auch käme die eigentümliche *Schamreaktion,* wenn wir jemand von unserer literaturwissenschaftlichen Beschäftigung erzählen und werden zurückgefragt, wirklich? *Im Ernst?*

23

Erster Teil

Die gesellschaftliche Funktion und Entstehung der Literatur

> »*Sir,* his *nonsense suited* their *nonsense*«
> Samuel Johnson

1. Interesse und Ideologie

Die Literatur, das redet keiner ihren Lesern aus, ist etwas Eigenes. Wer also nach ihrer gesellschaftlichen Funktion sucht, ihrer Herkunft und ihrer Verbindung zur Geschichte, muß etwas finden, was für die *ganze* Literatur gilt, aber auch *nur* für sie. Alle ihre Bestimmungen etwa als Kritik, Alternative oder utopischer Entwurf sind darin bereits ungenügend: denn nur manche Sparten von Literatur wollen in diesen Hinsichten fungieren, und wer darin ihre Ursache sieht, dem müssen die Ausnahmen unergründlich bleiben: sie hört ja auch als reaktionäre oder konforme keineswegs auf, Literatur zu sein. Vor allem aber sind diese Bestimmungen nicht *literaturspezifisch:* auch unliterarische Texte können kritisieren und alternative Wirklichkeiten oder die Utopie entwerfen. Aus demselben Grund muß die materialistische Zurechnung der Literatur zum *Überbau,* wie gläubig auch vorgebracht, eine bloße Leerformel bleiben, solang sie, auf eine oft hanebüchene Weise, als eine Art ›sinnlich gemachter‹ Theorie hingestellt, oder (wie von Marx) mit den ganz anders beschaffenen ideellen Bereichen der Philosophie, Religion oder Rechtslehre zusammengewürfelt oder gar funktional gleichgesetzt wird.

Diese Vermischung kann so nicht stehenbleiben. Das Argumentationsziel dieses ersten Teils soll daher sein, die *Stellung der Literatur im allgemeinen ideologischen Vorgang* genauer einzugrenzen. Dazu ist es nötig, diesen Vorgang selber in seinem Zustandekommen und seiner Wirkungsweise zu beschreiben: zwar nicht, denn das Vorhaben wäre unabsehbar, bis ins Einzelne aller seiner verschiedenen Bereiche, aber doch soweit, daß die Literatur darin in ihrer besonderen Leistung deutlich werden kann. Ich will das hier versuchen mittels einer *Schematisierung* des ideologischen Vorgangs nach zwei grundsätzlich verschiedenen Denk- und Handlungsantrieben, die der Untersuchung durchwegs zugrundegelegt ist. Die Einleitung hat dafür schon für den Sonderfall der Literaturwissenschaft ein vorläufiges Beispiel geliefert: dieser ist in dem Bedürfnis, der Literatur einen *Sinn* zuzuschreiben, zugleich eine offensichtlich *interessierte*, und für ihr Interesse blinde Bestimmung ihres Gegenstands unterlaufen. Diese beiden Momente des ideologischen Vorgangs will ich im Folgenden verallgemeinern, in ihrem Verhältnis zueinander beschreiben und danach zeigen, daß *im Zusammenwirken von Sinnbedürfnis und Interesse der subjektive Ursprung und Rezeptionsgrund von Ideologie,* in ihrer theoretischen wie literarisch-ästhetischen Gestalt, zu finden ist.

Was ist das für ein Antrieb nach dem Sinn, worauf ist er gerichtet? Seine erste Eigenschaft, die logischerweise am Anfang zu stehen hat, weil aus ihr erst alles andere folgt, ist sein *unzweifelhaftes Vorhandensein,* und darüber ist keine Täuschung möglich: er läßt sich fortdenken nur zusammen mit der eigenen Existenz. Durch Selbstbefragung jederzeit abrufbar, meldet er sich in Phasen der Lebenskrise unabweislich, aber auch sonst ist er, undeutlicher vielleicht, diffus, im Ganzen des eigenen Handelns und Erlebens gegenwärtig. Keine Entscheidung, keine Tätigkeit außer der des reinen Genusses (und auch die ist keineswegs vor ihm sicher), die sich nicht seinem Richterspruch unterwerfen müßte; noch in der alltäglichsten Rede macht er sich geltend, die beharrlich danach fragt, ob eine Unternehmung wohl Sinn hat oder sinnvoll ist, und von einer anderen behauptet, sie sei sinnlos, hätte keinen Sinn. Offenbar liegt in ihm ein bewußtseinsbestimmendes Moment von erster Wichtigkeit, in Wahrheit ein *kategoriales.* Denn mit dem Problem, *ob es Sinn hat, was er tut und erlebt,* ist der Einzelne ja in seiner gesamten Lebenspraxis ständig konfrontiert und beschäftigt, und nach seiner Auflösung geht ein großer Teil seiner Anstrengungen; wie weit er damit kommt, entscheidet buchstäblich über sein *Leben.* Er nennt es ›erfüllt‹, wo er dieses Ziel erreicht; wo er dahinter zurückbleibt, gerät er in ein Niemandsland von unsicherer oder vorläufiger Sinnzuschreibung – oder worin läge für jemanden der Sinn, sagen wir, einer Lehrerqualifikation, solange es keine Lehrerstellen gibt? Vielleicht darin, daß er etwas lernen, sich innerlich hat entwickeln können; andererseits – *wozu?* Oder worin der Sinn einer Arbeit in der Schule, in der

Fabrik: daß er etwas verdient, produziert, jemanden ausbildet; nur – zu *was*?

Unzulängliche Sinnabsicherungen also sind anscheinend der klassengesellschaftliche *Normalfall*. Der kann sich aber, wenn sie in allen Lebensbereichen zugleich versagen, zu heillosen Zuständen steigern, in denen die ganze Existenz in wachsender Entfremdung jede feste Form verliert und auseinanderfällt. Der Einzelne erfährt sich darin in schlechter Isolation als nur noch auf sich selbst zurückgeworfen; was er tut, was ihm zustößt, muß ihm zufällig erscheinen insofern, als es immer auch anders sein könnte ohne den mindesten Unterschied für irgendwen, oft nicht einmal für ihn selbst: es ist alles gleich. Sein Handeln und Erleben stellt sich dar als bloßes zeitliches und ursächliches Nacheinander, für dessen einzelne Stücke sich weder eine Bedeutung untereinander angeben läßt, noch in Hinblick auf ein erkennbares Ganzes: es hat nichts etwas zu sagen. Die Erfahrungsteile bleiben ziellos widersprüchlichen und disparaten Zwängen unterworfen, denen jede einsichtige Notwendigkeit fehlt außer der einen: es ist wie es ist. Wo aber der Sinnantrieb in dieser Weise überhaupt keine Antwort auf seine Fragen mehr findet, drängt er selbstzerstörerisch auf Vernichtung. Der Mensch »kann, psychologisch gesehen, nicht in einer Welt überleben, die für ihn sinnlos ist.«[12] Er bleibt zurück mit dem Urteil ›für mich ist *alles* sinnlos geworden‹ – und dieses Urteil ist bekanntlich zugleich die klassische Begründung für den *Selbstmord*.

So deutlich der Antrieb, so unklar der Bereich, auf den er abzielt. Noch am handgreiflichsten wird er offenbar erfahren in seiner *Ermangelung*, als Sinnunsicherheit und Sinnabwesenheit. Diesen Mangel will ich als *Sinndefizit* bezeichnen – mit der Mahnung, das papierene Wort nicht auch mit einem papierenen Sachverhalt zu verwechseln: in seiner unverhüllten Form trägt es ja vielmehr alle Züge des Leidens, der Verlassenheit und der Nähe zum Verrücktsein. Kein Wunder, wenn der Einzelne nach den Vorschlägen greift, wie sie ihm seit jeher und unentwegt angetragen werden, die seine Erfahrungsverworrenheit auf ein religiöses, politisches, lebensphilosophisches, therapeutisches – kurz, auf *irgendein* Sinnziel auszurichten scheinen: aber unzweifelhaft und auf die Dauer hat sich keines von ihnen als haltbar erwiesen; alle waren sie, wie sich zeigen wird, durch ein in sie eingeflossenes Partikularinteresse ideologisiert, durch Uneinholbarkeit entwirklicht, und so nach längerer oder kürzerer Zeit wieder ungültig geworden. Dieser Vorgang hat sich in der Moderne immer weiter beschleunigt, und zugleich scheint es aussichtsloser denn je, inhaltlich genauer zu fassen, *was* da unbestimmt fehlt. Wir sind zu dem Punkt gekommen, wo es niemand mehr recht *wagen darf*, die scheinbar unauflösliche, und zudem *bedrohliche* Frage danach auch nur noch zu stellen: als Frage nach dem ›Sinn des Lebens‹ ist sie in aller Form *tabuisiert* worden, gilt nur noch als großväterlich, lächerlich oder ekelhaft; und so wird in vermeintlicher Weltläufigkeit mit einem Achselzucken beiseite gelegt, was uns in Wahrheit das Herz abdrückt: und das scheint mir kaum die beste Weise, mit lebendigen Wünschen umzugehen.

Aber zum Glück läßt sich die Frage nicht ganz stillegen: ohne *irgendeinen* Begriff von Sinn, und sei er noch so undeutlich, wäre ja offensichtlich seine Ermangelung gar nicht zu erfahren; und daher macht sich das Bedürfnis danach, als offenbar überlebensnotwendiges, trotz aller Zensur weiter auf die Suche. *Und darin hat es recht,* denn es muß dabei keineswegs leer ausgehen, sondern kann durchaus auf das Gesuchte stoßen und sich so bestätigt sehen: tatsächlich treten in der normalen Lebenspraxis immer wieder deutliche, wenn auch meist nur punktuelle *konkrete Sinnerfahrungen* auf – eine Lebensrettung kann dafür als Cliché-beispiel dienen, das aus dem Fluß gezogene Kind; weniger romanhaft, eine als wirksam erlebte politische Praxis; oder, noch unpathetischer, eine glücklich zustandgebrachte Arbeit. Bei solchen Gelegenheiten stellt sich die Vorstellung ›das hat Sinn gehabt‹ als unmittelbarer existentieller Reflex ein, der seine Authentizität auch dadurch nicht verliert, daß er sich kaum einmal zu einem zweifelsfreien abstrakten Sinnziel weiterführen oder verallgemeinern läßt.

Wenn man sich nun einmal dieses Verhältnis vor Augen hält: einerseits von kaum anzuzweifelnden punktuellen Sinnerlebnissen innerhalb eines sonst immer spürbaren Sinnmangels, die sich beide anscheinend auf keine Weise zu größeren inhaltlichen Sinnbereichen zusammenfassen lassen; und andererseits von einem vielfältigen Angebot abstrakter, allgemeiner, aber unzuverlässiger Sinnvorschläge, die dann aber beim Anlegen an das eigene Handeln und Erleben versagen – dann sieht das doch ganz danach aus, als wären in all diesen Vorschlägen die ihnen zugrundeliegenden konkreten Erfahrungen methodisch mangelhaft verarbeitet worden. Ich will deswegen hier einen anderen Weg dazu einschlagen. Schon bei dem Versuch, die Erfahrung von Sinnabwesenheit zu beschreiben, war auffällig, daß sie nicht durch Abwesenheit von Inhalten zustandekommt, sondern durch lauter gestörte *Relationen,* also Strukturelemente. Das legt den Gedanken nah, den gemeinsamen Nenner auch von authentischen Sinnerfahrungen, also ihre Systematisierung, nicht wie bisher in irgendwelchen Inhalten, sondern zunächst in ihren strukturellen Kennzeichen zu suchen, um so zu einer neuartigen, nämlich *strukturellen Begriffsbestimmung von Sinn* zu kommen: und tatsächlich wird sich am Ende das, was wir unter Sinn verstehen, auch als eine *Struktur* erweisen – freilich eine solche, die von einer bestimmten gesellschaftlichen Grundtätigkeit gefordert ist und lebenspraktisch auch nur von ihr eingelöst werden kann.[13] Eine derartige Definition von Sinn, als einer besonderen und auffälligen Erlebnisweise, ist (wenigstens in den Hauptzügen) auch gar nicht schwer zu bewerkstelligen, solang man an einem beliebigen Beispiel einer Sinnhandlung, etwa der genannten Art, festhält, mit der man eine solche Erfahrung *selber gemacht hat*. Ich meine daran als ihre drei wichtigsten strukturellen Kennzeichen unterscheiden zu können ihre *Uninteressiertheit*, *Bezogenheit* und *Notwendigkeit*, die etwa in der folgenden Weise miteinander zusammenhängen.

Als erstes an Sinnhandlungen ist auffällig, daß sie nicht von den eigenen Interessen motiviert sind; zwar können sie in bestimmten Fällen mit solchen Interessen einhergehen; aber die Sinnqualität bleibt erhalten, ja wird erst eigentlich unzweifelhaft, in ihrer Abwesenheit oder Zurückstellung. Diese muß, wenn sie Sinn behalten soll, im (oft nicht ganz leichten) *freien Entschluß* geschehen – mithin ohne den Druck eines fremden, auferlegten Interesses, nichteinsichtigen Zwangs, von denen die Sinnqualität ja auch vernichtet wird. Die Sinnhandlung ist vielmehr auf ein allgemeines, für alle gültiges Handlungsziel ausgerichtet, und gewinnt durch eine zweifache *Bezogenheit:* zunächst, wie sich von selbst versteht, auf eben dieses Allgemeine und für alle anderen Einsichtige, durch welche Gemeinsamkeit sie anfängt, für diese anderen etwas zu *bedeuten*, ihnen etwas zu ›sagen‹ oder zu signalisieren – und so eben für den Handelnden selbst wiederum auch. Außerdem, und ebenso wichtig, werden jetzt andere Elemente seines Handelns und Erlebens auf diese Bedeutungshandlung *beziehbar*, bedeuten *ihrerseits* etwas in bezug auf sie,

28

sind nicht mehr alle gleich und gleichgültig, sondern im Verhältnis zu ihr ähnlich/verschieden, besser/schlechter, zu ihr hin-/von ihr wegführend usw., das heißt sie beginnen sich, von der einmal etablierten Sinnverbindung zum Allgemeinen gleichsam ›angesteckt‹, untereinander zu *strukturieren*. Dies freilich nur dann, wenn mindestens für die Dauer der Sinnhandlung diesem allgemeingültigen Handlungsziel nicht andere, gleichberechtigte Ziele konkurrierend gegenüberstehen, weil sonst die eben hergestellten Strukturbezüge wieder unsicher, gegenläufig oder disparat werden müßten. Der Handelnde will ja aber ganz sicher sein, daß er dem einzig ›richtigen‹ Ziel folgt, neben dem ein anderes gar nicht in Frage kommt – ein Ziel mit anderen Worten, das wenigstens für den Augenblick seine ganze Lebenswelt als eine danach ausgerichtete *Totalität* überschaubar macht.

Diese Merkmale sind, wenn sie zusammentreffen, von einem schwer beschreibbaren *Glückszustand* begleitet, von dem ich schon hier vorwegbehaupten will, daß er auf der *Erfüllung von Gesellschaftlichkeit* beruht. Aber wie wir zur Genüge wissen, stellt er sich immer nur punktuell sowohl der *Zeit* wie der *Hinsicht* nach in der Erfahrung ein: schon der nächste Augenblick kann eine Handlung wieder sinnentwerten, sagen wir wenn die Mutter das gerettete Kind nimmt und wieder ins Wasser zurückwirft; oder wenn dem Lebensretter klar wird, daß die Heldentat seine Existenz in ihren übrigen Seiten noch lange nicht zur sinnvollen gemacht hat. Zur wirklichen Aufhebung von Sinndefiziten, in der sich eine Lebenspraxis so erfahren ließe, daß sie durchwegs und als Ganze auf ein Allgemeines, und in allen ihren Teilen untereinander bedeutunghaft bezogen wäre, fehlen demnach noch die zwei Qualitäten des *Dauerhaften* und *Durchgängigen*. Einer solchen Erfahrung von *Sinnkonsistenz* muß noch ein drittes strukturelles Kennzeichen zukommen, das wichtigste, weil in ihm alle Sinnverhältnisse gipfeln und sich zusammenfassen: das einer übergreifenden, stehenbleibenden und subjektiv einsichtigen *Notwendigkeit*. Die wahre Bedeutung dieser Kategorie wird sich erst später bei der Frage zeigen, worin eine solche Notwendigkeit denn wohl bestehen könnte: aber auch jetzt schon, bei einer reinen Strukturbestimmung von Sinn, ist klar, daß darin alle seine schon genannten Kennzeichen wiederkehren. Nur in einer solchen Notwendigkeit kann ja die Motivation liegen für eine dauerhafte und durchgängige Einschränkung von Interesse, des eigenen wie des fremden; nur durch sie kann das Handeln und Erleben seiner *Kontingenz* enthoben werden, der Zufälligkeit und Beliebigkeit seiner Elemente, sowohl in ihrer *Anordnung* wie in ihrem jeweiligen *Sosein;* durch sie ist allein deren *Disparität* verhindert, ihre unsichere oder widersprüchliche Ausrichtung und Einordnung; und nur durch sie wird schließlich die eigene Lebenswelt als *Totalität* durchschaubar und verständlich.

Das alles klingt womöglich unnötig kompliziert und lebensfern. Ich versuche daher eine zusammenfassende, in der Kürze freilich auch zweideutige Formel: mit existentieller Sinnkonsistenz ist nichts anderes gemeint als eine Struktur im Handeln und Erleben, wo diese, vom Einzelnen her gesehen, als Ganzes wie in ihren Teilen und deren Anordnung und Sosein, jeweils *gar nicht anders hätten sein können.* Von einer solchen Struktur läßt sich schwer vorstellen, daß sie jemals real und praktisch werden könnte; und doch wird jede Erfahrungswirklichkeit, in der sie gestört ist oder gar fehlt, als mangelhaft erlebt: so ganz gewiß unsere eigene. Grund genug, um jetzt nach den *Ursachen* dieser Sinndefizite zu fragen. Die Wahrscheinlichkeit spricht dafür, daß sie, und zwar mit Ausschließlichkeit, in *objektiven gesellschaftlichen* Mängeln, im wesentlichen *Strukturmängeln,* zu suchen sind – und diese Erklärung will ich, weil sie mir gleichzeitig wie die einfachste und die einzig rationale und nachprüfbare vorkommt, hier auch verfechten.

Die Gegenmeinungen sind zahlreich. Auf einige kann ich schon jetzt eingehen, um sie später zum Gesetzmäßigen des ideologischen Vorgangs zu verallgemeinern. Gemeinsam ist ihnen die Neigung, gesellschaftliche Mängel in ihrer Wirkung auf den Einzelnen nicht oder nur ungenau zu beschreiben, und die Ursachen für Sinndefizite vielmehr bei *diesem selbst* zu suchen, das heißt in seiner Unfähigkeit, die ihrer Ansicht nach ›richtige‹ *Einstellung* oder *Weltdeutung* zu übernehmen. Dazu gehören zunächst alle religiösen oder politischen *Heilslehren* mit dogmatischem Sinnziel, von dem her dann *alles,* mitunter auch die barbarischste Menschenzerstörung, sich ›logisch‹ mit scheinbarem Sinn füllen kann. Tatsächlich sind sie auch imstand, Sinndefizite im subjektiven Empfinden zeitweise zum Verschwinden zu bringen – wie immer so, daß die Einzelexistenz sich nach den Sinnmerkmalen strukturiert wähnt: bei einer unübersehbaren Löchrigkeit freilich des dritten und entscheidenden, nämlich der *Notwendig-*

keit dieses Sinnziels und alles aus ihm Folgenden. Denn dieses Sinnziel ist ja, oft erklärtermaßen, nicht dem Verstand, sondern nur dem *Glauben* zugänglich: dessen ›Kraft‹ aber ist keine andere als die elementare eben der Sinnermangelung, die, weil sie kein reales Ziel findet, ein phantastisches projizierend aus sich heraussetzt. Indessen, von den realen Sinnstörungen überwältigt, fängt dieser Glaube an, solche trügerischen ›Notwendigkeiten‹ irgendwann einmal anzuzweifeln und zu zerbrechen: er ist in der einzelnen Lebensgeschichte kaum einmal, und historisch *niemals*, dauerhaft gewesen.

Aber auch wo dogmatische Sinnziele dieser Art schon versagt haben, kann man immer noch, und mit guten Gründen, den Ursprung von Sinndefiziten im Subjektiven suchen: ein gewisses Maß an Unglück und zerstörten Lebensmöglichkeiten scheint doch ›zur menschlichen Existenz selbst‹ zu gehören, am deutlichsten die Erfahrungen von Alter und Tod. Sie lassen sich kaum (oder nur auf die spekulativste Weise) als Folgen *gesellschaftlicher* Mängel hinstellen, und können dabei doch als Hauptbeispiele und Grundmuster des Sinnlosen gelten. Dann aber wäre es auch richtig, alle Vorstellungen von Sinnkonsistenz ein leeres, unerreichbares oder gar krankmachendes[14] Ideal zu nennen, und in der Sinnermangelung einen unbehebbaren menschlichen Grundzustand zu sehen: die ›richtige‹ Einstellung dazu wäre demnach eine nüchterne Enthaltsamkeit von allen Utopien von Sinnerfüllung, oder, in der existentialistischen Zuspitzung, den Sinn schon im bloßen *Gegenüber* der ständig festgehaltenen Möglichkeiten des Todes und des Nichts zu erleben. Die werden dann freilich als ›menschliche Grundgemeinsamkeiten‹ auch immer wieder zur Verdeckung der sozialen Übel fleißig beigezogen, ja sogar als diejenigen hingestellt, die umgekehrt die Sinnhaftigkeit im sonstigen Erleben erst ›stiften‹ sollen – und in dieser Verdrehung scheint mir ein makabres Symbol für die Menschenfeindlichkeit von idealistischem Denken zu liegen: daß es nämlich den *Sinn* immer noch lieber aus dem Tod herleitet, als die *Sinnlosigkeit* aus den gesellschaftlichen Mängeln, von denen es nichts wissen will.

Freilich, daß man eine Meinung ungern hört, ist noch keine Widerlegung. Ich halte sie für falsch aus verschiedenen Gründen. Zunächst ist sie ihr bestes eigenes Beispiel dafür, daß es anscheinend unmöglich ist, *keine* Utopie von Sinnkonsistenz zu haben; die fällt ihr zufolge eben nur mit der (bewußt ergriffenen) Existenz *zusammen* – und schon ist Sinnkonsistenz wieder zur Frage einer ›Haltung‹ geworden, eines *Glaubens*, und zwar diesmal an ein vollkommen irrationales, weil nur noch *negativ* bestimmtes, ganz und gar wesenloses Sinnziel. Auch der existentialistische Glaube ist haltlos, weil er wie die anderen der Strukturbestimmung von Sinn nicht genügt: die Einschränkung der eigenen Interessen ist darin keineswegs garantiert, vielmehr können die jetzt ganz leicht zur einzigen Richtschnur des eigenen Handelns werden; dessen Bezogenheit und Notwendigkeit leiten sich her von etwas deklariert *Sinnlosem*, und so kann es bestenfalls *relativ* sinnvoll bleiben vor der schwarzen Folie der eigenen Vernichtung. Das hat mit Sinnkonsistenz nichts mehr zu tun: und deswegen widerspricht auch das eigene Erleben dieser Gleichsetzung von Existenz und Sinn: weil sie, davon rede ich ja die ganze Zeit, klassengesellschaftlich eben *nicht* dasselbe sind. Die Sinnerfahrung hängt von äußeren und objektiven Strukturen ab, in die sie gestellt oder nicht gestellt ist, so auch noch in den Fällen von scheinbar ganz ungesellschaftlich verhängtem Unglück: sogar das Sterben für ein einsichtiges und notwendiges Allgemeines braucht, nach vielfältigem Zeugnis, eben *nicht* als sinnlos erlebt zu werden[15] – auch hier sind die ›menschlichen Grundgemeinsamkeiten‹ beim genaueren Hinsehen wieder einmal keine gewesen. Zwar, es bleibt bei diesem exponiertesten aller denkbaren Beispiele, und auch wohl *nur* bei ihm, ein nicht wegzuargumentierender Rest; aber löst sich der nicht so auf, daß Krankheit oder Tod den allmählichen oder plötzlichen *Austritt* aus der Menschengesellschaft bedeuten? Das würde darauf zurückverweisen, daß mit erlebtem Sinn tatsächlich die *eingelöste gesellschaftliche Dimension* der Existenz bezeichnet ist; sie wird durchs Erleiden oder durch die eigene Hervorbringung von gesellschaftlichen Mängeln gestört oder vernichtet; als Wunsch bleibt sie trotzdem in der Erinnerung; und erst die endgültige Abtrennung von ihr kommt dem menschlichen Bewußtsein wie das Sinnlose *schlechthin* vor.

In Wahrheit gehen alle Versuche, Sinndefizite aus subjektiven Unzulänglichkeiten herzuleiten, in die falsche Richtung: so auch (zuletzt) die soziologische Rede von der nicht geglückten ›sozialen Identität‹, soweit damit die Unfähigkeit des Einzelnen gemeint ist, eine gesellschaftliche *Rolle* als eigene anzunehmen, genauer: einer Reihe von verschiedenen und oft widersprüchlichen Rollenanforderungen zu genügen und sie miteinander zu vereinbaren. Aber auch wo gesehen ist, daß dies von objektiven Bedingungen verhindert wird, trifft der Begriff nicht das hier Gemeinte: geglückte ›soziale Identität‹ und Sinnkonsistenz sind nämlich keineswegs dasselbe. Es lassen sich ja Fälle vorstellen, wo verschiedene Rollen erfolgreich angenommen und vereinbart sind, etwa vom Ladenbesitzer, der zugleich Familienpatriarch und Sparvereinsvorstand wäre: *sinnvoll* sind sie deswegen noch lange nicht, weder als einzelne noch in ihrer Dreieinigkeit – und das wird niemand einem Versagen dieses Ladenbesitzers anlasten wollen, solang objektive Strukturen zu benennen sind, die in ihm diese jämmerlichen Formen der Interessendurchsetzung, der Nichtbezogenheit aufs Allgemeine und der mangelnden Notwendigkeit erzwingen und bestärken.

Es bleibt wirklich nur die Wahl, die Gründe für etwas, was uns so nah angeht wie die Ermangelung von sinnvollem Handeln und Erleben, weiter im Dunkeln zu lassen, erfolglos im Subjektiven, Irrationalen und bloß Geglaubten zu suchen – oder sie objektiven gesellschaftlichen, nachprüfbaren Ursachen zuzuschreiben, die spürbar in unsere tägliche Erfahrung eingreifen. Sie liegen, wie der Marxismus seit jeher weiß, aber mit dem Erleben von Sinn und Sinnlosigkeit kaum einmal in Verbindung gebracht hat, in den gesellschaftlichen Mängeln einer falschen Produktionsweise, die von *scheinbaren* Notwendigkeiten des Konkurrenz- und Tauschgesetzes bestimmt ist, und des Klassenwiderspruchs, also einer ungerechten Verteilung der gesellschaftlichen Güter und Lasten, die jenes Allgemeine zerschneidet, auf das wir uns, um Sinn erleben zu können, beziehen und ausrichten müßten.

Daß sie für *niemanden* Sinn haben, wird am schnellsten deutlich, wenn man einmal die Vielfalt der möglichen gesellschaftlichen ›Rollen‹ auf diese zwei Grundmängel hin schematisiert. Wer ihnen *ausgesetzt* ist, seis in den Formen von Zwangsarbeit, Ausraubung oder Verstümmelung, ist ja eben durch sie *gehindert,* seine Lebenswirklichkeit als auf die strukturellen Sinnkriterien ausgerichtet zu erfahren. Sein Eigeninteresse ist zwar zurückgestellt, aber nur weil ihm ein fremdes gewalttätig auferlegt wird; er ist auf ein Allgemeines von gesellschaftlicher Arbeit bezogen, von dem sich dann aber sehr schnell herausstellt (er braucht sich ja nur umzusehen), daß es gar kein Allgemeines *ist;* daher muß er sein Handeln und Erleben als solche verstehen, die *sehr wohl* ›anders sein könnten‹, und zwar – die Bezeichnungen fangen hier an, zynisch zu klingen – sowohl in ihrem ›Sosein‹ *wie* in ihrer ›Anordnung‹; er leidet *ohne* eingesehene Notwendigkeit außer der einen und falschen, *daß es nun einmal so ist*.

Dies auf der einen Seite. Die Sinnerfahrung hat aber nun das Merkwürdige, daß sie auch bei denjenigen zerstört oder beschädigt wird, die von den gesellschaftlichen Mängeln *nicht* unmittelbar, oder nur zu ihrem scheinbaren *Vorteil* betroffen sind. Es ist eine kurzsichtige Vermutung, die sich bei jeder Selbstüberprüfung in nichts auflöst, daß sich diese Mängel in *herrschendem Bewußtsein* überhaupt nicht abbildeten: dieses Bewußtsein ist im Gegenteil, wie sich zeigen wird, tief und dauernd von ihnen bestimmt. Denn auch ihm muß eine Gesellschaft, von der die Hälfte sich halbtot arbeitet, aller menschlichen Möglichkeiten bis auf einen jämmerlichen Rest beraubt wird, in Indien oder sonstwo verhungert (um einmal von der historischen Vergangenheit zu schweigen), als eine *sinnlose* erfahren werden – und auch dies nach den Formalkriterien von Sinn: denn immer und überall setzt es ja sein Eigeninteresse möglichst *uneingeschränkt* durch und ist so ohne einen Bezug aufs Allgemeine der Zufälligkeit und den Widersprüchen der eigenen Wünsche ausgeliefert. Sein Handeln und Erleben könnte nicht weniger ›anders sein‹; und zudem muß es sich als eines verstehen, das eben dadurch die *falschen*, nämlich die Mängel *verlängernden* Notwendigkeiten setzt: und das heißt, daß es nicht nur Sinnlosigkeit *erfährt*, in den Erlebnisformen von Angst, Schuld oder Isolation, sondern die *Sinnvernichtung selbst betreibt*. Im gleichen Maß, in dem es an Ausbeutung und Unterdrückung teilhat, und das tut es als nichtproletarisches *immer*, verstört es sich selbst. Darüber hat es keine Theorie machen wollen; und ich rechne es dieser Ästhetik zum Vorteil an, daß sie diese Wirkung der Beherrschten auf herrschendes Bewußtsein mit einbedenkt: in seiner Kunstproduktion nämlich bearbeitet es, so wird sich zeigen, unentwegt diese Wirkung und versucht sie fiktiv zu beheben. So hat es immer schon gewußt, und muß dem jetzt ins Auge schauen, daß der eingelöste Sinn nur in der geglückten, altertümlich gesagt: in der *gerechten* Gesellschaft zu haben ist, mit anderen Worten, in der gesellschaftlichen *Utopie*, die es selbst, und niemand sonst, verhindert.

Sobald man aufs Konkrete schaut, kann man also von *einem* Sinndefizit gar nicht mehr reden, aber man steht deswegen nicht auch schon vor einer kunterbunten Vielfalt solcher Defizite, die sich für eine Beschreibung des ideologischen Vorgangs in keiner Weise mehr zusammenfassen ließen. Zwar hat der Literaturstudent ein anderes als der Taschendieb, der Bierfahrer oder die Hausfrau, und auch gewiß nicht jede Hausfrau dasselbe, sondern ein nach Thema, Einfärbung und Begrifflichkeit jeweils ganz verschiedenes; aber durch den Gedanken, daß sie von den gesellschaftlichen Hauptmängeln verursacht sind, wird nun doch eine Klassifizierung möglich. Demnach gibt es zwei verschiedene *Arten* von Sinndefizit, von herrschendem oder von beherrschtem Bewußtsein, die, in ihrer Struktur verschieden, je nach ihrem funktionalen Verhältnis zur Produktion und ihrem verschiedenen Anteil an der Distribution, also *je nach Klassenzugehörigkeit* wechseln müssen. Aber auch noch etwas Zweites ist dadurch sichergestellt: ihre *Geschichtlichkeit*. Wo sie sich nicht an ›ewige‹ Sinndefizite geklammert hat, ist es wohl auch der intuitiven Einsicht schon klargewesen, daß sie (auf beiden Seiten) kaum die gleichen sein können etwa im frühbürgerlichen England oder der staatskapitalistischen Sowjetunion; aber der Schlüssel für eine genauere Zuordnung liegt auch hier in der Verfolgung des Ursachenverhältnisses: Sinndefizite verändern sich historisch nicht irgendwie und irgendwann, sondern eben mit den gesellschaftlichen Mängeln, von denen sie hervorgerufen sind.

Die Untersuchung ist damit an einem wichtigen und ursprünglichen Punkt im Entstehungsvorgang von Ideologie angelangt. Sie hat Sinndefizite zuerst in ihrem unzweifelhaften, weil erlebten Vorhandensein dargestellt, und als schlimme, oft bedrohliche Störungen einer Erfahrungsstruktur, zu der die einzelne Existenz nach Kräften hindrängt; danach haben sich die objektiven Mängel in der gesellschaftlichen Ordnung immer deutlicher als die realen und täglich wirksamen Ursachen dieser Störungen erwiesen. Ein solcher Sachverhalt kann nun aber, als wäre er einer unter vielen, offensichtlich nicht einfach *unbearbeitet* stehenbleiben. Wenn man sich andererseits fragt, wie solche Bearbeitungen eigentlich aussehen sollen, zeigt sich das Merkwürdige, daß sie als bloße Einsicht in die *Ursachen* nicht ausreichen. Durch Ursachen ist dem Sinnbedürfnis niemals abgeholfen: es kann einer die strukturelle Arbeitslosigkeit noch so tief ergründen, daß er keine Beschäftigung finden wird, kann ihm hundertmal der *Verstand sagen* – nur er versteht es *trotzdem* nicht, wird es *nie* verstehen, oder vielmehr erst, wenn er damit ›einverstanden‹ sein kann. Er verlangt die

Bearbeitung dieses Mangels in der Form einer ›Erklärung‹, die keine kausale ist. Daß er so denkt, scheint uns *natürlich* – aber mit welchem Recht eigentlich, nachdem wir uns darauf geeinigt haben, daß der alleinige Denkantrieb und einzige Weg zur wissenschaftlichen Wahrheit in der Erforschung von Mittel/Zweck-Zusammenhängen und damit von Ursache/Folgen-Ketten liegt? Jetzt aber stoßen wir auf eine andere Richtung, vor allem auf eine andere Motivation des Nachdenkens: Sinndefizite sind *elementare* existentielle Ermangelungen; sie führen zu einer unentwegten und unstillbaren Frage nicht nach dem Woher, sondern dem *Wozu* und sei es noch so vieler Ursachen und Zwecke, nach ihrem Allgemeinen und wiederum: nach ihrer *Notwendigkeit*. Die Instanz, die solche Fragen stellt, sind wir gewohnt, *Vernunft* zu nennen und für ein blasses und verstiegenes Wesen zu halten; aber im Sinnbedürfnis hat sie ihre lebendige und leidenschaftliche Wurzel: und wenn es richtig ist, daß die Erfahrung von Sinnlosigkeit aus den gesellschaftlichen Mängeln herrührt, dann sind diese auch *das Erste, was sie überhaupt zu ›erklären‹ hat:* sie steht am Anfang aller gesellschaftlichen Mängeltheorie.

Ein höchster Gerichtshof von abstrakter Allmächtigkeit, aber kraftlos in der Wirklichkeit: daß wir uns dieses Bild von ihr machen, ist kein Zufall. *Gerade* das Sinnbedürfnis, dem sie folgen muß, wie die ihr eingefleischte *Gleichgültigkeit* gegenüber *allen* Ursachen, und so auch denen der Sinnzerstörung, macht sie haltlos und korrumpierbar, und führt sie immer wieder auf dieselben zwei Irrwege. Entweder, wie in den schon dargelegten Beispielen, vergißt sie auf die wahre Kausalität von Sinndefiziten und erfindet, weil sie ihr besser in den Kram paßt, die falsche im Subjektiven und Irrationalen; oder sie nimmt die gesellschaftlichen Mängel zur Kenntnis, um ihnen dann sogleich eine Notwendigkeit zuzusprechen, die sie gar nicht haben. Wenn sie schon eine dauernde Sinnerfahrung verhindern, die ja eine reale, sinnlich und emotional erlebte Glückserfahrung ist, dann müssen sie *wenigstens* (danach verlangt das Sinnbedürfnis, um nicht verrückt zu werden) etwas *Sinnähnliches* haben, *irgendeine* und sei es scheinhafte Notwendigkeit, ein wenn auch nicht mehr emotional und sinnlich erlebbares, so doch benennbares Wozu, eine *halbwegs* vernünftige ›Erklärung‹ – und tatsächlich hat das ›Vernünftige‹ bis heute den Beiklang des *Nur*-Vernünftigen behalten. Dazu muß dann, weil es eine begründbare nicht gibt, eine ›Notwendigkeit‹ herbeigezogen werden, die von einer vom Verstand angeblich nicht mehr hinterfragbaren Autorität *gesetzt* ist, frühkindlich wie frühgesellschaftliche übrigens von *derselben:* weils der Vater so will, weils der liebe Gott so will. Durch solche *Setzungen* von Notwendigkeit ist nun scheinhafter Sinn offensichtlich auch *herstellbar* und läßt sich, wenn auch nur als begrifflicher, mit real eingelöstem fortan verwechseln.

Mit dieser Herstellbarkeit von Sinn durch Setzung steht man am Ursprung von *Ideologie* als plausibilisierender Bearbeitung der gesellschaftlichen Mängel durchs herrschende Bewußtsein. In ihr ist das Bestehende in der Tendenz immer gerechtfertigt und gutgeheißen, sind die Mängel bagatellisiert und geleugnet oder, unter Berufung meist auf äußere oder innere *Naturschranken*, als notwendig und unbehebbar hingestellt: sie *müssen* sein, weil die Produktionsmittel nicht ausreichen, die Ökologie heißläuft, oder wegen des menschlichen ›Wesens‹, das nach Autorität verlangt, dem Gewinnstreben unwiderstehlich folgt, die Konkurrenz zu seiner Entfaltung braucht, kurz: weil es nicht anders geht. Nie aber vermag es die Vernunft, ihren Auftrag zum Allgemeinen, das heißt zur Befragung solcher angeblichen Notwendigkeiten gänzlich zu vergessen, und daher entwickelt sie immer zugleich auch gegenideologische Mängeltheorien, die das Bestehende schlecht nennen, mißlungen und zerstörerisch; in ihnen sind die Mängel *als* Mängel festgehalten und beschrieben als *nicht* notwendig, überflüssig und daher schleunigst abzuschaffen; sie machen geltend, daß die äußere Naturschranke sich noch jedesmal hat überwinden lassen, und daß die innere eines vermeintlichen menschlichen ›Wesens‹ keine *ist*, sondern von eben jenen falschen Strukturen erzeugt wird, zu deren Rechtfertigung sie dann wieder herhalten muß. Sie muß die *dialektische* Begründungsweise heißen, weil sie von der Gesellschaft, nach Hegel, einen ›Begriff‹ hat, der seine Sache nicht ontologisch als ›Wesenheit‹, sondern mit ihren Möglichkeiten und Widersprüchen faßt, und somit diese Sache in ihrer *Wirklichkeit und Wahrheit* erkennt – »weil etwas ›wirklich‹ und ›wahr‹ nur ist, wenn es ist, was es sein kann, indem es alle seine objektiven Möglichkeiten entfaltet«.[16] Insofern ist sie der ersten, die diese Möglichkeiten immer nur verneint, statt sie als Alternativen mitzudenken, *analytisch* und, wie sich zeigen wird, auch *historisch* überlegen.

Beide Arten von gesellschaftlicher Mängeltheorie sind zu allen

37

Zeiten vorgetragen worden, und es scheint, daß einer objektiv urteilenden Vernunft die Wahl nicht schwerfallen könnte; trotzdem ist immer, und gewiß doch nicht aus Zufall, die erste, mängelplausibilisierende die charakteristisch herrschende gewesen. *Ein* Grund dafür ist inzwischen schon deutlich geworden. Das Sinnbedürfnis drängt, wenn es schon nicht gestillt werden kann, wenigstens nach einer *Sinnberuhigung,* und die wird ihm von Theorien verweigert, die Sinndefizite vielmehr mit allen Kräften begründen und offenhalten wollen (es sei denn, sie wären selbst schon zur Heilslehre degeneriert). Daher gibt es sich mit dem *Schein* von Vernunft zufrieden, mit dem die anderen Theorien die gesellschaftlichen Mängel überschreiben, und sieht auf deren Argumente – die Beispiele haben es gezeigt – lieber nicht so genau hin, um beim diffusen Halbbewußtsein bleiben zu können, daß ›im Grunde‹ schon alles seine rechte Ordnung hätte. Das funktioniert auch oft, und wie die Geschichte und die eigene Lebenserfahrung lehrt, manchmal über lange Zeiten hinweg. Denn Sinndefizite *erscheinen* ja nur als dasjenige, was nach allen ›Erklärungen‹ noch unerklärt zurückbleibt, und das ist mitunter nicht mehr viel. Ein ganzer Wust solcher ›Erklärungen‹ hat ungesagt weggeräumt werden müssen, bis dahinter wieder das ursprüngliche Verhältnis zum Vorschein gekommen ist: daß Sinndefizite vielmehr dasjenige *sind,* was alle solchen ›Erklärungen‹ erst auf den Plan ruft und erzwingt.

Der einzige Grund, warum diese ›Erklärungen‹ mit solcher Regelmäßigkeit plausibilisierend ausfallen, wird darin aber kaum liegen. Das *wahre* Maß an gesellschaftlicher Notwendigkeit ist zu leicht zu erkennen und zu sagen, als daß die Vernunft durch ihr Sinnbedürfnis allein sich so schnell dagegen blind machen könnte. Es liegt darin, daß *jede* Gesellschaftsform eine Einschränkung der Wünsche des Einzelnen erfordert, und ihm daher mit Mängeln behaftet erscheint, aber daß diese Mängel nur dann zu einsichtigen und sinnvollen werden, wenn sie für alle Einzelnen *minimalisiert* sind; und nicht mit ihrer absoluten Größe wechseln die historischen Sinndefizite, sondern mit der Abweichung von diesem Maß. Daß es immer wieder aus dem Blick gerät, liegt nicht so sehr an der Vernunft, als am *Interesse,* das freilich an ihrer schwachen Bedürfnisstelle sich gleichsam in ihr einnistet – dem zweiten, wesentlich ungesellschaftlichen, unhistorischen, und nach vielen Seiten immer noch undurchschauten Moment des ideologischen

Vorgangs: Zeit, es endlich genauer, nämlich als selbst wahrgenommenes, ins Auge zu fassen.

Die Begriffsbestimmung von ›Interesse‹ ist nicht weniger als die von ›Sinn‹, eben weil sie beide so nah am Ursprung von Ideologie liegen, selbst in hohem Maß ideologiegefährdet. Das Wort deckt alle Schattierungen vom Aufsuchen der privatesten bis allgemeinsten Ziele; trotzdem wird es in der philosophischen Rede meist nur naiv in der zweiten Bedeutung eines legitimen, weil für alle gleichartigen ›Erkenntnis-‹, ›Gattungs-‹ oder *Vernunftinteresses*‹ [17] gebraucht – und in dieser Wortverbindung zeigt sich am schlagendsten, wie leicht sich diese zwei in Wahrheit *entgegengesetzten* Antriebe miteinander verwechseln können. Der Marxismus neigt umgekehrt dazu, ›Interesse‹, und zwar als einzig *wirkliche* Denk- und Handlungsmotivation für den Einzelnen, aus dem *Klasseninteresse* abzuleiten; damit wirft er den Vernunftantrieb aus seinen Vorstellungen von Ideologieentstehung weitgehend hinaus, aber offensichtlich zu Unrecht: denn er *selber* glaubt ja diesem Vernunftantrieb dauernd, und zwar *auch* als einzigem zu folgen, genauso unbesehen und ›natürlich‹, wie er sich seinerseits von jeder eigenen Interessenwahrnehmung freispricht. Beide Begriffsbestimmungen sind verwaschen bis fehlerhaft, und ein wenig zum Lachen, weil sie gerade die heikle Stelle umgehen, an der Interesse in die Theorie einfließen kann – und sein Anteil daran, das war am Einleitungsbeispiel der Literaturwissenschaft deutlich genug zu sehen, ist mitunter recht erheblich. Diese Stelle ist das *Eigeninteresse*, das der Theoretiker mit seiner Theorie, und der Handelnde mit seinem Handeln verfolgt. Der Begriff wird also erst klar, wenn man ihn nicht von irgendwelchen allgemeinen oder Sammelinteressen abzieht, sondern das Interesse bis zu seinem ersten Ausgangspunkt zurückverfolgt, nämlich zum *Wunsch- und Triebinteresse des Einzelnen* als derjenigen Kraft, die hinter der Durchsetzungstaktik des Lustprinzips steht. [18]

Interesse in dieser Wortbedeutung richtet sich auf die möglichst ungehinderte Entfaltung der eigenen Genuß- und Handlungsfähigkeiten, und auf der anderen Seite auf ein Mindestmaß an Fremdbestimmung und die Freistellung von Zwangsarbeit, vor allem der körperlichen. Daß solche Freiheiten von *jedem* Einzelnen nach Kräften angestrebt und festgehalten werden, läßt sich nicht schwer wahrscheinlich machen; als ein solches, von allen verfolgtes *Privilegierungsinteresse* zeigt es sich in zwar ärgerlichen,

39

aber im Einzelnen oft noch scheinbar harmlosen Erscheinungsformen – oder wer wollte den Kostgängern der *nouvelle cuisine* ihre dünnen Genüsse schon ernsthaft übelnehmen? –, aber dabei kann es nicht stehenbleiben, sondern muß, weil Privilegierung anders sich nicht institutionalisieren läßt, zum *Herrschaftsinteresse* sich fortentwickeln oder mit ihm gemeinmachen in all seinen häßlichen und oft wahrhaft fürchterlichen Gestalten. Damit stellt sich die Frage nach der *Legitimität* von wahrgenommenem Eigeninteresse, und die ist, wenn auch roh, so doch schnell beantwortet. Jede Gesellschaft hat nur eine bestimmte Menge von Entfaltungs- und Freistellungsmöglichkeiten zu verteilen: wer davon, ohne funktionale Rechtfertigung, mehr als das *verallgemeinerbare Maß* in Anspruch nimmt, raubt sie den Zukurzgekommenen, tritt (wie vermittelt auch immer) zu ihnen in ein Unterdrückungs- und Ausbeutungsverhältnis, und herrscht insofern über sie; seine Interessenwahrnehmung verlängert die gesellschaftlichen Mängel und zerstört dadurch Sinn für ihn wie für die Gesellschaft. Wem davon, nach demselben Maßstab, zuwenig zukommt, wird beraubt, wird beherrscht, es wird ihm die Zerstörung von Sinn für sich wie für die Gesellschaft zugefügt; als Vorbedingung zu dessen Einlösung ist seine Interessenwahrnehmung daher rechtens und dem Gesellschaftsganzen förderlich: wenn also eine sinnvoll geordnete Gesellschaft der erste Legitimationsgrund bleiben soll, dann ist sein Interesse legitim, das andere nur ideologisch und zum Schein legitimierbar.

Sowohl bei der Klassifikation der Sinndefizite wie bei der der Interessen ist so eine strenge Zweiteilung nach dem *Herrschaftskriterium* notwendig geworden. Das verweist darauf zurück, daß mit ihm die gesellschaftlich entscheidende *Grenze* bezeichnet ist, die methodisch die Verwendung des Zweierschemas einer herrschenden und einer beherrschten Klasse, bzw. von herrschendem und beherrschtem Bewußtsein verlangt; und daher will ich an diesem Schema auch wo immer möglich festhalten. Es trifft die Realität jedenfalls genauer als die Modelle einer ihrerseits interessierten und ideologisierten Soziologie, die mit ihren Modellen von fünf, sieben, oder ich weiß nicht wie vielen sozialen *Schichten* diese Grenze immer wieder verwischen will. Man schafft aber rot und blau nicht aus der Welt, indem man behauptet, alles sei irgendwie lila. Andererseits fällt es, wie der herkömmliche Marxismus zu oft unbedacht behauptet hat, mit der Realität freilich auch nicht *zusammen;* zur besten Übereinstimmung kommt man vielleicht dadurch, daß man den Klassenbegriff nicht zur Bezeichnung von gesellschaftlichen Entitäten verwendet, sondern *strukturell*, also so, daß nach ihm einzelne Individuen mit einigen Merkmalen in die eine, mit anderen in die andere Klasse fallen können. Es gibt in den entwickelten Ländern niemand, der *nur* herrscht oder *nur* beherrscht wird: mit sehr seltenen Ausnahmen sind die hiesigen Führungspositionen die von reinen Interessenfunkionären mit einem sehr kleinen eigenen Entscheidungsspielraum, und auch die Arbeiter herrschen noch, nach dem hier verwendeten Wortgebrauch, über die der Dritten Welt. Tatsächlich begegnet man diesen zwei Bewußtseinsformen in der verschiedenartigsten Vermischung: das heißt aber nicht, *daß es sie nicht trotzdem gäbe;* und nur wenn man sie strukturell auseinanderhält, kann man hinter die Mechanismen kommen, denen herrschendes Bewußtsein folgt – und daß dem der Leser dieses Buchs, unabhängig von seiner genauen sozialen Sondernische, im Ganzen zuzuschlagen ist, wird ihm nach dieser strukturellen Bestimmung nicht weiter zweifelhaft sein; wenn sie ihm aber zu ›einfach‹, oder die ›funktionale Rechtfertigung‹ für seine Privilegierung ihm ganz und gar fraglos erscheint, könnte er gerade darin Anlaß haben, der Untersuchung weiter zu folgen.

Auch von der Vorstellung, Klassen seien säuberlich voneinander getrennte soziale Gruppierungen, werden also breite Bereiche von Klassenherrschaft verdeckt, nämlich diejenigen, in denen man sich nun von ihr *ausnehmen* kann. Das hört auf, sobald man sie als *relative*, also auch von Beherrschten mitausgeübte faßt; erst dann tritt sie in ihrer ganzen Mächtigkeit und Zerstörungskraft hervor und läßt sich auf ihre lapidare Grundformel bringen, die jetzt aber auch alle Einzelfälle deckt. Sie klingt pathetisch und zum Erschrecken; alle Aufforderungen, man solle doch endlich aufhören, vom Klassenkampf zu reden, werden vor ihr gegenstandslos und unerfüllbar – ich jedenfalls weiß keinen Weg, ihr auszukommen. Sie heißt: jeder Angehörige der herrschenden Klasse *tötet*, jeder Angehörige der beherrschten *wird* getötet. Freilich, solang diese Zugehörigkeiten strukturell vermischt sind, läuft das meistens nur (aber immerhin *doch*) auf eine *Abtötung* von Lebens- und Entfaltungsmöglichkeiten hinaus; wo diese Vermischung aber endet, nämlich am untersten Gesellschaftsrand, führt Klassenherrschaft *historisch* regelmäßig, *heutzutage* noch wahrhaftig oft genug, und fast durchwegs in sadistisch erkrankten Formen[19] zur *physischen Liquidierung* der nur Beherrschten – die freilich aus den entwickelten Ländern inzwischen weitgehend kolonialistisch *exportiert* wird.[20]

Keiner kann sagen, das hätte er nicht gewußt. Ich habe die Formel aber nicht hierhergesetzt, um mit ihr zu *moralisieren* – vor allem, weil alle Beschuldigungen (oder alles schlechte Gewissen) ja nicht das mindeste an ihr ändern; sondern einmal wegen des *Widerstands,* den sie wachruft, und an dem herrschendes Bewußtsein lernen kann, mit welcher Kraft es sich, nicht gegen diesen Sachverhalt, sondern gegen seine *Aufdeckung* wehrt. Zum zweiten kann sie aber vielleicht besser als komplizierte Ableitungen klarmachen, daß klassenmäßig verschiedene Interessendurchsetzung auf beiden Seiten *unvermeidliche* und schwer erträgliche Sinndefizite erzeugen muß, daß ihre Legitimierung *nie* ganz gelingen kann, ideologische Mängelplausibilisierung so dringlich wie *vergeblich* bleibt – und das alles aus immer demselben Grund: weil die Wahrnehmung von Privilegierungs- und Herrschaftsinteressen über das gesellschaftlich verallgemeinerbare Maß mit dem *Tötungs-* eben auch ein *Schuldverhältnis* setzt, und zwar, wie man sich nun leicht denken kann, nicht irgendeins, sondern das tiefste und ursprünglichste.[21]

Das Gegenstück von Schuld aber ist immer die *Angst,* mit allen ihren Folgen der Abkapselung, Aggressivität, Melancholie und Entfremdung: und die war von jeher eine Grundkomponente von herrschendem Bewußtsein, die mit den wachsenden Sinndefiziten der Moderne nur unverdeckter hervorgetreten ist. Beherrschtes Bewußtsein bleibt von ihr verschont, wenigstens in ihrer bedrohlichsten Form, wo sie als eine Verlorenheit ins *Nichts* erfahren wird, also als etwas, was selbst nicht weiß, *wovor* es sich ängstigt, und keinen bezeichenbaren Gegenstand hat. Die existentialistische Deutung, daß dieser Gegenstand in Wahrheit der *Tod* sein soll, greift wie oben zu kurz: die viel einfachere Erklärung scheint mir in einem ›Nichts‹ zu liegen, das auf jede Existenz dauernd und gegenwärtig einwirkt, und zugleich *tatsächlich* kein ›Gegenstand‹ ist – nämlich vielmehr eine mangelhafte *Struktur* der Bezogenheit und notwendigen Ausrichtung im eigenen Handeln und Erleben: für bloße Strukturen aber, und damit auch für die Sinnlosigkeit, kann es kein *Bild* geben.[22]. Wo aber diese Angst ihren Gegenstand schließlich doch finden könnte, nämlich in den konkreten und tödlichen *Folgen* dieses Strukturmangels: darauf darf sie, weil diese Folgen als mitverschuldete unerträglich sind, am allerwenigsten hinsehen.

Hier liegt, mehr noch als im *eigenen* uneinsichtigen Erleiden, der wahre Quellpunkt von Ideologie. Denn mit diesem täglich und stündlich *neu hergestellten* Verhältnis vor Augen kann man nicht leben; seine Bearbeitung wird unumgänglich: es muß, wie notdürftig auch immer, fürs Bewußtsein zum Verschwinden gebracht werden. Das legt es nahe, die *Psychologie* dieser Bearbeitung zu verfolgen, die im wesentlichen eine der *Verdrängung* ist. Durch diese Kennzeichnung gewinnt man den Vorteil, nicht dauernd von Schuld und Angst reden zu müssen, wo gar keine erlebt wird, und wo tatsächlich im Bewußtsein zumeist gar keine mehr *vorhanden* ist. Denn Verdrängung hat zwar zur Ursache und zum Inhalt ein bis auf Reste untergegangenes Schuldgefühl, aber *an ihr* ist man nicht schuld – man wird durch sie nur getäuscht: und so eben auch hier.

Der erste und entscheidende Verdrängungsschritt liegt darin, daß Privilegierungs- und Herrschaftsinteresse von sich als Eigeninteresse nichts mehr wissen darf: daß das Tötungsverhältnis nur aus Gründen der eigenen Entfaltung und Bequemlichkeit sein müßte, läßt sich schwer halten. Daher muß sich wahrgenommenes Eigeninteresse soweit wie nur immer möglich als legitimes Interesse der Unterdrückten deuten oder als Allgemeininteresse, das heißt als gesellschaftliche Vernunft. Darin ist es durch die psychologische Grundregel gestützt, daß Wunsch und objektive Erkenntnis, also Interesse und Vernunft, sich leicht miteinander *unerkannt verwechseln*. Wer den Waschzwang hat, dem leuchtet die Seife ein. So können also ganze Erkenntnisbereiche, ja Erkenntnis*arten* (etwa die dialektische) von meinen Wünschen bevorzugt oder abgewiesen werden, *ohne daß dies in meiner Reflexion erscheint*. Es ist mir, eben weil ich mit meinen Wünschen in Widerspruch zu den andern gerate, sogar wesentlich lieber, wenn sie *nicht* als solche erscheinen, sondern beispielsweise als eine *allgemeine unwiderlegliche Notwendigkeit*. Demnach werde ich bona fide argumentieren, siebenmaliges Händewaschen am Tag (oder auch die Judenausrottung) *sei* eine solche Notwendigkeit. Ich werde also mein Interesse regelmäßig *zuwenig* als solches deuten, und *zuviel* als gesellschaftliche Vernunft. Damit unterliege ich einer *Erkenntnisdeformation*, die für mich deswegen schwer aufzuklären (und auch allgemein-theoretisch weitgehend *unaufge-klärt*) ist, weil ich mich ihrer Aufklärung *selbst widersetze.*

Dieser Mechanismus wirkt nun nach meiner Seite, aber ich stehe damit nicht allein. Zwar wird mir fremdes und *mir* widersprechendes Interesse sehr schnell kenntlich, ich bin sogar empört über seine Selbstsüchtigkeit; aber Interesse, das sich mit dem meinen *deckt*, wird mir auf *dieselbe Weise unsichtbar* wie mein eigenes. Daher werde ich (etwa) als eigeninteressierter Literaturbefaßter, zusammen mit allen andern ebenso interessierten, einer Theorie zuneigen, in der die Literatur als unentbehrlich und von höchster Gesellschaftsrelevanz erscheint, ohne daß wir von dieser Neigung *etwas wüßten.* So können sich die Interessen innerhalb von Gruppierungen, wo sie deckungsgleich sind, zu einem unerkannten Gruppeninteresse bündeln, und solche Meinungen zu einem schwer durchbrechbaren *Konsensus* werden lassen -- ja es ist möglich, daß sehr viele Gruppen, etwa ein Kafkakongreß oder ein Rotary Club, sich nur deswegen zusammentun, weil sie die Garantie bieten, daß in ihnen von wahrgenommenem Eigeninteresse *nicht mehr geredet wird;* proletarisch sind solche Vereinigungen jedenfalls weniger zahlreich und komplizenhaft.

Der gesellschaftlich wirksamste Fall einer solchen Bündelung ist die zu einem *unerkannten Klasseninteresse*, dem noch ganz dieselbe Struktur abzulesen ist. In seiner Wahrnehmung liegt einerseits die reale Ursache für alle gesellschaftlichen Grundmängel der Produktionsweise wie der Distribution; andererseits ist es *als* wahrgenommenes kaum einmal gewußt. Der Couponschneider hält sich an die von der Soziologie bereitgestellte Lüge, daß es Klassen ja schon längst nicht mehr gibt; der Funktionär spricht unentwegt von der *Bürde* seines Amtes, den *Lasten* seiner Verantwortung, und trägt noch nicht einmal den eigenen Regenschirm. Immerhin wird hier die Durchsetzung von Privilegierungs- und Herrschaftsinteresse noch *zugegeben* (und dann als ›notwendige‹ hingestellt) – mitunter sogar die für die eigenen Zwecke, wie bei dem aufrichtigen Bekenner, der ruhig zugibt, daß ihn nur das Geld interessiert, das halte im Grunde doch jeder so.

Falsche Aufrichtigkeit, trügerische Ruhe: sie gleichen der *Na-und*-Reaktion auf den Hinweis des Analytikers, der Patient hege offensichtliche Inzestwünsche. In *beiden* Fällen nämlich bleibt das Schuldgefühl wirksam, und kehrt aus der Verdrängung wieder als das *Heilige* und das *Peinliche*. Schon bevor sie theoretisch legitimiert wird, erscheint dem herrschenden Bewußtsein die klassengesellschaftliche Ordnung ›heilig‹ und in ihrer am deutlichsten schuldverhafteten Hierarchiespitze ›göttlich‹ oder als ›Gottesgnadentum‹; aber ein heiliger Ton ist auch heute oft noch unüberhörbar, in Diskussionen über die Verfassungstreue nicht weniger als in Begrüßungsworten feierlicher Zusammenkünfte und ihren in jedem Fall ›wertvollen Beiträgen‹; die Legitimierungsinstitutionen, soweit sie nicht ohnehin mit einer Priesterschaft *zusammenfallen*, werden zur ›heiligen Kunst‹ und ›reinen Wissenschaft‹ erklärt, die mit irdischen oder schmutzigen Geschäften unter Garantie in keiner Verbindung stehen: es soll verboten sein, sie danach zu fragen.

Mit der klassischen magischen Verdrängungsmetapher werden alle diese schuldgefährdeten Bereiche *unantastbar*. Nicht umsonst hat sich die Macht immer, oft mit wörtlicher *Unberührbarkeit* umgeben; und nach wie vor nehmen *Taktfragen* (zu deutsch *Anrührungs*fragen) mit der sozialen Höhe nach Zahl und Genauigkeit zu. Wo aber die Antastung erfolgt oder deswegen nahekommt, weil Privilegierungen legitimatorisch nur noch schlecht gedeckt sind, entsteht das *Peinliche*. Es kann daher heutzutage in Dichterlesungen, anders als früher, in durchdringender Weise auftreten; an der öffentlichen wissenschaftlichen Rede, bei der auf eine sonderbare Weise alle Beteiligten so tun ›als wäre nichts‹, nämlich *keine* Privilegierung, ist es inzwischen zumindest oft bemerklich; und es entsteht augenblicklich, sobald man jemanden fragt, warum er denn die griechische Putzfrau, die vor ihm die Treppe wischt, so auffällig übersehe. In der Sozialisation fest eingeübt, verhindert dieser Mechanismus sehr wirkungsvoll jede rationale Bearbeitung von Schuldinhalten. Denn das Peinliche läßt sich beschreiben als innerer Befehl zur emotionalen, und daher auch gedanklichen *Flucht: ich* sollte in diesen schlimmen Zusammenhang mit hineingehören? Nur da nicht hindenken, am liebsten in die ganze Richtung nicht. Denn jeder Gedanke daran brächte die Gefahr näher, daß das Unsägliche zum Vorschein kommt, und schrecklich entblößt stünde ich, der selbstangemaßte Interessenkaiser, dann vor der versammelten Menschheit da.

Aber dieser Zusammenhang ist kein Zwangsgesetz; die Frage nach dem wahrgenommenen eigenen Interesse kann ihn gedanklich, die Bearbeitung des Peinlichen emotional durchbrechen. Der

Kaiser *läßt* sich nach seiner Nacktheit befragen, das Unsägliche mit einem gewissen innern Aufwand *doch* aussprechen, und das ist hier geschehen: es kommt vor, daß wir über die Klassengrenze hinweg jemanden, den wir nicht kennen, berauben, verstümmeln oder töten. Es kommt gleichfalls vor, so peinlich das ist, daß wir scheißen. Ich bitte hier *nicht* um Entschuldigung: das Beispiel steht da wegen der Wichtigkeit, sich zum Peinlichen zu *verhalten*, anstatt es zu verschweigen und hilflos davor zu erröten. Wo das Peinliche gesellschaftliche Inhalte hat, liegt in ihm ein politisches Potential, denn an ihm zeigt sich unabweislich, wie in einer Reihe ähnlicher emotionaler Verdrängungsfelder[23], daß Ungesellschaftlichkeit auch Realitätslosigkeit, Meidung, Angst mit sich bringt – eben das Sinndefizit von herrschendem Bewußtsein. Dadurch wird Interesse dialektisch: es muß immer auch ein *Interesse an der Interesselosigkeit* geben. Kann sein, daß das Wort noch etwas davon weiß; Interesse heißt ›Dazwischenstehen‹ – eine einigermaßen rätselhafte Bedeutung, wenn man an den heutigen Wortegebrauch denkt[24], aber bei *einem* Verhältnis steht es sicherlich dazwischen, nämlich bei dem des Einzelnen zum gesellschaftlichen Sinn. Blind nach unten durchgesetztes Interesse ist ungesellschaftlich und unvernünftig, was immer es auch von sich weiß und sagt: und es liegt in der Logik eben *auch* von bürgerlicher Vernunft, seinen Widerspruch zum Allgemeinen aufzudecken in *gegeninteressierten* Versuchen zur *Displausibilisierung* der gesellschaftlichen Mängel.

Man muß zugeben, daß sie mit diesen Versuchen im Ganzen glücklos geblieben ist. Zwar sind in linker Theorie die gesellschaftlichen Mängel in ihren Ursachen, ihrer Unnötigkeit und ihren zerstörerischen Wirkungen immer wieder richtig bezeichnet; aber gegen die herrschende Ideologie hat sie sich kaum einmal, oder nur in Zeiten *offensichtlich* lebensbedrohlicher Repression durchsetzen können. Das hat gewiß vielerlei Gründe: aber ein wiederum unerkannter, und in meinen Augen der wichtigste, liegt im blind wahrgenommenen Eigeninteresse eben auch *ihrer* Vertreter. Ihre Theorie ist immer eine für die *andern* – oder wo hätte sie sich die Notwendigkeit der *eigenen* Interesseneinschränkung thematisch gemacht? Statt dessen hat sie im Führungs- und Anleitungsanspruch ihrer Parteien die gesellschaftliche Hierarchiespitze immer schon *im Voraus* mit Selbstverständlichkeit für sich reserviert; aber auch das heutige hochprivilegierte, angeblich ›alternativ‹, in

Wahrheit aber ganz seinen Interessen und auf gesellschaftliche Kosten lebende junge neue Bürgertum sieht sich überall nur selbst unterdrückt und in seinen legitimen Entfaltungsmöglichkeiten verkürzt. Auf eine recht groteske Weise bilden sich im bürgerlichen Bewußtsein jeweils nur die *andern,* und gerade die anderen *Bürger,* als rücksichtslos und borniert interessiert ab – insofern nämlich das jeweils eigene Sonderinteresse von dem der andern *divergiert* – aber kaum je einmal sieht es die mit ihnen geteilte *Interessengemeinsamkeit,* die dagegen doch wohl unstrittig überwiegt. So kann der einzelne Bürger vielleicht aus Wut gerade noch erkennen, daß seine Mitbürger ihr Klasseninteresse wahrnehmen, und wenn er linke Neigungen hat, sogar dagegen vermeintlich ›kämpfen‹ – aber daß er selbst darin befangen ist, bleibt ihm verborgen.

Mit dieser Durchsetzung ihrer Eigeninteressen gerät nun auch die Linke in den allgemeinen klassengesellschaftlichen Schuldzusammenhang und damit in eine psychische Disposition zu seiner Verdrängung, aus der er hier wiederkehrt als *Heiligkeit der Partei,* und als *Peinlichkeit der Agitation,* wie sie mir aus einigen Fällen unvergeßlich geblieben ist, und die sich wie vorhin aus dem ›Antasten‹ mangelhafter Legitimation erklärt. Nicht weniger deutlich zeigt sich an ihrem Verhalten eine andere Verdrängungsfolge, nämlich die *Projektion,* und zwar in zwei Richtungen. Was ich an mir nicht wahrhaben will, muß ich den andern vorwerfen: und sie sind mir um so unangenehmer (einerseits), je mehr sie mir *ähneln.* Darin liegt offenbar der Grund für den sonst nicht erklärlichen, irrationalen *Fraktionierungszwang* linker politischer Gruppen: sonst könnte doch nicht *jedesmal* eine mikroskopische Abweichung von der eigenen Linie der abgründigste Verrat sein, und das Verhalten der Nebengruppe, durch das man, sonderbarer Ausdruck, *gelinkt* werden sollte, das unsäglichste *bürgerliche.* Es ist ein wahres Elendskapitel von psychologisch verhinderter Reflexion, welche Bürger welche anderen als ›bürgerlich‹ beschimpfen müssen: denn (andererseits) sind nun zugleich auch die *ganz anderen* die Hauptschuldigen, und auch dies wieder aus Gründen der Projektion. Schließlich wo, wenn nicht im Innern *jedes* ihrer Mitglieder, sitzt wohl die ›Bourgeoisie‹ und spinnt ihre Netze? Wenn man aber die Linke befragt, dann geschieht das in der *Chase Manhattan Bank,* dem *Council on Foreign Relations,* oder (vielleicht grade noch) durch den Herrn von Siemens –

jedenfalls durch eine Sorte von ›Herrschenden‹, mit der man selbst nicht das mindeste gemein hat.

Auf diesem entscheidenden und offensichtlichen Fehler beruht nun aber gerade ein Großteil der Wirksamkeit, und damit der Gefährlichkeit, von Klassenherrschaft. Sie weiß ebensogut wie ihre Gegner, daß sie sich gegen einen mehrheitlichen Widerstand auf die Dauer nicht würde durchsetzen können: der aber hört in aller Regel, wenn auch nicht immer, gerade da auf, wo durch ihn die *eigene* Privilegierung und Entfaltung in Frage gestellt wäre, ganz gleich ob sie über dem gesellschaftlich verallgemeinerbaren Maß liegen oder nicht. Ich weiß wenige, die gegen die Zuteilung eines freien Forschungssemesters oder der sozialen Beihilfe zum Höchstsatz schon einmal *protestiert* hätten; dagegen sehe ich den Supermarktdiebstahl weithin bewundert und die afghanische Handstickerei in den Boutiquen ›günstig‹ angepriesen. Zwar, niemand *will* (natürlich) die koloniale Tötung, oder auch die Entlassung der gelernten Drucker; aber über den verbilligten Kaffee jubelt ein jeder, und bestellt die Zeitung ab, wenn sie ihm zu teuer wird. Daß kapitalistisch das eine aus dem andern zwingend folgt, weiß aber doch die einfachste Theorie, und sie *sollte* zumindest wissen, daß eine erfolgreiche Strategie nicht am Ende, sondern am Anfang von Ursachenketten ansetzen muß.

An diesem Anfang aber stehen wir, *indem wir nämlich dauernd mitmachen*, selber auch, und insofern müssen wir in den gesellschaftlichen Mängeln die Auswirkungen einer Maschinerie sehen, der wir nicht weniger als andere den Antrieb liefern. Solange wir von ihr die Erfüllung unserer Privilegierungswünsche erwarten und verlangen, delegieren wir an sie eine Befugnis zur Interessendurchsetzung, mit deren Mechanismus wir dann aber auf einmal nichts mehr zu tun haben wollen; der aber wird verläßlich gerade dadurch, daß sich keiner gegen ihn wehrt, und niemand soll sich wundern, wenn er in dieser Verläßlichkeit auch genutzt wird: Funktionäre gibt es immer, sie bedienen sich vorhandener Strukturen und verschwinden mit ihnen (nicht diese mit den Funktionären). So summieren sich wahrgenommene Eigeninteressen, die von den unseren gar nicht verschieden sind, zur *objektiven Gewalt*, gegen die es dann auch nicht mehr viel hilft, *nicht* mitzumachen: dann haut sie uns nämlich auf die demonstrierenden Köpfe – aber es ist auch schwer zu sagen, was in denen eigentlich vorgeht, wenn sie sich gegen etwas empören, wozu sie *zugleich* auch immer den Auftrag erteilen. Ungewußt wahrgenommenes Eigeninteresse bringt sich so durch seine Bündelung in eine Lage, in der es gar nicht mehr anders kann, als sich *weiter* wahrzunehmen – es sei denn um den Preis einer Abtötung, den es zuvor auf seine Nichtwahrnehmung gesetzt hat: und der ist zwar nicht mehr so unbezahlbar wie in früheren Epochen, aber immer noch hoch genug.

Dem Vorgang ganz zu entgehen, ist demnach schwer oder unmöglich: es käme aber darauf an, ihn zu *bemerken*. Wenn er hier richtig geschildert ist, dann heißt das, daß der innerbürgerliche ›Kampf‹ gegen das bürgerliche Klasseninteresse noch nicht einmal *aufgenommen* ist, wie ›korrekt‹ die Standpunkte scheinbar auch immer gewesen sind; und jedenfalls kommen aus mangelhafter Überprüfung von durchgesetzten Eigeninteressen deutliche Sündenbockfeindbilder zustande – und eine brüchige politische Motivation *und schlechte Theorie dazu.* Sie hat zwar die gesellschaftlichen Mängel richtig bezeichnet, aber immer nur die *kostenlose* Hälfte ihrer Ursachen angegeben, und ist dadurch außerhalb der bürgerlichen Intelligenz auch entsprechend unglaubwürdig geblieben. »Die *Idee* blamierte sich immer, soweit sie vom ›*Interesse*‹ verschieden war«[25], hat Marx dazu bündig gesagt. Wenn sie dieser Blamage entgehen, und nicht weiter dastehen will als eine, die angeblich denkt, und in Wahrheit nur bewußtlos mit nach unten trampelt, dann muß sie das von der Idee einer gerechten Gesellschaft *wahrlich* ›verschiedene‹ eigene Interesse, wenn sie schon nicht davon ablassen kann, so doch *wenigstens* endlich zur Kenntnis nehmen und mitreflektieren. Und daran sollte ihr, auch wenn eine solche Bewußtmachung *gesellschaftlich* nichts nutzt, doch auch etwas gelegen sein.

Am Ende dieser Überlegungen hat sich so das Interesse als *wahrgenommenes Eigeninteresse* in seiner politisch wirksamsten und zugleich unsichtbarsten Gestalt gezeigt. Man kann in ihm sehr wohl den historischen Motor sehen zur Erweiterung menschlicher Bedürfnisse und Entfaltungsmöglichkeiten – aber nur als unterdrücktes und legitimes bringt es die Gesellschaft als ganze weiter; dagegen wird es, immer wo es übers gesellschaftlich verallgemeinerbare Maß hinausgeht, zugleich und notwendig zum *Tötungsmittel,* und dieser Schuldzusammenhang macht seine dauernde und genaue Betrachtung unerträglich. Wir *müssen* es verdrängen, wenn wir weiterleben wollen; und seither liegt die Schwierigkeit weniger darin, es zu leugnen (wozu viele gar nicht neigen), als es vielmehr, weil es wie alles Verdrängte aus der Aufmerksamkeit dauernd *wegrutscht,* wieder vor den Blick und vors Denken zu heben. Als große, vielschichtige und immer wieder zurückfallende *Kulisse* steht es zwischen uns und der gesellschaftlichen Wahrheit, kaum in allen Schichten wegzuschieben – oder doch nur so, daß wir uns seine *einzige Schwäche* zunutze machen. Als aufgedecktes nämlich verliert es seine blinde und zähe Kraft, kann nur noch schwer an sich festhalten: aber als unerkanntes, und dann ökonomisch, politisch und theoretisch zum Klasseninteresse gebündeltes zerstört es die richtig organisierte Produktion, den gesellschaftlichen Sinn, und zuletzt die Vernunft.

Sinnbedürfnis und Eigeninteresse: diese beiden immer wieder vermischten, immer nur in ihren *schon ideologisierten* Formen gesehenen Momente, von denen das Bewußtsein bestimmt ist, haben hier erst einmal wieder voneinander geschieden, und in ihrer ursprünglichen Entgegensetzung aufgedeckt werden müssen. Danach aber ist auch nicht mehr schwer zu entwickeln, wie und mit welchem Resultat sie zum ideologischen Vorgang zusammenwirken. Im ungestillten Sinnbedürfnis lag dabei der erste Antrieb zur ›Erklärung‹ der gesellschaftlichen Mängel, von denen es hervorgerufen ist; in ihm ist, und zwar als Erlebnistatsache, deren *Nichtverständlichkeit* bezeugt, und an der war festzuhalten, bis sich gezeigt hat, daß Sinndefizite in ihrem Ursprung nicht das sind, was hinter den immer schon fertigen Sinnlösungen zurückbleibt, sondern was diese vielmehr erst nötig macht. Sie forschen nicht nach den Ursachen, sondern nach einer *Notwendigkeit* für dasjenige, von dem sie hervorgebracht sind, und wo sie die nicht finden können, beginnen sie sie zu erfinden und zu *setzen.* Im je einzeln wahrgenommenen Eigeninteresse, zum herrschenden Klasseninteresse gebündelt, war andererseits die erste Ursache der gesellschaftlichen Mängel und dieser Defizite zu sehen; und weil der Gedanke unerträglich ist, sie könnten seine Folge sein, wird es verdrängt und projiziert: so besonders von linker Theorie, die einerseits die gesellschaftlichen Mängel für *sinnlos* erklärt und so das Sinnbedürfnis ungestillt zurückläßt, und andererseits immer so tut, als würden Eigeninteressen immer nur von den *andern* durchgesetzt. Das macht sie, im Ganzen gesehen, innerhalb des ideologischen Mechanismus bedeutungs- und wirkungslos: sie hat die interesseeindämmende Wirkung, an die sie so fest glaubt, ja noch nicht einmal auf *uns*, ihre Vertreter und Hervor-bringer.

So wenig Eigeninteresse auf sich hinschauen mag, so wenig kann es aber auch an seine vollständige *Abwesenheit* glauben, und *will* das auch gar nicht. Es will vielmehr an seiner Wunscherfüllung der Privilegierung und Herrschaft *festhalten;* und weil es darin durch die reale Abschaffung der gesellschaftlichen Mängel einge-schränkt würde, zieht es Mängelbegründungen vor, die eine solche Abschaffung als unmöglich hinstellen. Kein Wunder, wenn es dabei zu dem Ausweg greift, der ihm vom Sinnbedürfnis ja immer schon angeboten wird, nämlich durch Setzung einen *scheinbaren* Sinn herzustellen, und zwar durch gesellschaftliche Sinnziele, die mit ihm *vereinbar* sind, oder durch die es gar *selber* als unentbehr-lich und sinnreich erscheinen kann.

Solange herrschendes Klasseninteresse also als das jeweils auch eigene und selbst wahrgenommene unerkannt und blind bleibt (und zu diesem ungewußten *Zweck*), das heißt, *solange es nur irgendwie kann,* wird es sich auf die Seite solcher Begründungen schlagen, oder sie hervorbringen, die die gesellschaftlichen Mängel als *notwendig* beschreiben, oder in Abwandlung davon, als *unwesentlich* oder *vorübergehend.* Diese Begründungen wird es für *vernünftig* halten: und in dieser Meinung wird es darin bestärkt, daß sie klassenkollektiv vertreten wird, und nach uner-kanntem Konsensus nicht, oder eben nur bei Strafe der Peinlich-keit, angetastet wird. Insofern Klassengesellschaft immer eine Gesellschaft *der Wünsche ihrer herrschenden Klassen* gewesen ist, zeichnet sich hier eine durchaus finstere Eintrübung von gesell-schaftlicher Vernunft ab; immer war sie demnach von diesen Wünschen, *ohne davon zu wissen,* mitbestimmt, und zwar, wenn Sohn-Rethel zu glauben ist[26], bis in ihre ersten Kategorisierungs- und Begriffsanstrengungen hinein.

Damit scheint mir nun hinreichend gezeigt, warum herrschende Ideologie immer auf eine Plausibilisierung der gesellschaftlichen Mängel hinauslaufen muß. Und je besser diese Plausibilisierung gelingt, desto unangefochtener kann die gesellschaftliche Ordnung bleiben, was sie war, und das durchgesetzte Interesse und die Mängel mit ihr: sie ist legitimiert; der Widerspruch gegen sie muß verstummen – denn es hat ja fortan in ihr alles *seinen guten Sinn.* Es ist daher für die herrschende Klasse eine wichtige Frage, wenn sie die herrschende bleiben will, *wie* sie die gesellschaftlichen Mängel jeweils allgemein plausibel macht. Dazu hat sie drei Möglichkeiten. Die erste kommt mit einem Minimum von gesellschaftlicher Theorie aus, aber verweist neuerlich auf deren dunkle Anfänge: die *Plausibilisierung durch Gewalt*. Dadurch werden die gesellschaftlichen Mängel begründungslos in der Weise ›notwendig‹, daß die davon Betroffenen *nichts dagegen machen können*. Ihre deutlichsten politischen Organisationsformen sind die Despotie und die Sklavenhalterei. Gegenüber der beherrschten Klasse wird sie bis zu einem gewissen Maß *immer* angewandt: wenn von einem Arbeiter die Frage nach dem gesellschaftlichen Sinn, sagen wir einer Lohnkürzung, gestellt wird, dann heißt die ›plausibilisierende‹ Antwort auch heutzutage noch im allgemeinen *Halts Maul*. Dabei können die Alternativen zum Bestehenden als reale Möglichkeiten so weit weggerückt werden, daß sie gar nicht mehr ›denkbar‹ scheinen; die dialektische Erklärung der Mängel als *überflüssiger* wird dadurch, zumindest als politische Kraft, weitgehend stillgelegt, und oft genug ist über sie bei Strafandrohung ein *Denkverbot* verhängt – ein Zustand, dem wir gegenwärtig in der BRD wieder nahe sind.

Die zweite Möglichkeit liegt in einem ungenauen Zwischenreich zwischen Gewalt und Theorie: Mängelplausibilisierung durch *Doktrin*, das heißt im wesentlichen *für die andern und nach unten* (wo sie auch oft angenommen wird), die dem indoktrinierenden Bewußtsein für sich selbst nicht annehmbar erscheint. Das geläufigste Beispiel ist wohl die klassengesellschaftlich mißbrauchte christliche Paradiesversprechung. Das Interesse ist dabei *halbverdeckt*, und nicht mehr, wie im ersten Fall, offen hergezeigt. Es entsteht dabei eine (zum Beispiel von der Pfaffenschelte) oft angemerkte Zone von *Schwindel und Heuchelei*, die aber bei ihren Nutznießern subjektiv oft ganz unerkannt bleibt: sagen wir im Fall des Nichtstuers, der findet, heutzutage wolle ›keiner mehr richtig arbeiten‹. Gerade in dieser Unfähigkeit, selbst wahrgenommenes Interesse *als* solches zu diagnostizieren, besteht hier die Herrschaftseignung: auf *diese* Weise wird Macht ›dumm‹ (und wir mit ihr), und daher bleibt der ›Geist‹, zu deutsch die Reflexion, ihr ohnmächtiger, solange praxisloser Feind.

Beide Formen der Mängelplausibilisierung, durch Gewalt oder Doktrin, sind gegenüber der eigenen, herrschenden Klasse uneffektiv. Durchgängige Repressionssysteme sind kräfteaufwendig und im allgemeinen instabil; und ohne Zwang läßt sich der

Angehörige dieser Klasse nichts doktrinär weismachen. Er *erfährt* ja die gesellschaftlichen Mängel in vielen Formen von Angst, Schuld, Isolation, Entfremdung, Funktionslosigkeit usf., eben als ein Defizit von existentiellem Sinn, das nicht unerklärt stehenbleiben kann. *Sein* Bedürfnis geht nach einer systematisierten, möglichst alle Widersprüche aufarbeitenden *Theorie* im genaueren Wortsinn, die mindestens mit dem *Anschein* von allgemeingültiger Notwendigkeit die gesellschaftlichen Mängel erklärlich macht. Auch hier lassen sich wieder zwei Formen unterscheiden: *resignative* Mängeltheorien, wie sie besonders in Zeiten entwickelter Legitimationskrisen entstehen[27], in denen argumentiert wird, daß es *anders gar nicht geht*, daß der bestehende Gesellschaftszustand der immer noch bestmögliche ist, jeder andere noch viel mangelhafter wäre: ›leere‹ Notwendigkeit der Mängel.

Optimal kann Gesellschaftstheorie ihre Legitimationsfunktion aber nur dann erfüllen, wenn sie für die Mängel eine *positive* Begründung findet, ein argumentiertes und möglichst von allen nachvollziehbares Dessentwillen. Sie muß, mit anderen Worten die Mängel mit einem ›Sinn‹ überschreiben, und damit der Gesellschaft ein positives *Sinnziel* angeben können. Man kann sich nun überlegen, welche *Art* von Sinnziel dies wohl sein wird. Wenn das übers Interesse Gesagte zutrifft, dann muß dieses Sinnziel, um plausibel zu werden, mit dem Privilegierungs- und Herrschaftsinteresse *harmonisiert* sein: so aussehen, als ließe es sich *ohne* solche Privilegien und solche Herrschaft gar nicht erreichen, oder als stünden sie ihm jedenfalls nicht im Weg. Es wird also in diesem Sinnziel kaum der wahre Sinn von Gesellschaft *als* Gesellschaft formuliert sein können, denn *der* kann, pauschal gesagt, doch wohl nur in der Optimierung der Lebensbedingungen für *alle* ihre Mitglieder liegen. Eben das ist mit dem theoriebedürftigen Klasseninteresse *nicht* harmonisierbar. Infolgedessen verlegt es dieses Sinnziel regelmäßig ins *Außer-, Über-* oder *Teilgesellschaftliche*, sei es nach ›oben‹ in die Metaphysik oder nach ›innen‹ ins Subjekt, als in irgendeinem Gotteswillen, irgendeine Lehenstreue, irgendeine ökonomische Unumgänglichkeit, Unverletzlichkeit des Eigentums oder geistige Freiheit des Individuums: und damit hat dann fortan die Gesellschaft als Ganze *etwas anderem als sich selbst*, nämlich diesem interessierten Ziel zu dienen und sich nach ihm zu richten.

Dieses Ziel hat also *auch* das formale Merkmal von Sinn, die

Interessen Einzelner zu beschneiden, vor allem die der Beherrschten, zum Teil aber auch innerhalb der eigenen Klasse, nämlich da, wo darin Einzelinteressen von ihrem Gesamtinteresse zu weit abweichen. Herrschaft *hat immer schon gewußt*, daß Interessenzurücknahme, Gemeinsinn, das ›Opfer‹ und gesellschaftlicher Sinn zusammengehören, und nur durch diesen infamen Mißbrauch von Sinnbedürfnis macht sie sich an die Unterdrückten verkaufbar: der faschistisch propagierte ›Opferwille‹ ist dafür ein lehrreiches und warnendes Beispiel. Aber jede Überprüfung aufs Interesse zeigt, daß diese angeblichen Sinnziele von ihr so ausgewählt sind, daß sie selbst dabei von jedem Opfer und aller Interessenzurücknahme *ausgenommen* ist. Denn, wie ich im zweiten Teil dieser Untersuchung zu zeigen habe, gibt es nur ein einziges wahres und allgemeingesellschaftliches Sinnziel, nämlich das der materiellen Produktion, und nur die funktionale Ausrichtung darauf garantiert die Minimalisierung der gesellschaftlichen Mängel und des von ihnen bewirkten Sinndefizits. Alle anderen interessierten ›Sinnziele‹ und die von ihnen sich herleitenden Legitimationstheorien sollen im Folgenden *Ideologie* (im engern Verstand) heißen. Für sie läßt sich folgende Entstehungs- und Funktionsbestimmung angeben: *nicht sind die gesellschaftlichen Mängel notwendig zur Einholung des jeweils geltenden ideologischen Sinnziels, sondern umgekehrt ist dieses ›notwendig‹ zur gesellschaftlichen Mängelplausibilisierung und damit zur Durchsetzung des weithin unerkannt wahrgenommenen Herrschafts- und Privilegierungsinteresses.*

Die Behauptung ist weitreichend; den Nachweis dafür möchte ich zweifach führen. Erstens, wäre das jeweils geltende ideologische Sinnziel das *wahre* gesellschaftliche, dann müßte es historisch auch *stehenbleiben,* die Mängel müßten sich aus ihm begründen und herleiten lassen, und nicht umgekehrt dieses Ziel aus den Mängeln; zum anderen müßte es ein für jeden Einzelnen in der Gesellschaft durchwegs und unmittelbar *überzeugendes* Sinnziel sein. Es kann keinen Streit darüber geben, daß das niemals so war und nicht so ist: weder die Ausrichtung auf irgendeine ›gottgewollte‹ noch auf eine kapitalistische Gesellschaftsordnung der optimierten Verwertung kann für alle Gesellschaftsmitglieder eine dauernde einsichtige Sinnqualität ihres Handelns und Erlebens liefern. So zeigt alle ideologische Mängelplausibilisierung regelmäßig *zwei Leistungsgrenzen:* sie unterliegt immer wieder der historischen *Veraltung*, und sie ist mit keiner *Lebenspraxis*, auch nicht innerhalb der herrschenden Klasse selbst, jemals ganz zur Deckung zu bringen.

Zunächst die historische Leistungsgrenze: es herrscht für Ideologie ein ständiger Innovationszwang, und zwar in Abhängigkeit von der realen gesellschaftlichen Bewegung, anders gesagt: von der Veränderung der gesellschaftlichen Mängel. Bei jedem Fortschritt in der Produktion und jeder Steigerung des Mehrprodukts wird ja die bisherige ›Notwendigkeit‹ der gesellschaftlichen Mängel und Organisationsform aufs neue zweifelhaft. Es kommen dadurch neue Bedürfnisse und neue Möglichkeiten zu ihrer Stillung in den Blick: vorher dem Bewußtsein verschlossen oder undenkbar, werden sie jetzt benennbar und erstrebenswert, und ihre Vorenthaltung muß als *neuer*, ›sinnloser‹ Mangel erscheinen. *Beharrt* das herrschende Interesse nun auf dieser Vorenthaltung, und zwar *erklärungslos*, dann muß es nackt *als* Interesse auf den Plan treten; und das ist gerade, was es nicht will, und ohne Gefährdung seiner funktionierenden Herrschaft auch nicht darf: es muß daher das ideologische Sinnziel so erweitert oder verschoben werden, daß es diese neuen Mängel auch noch deckt.

Ein anderer Innovationszwang für die jeweils herrschende gesellschaftliche Sinnüberschreibung, der aus der realen gesellschaftlichen Bewegung kommt, ergibt sich aus den Verschiebungen im Klassenverhältnis. Sobald eine neue Klasse in die ökonomischen Machtpositionen aufrückt, verlangt sie den Ausgleich nach oben, sieht in den alten Privilegierungsgrenzen, soweit sie davon betroffen ist, keinen Sinn mehr und meldet Zweifel an den alten Ideologien an, die diese Grenze zur ›notwendigen‹ erklärt hatten. Auch hier geschieht die Innovation aus Interesse, aber aus einem *zweigeteilten*. Soweit es gegen das herrschende angemeldet wird, ist es nämlich *allgemeingesellschaftlich*, das heißt von der gesellschaftlichen Mehrheit *gedeckt*, und kann ja (ja *darf* und *soll*) daher auch *als* Interesse auftreten. »Jede neue Klasse nämlich, die sich an die Stelle einer vor ihr herrschenden setzt, ist genötigt, schon um ihren Zweck durchzuführen, ihr Interesse als das gemeinschaftliche Interesse aller Mitglieder der Gesellschaft darzustellen, d. h. ideell ausgedrückt: ihren Gedanken die Form der Allgemeinheit zu geben, sie als die einzig vernünftigen, allgemein gültigen darzustellen«, heißt dazu das klassische Zitat; daher verläuft die Innovation ideologiegeschichtlich so, »daß immer abstraktere Gedanken herrschen, d. h. Gedanken, die immer mehr die Form der Allgemeinheit annehmen«.[28] Auf der Hauptseite aber steht auch die aufsteigende Klasse, solang sie eine andere unter sich hat, unter dem neuerlichen ideologischen Zwang, ihre eigenen Herrschaftsinteressen hinter einem neuformulierten gesellschaftlichen Sinnziel zum Verschwinden zu bringen. Sie muß also das allgemeingesellschaftliche Interesse gleichzeitig nach oben durchsetzen und nach unten niederhalten, wenn sie ihr politisches Ziel erreichen will.

Die Formulierung eines positiven gesellschaftlichen Sinnziels wird so historisch oft zu einem schwierigen und widersprüchlichen Geschäft. Das klassische Beispiel dafür ist vielleicht die vom aufsteigenden Bürgertum des 18. und 19. Jahrhunderts vorgetragene *Naturlösung*. In drei deutlich unterscheidbaren Phasen werden hier Natur und gesellschaftliches Sinnziel gleichgesetzt, jedesmal in anderer Hinsicht: vorromantisch als vernünftigharmonische Ordnung, romantisch als nur noch *erahnbare* (und das kaum) irrationale Gesetzlichkeit, die mit ihren geheimen Kräften am Ende alles zum Guten lenken wird, nachromantisch als evolutionärer ›Kampf der Arten‹. Alle drei lassen sich aggressiv nach oben und repressiv nach unten auslegen, und zwar zunehmend das Letztere – nämlich im selben Maß, in dem das Bürgertum zur Herrschaft aufsteigt; gleichfalls zunehmend, und wieder im selben Maß werden die gesellschaftlichen Mängel solchen ›Notwendigkeiten‹ zugeschrieben, gegen die ›*der Mensch nichts vermag*‹ – bis dann, mit dem Einsetzen der ökonomischen Monopolisierungsstufe, die ganze Naturmetapher aus dem ideologischen Instrumentarium recht unvermittelt hinausfliegt und durch neue Elitemodelle ersetzt wird.

So widerspricht eine ideologische Sinnlösung der vorausgehenden und widerlegt sie: die alten Gründe erweisen sich als die falschen, aus immer *neuen* Gründen sind die gesellschaftlichen Mängel ›notwendig‹; was allein *niemals wechselt*, ist eben diese angebliche ›Notwendigkeit‹ und die Tatsache, daß keine dieser verschiedenen ›Sinnlösungen‹ dem herrschenden Interesse jemals entgegensteht. Unweigerlich kommt so die erste Leistungsgrenze von herrschender Ideologie dem historischen Betrachter vor den Blick, zeigt sich diese immer wieder *als wechselnde klassenparteiliche Theoriebildung zur Plausibilisierung der gesellschaftlich wechselnden Mängel mit unkontrollierter, weil durch ein ideolo-*

gisches, außergesellschaftliches ›Sinnziel‹ unsichtbar gemachter Interessedeformation.

Es fehlen jetzt noch zwei Modifikationen, und die *historische* Seite des ideologischen Vorgangs ist für die Zwecke dieser Untersuchung ausreichend beschrieben. Zuerst war bis jetzt vereinfachend die Rede von ›herrschender‹ Ideologie. Tatsächlich tritt sie ja aber nicht blockartig-einheitlich auf, sondern ist *fraktioniert*. Zu jedem gegebenen Zeitpunkt findet man fast immer die ganze Skala vor: von Theorien, die *alle* gesellschaftlichen Mängel zu ›notwendigen‹ erklären, über verschiedene Mischformen des teils-teils, bis zu den *dialektischen Mängeltheorien*, denen *alle* ebenso überflüssig vorkommen. Für den ideologischen Vorgang sind trotzdem *die ersten* die entscheidenden und charakteristischen, weil er sich in ihnen am deutlichsten zeigt. Sie sind der entwickeltste theoretische Versuch – und darin ähneln sie, wie sich zeigen wird, der *Literatur* – das jeweilige Interesse mit Sinn zu überschreiben, und zeigen am genauesten, wie er jedesmal scheitern muß.

Als zweite Modifikation ergibt sich aus dem Gesagten, daß herrschende Ideologie sich nicht mit jeder historischen Verschiebung von Grund auf verändern muß, sondern drei Schichten *von unterschiedlicher Dauerhaftigkeit* aufweist: dieselben nämlich wie die gesellschaftlichen Mängel, die sie plausibilisieren soll. An diesen lassen sich auseinanderhalten *konstante*, deren Ursache im Bestehen von Klassengesellschaft *überhaupt* liegt, *langfristige*, die aus den *verschiedenen* Produktionsweisen und zur Herrschaft kommenden Klassen entstehen, und *aktuelle*, die aus den jeweils neuen gesellschaftlichen Veränderungen stammen.[29] Diese zwei Modifikationen mit eingerechnet, lassen sich die realen Interessen der herrschenden und aufsteigenden Klassen mit ihren ideologischen Sinnlösungen in einen Zusammenhang von deprimierender Schlüssigkeit bringen.

Die Abhängigkeit und Veränderung von ideologischen Sinnlösungen kann nur dem *historischen* Betrachter deutlich werden. Die *zweite* Leistungsgrenze von Ideologie liegt kategorial woanders, nämlich in der allgemeinen und alltäglichen *Erfahrung*, daß sie von ihren einfachen bis zu ihren höchsten Formen hinauf *mit keiner denkbaren Lebenspraxis jemals ganz zur Deckung kommen kann*. Zum einen hinterläßt sie in jedem konkreten Fall von Handeln und Erleben einen möglichen Sinnzweifel: so am meisten in der beherrschten Klasse, der barbarische Arbeitsbedingungen oder Arbeitslosigkeit durch die Doktrin von deren angeblicher ›Notwendigkeit‹ noch lange nicht *sinnvoll* erscheinen wird, die vielmehr ihre eigene und treffende Mängelbegründung in der Formel findet, ›schuld sind *die*‹; so aber auch in der herrschenden. Wer ihr angehört, ob er nun funktional oder bloß nutznießend in das Ausbeutungs- und Tötungsverhältnis nach unten mitverstrickt ist, wird sich nur eine bestimmte Strecke weit damit beruhigen können, daß die Verfolgung und Durchsetzung seiner Eigeninteressen *jedesmal* mit dem gesellschaftlichen Sinn zusammenfällt, und ›im Grunde‹ nur dem Allgemeinwohl dient: daß (etwa) produzierte Güter doch immerhin produzierte Güter sind, niedrige Löhne besser als gar keine, die eigene geistige Entfaltung einem Zustand vorzuziehen ist, wo es eine solche Entfaltung *für niemand* gäbe.

Auch an die entwickeltste Mängeltheorie angelegt, muß jeder vollzogene Interesseakt vielmehr sinnunsicher bleiben: ob die Verwendung von vierjährigen Kindern in den englischen Bergwerken von 1842 tatsächlich gesellschaftlichen Sinn hat[30], die Aushebung von Kanalschächten durch türkische Handarbeit statt durch einen Bagger, die Analyse von Romanen auf Kosten von Steuergeld, *das steht jeweils nicht ganz fest,* mehr noch, es liegt darin sogar ein ganz unzweifelhaftes und unabweisliches ungesellschaftliches Moment, das sich durch keine Theorie aus der Welt schaffen läßt – die Wahrnehmung von Klasseninteresse eben, die sich auf der anderen Seite als Beraubung und Abtötung niederschlägt; und auch bei den scheinbar uneigennützigen Fällen, sagen wir einer Straßensammlung für das Müttergenesungswerk oder einem Protest gegen die Umweltverschmutzung ist keine Sicherheit zu erlangen, ob sie nicht bloß ein Alibi sind, das die sonstigen vom frommen Sammler angerichteten Interesseschäden noch lange nicht wettmacht. Hier wie immer gilt, daß gesellschaftlicher Sinn nur solang mit wahrgenommenem Eigeninteresse vereinbar ist, wie sich dieses ohne Schaden auf die *ganze* Gesellschaft verallgemeinern ließe.

Diese Leistungsgrenze ist die entscheidende. Selbst einmal das Unmögliche angenommen, für eine Klassengesellschaft gelänge die vollkommene theoretische Mängelplausibilisierung, so müßte sie sich (und *tut* das auch immer), gleichgültig wie irrational in ihren Prämissen, doch eine logisch-rationale Ableitungsform geben. Solche Ableitungen nun können Sinnerfahrungen *erleichtern* oder stützend *begleiten* – obwohl die soziologische Beobachtung der ›kognitiven Dissonanz‹[31] zeigt, daß sie sehr regelmäßig erst *im Hinterdrein* zur Sinndeckung beigezogen werden. Nie aber können sie ein Sinnerlebnis *hervorbringen* oder auch nur glaubhaft vortäuschen, wenn es nicht da ist: denn dabei ist das eigene Erleben und Handeln unmittelbar, unfraglich, und von der *ganzen* Person als sinnvolles gesichert, also nicht nur von losgelösten Argumentationsreihen, denen ihr Verstand folgen muß, sondern auch von ihrem Willen und Gefühl – kurz, von ihrer *Existenz*. Man kann zuschauen, wie solche bloß logischen Deckungen versagen, etwa die ›Vernünftigkeit‹ von frühkapitalistischen Arbeitshäusern, oder einer stalinistischen Massensäuberung. Jedesmal macht sich (zum Glück) die Stimme *eben* des Sinnbedürfnisses geltend, und erhebt den ihr eigentümlichen Einspruch, daß sie, was hier geschieht, *nun nicht mehr verstehe:* die Stimme, wenn man so will, eines gesellschaftlichen und historischen *Organs,* an dem uns allgemein-gesellschaftliche Veränderungen zum Besseren oder Schlechteren durch alle Interessenblindheit hindurch eben doch noch erreichen; und das demnach nicht zunächst auf *Deutungen* reagiert, sondern auf die wirklichen sozialen Strukturen in seiner Umgebung. In der einfachsten Formel: *Sinndefizite entstehen nicht im Kopf, sondern im Leben,* und sind erst dann behoben, wenn die Strukturen der eigenen Lebenswelt auch *real* einer allgemeingültigen Notwendigkeit unterstehen. Das heißt umgekehrt aber: solange eine Mängeltheorie mit Privilegierungs- und Herrschaftsinteressen *harmonisiert* ist, die von einer solchen Notwendigkeit nichts wissen, sondern nur ihre eigene setzen wollen, kann sie immer nur eine *Sinnvermutung* liefern, im Zweifelsfall eine falsche, jedenfalls nie eine durchs Erleben beglaubigte *Sinngarantie* – und nur mit der gibt sich das Sinnbedürfnis wirklich zufrieden.

So zeigt sich, daß alle drei beschriebenen Arten der gesellschaftlichen Mängelplausibilisierung, durch Gewalt, Doktrin oder Theorie in ihren einfachen und entwickelten Formen ihr Ziel nicht erreichen. Bloß ideologiebegründetes Erleben und Handeln kann in keinem Fall das Defizit an gesellschaftlichem Sinn ohne Rest füllen, das den interesseverstrickten Einzelnen somit weiter beunruhigt, ängstigt oder schmerzt, und das er deswegen auch weiter nach aller Möglichkeit zu beheben sucht. Daraus erklären sich jetzt die *zwei anderen großen Versuche der Mängelbearbei-*

tung – und beide sind sie mehr mit der Beschreibung der richtigen Lebenspraxis beschäftigt als mit der Zurechtdeutung der falschen. Der eine führt, dem ›Interesse an der Interesselosigkeit‹ folgend, auf der theoretischen Seite zu Gegenideologien, also zu *dialektischen* Mängelerklärungen. Sie haben, wie sich jetzt gezeigt hat, gegenüber den interesseharmonisierten eben *doch* recht behalten, wenn sie die gesellschaftlichen Mängel nach ihrer Ursache, Beschaffenheit und Behebbarkeit bezeichnen und festhalten, und mit ihnen, weil sie sie mit keinem angeblichen Sinn zu überschreiben brauchen, sondern auf ihrer gesellschaftlichen Unsinnigkeit bestehen, daher auch *nicht historisch wechseln* müssen. Seit den Stoikern und den alttestamentarischen Propheten – in Wahrheit seit dem Untergang der Stammesgesellschaft – haben sie diese Mängel ebenso beharrlich wie unwiderlegt auf ihre zwei Hauptursachen zurückgeführt, nämlich auf den Klassenwiderspruch und das Privateigentum an den Produktionsmitteln.[32] Das von ihnen vorgeschlagene gesellschaftliche Sinnziel haben sie im Laufe ihrer Entwicklung vielleicht genauer gefaßt, aber weder zu verändern, noch ins Außer- oder Teilgesellschaftliche zu verlegen brauchen: es ist immer *das realgesellschaftliche der demokratisch organisierten Produktion* geblieben; und sie alle münden zuletzt, wie Marx' elfte *These über Feuerbach,* in die Aufforderung, den gesellschaftlichen Sinn nicht weiter in verschiedenartigen *Interpretationen* des schlechten Bestehenden zu suchen, sondern in der verändernden, mängelabschaffenden *Praxis.* Inwieweit sie dabei ihrerseits bei einer praxislosen Anleitung stehenbleiben, das heißt, inwieweit auch in ihnen wahrgenommenes Eigeninteresse (etwa bei Marx selbst) noch einharmonisiert ist – diese Frage zu stellen, kann sich dieses Buch, sowenig wie alles andere nur *Geschriebene,* nicht leisten. Es hat sich vielmehr um den *zweiten* großen Versuch neben dem theoretisch-ideologischen zu kümmern, das Sinndefizit von herrschendem Bewußtsein praxislos, nämlich durch die Erfindung und Vortäuschung von Praxis, zu beheben: *den durch die Literatur und die Kunst.*

2. Ideologie und Literatur

Ich will aus dem Gesagten die wichtigsten Voraussetzungen für das Folgende nochmal zusammenfassen. Sie sagen zunächst, daß klassengesellschaftlich in der alltäglichen Erfahrung jedes Einzelnen ein spürbarer, manchmal schmerzlicher Zweifel oder Mangel an Sinn auftritt, so, daß er sich fragt, *wozu* er dies oder jenes tut oder erleidet, mit welcher Notwendigkeit, in Ausrichtung auf welches Allgemeine sich seine Handlungen und Erlebnisse bedeutungshaft einordnen lassen: und daß er darauf keine oder keine unanfechtbare Antwort findet. Weiter, dieses Sinndefizit hat seine Ursache in den gesellschaftlichen Mängeln, und wechselt mit ihnen, auch da noch, wo es aufs erste nur aus dem privaten Bereich der eigenen Existenz zu stammen scheint. Drittens und letztens, eine zu diesem Zweck entwickelte Theorie versucht, wenigstens fürs herrschende Bewußtsein, ihrem Anspruch nach aber für die *ganze* Gesellschaft, dieses Sinndefizit so zu beheben, daß sie die gesellschaftlichen Mängel als ›notwendig‹, ›unwesentlich‹ oder ›vorübergehend‹ beschreibt; dadurch macht sie die Wahrnehmung von Herrschafts- und Privilegierungsinteresse scheinbar legitim und weithin unkenntlich, aber das Sinndefizit, das grade aus dieser Wahrnehmung und ihren gesellschaftlichen Folgen entsteht, kann sie damit nur vorübergehend und an der Oberfläche beruhigen: in der lebendigen Erfahrung und realen Konfrontation mit den gesellschaftlichen Mängeln tritt es, mindestens in Form einer diffusen Sinnabwesenheit, immer wieder hervor.

Das Sinndefizit also bleibt, es kommt aus den gesellschaftlichen Mängeln, es läßt sich durch Ideologie nicht aus der Welt schaffen, und es drängt elementar nach seiner Behebung. Es liegt für den Sinnbedürftigen, auch und gerade innerhalb der herrschenden Klasse daher nah, *sich vorzustellen, wie und wann er ihm nicht mehr ausgesetzt sein müßte.* Dabei darf seine Anstrengung sich nicht auf die begrifflich-argumentative Form einer *Theorie* richten, von der sein Sinnbedürfnis ja gerade *nicht* sattgeworden war; und noch viel weniger auf die der repressiven Plausibilisierungen durch Gewalt oder Doktrin: denn daß er die Mängel nur immer weiter hinzunehmen hätte und basta, das wird seinem Bedürfnis erst recht nicht abhelfen. Vielmehr muß sich seine Vorstellung die Form einer *Erfahrungswirklichkeit* geben, die zu seiner eigenen defizitären *alternativ* wäre. Dazu muß er jetzt also seine *Phantasie* in Gang setzen, aber nicht allein und ohne Einschränkung: denn nur bis zu einem gewissen Punkt kann er in dieser Alternative die gesellschaftlichen Mängel ausklammern und sich *wegdenken*[33]; darüber hinaus ist sein Sinnbedürfnis ja zusammen *mit* diesen

Mängeln weggedacht, und damit als reales gar nicht mehr bearbeitet.

AUF
GABE
DER
LITE-
RATUR

Daher sucht er in seiner Vorstellung nach etwas anderem. Er sucht *eine entwickelte, repressionsfreie, aber nicht realitätslose Sinnlösung,* in der die ihn betreffenden Mängel genannt, aber auch schon zu einem sinnhaltigen Ganzen verarbeitet sind. Er sucht nach dem *Beispiel für eine Lebenspraxis,* deren Umstände den seinen mehr oder weniger vergleichbar sind, die er *im Prinzip* für sich übernehmbar, also für ›wahrscheinlich‹ halten kann – wobei sich der Abstand zu seiner eigenen Lebenswelt wohl wieder nach der Dringlichkeit seines Bedürfnisses bemessen wird; und in der *zugleich* der vermißte Sinn eingeholt ist, und zwar nicht nur vermutungs- und zeitweise, sondern *nachprüfbar und durchgängig.*

Seine Wunschvorstellung richtet sich also auf ein *sinnkonsistentes* Lebensbeispiel, bei dem jedes noch so kleine Erfahrungselement auf das nächste in der Weise bezogen ist, daß es im Verhältnis zu ihm etwas *bedeutet,* sich in ihm *begründet,* aus ihm *notwendig* wird, und bei dem eine ähnliche Bezogenheit *aller* Elemente auf ein übergeordnetes, explizites, notfalls auch nur implizit mitgegebenes Sinnziel zu erkennen ist. Schließlich ein Beispiel, das ihn nicht nur intellektuell, sondern auch *emotional und sinnlich* überzeugt und zufriedenstellt, das sich ihm darbietet als konkrete Gegenwärtigkeit, als *wörtlich nacherlebbare* Sinnerfahrung. Er sucht mit anderen Worten (aber es ist ja schon längst klar, was er sucht) – *er sucht, als Autor oder Rezipient, die Kunst und darin wieder besonders die Literatur.* Von der Literatur und *nur* von dieser sind nämlich alle aufgeführten Merkmale verlangt; sie gehören zu jeder noch so vorläufigen Definition von ihr.

So hat die lange Vorüberlegung zum Verhältnis von Interesse und Ideologie, in der die zentrale Wichtigkeit des Bereichs von Sinn endlich wieder zum Vorschein gekommen ist, hier auf einmal ihr unerwartetes Resultat in einer neuen *Grundvorstellung* von der Entstehungsursache und Funktion der Literatur: sie ist neben der theoretischen Mängelplausibilisierung der zweite große *Versuch, das im herrschenden Bewußtsein ständig anwesende Sinndefizit zu beruhigen.* Und dieses Resultat hat in der Luft gelegen; es ist, so behaupte ich, etwas Erlösendes daran: denn auf eine undeutliche Weise haben wir das doch immer gewußt und dann, weil die Antwort zu nah an einem ideologischen Mechanismus liegt, den wir täglich selbst benutzen, vielmehr: benutzen *müssen,* solange wir an der Wahrnehmung von Privilegierungs- und Herrschaftsinteresse festhalten, wieder verdrängt. Nach diesem neuen Begriff entsteht Literatur demnach *nicht* aus einer Lust zur Mimesis, *nicht* aus kritischem Antrieb, aus *keinem* Selbstdarstellungs- oder Vertretungsdrang von Klasseninteresse. Ihre Funktion ist es, etwas *sonst nicht Vorhandenes* darzustellen. Sie ist *Kompensation* eines sonst Ermangelten. Ihre Abbildlichkeit ist die des Durstes durchs Wasser, des Bedürfnisses durch den Wunsch: und ihre Wirkung die der Sättigung. So ist ihr Vermögen bescheidener als wir hofften – aber deshalb, wie sich zeigen wird, noch lange nicht nichts.

Diese Behauptungen und ihre offenbar weitreichenden Konsequenzen will ich jetzt im folgenden diskutieren. Dabei fange ich mit der Hauptfrage an, an der sie alle hängen: ob Literatur tatsächlich in *jedem Fall* als ein fiktives Beispiel für sinnkonsistente Lebenspraxis aufgefaßt werden kann. Dann will ich zeigen, daß die besondere Qualität von literarisch-sinnkonsistent gemachter Wirklichkeit in ihrer *Interpretierbarkeit* liegt, und dabei wird sich eine neue Möglichkeit ergeben, literarische Texte von nichtliterarischen zu unterscheiden, also eine Antwort auf die alte Frage, was denn nun eigentlich Literatur sei und was nicht. Wichtiger ist aber, daß in dieser Qualität von Literatur ihre grundsätzliche, nämlich strukturelle Differenz zu aller klassengesellschaftlichen Erfahrungswirklichkeit liegt. Daß diese einfache Entdeckung so lang auf sich hat warten lassen, verweist darauf, daß die Literatur über ein offenbar sehr wirksames Mittel verfügt, diese Differenz unkenntlich zu machen: es liegt, wie zu sehen sein wird, im Zusammenwirken von Sinnstruktur, Fiktionalität und ›Wahrscheinlichkeit‹ mittels der literarischen *Form.* Vorhanden aber bleibt die Differenz trotzdem und ist dem einzelnen Literaturwerk auch immer mit ziemlicher Leichtigkeit abzulesen: dadurch wiederum aber werden alle seine vielfach vorgetragenen Ansprüche auf ein literarisches Wirkungs- und Abbildungsvermögen, auf die ich zum Schluß des Abschnitts zu sprechen komme, haltlos und als interessierte Täuschungen erkennbar.

Daß Literatur *fiktive Beispiele für Lebenspraxis* bietet, ist wenigstens für manche ihrer Sparten feste ältere Übereinkunft gewesen, mit deren naiver Selbstverständlichkeit erst Strukturalismus, Semiotik und Rezeptionsästhetik aufgeräumt haben. Alle drei aber lassen unerklärt, warum Literatur solche Beispiele in vielen Fällen, meinethalben als ›referentielle Illusion‹, zu geben *versucht*, und wie ich zeigen will, in *jedem* Fall versuchen *muß* – obwohl ein Text wie Blakes *Sunflower* oder Goethes *Märchen* aufs erste ganz und gar nicht wie Beispiele für Lebenspraxis aussehen. Eindeutig und erklärtermaßen versucht sich die Literatur an solchen Lebensexempeln dort, wo sie epische oder dramatische *Figuren* verwendet, insbesondere einen *Helden*. Aber auch bei anderen Formen, die *ohne* beschriebene oder auftretende Figuren auskommen können, wie etwa der Lyrik, dem Pamphlet, dem Essay, ist leicht zu sehen, daß Literatur auch darin noch Beispiele für Lebenspraxis und Erfahrungswirklichkeit liefert: sie sind hier nur *um eins verschoben* – und auch im ersten Fall mindestens um eins *verschiebbar*. Auf *eine* fiktive erlebende und handelnde Figur ist Literatur ja in jedem Fall angewiesen, nämlich auf den fiktiven Sprecher, Erzähler, Regisseur, der – wie weit er sich auch zurücknehmen und unsichtbar machen will – als ›*personaler Sender*‹ sich eben doch zu erkennen geben und charakterisieren muß, sei es als empfindliches lyrisches Ich, als zornbebender Kritiker, als über den Dingen schwebender Geist oder schließlich, wie im Fall von *ausdrücklich fiktiver* Literatur, als witziger oder phantasievoller *Erfinder:* und dies immer unter seinen eigenen, das heißt strikt zeitgenössischen Umständen.

Es läßt sich so kein Fall von Literatur denken, der ohne ein Beispiel für Lebenspraxis auskäme: und dieses Beispiel ist, wiederum *in jedem Fall, sinnkonsistent* gemacht. Zunächst ist es *inhaltlich* immer auf ein bestimmtes *Sinnziel* ausgerichtet, sagen wir Bassanio im *Kaufmann von Venedig* auf die ›gute‹ Seehandelsökonomie; oder die Titelheldin von Jane Austens *Emma* auf die ›wahrhaft‹ adelige Haltung der Klassentoleranz; oder Wladimir und Estragon in Becketts *Warten auf Godot* auf das heroische Ertragen der von Moment zu Moment über sie verhängten ›Absurdität des Daseins‹. Es sind Beispiele wie das letzte, in dem die auftretenden Figuren ihre Existenz ausdrücklich als *sinnlose* bezeichnen, die den Blick dafür versperrt haben, daß auch sie noch auf ein Sinnziel ausgerichtet sind. Denn natürlich brauchen die Beispiele für sinnausgerichtete Lebenspraxis in der Literatur nicht immer *positiv* gegeben zu werden, und sind es neuzeitlich sogar kaum einmal mehr. Der literarische Held kann tragisch, skeptisch oder böse sein, es können ihm die ›sinnlosesten‹ Dinge zustoßen: trotzdem formiert sich dabei *hinter seinem Rücken*, und oft gegen die erklärte Absicht des Autors, sogleich eine neue Sinnlösung, eine ›Notwendigkeit‹ der vom Helden erduldeten Mängel in irgendeiner Form von hoher Pflicht, Menschenschwäche oder Endzeitlichkeit – »Wir sind keine Heiligen, aber wir haben unsere Verabredung eingehalten«[34] – und schon hat seine Existenz wieder ihren *tiefen Sinn*.

Dasselbe gilt nun aber auch für die unvermeidlich im literarischen Text mitgegebene Figur des ›fiktiven Autors‹. Der Naturdichter ist ein fiktives Beispiel für Lebenspraxis, die ganz und gar, *ohne Rest* auf die sinnvolle Tätigkeit des Naturerlebens ausgerichtet ist; der Pamphletist *besteht* aus heiligem Zorn und der Essayschreiber aus Geistreichtum. In allen Fällen von Literatur aber läuft *ein* Beispiel von sinnausgerichteter Lebenspraxis mit (und bei offen fiktiven Texten, oder solchen ohne expliziten Sinnvorschlag, ist es das *einzige*), und das ist die *Praxis von Kunstproduktion selbst*. In *Tristram Shandy* hat man das frühe Beispiel für einen fiktiven Erzähler vor sich, der durchgängig auf das *Sinnziel der künstlerischen Erfindung* bezogen ist, und (oft unausgesprochen) geschieht dies in *aller* Literatur. Der letzte Sinnvorschlag, in dem der Leser *immer* sein identifikatorisches Praxisbeispiel finden kann, heißt demnach: *mach es mir nach, schreibe wörtlich mich* – genauer: vollziehe bei der Lektüre meine sinnvolle Kunstpraxis in dir nach.

Literatur ist also unvermeidlich, ob sie nun will oder nicht, auf ein inhaltliches Sinnziel ausgerichtet, und das hat die ältere Literaturwissenschaft, besonders die Hermeneutik, auch immer gewußt: »das Kunstwerk ist etwas, was nicht bloß *ist*, sondern auch einen ›Sinn‹, eine bestimmte ratio seiner Existenz, eine ›Bestimmung‹ hat«[35] oder auch »(eine) Sinneinheit, (einen) geistigen Mittelpunkt, auf den alles bezogen ist«[36]. Sie hat es aber nicht fertiggebracht, sich diese Fähigkeit zur *Herstellung* von Sinn zur Frage zu machen, sondern sie nur mit Weiheworten umraunt; und heutzutage verzieht man vor dieser Fähigkeit, weil die Literatur sie nicht mehr so massiv und unbesehen einsetzt wie ehedem, zwar säuerlich das Gesicht, aber das Genauere will man offenbar auch nicht weiter wissen: und dabei ist doch bei dem allgemeinliterarischen Sinnziel der Kunstproduktion auf den ersten Blick schon klar, daß es mit wahrgenommenem Privilegierungs- und Herrschaftsinteresse ohne weiteres harmonisierbar, das heißt aber *ideologisch* ist.

Das Spezifische an der Literatur aber ist ja nichts Inhaltliches, sondern ihre *Form*, besser: ihre vielfältigen, mit dem Inhalt, dem Autor, der Gattung und der Geschichte wechselnden *Formen*, für die sich ein allgemeines und übergreifendes *Formgesetz*, wenigstens auf den ersten Blick, anscheinend unmöglich ausmachen läßt. Trotzdem haben alle literarischen Formen ein offensichtliches Gemeinsames, das der Wissenschaft immer schon zugleich klar und sonderbar fraglos-selbstverständlich gewesen ist: nämlich daß jedes Literaturwerk auf sein inhaltliches Sinnziel in durchgängiger Weise, also in *struktureller Sinnkonsistenz* mit all deren Kennzeichen ausgerichtet ist und sein muß – außer dem ersten und entscheidenden der Uninteressiertheit: die Nichtwahrnehmung von Privilegierungs- oder Herrschaftsinteresse durch den literarischen Helden ist selten, die durch den fiktiven Autor unmöglich – und trotzdem stehen ihre Existenzen am Ende als sinnvolle da. Dieser Schein entsteht durch die *Struktur*, zu der die Elemente ihres fiktiven Handelns und Erlebens angeordnet sind; es sind davon in das literarische Werk nur solche aufgenommen, die auf das inhaltliche Sinnziel, wie auch jedes auf jedes andere *bedeutungshaft bezogen* und beziehbar sind, am genauesten in der Lyrik, aber auch sonst: wenn es in einem älteren Roman gewittert, *bedeutet* das die baldige Krise für den Helden; wenn in einem neueren die Sonne scheint, heißt das im allgemeinen nichts Gutes für ihn, und wenn es *gar nichts* heißt, ist es immer noch bedeutsam, daß der Autor *es nichts hat heißen lassen*.

Dadurch, daß sie auf diese besondere Weise sprichwörtlich ›im Buche steht‹, wird literarisch-fiktive Praxis für ihren Leser ununterbrochen und unabwendbar als typische oder außergewöhnliche *signalhaft*. So oft sie auch einem Konflikt von widersprüchlichen Sinnzielen ausgeliefert ist, immer bleibt eines davon zuletzt das bestimmende und übergreifende, durch das sie sich dem Leser als *Totalität* darbietet und durchschaubar macht; und alle ihre Einzelheiten tragen sowohl in ihrer Anordnung wie in ihrem Sosein das Hauptkennzeichen von existentiellem Sinn, nämlich das der *einsichtigen Notwendigkeit*. Nehmen wir den *Macbeth*. Nach gängiger literaturkritischer Rede ›muß‹ der Held darin den Hexen begegnen; er ›muß‹ vor dem Mord zögern; er ›muß‹ töten; er ›muß‹ sterben – es ist, wie diese Rede sich auch ausdrückt, überhaupt nichts anderes ›denkbar‹.

Diese Notwendigkeit ist aber nicht die Notwendigkeit von

Ursachen, oder von Mitteln zu einem bestimmten Zweck: allenfalls am Rande und nur in manchen ihrer Sparten ist Literatur mit dem *Warum* von Ereignissen beschäftigt – im *Macbeth* bleibt das Motiv zum Königsmord sogar ausdrücklich im Dunkeln. Die literarische Notwendigkeit ist vielmehr eine, die sich vom Ende her bestimmt, vom strategischen Ziel des Stücks, und wird einsichtig nur im Vorverständnis, daß sie am Ende notwendig *gewesen sein wird:* sie ist die *teleologische* Notwendigkeit von *Sinn.* So tritt in *Macbeth* gleich zu anfang der ›Bleeding Captain‹ auf, ›weil‹ der Held später im Blut waten wird; König Duncan kommt ins Schloß, ›um‹ ermordet zu werden; und schon steht Macduff vor den Toren, ›damit‹ er wie das rächende Schicksal dreimal daran klopfen kann, usf. Alle diese Elemente folgen aufs strikteste der Sinnformel, daß ›sie anders gar nicht hätten sein können‹, wenn schon nicht für den Helden, dann jedenfalls für den Leser: und dies nicht nur auf den älteren Literaturstufen – denn bis auf den heutigen Tag überarbeitet ja der literarische Autor einen Text, der irgendwo noch nicht ›stimmt‹, bei dem irgend etwas noch nicht ›sitzt‹, das heißt, sich noch in kunstwidriger, unausgerichteter Beliebigkeit in der Kontingenz herumtreibt.

Auf diese Weise ist jede Einzelheit im literarischen Werk notwendig, bedeutsam, und bezogen – und sei es eine Metapher von nichtpassenden Kleidern (der angemaßten Königswürde nämlich) – im ersten Akt auf eine andere im fünften.[37] *Kunstverboten* ist lediglich, daß etwas in diesem Praxisbeispiel Vorkommendes diese drei Eigenschaften nicht hat, in *keinem* rekonstruierbaren Sinnzusammenhang mit ihr steht, und sei es nur als entfernte Verweisung oder auch als ›Leerstelle‹[38] – die natürlich *keine ist:* denn die Aufgabe des gewissenhaften Lesers, oder der interpretierenden Literaturwissenschaft, besteht ja gerade darin, den offengelassenen Sinnbezug möglichst schnell und ›werkadäquat‹ in die Leerstelle wieder einzusetzen.

Damit bin ich beim Stichwort. Es zeigt sich nämlich, vielleicht zur Enttäuschung des Lesers, daß die Fähigkeit und Pflicht der Literatur, fiktive Beispiele von sinnkonsistenter Lebenspraxis herzustellen, auf nichts anderes hinausläuft als auf die Qualität von durchgängiger *Interpretierbarkeit,* die seit den ersten Anfängen der Literaturkritik und -wissenschaft von ihr erwartet und verlangt war: und auch damit war nie gemeint, daß poetische Ereignisse in ihr ursächliches Warum und Woher zu verfolgen sein müßten, sondern in ihr Wozu und in ihre Bezogenheit. Den zweiten, und mehr als naheliegenden Schritt aber hat sie, aus ungewußten Interessegründen, nicht tun mögen: zu sehen, daß die Literatur damit ihren Lebensbeispielen eine existentielle Struktur gibt, die wir uns für unsere eigene Erfahrung ebenso nachdrücklich und unentwegt wie vergeblich *herbeiwünschen.*

Daß Literatur in jedem Fall inhaltlichen und strukturell durchgängigen *Sinn herstellt, gehört so sehr zu ihr, daß sich dieses Vermögen zu ihrer Definition* und Abgrenzung von Nichtliteratur verwenden läßt. Für eine solche Unterscheidung, nach der ja seit langem händeringend gesucht wird, ist bekanntlich kein noch so versteckte Merkmal der *äußeren Textgestalt* tauglich: das ist spätestens erwiesen, seit die Dichter des Dada das Telefonbuch zur Poesie deklarieren konnten. Daraus hat die Literaturwissenschaft den falschen Schluß gezogen, der nicht nur diese Deklaration, sondern auch die einfachste Leserintuition ignoriert, daß es eine solche literarische Grenze nicht *gibt* – und redet seither nur noch unspezifisch, das heißt *unter Verlust ihres Gegenstands,* von der Literatur. Diese fatale Einebnung aller sprachlichen Äußerungen zu ›Textsorten‹ hat freilich den Vorteil gehabt, daß sie sich fortan um deren ideologische Funktion nicht mehr zu kümmern brauchte: sie hatten eben eine jeweils *verschiedene.* Auf den einfachen anderen Gedanken hat sie, weil sie sich nämlich *selbst* nicht zur Literatur verhalten will, nicht kommen können: daß das *literarische Unterscheidungsmerkmal* ja auch in einem *besonderen Verhältnis* des Lesers zu Texten liegen könnte – und als ein solches Verhältnis, mithin als *Definition von Literatur* schlage ich vor: sie ist diejenige Textsorte, die die *Sinnfrage stellt,* das heißt, die den Rezipienten auffordert, ihren Sinn zu verstehen und herauszufinden, was sie als Textganzes oder in der Einzelheit eigentlich *meint, heißen* soll, *sagen* will – und zwar *ihm,* dem Rezipienten selbst. Ganz anders als bei Gebrauchstexten, etwa einer Bedienungsanleitung, soll er hier nachprüfen, ob ihm sagen wir in »Füllest wieder Busch und Tal« der Mond auf *dieselbe,* seine ganze Existenz erleuchtende Weise etwas sagt wie dem fiktiven Sprecher. Literatur ist Aufforderung und, wie es scheint, Möglichkeit zum *existentiellen Sinnvergleich;* und der Leser kann sie so von einem nichtliterarischen Text unterscheiden, daß er an ihm diese Aufforderung und Möglichkeit wahrnimmt, oder ihn (wie die Dada-Poeten) so *zur Literatur machen,* daß er sie in ihn hineinliest. Er fragt sich, oder wird von der Literatur gefragt, nach *seiner* Weise zu leben: ob die denn auch, auf dieselben oder andere Ziele, so eindeutig ausgerichtet, so vielfältig bezogen wäre wie dort. Aus *diesem* Grund ist er bereit, weil er über seine eigene Existenz nie genug erfahren kann, der Literatur interpretierend nachzuspüren in ihre Metaebenen, Bedeutungsbedeutungen und Bezugsbezüge hinein, bis er sie in allen Implikationen und Verursachungen (und seien es ihre *materialistischen*) glaubt begriffen zu haben.

Freilich, je mehr der Leser dieser Aufforderung folgt, den vorgegebenen Strukturen nachläuft – und die *naive* Rezeption hört aus guten Gründen recht bald damit auf –, desto mehr ist am Ende ›das Leben aus ihnen entwichen‹, steht die Literatur da als Machwerk aus dürren Mustern. Ihrem Wesen nach Täuschung, muß sie also nicht nur, *um überhaupt gelesen zu werden*, Sinnvergleich und Interpretation auf sich ziehen, sondern sich zugleich dagegen *verwahren*: sie protestiert gegen ihre ›Zergliederung‹, behauptet mit der ihr eigenen Unverfrorenheit, sie meine nur was sie sage, bedeute nur sich selber, sei bloße Technik und Konstruktion, reines Spiel, und habe den Vergleich nie beabsichtigt; dann nennt sie ›Hornochsen‹, die ihn trotzdem anstellen, und macht sich schwierig und dunkel, um sich ihnen zu entziehen. Weil aber klar ist, daß sie *irgendeinen* Sinn doch haben muß, und weil der bei genügender Anstrengung auch jedesmal zu finden ist, lockt sie damit, wie im Fall von *Finnegans Wake*, nur um so größere Heerscharen von Spezialisten an, die sich deutend über sie hermachen. Erst wenn sie nämlich interpretiert ist, ist sie ›angeeignet‹; *zuendeinterpretiert* aber ist sie zugleich *erledigt*, der Schwindel ihrer Vergleichbarkeit aufgedeckt, und daran ist weder ihr noch den Heerscharen gelegen: so kommt es zur weihevollen ›vorsichtigen Annäherung an den Text‹ in gebückter Haltung, die den Vergleich mit der eigenen Existenz *weder* fahren lassen *noch* wirklich ziehen will. Wieder ist es die idealistische Hermeneutik, in der das Syndrom am deutlichsten zutage tritt: »Einen Text verstehen, heißt immer schon: ihn auf uns selbst anwenden ... Nur weil ein Text aus seiner Fremdheit ins Angeeignete versetzt werden muß, ist für den Verstehenwollenden überhaupt etwas zu sagen. Nur weil der Text es fordert, kommt es also zur Auslegung und nur so, wie er es fordert«.[39]

Geradezu messianisch glauben solche Sätze doch an die Möglichkeit zur Selbstanwendung und Aneignung von Literatur, und die ganze übrige Literaturwissenschaft hat es ihr in irgendeiner Weise nachgeglaubt. Was sie nicht und auch sonst niemand gesehen hat und hat sehen wollen, aus *Interesse* nicht, ist, was auf der anderen Seite der literarischen Texte steht: nämlich *daß alle reale klassengesellschaftliche Erfahrungswirklichkeit und Lebenspraxis eine grundsätzlich andere strukturelle Beschaffenheit hat.* Denn die ist, man darf nicht müde werden, es zu wiederholen, *nicht* auf ein übergreifendes inhaltliches Sinnziel ausgerichtet, sondern, wo überhaupt, auf lauter disparate und widersprüchliche; sie ist *nicht* in allen ihren Teilen untereinander und auf ihr Ganzes bedeutungshaft bezogen, sondern oft bloße Abfolge; *kein* Signal nach außen, sondern gesellschaftlich insignifikant und auswechselbar; und von *keiner* durchgängigen, einsichtigen, sondern von den gesetzten Notwendigkeiten des wahrgenommenen eigenen, oder des aufgezwungen fremden Interesses bestimmt.

Anders gesagt: ich finde in meinem Handeln und Erleben *keine* shakespeareische oder auch beckettsche Lebensausrichtung vor; wenn es in *meiner* Wirklichkeit gewittert, stehe ich entweder vor einer Krise oder auch nicht, jedenfalls haben diese zwei Ereignisse *keinen* bedeutungshaften Bezug zueinander; ich begegne auf der Straße niemandem aus einem über den Zufall hinausgehenden ›weil‹, falle die Treppe hinauf mit keinem mir erkennbaren ›um zu‹ oder ›damit‹; ich ›muß‹ keineswegs in meinen Beziehungen oder Theorieanstrengungen scheitern, es ist für mich durchaus etwas anderes (hoffentlich) ›denkbar‹. Kurz, ich huste in keinem fünften Akt, oder in irgend etwas, was ich mit einem fünften Akt vergleichen könnte, weil ich mich im ersten räuspern mußte, mein ganzes Handeln und Erleben hat eine andere Struktur, ist eben *nicht* sinnkonsistent, nicht Sinnkontinuum oder Sinnkohärenz, hat keine für mich erkennbare ›Form‹, vor allem nicht die eines *Schicksals,* zu der die literarisch-fiktiven Beispiele so gern zusammengefaßt sind.

Dies alles heißt nichts anderes, als daß reale Existenz *nicht durchgängig interpretierbar ist.* Das mag zwar für die von außen betrachtete Existenz *von Dritten* manchmal so aussehen[40], ja im rückschauenden Überblick sogar für die eigene – und tatsächlich sind beide als literarische Biographie und Autobiographie seit jeher kunstfähig gewesen; aber im einen wie im anderen Fall sind sie offensichtlich und nachweislich erst *im Hinterdrein* so zurechtstrukturiert worden durch Selektion und Hinauswurf des

›Unwesentlichen‹, Unsinnigen, Kontingenten und Widersprüchlichen, kurz: des *Nichtinterpretierbaren* – nur als reale, eigene, jetzt gegenwärtige können sie, eben weil diese Sinnstörungen darin unablässig und quälend erscheinen, niemals so erlebt werden. Sie sind also nur nach den Vorschriften desselben Bedürfnisses strukturverfälscht, wie in der Literatur die *fiktiven* Beispiele von Lebenspraxis, des Bedürfnisses nach Sinn und Interpretierbarkeit. Denn ich kann mir doch nur *wünschen*, daß meine Erfahrungswirklichkeit auf die literarische, ich sage hier ruhig schon einmal: auf die *ästhetische* Weise angeordnet wäre, und wünsche es mir auch – mein Sinndefizit verlangt danach, und findet in der Literatur den scheinhaften Beweis, daß dieser Wunsch erfüllbar wäre.

Aber dieser Wunsch bleibt unerfüllbar, und der von der Literatur angebotene existentielle Sinnvergleich bloßer vergeblicher Versuch und Schein; denn es gibt im realen klassengesellschaftlichen Handeln und Erleben die zwei Erfahrungen der Sinnermangelung und der eigenen Sinnzerstörung, die sich eben *nicht* hinterrücks wieder zusammenschließen zu einem dahinterliegenden ›tieferen‹ Sinn: *und diese zwei Erfahrungen in dieser Form bleiben für die Literatur grundsätzlich undarstellbar;* sie kann sie aus *Sinnzwang* nicht adäquat, das heißt in ihrer Struktur, wiedergeben. Sie hat das zwar *inhaltlich* in der Moderne unentwegt versucht – frühe Beispiele sind der *Chandos-Brief, Prufrock* oder *Malte Laurids Brigge* [41] – aber jedesmal haben sich darin durch *strukturelle* Sinnkonsistenz die poetische ›Notwendigkeit‹ und der ›tiefere‹ Sinn wieder eingenistet; und mit ihren zahlreichen Versuchen zur Zertrümmerung und Auflösung der Form ist sie nicht besser gefahren: Sie kann immer nur *sagen*, die in ihr geschilderte Erfahrungswirklichkeit sei kontingent, disparat und sinnlos, aber es selber niemals *sein*.

In Becketts *Breath* ist dieser inhaltlich-strukturelle Widerspruch so weit fortgebildet, daß mit einem einzigen Klageschrei auf einer dunklen Bühne das Welt- *und* Literaturganze geradezu *sinntriefend* als ›vergeblich‹ gekennzeichnet ist: ein gutes Beispiel für eine (negative) *Pauschal*sinnüberschreibung, auf die tatsächlich *alles* zuordenbar ist – bei übrigens *vollständiger* Interessenharmonisierung, denn wenn diese Sinnüberschreibung stimmt, kann *jeder* weiter tun und lassen, was er immer tat und ließ. Aber auch die Strukturverschiedenheit zur realen Lebenswelt des Zuschauers ist hier noch unverändert aufrechterhalten: in der geht es einerseits denn doch etwas weniger *schlimm* zu (darin liegt die literarische *Tröstung*), andererseits aber auch weniger *bedeutungshaft* (darin liegt die literarische *Täuschung*). Nun könnte man sich vorstellen, daß der Zuschauer diesen Unterschied *bemerkt* und festhält, aus dem Stück somit keine Stillung seines Sinnbedürfnisses bezieht, sondern vielmehr dessen schärfere Wahrnehmung: daß also wenigstens auf einer solchen *Metaebene*, wenn schon nicht eine Wiedergabe, so doch eine Vermittlung von erlebtem Sinndefizit literarisch gelingen könnte. An einer solchen Einsicht aber ist er gleich zweifach gehindert: er kann sich ja wohl kaum etwas *noch* Schlimmeres vorstellen als das im Stück Vorgetragene; wenn aber sogar dieses *Allerschlimmste* noch tiefere Bedeutung hat, dann, so sein naheliegender Schluß, kann sie seiner eigenen Lebenswirklichkeit doch gewiß nicht ganz und gar fehlen. Die Literatur kann also die Erfahrung von Sinnabwesenheit, *so wie sie* erfahren wird, weder darstellen noch verdeutlichen: das steht hinter der scheinbar selbstverständlichen Vorschrift, es dürfe in ihr nichts ›Unwichtiges‹ oder ›Unwesentliches‹ vorkommen – nämlich gerade die Wahrheit über die Kontingenz und Disparität von realer Erfahrungswirklichkeit nicht.

Diese zwei Eigenschaften der Literatur, daß sie von realer Erfahrungswirklichkeit strukturverschieden ist, und zugleich deren wahren Mangel niemals wiedergibt, ja gar nicht dazu imstande ist, lassen nur den Schluß zu: erstens, daß Literatur und Erfahrungswirklichkeit *inkommensurabel* sind, und sich daher auch aufeinander nicht anwenden oder übertragen lassen in irgendeinem Vorgang der Annäherung, Einwirkung oder des Erlernens; und zweitens erweist sich in diesen beiden Eigenschaften das wahre Verhältnis zwischen Erfahrungswirklichkeit und Literatur als eines von Wunsch und Wunscherfüllung von erlebtem Sinndefizit und einer zu seiner fiktiven Behebung *erdachten*, und daher durch diese Fähigkeit *definierten*, Hervorbringung.

Zugleich zeigt sich dabei das herrschende und Privilegierungsinteresse als der wirkliche und verborgene Antrieb hinter der Entstehung von Literatur, ohne den es sie nicht gäbe und nicht zu geben bräuchte. Dieses Interesse *weiß*, daß es mit seiner Durchsetzung die gesellschaftlichen Mängel hervorgebracht hat und weiter hervorbringt, *weiß* von seiner abtötenden oder tödlichen Wirkung auf der anderen Seite der Klassengrenze, und bekommt sie in seinem Sinndefizit täglich neu zu spüren. Aber es *will* nichts davon wissen, und darf auch davon nichts wissen wollen, weil es sich sonst *aufgeben müßte*. So schaut es lieber auf sich als eigenes nicht hin, und sucht sich statt dessen unentwegt neue außer-, über- oder teilgesellschaftliche ideologische Sinnziele, die sich immer noch einmal mit ihm in Einklang bringen lassen: also eben die *nicht* sinnvollen. Der Interessierte kann dabei zunächst versuchen, sich diese Sinnziele *theoretisch* nach Kräften plausibel zu machen – und muß dann erfahren, wie alle solche Theorie beim Anlegen an die eigene Lebenspraxis immer wieder eine Lücke läßt; daher erfindet er als Autor, oder sucht als Leser, in der *Literatur* Beispiele für sinngedecktes Handeln und Erleben, die ihm in der Wirklichkeit so sehr abgehen, und die mögen zwar ›Modellcharakter‹ haben, aber das Modell ist immer nur *dasselbe* einer durchgängig interpretierbar gemachten Lebensstruktur.

Der wahre Zusammenhang zwischen Gesellschaft und Literatur beruht also auf einem einfachen, in fünf Sätzen zusammenfaßbaren Sachverhalt: (a) klassengesellschaftliche Erfahrungswirklichkeit ist immer von einem Sinndefizit begleitet, das wesentlich aus dem gesellschaftlichen Hauptmangel des Klassenwiderspruchs entsteht – wie dieser aus der Bündelung von wahrgenommenem Herrschafts- und Privilegierungsinteresse; (b) dieses Sinndefizit äußert sich in einem Bedürfnis nach eingelöstem existentiellem Sinn; (c) Literatur befriedigt dieses Bedürfnis, indem sie ihm scheinbar stimmige und lebensmögliche Beispiele von sinnausgerichtetem Handeln und Erleben liefert; (d) um das zu tun, muß sie diese Beispiele in *struktureller* Sinnkonsistenz nach einem *inhaltlichen* Sinnziel ausrichten; (e) daher darf sie auch nicht sinndefizitäre Erfahrungswirklichkeit strukturell als solche abbilden – oder sie hört auf, Literatur zu sein. Wenn diese fünf Sätze gelten, so ist die gesellschaftliche *Entstehungsursache* wie ihre gesellschaftliche *Funktion* gefunden. Ihre Theoretiker, soweit sie nicht auf die haltlosen Behauptungen der Literatur über ihre angebliche ›Selbstbezogenheit‹ hereingefallen sind, haben mit Recht immer auf ihrem Bezug zur Lebenswirklichkeit beharrt, aber sie haben sich über den *Modus* dieses Bezugs geirrt: es ist nicht der der Abbildung oder der Kritik, sondern der der Täuschung, der Sinnberuhigung, der Bedürfnisbefriedigung und der Kompensation.

Gegen diese These über das Grundverhältnis von Erfahrungswirklichkeit und Literatur kann es nach dem Gesagten nur zwei mögliche Einwände geben: daß unser Handeln und Erleben in jeder Einzelheit *sinnvoll* genannt werden müßten – oder die literarischen Werke *uninterpretierbar;* und weder das eine noch das andere wird jemand ernsthaft vertreten wollen. Das Gegenteil ist uns ja immer schon aus der ersten Quelle unserer Erkenntnis, der eigenen Erfahrung, bekannt gewesen: so daß sich eher die Frage stellt, warum uns dieses Grundverhältnis solange hat verborgen bleiben können. Zum einen liegt das gewiß an der Schwererträglichkeit des Gedankens, daß wir unseren eigenen Sinnmangel selber mithervorbringen: aber wäre er uns wirklich, wie wir so gerne meinen, nur gegen allen unsern Willen auferlegt, dann hätten wir in seiner bloß *symbolischen* Behebung doch wohl kaum ein so hohes (wenn nicht das höchste) Ziel geistiger Anstrengung erblickt: wir hätten vielmehr dagegen etwas *unternommen*.

(handwritten margin note: Nicht (NUR) von Außen)

Ihren näheren Grund hat unsere alte Blindheit aber gewiß in etwas anderem: nämlich in der unbestreitbaren Fähigkeit der Literatur zu einem *Schein der Wahrheit,* und von der jetzt gewonnenen Gewißheit aus läßt sich auch die Frage neu stellen, worin er besteht und wie er zustandekommen kann. Solang die Formel doppeldeutig war, und sich nur aus unbeweisbarer Glaubensüberzeugung dekretieren ließ, ob in ihr der Ton auf ›Schein‹ oder auf ›Wahrheit‹ zu liegen habe, ob die Literatur uns nun ›eigensinnige Sprachwelten‹ oder eine ›Widerspiegelung‹ vorführe, ob ihre Hauptbestimmung in ihrer *Fiktionalität* oder ihrer *Wahrscheinlichkeit* zu suchen sei, und welche Verbindung diese beiden Kennzeichen in ihr eingingen – solange hat sich diese Frage immer nur im Kreis gedreht: natürlich ist die Literatur ›erfunden‹ – aber kann sie deswegen nicht auch ›wahr‹ sein? Nur, warum ist sie dann nicht *nur* wahr, sondern erfunden außerdem? Sicherlich ist sie ›Nachahmung‹ – aber warum handelt sie dann nicht von dem, was wirklich so ist oder war? Am Ende ist ihre Ähnlichkeit nur *täuschend* – aber wer kann von Täuschung reden, wenn er nicht weiß, in welcher *Hinsicht* sie täuscht? Mit anderen Worten, solange wir die Literatur an *irgendeiner* Erfahrung oder Wirklichkeit gemessen haben, *anstatt an unserer eigenen,* war das Problem nicht lösbar – am wenigsten von seiten einer Wissenschaft, die die Auslassung des Wissenschaftlers als gesellschaftliches Subjekt sich zur *Vorschrift* macht, und damit immer noch

einmal vom Irrtum in die Lüge läuft. Zugleich blieb sie so
unausweichlich an die Vorstellung von *zwei* Literaturen gefesselt,
von denen die eine mehr ›lehren‹, die andere mehr ›gefallen‹ sollte,
die eine ›realistisch‹ oder ›objektiv‹, die andere ›formalistisch‹ oder
›subjektiv‹ sei; jeder Vorschlag zur Güte, ob die Literatur nicht
auch das eine *mittels* des anderen sein könne, ging, weil beide
Seiten ihre Hauptbestimmung für die einzig richtige hielten,
unweigerlich in die Brüche, und alsbald hatten sie sich wieder in
den Haaren.

Dieser scheinbar aussichtslose Streit ist jetzt geschlichtet, und
dabei ist aus der Literatur (was sie in der Intuition immer schon
gewesen war) auch wieder *eine* geworden. Nicht Wahrscheinlichkeit ist ihre erste Vorschrift, sondern Erfindung; und diese zwei
Kennzeichen stehen nicht in einem Verhältnis des Entweder-Oder
oder des unentscheidbaren Eins-durchs-andere, sondern in einem
dialektischen. Dabei ist Fiktionalität die *Setzung:* wenn die
Literatur dazu da ist, dem Sinnbedürfnis und Sinnmangel in der
Erfahrungswirklichkeit so abzuhelfen, daß sie ihnen sinnkonsistente und damit strukturverschiedene Lebensbeispiele entgegenstellt, dann *darf* sie offenbar gar nicht Wiederholung oder
Übereinstimmung mit realer Lebenspraxis sein, darf es in *keinem*
Fall. Umgekehrt muß sie, um ein bestimmtes Sinndefizit überhaupt bearbeiten zu können, wenn auch historisch mit wechseln-
dem Nachdruck, so doch *irgendeinen* Schein von Übernehmbarkeit ihrer fiktiven Beispiele, also von Vergleichbarkeit, Wiedererkennbarkeit, kurz von ›Wahrscheinlichkeit‹ errichten, und dies in
jedem Fall. Ihre Wahrscheinlichkeit kann also nur die auf der
Fiktionalität ruhende und nach ihr wirksame *Gegensetzung* sein,
und in dieser Reihenfolge sollen jetzt auch die beiden Seiten dieses
Widerspruchs und schließlich ihre Synthese nachkonstruiert werden.

In ihrem ersten Schritt also wendet sich die Literatur der Seite der
Unwahrscheinlichkeit zu, der Fiktion und Erfindung eines kompensatorischen *Gegenübers* von Erfahrungswirklichkeit. Das
kann freilich nicht heißen, daß sie deren konträres Gegenteil
aufsucht: denn es liegt im Begriff der Kompensation selber, daß sie
sich mit dem *ganz und gar* Unwahren und Unwirklichen nicht
zufriedengeben kann. Die Literatur muß also als erstes versuchen,
sich im Status der *Unüberprüfbarkeit* zu halten. Dies tut sie so, daß
sie ihre Aussagen ein für allemal unter den (später oft wieder

getilgten) Titel des ›angenommen, daß‹ und des ›stell-dir-einmal-vor‹ bringt, also (nach Kant) in den Modus nicht von assertorischen, sondern von ›problematischen‹ Urteilen, »wo man das Bejahen oder Verneinen als bloß *möglich* (beliebig) annimmt«.[42] Dadurch wird sie – oft gesagt, ebenso oft wieder vergessen – nicht mehr *falsifizierbar*. Wenn sie, in der *Pest* von Camus zum Beispiel, sagt: »An einem schönen Maimorgen galoppierte eine elegante Amazone auf einer herrlichen Fuchsstute . . .«[43], dann könnte die Gegenbehauptung etwa lauten, ›das ist *unwahr*, es hat geregnet, der Gaul hinkte, und häßlich war sie außerdem‹ – aber damit wäre diese Erfindung nicht als solche aufgedeckt oder widerlegt, sondern nur eine *andere* an ihre Stelle gesetzt; daß der Satz mit *keiner* möglichen Erfahrungswirklichkeit übereinstimmte, ist unbeweisbar; und der Einwand, das habe sich der Autor *nicht* vorgestellt, ist offensichtlich widersinnig.

Aber bekanntlich denkt der Leser gar nicht daran, literarische Texte während der Rezeption auf diese Weise zu falsifizieren, und jeder, der einem deklamierenden Autor entgegenhielte: ›wie kommen Sie eigentlich dazu, mich mit diesen (wie mir scheint) bloß *ausgedachten* Sachen zu belästigen?‹ sähe sich augenblicklich aus dem Saal gezischt. Das heißt aber, daß der Leser die Nichtfalsifizierbarkeit und unüberprüfbare Erfundenheit der Literatur nicht nur kennt und voraussetzt, sondern vielmehr *verlangt:* und damit haben sich doch wohl alle seine späteren Behauptungen, es sei ihm an der Wahrheit und Wirklichkeit von Literatur gelegen, von selbst erledigt. Warum sollte der Leser objektive Unentscheidbarkeit darüber fordern, ob die ihm vorgeführten Lebensbeispiele wahr und wirklich sind, auf der Freiheit bestehen, daran *glauben* zu können – *oder auch nicht?* Doch offensichtlich, damit er die einzige Entscheidungsinstanz sein und bleiben kann, ob diese Beispiele seinen und *nur* seinen Bedürfnissen entgegenkommen, damit jeder auch nur denkbare Einspruch von außen abgewehrt sei gegen die schöne Sättigung. Um *die* geht es ihm; aber wenn sie ihm nicht geliefert wird, will er auch, ohne Vorhaltungen fürchten zu müssen, papperlapapp sagen können zu dem dummen, haltlosen Zeug.

Innerhalb der Aussagemodalität der Erfundenheit ist nämlich zwar alles Mögliche ›möglich‹ – aber deswegen ist noch lange nicht alles Mögliche auch *erwünscht*. Gewünscht wird vom Leser (sonst wäre sie nicht in aller Literatur enthalten) eine zu der seinen *alternative* Erfahrungswirklichkeit, und die Richtung dieser Alternative muß (sonst würde Literatur um so weniger gelesen) einem *allgemeinen* Leserwunsch folgen: der geht aber sicherlich zunächst einmal auf die fiktive Einholung aller nur denkbarer, sonst entbehrter Freiheits-, Entfaltungs- und Genußmöglichkeiten, also von allseitig durchgesetztem *Eigeninteresse;* und dann aber auch gleich, wie nun schon oft gesagt, auf eine allgemeine und einsichtige Notwendigkeit, die diese Durchsetzung erzwingt, oder ihr jedenfalls nicht widerspricht. Eine reale Existenz, die sich von lauter wechselnden, widersprüchlichen und unerwünschten Notwendigkeiten bestimmt sieht, *kann* ja gar nicht anders, als nach einem solchen eindeutigen Wunschgesetz zu suchen; nur wo es da wäre, könnten sich alle ihre Elemente von Handeln und Erleben zu einer interpretierbaren Totalität zusammenfügen, und so auch mit der Qualität von Sinn füllen, die sie sonst vermißt. Wo nun ein solches Gesetz in der Literatur auftritt, fällt es nun aber natürlich ganz in dieselbe Modalität der Erfundenheit wie alles andere auch: es wird zu einer *Stell-dir-vor-Notwendigkeit,* die zum Bereich von Wahrheit und Wirklichkeit im Verhältnis der Unüberprüfbarkeit steht. Die Literatur bekommt dadurch das einzigartige Vermögen, *beliebige* und beliebig scheinhafte Lebensnotwendigkeiten – und seien es, wie in *Alice hinter den Spiegeln,* die Schachregeln – als immerhin mögliche hinzustellen, und eben dadurch den tiefsten Wunsch von durchgesetztem illegitimem Eigeninteresse zu erfüllen: daß es sich nicht mehr als die *reale und falsche* Notwendigkeit anschauen muß, die es über alle anderen verhängt.

Das Bedürfnis nach der Literatur ist demnach bei genauerem Hinsehen das Bedürfnis, Wunsch *und* Gesetz, Interesse *und* Sinn ohne Rest miteinander zu vereinbaren. Daß und warum das in der Realität mißlingen muß, ist nun oft genug gesagt; die Literatur *kann* also den Versuch dazu nirgendwo sonst als innerhalb der Erfundenheit unternehmen. Und doch ist diese erst die notwendige, aber noch keine hinreichende Voraussetzung dafür, daß er glückt: denn nach wie vor bleibt es unklar, und eine schwere Frage, wie sie eine solche Vereinbarung, auch als erfundene, jemals hat *glaubhaft* machen können. Dieses Vermögen will ich hier aus zwei anderen ›Erfundenheiten‹ entwickeln, die mit der Literatur oft und lange verwechselt worden sind, und von denen sich jetzt überraschend zeigt, daß sie ihr als bloße *Vorformen* vorausgehen: im *Traum* wie im *Spiel* ist nämlich gerade jeweils einer der Bereiche bearbeitet, die die Literatur später in eins bringen muß; sie machen im ersten Fall die *Wunscherfüllung*, im zweiten jetzt einen gegenwärtigen *Sinn* eben auch schon ›glaubhaft‹ – freilich nicht auf Dauer und nur innerhalb einer *erkennbar* anderen Wirklichkeit. Die Deutung dieser zwei Tätigkeiten in der jetzt neugewonnenen Hinsicht wird mich, vielleicht zur Ungeduld des Lesers, von dem gesellschaftlichen und politischen Verhältnis der Literatur weg-führen, aber nur vorläufig: denn am Ende wird sich herausstellen, daß die Literatur Traum und Spiel in einer bestimmten Weise zueinander vermittelt, und zwar durch ihre rätselhafte Qualität der *Form*, und daß sie dadurch, wenigstens der Möglichkeit nach, *allem und jedem*, und so auch dem ideologisch Herbeigewünsch-ten zum Schein von Wahrheit und Wirklichkeit verhelfen kann.

Der Satz, daß Wünsche wahr und wirklich werden wollen, ist evident, ja tautologisch – meine Wünsche *sind* eben das, was für mich wahr und wirklich werden soll. Aber auch schon vor ihrer Durchsetzung in der Realität brauchen sie bekanntlich nicht ganz und gar leer auszugehen: ich kann mir vermöge meiner *Phantasie* ihre Erfüllung in einer scheinhaften Gestalt vielmehr auch bloß ›vorstellen‹, also in *Bildern* vor Augen führen, und mir damit die Erleichterung verschaffen, *fast* als ob sie wahr und wirklich schon geworden wären. Die häufigste und freieste Gelegenheit dazu ist der *Traum* – der somit mit der Literatur die Bildhaftigkeit wie die wunschkompensatorische Absicht und Wirkung offenbar gemein hat; unterschieden sind sie dagegen in ihrem Verhältnis zur Notwendigkeit und damit in ihrer Struktur. Die Organisationsan-strengung des Traums geht ja danach, das Material von erinnerter Erfahrungswirklichkeit nach dem *alleinigen Gesetz* strikt nur der *eigenen* Wünsche umzuordnen, also nach der einzigen Notwen-digkeit des ›Selbst‹. Damit aber muß er auch jeden anderen Zusammenhang als den einer *Wunschkohärenz* verlieren. Er fügt sich zu keiner erkennbaren *Form* zusammen, sondern zu einem bloßen Wolkenkuckucksheim, für das es keine objektive Entspre-chung geben kann. So ›sagt‹ seine Nacherzählung auch niemandem etwas, weil sie ein für niemand *übernehmbares* Beispiel von fiktiver Lebenspraxis schildert. Ich selber kann es ja auch nicht übernehmen. Zwar kann ich den Traum für *wahr* halten und glauben, daß mir vielleicht irgendwann das Geträumte zufallen wird. Unvermeidlich und roh aber sagt mir die Überprüfung, sobald meine Fähigkeit dazu nach dem Aufwachen wieder zurück-

kehrt, daß meine phantastische Wunschalternative nichts Welt-
ähnliches zustande gebracht hat. Der Traum platzt: er war, wie mir
beim Träumen schon ahnte, nicht *wirklich*.

Aber auch noch während des Träumens kommt die Trauman-
strengung (anders als die literarische) niemals ganz ans Ziel. Ein
Gesetz der eigenen Wünsche hört eben dadurch auf, ein *allgemeines* Gesetz zu sein: es stellt sich vielmehr jeder allgemeinwirt-
schaftlichen Notwendigkeit unversönlich entgegen. Ein solcher
Widerspruch, den auch das wache Bewußtsein wegen des dahinterliegenden Schuld- und Tötungszusammenhangs verdrängen
muß, ist offenbar noch nicht einmal ›im Traum‹ erträglich. Die
verinnerlichte gesellschaftliche Instanz, der ›*Zensor*‹, verdeckt und
entstellt daher regelmäßig des Gesetz der Wunscherfüllung, dem
der Traumverfolgung folgt: so scheint er gar keines zu haben. Wie
der literarische ist er eine (zunächst) undurchschaubare Erfindung,
aber in seiner Anordnung *vorästhetisch*: nachdem er seine Notwendigkeit verhüllen muß, verliert seine ›Stell-dir-vor‹-Welt auch
ihre Einheitlichkeit; sie wird zu einem nicht notwendigen verworrenen Durcheinander von *Vorgestelltem* und bietet keine interpretierbare, in allen Teilen aufeinander bezogene Totalität mehr: ich
weiß ja nicht einmal, wo der Traum anfängt und aufhört. Seine
Bedeutung kann ich nicht angeben, denn die hat er mir zuvor
verschlüsselt: so etwa kann ich nicht wissen, daß das geträumte
Geld ›in Wirklichkeit‹ meinen Kot bedeutet und die Traumtränen
über die gestorbene Erbtante ›in Wahrheit‹ meinen Mordwunsch.
Einen Traum deuten, kann so immer nur heißen, seine psychischen
Ursachen richtig anzugeben. Die Sinnfrage stellt er mir zwar, aber
als prinzipiell unbeantwortbare. Er färbt ja lediglich meine
Wünsche um oder verkehrt sie gar zum Albtraum: und diese
Interesseneinschränkung ist es, die mich (wie jede andere auch) auf
die Suche nach ihrem Wozu schickt. Diese Suche muß vergeblich
bleiben, weil der Traum ein solches Wozu gar nicht enthält: auf ein
Sinnziel hin, wie die Literatur, läßt er sich nicht interpretieren, weil
er *nie eines gehabt hat*.

Kommt im Traum die Sinnseite, als bloß unterstellter Schein, zu
kurz, so im *Spiel* [44] die Seite der Wünsche und des Eigeninteresses;
bei der einen Tätigkeit bin ich fiktiv nur mein ›*Selbst*‹, bei der
andern fiktiv nur das *Allgemeine*. Auch das Spiel ist ja eine
Erfundenheit: seine erste Fiktion besteht daraus, daß es während
des Spiels so etwas wie Triebansprüche, wie Verfolgung der

79

eigenen Entfaltungs- und Genußmöglichkeiten, also so etwas wie
Eigeninteresse *nicht gibt und nicht geben darf*. Wer diese Suspendierung nicht schafft, eigene Wünsche weiter durchsetzen will,
Müdigkeit anmeldet, Regeln aus Trotz durchbricht, wird als
Spielverderber ausgepfiffen und exkommuniziert; und nur weil
der Spieler sich den Regeln ganz und gar *unterwirft*, können auch
die sonst gültigen Notwendigkeiten, sagen wir das Körperverlet-
zungsgebot während des Boxkampfs, außer kraft gesetzt werden.
Auf der anderen Seite geht es im Spiel jedesmal um die Errichtung
einer durchgängigen Sinnstruktur mit all deren Kennzeichen:
Bezogenheit aller Handlungselemente aufeinander und aufs Spiel-
ganze, *Bedeutsamkeit* dieser Elemente für alle Beteiligten, *Notwendigkeit* ihres Soseins und ihrer Abfolge, *Interpretierbarkeit*
und abgeschlossene *Totalität* mit festem Anfang und Ende.
Deswegen bezieht sich die Deutung des Spiels auch immer auf das
Spielziel, nie auf seine Verursachungen. Zugleich wird mir darin
etwas angeboten, womit ich objektive Notwendigkeiten überhaupt erst in meine Subjektivität hineinnehmen kann: eine *Rolle,*
also eine Definition von mir, die nicht von innen, sondern von
außen kommt. Zu ihrer Übernahme braucht es nach der Phantasie
noch das zweite Vermögen zur *Identifikation*, das zum ersten aber
ganz verwandt ist: hatte ich dort eine scheinhafte Lebensalternative in *Bildern* von Wunscherfüllung gesucht, so jetzt in einem von
mir zurechtphantasierten *Vorbild*, also einer fiktiven anderen
Person, in die ich mich hineinversetze. Dieses Vermögen zum
phantastischen Ichtransport ist sozialisatorisch erworben; es wird
im klassischen Fall mittels der <u>Identifikation mit dem</u> *<u>Vater</u>*
eingeübt, dessen Rolle ich mir, alternativ zu der meinen, über alle
Maßen großartig und in vollständiger Übereinstimmung mit den
Weltnotwendigkeiten ausmale, um mich dann in der ›Vorstellung‹
zu meinem Vergnügen in seine erfreuliche Lage zu begeben.
Seither ist vom identifikatorischen Vorbild verlangt, daß es <u>in
seiner Rolle ohne Rest aufgehen</u> soll, was sich am besten dann
zeigt, wenn diese Rolle in einem überschaubaren *Paradigma* von
anderen Rollen steht: und tatsächlich stellt das Spiel ein solches
Paradigma zur Verfügung, und zwar ein meist radikal vereinfachtes von Räuber und Schander, von Stürmer, Läufer oder Torwart,
das aber auch auf eine Konfrontation von Spieler und ›Gegenspieler‹ eingeschränkt sein kann, und die Spielrolle nur nach wenigen
oder gar nur einem Merkmal zu definieren braucht.

Die zweite Erfundenheit des Spiels liegt nun darin, daß es seine Rollen aus *deklariert* künstlichen, gesetzten, also *fiktiven* Notwendigkeiten herleitet, seinen *Regeln* nämlich, die an die Stelle der sonst geltenden Lebensnotwendigkeiten treten: daß die *reale* Gesellschaft nicht glückt oder untergeht, wenn ein Tor geschossen wird, weiß jeder. Hier entstehen also, wie in der Literatur, durch ›Stell-dir-vor‹-Gesetzlichkeiten neue Sinnbezirke und *damit auch schon,* denn so wird sie vom Spieler erlebt, eine zur realen alternative ›Spielwelt‹: das Spiel ist unzweifelhaft *wirklich,* weil es mir weltartige oder weltanaloge Notwendigkeiten entgegenzusetzen scheint. Aber sowenig wie den Traum kann ich das Spiel mit der Alltagswelt verwechseln, eben weil seine Notwendigkeiten nicht die *wahren* sind: von diesen sind sie wiederum weniger in ihren Inhalten verschieden – auch die ›echten‹ Schander müssen die ›echten‹ Räuber jagen –, als in ihrer Struktur. Sie dürfen nämlich nicht (anders entstünde keine Sinnkonsistenz) die vielfältigen, widersprüchlichen und schwer durchschaubaren sein, denen meine reale Existenz unterliegt, sondern müssen die Merkmale der Eindeutigkeit, Klarheit und Schlüssigkeit zeigen; vor allem aber – und darin liegt ihr tiefstes Anderssein und ihre eigentliche Attraktion – sind sie als von vornherein gesetzte etwas, wofür ich nicht verantwortlich zu machen bin und unter Garantie *nichts kann.*

Bei einem Sonderfall des Spiels, dem *Glücksspiel,* treten nicht nur diese Züge, sondern auch noch ein weiteres kompensatorisches Wunschverhältnis am deutlichsten hervor. Es hat zu seiner einzigen Regelnotwendigkeit den *Zufall,* wie ihn am einfachsten die Würfel liefern. Nun wird in der Alltagserfahrung der Zufall nicht, wie oft unbedacht behauptet, als ein Einbruch der bloßen *Kontingenz* erlebt, also als statistisch geregeltes Eintreten *irgendeiner* Möglichkeit unter allen erwartbaren, sondern als das einer ganz besonderen und ausgezeichneten – in der ich nämlich die Erfahrung mache, daß eine ›höhere‹ Notwendigkeit mich nicht wie sonst achtlos übergeht, sondern punktuell mit meinen Wünschen erfüllend oder versagend in Beziehung tritt, vielleicht gar zusammenfällt, mit lateinischem Ausdruck *koinzidiert:* wir hatten *eben* von ihr gesprochen, da kam sie auch schon zur Tür herein. Es ist dies eine Art von Bezogenheit, wie ich sie mir immer gewünscht habe: der Zufall erreicht mich mittels eines von niemandem dekretierten, mathematisch genauen Gesetzes, für das ich mit

Sicherheit nichts kann; und, wichtiger noch, der Bezug stellt sich so her, eben weil er mir ›zufällt‹, daß ich nichts *dazuzutun* brauche – wunderbarerweise also und wie durch *Zauber*. Freilich, die Wahrscheinlichkeit, daß mich der gute oder böse Zufall trifft, ist gering; was ich mir aber wünsche ist, daß der Zufall gar nicht mehr aufhört, daß er mit ›hundertprozentiger‹ Wahrscheinlichkeit, das heißt aber: mit *Notwendigkeit* sich einstellt, als eine Art von Sinnkonsistenz *frei Haus* – und dieser Wunsch wird mir vom Glücksspiel (wie später von der Literatur auch) erfüllt. Denn diesmal bleibt mir, um fiktiven Sinn genießen zu können, auch noch jede eigene Mühe zu seiner Herstellung erspart – und die war, bei genauerem Hinsehen, auch schon in den anderen Spielarten immer wieder durch Zufälle erleichtert: daß mir jemand ›zufällig‹ im rechten Moment zuhilfe kommt (oder ein Bein stellt), gehört ja zu jedem geglückten Spielverlauf.

Es zeigt sich, daß das Spiel nach all den Seiten mit der Literatur verwandt ist, die dem Traum fehlten; aber dafür geht nun auch dem Spiel dasjenige ab, was den Traum zu einer literarischen Vorform machte: es ist der Literatur gegenüber mangelhaft in seinen *Inhalten:* weil die Wünsche keine Gelegenheit haben, ihre Phantasiebilder in es hineinzutragen, ist es *bildlos,* und oft sogar *sprachlos.* Die Zufälle des Spiels bleiben *leer,* bringen mir das Gute oder Schlimme nur in Gestalt eines symbolischen Zeichens (und lassen sich daher auch allenfalls *über* dieses Zeichen an einen realen ›Gewinn‹ oder ›Verlust‹ koppeln) – und nicht anders die Rollen des Spiels, die innerhalb eines Paradigmas immer nur *einander* definieren: auch wo sie den gesellschaftlichen äußerlich ähneln, fehlt ihnen ganz deren Funktion. Die Zufälle und Rollen des Spiels sind so zwar alle ›wirklich‹, aber es sind nicht die *wahren* Zufälle und die *wahren* Rollen – so wenig die mir im Spiel auferlegten Notwendigkeiten die *wahren* sind. Das Spiel bietet mir die *bloße* Sinnstruktur: ich kann darin nichts anderes erfahren, und dazu spiele ich offenbar so gern, als meine Übereinstimmung mit *irgendeiner* Rolle, die ich endlich einmal nicht mehr vergeblich versuchen muß, mit den Wünschen meines Selbst, und einer Vielzahl von anderen, dazu widersprüchlichen Rollen zu vereinbaren; sowie meine Ausgerichtetheit auf *irgendeine* Notwendigkeit (und seis eine fiktive) statt der vielen und undurchschaubaren. So ist im geglückten Spiel zwar alles, wie es ›anders gar nicht hätte sein können‹ – *aber nicht für mich.* Eine herbeigewünschte

Lebensalternative kann mir auch das Spiel nicht vormachen, weil ich mit meinen Wünschen von ihm ja gerade *ausgeschlossen* bin – so wie jeder andere Spieler auch. Daher sind Spielrollen auch von *jedermann* übernehmbar, aber nicht als Beispiel für eine mögliche Lebenspraxis: denn wer sie übernimmt, ›gilt‹ von da an nur noch als ein bloßes, ichartig zusammengehaltenes Bündel der von der Spielrolle vorgeschriebenen Merkmale. Sobald aber von den eigenen Wünschen und dem Selbst ein Rest auftaucht, kommt das Spiel an seine *literarische Grenze,* jenseits derer sich dann erst der Konflikt von ›Pflicht *und* Neigung‹ in durchgängiger Sinnhaftigkeit zu einem *Schauspiel* zusammenfügen läßt: und zugleich ist aus der leeren Spielwelt eine *Bilderwelt,* aus der Rolle eine *Figur,* und aus den symbolischen Zufällen ein ›*Schicksal*‹ geworden.

  Es hat demnach genügt, den Traum und das Spiel nach ihrem Verhältnis zu Interesse und Sinn zu fragen, um herauszufinden, wie sie mit der Literatur zusammenhängen: in beiden werden bereits Sinndefizite durch Fiktion kompensatorisch behoben. Bei der ersten, älteren und primitiveren Betätigung wird zwar das Eigeninteresse als allmächtig phantasiert, aber doch so, daß die Welt nach seinem Gesetz umgeordnet, also Sinn von ihm scheinbar nicht zerstört wird; das *Spiel* hat, in höherer Entwicklung, schon eingesehen, daß Interesse und Sinn real unvereinbar sind: um seine, wenngleich leere, Sinnstruktur errichten zu können, annulliert es daher alle Eigenwünsche des Spielers ohne Rest. Beide zeigen, trotz oder *kraft* ihrer Mängel, wie weit die Bearbeitungsversuche gesellschaftlich nicht verallgemeinerbaren Interesses in die Sozialisation hinunterreichen. Erst mit der *Literatur* glücken diese Versuche, wenn auch immer noch scheinhaft, nach *beiden* Seiten: in ihr, als der entwickeltsten Hervorbringung von Phantasie und Identifikation, ist die Wunschkohärenz mit der Realkohärenz, die Rolle mit dem Selbst, die Notwendigkeit mit der Interessendurchsetzung, der Traum mit dem Spiel vereinigt. Sie bringt es fertig, das träumende Wunschbündel und die schematische Spielrolle zum *Typus,* also der einfachsten Verbindung von Rolle und Selbst, zu integrieren, und kann auf den Zensor verzichten: schon in ihren Anfängen greift sie zu den ›schwersten‹ Traumstoffen, zum gesellschaftswidrigen ›Zorn des Achilles‹ oder dem vollzogenen Mutterinzest des Ödipus – weil sie, nach der Spielweise, ihren Helden für ihre Traumwünsche *bestrafen* kann.

Wenn man sich überlegt, mit welcher Kraft sie eigentlich diese Vereinigung bewerkstelligt, so zeigt sich: mit der höheren und ›erwachseneren‹ Fähigkeit, von den eigenen Wünschen zunächst einmal *eins abzurücken*. Nicht mehr angewiesen auf ein Verhältnis des ›Ganz-oder-gar-nicht‹ wie in ihren zwei Vorformen, hält sie es aus, deren Versagung wie Erfüllung in den distanzierten Modus der bloßen *Möglichkeit* und des ›Stell-dir-vor‹ zu setzen; zudem entfernt sie sich von der eigenen Person und überträgt, sozusagen lieblos, die Wünsche auf fiktive *Dritte* – mit dem Gewinn, ihrem Schicksal ohne die Gefahr eines sofort durchschauten Selbstbetrugs Sinnkonsistenz und interpretierbare Totalität zuschreiben zu können. So kann sie also dem Traum die Wunschinhalte entnehmen, aber zugleich auch dem Spiel die fiktive Zurückstellung von Eigeninteresse: denn als Leser will der Einzelne ja gar nichts mehr für sich, sondern alles nur für den Helden – und doch ist aus dem Spiel dabei *interessiertes* Rollenspiel geworden: denn jetzt geht er, die Interesselosigkeit *wie* die Wunscherfüllung einheimsend, in die Identifikation. Dieses Distanzvermögen also braucht die Literatur, aber auch *nur* dies: ist es einmal geschichtlich und sozialisatorisch erworben, dann kann sie, nach der Seite der Erfindung, ihre Wunschbeispiele fortan ganz und gar *mühelos* produzieren und, nachdem sie den Trick nun schon einmal heraushat, auch ganz und gar *maßlos*: das *ganze* Eigeninteresse und den *garantierten* Sinn.

Damit ist sie in ihrer ersten, und bis heute höchst beliebten Gestalt geglückt, *fast* noch Wunschkohärenz, aber zugleich auch *fast* noch Regelspiel und Zufallsdurchgängigkeit, nämlich als *Märchen*, und es wird nicht überflüssig sein, sie an diesem Entstehungspunkt genauer zu beobachten. Zu seinem Material nimmt das Märchen, wie seine freudianische Deutung seit langem weiß, kindliche, aber auch noch im Erwachsenen aufbewahrte Trauminhalte; aber (und hier wird diese Art der Deutung blind) es erzählt Träume ja keineswegs *nach*. War dort die Wuncherfüllung von dem durch und durch unverständlichen und ›sinnlosen‹ Eingreifen des Zensors verhindert, so *erfindet* das Märchen statt dessen eine ›Notwendigkeit‹, die aber nicht den gesellschaftlichen und widersprüchlichen der realen Lebenspraxis gleicht, sondern immer eine über alle Maßen offenkundig *gesetzte*, überschaubare und einzige ist. Sie wird dem Helden spielregelartig (etwa als dreifache Probe) auferlegt, und immer zeichnet ein Böses oder

Übermächtiges, nie aber *er selbst*, für ihr Dasein verantwortlich. Sie tritt mit dem Helden in Verbindung durch lauter *Zufälle*, die das Märchen lückenlos aneinanderreiht ohne den leisesten Skrupel vor der Unglaublichkeit: kein Wald, in dem nicht alsbald auch ein Lämpchen schimmerte, kein Tor, vor dem nicht ein Ungeheuer wacht. Auf diese Weise ist alles, was im Märchen vorkommt, <u>auf die Hauptfigur *bezogen*</u>, allein dazu da, ihr etwas zu ›sagen‹, und genaugenommen nur insofern und zu diesem Ziel *vorhanden*. Allein durch diese unerhörte Struktur ihrer Erlebnisse wird sie, ohne etwas dazutun zu müssen, in ihrer Welt zur *einmaligen*, und ihr Schicksalsweg jedesmal zum *außergewöhnlichen*, zusammengesetzt aus lauter von der einzigen Notwendigkeit abhängigem Unglück und Glück. Aber auch um den guten Ausgang braucht sie sich nicht wirklich abzumühen; es steht ihr ja, wie der Gegenseite, als Mittel der Auseinandersetzung der *Zauber* zur Verfügung: eine ursachenlose und unerklärliche Wunschkraft, mit der sich in der Märchenwelt Konflikte regeln. Das Märchenglücksspiel endet immer mit Gewinn; und dafür verwendet es eine Formel, in der sich die einmalige und außergewöhnliche *Rolle* verbindet mit der Erfüllung aller nur denkbaren Wünsche wie mit deren uneingeschränkter *Autonomie:* es ist die Formel von König und Königin, mit der das Märchen schließt – und dort, auf dem goldenen Thron der Sinnerfüllung sitzen und ›leben sie heute noch‹.

Im Märchen sind demnach Traum und Spiel, die ersten Anstrengungen zur Sinnkompensation, zur Synthese gekommen: das Spiel hat sich mit Inhalten gefüllt, der Traum die ihm fehlende Struktur gewonnen. Und wenn es zutraf, daß ich den Traum für wahr halten kann, und das Spiel für wirklich, ist damit auch die Ausgangsfrage der Beantwortung nähergekommen, wie es die Literatur zu einem Schein von Wahrheit *und* Wirklichkeit bringen kann. *Gelöst* ist sie noch nicht; denn noch immer ist das <u>Mittel nicht klar, mit dem die Literatur ihre offensichtliche Erfundenheit *unauffällig* halten kann,</u> und mit dem sie, etwa in unserem Fall des Märchens, zu einer Welt des Zaubers, des ununterbrochenen Zufalls und der durchgängigen Bezogenheit auch noch so etwas wie eine *Beglaubigung* hinzuerfindet.

<u>Dieses Mittel ist, natürlich, ihre Form</u> – eine seit jeher staunenswerte und rätselhafte Qualität, die sich aber nun, nachdem das grundsätzliche Verhältnis von Literatur und Erfahrungswirklichkeit ans Licht gekommen ist, vielleicht doch wenigstens ein Stück

weit aufklären läßt. Wir sind gewohnt zu sagen, daß sie den
›Inhalten entsprechen‹ soll; aber schon stehen wir vor einem
Problem, das in vielen Interpretationsversuchen wiederkehren
wird – dem der Unsichtbarkeit der Form: so viele Formen das
Märchen *verwendet*, sowenig scheint es eine eigene zu *haben*.
Trotzdem gibt es sie: sie hält sich nur an einer höchst unauffälligen
Stelle verborgen, diesmal sogar an der unauffälligsten – und das ist,
wie jeder weiß, die *Oberfläche*. Wenn man nämlich darauf achtet,
wie das Märchen seine Inhalte faßt, so geschieht das immer mit
ihren allgemeinsten Bezeichnungen, also mit ihren Namen. Den
Namen kommt nun, wie eine alte Rede weiß (aber wenig erklärt),
eine eigentümliche Kraft zu – aber nur dann, und das ist ja
keineswegs der Regelfall, wenn sie von den realen Dingen abgelöst,
eben im Aussagemodus des ›Stell-dir-vor‹, designativ als bloße
Benennung auftreten. Sie rufen dann nämlich zwar das Benannte in
meiner Vorstellung wach, aber in keinerlei von ihnen vorgeschriebenen Besonderheiten, sondern nur in denjenigen, die *ich* ihnen
gebe. Sie werden zu Gefäßen: *meine* Wünsche, *mein* Traum kann
in sie einfließen und mit ihrer Hilfe Gestalt annehmen als
Prinzessin, Luftschloß, Märchenwald. Alles, was mir daran als
Einzelnes vor Augen tritt, habe ich selbst phantastisch in sie
hineingetragen – *aber davon weiß ich nichts*. Meine Vorstellung
kann weder nur meine eigene sein, noch in sich falsch oder
unmöglich: denn da sie einen Namen hat, muß sie auch mit etwas
allgemein Bekanntem übereinstimmen. Die von mir gefüllten
Namen können zu mir sagen: ›du siehst es ja‹; so wird in der
Benennung die *Erfundenheit* des Benannten, die meine eigene ist,
unkenntlich. Ich stehe vor etwas, das mit meinem Traum zusammenfällt und *wie durch Zauber* trotzdem in Bereich dessen
getreten ist, was es gibt. Das gilt nun aber nicht nur für meine
Wunschvorstellungen, sondern auch für die Hindernisse, die als
Hexe, Drachen, Spiegelberg dem Märchenhelden entgegentreten,
wie schließlich auch für diesen Helden selbst: auch seine Züge sind
ja nur *benannt*, er heiße arm, schlau oder daumenlang; und wieder
können seine Besonderheiten nur solche sein, die ich in ihn
hineinphantasiert habe; wieder *weiß ich nichts* von meiner Identifikation und kann daran glauben, daß es ihn in Wahrheit gibt, weil
er als meine unerkannte Traumgestalt vor mir dasteht, rätselhaf-
terweise (und im Unterschied zum Träumer oder Spieler) auch
noch ausgestattet mit einem eigenen *Ich* – das er indessen doch nur

so hat erlangen können (wie denn sonst?), daß ich mich in ihn phantastisch hineinversetzt habe: *mir* als fiktivem Leser fällt seine außerordentliche Rolle zu.

Daß es *wahre* Vorstellungen sind, die ich da habe, ist mir nun schon klar – aber müssen es nicht auch bloße *innere* bleiben, mit nichts Äußerem und Jetzigem übereinstimmend, und insofern ohne *Wirklichkeit*? Sie treten plötzlich in mir auf, wie aus dem Nichts stehen sie mir vor Augen, in einem Vorgang von ›dann, und dann, und dann‹. Dieser Vorgang wäre sicherlich derselbe, wenn die Benennungen in einer bloßen unverbundenen Aufzählung daherkämen: nur bliebe mir in diesem Fall unzweifelhaft deutlich, daß das von ihnen Wachgerufene ausschließlich in meinem Kopf existiert. Das Märchen aber zählt nicht einfach Namen auf; sondern in Sätzen, die trotz ihrer Unauffälligkeit sofort als ›typische‹ Märchensätze, das heißt als eine besondere *Form* identifizierbar sind, wird es etwa sagen: ›und wie er so vor sich hinging, stand da auf einmal ein Männlein vor ihm und sprach‹. Damit wird nun mein innerer Vorgang von einem anderen begleitet, der für mich ein unzweifelhaft jetziger und äußerer sein muß – ein *Satz* eben, der mich jetzt und von außen erreicht –, und der *zugleich* mit meinem inneren des ›dann, und dann, und dann‹ *Schritt für Schritt* einhergeht und mit ihm übereinstimmt. An die in mir nach und nach wachgerufenen Vorstellungen als einzige sinnlich gegenwärtige Erscheinungen gefesselt, wird mir *unbemerklich*, daß es die inhaltslose und unsichtbare Satz-*Form* war, die diesem ›dann, und dann, und dann‹ sein Jetziges und Äußeres gegeben hat. Die Form *entzieht* sich sogar ihrer Bemerklichkeit durch ein besonderes, wiederum ›typisches‹ Mittel, nämlich durch ein *Imperfekt*, das aber keine Vergangenheit bedeutet, sondern ein ›es war *einmal*‹, das heißt: es war zu irgendeinem Zeitpunkt, womöglich auch zum *jetzigen*. Wenn sie jetzt also daherkommt mit ihrem ›stand da‹, ›auf einmal‹ und ›Männlein‹, so kann ich dazu sagen: wieso *stand*? Es steht ja *wirklich*! – und merke dabei nur, daß *irgend etwas* Jetziges und Äußeres mit meinen Vorstellungen zusammenpaßt. Diesen Fall aber *muß ich für den Wirklichkeitsfall halten:* denn etwas anderes als ein solches Zusammenpassen steht mir ja als Wirklichkeitskriterium *auch sonst nicht zur Verfügung* – und wie in der Erfahrungswirklichkeit muß ich auch annehmen, daß es die sinnlichen Vorstellungen *wie* ihr Ablauf sind, die mir von außen gegeben waren. Daher muß mir das formale Nacheinander in den Sätzen wie das Nacheinander des Erzählten selbst erscheinen. Ich kann diesen Schein sogar *auf die Probe* stellen; wenn ich nämlich dem *Nacheinander* meiner Vorstellungen nicht glauben will, sagt mir etwas jetzt und von außen (die unerkannte Form): ›du hörst es ja!‹; und wenn mir die Vorstellungen unwahrscheinlich werden sollten, sagt etwas anderes von innen (das durch die Benennung Wachgerufene): ›du siehst es ja!‹ So ist der Schein *probabel* geworden; und ich kann nicht dahinterkommen (wenigstens nicht im selben Akt), daß es sich hier ja *nicht* um Wirklichkeit wie sonst auch handelt, bei der nämlich meine Vorstellungen sich einem Jetzig-Äußeren anpassen, sondern um ein bloßes *Analogon von Wirklichkeit*, bei dem umgekehrt ein Jetzig-Äußeres sich schon vorher, und mit List, einem Wunschweg meiner Vorstellungen sich angepaßt hatte.

Das Märchen braucht also nur die einfachste und allgemeinste formale Vorschrift einzuhalten, die der bloßen Benennung und zeitlichen Aneinanderreihung, um so auch schon zum denkbar größten Bereich dessen zu kommen, was es mit einem Schein von Wahrheit und Wirklichkeit versehen kann: es läßt sich ja *alles* benennen und aneinanderreihen. Das Märchen aber will ja nicht *alles* wahrscheinlich machen, sondern, wie sein Zuhörer, eine phantastische Lebensalternative, das heißt die fiktive Wuncherfüllung innerhalb einer fiktiven Welt der Notwendigkeit. Und auch darin hat es, im Vergleich zu aller späterer Literatur, die weitesten Möglichkeiten. Durch sein Mittel der bloßen Benennung kann es Wunschinhalte in uneingeschränkter Beliebigkeit und ursachenlos für mich wahrmachen, und mir so, *indem es selber einer ist,* auch dauernd zeigen, daß es so etwas wie ›Zauber‹ tatsächlich *gibt:* so wird mir auch der unwahrscheinlichste aller Wünsche glaubhaft erfüllt – nämlich daß auch der *Held* mit Zauberkräften ausgestattet wäre (und ich mit ihm). Durch sein anderes Mittel der Aneinanderreihung kann es nun aber auch mit ebenso grenzenloser Beliebigkeit die *Notwendigkeiten* setzen, die es will. Es braucht daraus ja nur eine lückenlose Aneinanderreihung von *Zufällen* zu machen: und schon ist (neben den inhaltlich benannten Wunschhindernissen) ganz und gar mühelos eine ständige Bezogenheit zwischen dem Helden und seiner Welt hergestellt – und zwar eine Bezogenheit ganz besonderer Art. Sobald nämlich Zufälle *zur Regel* werden, ist damit auch schon (wie sich oben anhand des Glücksspiels zeigte) eine überlegene und unbeeinflußbare Instanz unterstellt, die dem Helden diese Zufälle ununterbrochen zuteilt. Auch darin stehen diese zwei Mittel im Verhältnis der gegenseitigen Beglaubigung: wenn das ›Männlein‹ durch die Benennung ›auf einmal‹ vor mir steht, ist es auch nicht weiter verwunderlich, daß es das gerade an dieser (höchst passenden) *Stelle* der Aneinanderreihung tut: und zugleich *muß* es nun auch noch, kraft mitgesetzter höherer Fügung, hier und nirgendwo sonst stehen. Außer diesen zwei Mitteln braucht das Märchen somit keine ›Form‹ zur Errichtung einer konsistenten Sinnstruktur: denn in beiden ist das Allgemein-Notwendige und das Besondere der Wünsche eine sonst nicht vorkommende vollkommene Verbindung eingegangen, in der das eine das andere bestätigt. So verlangt das Märchen auch noch nicht nach Interpretation – außer vielleicht nach einer *nichtliterarischen* aus seinen tiefenpsychologischen oder mythengeschichtlichen *Ursachen* – weil sich sein Sinn in jedem Schritt von selber kundtut. Um ihn zu genießen, brauche ich nichts dazuzutun, es geschieht alles von selbst, ich kann sitzenbleiben – ja, ich bin dazu *gezwungen:* ich bin ›gefangen‹, bin ›gefesselt‹, bin *ganz weg*. Denn hier herrschen, wie in meiner realen Kindsexistenz ja auch, durchwegs *gesetzte* und von *mir* jedenfalls nicht verursachte Notwendigkeiten: und doch hindern sie nicht, daß sich meine unerhörtesten Wünsche durchsetzen, nach dem Luftschloß, nach der Verwandlung, nach dem Sieg über die Riesen.

Das Verhältnis von Fiktionalität und Wahrscheinlichkeit im Märchen hat die Untersuchung lange aufgehalten: dafür kann sie nun aber auch zeigen, daß *alle* Literatur bei genau diesem Verhältnis, und den Mitteln zu seiner Errichtung, bleiben muß. *Jedes* literarische Werk arbeitet mit dem Benennungs- *wie* dem Zufallszauber; führt dem Leser, wenn auch manchmal nur im Hintergrund, mindestens eine einmalige Figur mit einem außergewöhnlichen Schicksal vor, deren Welt durchgängig auf sie bezogen ist, deren Wünsche ihre Autonomie bewahren, und die für die sie einschränkenden Notwendigkeiten nicht das mindeste kann; und immer wird darin die Übereinstimmung von Interesse und Sinn durch eine Form-Inhalt-Entsprechung bewirkt. Ganz wörtlich ›leben sie heute noch‹, der König und die Königin des Märchens, und ohne Ausnahme muß die Literatur, soviel sie sich auch dagegen sträubt, so gern sich ihre Leser darüber täuschen, diese Grundzüge beibehalten. Zwar darf sie Märchen nicht einfach

89

bleiben; aber, wenn sie dazu erfunden ist, eine fiktive Lebensalternative zu erstellen, in der die Wünsche wahr werden und sich *trotzdem* in ein Allgemeines und Notwendiges fügen, kann sie sich von der Märchenhaftigkeit eben auch niemals ganz trennen; diesen Widerstreit löst sie immer wieder auf die Weise, *unbemerktes* Märchen zu werden, und die Entwicklung ihrer Mittel zu einer solchen Unmerklichkeit macht ihre ganze Formgeschichte aus.

Diese Mittel stehen alle, so sehr sie sich auch historisch wandeln, unter dem Titel der ›*Nachahmung*‹ – und damit ist ein Verhältnis bezeichnet, das nun, da sich erwiesen hat, in welcher Hinsicht die Literatur *nicht* nachahmt, endlich aus seiner falschen Selbstverständlichkeit herausgefallen ist, und somit um so dringlicher nach einer Erklärung verlangt. Auch darin ist aus dem Märchen zu lernen. Daß es sich besonders fleißig um die Beschaffenheit der *Welt* gekümmert hätte, kann man ihm nicht gerade nachsagen: denn aus seiner bloßen *Benennung* geht über einen ›Wald‹ gewiß nichts weiter hervor. *Etwas* aber hat es ganz sicher nachgeahmt: nämlich meine damaligen Wünsche, und die mythischen Wesenheiten, mit denen ich mir als Kind ihre Durchkreuzung erklärte. Daher muß das Märchen nun bald in zwei Hinsichten versagen. Zwar konnten sich in ihm auch noch meine wildesten Wunschvorstellungen sättigen und kompensatorisch erledigen bis an ihr ›seliges Ende‹ – aber dieses Ende ist zugleich auch schrecklich: denn mit einem *Schock,* der sich anders als aus der *Wahrscheinlichkeit* des Vorausgegangenen gar nicht erklären läßt, muß ich jetzt bemerken, daß Wahrheit und Wirklichkeit *trotz allem* anders aussehen als dort. Wütend, schreie ich *von vorn!* und *noch eins!* – aber es hilft mir nichts, die Differenz bleibt. Es zeigt sich, wenn auch immer erst im *Hinterdrein,* daß meine reale Existenz mit dem Märchenbeispiel eben doch unvergleichlich ist, daß die Notwendigkeiten, denen ich unterstehe, zwar auch hier gesetzte und willkürliche sind, aber, ganz anders als dort, mir *nach wie vor* widersprüchlich und uneinsichtig vorkommen, und mir auch noch die allerberechtigsten Wünsche verbieten: so sind sie im Märchen eben *doch nicht* auf eine wahrscheinliche Weise in Erfüllung gegangen, *bloße* Wünsche geblieben. Mit meiner Erleichterung ist es aus, es war alles nur Hokuspokus und Gaukelei, ein Katzenglück. Außerdem sagt mir meine Erfahrung nun immer deutlicher, daß ich von Wünschen, wie sie das Märchen scheinhaft erfüllt, ja ohnehin ablassen muß: es wäre doch kindisch von mir, immer noch ein Zauberer sein zu wollen. Ich lerne, meine Wünsche auf ›mögliche‹ einzukürzen, und statt der alten phantastischen die Notwendigkeiten zu sehen, die mich in der wirklichen Welt einschränken. Damit bin ich zwar immer noch gezwungen, jedem Märchen, solange es dauert, zu *glauben*, und kann es als rührende Erinnerung an meine begrabenen Kindswünsche wohl auch heute noch genießen; aber zugleich muß ich bemerken, daß *meine* Sinnfrage, die sich mir stellt sowohl nach der Seite dessen, was ich will, wie dessen, was ich muß, darin ja *gar nicht mehr bearbeitet ist*. Großgeworden, fange ich an, Märchen ›langweilig‹ zu finden: denn sie machen mir Vorschläge für eine Lebensalternative, die ich ja doch nicht übernehmen kann.

So wird die Literatur zu etwas gezwungen, wozu sie als Gegenentwurf zur Lebenswirklichkeit ursprünglich weder Lust noch Antrieb hatte, und sie sich in ihrer Geschichte auch erst reichlich spät bequemt (nämlich ungefähr mit Homer, der dafür als Erster ausführlich gelobt wird): eben zur nachahmenden ›*Mime-sis*‹. Aber, so wenig wie das dem Märchen geht es ihr dabei *zunächst* um die Beschaffenheit der Welt; soviel wie dort bleibt sie beschäftigt, den Widerstreit zwischen dem Wünschbaren und Notwendigen fiktiv zu lösen[45] – nur muß sie jetzt, um weiter gelesen zu werden, mehr und mehr zu solchen Wünschen greifen, die mit der Realität vereinbar sind, und zu solchen Unabänderlichkeiten, die dem Leser auch in der Erfahrung begegnen, und deren Sinn ihm nicht begreiflich ist. *Die* will sie ›nachahmen‹, um sie dann in möglichst unmerklicher Abänderung zu einem wahrscheinlichen Sinnbeispiel neu zusammenzufügen; und *dazu*, aus keinem anderen erdenklichen Beweggrund, fängt sie nun an, genauer auf die äußere Wirklichkeit zu achten. Dabei gewinnt sie den Schein, als wäre meine Erfahrungswirklichkeit schon *während* des Lesevorgangs dauernd vergleichbar mit dem mir dargebotenen fiktiven Lebensbeispiel, als wäre dieses also für mich *Punkt für Punkt* übernehmbar, und müßte nicht wie im Märchen erst *im Hinterdrein* sich dem Vergleich mit meiner eigenen Existenz stellen, und dann sogleich als Trug zerplatzen. An diesem Schein und Vorteil, auf dem das *wahre* (und immer etwas diebische) Vergnügen an der Mimesis beruht, ist ihr in manchen Zeiten offenbar so viel gelegen, daß sie ihre erste Absicht ganz vergißt und dem Irrglauben verfällt, *nur dazu wäre sie überhaupt da*: sie erfindet immer ›treffendere‹ Metaphern, läßt immer ›lebensechtere‹ Figuren auftreten, die uns ›förmlich vor Augen stehen‹, sich in der oder jener Situation genauso verhalten wie wir, so reden, so denken, so laufen, so *sind*. Wie in allen Fällen, wo ich mit verkürzten Wünschen, und mit nicht unmittelbar einsichtigen Notwendigkeiten konfrontiert bin, ist *jetzt* für ihre Beispiele auch eine Interpretation verlangt – aber jedesmal auch *möglich*. Der Schein der ständigen Vergleichbarkeit muß nämlich Schein auch *bleiben*, und die Literatur an ihre erste Aufgabe sich erinnern lassen durch einen geradezu lachhaft simplen Schluß: denn wären die Verkürzungen und Uneinsichtigkeiten *tatsächlich* die wahren und die wirklichen, dann fielen diese Beispiele mit dem Bestehenden *zusammen*, wären so wenig interpretierbar wie dieses, und wir könnten das Lesen (oder Schreiben) ebensogut auch bleiben lassen.

Wir *lassen* es aber nicht bleiben, *können* die Beispiele interpretieren, und infolgedessen sind sie auch *nicht* zusammengefallen. Nur wo in aller Welt ist jetzt die *Lücke?* Wer die Frage einen Augenblick festhält, kann solange merken, mit welcher Kraft die Literatur ihm einredet: die Lücke gibt es nicht. In Wahrheit hat sie ihre ersten zwei Zaubermittel, mit denen sie ihre Erfundenheit hatte unauffällig machen können, niemals aufgegeben, sondern nur abgewandelt. Mit der *bloßen* Benennung kommt sie nicht mehr aus, sondern muß anfangen, was im Märchen noch nicht nötig war, die innere Realität der Wünsche und Träume, und die äußere der einschränkenden Notwendigkeiten anfangen zu *beschreiben*. Aber was heißt das? Auch die Beschreibung kann, von den Dingen abgelöst, immer nur eine *erweiterte* Bennung von Eigenschaften oder Tätigkeiten sein, und sie bringt es nie zur Vollständigkeit, wie der Versuch beweist: zu jeder noch so detaillierten läßt sich ja ohne Mühe eine noch detailliertere ausdenken oder herstellen. In ihre Benennungen wie in die von ihnen offengelassenen Stellen können nun aber, ganz wie vorhin, die Besonderheiten *meiner* Vorstellung und Phantasie einfließen, ohne daß ich davon weiß; die Beschreibung behält also die Zauberkraft des ›du siehst es ja‹, und zwingt mich so, an ihre Wahrheit zu glauben. Freilich ist der Bereich der ihr zugänglichen Inhalte jetzt nicht mehr grenzenlos. Damit meine Wünsche nicht als offenkundig unerfüllte stehenbleiben, muß sie aus der ganz und gar phantastischen Lebensalternative wieder ein Stück zurücklaufen, und zwar genau so weit, bis sie neuerlich bei der *Wahrschein-*

lichkeit angelangt ist, das heißt in den Umkreis meiner Vorstellungen davon, was ich für möglich halten kann. Ganz das Gleiche gilt für die in die Beschreibung aufgenommenen Notwendigkeiten, die ich um so leichter für *wahre* hinnehmen kann, als ich ja *ungern* an sie glaube. Und auch mit ihrem zweiten Zaubermittel, der lückenlosen Zufallsaneinanderreihung, muß sie nun offensichtlich anfangen, sehr sparsam umzugehen. So könnte man meinen, daß die Literatur, je fleißiger sie sich um Nachahmung bemüht, um so mehr zum *verwässerten Märchen* werden müßte, das nur noch die bescheidensten Wünsche, die härtesten Notwendigkeiten, und den von höherer Fügung gelieferten Zufall nur noch in knappster Dosierung verwenden dürfte: eine magere Sinnspeise.

Ein zweiter Blick zeigt, daß dem keineswegs so ist. Denn wieder verknüpft die Literatur ihre zwei Mittel zu einem Form-Inhalt-Verhältnis, und alle diese Mängel sind wieder aus der Welt geschafft. Das gelingt ihr schon im einfachsten Fall, wo sie sich nämlich eine *vorgegebene* ›äußere‹ Form sucht, etwa ein traditionell festgelegtes Reimschema. Dann kann nämlich die Beschreibung sich zum Inhalt wählen *was sie will:* er bleibt trotzdem einem Gesetz unterworfen, und zwar einem unzweifelhaft *jetzigen, äußeren* und *hörbaren* – und nun geschieht mit mir ganz dasselbe wie schon im Märchen. Wie dort ist es mir unmöglich zu erkennen, daß dieses Gesetz, das den Ablauf meiner Vorstellungen bestimmt und ihm seine äußere Gegenwärtigkeit gibt, ein solches der *Form* ist; daher verhilft dieses Gesetz *erstens* der für mich vorstellbaren ›Wahrheit‹ der Inhalte auch noch zum Schein einer jetzig-äußeren ›Wirklichkeit‹; und *zweitens* muß ich es für ein Gesetz des Beschriebenen selber halten. Sobald nach der Zeile »Wer reitet so spät durch Nacht und Wind?« am Ende der nächsten das »Kind« erscheint, muß mir durch das Formgesetz des Reims der *Zusammenhang* von ›Wind‹ und ›Kind‹, den ich ja *höre*, unabweislich jetzig werden – und damit natürlich auch die *beiden;* und zugleich ordnen sich kraft dieses Formgesetzes die beiden Elemente auch noch zu einer besonderen *Struktur* an, in der nämlich die Fragen wozu dies? wozu so? wozu hier? immer eine Antwort haben. Die kann ich zwar vielleicht nicht gleich finden; aber daß es sie *geben muß*, kann ich ausprobieren: für ›Kind‹ gibt es keine andere mögliche *Sache*, kein anderes mögliches *Wort*, keine andere mögliche *Stelle;* es *geht* nur ›Kind‹. Eine ›Mutter‹ wäre lächerlich, da den Eltern eine Sturmnacht bekanntlich nichts ausmacht; ein ›Sohn‹ wäre verfrüht (obwohl es einer ist), denn es ist noch fraglich und ungenau zu erkennen, wen der Vater bei sich hat; und an einer anderen Stelle ginge dem Kind der unheimliche Zusammenhang mit ›Nacht‹ und ›Wind‹ verloren, auf den es aber gerade ankommt. Schon *interpretiere* ich also (denn so hat man es mir ganz zu Recht beigebracht) die Form aus dem Inhalt und umgekehrt, und siehe da: in jeder Hinsicht passen die zwei Elemente *zufällig* in ihrer genauen Beschaffenheit an ihren genauen Ort, und jede Abweichung davon wäre aufs Schrillste und Hörbarste *falsch*. Diese Struktur entspricht nun aber auch allen Vorschriften der *Sinnformel:* die Elemente sind in ihrem Sosein und in ihrer Anordnung notwendig so, wie sie sind, und aufeinander, wie zu den andern Elementen und aufs Ganze, bedeutungshaft bezogen – also wieder zu eben jener Struktur angeordnet, die ich in meiner eigenen Existenz dauernd vermisse.

So hat die Literatur ihr zweites Zaubermittel der ununterbrochenen *Zufallsreihung* nicht etwa aufgegeben, sondern nur auf eine neue *Ebene der Unmerklichkeit* gebracht. Ihre durchgängige Sinnstruktur entsteht durch gar nichts anderes – und am Ende ist dies vielleicht die einzige Möglichkeit, dergleichen *überhaupt* herzustellen – als durch eine dauernde, ›zufällige‹ und ›unsichtbare‹ Formbestimmtheit der Inhalte. Damit kann sie aber offenbar über sehr *vielen* Inhalten den Schein einer höheren Notwendigkeit errichten, sie also *zugleich* in allen ›nachgeahmten‹ Einzelheiten stehenlassen und unbegreiflicherweise trotzdem mit allen Merkmalen von *Sinn* versehen. Die Analogie dieses unerkannten Verhältnisses zu dem religiösen einer ›göttlichen Fügung‹ ist unübersehbar; hier noch viel mehr als durch ihre Fähigkeit, etwas ›aus dem Nichts zu schaffen‹ (von der die ältere Poetik so gern wie unklar redete), wird die Literatur *tatsächlich* zur säkularisierten Gottesideologie. Daher verfällt der Sprecher beim literarischen Vortrag, wie eben die Sprachrohre vermeintlicher höherer Gewalten sonst auch, in denselben inbrünstig-frommen Singsang wie der Pfarrer bei der Litanei und der Staatsmann bei der Neujahrsansprache.

Solche *vorgegebenen* äußeren Formen sind dem späteren Bewußtsein meist schwer erträglich, weil sie als *bloß gesetzte*, das heißt erfundene Notwendigkeiten allzu durchsichtig geworden sind: der Traum von zuviel Form erschlagen, seine Einschränkungen weder einsichtig noch sinnvoll, sondern fadenscheinige Setzung. Aber die literarischen Formen sind ja an ihren überlieferten Kanon nicht etwa gebunden: in einer Vielzahl von Vermittlungen (die ich hier überspringen muß) können sie sich den Inhalten vielmehr *angleichen* bis zu eben der Art von ›Entsprechung‹, wie sie auf ihrer einfachsten, naivsten, und vielleicht auch vollkommensten Stufe schon im Märchen auszumachen war. Ich will, in möglichster Kürze, noch je ein Beispiel dafür umreißen, wie sie sich dadurch nach der Seite der Wünsche, wie der der Notwendigkeiten, immer weiter unwiderlegbar beglaubigen kann. Blakes Vers: »Ah, Sun-flower, weary of time, /Who countest the steps of the Sun«[46] macht sich zunächst *mimetisch* wahrscheinlich, denn die Sonnenblume dreht sich ja *tatsächlich* immer der Sonne nach. Daher bleibt diese Vorstellung als ›wahre‹ immerhin noch ›möglich‹, auch wenn sie zum Wunsch umformuliert ist, die Sonnenblume möge (wie ich) sehnsüchtig die Sonnenstundenschritte ›zählen‹. Zugleich bemerke ich aber, daß in der zweiten Zeile unleugbar, jetzt und außen etwas am Zählen ist – aber wie vorhin ist es mir innerhalb desselben Leseaktes unmöglich zu erkennen, daß es *der Vers selber ist*, also die Form, die die Zählbewegung macht. Vielmehr muß ich diese der einzigen sinnlichen Erscheinung zuschreiben, die ich im Bewußtsein habe: wenn ich doch *höre*, daß hier gezählt wird, und nichts anderes vor Augen habe, was sonst zu so etwas wie Zählen überhaupt *imstand* sein könnte – wie sollte ich dann noch der Vorstellung entgehen können, daß dieses gegenwärtige Zählen von der Sonnenblume kommt, und daß die, nachdem sie zählt, im Augenblick offenbar gar nichts anderes tun *kann* als zählen. Das heißt aber *auch*, daß die Natur *sehr wohl*, nämlich jetzt gerade, meine inneren Regungen teilt. ZÄHLEN Wieder ist damit durch seine *zufällige* Übereinstimmung mit der Form ein bestimmter Wunschinhalt unabweislich ›wahr‹ und ›wirklich‹ geworden. Und schon kann ich, wenn ich will, in einem zweiten Leseakt die Notwendigkeit hinter der ›zufälligen‹ formalen Entsprechung durch eine Interpretation erkunden: wenn die Sonnenblume zählt, dann *muß* sie auch ›müde der Zeit‹ sein, und daher *muß* das Gedicht mit einem Seufzer anfangen, *muß* (zum Zeichen der Erschöpfung) das Wort ›Sonne‹ so rasch wiederholen – und so mit allen anderen verwendeten Elementen. Von allem, was ich mir wünschen kann, der Übereinstimmung eines *besonderen* Traums mit der Wahrheit und Wirklichkeit, und der *allgemeinen* Struktur einer alternativen Erfahrungswirklichkeit, wird mir hier ein fiktives Angebot gemacht, *das ich nicht ablehnen kann* – es sei denn so, und strikt nur im Hinterdrein, daß ich den Wunsch zum ›kindlichen‹ oder ›unmöglichen‹ erkläre, dessen Erfüllung oder Nichterfüllung mir gleichgültig ist.

Aber auch nach der Seite der Notwendigkeiten kann ich mich auf ähnliche Weise sättigen lassen. Angenommen, es will mir einer die Meinung antragen, alle menschliche Existenz stehe unter dem schlimmen Gesetz des Nichts und seiner unerbittlichen und unbeendbaren Wiederkehr, und ich halte diese Meinung für unglaubwürdig; so laufe ich, am Zustandekommen von Ideologie wie immer interessiert, in *Warten auf Godot*, gespannt, was jetzt passieren wird. Aber alles, was passiert, ist ein ständiges Überlegen der Bühnenfiguren, was nun eigentlich passieren *soll*: daher, nämlich weil sich das Stück die *Form* eines *Nichtstücks* und eines *Nichts an Stück* gibt, passiert für mich als meine jetzige, unleugbare und reale Situation im Theatersessel eben das wiederkehrende Nichts, von dem es inhaltlich unentwegt redet; und solange ich dabei denke, ›aber es *muß* doch noch etwas passieren‹, mache ich diese Wiederkehr für mich auch noch unbeendbar – also wiederum zu dem, was das Stück behauptet. Es beglaubigt sich dadurch, daß es für mich herstellt, was es sagt: solange ich mich ihm aussetze, herrscht daher, kraft seiner Form, sein angebliches Weltgesetz wirklich über mich, und verhilft mir so zu der Erleichterung, eine wenn auch düstere, so doch momentan *unzweifelhaft gültige* Erklärung für die mir sonst unbegreifliche Einschränkung meiner Wünsche vor mir zu haben. Wenn die aber stimmt (so kann ich in einem zweiten Rezeptionsakt anfangen zu interpretieren), dann *muß* der zweite Teil den ersten in seinen Nichtigkeiten wiederholen und reminiszieren, das Ende *muß* auf den Anfang hinauslaufen, der Baum auf der Bühne zum Zeichen der Bedeutungslosigkeit aller Naturbezüge seine Blätter kriegen, und so fort. Auch die vermeintliche Lebensalternative von Didi und Gogo erweist sich noch als sinnkonsistent, weil einer einsichtigen Notwendigkeit unterstellt: einer schrecklichen zwar – aber (so kann es mir vorkommen) immer noch besser als *gar* keiner; und wieder kann ich allenfalls *im Hinterdrein* bemerken, daß es eine ›künstliche‹, also fiktiv gesetzte gewesen ist, die mir da einen Theaterabend lang eingeleuchtet hat.

Nicht alle Literatur bringt es zu einer so vollkommenen Übereinstimmung von Inhalt und Form – die ästhetische Mindestforderung scheint nur zu sein, daß sie einander nicht absichtslos zuwiderlaufen –, aber der Fall ist keineswegs selten: um das Verhältnis von Reflexion und Handeln als Rätsel zu beschreiben, gibt sich *Hamlet* eine (bis heute) rätselhafte Form; um die Gleichgültigkeit des Einzelschicksals zu beglaubigen, setzt Flaubert, in einer wiederkehrenden Stilfigur, triviale und lebensentscheidende Sachverhalte formal mit einem gleichgültigen »und« aneinander[47]; *Prufrock* handelt von der Undurchsichtigkeit der Existenz, und macht sich dabei der Form nach zu einem Gedicht, mit dem (im ersten Leseakt) auch der Leser sich nicht mehr auskennt. Es ist leicht zu sehen, daß im Prinzip jeder Inhalt literarisch sich in eine Form bringen (oder sich ihr annähern) läßt, die gerade *das macht, was er sagt,* oder umgekehrt zu jeder Form ein Inhalt aufgefunden werden kann, der ausspricht, was mit ihm gemacht wird.

Wenn das aber stimmt, dann muß der Literatur, wenigstens dem *Verfahren* nach, das Vermögen zugesprochen werden, *allem und jedem* zur Interpretierbarkeit wie zur undurchbrechbaren Wahrscheinlichkeit verhelfen zu können – *solange es nur von der Erfahrungswirklichkeit verschieden ist.* Denn daß sie die *nicht* interpretieren und als sinnvoll erfahren konnte, das war ja gerade ihr erster Anlaß und Antrieb gewesen, aus ihr *herauszugehen* in den Bereich der Fiktionalität und des ›Stell-dir-vor‹. Dabei ruft sie meine Wunschvorstellungen, die von der Erfahrungswirklichkeit mehr oder weniger divergieren (aber nie mit ihr zusammenfallen), durch *entsprechend mehr oder weniger* ›mimetisch‹ genau gemachte Benennungen wach, und gibt ihnen so Gelegenheit, in deren Leerstellen einzufließen, und sie so unerkannt mit ihren eigenen Besonderheiten zu füllen. Zugleich stellt sie, durch ihre *Form,* ein mit ihnen übereinstimmendes und unleugbares, mit mir geschehendes Jetzig-Äußeres her, das ihnen auf eine *analoge Weise* entspricht, wie das die Erfahrungswirklichkeit tut, solange die sich mit meinen Vorstellungen *deckt* – und kann ihnen dadurch *trotz* aller Erfundenheit den Status der Probabilität, das heißt der *Überprüfbarkeit* verleihen. Damit hat sie ihre Fiktionalität erfolgreich *gelöscht,* und aus ihren ›Stell-dir-vor‹-Notwendigkeiten sind auf einmal *wirkliche* geworden – denn was ich als dauernd übereinstimmend erfahre mit einem unzweifelhaft, jetzt und von außen mit mir Geschehenden, *kann* nicht nur ausgedacht, sondern muß vielmehr ›wirklich‹ sein: das kommt mir, der ich die in mir geweckten Vorstellungen *ja sonst auch immer* auf diese Weise verarbeite, als *Evidenz* entgegen, und so muß ich jedesmal neu glauben, ich hätte es mit unzurückweisbaren, eben nicht nur inneren Wahrnehmungen zu tun. Erst später, nachdem es mir eingefallen ist, das Ganze der Literatur zum Ganzen meiner Existenz ins Verhältnis zu setzen, wird es mir kenntlich als Trugschluß – und auf dieser trügerischen Evidenz beruhen, in ihrer ganzen Vielfalt und immer neu entstehend, die irrigen Meinungen, daß die Literatur *tatsächlich* mit der Erfahrungswirklichkeit übereinstimmen oder ihr nahekommen könnte. Dabei errichtet sie lediglich, wie nun zu sehen ist, eine *Struktur* von Vergleichbarkeit – *ohne sich jemals* dabei mit der Erfahrungswirklichkeit vergleichen zu müssen: denn der Vergleich, durch den sie sich wahrscheinlich macht, findet immer nur *innerhalb ihrer selbst* statt.

Mit diesem Ergebnis ist die Untersuchung insofern einen Schritt weiter gekommen, als sie zuvor ja nur von außen hatte konstatieren und zeigen können, *daß* die Literatur ihre Funktion und Entstehung in nichts anderem haben kann, als in jeweils wechselnde Sinnbedürfnisse mit wahrscheinlich *und* interpretierbar gemachten fiktiven Lebensbeispielen kompensatorisch einzutreten; aber nachdem ihr so die Scheinhaftigkeit aller Literatur *unzweifelhaft* geworden war, hat sie deren oft recht nahen Anfechtungen auch nicht mehr erliegen müssen und endlich aufdecken können, *wie* dergleichen zustandekommen kann. Die Literatur ist demnach gerade nach *der* Seite gegenüber der Erfahrungswirklichkeit abgeschlossen und unvergleichlich, wo man sie am ehesten mit ihr verbunden und vergleichbar glauben muß – in dem, was sie wahrscheinlich macht: und das ist immer eine fiktive Übereinstimmung von Wünschen und gesetzten Notwendigkeiten. Sie ist – um ihre Herkunft aus ihren zwei Vorformen noch einmal auf die Formel zu bringen – diejenige Sorte von Spiel, das einem bestimmten Traum Regeln gibt und oft sogar: sie ihm entnimmt und anpaßt, und diejenige Sorte von Traum, der sich Regeln sucht und oft sogar: seinen Inhalten ›entsprechende‹ Regeln; so daß sich, in einem von der Erfahrungswirklichkeit abgetrennten und daher scheinhaften Bereich, die ›Wahrheit‹ des einen mit der ›Wirklichkeit‹ des andern zu einer neuen, und der Erfahrung analogen, Evidenz verbinden kann.

Damit ist jetzt offenbar ein ganz *allgemeines*, beliebig einsetzbares Vermögen der Literatur beschrieben: das heißt aber noch nicht, daß sie sich jedes Wunsches und jeder gesetzten Notwendigkeit auch mit demselben Eifer annähme. Wenn ihr Wahrwerden nämlich davon abhängt, daß sie die Vorstellungen des Lesers durch Benennung wachruft, und ihm so Gelegenheit gibt, diese dann unwissentlich mit seinen eigenen Besonderheiten zu füllen – dann muß die Literatur sich bemühen, diese Vorstellungen eben auch zu *treffen;* und wenn sie dem Leser nur so ›wirklich‹ werden kann, daß sie ihre Inhalte durch ein unmerkliches, ihnen ›zufällig‹ entsprechendes Jetzt und Außen mit Notwendigkeit versieht – dann muß sie zusehen, daß sie ihm ihre Form nicht unter die Nase reibt. Wo sie hier fehlgeht, beginnt sie dem Leser gegenüber zu versagen: Wünsche, wie *er* sie hat, bleiben dann (was sie doch gerade nicht sollten) in ihren Fiktionen unerfüllt; und die vorgeführten Erfüllungen sind angesichts der Notwendigkeiten, wie *er* sie kennt, nicht mehr glaubhaft. Sie verliert, zwar nicht ihre eigene, aber ihre Wahrscheinlichkeit im Vergleich zur Erfahrung des Lesers, und der kann sie dann vielleicht auch noch in ihrer abstrakten Anordnung, oder als bloße Unterhaltungs- und Spielform genießen: aber als Sinnbeispiele *für ihn* haben sie ihm nichts mehr zu sagen. Nach dieser anderen Seite ist die Literatur also *nicht* abgeschlossen gegenüber der Erfahrungswirklichkeit, sondern muß sich ihr vergleichbar und zugänglich machen in dem, *womit* sie ihre Wahrscheinlichkeiten errichtet: nämlich in den Vorstellungen, die sich der Leser von Wuncherfüllung und -versagung *immer schon gemacht hat* – und auf der Blindheit gegen diese offene Stelle beruhen umgekehrt, wieder in ihrer ganzen Vielfalt und auch immer neu entstehend, die irrigen Meinungen, daß die Literatur, von aller Erfahrungswirklichkeit abgelöst, jemals nur von sich selber handle oder sich nur um ihrer selbst willen hervorbringe. Es bleibt dabei, auch nach der Rekonstruktion ihrer Dialektik von Fiktionalität und Wahrscheinlichkeit, daß die Literatur bis in ihr inneres Funktionieren hinein dazu taugt und geschaffen ist, in diejenigen Sinndefizite fiktiv einzutreten, die die Erfahrungswirklichkeit des Lesers in ihm hinterläßt.

Damit kann die Untersuchung nun endlich wieder zu dem Zusammenhang der Literatur mit der Geschichte und der Gesellschaft zurückkehren, an dem ihr eigentlich gelegen ist. Dazu müssen zuerst freilich die Begriffe von ›Wünschen‹ oder ›Vorstellungen‹ des Lesers, so nötig sie waren zur Entwicklung der literarischen Wahrscheinlichkeit, wie sie für *jeden* und in *jedem* Fall gilt, aus ihrer Allgemeinheit und abstrakten Neutralität wieder zurückgeholt werden. In der Klassengesellschaft müssen alle verbreiteten und typischen Wünsche entweder legitime oder nichtlegitime *Interessen* heißen, und die herrschenden Vorstellungen von den angeblichen Notwendigkeiten, denen zufolge es sinnvoll ist, daß bestimmte Interessen eingeschränkt und andere durchgesetzt werden, *Ideologie*. Von dieser aber war im ersten Kapitel zu sehen, nicht nur wie und warum sie der gesellschaftlichen Entwicklung immer *nachfolgen* muß, sondern auch, wie sie in zweifacher Hinsicht versagt: sie kann, an die einzelne *Existenz* angelegt, deren Erfahrungen von Sinnlosigkeit und Unsinnigkeit nicht außer Kraft setzen; und sie muß, weil die von ihr vorgeschlagenen Sinnziele nie allgemeingesellschaftliche, sondern mit den Herrschafts- und Privilegierungsinteressen harmonisierte sind, *historisch wechseln*. Die erste dieser Schwächen nun kann der Literatur offenbar gleichgültig sein: wenn sie nämlich vorhandene Interessen als ›Wünsche‹ in sich aufnimmt, und ihre Einschränkung oder Durchsetzung auf solche Notwendigkeiten ausrichtet, die in den jeweiligen ideologischen Rahmen hineinpassen, dann *trifft sie eben genau die ›Vorstellungen‹* ihrer Leserschaft – und mehr braucht sie nach dem Gesagten nicht, um ihnen mittels einer geeigneten Form nicht nur zum Schein von Wahrheit und interpretierbarer Wirklichkeit, sondern auch zum Schein der Vergleichbarkeit mit der einzelnen Erfahrung zu verhelfen. So kann sie, und zwar *erfolgreich,* gerade diejenigen gesellschaftlichen Mängel ausblenden, und diejenigen ideologischen Sinnziele plausibel machen, die der Leser ausgeblendet und plausibel gemacht haben *will*.

Eben deswegen muß ihr nun aber auch die andere Schwäche von Ideologie immer wieder zu schaffen machen; denn so wie diese der gesellschaftlichen Entwicklung, muß wiederum die Literatur, wegen ihrer ›offenen Seite‹, der Ideologie in deren historischer Veränderung nachfolgen, als ihrem Material und ihrer Formbegrenzung – wenn sie nicht etwas ›wirklich‹ machen will, was die ›Vorstellungen‹ ihrer Leser *nicht* mehr trifft, und somit auch aus der besagten Vergleichbarkeit *herausfällt:* und das wird für den heutigen Leser in einem *Beowulf,* einem abgeklapperten Liebessonett, oder einer Restaurationskomödie wohl das allermeiste sein. Die Literatur unterliegt also demselben Zwang zur Innovation wie die Ideologie: wie bei dieser ist es die Geschichtlichkeit der *Sinndefizite*, die die Geschichtlichkeit der Literatur ausmacht – und an dieser eindeutigen, und ganz und gar nicht geheimnisvollen Verbindung zwischen Literatur und Geschichte scheint mir das Fragenswerteste (wie oben beim Verhältnis von Literatur und Erfahrungswirklichkeit), warum sie nicht immer schon und als Selbstverständlichkeit gewußt gewesen ist. Sie eröffnet zugleich, wovon im nächsten Kapitel weiter zu reden sein wird, die Möglichkeit zu einem Verfahren, die gut rezipierte Literatur einer bestimmten gesellschaftlichen Epoche aus dieser mit recht großer Genauigkeit, und in der angemessenen Tiefe, herzuleiten und damit zu erklären.

Zuvor aber muß noch eine bisher bloß behauptete, über alle Innovation hinweg durchgehaltene Qualität der Literatur aufgezeigt werden, und das ist ihre nie aufgegebene und unbemerklich gemachte (wie bis jetzt gebliebene) *Märchenhaftigkeit*. Damit sie deutlich wird, muß man einmal nicht auf die Inhalte, sondern auf die Struktur der in sie aufgenommenen Interessen und von ihr gesetzten Notwendigkeiten achten, und sie denen der gesellschaftlichen Wirklichkeit entgegenhalten. Den Interessen ist diese Struktur leicht abzulesen. Sie haben, wie weit auch immer eingeschränkt, das Ziel der möglichst grenzenlosen Entfaltung der eigenen Genuß- und Handlungsmöglichkeiten und so, hinter allem konkret Angestrebten, die angestrebte Struktur einer unangetasteten *Ichautonomie*. Bei den Notwendigkeiten, aus denen die Verhinderung oder Legitimierung von Interessendurchsetzung sich begründet, liegt der Fall weniger einfach. Ideologisch wie literarisch behauptete Notwendigkeiten, wie offensichtlich auch immer gesetzt, haben immer eine Struktur der *Eindeutigkeit* und der fremden, also *nichteigenen Verursachung*, und da allerdings führt der Vergleich mit der gesellschaftlichen Wirklichkeit zu zwei verschiedenen Ergebnissen. Für *beherrschtes Bewußtsein* nämlich tragen die ihm auferlegten Notwendigkeiten *tatsächlich* diese Merkmale: sie sind eindeutig und von der nichteigenen Herrschaft verursacht. Dadurch wird ihre Abschaffung oder Außerkraftsetzung zwar unwahrscheinlich, aber sie bleibt *vorstellbar* – ja, sie wird hier sogar zur *einzigen* Möglichkeit zur Errichtung einer phantastischen Lebensalternative; diese, inhaltlich ergriffen, und in eine ihr entsprechende Form gebracht, führt zu einer ›trivialen‹,

[handschriftliche Randnotiz: OMNI-POTENZ.]

aber ganz offenen *Märchenliteratur* der bloßen Wünsche, die demnach die authentisch proletarische wäre. Nur, die › Vorstellungen‹, die ihre Leser von real einlösbarer Wunscherfüllung und notwendiger Interesseneinschränkung immer schon gehabt haben, kann sie damit nicht mehr treffen – und damit verliert sie auch den Schein der Vergleichbarkeit mit der eigenen Existenz. Indem sie so für die reale Interessenverkürzung keine allgemeine, einsichtige Notwendigkeit wahrscheinlich macht, kann sie zwar eine Wunsch-, aber keine wirksame *Sinnkompensation* mehr liefern: die wird proletarisch daher, und zwar bekanntlich mit dem größten Nachdruck, in der entsprechenden Vorform der Literatur, nämlich in der fiktiven Sinnstruktur des *Spiels*, besonders des Fußballs, aufgesucht.

Für herrschendes Bewußtsein aber gilt dies alles nicht. Hier bündeln sich die je einzelnen Wunscherfüllungen, nach einem schon dargelegten Mechanismus, zum möglichst weit durchgesetzten Privilegierungs- und Herrschaftsinteresse, und bringen damit eben die *falschen* Notwendigkeiten *jeweils mit hervor*, die dann, über verschiedene anonyme Vermittlungen, unausweichlich zur tiefsten Verkehrung allen gesellschaftlichen Sinns führen, nämlich zu Verstümmelung und Tötung, vor allem *jenseits* der Klassengrenze, aber, soweit sich Herrschaft und Beherrschung im Einzelnen überkreuzen, auch schon auf der eigenen Seite. Diesen interessegesetzten Notwendigkeiten, und den daraus fließenden Sinndefiziten, *fehlt* demnach, als selbstproduzierten, die Struktur der nichteigenen Verursachung, aber auch die der Eindeutigkeit: denn ihre Herkunft wird, wegen ihrer Unerträglichkeit, *verdrängt und infolgedessen allen möglichen* Gründen (außer den wahren) angelastet. Jede rationale Bearbeitung des herrschenden Sinndefizits müßte mit dessen Behebung auch die Einschränkung der nichtverallgemeinerbaren herrschenden Interessen verlangen: die aber wollen *alles eher als das,* fordern solange es nur geht – und es geht immer noch! – ihre Harmonisierung mit *irgendeiner* angeblichen gesellschaftlichen Unabdingbarkeit, und sei sie noch so notdürftig herbeigezogen. Die Ideologie ist der *eine* Versuch, diese Forderung einzulösen – aber, nachdem er herrschendes Bewußtsein vom unmittelbaren Erleben der selbsterzeugten Sinnlosigkeit nicht befreien kann, ein immer wieder *mißlingender* Versuch.

Die Literatur ist der andere; und daß sie das Kunststück fertigbringen kann, wenn auch nur innerhalb einer fiktionalen

Wahrscheinlichkeit, folgt allein schon aus ihrem grundsätzlichen Vermögen, *allem und jedem,* was an fertigen Vorstellungen in ihren Lesern liegt, den Schein einer interpretierbaren Wirklichkeit und der existentiellen Vergleichsfähigkeit zu geben; aber dabei findet sie eben auch einen Ausweg für das spezielle Problem, daß sich allseitig durchgesetzte Interessen und der eingelöste Sinn rational nicht vereinbaren lassen. Sie entdeckt nämlich, daß sie diese in ihrer ganzen *Materialität* ruhig dreingeben kann, solange sie ihnen nur zu einer wünschbaren *Struktur* verhilft. So zunächst nach der Seite der Wünsche: auch wenn sie deren Erfüllung aus ihren fiktiven Lebensbeispielen noch so rabiat durchkreuzt, kann deren *Ichautonomie* trotzdem unangetastet stehenbleiben, ja sie gewinnt dadurch erst die Unauffälligkeit und Wahrscheinlichkeit, die sie braucht. Das lyrische Ich auch noch der neuesten Literatur mag verwundet, verstört, dem Verstummen so nah sein wie es will: immer noch kann es alles, was ihm zustößt, als auf sich und untereinander bezogen erleben, und nie verliert es seine Einmaligkeit und Außergewöhnlichkeit, sondern bleibt König in seinem erfundenen Reich – und das gilt, wenigstens für *eine* der auftretenden Figuren, in jedem literarischen Werk. Auch wo es sich anstrengt, sie so unauffällig und durchschnittlich wie nur möglich zu machen, können sie diese Züge annehmen – und *seis gerade* durch die monumentale Banalität ihres Lebensplans, wie bei Bouvard und Pécuchet, *gerade* durch die Unentwegtheit ihres gelangweilten Wartens, wie bei Didi und Gogo. Sie alle stehen in einer Welt, die, wenn auch negativ, so doch in der wunderbarsten Ausrichtung von ihren Wünschen und Eigenarten bestimmt ist und auf sie antwortet.

Ihre wichtigere und für ihre ideologische Funktion entscheidende Erfindung aber macht die Literatur auf der Seite der Notwendigkeiten, mit der sie die Durchsetzung oder Beschneidung der in sie eingegangenen Interessen zu sinnvollen deklariert: die kann sie zwar, solang sie die Vorstellungen ihrer Leser nicht ganz dabei verfehlt, bis zu beliebigen (und oft krassen) Graden ideologisieren; aber ebensogut kann sie alle möglichen, ja sogar die wirklich gesellschaftlichen nachahmend in sich aufnehmen, und redet daher, um sich wahrscheinlich zu machen, geradezu lüstern von Mord und Hagelschlag, von arger Willkür, bösem Gesetz, warum nicht auch von Sinnlosigkeit, Zerstörung, Gewalt und Klassenherrschaft in beliebig breiter und auch ganz und gar *wiedererkenn-*

barer Auffüllung – wenn sie ihnen dabei nur die Struktur der *nichteigenen Verursachung* unterlegt, sie also einer fremden Herkunft zuschreibt, die sich dann eben auch mit falscher *Eindeutigkeit* bezeichnen läßt. Sie sind, durch die ganze Geschichte der Literatur hindurch, immer wieder von weit entfernten, mächtigen Instanzen verhängt, einem Schicksal, einer *conditio humana*, einer mißlichen Gesellschaftsordnung, und zugleich durch die ununterbrochene *Zufallsfügung* einer den Inhalten entsprechenden und nicht bemerklichen *Form* ›wirklich‹ gemacht und beglaubigt. <u>Der Held darf an ihnen *schuldig werden,* aber an ihrem *Dasein schuld* sind immer die andern – und am wenigsten der Autor oder der Leser.</u> Sie können also, ihrer äußeren Erscheinung nach, durchaus richtig gekennzeichnet sein: die reale und unauflöslich widersprüchliche Struktur ihrer *Selbstproduktion* – und damit der Selbstproduktion von herrschenden Sinndefiziten – aber ist in aller Literatur getilgt und umgedreht. *Dazu*, zur fiktiven Behebung *dieser* Unerträglichkeit, ist die Literatur zuletzt dem herrschenden Bewußtsein dienlich, und heißt dann ›höhere‹ oder ›hohe‹, weil sie ihm (was die ›niedrige‹ *nicht* kann) außer dem Schein eines interpretierbaren Sinns und der Vergleichbarkeit zur eigenen Existenz auch noch den andern liefert, daß es für die gesellschaftlichen Mängel *nichts könne* – und auch das liegt noch ganz in der Logik ihrer Funktion: denn sie kann ja wohl schwerlich Sinndefizite fiktiv aus der Welt schaffen und ihre wahre Ursache zugleich darin stehenlassen.

Ich greife zur Überprüfung und Bestätigung noch einmal zum *Realismus* als derjenigen literarischen Anstrengung, die aller Märchenhaftigkeit und Wunschabsättigung am konsequentesten aus dem Weg gehen will. Und der darin typische Held hat ja auch ein alles andere als wünschbares Schicksal, wird als elend, unterdrückt, ausgebeutet gezeigt mit allen bösen Einzelheiten der ihm auferlegten Zwänge (die er vielleicht auch noch nach unten weitergibt) – und all dies *zusammen* mit den gesellschaftlichen Ursachen und Interessestrukturen, die ihn soweit heruntergebracht haben: wäre das alles nun also *nicht* wirklich? Und die darin vorgetragene, aufs Wesentliche und Typische verdeutlichte und nacherlebbar gemachte Gesellschaftskritik *nicht* wahr? Natürlich doch – freilich mit zwei Einwänden. <u>Wenn der Realismus, wie er zu glauben und zu beteuern nicht aufhört, Aufklärung sein wollte, Anklage und Kritik, dann müßte er doch vor allem *mir*, seinem</u>

Leser, meinen Anteil an der gesellschaftlichen Sinnzerstörung klarmachen und mir vorhalten, daß ich *gerade* diesen Helden mitunterdrücke und mitzerstöre: aber *bisher* habe ich mich in jedem Arbeiterroman immer nur als ›lieber Leser‹ wiedergefunden. Vor allem aber wäre vom Realismus *der Sache nach* gefordert, daß er seinen Helden als alltäglichen und gewöhnlichen beschreibt, der Tausende seinesgleichen hat, seine Leiden als die unnötigen und widersprüchlichen, die sie sind, die gesellschaftlichen Mängel als sinnwidrige und Sinnlosigkeit produzierende – und das ist ihm, wie aller Literatur, gerade unmöglich: immer hat und bewahrt auch dieser Held die Eigenschaften der Einmaligkeit, des außergewöhnlichen Schicksals, des stimmigen Typus, der Notwendigkeit in der Abfolge und der Beschaffenheit dessen, was er tut und erleidet. Bei allen konkreten Wunschdurchkreuzungen vermag er es eben dennoch, dasjenige durchzusetzen, was als Struktur in und hinter allen Wünschen liegt: seine *Ichautonomie* – und dagegen, auch wenn er einem angeblich ›gewöhnlichen‹ oder ›sinnlosen‹ Untergang verfällt, der dann doch zum unvermeidlich sinnvollen werden muß, richten alle noch so bösen Notwendigkeiten, von noch so bösen Andern auferlegt, am Ende eben doch nichts aus. Nur leider – die *Wirklichkeit* sieht anders aus, mit der *Wahrheit* hat das alles nichts zu tun. Auch hier ist wieder nur festgehalten, wie wir unser eigenes Verhältnis zu unsern Wünschen und Notwendigkeiten *gerne hätten:* in ihrer Struktur uneingeschränkt die einen, die andern unumgänglich, überwindbar und fremdgesetzt. Unversehrt, nach dem Durchgang durch so viele komische, rührende, geistreiche und schlimme Wahrscheinlichkeiten, steht das *Märchen* wieder vor uns da: wir haben, solange es Literatur war, *noch nie etwas anderes gelesen.*

Dieses Ergebnis kommt vielleicht mit einer Art Schock daher; aber ganz und gar neu und unvertraut, scheint mir, ist es uns doch nicht gewesen: sondern nur eingeschlossen in den schwer zugänglichen und kaum erforschten Bereich dessen, was wir wissen, aber nicht wissen wollen. Im Verlauf einer Entwicklung, die der Literatur die Mittel zur Unmerklichkeit ihrer Fiktionen immer schneller aus der Hand geschlagen hat, ist es uns nähergerückt, bis wir ihm jetzt ins Auge schauen müssen – es sei denn, wir wollten weiter haltlose Theorien über das angebliche Literaturverhältnis *Dritter* aushecken, statt über unser eigenes: auf das wir doch nur hinzusehen bräuchten, um uns eine ›Rezeptionsforschung‹ zu ersparen, die zuletzt ja doch nur statistisch belegt, wie weit die *Selbsttäuschungen* über die Literatur verbreitet sind. Diese irren sich gerade in den zwei Hauptvermögen, die sie der Literatur zuschreiben, und die Widerlegung der darüber gängigen Lehrmeinungen ist, denke ich, nun im Ganzen geleistet: die einzig nachweisliche *Abbildlichkeit* der Literatur ist die unserer gesellschaftlichen Wünsche; und ihre einzig nachweisliche *Wirkung* ist die der Sinnkompensation. Die Täuschungen darüber bekommen eine besondere *Hartnäckigkeit* dadurch, daß sie von der Literatur selbst nahegelegt und insofern wohl auch verständlich sind, und sich überdies die Legitimierung der literarischen Tätigkeit von jeher auf diese zwei Punkte gestützt hat. Daher scheint es mir nötig, sie jetzt nochmal zusammenhängend und im Einzelnen durchzugehen.

Von dem vermeintlichen Vermögen der Literatur zur *Abbildlichkeit*, kraft dessen sie die Erfahrungswirklichkeit nach platonischem oder realistischem Muster auf eine wahre, wesentliche und angemessene Weise wiedergeben soll, ist jetzt nichts anderes als ein *Täuschungsvermögen* übriggeblieben, mit dem sie diese Wirklichkeit unbemerklich strukturverfälscht, ja zu ihr eine bloße und beim genaueren Hinsehen unvergleichliche *Analogie* herstellt. Damit kann die literarische Wiedergabe keine adäquate mehr sein, weder als *Ganzes*, noch, da die ästhetische Struktur die Teile *wie* das Ganze durchgängig bestimmt, in den einzelnen *Teilen*. Zugleich aber, und damit ihr dies gelingt, bringt sie etwas dazu ganz und gar Widersprüchliches zuwege, nämlich eben jene ›Wiedererkennbarkeiten‹, durch die sie sich wahrscheinlich macht: und die braucht man sich nur vor Augen zu führen, um zur *Gegenfrage* zu kommen, wie Erfahrungswirklichkeit denn *sonst* abzubilden wäre. In ihren Mimesisbeispielen scheint es auf einmal so, daß die Literatur nicht nur abbildet, sondern unter allen möglichen Formen sprachlicher Nachahmung sogar die *optimale* ist: »die dünnen Antennen, die das Atlantische Meer unterhalten«[48] — wer und mit welchen nichtdichterischen Mitteln, wollte es besser machen? Der semiotische Zweifel an der Abbildlichkeit der Zeichen zeigt sich hier, zumindest in einer Theorie ästhetischer Texte, als *Kahlschlag:* das Vermögen der Literatur zur ›referentiellen Illusion‹ muß nicht angezweifelt, sondern *erklärt* werden. Am Ende liegt die Widersprüchlichkeit der ›Nachahmung‹, zugleich eine verfälschende *und* die genauestmögliche zu sein, darin begründet, daß sich die Täuschung noch eins weiter, nämlich bis in den *Abbildungsvorgang selbst* zurückverfolgen läßt.

Es ist ja durchaus nicht klar, warum sprachlich oder sonstwie *überhaupt* abgebildet werden sollte – und noch weniger, wie der Gegenstand dabei verändert wird, kurz: was eine Abbildung eigentlich *ist.* Das Herzstück des Vorgangs war freilich schon vorhin anhand des Märchens zu beschreiben: vom sinnlichen Gegenstand abgelöste Benennungen rufen, auf eine von jedermann nachzuprüfende Weise, im Hörer oder Leser bildartige ›Vorstellungen‹, gelehrter vielleicht: *innere Repräsentationen* wach, die er demnach vorher schon gehabt haben muß. Wenn man sich fragt woher, dann stößt man auf ihre *zweifache* Herkunft: sie stammen zwar, auf eine hier nicht nachzuverfolgende Weise, aus der *Erfahrung:* aber zugleich auch, in einer subjektiv zunächst ganz und gar ununterscheidbaren Vermischung, aus den *Wünschen,* die sich, im Traum wie sonst, als offengelassene ja auch immer durch eine *Bebilderung* ihre phantastische Erfüllung suchen. Aber sobald man sich eine solche innere Repräsentation, wie sie in einem etwa durch die Benennung ›Gesicht‹ entsteht, einmal näher anschaut, wird es klar, auf *welche* Weise sie von den Wünschen bestimmt ist. Sie enthält nämlich den Gegenstand zwar als Totalität, aber keineswegs in allen seinen Einzelheiten, sondern nur als ein *Schema* ausgewählter sinnlicher Elemente – wobei das Prinzip dieser Auswahl offensichtlich darin besteht (sonst hätten sie sich gar nicht erst eingeprägt), aus der Vielzahl aller *vorhandenen* nur die subjektiv *relevanten,* also emotional besetzte und mithin auf die eigenen Wünsche positiv oder negativ *bezogene* Elemente festzuhalten. Der Gegenstand ist im Innern immer nur als ein solches Schema aufzufinden, wird in dieser Form also allererst ›*angeeignet*‹: und dieses müßte, als eine Ganzheit aus aufs Subjekt ausgerichteten und aufeinander bezogenen Teilen, auch schon *interpretierbar* sein – wäre es nur in seiner Ganzheit deutlich zu überblicken und in seinen Teilen klar in distinkte Einheiten gegliedert. Um so weit zu kommen, muß es sich *veräußern* – und darf dazu aber doch wieder nicht den Gegenstand *selbst* benutzen: der ginge nämlich, würden ihm einzelne Elemente entnommen und zu einem neuen Ganzen zusammengesetzt, *kaputt.* So ist es zu seiner Veräußerung auf etwas angewiesen, was diese Elemente nicht *sind,* sondern nur *bedeuten,* also auf die *Zeichen,* mit denen es, wegen ihrer freien Kombinationsfähigkeit, jetzt auch ganz nach Belieben umspringen kann: Punkt, Punkt, Komma, Strich. Hier liegt *der Ursprung aller Bilder:* und was so genannt wird, ist nicht etwa die Wiedergabe eines Gegenstands, sondern von dessen innerer Repräsentation, die sich mit dieser geheimnisvollen Hervorbringung ihr durch Zeichen gegliedertes, *anschauliches Äußeres gibt,* und damit auch die vorher in ihr nur angelegte *Interpretierbarkeit.* Daher hat *jedes* Bild eine ästhetische Struktur; und umgekehrt ist alles, was wir hier ›schön‹ nennen, ein auf uns bezogenes und für uns interpretierbares, freilich oft genug nur vom vorausblickenden Wunsch oder der verklärenden Erinnerung geschaffenes Bild.

Mit den inneren Repräsentationen und ihren Bildern beginnt nun aber auch schon die Täuschung: <u>als die Versammlung aller subjektiv relevanten Züge des Gegenstands müssen sie doch notwendig den Anschein wecken, als hätten sie ihn bis auf ›Unwesentlichkeiten‹ *vollständig erfaßt;*</u> sie lassen sich, wie das auf frühen Bewußtseinsstufen auch immer geschieht, mit dem Gegenstand *verwechseln:* ihr Phantasieanteil wird unsichtbar. Von keiner inneren Kontrolle gehindert, können die Wünsche in ihnen, durch Auswahl, eine durchgängige Bezogenheit der Welt auf sich erdichten, und dasjenige, was ihre Erfüllung verhindert oder legitimieren soll, ebenfalls durch Auswahl, in seinen Inhalten und Ursachen nach Gutdünken verzeichnen. Sie bereits (und nicht erst die Literatur) wollen der Erfahrungswirklichkeit die zwei Strukturen der *uneingeschränkten Ichautonomie* und einer damit vereinbarten *fremdverursachten Notwendigkeit* verfälschend überwerfen. Vor allem in der Sinnhinsicht, das folgt nun schon aus ihrer Interpretierbarkeit, wollen die Bilder keine Übereinstimmung mit der Wirklichkeit, sowenig wie später die Mimesis in der Literatur: sie sind vielmehr das erste Mittel des Bewußtseins, die Durchsetzung von Eigeninteresse mit einer für es ›einsichtigen‹ Notwendigkeit zu harmonisieren, und dadurch einen Anschein von Sinn und Interpretierbarkeit *auch noch da* herzustellen, wo er fehlt oder von ihm selbst zerstört wird. Der Wunsch *danach* ist die Quelle des fälschlich so benannten ›Nachahmungstriebs‹, der demnach immer schon die *Verschönerung* gesucht hat. Aber wie weit die Täuschung durch die Bilder auch gelingen mag: sie *bleibt* eine; und daß wir dunkel von ihr wissen, ist dadurch bezeugt, daß wir sie in so vielen Sprachen eine – *Einbildung* nennen, sobald sie zu dick aufträgt. An ihr zeigt sich, daß der Versuch zur illusionären

[marginalia: WÜNSCH AUCH REALITÄ- WIRKLD BEREICH- TET.]

Sinngebung weit hinter alle Kunst und Theorie zurückreicht bis in
das Verhältnis von innerer Repräsentation und Erfahrung, das
heißt bis in das Zustandekommen der ›Anschauung‹ selbst. Beide,
das Interesse wie das Sinnbedürfnis, bestimmen so das Bewußtsein
schon in seinen ersten und einfachsten Funktionen; zu leugnen,
daß es ihnen so tief wie schwer erforschlich folgt, ist aussichtslos:
es ist ohne sie nicht rekonstruierbar.

Freilich: die Täuschung durch die inneren Bilder ist nicht
dauerhaft. Sie hält nur solang, wie diese, abgelöst von ihren
Gegenständen, keiner Wirklichkeit begegnen müssen. Dann, so
ging es ihnen ja schon im Traum, lösen sie sich auf: wenigstens
insoweit, als ihre Differenz zur Wirklichkeit unabweisbar wird.
Bei jeder solchen Begegnung fordert die *Erfahrung*, die sich nach
ihrer kontemplativen Seite so geradezu *definieren* läßt, ihre
neuerliche, und unter unseren gesellschaftlichen Umständen meist
schmerzliche *Revision*: denn was am Gegenstand erfahren wird,
muß in seine innere Repräsentation, die ihn ja *ganz* fassen will,
auch aufgenommen werden. Dabei kann sich für den Einzelnen
freilich herausstellen, daß die Welt keineswegs, wie er sich
einbildete, auf seine Wünsche durchgängig bezogen ist, *andere*
Relevanzen hat und ihm aufzwingt, als es die seinen sind; daß seine
Umgebung also die ›seine‹ gar nicht ist, sondern ihn achtlos
übergeht, bedroht oder beschädigt. ›*Guter Mond*‹? Der wäre ohne
ihn als wörtlich derselbe am Himmel erschienen, eine kalte
begehbare Kugel: auch dies noch ein Bild, und immer noch, wenn
auch mühsam, interpretierbar. Nur, in der nächstfälligen Revision
wird dieses innere Bild womöglich konfrontiert mit einer aus dem
Schnellrechner fließenden numerischen Endloskolonne: und dann
kann es geschehen, daß die Interpretation nicht mehr gelingt; und
daß der Einzelne, als Subjekt sprachlos geworden, die inneren
Bilder ein Scherbenhaufen, vor etwas steht, was in tautologischer
Sinnlosigkeit so ist, nur weil es so ist.

Dahinter verbirgt sich nicht etwa ein rätselhaftes oder unabän-
derliches historisches Gesetz, denn es könnte auch anders sein: die
Bilder sind der Inbegriff einer eigenen und aneignungsfähigen
Welt, und wo die sich so auch erfahren ließe, nämlich in der
Annäherung an die *Utopie*, könnten sie sich auch immer mehr ins
Leuchtende und Sinnliche verwandeln. Daß umgekehrt die sinn-
zerstörende Gesellschaft auch die Bilder zerstört, und der sinn-
zerstörende Einzelne die eigenen, läßt sich weit zurückverfolgen:

Handwritten margin notes: £2 · NICHT KLMT X · CF. MAX FRISCH · ZER-STÖRG DER BILDER

Handwritten bottom note: X HAUPTSACHE ICH KANN DIE EREIGNISSE AUF MICH BEZIEHEN. ICH ÜBERZEUGE MICH DAVON, DAß DIE MIR GELTEN ~ DAS IST WICHTIGER ALS DIE BEWERTUNG OB SIE MIR SCHADEN ODER "FROMMEN".

ursprünglich sind ja *alle Zeichen*, die Wörter wie auch ihre ›Buchenstäbe‹, *Bilder gewesen* – zwar wohl auch noch magische Einbildung, aber die spätere und immer schlechter legitimierte Herrschaft der Interessen hat sie nicht wirklicher gemacht, sondern nur immer weiter zertreten. Seither gibt es den Wunsch, der so stark ist wie das Bedürfnis, nicht in einer fremden und unverständlichen Welt hausen zu müssen, sie zu *bewahren* – und das eben kann die Literatur, indem sie sie einer *andern* als der Erfahrungswirklichkeit gegenüberstellt, die sie nicht überwältigt, sondern ihnen ›entspricht‹. Mit ihrer Form hat die Literatur, und im weiteren die Kunst, als einzige ein Verfahren zur Hand, die Bilder in der schlechten Gesellschaft *haltbar zu machen*, ja sie erst *zu sich selber kommen* zu lassen.

Bis dahin nämlich waren die inneren Repräsentationen Bilder im genaueren Wortsinn noch gar nicht gewesen. Vor ihrer ästhetischen Fixierung sind sie vielmehr, auch das kann man leicht in sich nachprüfen, im Bewußtsein nur als unfeste und wesenlose vorhanden, wacklig in ihren Konturen. Das ist auch schwer anders zu denken: denn sie sind dem Erfahrungsprozeß, der sie immer neu abwandelt und zersetzt, ja in jedem wachen Moment ausgeliefert. Dann aber, in ihren einzelnen Elementen an die Zeichen festgebunden und in eine Form, das heißt zum undurchbrechbaren Schein von Wahrheit und Wirklichkeit wie in die ästhetische Struktur der durchgängigen Interpretierbarkeit gebracht, vollzieht sich an ihnen das nun endlich doch erklärlich gewordene *Wunder*: sie werden zu einer neuen, und vorher unbekannten, *Sorte von Gegenstand*, der sich von dem wirklich erfahrenen in zwei Hinsichten qualitativ unterscheidet. Zum einen sind seine *sinnlichen* Eigenschaften *die und nur die,* die zuvor am intensivsten wahrgenommen und daher erst ins Schema der inneren Repräsentation aufgenommen worden waren, und alle anderen, widersprechenden oder erlebnisneutralen, sind daraus verschwunden. So erklärt sich, daß den literarischen Bildern, oft bezeugt und oft gefordert, eine gegenüber der Erfahrungswirklichkeit *gesteigerte Sinnlichkeit* zukommt: sie sind echter als echt. Zum andern aber sind in demselben Schema nur solche Züge versammelt, und erscheinen in der Literatur *als einzige* wieder, die positiv oder negativ, nach der Seite der Wünsche oder der Notwendigkeiten, *emotional besetzte* und aufs Subjekt *bezogene* sind: und so erklärt sich, eben so oft bezeugt und gefordert, daß die literarischen Bilder *stärkere,* von Verwässerung und Kontingenz gereinigte *Gefühle* wecken können als wirkliche Ereignisse. »Was ist ihm Hekuba?« fragt sich Hamlet angesichts der wild erregten Deklamation des Schauspielers, die »fürwahr erstaunt/ Die Kräfte selbst des Auges und des Ohrs«[49], aber seine Frage ist rhetorisch: er ist davon ja selber mehr bewegt als von der Ermordung des eigenen Vaters.

Es zeigt sich hier, wie Sinn mit Sinnlichkeit und Emotionalität zusammenhängt: diese können sich offenbar als ›befreite‹ und unverstellte nur innerhalb einer interpretierbaren und bildfähigen Erlebniswelt betätigen – und wo die ihnen real genommen ist, müssen sie um so stärker in die Bilder drängen. Nun sind die Bilder festgehalten: wiewohl in die Welt der Zeichen verbannt, zum Greifen nah. Sie scheinen, *wie jeder andere Bedürfnisgegenstand ja auch,* ›doppelt wirklich‹ zu sein – und zugleich dem Abgebildeten unterschiedslos zu gleichen. Denn wie schon die inneren Repräsentationen als abgelöste so aussehen mußten, als stimmten sie mit ihrem Gegenstand überein, da sie alles ›Wichtige‹ von ihm enthielten – so erst recht die Bilder, die auch noch die *Seinskonstanz* mit ihm teilen. Nur den Sinnen und den Gefühlen also wird die Differenz zwischen den beiden, die in der Hauptsache eine der Sinnqualität ist, wohltuend als das längst Vermißte spürbar; dem Verstand und den Begriffen hingegen muß sie, anders als in der Theorie, unkenntlich bleiben – und zwar um so mehr, je ›reinere‹, das heißt subjekt- und gesellschaftslosere diese sein wollen. Jetzt aber ist klar, daß es den Unterschied gibt und woraus er besteht: was wir für das Abbildungsvermögen der Literatur hielten, ist ihre ästhetische Fähigkeit (und Vorschrift), *existentiell überzeichnete,* also wenn man so will ›hypermimetische‹ Überabbilder ihrer Gegenstände herzustellen. Sie will *nicht* hinaus auf die Wahrheit, das Wesen, die Prägnanz der Inhalte, nicht die beschriebenen *Sachen* werden in der literarischen Bearbeitung deutlicher, klarer, einfacher über- und durchschaubar, sondern ihre *Erlebtheit* wird über alles real Erlebbare gehoben durch den Schein einer durchgängigen existentiellen Bezogenheit, die den Sinnen und Gefühlen ihre gesellschaftlich gesetzten Schranken nimmt – und nur in *dieser* illusionären Qualität sind sie den wirklich erfahrenen überlegen: *darin* besteht die immer undeutlich gewußte, nie klar begriffene *Wesenhaftigkeit* der Dichtung und Literatur, oder, neudeutsch, ihr *Modellcharakter.* Denn sicherlich ist das in ihr Beschriebene von Kontingenz gereinigt – aber durch die Erfindung scheinbarer einsichtiger Notwendigkeiten; freilich ist es vereinfacht – aber um den Interesseanteil; und gewiß ist es sinnlich verdeutlicht – aber durch die verfälschende Streichung aller Nichtbezogenheit.

Was die Literatur nun aber am *allerwenigsten* leisten kann und will, ist eine ›Widerspiegelung‹ – weder (natürlich) der objektiven Wirklichkeit, noch der subjektiv erfahrenen: und die Prediger dieser Meinung hätten besser darüber nachgedacht, was ihre Forderung nach dem Abbild eigentlich *besagt*, als Lenins dürftige Skizze über den Erkenntnisvorgang immer noch einmal abzuschmieren und (wozu sie sich gar nicht eignet) der Literatur aufzustülpen. Hätten sie dann nämlich gemerkt, daß in der ästhetischen ›Abbildung‹ nicht weniger geschieht als die unsichtbare *Löschung aller mit dem interessierten Subjekt nicht kompatiblen Objektivität*, daß also ein ›realistisches Abbild‹ *gerade des schlechten Bestehenden* nach einfacher Logik ein Ding der Unmöglichkeit ist, dann wäre ihr ›ut-pictura-poesis‹-Geschrei wohl weniger lärmend und befehlerisch ausgefallen. Denn alle literarischen Abbilder sind *falsch*, unerkannt wunschverfälscht, mit anderen Worten: sie *sind* keine, sondern vielmehr interessierte Bedürfnisprojektionen, durch die sich das Interesse von der von ihm selbst bewirkten existentiellen Sinnzerstörung lossprechen will. Aus einer dunklen Einsicht auch in *diesen* Zusammenhang hat die Literatur daher oft versucht, sich allen bildlichen Überschwang ›sachlich‹ zu versagen, nur sonderbar – im gleichen Maß, in dem ihr diese lautere Wörtlichkeit gelingt, davon kann sie in der Moderne wahrhaftig ein Lied singen, *hört sie auch auf*, Literatur zu sein.

Damit sieht es so aus, als bräuchte über die zweite vermeintliche Hauptfähigkeit der Literatur, nämlich über ihr *Wirkungsvermögen*, gar nicht mehr geredet zu werden – wenigstens soweit unter der literarischen eine *verändernde* Wirkung verstanden wird. Denn die könnte dann nicht mehr bloß in *irgendeiner* Bewußtseinsveränderung bestehen: das wäre, weil Bewußtsein ja doch wohl nach *jedem* seelischen Vorgang ›anders‹ ist als vorher (also auch nach dem Lesen), ein leerer und tautologischer Satz. Sie müßte vielmehr darin liegen, daß der Leser seine literarischen und realen Erfahrungen zueinander in ein Verhältnis des Vergleichs, der Kritik, des Erlernens oder der Nacheiferung setzen, und so nach seiner Lektüre die Realität anders verstehen, erleben, oder anders in ihr handeln könnte. Nun hat sich gezeigt, daß dies schon im ersten Schritt mißlingen muß: wenn die Literatur, bis in ihr

Grundverfahren der ›Abbildung‹ hinein, unvergleichlich mit der Erfahrungswirklichkeit, illusionäre und interesseharmonisierte Sinnkonsistenz, kurz: Täuschung und Märchen ist – freilich alles im Modus der Unbemerklichkeit –, dann kann der Leser auch nur *fälschlicherweise glauben*, zwischen ihr und seiner Erfahrung jemals ein solches Verhältnis hergestellt zu haben; und die Überlegungen zur literarischen Wirkung könnten sich auf die Untersuchung beschränken (auf die sie am Ende auch hinauslaufen werden), inwieweit sein Erleben und Handeln ohne die ästhetische Kompensation anders aussähe als *mit* ihr.

Aber noch sind wir nicht soweit: hier liegt ja der Punkt, an dem sich das Interesse der Literatur und der Literaturwissenschaft am massivsten geltend macht und vor die Wahrheit schiebt, und der deswegen auch mit aller nur möglichen Umsicht diskutiert werden soll. Denn noch mehr als an der Frage, ob die Literatur in ihren Abbildern *wahr* ist, hängt an der anderen, ob sie eine verändernde Wirkung zum individuell und gesellschaftlich *Guten* haben kann, ihre *Legitimation:* um die sie sich selbst zwar nicht immer sorgt, und (wenns den Leuten doch nun einmal so gefällt) vielleicht auch nicht zu sorgen *braucht* – wohl aber ihre *Wissenschaft*, die ja immer begründen muß, wozu ihr an ihrem Gegenstand soviel gelegen ist. Darin liegt die Erklärung, aber zugleich auch der *Skandal*, daß sie, ohne den Schatten eines Beweises aber lauthals, mit keinem Versuch zur Vereinheitlichung oder begründeten Widerlegungen der jeweiligen Gegenmeinung, eine haltlose ›Wirkungstheorie‹ für die Literatur nach der nächsten aus sich herauswirft – zu *irgend etwas*, so scheint es, muß sie doch gut sein: wenn nicht zu dem, dann zu jenem, und notfalls eben zu beidem.

Wie diese Theorien zustande kommen, läßt sich leicht verfolgen: sie fangen an mit einer *Beschreibung* der Literatur, bei der eine ihrer Eigenschaften oder Intention als *einzig wichtige* herausgezogen und dann zur *wirksamen* erklärt wird. Um die geläufigsten Beispiele aufzuzählen, sind das die aufklärenden, gesellschaftskritischen, agitatorischen, oder (älter) moralisch-didaktischen Absichten der Literatur; ihr Ziel, dem Leser das ›Typische‹, ›Wesentliche‹, oder (älter) das ›Ideale‹ der Wirklichkeit vorzuführen; ihm fremde Erlebniswelten oder den ›Traum‹ zu schildern; ihn mit neuartigen Erfahrungsweisen und Wahrnehmungsarten, oder einer ihm bisher unvertrauten Sensibilität zu konfrontieren; ihm eine aus den lebensweltlichen Schranken befreite Sinnlichkeit und Emotionalität zu zeigen; ihm verschiedene Rollen zur identifikatorischen Erprobung anzubieten; oder die Sprache aus der Abgegriffenheit und der Verarmung zu retten, und so zu ›entautomatisieren‹. Die behauptete Wirkung all dieser Züge erscheint dabei in dreifacher, wenn auch oft verwischter Abstufung (und so will ich sie hier auch durchgehen): sie sollen dem Leser zu einer verändernden *Praxis* verhelfen, entweder einer gesellschaftlich-moralischen, oder zur Betätigung der literarisch geweckten inneren Fähigkeiten eines neuartigen Wahrnehmungsvermögens, einer differenzierten Sensibilität, oder gehobenen Sprachperformanz; wo nicht, zu neuen *Einstellungen* oder *Haltungen,* oder jedenfalls zur Verunsicherung der alten, verhärteten und zu lange nicht mehr überprüften, und zu einer neuen Beweglichkeit innerhalb der vorhandenen; oder, wo auch das nicht, ihm zu seiner Orientierung vorher verschlossene oder unzugängliche *Einsichten* und *Wahrheiten* vermitteln.

Aus allen ausdrücklichen Wirkungsstrategien der Literatur oder den aus ihr herausgelesenen Wirkungsabsichten sind hier also, als wäre das die selbstverständlichste Sache der Welt, ebenso viele ›Wirkungen‹ geworden. Das kann aber nur heißen, daß die Literatur wirkungslose Züge überhaupt nicht *hat,* sondern, irgendwie und bei irgendwem, *immer erreicht, was sie will.* Das ist bei jedem Blick auf reale Lesererfahrungen, zum Beispiel bei einem *selbst,* eine mehr als dünne Behauptung; aber sie geht auch von ihren eigenen Voraussetzungen her nicht auf. So lassen sich doch zu allen genannten Zügen und Absichten die *Gegenbeispiele* mühelos finden: der Schauerroman klärt *nicht* auf, das Mondgedicht ist *nicht* gesellschaftskritisch, das Herrscherlob agitiert allenfalls fürs *Vorhandene;* der Immoralismus erzieht *nicht* zur Tugend, die Literatur des Konkreten will das ›Typische‹ oder ›Ideale‹ gerade *vermeiden,* und *weder* den ›Traum‹ *noch* fremde Erlebniswelten schildern, und der Schwank legt es mit allen Mitteln darauf an, die Erfahrungs- und Wahrnehmungsweisen des Lesers, wie seine Sensibilität, zu *entdifferenzieren;* von befreiter Sinnlichkeit ist bei Dickens wenig zu spüren (und bei Beckett noch weniger), nach dem Rollenangebot im *Waste Land* muß man zumindest eine Weile suchen (und wird dann eher erstaunt als belehrt sein). Und schließlich wäre zu fragen, zu welcher veränderten Praxis der Heimatroman verhelfen soll, was er tut, *außer* verhärtete Einstellungen zu bestätigen und die Sprache zu klischieren, und welche neuen Einsichten und Wahrheiten das sind, die er dem Leser vermitteln könnte.

Wer also bei seiner jeweiligen Wirkungstheorie bleiben will, muß diese Beispiele entweder aus der Literatur herausdefinieren – und das *geht* nicht; oder sie als die ›falsche‹ Literatur verdammen – und das *hilft* nichts: denn es ist nicht einzusehen, warum die nicht *ebenso stark* wirken sollte wie die andere. In Wahrheit steht er auf verlorenem Posten: denn nachdem *jedes* Literaturwerk bekanntlich eine *eigene* Intention hat (und ihm zufolge also auch eine eigene Wirkung), müßte der Bücherfreund, von Hunderten von widerstrebenden Wirkungen hin- und hergezerrt, sich nach innen und außen in der Luft zerfetzen, oder (was mir näherliegend schiene) per Saldo *derselbe wie zuvor* bleiben. Wenn man aufs Ganze der Wirkungstheorie sieht (was sie daher auch streng vermeidet), hebt sie sich in jedem Falle auf. Ihr Fehler ist, die Literatur nach Zügen zu beschreiben, die diese nur in manchen *Sparten* hat, oder, wo sie gemeinliterarisch sind, nur nach einzelnen *Seiten* – und zwar keineswegs nach den erfolgreichsten Sparten oder nach den offensichtlichsten Seiten. Ihre Auswahl solcher Züge ist *beliebig,* von der herbeigewünschten Wirkung immer schon offen oder heimlich vorherbestimmt. Das hat den ideologischen Vorteil, daß man dann jede Art von verändernder Wirkung der Literatur behaupten und glauben kann; aber den wissenschaftlichen Nachteil, daß sich, logischerweise, keine von ihnen mehr beweisen läßt.

Eine literarische Wirkungstheorie, die nicht *nur* aus Wunschvorstellungen besteht, ist also erst noch aufzustellen. Sie darf sich nicht an disparate Einzelbestimmungen der Literatur klammern, und auch nicht an deren verschiedene Einzelabsichten, sondern muß an ihrer Hauptqualität festhalten, der *ästhetischen,* und an der Intention, die sie in *allen* ihren Werken verfolgt, und daraus dann ihre *Wirkungsmöglichkeiten* herleiten. Eine solche Intention, unter die sich alle genannten auch einordnen lassen, hat sich inzwischen gefunden: die Literatur will phantastische Alternativen zur Lebenswirklichkeit *nach allen Seiten* entwerfen, und mit jedem Werk nach einer *neuen* Seite: wobei ihre Zielrichtung allein von den Wünschen und Sinnbedürfnissen abhängt, die in der Realität unerfüllt bleiben – in der hohen Literatur mithin von dem jeweils herrschenden Interesse und Sinndefizit. Wie verschieden die beiden und ihr Widerspruch auch jeweils aussehen, die

Literatur kann dafür *immer* eine fiktive sinnkonsistente Lösung vorschlagen, die wegen ihres undurchbrechbaren Scheins von Wahrheit und Wirklichkeit für die Dauer der Rezeption so aussehen müssen, *als wären sie* übernehmbar, und *als wären sie* ein von der Kontingenz gereinigtes und insofern ›klareres Bild‹ des geschilderten Wirklichkeitsbereichs. So schränkt sich die Frage nach der literarischen Wirkung darauf ein, ob und inwiefern der Leser durch diese zwei *Täuschungen* wohl verändert werden könnte.

Zunächst in seiner *Praxis* – denn darauf muß es jeder Wirkungstheorie, die nach einer Legitimation für die Literatur sucht, und sich eine sonst ausbleibende Gesellschaftsveränderung von ihr erhofft, am meisten ankommen: daß der Leser sie als dauerhafte Anweisung für sein eigenes Handeln versteht und verfolgt. Und genau hier verfällt die Theorie auch, in zwei Spielarten, in ihren haltlosesten und blindesten Behauptungsdrang. Die ältere, moralisch-politische verfügt, daß der Leser, am besten zusammen mit der ganzen Schar seiner Lesegenossen, nach Richardson von seinen bösen Trieben läßt, nach Dickens die Arbeitshäuser abschaffen hilft, und nach Brecht für die Befreiung der Arbeiterklasse kämpft. Sie glaubt auch am genauesten die ›falsche‹ Literatur und ihre entsprechend starke *Gegenwirkung* zu kennen, die den Leser moralisch oder politisch *verdirbt,* ihn zum Lotterleben und zur Ausschweifung verführt, oder der Bourgeoisie in die Arme treibt – und dann wird sie normativ bis zensorisch. Die jüngere, technokratische, will einen solchen überzeugungstreuen Zeigefinger nicht mehr heben – im Wesentlichen deshalb, weil sie ihn nicht *hat;* aber nachdem sie, zur Selbstlegitimierung, eine verändernde Wirkung natürlich trotzdem braucht, läßt sie den Leser mittels seiner Lektüre alle die oben schon genannten Wunschfähigkeiten erwerben, von der Sensibilisierung bis zur gehobenen Sprachperformanz, und sie ihn dann, zu seinem eigenen wie zum Wohl des Ganzen, praktisch auch betätigen.

Ich will über diese Meinungen nicht zynisch reden, aber streng. Gewiß, die Wahrheit ist parteilich; aber wo sie zu *mogeln* anfängt, kann sie ihrer Partei nur schaden. An *Büchern* hat es doch sicher nicht gefehlt: warum ist dann von der richtigen Praxis *noch immer nicht mehr* zu bemerken? *Wer* soll nach *welcher* Lektüre anders handeln? Um *wieviel?* Unter welchen *Bedingungen?* Solche Fragen gelten als unsolidarisch: vor ihrer Antwort sind die

116

Befragten zunächst einmal *gekränkt*. Dann kommen die Rückzie-
her: die Wirkung zeigt sich selbstverständlich nur bei manchen
Lesern, ab und zu, möglicherweise, in der Tendenz, als Potential.
Und wenn man, was noch ungehöriger ist, nach *Beispielen* fragt,
sind sie jedesmal an den Haaren herbeigezogen. Der *Werther*; aber
wer sagt, daß dessen angebliche Opfer sich nicht auch ohne seine
Lektüre umgebracht hätten – wie der arme Jerusalem vor ihnen?
Das Flugblatt, das *Kommunistische Manifest*; aber das sind eben
keine literarischen, oder halbliterarische Texte. Die *Internationa-
le*; aber die wird oft höchst gelangweilt abgesungen, und bringt
viele noch nicht einmal zur Erlernung ihres Wortlauts. Die
Pornographie; aber deren verderbliche Anstiftung zu ›Nachfolge-
taten‹ ist durch die Statistik widerlegt. Für die angeblich literarisch
erworbenen Wunschfähigkeiten der wahrnehmenden, emotionalen oder sprachlichen Art schließlich werden die Beispiele sogar
verweigert: die stellten sich im Leser vielmehr nur durchs Ganze
seiner literarischen Bildung ein – freilich nicht, das wäre denn doch
zuviel verlangt, auf eine genauer meßbare Weise. Und so geht das,
dünnerwerdend, durch die ganze Liste – nur bei einem scheint sie
niemals anzulangen: nämlich beim Nachdenken darüber, wie und
wann man durch das Lesen von Literatur denn jemals *selber* in
seinem Handeln deutlich und dauerhaft verändert worden
wäre.

Schwer zu sagen; jedenfalls kaum einmal mit Sicherheit – und das
hat bestimmt nichts zu tun mit der ›richtigen‹ oder ›falschen‹
Beschaffenheit der gelesenen *Bücher*. Der Glaube an die praxisver-
ändernde Wirkung der Literatur verliert allzuschnell aus dem
Blick, daß der Leser nicht zunächst in dieser, sondern in seiner
Erfahrungswirklichkeit lebt, und in der auch in einer bestimmten
Weise immer schon gehandelt *hat*: und zwar mit *Gründen*.
Notwendig ist dabei sein Handeln, soweit es kein aufgezwungenes
war, den einzigen zwei Handlungsantrieben gefolgt, die ihm zur
Verfügung stehen: dem Interesse und dem Sinnbedürfnis; und im
Fall ihrer Widersprüchlichkeit, wo sein Interesse als nicht verall-
gemeinerbares den gesellschaftlichen Sinn zerstört, hat er auch
immer schon versucht, meistens mit geringem Erfolg, die beiden in
Einklang zu bringen. Erst hier tritt die Literatur auf den Plan und
schlägt ihm neue Möglichkeiten zu ihrer Vereinbarung vor, und
daher ist nun zu überlegen, inwieweit sie ihn nach *diesen beiden
Seiten* wohl in seinem Handeln verändern kann.

DAS GEMEINSAME VERBIRGT
SICH HINTER DISPARATEN VARIANTEN.

WIEVIEL GESELLSCH. UTAI UM?
DA AU ZU ULLEN DER IST WO ZU GELERNT

WIEVIEL
AU RESPEKTIVE?

In der *Interessenhinsicht* lautet ihr Vorschlag immer auf die
Durchsetzung einer Struktur der Ichautonomie und Ausrichtung
der Welt aufs eigene Selbst; aber dieses uneinholbare Ziel verbirgt
sich hinter den stark wechselnden, von ihr inhaltlich vorgeschlagenen Interessenzielen. Diese liegen meistens, als offenkundig
phantastische Lebensalternativen, außerhalb der Reichweite des
Lesers; dann wird er, aus der Lektüre entlassen, ihren Praxisvor-
schlag als ›unrealistisch‹ verwerfen, und damit hat er ja auch *recht:*
am Ende ist das Zigeunerleben doch nicht ganz so fahriaho, wie es
das Lied glauben machen will. Er bleibt tatenlos, und seine
Erfahrungswirklichkeit damit auch dieselbe: ihm gegenüber so
gleichgültig, unbezogen oder feindlich wie immer schon, wird sie
also auch seine äußeren Entfaltungsmöglichkeiten einschränken
wie zuvor, und ihm seine differenzierte Wahrnehmung, Sensibilität und Sprachbeherrschung, wie eifrig vielleicht auch literarisch
eingeübt, genausoviel zusammenholzen: auch wers gelernt hat,
spricht in der Fabrik kein Feuilleton. Unübertragbar in die
Wirklichkeit, müssen diese Fähigkeiten darum weiterhin in der
Literatur ihr einziges Betätigungsfeld finden und im fiktiven
›Stell-dir-vor‹ verharren – und dies vor allem für den realen Autor
selbst, der sich ja erst aus diesem Grund auf ein solches Feld
begeben hat.

Zu einem großen Teil ist die Literatur somit wenig geeignet, ihren
Leser in der tätigen Verfolgung seiner Interessen zu verändern
oder zu bestärken, und nach diesem Kriterium demnach funktionslos. Zu bedenken bleibt der Rest: darin versucht die Literatur,
ihr sinnkonsistentes fiktives Lebensbeispiel *wahrscheinlich* zu
machen, als Vorbedingung dafür, daß sie dem Leser etwas zu sagen
hat und von ihm ernstgenommen wird. Daher schränkt sie in
ihrem Vorschlag die inhaltlichen Interessen- und Wunschziele
entweder immer weiter ein, oft bis zu deren förmlicher Löschung,
zu irgendeiner grausigen Vernichtung oder Verkümmerung – und
dann wird sie auf den Leser jedenfalls in der *Interessenhinsicht*
kaum handlungsbefeuernd wirken; oder sie nähert diese Ziele den
für ihn wirklich erreichbaren auf eine wahrscheinliche Weise an –
und das sind dann in der Klassengesellschaft immer solche einer
nichtverallgemeinerbaren Privilegierung, also objektiv sinnzerstörende, und somit von höchst zweifelhaftem gesellschaftlichem
Wert; aber immerhin sind sie durch eine wenn auch weitgezogene
ideologische *Sinngrenze* noch daran gehindert, zum einzigen

Gesetz des Handelns zu werden. Damit werden sie als Praxisanweisung zur äußeren und inneren Selbstentfaltung plausibel, und der Leser, der anfängt, solche Ziele tätig anzustreben, scheint ihre Anweisung auch tatsächlich befolgt zu haben. Nur, wenn es *stimmt,* daß die Durchsetzung dieser Interessen von seiner Erfahrungswirklichkeit ermöglicht und von scheinbarem Sinn gedeckt war, dann hätte er sie, denn so sind Interessen *definiert,* ja *ohnehin* einzuholen versucht. Daher bleibt für ihn die Frage, ob sein Handlungsentschluß literarisch *oder anders* motiviert war, wie die Überprüfung der eigenen Erfahrung auch immer wieder zeigt, *unentscheidbar* – und damit natürlich a fortiori erst recht für jeden Beobachter von außen. Es gibt für eine solche handlungsverändernde Wirkung der Literatur nicht nur pragmatisch, sondern *grundsätzlich* keinen Beweis.

Freilich mit einer folgerichtigen und denkwürdigen Ausnahme. *Eine* Praxisveränderung nach der Interessenseite kann die Literatur bewirken, ihre einzig nachweisliche, ohne sie nicht denkbar, und im Bewußtsein der so Handelnden auch deutlich vorhanden – nämlich die *Literarisierung* der eigenen Existenz, wie sie im *Ästhetizismus* etwa der Präraffaeliten oder der Georgianer ihre wunderlichen und unzweifelhaften Beispiele hat. Dieser Fall ist mit dem vorigen nicht zu vergleichen: denn der Vorgang besteht hier nicht in einer allmählichen Ausweitung der ideologischen Sinngrenze, innerhalb derer sich das Eigeninteresse dann immer weiter ausbreiten könnte, sondern er geschieht in einer *Volte,* die sich die Errichtung einer ästhetischen Struktur *im Leben* zum Sinnziel setzt, und dazu alle Interessen und sonstigen Sinnziele ihren Inhalten nach zum bloßen Kunstmaterial entwertet. Diese von der Kunst angebotene *Patentlösung* macht sich dadurch anziehend, daß sie *alle* gesellschaftlichen und allgemeingültigen Sinngrenzen für ungültig und philiströs erklärt, und die Möglichkeit zu bieten scheint, den ganzen Sinn als *nur eigenen* auf einmal einzuheimsen, und das kann nur heißen: als gelebte Ichautonomie. Hier, wo die Literatur aus sich heraustritt, enthüllt sich dann auch am klarsten, was auf der Interessenseite vorher unbemerklich in sie eingewickelt war: und das *sind* nun zwar unter anderem eben jene Wunschfähigkeiten zum exquisiten Gefühl, zur dünnhäutigen Wahrnehmung, zum ausgetüftelten sinnlichen Genuß und prunkenden Wortkristall – allesamt durchaus und dauerhaft praktisch betätigt und verfeinert. Aber wer sich diese literarische Wirkung

„ÄSTHE-
TIZIS-
TISCHE
EIN-
STELLG.

wünscht, der muß sich auch überlegen, was sie kostet, und ihr Preis
ist zu einer Rechtfertigung der Poesie nur schlecht geeignet. Er
beläuft sich auf die allseitige Durchsetzung von Eigeninteresse in
der *Realität*, die absolut gesetzte und auf nichts außer sich
achtende Privilegierung, und damit die Selbstinthronisierung, die
bedenkenlose Verschwendung, die Hoffart, den Sadismus und
schließlich, oft genug, die Verzweiflung. Am Ende des ästhetizistischen Irrglaubens, die Kunst könne nicht nur den fiktiven Sinn
vortäuschen, sondern *der reale Sinn schon sein*, steht immer der
ausgebrannte Schlot – denn im Leben ist Sinn nur durch Gesellschaftlichkeit, und nichts anderes, zu holen. Die Ideologie schlägt
zurück: sie führt, je mehr nachgelebt je unausweichlicher, in die
Selbstproduktion von Sinndefiziten. Als fiktiver und in der
Fiktion belassener Sinnvorschlag dagegen bleibt der Ästhetizismus
so funktional und erklärlich wie jeder andere auch: der letzte
Ausweg des Sinnbedürfnisses in eine phantastische Alternative,
wenn es sein eigentliches Ziel, die bessere Gesellschaft, von allen
Seiten zugemauert sieht.

Was die Literatur im Leser also nach der Interessenseite bewirkt,
das kann ihr, wie nicht anders zu erwarten, zu einer Legitimation
nicht verhelfen; freilich reicht es auch nicht, das sollten sich die
Normatiker gut hinter die Ohren schreiben, zu ihrer *Verdammung* aus. Aber die leiten ihre Richterbefugnis ja auch aus einer
ganz anderen Behauptung her, um die sich die ganze Wirkungs-
debatte *eigentlich* dreht, auf die sie sich immer wieder zuspitzt: daß
die Literatur ihre Leser in die Richtung *auf den gesellschaftlichen
Sinn* zum Handeln bewegen kann. Wer in diese Frage eintreten
will, muß sich freilich wie vorhin als erstes daran erinnern, daß der
Leser auch nach *der Seite* immer schon gehandelt hat: wobei er
nicht nur einer bestimmten Auffassung (meistens einer interessierten) von Sinn gefolgt ist, sondern auch einer vorausgegangenen
Erfolgsabwägung; und wenn ihm danach ein solches Handeln
aussichtslos vorkommt, dann kann ihm die Literatur noch soviel
einreden wollen – er wird es trotzdem bleiben lassen. Aber greifen
wir ruhig endlich zum *heißen Fall*, in dem der Handlungserfolg
wahrscheinlich wird, in dem die politische Realität also eine
Bewegung auf den gesellschaftlichen Sinn zu erlaubt oder mindestens nicht ausschließt; und das heißt, daran ist als zweites zu
erinnern, daß es dabei nicht um die Durchsetzung von privilegierten und sinnzerstörenden, sondern von unterdrückten und legiti-

120   * CF. KIERKEGARD.

men, in der Formel: proletarischen Interessen gehen muß. Eine so veränderbare Erfahrungswirklichkeit wird nun aber auch, weil sich das Handeln in ihr auf ein allgemeingültiges und einsichtiges Wozu ausrichten läßt, im gleichen Maß *interpretierbarer*, den literarischen Sinnbeispielen also *ähnlicher* werden, und diese somit, als *strukturelle* Alternativen entfunktionalisieren.

Inhaltlich entlastet dieser Fall die Literatur von der mühsamen und beim genaueren Hinsehen auch unlösbaren Aufgabe, sinnkonsistent und wahrscheinlich gemachte Praxisbeispiele innerhalb des schlechten Bestehenden zu erfinden. Wenn sie den Realismus vielleicht auch weiterführt, so entwickelt sie sich in solchen Zeiten daher doch wesentlich in zwei andere Richtungen. Entweder sie wirft sich, als *Avantgarde*, neuerlich aus aller Wahrscheinlichkeit heraus, und bleibt dann, wie vorher auch, das phantastisch *Andere* der Erfahrungswirklichkeit (Majakovskij ist ein Beispiel); oder sie ergreift die seltene Gelegenheit, die sie sonst ja nicht hat, von der Alternative zur fiktiven *Vorwegnahme* schon erreichbar gewordener Sinnziele zu werden, und zwar in den deutlich unrealistischen Formen des Lehrstücks, des Agitationstheaters, oder des politischen Lieds: denn hier muß sie sich ja gerade davor hüten, diese Ziele illusionär als schon erreichte hinzustellen, vielmehr nach Kräften versuchen, den *Abstand* festzuhalten, der den Zuschauer noch von ihnen trennt. In Wahrheit kann ihr das, weil er ihre Struktur immer *jetzt schon* als sinnkonsistent und durchinterpretierbar erfährt, nicht gelingen: aber die Denkmöglichkeit bleibt, daß sie ihn durch das ›klarere Bild‹ ihrer Inhalte darüber *hinwegtäuscht*, und durch ein ausnahmsweise *kollektives* und *produktives* Literaturerlebnis, also durch Befeuerung und Solidarisierung, ein Stück weiter zum Handeln treibt als vorher. Das wäre zu *hoffen;* es ist wohl streng auch nicht zu *widerlegen;* aber *beweisbar* ist eine solche Wirkung so wenig wie auf der Interessenseite, und das große und überzeugende *Beispiel* fehlt hier so sehr wie dort. Denn auch hier waren die Handlungsziele schon *vor* ihrer literarischen Bearbeitung vom Zuhörer als wahrscheinlich erreichbare und als haltbare Vorstellungsbilder ergriffen, und auch hier muß es für ihn (und alle seine Beobachter) *daher unentscheidbar bleiben,* ob seine Motivation literarisch bewirkt oder auch nur verstärkt war.

Die Wahrscheinlichkeit spricht nicht hierfür. Denn über ihre Struktur bleibt sie auch in diesem Grenzfall noch mit dem ganzen Rest der Literatur verbunden, und für diesen Rest, der *weder* in einer Situation der politischen Veränderbarkeit steht, *noch* sich auf verallgemeinerbare und daher legitime Interessenziele einschränkt, läßt sich das *Gegenteil* einer solchen Wirkung beweisen: nämlich daß die Literatur die Handlungsmotivation auf den gesellschaftlichen Sinn zu nicht weckt oder befördert, sondern *stillegt und aufhält*. Ich bin bei einem wichtigen, aber einfach zu argumentierenden Punkt: wer aus einer privilegierten Lage für das gesellschaftlich Sinnvolle handeln will, muß den Antrieb dazu gegen den *doppelten* Widerstand des eigenen Interesses und einer oft gewalttätigen sich dagegen wehrenden Realität durchsetzen; und dieser Antrieb wird um so stärker und dauerhafter sein, je deutlicher das Leiden an der gesellschaftlich produzierten Sinnlosigkeit *als solches* spürbar und bewußt bleibt, und je weniger es als offen gelassenes Sinnbedürfnis *woanders hinkann*. Das heißt aber auch, daß die Literatur ihrer Struktur nach diesen Praxisantrieb auf beiden Seiten *schwächt:* auf der objektiven Seite des Handlungsziels dadurch, daß sie das schlechte Bestehende nicht mehr als ein solches zeigen kann, das *allseitig und für jeden* die Sinnlosigkeit hervorbringt, sondern vielmehr in dem einen, von ihr geschilderten fiktiven Lebensbeispiel die Sinnkonsistenz trotz allem noch einmal erlaubt. Damit muß sie aber unweigerlich auch, ob sie will oder nicht, dieses Bestehende ein Stück weit *legitimieren,* und als legitimiertes um dasselbe Stück weit weniger veränderungsbedürftig erscheinen lassen als zuvor.

Aber nicht nur die Abschaffung der objektiven Mängel muß dem Leser jetzt weniger dringlich vorkommen, sondern er wird auch auf der subjektiven Seite seiner *Motivation* beruhigt. Denn in der identifizierten Lektüre des scheinhaft übernehmbaren und wahrscheinlich gemachten Beispiels ist das, was ihn zum Handeln treibt, sein *eigenes* Sinndefizit, ja behoben: er mag leiden, aber nicht mehr ohne Erklärung und Notwendigkeit; und er mag seine Privilegierung durchsetzen, aber das scheint den vorgeführten Sinnzusammenhang nicht zu stören. Er kann also, so der literarische Vorschlag, *so weitermachen wie bisher,* und in Wahrheit hat sich auch kein Lesender je darüber getäuscht, daß er nicht liest, um zu handeln und sich zu verändern, sondern um *nicht* handeln zu müssen und *bleiben* zu können, was er war. Daran ist auch nichts Sonderbares: denn herrschendes Interesse *will* ja, was seine eigene Lage angeht, alles beim Alten lassen: es will sich nur *vorstellen,* wie es durch eine *gedachte* Veränderung den gesellschaftlichen Sinn einheimsen könnte, den es mit seiner Durchsetzung dauernd real zerstört. Literatur ist dazu *erfunden*, reale verändernde Praxis mittels einer symbolisch vorgeführten und schon geleisteten für den Leser zu *erledigen:* und so erklärt sich auch diejenige Wirkung von Literatur, *die auf der Gegenseite aller Praxis liegt.* Jeder Leser kennt sie, aber allen Wirkungstheorien ist sie zu fürchterlich auch nur für die Erwähnung. Nur, wielange wollen wir uns noch die haltlosen Reden darüber anhören, was die Literatur angeblich mit irgendwelchen Dritten anstellen soll, und *sollte?* Anstatt darauf zu achten, und den Grund dafür zu finden, was sie wirklich und *unbestreibar* mit uns anstellt: und da macht sie uns eben ganz und gar nicht handeln, *sondern sie schläfert uns ein* – und das nicht etwa gegen unseren Willen, sondern wir *erwarten* das von ihr, kaufen und benutzen sie zum *Zweck* der Einschläferung. Wir räkeln uns, alles wird ruhig und friedlich: denn endlich wieder einmal ist uns die Angst genommen vor dem mißglückten Leben und der versäumten Tat.

Die Literatur kann, weil sie es uns *abnimmt,* nicht zum Handeln für das Allgemeine motivieren – aber auch hier scheint es, wie auf der Seite des Interesses, die eine, folgerichtige Ausnahme zu geben. Zu einer vermeintlichen Sinntätigkeit, die ohne sie gar nicht vorkommen könnte, bewegt sie den oder jenen eben doch: nämlich zum *Schreiben* und, wenn man das Praxis noch nennen will, zum *Lesen.* In der *allgemeinen Gültigkeit* ihrer Lebensbeispiele, die doch zeigen sollen, wie Menschen überhaupt erleben, handeln und leiden, kann sie ihr eines Sinnmerkmal geltend machen; und im *zurückgestellten Eigeninteresse* zumindest des Autors ihr anderes, der sein Werk ja oft als Opfer sieht, das ihn sein ›Herzblut‹ oder das ›gelebte Leben‹ kostet. So kann sie nicht nur als sinnvolle Tätigkeit dastehen, sondern zu manchen Zeiten sogar als *einzig noch* sinnvolle – und gerät dann in einen wachsenden Hang zur Selbstthematisierung, zum Schreiben übers Schreiben. Beckett ist darin in seiner Romantrilogie das bis jetzt exponierteste Beispiel gewesen, wo literarische Produktion und fiktive Autorenexistenz als gleichlaufende, sich deckende, einander dialektisch von inhaltlichem Sinn entleerende und mit formalem Sinn füllende Vorgänge beschrieben werden. Und gerade weil der bedürftige Leser in ihm sein letztes Sinnbeispiel zu sehen glaubt, gilt ihm dann der *Dichter in dürftiger Zeit* als derjenige, der innerhalb des Bestehenden den verlorenen Sinn immer noch einmal einlöst, und schreibt ihm eine

›sinnerfüllte Existenz‹ regelmäßig auch dann noch zu, wenn die
von innen her sich schon längst nicht mehr so ausnimmt.

Und dazu kann es ja auch leicht kommen: nämlich sobald sich ein
Bewußtsein davon meldet, daß das Allgemeine des literarischen
Beispiels allgemein gar nicht war, sondern die herbeigewünschte,
möglichst vollständige Durchsetzung von Ichautonomie gegen
bloß fremdverschuldete Einschränkungen – und sein Sinn somit
eine *Erfindung*. Zur wahrhaft sinnvollen könnte die sinnerfinden-
de oder sinnacherlebende literarische Tätigkeit aber erst dann
werden, wenn sich die *Realität* nach ihren Fiktionen auch anfinge
zu richten: und daher verlangen wir mit der Täuschung über die
Wahrscheinlichkeit der literarischen Lebensbeispiele *zugleich
auch noch* die Täuschung über deren *Wirksamkeit*. Unvermeidlich, damit ihr Sinn nicht in die Erfundenheit eingesperrt bleibe
(und ich meine, hier wäre der Ursprung aller Wirkungstheorien zu
suchen), beginnen wir uns daher das Wunschbild eines dritten
Lesers zurechtzuzimmern, der nach seiner Lektüre doch sicherlich
dieses denken und jenes tun wird: wir *selber* würden ja nicht
zögern, fehlte uns nur nicht leider! – die Zeit und Gelegenheit, dem
Sinnbeispiel auf der Stelle zu folgen. Vom wirkungsnächsten,
nämlich dem engagierten Autor aber sagen wir: *erstklassiger
Mann, unheimlich klare Darstellung, hat es ihnen wieder mal
kräftig gegeben* – und vergessen dabei, daß er es niemandem gibt,
sondern nur schreibend andere mahnt, mit dem Geben endlich
anzufangen. Was von der engagierten Literatur als sinnerfülltes
Lebensbeispiel angeboten wird, lautet nämlich gar nicht auf Praxis,
sondern auf *das Verfassen ihrer selbst:* darin, so heißt es doch
allgemein, liegt die gesellschaftlich sinnvolle Aufgabe für den
fortschrittlichen Schriftsteller. Sie ist aber zufällig auch eine
privilegierte, und wenige Beispiele gibt es, wo sie nicht als solche
auch zäh verteidigt worden wäre – und so ist neuerlich, wie immer
in der bürgerlichen Literatur, das Eigeninteresse mit dem allgemeingesellschaftlichen verwechselt, und als Teil des herrschenden
mit den gesellschaftlichen Mängeln über das *Sinnziel des engagierten Schreibens* neuerlich harmonisiert. Darin kann man vielleicht
eine moralische Kurzsichtigkeit des politischen Autors sehen, aber
keine ästhetische: denn wie *aller* anderen Literatur, ist eben auch
der *seinen* das fiktive Sinnbeispiel der Kunstproduktion notwendig beigegeben.

Immer wieder zeigt sich so das Verhältnis von Literatur und

Interesse gerade als das Gegenteil dessen, was der herkömmliche Marxismus dazu gemeint hat. Niemals läßt es sich aus dem ablesen, was in der Literatur selbst vom Interesse gesagt, wie es dort explizit ›vertreten‹ wird, und alle so angelegten Analysen gehen in die Irre. In der Literatur wird herrschendes Interesse *als* solches vielmehr gerade mit allen Mitteln zum Verschwinden gebracht: darin liegt ihr *Ursprung*. Gerade wo es vorkommt, wird es am dichtesten verschleiert, und nur zu diesem *Zweck* kommt es allererst vor: um dann schleunigst wieder mit konsistentem Sinn überschrieben und harmonisiert zu werden. Die Differenz zwischen dem ›Interesse‹ und dem ›Interesse letzten Endes‹, das angeblich in der Literatur vertreten wird, ist keine graduelle, sondern eine *antithetische*: Interesse steht am Ende von literarischer Bearbeitung immer als Gegenteil seiner selbst, nämlich als *Sinn* da. *Eine* unzweifelhafte gesellschaftliche Wirkung, das heißt aber auch *Funktion*, ist demnach der Literatur mit Sicherheit zuzusprechen: die *Schwächung* des Antriebs zum Handeln für das Allgemeine und die *Beruhigung* über die Folgen der eigenen durchgesetzten Herrschafts- und Privilegierungsinteressen, und das heißt wiederum: über die behebbaren, aber immer weiter unbehobenen gesellschaftlichen Mängel; die *Stabilisierung* von Herrschaft, und die *Absorption*, nicht die Schärfung, von Widerstand.

Dieses Ergebnis kann mit einem wütenden Einspruch der linken, besonders der marxistischen Literaturtheorie rechnen, und ein letztes, gewichtiges Argument steht ihr jetzt auch noch, nach so vielen widerlegten, zur Verfügung. Wozu dann nämlich, in den meisten historischen Epochen, und bei uns jetzt schon wieder, die *literarische Zensur*? Mit der soll dann wohl etwas *Wirkungsloses* verboten, vielmehr gar, seit neuestem, die politische Stabilisierung *untergraben* werden? Oder zeigt sich an diesem Versuch zu ihrer Unterbindung nicht, daß die Literatur *sehr wohl* ein Akt des Widerstands sein kann, und daher vielleicht auch schon vor diesem Versuch immer einer ist? Wer kann die Stirn haben zu behaupten, daß sie als Zeugnis und Beispiel von moralischer und politischer Integrität *nicht wirken*, ja unter Verhältnissen, wo sonst nur noch das Maul gehalten wird, nicht zum *einzig* noch Wirksamen werden kann? Solche Fragen vergessen im Eifer des Gefechts, daß sie von der *Literatur* gar nicht mehr reden, und von ihrer praxisverändernden Wirkung schon zweimal nicht. Über diese entwickelt die Zensur zwar die verschiedensten, und fast immer unaufrichtigen,

Wahnideen, aber daß aus ihr auch Praxis *wird*, das hat sie schon längst vorher verhindert, da macht sie sich keine großen Sorgen. Was sie unterdrücken will, sind bekanntlich nicht Taten, sondern bloße *Meinungen*, und zwar ganz unabhängig von ihren Inhalten, solang sie nur von der Staatsdoktrin abweichen: die werden dann in ihren Augen, und nur da, *allesamt* zu Akten des Widerstands – aber das macht sie noch lange nicht zu legitimen oder fortschritt- lichen: unter *den* Hut paßt auch noch Rilke im Tornister, der Grasspot am Balkon und das Jesulein auf dem Nachttisch. Man darf also nicht in den – weitverbreiteten und antiautoritären – Fehler verfallen, die Zensur für irgendeinen gültigen *Kritikmaß- stab* zu halten so, daß alles von ihr Verbotene allein deswegen schon herrlich wäre; und noch weniger kann sie irgend etwas Richtiges über die *Literatur* aussagen, weil es ihr nämlich ganz egal ist, ob die abweichende Meinung literarisch oder *nichtliterarisch* zum Ausdruck kommt – ja im Gegenteil hält sie offenbar, in einer bodenlos blödsinnigen Begriffsunterscheidung, »das Propaganda- mittel oder die Handlung« sogar für *weniger* gefährlich, wenn es oder sie »der Kunst . . . dient«.[50] Dann aber läßt sie sich auch nicht mehr, nur weil kein anderer aufzutreiben ist, zum Beweis für irgendeine verändernde literarische Wirkung herbeiziehen; um sie zu erklären, und ihre wütende Fixierung an die Literatur, genügt die Fähigkeit, die diese wirklich *hat*, nämlich symbolische und phantastische *Alternativen* zum Bestehenden zu errichten – *das* macht doch die Zensur so rasend, *die* will sie doch, und seien sie noch so unwirksame und uneinholbare *Denk- und Wunschmög- lichkeiten*, austilgen, *der Traum soll weg:* und mir scheint, das reichte als Grund zur Empörung wahrhaftig auch schon aus.

Es bleibt ein Rest von Zweifel. Denn die wahrscheinlich gemachten und sinnlich nacherlebbaren Beispiele der Literatur, so sehr ihre Übernehmbarkeit auch täuschen mag, machen auf den Leser eben *doch* einen besonderen Eindruck. Auch wenn sie ihn nicht unmittelbar zu einem neuen Handeln bringen – und *der* Fall ist jetzt denke ich gesichert –, so wecken sie in ihm doch oft eine mehr oder weniger deutliche *Handlungsabsicht:* einen Entschluß (den in irgendeiner Form auch jeder von uns kennt), sein Leben in Zukunft auf dasselbe Ziel wie der Faust, der Dorian Gray, oder die Frau Carrar auszurichten, oder doch jedenfalls eine solche Aus- richtung als vorher nicht in Betracht gezogene Orientierungsmög- lichkeit im Auge zu behalten. Er kann das als eine Klärung,

Bestätigung, oder gar ›Offenbarung‹ erfahren, die ihm dann als bedeutsam, ja einschneidend und unverzichtbar für seine moralische, politische oder intellektuelle Entwicklung erscheinen. Es sieht also so aus, als wirke die Literatur zwar nicht direkt auf die Motivation des Lesers ein, aber als verändere sie ihn doch in jenem undeutlichen Bereich zwischen Meinen und Handeln, den man ›Einstellung‹ oder ›Haltung‹ nennt, also in seiner _Handlungsdisposition_, die dann tatsächlich ›in der Tendenz‹ und in freilich unwägbarer Einfärbung sich in seiner Praxis geltend machen müßte. Und dann wäre sie in ihrer Wirkung von der Zensur eben _doch_ wieder richtig beurteilt, und würde begreiflicherweise, zwar nicht zu allererst, aber als möglicher _Keim_ von Dissidenz, schließlich doch mit ihrem Verbot belegt.

Aber hier wie oft erzeugt die Repression gerade das, was zu vernichten ihre Absicht war. Der Leser kann die in ihm geweckten Einstellungen nämlich am besten unbeschädigt festhalten, wenn jeder Versuch zu ihrer Umsetzung ins Handeln von vornherein aussichtslos erscheint. Der Leser wird dann oft durch die literarische Täuschung tatsächlich verändert: sie bewirkt, daß er, durch ihre scheinbare Stimmigkeit verführt, eine über seine sonstige, und über seine eigenen Handlungsmöglichkeiten hinaus _extrapolierte_ Einstellung bezieht. Und infolgedessen steigt auch seine Wertschätzung der Literatur, wofür die Ostblockländer für uns sonderbar gewordene Beispiele zeigen, ins Unermeßliche: denn solang kann er glauben, er wäre an der Übernahme ihrer schönen Sinnbeispiele nur durch _äußeren Zwang_ gehindert. Je freier er aber in seinen eigenen Entscheidungen zu sein meint, um so öfter muß er nach seiner Lektüre bemerken, wie sein Entschluß zu neuer Lebensausrichtung alsbald wieder ins Schwanken kommt und das frisch gewonnene Orientierungsmuster anfängt zu verblassen. Mir scheint jedenfalls, ich kennte, von mir und andern, diesen Fall. Was ihn daran hindert, ist er meist geneigt, für seine Trägheit oder die Macht der Gewohnheit zu halten: eigentlich bleibt es ihm unerklärlich – aber nur, weil er es gar nicht erklären _will_ (sondern weiterlesen), und nicht, weil die Erklärung besonders schwer zu haben wäre. Denn die Haltungen und Einstellungen, die ihm da literarisch vorgeführt werden, haben ihr Anziehendes und Einleuchtendes ja nur so gewonnen, daß in ihnen die Struktur der durchgesetzten Ichautonomie und der Sinnkonsistenz immer gewahrt bleibt – daß sie also in eine Form gebracht sind, in der ihre

Übernahme scheinbar nichts, oder nichts Wesentliches, *kostet*. Sobald er aber damit ins Bekleidungshaus oder in die Parteimitgliedschaft geht, kann es leicht passieren, daß er die Durchsetzung seiner Interessen (je nachdem) mit einer Geldstrafe oder dem Ausschluß bezahlen muß, und der Sinn trotzdem ausbleibt; und weil ihm das, wenn er nicht auf den Kopf gefallen ist, schon vorher geschwant hat, läßt er die neue Einstellung lieber gleich zuhause, genauer: auf dem Lesetischchen liegen. Nur dort, in der Weltlosigkeit, kann sie sich halten; sonst aber wird sie vom Schicksal aller Bilder in der schlechten Wirklichkeit ereilt: daß sie in der kontemplativen Erfahrung, und seien sie ursprünglich auch noch so ›klar‹, dieser Wirklichkeit nicht standhalten können. Je länger sie ihr ausgesetzt sind und je weniger sie ihr gleichen, desto schneller trüben sie sich ein, um sich am Ende aufzulösen – und daran ist nichts Merkwürdiges: denn als literarische waren sie gerade dazu erfunden, etwas im realen Erleben *Ermangeltes* fiktiv herbeizuzaubern; von ihm verschieden zu sein, und das heißt eben auch: dem Vergleich *nicht* standhalten zu können, war ihre erste, wichtigste, und damit sie das auch bleiben kann, sogleich wieder *vergessene* Funktion.

So ist es mit der Wirkung der ›neuen‹ Einstellung auf den Leser meistens bald vorbei – und in jedem Fall ist sie *neu gar nicht gewesen:* um vom Leser ergriffen zu werden, hat sie ihm im literarischen Sinnbeispiel für ihn *selber* übernehmbar erscheinen müssen, und dazu ist, wie oben ausgeführt, gefordert, daß sie denjenigen Vorstellungen von ›wahrscheinlicher‹ Wunscherfüllung und ›unumgänglicher‹ Notwendigkeit gefolgt war, *die er vorher schon hatte.* Die Soziologie beschreibt diesen Vorgang als ›kognitive Dissonanz‹: demnach sucht der Einzelne nicht zuerst nach einer Einstellung, um dann nach ihr zu handeln, sondern wählt *im Hinterdrein* diejenige unter den vielen möglichen als die seine aus, die sein Meinen und Tun als vernünftige erscheinen läßt. In den hier verwendeten Begriffen: da sie aus keiner sicheren Sinnüberschreibung ableitbar waren, wird eine solche Ableitung, *aus Not,* immer weiter gesucht. Daher kann die Literatur im Leser schon angelegte oder halbentwickelte Einstellungen, die ihm vielleicht erst verschwommen und ahnungshaft zur Verfügung standen, wenigstens vorübergehend aufs scheinbar ›klarere Bild‹ bringen: aber immer nur solche, die er ohnehin schon hören will – und zwar wie ›richtige‹ oder ›falsche‹ das auch immer sein mögen.

128

Im andern Fall aber, und ich meine, den kennten die meisten von uns auch, fliegt beim linken Leser Nabokov in die Ecke, und beim rechten verstaubt Brecht auf dem Regal: sie sind dann höchstens noch als wünschbare *Strukturen* von Existenz, aber nicht mehr als Vorschläge für ihre inhaltliche Ausrichtung zu genießen. Noch nie hat die Literatur, was sie sich als Wirkung so oft und dringlich erhoffte, einen ihrer Leser *umgedreht:* denn sie kann ihn in seinen Wünschen und Sinnbedürfnissen nicht lenken, mit allen Selbsttäuschungen, die damit einhergehen, sondern muß ihm darin nachfolgen, wenn sie ihn allererst erreichen will.

Das gilt am strengsten von der hartnäckigsten, vielleicht auch rührendsten unserer Selbsttäuschungen. Über die hat zwar eine jahrzehntelang angepriesene und betriebene ›kritische Lektüre‹, die ohnehin jedem Lesebedürfnis widerspricht, glatt hinweggelesen, und sich dabei noch einmal als bloße Afteridee erwiesen; aber wer einmal gelernt hat, darauf zu achten, der sieht diese Täuschung von der Literatur *niemals* angetastet, sondern immer nur vergrößert und gestützt. Sie betrifft (natürlich) die Vorstellungen *von unserer eigenen Person:* und hier folgt die Literatur nun wahrlich hemmungslos so ziemlich allen Wunschbildern, die irgend jemand von sich haben kann – nämlich in den von ihr angebotenen, aber schwer bemerklichen Rollen des *fiktiven Lesers.* Als solcher schwebt auch noch der pampigste Tolpatsch (und der vielleicht am liebsten) in Jane Austens Romangesellschaft unsichtbar mit über das Parkett und lacht sich schief über die zartesten Taktverstöße; liebevoll beugt er sich mit Rossettis *Woodspurge* über die unscheinbare Pflanze, die er dann am nächsten Tag – ach *die* war das? – aus dem Blumenkasten ausrauft; wird mit Swift ätzend, mit Fielding (wenn ihn nicht ein Engel warnt) humorvoll; mit Blake fragt er sich kindsäugig, wer wohl das kleine Lamm geschaffen hat; und mit Brecht, weit davon entfernt, der Täuschung zu entgehen, wägt er in kühler Distanz das Für und Wider, um dann unfehlbar der Stimme der Vernunft zu folgen: und das war ja bekanntlich *schon immer seine Art.* Es kann aber noch dicker kommen: im politischen Realismus ist die Rollenunterstellung (und wer hätte sie nicht geschluckt?), daß der Leser, da gibt es keine Frage, *selbstverständlich* mit allen Fasern seines Wesens auf der Seite der Unterdrückten stünde, in ständiger Empörung flammte, gar nicht mehr wüßte *wohin* mit seinem Engagement, kurz und von vornherein: daß er der aufrechteste, interesseloseste, praxisemsig-

ste Mensch der Welt sei. Und nicht nur, daß der fiktive Realismus-
autor ihn in diesem Wahn beläßt – er fällt vielmehr der *gleichen*
Selbsttäuschung auf die erstaunlichste Weise anheim: und schon
stehen die beiden, einander auf die Schulter klopfend, da und
beklagen die Bosheit und den Starrsinn einer Welt, von denen *sie*
allein sich freisprechen. Zwar, vor elf Uhr sind sie meist noch nicht
ganz wach: aber sind wir nicht alle nur *Menschen?*

Der Sarkasmus hat hier, denke ich, Anlaß: und ich meine zudem,
diese Beispiele, besonders das letzte, sollten zuerst einmal *widerlegt* werden, bevor die *nächste* literarische Wirkungstheorie aus
dem Zylinder geholt und vor der Diskussionsrunde zappelnd hin-
und hergeschwenkt wird. Denn sicherlich sind diese Selbstverklä-
rungen dem Leser angenehm; sie sind auch weder zu verbieten
noch zu verhindern; aber daß die Literatur damit auf ihn, der
einzigen Person, zu der sie Zutritt hat, anders als beruhigend und
bestätigend *wirken* soll; daß sie ihn durch ihre immerwährende
Versicherung, *er sei schon richtig wie er sei*[51], die er nicht
zurückweisen kann, weil er von ihr gar nichts *bemerkt* – daß sie ihn
damit dazu bewegen soll, sich irgendwie zu *ändern:* das wird im
Ernst fortan niemand mehr behaupten wollen. Sie erfüllt ihm
seinen alten Traum, warum auch nicht, sich in einem *Märchen*
aufhalten zu können, das ihm seine Märchenhaftigkeit zudem
noch und zu diesem Zweck ganz und gar *verborgen* hat – an einer
Stelle nämlich, an der er zuallerletzt nachschaut, und das ist sein
vielleicht stärkster Wunsch: *schon jetzt ein anderer zu sein.* Dazu
wird er jetzt beim Lesen, und zwar genau in der oben besagten,
doppelten Weise: auf einmal kann er seine Ichautonomie nach
jeder Richtung folgenlos entfalten; und zugleich hat er mit allen
Mängeln und Notwendigkeiten der Welt, gesellschaftlicher oder
anderer Art, *ursächlich* nicht mehr das Mindeste zu tun. Und das
ist gut, das ist schön, das gibt Sinn: nur, es ist leider nicht
wahr.

So endet die lange Erwägung der zwei vermeintlichen literarischen Hauptvermögen wieder da, wo sie anfing, nämlich beim
Verhältnis der Literatur zur Wirklichkeit. Es hilft alles nichts: sie
hat keins dieser Vermögen; diese sind ein Schein, den wir von ihr
zu ihrer Vortäuschung von Sinn nur dazuverlangen. Die Hoffnung, sie könnte uns dabei helfen, anders zu werden, ist hinfällig,
und der Glaube, sie hätte uns etwas Richtiges über die Beschaffenheit unserer selbst oder der Wirklichkeit zu sagen, falsch, weil

diese Beschaffenheit gar nicht erst in sie eingegangen ist. Man kann aus der Literatur *nichts lernen*, wenigstens nichts *Wahres* über die Welt, denn sie faßt weder das Subjekt noch die Sachen so, wie sie erfahren werden, sondern immer nur in der Weise des ›Stell-dir-vor‹, innerhalb dessen sie dann ihre Sinnbeispiele wahrscheinlich machen kann. Dazu *verwendet* sie (natürlich) wahre Aussagen, aber nur, um sie dann in dieselbe grundsätzliche Unüberprüfbarkeit zu versetzen wie alles andere auch – sogar noch objektiv gültige Theorie, die in ihr von der ideologischen – etwa einer rassistischen – ununterscheidbar wird, weil in ihr *alles* ›wahrscheinlich‹ werden kann. Der Leser, der sie auseinanderhalten will, muß dazu das literarische Verhältnis zuerst *zerstören* – und damit das ästhetische Gebilde, soweit es sich ihm ästhetisch vermittelt: das haben ja in ihrer Weise die Zitatensammlungen gerade des 19. Jahrhunderts recht genau gewußt, die die Literatur so gerne *nutzen* wollten. Erst wenn sie aus ihrem Zusammenhang gerissen sind, kann er zu den sachlichen oder theoretischen *Bruchstücken* (aber nicht mehr zu dem kunstschönen Ganzen) sich als er selbst verhalten, und zwar *frei* verhalten, mit Zustimmung oder Ablehnung, durch keinen Kunst- und Rollenzwang mehr eingeschränkt. Bis dahin gilt seine Gegenbeteuerung wenig, er hätte aus Walter Scott mehr über die Elisabethaner gelernt als ›aus jedem Geschichtsbuch‹, oder durch Dickens die Gesellschaft als falsche erkannt, er selbst hätte seine Kritik daran niemals so gut ausdrücken können: denn weder mit diesem Erkennen noch mit diesem Ausdruck kann es nach dem Gesagten weit hersein. Beide sind sinnstimmig und kostenlos gemacht, das heißt deformiert und zum Märchen hin strukturverfälscht gegenüber einer Wirklichkeit, deren Sinnlosigkeit die Literatur erst hat wegschlucken müssen, bevor sie Literatur geworden ist.

Wo sind jetzt alle schönen literarischen Wirkungs- und Abbildtheorien geblieben, von der ›Schaffung von Klassenbewußtsein‹ und der ›Widerspiegelung der Praxis‹ über Wellershoffs ›Simulationsraum für alternatives Probehandeln‹, der ›existentiellen Orientierung‹, dem ›herrschaftsfreien Dialog‹ (von wegen! Hat Habermas noch nie ein von der Dichtung *physisch* ins Gestühl gepreßtes Publikum erlebt?), oder von der ›Wechselwirkung zurück auf die Gesellschaft‹ – die ja ohnehin nur aus einer denkfaulen Vermischung der Literatur mit den andern Überbaubereichen stammt, und von der man sich doch *gleich* hätte denken können, daß sie nicht viel stärker sein kann als die Anziehung der Erdkugel durch die Haarnadel –, bis zu Lukácsens banausischer Anweisung für »eine künstlerisch gestaltete, nacherlebbare Darstellung der ›Oberfläche‹, die gestaltend, ohne von außen hinzugetragenen Kommentar, den Zusammenhang von Wesen und Erscheinung in dem dargestellten Lebensabschnitt aufzeigt«?[52] Dogmatische Behauptungen sie alle, dem Interesse der Literatur folgend, und damit dem Herrschafts- und Privilegierungsinteresse, aus dem sie allererst entsteht: deswegen auch beweislos und keiner Skepsis standhaltend. Jetzt ist klar, warum noch niemand je einen Beweis für eine tatsächlich mängelabschaffende Wirkung der Literatur hat bringen können: weil ihre einzig nachweisliche *objektive* Funktion darin besteht, beherrschtes Interesse durch fiktive inhaltliche Wunscherfüllungen abzuspeisen, und das herrschende als je selbst wahrgenommenes durch den Anschein seines Gegenteils, des gesellschaftlichen und damit existentiell eingelösten Sinns, zu verdecken, und damit seine Durchsetzung immer weiter unerkannt zu rechtfertigen und so auch zu befördern.

Ebenso klar ist es geworden, warum eine fortgesetzte Lektüre noch keinen zum Tatmenschen gemacht, oder zur vollkommenen Tugend hat gelangen lassen. Als einzig *subjektive* Funktion der Literatur bleibt, nach so vielen vermeintlich verändernden, nur die eine übrig, die sich beim genaueren Hinsehen auf ihre Vorformen von Traum und Spiel, auf ihre Abbildlichkeit, und auf ihre besondere Struktur nun schon so oft nahegelegt hat, und die nur darum so schwer zu entdecken war, weil sie sich selbst nach Kräften *verbergen* muß, um funktionieren zu können: und das ist die der *Kompensation*. Freilich nicht, wie der Literaturfreudianismus gemeint hat, und damit immer wieder zu verblüffenden, aber auch schiefen und verkürzten literarischen Aufschlüsselungen gekommen ist, einer *individualpsychologischen*[53]: Hamlet geht als Ödipus nicht auf; es ist nicht seine inzestuöse Mutterbindung, die ihn zugrunderichtet, sondern »etwas Verfaultes im Staat«. Nicht was dem Leser an *Libido* auszuleben versagt wird, liefert ihm die Literatur zum phantastischen Nachvollzug, sondern das, was ihm an seinem *gesellschaftlichen* Verhältnis fehlt: daß sein *ganzes* Erleben und Handeln doch endlich sinnvoll angeordnet und dauernd auf eine einsichtige und allgemeine Notwendigkeit bezogen und ausgerichtet wäre. Daher nimmt sich die Literatur mit Vorliebe das Leid und Unglück zum Thema, weil dieser

[handschriftliche Randnotiz: nur Kompensation]

132

Mangel darin am deutlichsten wird; aber sie hat immer auch gewußt, daß dieser Mangel kein individueller ist: die Tragödie *ist niemals privat*. In ihr können vielmehr die Leidensformen von herrschendem Bewußtsein erst ins Auge gefaßt werden, weil sie als selbstproduzierte zu schrecklich zum Anschauen wären; das Vergnügen an der Tragödie liegt *auch* im Gesagtwerden des eigenen Leidens, das ohne Sinnüberschreibung als eigene Interessenhervorbringung immer nur verdrängt werden müßte. Sie kann die trübe Depressivität und ziellose Angst ihrer Zuschauer ›reinigen‹ zu ›Furcht und Mitleid‹ (vor ihrer Schuld und mit sich selbst) und ihnen im Durchleben dieser *wahren* Gefühle auch zur inneren *Katharsis* verhelfen. Und weil die Literatur dazu da ist, die Sinnermangelung zu kompensieren, tut sie sich mit dem Schrecklichen auch leichter als mit dem Glück: denn die reale Glückserfahrung verlangt ja nach keiner Sinnerklärung, und daher wird sie als literarisches Thema so schnell langweilig, das heißt überflüssig, oder – unglaubhaft.

Die Literatur so aller ihrer großen und wünschbaren Ansprüche entkleidet, und als ein <u>Ding der Notdurft</u> erkannt zu sehen, ist ein Grund zur berechtigten Enttäuschung – aber doch auch zur Trauer darüber, daß wir unser Bedürfnis nach dem richtig geordneten Allgemeinen, anders gesagt: unseren ursprünglichen und besten *politischen Antrieb*, immer wieder nur ins Symbolische und Fiktive tragen, statt ihn zur realen Veränderung nutzbar zu machen. Trotzdem kann man diese Art der Stillung nicht abtun als ein bloßes ›Nichts-als-das‹. Denn die Sinnlösungen der Kunst mögen scheinhaft sein, in keine gelebte Wirklichkeit übertragbar; aber sie sind in der Klassengesellschaft gleichwohl *die einzigen, die es gibt:* derjenige konkret und sinnlich gemachte Bereich, in dem sich durchgängig sinnüberschriebenes Handeln und Erleben allein noch erfahren lassen – und wohin *sonst* sollte die Angst denn hin, alle Anstrengung würde zuletzt zuschanden, und der Wunsch, es möchte nicht so sein? Wem die kompensatorische Funktion der Kunst verächtlich oder gar *verboten* vorkommt, hat sich vielleicht noch nicht gefragt, was er ohne sie anfinge. Darauf kann es eine sichere Antwort nicht geben; denn *ganz* ohne ästhetische Kompensationsmöglichkeit ist noch nie irgend jemand geblieben, am wenigsten in Zuständen eines willkürlich und von außen verschärften Sinndefizits: im Knast liest jeder oder kratzt etwas in die Wand; und in unserer eigenen Gesellschaft haben die ästhetischen

Gebilde sicherlich nicht grundlos angefangen, sich bis zur Allgegenwärtigkeit zu inflationieren. Feststeht inzwischen nur, daß sie uns weiterleben helfen wie bisher: aber es könnte *auch* sein, daß sie uns ein Stück weit davor bewahren, uns zu töten oder verrückt zu werden.

Es ist nämlich merkwürdig, daß beide Auswege mit den ästhetischen Vorformen des *Spiels* und des *Traums* offensichtlich zusammenhängen. Der Selbstmörder greift typischerweise zu Formeln wie: er schaffe ›das alles‹ nicht mehr, komme damit nicht mehr ›zurecht‹. Er erfährt offenbar die Welt als übermächtig und zugleich als fremd, für seine Subjektivität undurchdringlich, die er nirgends mehr in ihr geltend machen kann: sie hat in vollständiger Unbezogenheit nichts mehr mit ihm zu tun, weshalb der Abbruch der letzten Beziehungsmöglichkeit, also die enttäuschte Liebe, so oft zum Auslöser für seine Selbsttötung wird. Das heißt aber, er sieht sich *Regeln* unterworfen, die ihm die Zurückstellung *aller* seiner Wünsche abverlangen, aber nicht zeitweise und fiktiv, sondern real und unaufhörlich: er ist in ein *Spiel* gefangen, das nicht das seine ist, und in dem nur noch mit ihm gespielt *wird*. Solchermaßen zum Objekt und Ding gemacht, das absurderweise trotzdem ›lebt‹, versucht er diesen Widerspruch auf die einzige Weise zu lösen, die ihm noch offensteht.

Dieser Ausweg steht als *weltnegierender* der Kunst noch fern – obwohl er, offenbar nach *mißlungener* ästhetischer Kompensation, von vielen Kunstautoren schließlich gewählt worden ist. Der andere in den *Wahn* dagegen ist der ästhetischen Alternative in vieler Weise verwandt: in ihm herrscht die Struktur des *Traums*, die jetzt aber von der gesellschaftlichen Realität nicht abgetrennt bleibt, sondern ihr als leerer *vanus*-Sinn[14] übergeworfen wird. Der Schizophrene wird dabei zu *einem anderen* als er selbst; und der Paranoiker fängt an zu glauben, jede Zeitungsannonce und jeder Nachrichtensprecher rede über *ihn*, und hält sie für Werkzeuge eines weltumspannenden Geheimplans zu seiner Vernichtung. Er phantasiert also alles auf sich *bezogen*, nur um seinetwillen erst *vorhanden* und zugleich als *durchgängig ausgerichtet* auf eine allgewaltige *Notwendigkeit*, an deren Dasein er *unschuldig ist*: Verrücktheit also der Struktur, nicht der erfahrenen Inhalte – die aber kraft dieser Struktur wie Nadelstiche, Gifte, oder durchdringende Strahlen, kurz, *intensiver erlebt* werden als in der Normalität.

134

Die Ähnlichkeit zur literarisch verarbeiteten Wirklichkeit scheint mir schlagend. Denn in der wird der Leser, um es noch einmal zu sagen, *immer* identifikatorisch zu einem andern als er selbst; jede Zeitungsannonce und jeder Nachrichtensprecher muß darin, sonst gehören sie nicht ins Werk, *tatsächlich* über den Helden reden: auf diesen *ist* alles bezogen, nur um seinetwillen vorhanden, und zugleich ausgerichtet auf eine von ihm nicht verursachte Notwendigkeit; und alle seine Erlebnisse sind wie dort, aber mittels der *ästhetischen* Struktur, in ihrer Erlebtheit ›hypermimetisch‹ übers real Erfahrbare hinaus gesteigert. Was uns am Wahnsinn erschreckt, ist also *nicht* seine verrückte Erfahrungsstruktur, (die wir vielmehr, wie sich nun zeigt, in der Literatur immer wieder aufsuchen;) sondern die Angstvorstellung, (die ihr Verlockendes nie ganz verliert,) wir sollten innerhalb dieser Struktur, die der Realität *gar nicht zukommt,* und *nur* noch in ihr, fortan auch *leben* müssen. In der Literatur ist diese Ausschließlichkeit aufgehoben, die Angst gebändigt *und* der Verlockung zugleich nachgegeben. In ihr erleben wir diese Struktur eingegrenzt, *zeitweise* und *sozusagen,* und werden damit unseres Dranges Herr, unwiderruflich in die herbeigewünschte Wahnwelt umzuziehen. Was die ästhetische Kompensation also bewältigen hilft, ist nichts weniger als unser Antrieb zur inneren Flucht vor einer immer gewußten Mitschuld an der gesellschaftlichen Sinnzerstörung: und zwar nicht irgendwohin, sondern in den *schizophrenen Identitätsverlust und den paranoiden Beziehungswahn.* Die Literatur mag ›eskapistisch‹ sein: aber solang sie für uns funktioniert, entweichen wir wenigstens nur in sie, und kommen dabei nicht auch noch um den Verstand.

Daß wir ihn behalten und trotzdem lesen können; daß die Literatur uns *das Andere* der Erfahrungswirklichkeit zugänglich macht, und diese *ohne* einen Versuch, sie sich ähnlich zu machen und zu sich herüberzuziehen, ganz und gar *stehen läßt* – darin liegt nicht etwa ihr *Mangel,* sondern vielmehr ihr besonderes und bewußtseinsbewahrendes *Vermögen.* Auf irgendeine Weise nämlich müssen wir zu diesem Anderen in Beziehung stehen; ohne es läßt sich Bewußtsein gar nicht rekonstruieren: denn wenn es offensichtlich unmöglich ist, eine Vorstellung von etwas zu haben, dessen Anderes es schlechterdings *nicht gibt,* dann muß dieselbe Dialektik auch für das Vorstell- und Erfahrbare *selber* gelten. Diese könnten als solche also im Bewußtsein nicht erscheinen, wenn ihm, denknotwendig und denkunmöglich zugleich, nicht auch das *Unvorstellbare* und das *außerhalb* der Erfahrungswirklichkeit Liegende gegeben wären – freilich nur *gleichsam* ›gegeben‹: denn sie müssen sich, ihrer Definition nach, aufhalten in einer nichtvorstellbaren Zeit des *Immer und Nie,* und an einem nichtvorstellbaren Bereich des *Nirgends und Überall.* In diesen bis hierher nur *logisch* erschließbaren Ort, den wir ungenau das ›Unbewußte‹ nennen[55], werden nun aber auch die *Wünsche* verbannt, deren Erfüllung nicht vorstellbar und erfahrbar ist, aus dem einfachen Grund, weil sie die Zerstörung von jeder Art von Gesellschaft wäre – und im Maß, in dem diese sich formiert und repressiv wird, kommt ihre Ausgrenzung ja auch allererst zustande. Trotzdem drängen sie weiter auf Verwirklichung in den inneren Bildern der Phantasie und des Traums, mit anderen Worten: das Andere *bleibt nicht dort,* sondern fließt form- und grenzenlos in uns ein, und nie ist ausgemacht, ob es uns mit der Kraft der ausgehungerten Wünsche nicht überflutet, fortreißt in den Wahn und den faulen Zauber, und unser junges Bewußtsein wieder löscht. Nicht mehr steht ja zwischen ihm und uns als ein windiger Zaun, auf dem nur die *Hexe* sicher reitet – wer aber nicht ihresgleichen ist, muß ernsthaft überlegen, nicht kokett, ob er sich von ihr zurückziehen lassen will in die gesellschaftslose Wunschallmacht und die Unvordenklichkeit: *die Hexerei ist keine Utopie.*

Auch die Dichter gehen nach einer alten und bis heute lebendigen Überzeugung in den Wahnsinn, aber nicht – oder *meistens* nicht –, um darin zu bleiben: denn ihre eigentliche Arbeit ist es, aus der Entrückung eine bestimmte Sinn- und Bilderwelt herüberzuholen, und sie als erkennbar fiktive und zum Schein auch vergleichbare *neben* die reale zu stellen. Seither (das heißt von Anfang an) gibt es *zwei* begehbare Wirklichkeiten: diejenige der Erfahrung und ihr *Kunstanderes.* In diesem *ästhetisch* Anderen werden die schwankenden und verworrenen inneren Bilder als ›klare‹ nun auch dem *wachen Bewußtsein* erträglich und verfügbar gemacht – und zugleich vom Unheimlichen ins ›Schöne‹ domestiziert. Dies wiederum durch die Kraft der *Form,* die den entscheidenden Unterschied setzt zwischen der Kunst und dem Wahn: denn während dieser die Erfahrungsinhalte entkörpert, zu einer bloßen Wunschwelt zusammensetzt, und damit einen höchstens subjektiv gültigen *Schein* von Sinn hervorbringt, hält die Kunst ihren

Inhalten die Treue, indem sie durch ihre Form *macht,* was jene *sagen,* und bannt die Bilder dadurch in ein Analogon zur Erfahrungswirklichkeit.[56] Aber auch so zu sich selbst gekommen, *bleiben* diese Bilder das Andere, und zwar sowohl zu den *Realien,* wie besonders durch ihre Zusammenfügung zu einem alternativen *Realitätsganzen:* und das kann gar nicht, sonst wäre es nicht alternativ, das herrschende, von interessierten Notwendigkeiten bestimmte und ichzerstörende Ganze sein, sondern stellt sich dar als eine überschaubar gegliederte, aufs Ich bezogene, nach einsichtigen Notwendigkeiten ausgerichtete, und also existentiell interpretierbare *Totalität.* Dadurch zum ersten Mal ist dem Bewußtsein als Anderes ein Ganzes von Erfahrungswirklichkeit zugänglich gemacht, in dem nicht nur der Wirrwarr herrscht, die Kontingenz, die Zerstückelung und der Widersinn: *auch* im Immer und Nie, *auch* im Nirgends und Überall – aber eine Transzendenz auf der *anderen Seite* des Wahns; wo es nicht schon im uralten Anfang, sondern *noch nicht* gewesen war, und erst noch hin will; denn hier, in der Literatur, kann nach der Freudschen Formel tatsächlich alles ›Ich werden‹.

Das Bewußtsein kann diese zweite Wirklichkeit erleben, aber mit diesem Erlebnis in der ersten nichts *anfangen.* Dies schon allein *logisch* nicht: denn wenn das Literaturwerk *Totalität* ist, dann ist damit schon gesagt, anders *wäre* es keine, daß neben ihm zur selben Zeit nichts anderes sich erfahren läßt, daß das Bewußtsein sich also immer nur *wechselweise* innerhalb oder außerhalb seiner aufhalten kann. Das ästhetisch Andere *bleibt drüben* – um so unangefochtener und uneinnehmbarer, als es sich als herüben immer schon ausgibt, sein Anderssein mit vielen Mitteln verbirgt. Aber nur als offenkundig Anderes, als *deklarierte* Möglichkeit eines Jetzt-noch-nicht könnte es dem Bewußtsein die Handhabe geben zum Vergleich oder zur Nacheiferung: und zu diesem Status der Potentialität sind die Bilder ihrem Wesen nach gerade *unfähig:* denn sie lassen sich nur sinnlich und emotional, und *das heißt* zur scheinbar jetzigen Wirklichkeit *aktualisiert* erfahren. Genau dies, das Noch-nicht-Wahre als Jetziges aber wollte das Bewußtsein ja *haben,* und braucht es, damit es die Last der selbstgeschaffenen falschen und nichtwahren Notwendigkeiten wenigstens zeitweise los wird und nicht unter ihr nachgibt. Und sogleich müssen diese Notwendigkeiten in *jetzt schon* uninteressierte und einsichtige umgefälscht werden, ist die Wahrheit der Bilder dahin.

Von den Wünschen erzeugt, vom Sinnbedürfnis geformt, sind sie der kompensatorischen Stillung dieser zwei Antriebe von Anfang an zugerichtet, und werden so auch genossen. Nichts als eine flüchtige Ahnung, auch sie bald wieder vergessen, bleibt uns von ihnen in Händen.

Daß die Literatur ihre *Antworten* immer nur in einer vom Leben abgetrennten, ›zweiten‹ Wirklichkeit geben kann, und daß es immer die falschen, nämlich begütigende sind: das hätte der Leser, könnte er nur das *Ganze* der Literatur im Blick behalten, längst bemerken müssen. Denn jedesmal sind sie nach einiger Zeit *erkennbar* falsch geworden; erst bejubelt, fangen sie unaufhaltsam an, zu veralten und ungenießbar zu werden – bis dann das nächste frische Talent auf den Plan tritt, dem es nicht anders ergeht. Aber die jeweils neue Verlockung ist nicht *abstrakt:* immer und zu jeder Zeit anders stellt die Literatur nämlich die *richtigen Fragen,* ja sie erfaßt den Widerspruch von Interesse und Sinn oft in einer vorher noch nicht entdeckten oder formulierten Gestalt, und muß ihn so dem nach Mimesis begierigen Leser auch erst einmal scheinhaft vermitteln – bevor sie ihn dann, nach Kunstgesetz, sogleich wieder harmonisiert. Kann sein, daß die Literatur, nicht in ihren einzelnen Werken, sondern als *Einrichtung* so, nämlich mittels einer halbgewußten Enttäuschung, die mit jeder Kompensation einhergeht, dabei mitgeholfen hat, so etwas wie ein Sinnbewußtsein zu wecken: aber auch das steht keineswegs fest. Denn sicherlich waren es die spürbarer, das heißt *unnötiger* werdenden gesellschaftlichen Mängel selbst, mehr als das Mißlingen ihrer fiktiven Behebungen, die das Sinnbedürfnis zur immer klareren Erkennbarkeit haben anwachsen lassen. Nun scheint darin ein Stand erreicht, wo es sich ästhetisch nur noch durch die *Bilder selbst,* und nichts anderes mehr, halbwegs beruhigen läßt.[17] Die Sinnvorschläge der *Literatur* jedenfalls haben angefangen, unannehmbar zu werden: Zeit für den Leser, sie als *Sinn- und Praxissurrogat* zu durchschauen, das ihn mittellos zurückläßt, und das er eben wegen seiner Ersatzhaftigkeit immer noch weiter suchtartig verschlingt – aus Unfähigkeit, sein Zutun zur realen gesellschaftlichen Sinnzerstörung sich dauernd vor Augen zu halten, und aus Verlangen danach, daß sie aufhört.

In einer häufigen zeitgenössischen Leseerfahrung kommt es nämlich vor, *daß der herkömmliche Lesevorgang versagt.* Der Leser kann beim besten Willen nicht mehr in die von der Literatur angebotenen Identifikationen eintreten. Er muß feststellen, daß zwischen der gelesenen Erfahrungswelt und seiner eigenen kein Zusammenhang besteht. *Es stimmt nichts davon.* Er erkennt, auch und gerade im Realismusfall, nichts davon wieder: es war daran, auf eine zunächst undeutliche Weise, alles falsch – den Oliver Twist *gibt* es nicht, es hat ihn nie gegeben, und niemand, der ihm gleicht. Der Leser sperrt sich gegen die ihm angebotenen Beispiele für sinnkonsistentes Handeln und Erleben, sie sind ihm zuwider, gerade weil sie als sinnstimmige im Widerspruch zu seiner realen Erfahrung stehen, und doch dauernd so tun, als wären sie ganz dasselbe: *sie stimmen nicht, weil darin alles stimmt.* Und endlich kann er auch bemerken, daß er nach der Lektüre wörtlich derselbe geblieben ist, nicht früher aufsteht, seinen eigenen Interessen nicht weniger ausgeliefert ist, in seinen Beziehungen ebenso scheitert; und daß es für ihn dort nichts zu lernen, allenfalls etwas zu *vergessen* gegeben hat.

In diesem Versagen des Lesevorgangs zeigt sich, ebenso wie in der schwindenden Marktbedeutung wenigstens ihrer hohen Formen, ein *kulturelles Veralten der Literatur* – ebenso wie der ganzen übrigen ›Autorenkunst‹. Wer auf den Grund dafür spekuliert, stößt auf den ihr gemeinsamen Nenner des ›personalen Senders‹: auch der ›verzichtende‹, der ›revolutionäre‹ Dichter bleibt immer ein fiktives, sinnkonsistent erlebendes und sich verhaltendes Subjekt, und muß die ihm gegenüberstehende gesellschaftliche Wirklichkeit als ebenso sinnkonsistente Totalität mitliefern – und so soll sie der Leser dann beide auch aufnehmen. Die Vermutung liegt daher nah, daß das eigentümlich Veraltete der Literatur in dem *Kanal zwischen individueller Ichhaltung und individueller Ichhaltung* seinen Grund hat, der zum geglückten Lesevorgang gehört, aber für *andere* Kunstsparten und -ebenen nicht vorgeschrieben ist, wenigstens nicht zwingend: dort wird der Rezipient nicht jedesmal durchs Kunstprodukt in eine geschlossene individuelle Weltansicht gleichsam mit einverdaut. Das hieße, daß im Veralten der Literatur das Ende ideologischer Sinnlösungen sich abzeichnet, die auf der klassischen bürgerlichen Tauschindividualität beruhen. Jedenfalls ist durch die spürbare Veraltung der hohen Literatur eine neue Distanz zu ihr entstanden, und damit wohl auch zu der *spezifischen* Form von Privilegierungs- und Herrschaftsinteresse, das in ihr harmonisiert war. Erst dadurch ist es ja möglich geworden, sie endlich von außen zu sehen und in ihrer ideologischen Quelle und Funktion deutlich zu fassen – also die Täuschung zu durchbrechen, als sei ›Sinn‹ in jeder Gestalt ein unzweifelhafter Wert und die Literatur sein bevorzugtes und daher unantastbares Gefäß; und vielmehr zu erkennen, wie *das Sinnbedürfnis selbst* ein ideologischer Grundantrieb und Ursprung von falschem Bewußtsein werden kann.

Die ideologische Seite der Literatur ist *eingebaut,* bei jeder ästhetischen Anstrengung schon mitgegeben. Die gesellschaftlichen Mängel adäquat wiederzugeben, nämlich als eine *nicht mehr sinnproduzierende Struktur:* das ist eben, was sie nicht kann. In ihr hat das Bestehende entweder Sinn – er sei wie immer gebrochen, rückseitig, negativ – oder es kommt vor: immer wird es ins Utopische deformiert. Insofern muß sie das Bestehende gutheißen auch noch in der Negation, in der ausdrücklichen Auflehnung, in der Klage, im Spott – immer muß sie *dazusagen:* es hat Sinn, und damit aber auch: es kann bleiben. Sie kann Kritik nur vorbringen, indem sie das Kritisierte auch schon wieder legitimiert; die Alternative von politischer Praxis nur wecken, um sie sogleich wieder sinnberuhigend einzuschläfern; und wo sie gegens Interesse ankämpft, vertritt sie es auch schon: insofern heillos.

Um ihre fiktiven Praxisbeispiele sinnkonsistent machen zu können, muß die Literatur die Wirklichkeit aber nicht nur durch diese strukturell-ideologische Deformation verfälschen, sondern sie braucht auch noch ein *inhaltliches* Sinnziel, auf das sie diese Struktur ausrichten kann. Dieses Ziel kann sie, aber muß sie nicht einer gleichlaufenden herrschenden oder gegenideologischen Mängeltheorie entnehmen – überhaupt, *welches* Ziel das ist, kann ihr als Literatur zunächst gleich sein, und *ist* ihr auch gleich: Hauptsache, sie hat eins, in dem sich wahrgenommenes herrschendes Interesse nicht kenntlich macht, Hauptsache, sie holt oder stärkt ihre sinnkonsistente Struktur damit. So erklärt sich auch die Unabhängigkeit ihres ästhetischen *Ranges* von ihrer gesellschaftlichen *Parteinahme* und, hinter aller gegenlautenden Selbsttäuschung, ihre tiefe gegenwartspolitische Gleichgültigkeit. *Natürlich* ist *Herr und Hund* bessere Literatur als *Der Untertan,* und jeder geübte Leser weiß das auch. Im Ergebnis muß sie dabei *immer und in jedem Fall* ein Stück hinter die gleichzeitig mögliche politisch-theoretische Gegenideologie zurückfallen: denn anders als diese hat sie es zur Funktion, die herrschenden Interessen durch ihre Form mit den aufgenommenen Widersprüchen zu harmonisieren

Cf.: VITTORINI ~ CROWALA / STORIA

– wie gesagt sogar da noch, wo sie etwa dem Bürgertum (und zwar regelmäßig in ästhetisch veralteten Formen) die eigene Abdankung vorschlägt; denn auch da wird eben nur ein *solches Vorschlagen* als eine letzte Möglichkeit für sinnkonsistente Lebenspraxis hingestellt, aber nie die Abdankung selbst. Das heißt aber: durch ihre Herkunft wie ihre Funktion ist sie immer reaktionär. *Es gibt keine revolutionäre Literatur – oder sie ist keine mehr.* Verschönung des Bestehenden bleibt ihr Gesetz, und Ideologie ihr unüberspringbarer Schatten.

3. *Literatur und Geschichte*

Im vorausgehenden Kapitel ist der literarische Vorgang in seiner gesellschaftlichen Entstehung aus der Ursache zur Folge entwikkelt worden: er beginnt bei den gesellschaftlichen Strukturmängeln, die ihrerseits vom gebündelten Herrschafts- und Privilegierungsinteresse hervorgebracht sind, und hat zur zentralen Vermittlung das daraus entstehende Sinndefizit im herrschenden Bewußtsein, das sich dann davon auf der einen Seite durch theoretische Plausibilisierung, und auf der andern durch fiktive, sinnkonsistent gemachte Lebensbeispiele Erleichterung sucht. Damit ist die Literatur endlich im allgemeinen Ideologiebereich genauer plaziert und in ein nachvollziehbares Ursachenverhältnis zur Gesellschaft gesetzt. Dies freilich bis jetzt erst *systematisch* und im *Grundsätzlichen:* aber damit ist nun auch die Möglichkeit gegeben, dieses Verhältnis *historisch* und im *Konkreten* nachzuverfolgen, das heißt die Literatur auch im besonderen Einzelfall auf ihren jeweiligen gesellschaftlichen Kontext, damit im Weiteren auch die *Literaturgeschichte auf die reale* zu reduzieren, und so schließlich angeben zu können, *warum wann welches* Werk zwar nicht entstanden, aber *gelesen* worden ist.

Aufs erste gesehen, haftet einem derartigen ›Reduktionismus‹ freilich etwas Ledernes und Dürres an – eben wiederum das Odium, die Literatur solle damit zurückgebracht werden auf ein bloßes ›Nichts-als-das‹. Zum einen stimmt das nicht: ihre Sinnlösungen erscheinen nicht banaler oder beschränkter, sondern zeigen sich manchmal erst in ihrer ganzen Merkwürdigkeit und Erfindungskraft vor dem Hintergrund ihrer oft wahrhaft verzwickten Voraussetzungen. Zum anderen ist die Wissenschaft darauf angewiesen, weil sie sonst ihren Gegenstand, bei noch soviel Akribie, immer nur *falsch* beschreibt: solang sie nicht erkannt hat, daß die Literatur einem bestimmten *Wunsch* entspringt, wird sie ihr (je nachdem, in welcher Hinsicht sie diesen Wunsch teilt) lauter Eigenschaften andichten, der Abbildungstreue, des Wirkungsvermögens, der Wesenhaftigkeit, des Modellcharakters, der Überzeitlichkeit, die die Literatur alle in Wahrheit *gar nicht hat.* Vor solchen Fehlern kann sich die Wissenschaft nur bewahren mit dem *einzigen Mittel* der Zurückführung ihres Gegenstandes auf seine Herkunft; erst in seiner *ursächlichen* Erklärung zeigt sich, was er ist und was er entgegen allem Anschein (wenn der nämlich mit der Ursache unvereinbar ist) gar nicht sein kann.

Trotzdem hat sich die bürgerliche Wissenschaft der Frage nach dem Zusammenhang zwischen Literatur und Geschichte nur zögernd genähert: insoweit ihr nämlich nichts mehr andres übrigblieb. Denn wo sie versucht hat, die beiden voneinander *abzukoppeln,* ist sie jedesmal in einen später dann auch eingesehenen Irrweg gelaufen: den einer angeblichen Überzeitlichkeit der Werke, des Biographismus[58], oder der Auffassung der Literaturgeschichte als ›Einflußgeschichte‹ oder ›eigener Reihe‹, also der absurden Konstruktion, daß ein Autor ein bestimmtes Buch schreibt, weil der vorausgegangene ein bestimmtes *anderes* Buch geschrieben hat. Aber ihre Versuche, die Verbindung *herzustellen,* hätte sie gradesogut auch bleiben lassen können. Denn die Reduktion der Literatur auf die Ideengeschichte, auf einen (meist der Kunst selbst zuvor entnommenen) ›Ausdruckswillen‹ und ›Zeitgeist‹, oder, weniger veraltet, auf den literarischen Publikumsgeschmack oder ›Erwartungshorizont‹ ist *müßig* – weil die nämlich *überhaupt* nichts erklären, solang sie nicht *ihrerseits* erklärt sind: daß ein bestimmtes Buch viel gelesen wurde, weil man Bücher *seinesgleichen* damals gerne las, löst doch wohl kaum die Frage. Sobald sie sich der aber *weiter* nähern wollte, hat sich die Wissenschaft teils *überskrupulös* in siebenfach verschlungene ›hermeneutische Zirkel‹ verknotet, teils *nebelhaft* in konturenlose ›Homologien‹ verloren – oder aber, und dann schon mit der vollkommensten *Begriffsschlamperei,* in einzelnen ›Zeitbezügen‹ herumgestochert oder verschämt das ›historische Gewand‹ gelüftet: und uns so (ich übertreibe weiter) glücklich zeigen können, daß in Balzac tatsächlich das Second Empire vorkommt, und die Römer im Shakespearedrama doch auch wieder viel Elisabethanisches an sich hätten.

Der Grund für dieses Versagen liegt natürlich zunächst einmal in den *Voraussetzungen:* wer einen allgemeinen Begriff *weder* von der Literatur, *noch* von der Gesellschaft, *noch* von der Geschichte hat, wird die drei wohl auch kaum im Einzelfall in die richtige Beziehung zueinander setzen können. Aber woher wiederum diese *Begriffslosigkeit* stammt, das hat sich jetzt anhand der Literatur schwer widerleglich erwiesen: die Einsicht in deren Funktion und Wirklichkeitsbezug war doch nicht gehindert durch eine richtige Anerkennung der *Komplexität* dieser Verhältnisse, sondern durch eine blinde Leugnung des *allereinfachsten* – nämlich daß sie für *uns* fungiert und sich auf *unsere* Wirklichkeit bezieht. Ganz derselben Leugnung unterliegt aber nicht nur das literarische, sondern auch das *gesellschaftliche* Grundverhältnis des eigenen und selbstproduzierten Sinnmangels – und so schließlich auch das *historische.* Denn wenn das herrschende Bewußtsein so in das gegenwärtig Bestehende verstrickt ist, daß es darin den Primat des Interesses über den Sinn immer weiter befördert und betreibt, und davon nichts wissen will, *dann* folglich auch in die *Geschichte,* in der dieses Bestehende ja nur als *Prozeß* sich darstellt. Wovon man aber das Einfachste und Nächste nicht weiß, davon kann man auch *keinen richtigen Begriff* haben; und wer sich Verhältnisse, die wesentlich *eigene* sind, als fremde und äußerliche gegenüberstellt, dem müssen sie nicht nur ›komplex‹, sondern *undurchschaubar* werden. Und eben so will herrschendes Bewußtsein sie haben: auch die Gesellschaft und Geschichte phantasiert es am liebsten als bunten Teppich, vom Schicksal gewoben, oder, wenn es denn sein muß, als Mechanismus, in dem die Durchsetzung *aller* Interessen sich am Ende zum Bestmöglichen schon zusammenwurstelt – mit manchen Auswüchsen freilich, aber das Vollkommene ist nun einmal nicht von dieser Welt. Alle Reduktion auf herrschende Interessen kommt ihm fade vor, weil sie ihm seine eigenen, und das sind seine lebendigen *Wünsche,* als ungesellschaftliche zeigt. Aus allem sollen sich die vermeintlichen äußeren und fremden Zerstörungskräfte der Gesellschaft und Geschichte erklären lassen, nur ja nicht etwa, in peinlicher ›Vulgarität‹ und gar noch ›monokausal‹, aus seinem selbst wahrgenommenen *Eigeninteresse* – zu denen es sich indessen immer nur summiert.

Im *Marxismus* ist demgegenüber zwar die offensichtliche Wahrheit neu ergriffen, daß nur die Durchsetzung der *verallgemeinerbaren*, also der unterdrückten Interessen sich vereinbaren läßt mit einer Bewegung auf den Sinn zu: aber das *herrschende* ist auch hier wieder ganz als fremde Äußerlichkeit behandelt. Nie hat er es fertiggebracht, klar zu formulieren, in welchem Verhältnis wir alle *selbst* zu den irgendwie und irgendwo wirksamen Kräften des Klassenwiderspruchs oder der Kapitalverwertung stünden, und sich so seinerseits *ideologisiert:* am meisten da, wo er selbst zur Staatsdoktrin aufgestiegen ist. Dann nämlich hat er geradezu zwangshaft, weil das Herrschafts- und Privilegierungsinteresse in seiner Ungesellschaftlichkeit von ihm ja *erkannt* war, angefangen es als selbst wahrgenommenes zu leugnen, und an der Selbsttäuschung festgehalten, mit der Übernahme einer politischen Funktion im Arbeiter- und Bauernstaat sei es allein kraft dieser Leerdefinition schon zum Verschwinden gebracht und aus den Funktionären weggezaubert: so hat er die Klassenherrschaft nur um so hemmungsloser, und als geleugnete wiederum undurchschaubar, neu an die Macht – und sich selber in den politischen Bankrott manövriert.

Dagegen nehmen sich nun seine literaturtheoretischen Fehler zwar wahrhaft unscheinbar aus; aber sie folgen ganz derselben Struktur. Nun sind es eben die *literarischen* Funktionen, die per proletarischer Leerdefinition das Eigeninteresse mit einem Schlag aus der Welt schaffen sollen; und folgerichtig erscheint danach in aller anderen Literatur das herrschende Interesse ›vertreten‹ oder ›ausgedrückt‹ – *nur nicht in der eigenen.* Von dieser falschen Voraussetzung aus hat der Literaturmarxismus dann zwar den *entschiedensten* Versuch zur gesellschaftlichen und historischen Reduktion der Literatur unternommen; aber abgesehen von einigen Beispielen aus dem 18. Jahrhundert, in denen ausnahmsweise das bürgerliche Interesse, nämlich nach seiner unterdrückten Seite, sich offen zeigen und seine Einlösung zur sinnvollen erklären konnte, waren seine Ergebnisse im Konkreten alle *kümmerlich,* und im Grundsätzlichen alle *falsch.* Denn wie sich erwiesen hat, ist die Literatur nicht dazu da, herrschendes Interesse *auszudrücken,* sondern es auf vielen Ebenen als selbst wahrgenommenes hinter dem Sinn einer angeblichen allgemeinen Notwendigkeit zu *verbergen:* und so hat sich beim genaueren Hinsehen *gerade* die scheinbar uninteressierteste Literatur des Klassenkampfs als höchst interessierte und märchenhafte Selbstverklärung von herrschendem Bewußtsein aufzeigen lassen – und in die war sie nicht aus Zufall oder böser Absicht hineingeraten, sondern aus Gründen ihrer *Funktion*.

Zur Korrektur dieser Theoriefehler genügt nicht die pauschale Hinzurechnung eines exakt klingenden, aber in der Sache breiartigen ›subjektiven Faktors‹ (eine seit jeher abscheuliche Menschenbezeichnung), sondern dazu muß reflektiert werden, was die im Marxismus personlos gefaßten Kategorien für die *je einzelne Existenz* heißen. Die Geschichte war dort beschrieben als eine Bewegung zur *klassenlosen Gesellschaft*, getragen vom *Proletariat*, und gehindert vom *Tauscheigentum* (in seinen verschiedenen Formen). Sobald man in dieser Beschreibung nun ›Proletariat‹ mit *unterdrücktem*, ›Tauscheigentum‹ mit *nichtverallgemeinerbarem* Interesse, und ›klassenlose Gesellschaft‹ mit *Sinn* übersetzt, ist man aber bei eben den Kategorien angelangt, in denen der Einzelne den gesellschaftlichen und geschichtlichen Vorgang immer schon *erfahren* und nachweislich auch *bearbeitet* hat. Dies war zum einen seiner ideologischen *Theoriebildung* abzulesen, in der er die von ihm wahrgenommenen Herrschafts- und Privilegierungsinteressen regelmäßig umzudeuten versuchte zu einem vermeintlichen und angeblichen Sinn, der sich dann freilich in der Lebenswirklichkeit nicht wiederfinden ließ, und nach einiger Zeit auch immer wieder als zurechtkonstruierter und interessierter dastand; zum andern aber, und womöglich noch deutlicher, in seiner *Kunsttätigkeit*, in der er den Widerspruch zwischen Sinn und wahrgenommenem Eigeninteresse unentwegt fiktiv beheben wollte. Beide Bearbeitungsweisen werden ohne die Annahme *unerklärlich*, daß Gesellschaft und Geschichte sich *subjektiv* in diesen zwei Kategorien zunächst einmal abbilden. Dadurch wird nun aber die *marxistische* Schematisierung der Gesellschaft und Geschichte, die nach denselben, nur ins Objektive gewendeten Kategorien vorgeht, und über die Konstatierung oder Ursachenerforschung von historischen Ereignissen hinaus als einzige nach ihrem Wohin und Wozu, also nach ihrem Sinn fragt, auch zur einzigen, die mit diesem subjektiven Bearbeitungsvorgang *kompatibel* ist, und mit der sich daher allein die Verbindung zwischen der Geschichte und der Literatur herstellen läßt. Darum muß die historische Reduktion von Literatur, wenn sie überhaupt glücken soll, als *materialistische Reduktion* unternommen werden.

Zugleich ist nun aber auch deutlich geworden, was einem solchen Unternehmen bisher entgegengestanden hat. Die Literatur soll den Widerspruch zwischen Sinn und Eigeninteresse *kompensatorisch* beheben: und das heißt, herrschendes Bewußtsein dazu befähigen, was ihm verständlicherweise am liebsten ist, nämlich den Widerspruch zwischen diesen Kategorien, und damit *auch diese selbst,* nicht in ganzer Schärfe *sehen* zu müssen. Daher erklärt sich einerseits die begrifflich schlechte, und politisch verheerende Neigung der Marxisten, diese Kategorien im *nur* Objektiven stehenzulassen, sie aufs *eigene* gesellschaftliche Verhältnis nicht anzuwenden, und dieses also fetischistisch wiederum in »ein außer ihnen existierendes gesellschaftliches Verhältnis von Gegenständen«[59] umzudeuten. Andererseits liegt hier die Ursache dafür, daß der Marxismus auch noch in dieser entschärften Form von der bürgerlichen Wissenschaft hat *verdrängt* werden müssen – mittels einer Marxismuskritik, die in ihrem Kern bis heute *irrational* geblieben ist, und eines positivistischen *Komplexitätswahns,* der die gute Maxime: begrifflich erzeugte ›Wesenheiten‹ seien nicht ohne Not zu vermehren[60], lieber *wegschmeißt,* als an die einfache Evidenz der eigenen Erfahrung, selbst wenn die Folgen schmerzlich sind, sich in gottesnamen auch zu halten.

Dagegen hat sich jetzt in einer solchen evidenten und für jeden nachprüfbaren Erfahrung, der des *Sinndefizits,* der *einfache Schlüssel* gefunden, der den Zugang eröffnet sowohl zum gesellschaftlichen *wie* literarischen Verhältnis des Einzelnen, das *kein* äußerliches und fremdes, sondern ein je eigenes ist, und nur so als solches durchschaubar wird: in *dieser* Form ist einerseits das Ganze der Gesellschaft subjektiv dauernd anwesend und wirksam, und auf *diese* Form der gesellschaftlichen Mängelerfahrung ist alle Literatur eine kompensatorische Antwort. Daher muß jede stichhaltige historische Reduktion von Literatur anfangen, *nicht* bei willkürlich herausgegriffenen ›Zeitbezügen‹ oder ›Zeitproblemen‹, sondern mit einem Versuch zur *Rekonstruktion der repräsentativen Sinndefizite aus den jeweiligen gesellschaftlichen Hauptmängeln.* Diese Aufgabe ist der literarhistorischen Tätigkeit nicht etwa *äußerlich,* so daß sie sich achselzuckend an irgendeine ›zuständige‹ Disziplin delegieren ließe, sondern fällt, weil die Literatur aus dieser subjektiven Erfahrungsform der Gesellschaft hervorgeht und sich nur aus ihr erklärt, in ihren eigensten Aufgabenbereich. So wie die Literaturgeschichtsschreibung immer, und mit Recht, davon überzeugt war, ohne Kenntnis der *allgemeinen* Geschichte nicht auskommen zu können, so muß sie jetzt einsehen, daß sie ohne die Grundlagen und den Einbezug der *Interessengeschichte*, also derjenigen der Ökonomie und des Klassenwiderspruchs, ergebnislos bleiben wird. Sie braucht aber *auch* nicht zu fürchten, von dieser Aufgabe überfordert, und von nun an unter Schulabgängerstatistiken und Handelsbilanzlücken (obwohl die Zeit dafür nicht verschwendet wäre) verschüttet zu werden. Denn in ihrer *erlebten* Form treten die gesellschaftlichen Mängel ja gar nicht in ihrer *objektiven Gestalt*, also in ihrer realen Differenziertheit und Verflechtung ins Bewußtsein, sondern immer schon *schematisiert* und zugleich extrem *vereinfacht* nach eben den zwei Hinsichten, durch die Sinndefizite formal definiert sind: das heißt *nur*, und nur in dem *Ausmaß*, in dem diese Mängel Interessen ohne einsichtige Notwendigkeit *einschränken*, oder – und da freilich unerkannt, aber nicht weniger wirksam – in dem sie vom nichtverallgemeinerbaren Interesse *hervorgebracht* sind; und nur so werden sie dann auch ideologisch und literarisch verarbeitet.

Obwohl in ihrem Wesen *einfach*, erlauben es diese Bestimmungen aber doch schon, Sinndefizite nach ihren wichtigsten Ausprägungen zu klassifizieren und in eine ursächliche Beziehung zu einzelnen *Literatursorten* zu setzen; erst nach dieser vorläufigen Bestätigung des Zusammenhangs der beiden soll sich die Überlegung anschließen, mit welchem Verfahren er am besten im historisch Einzelnen zu rekonstruieren wäre. Sinndefizite können, wie leicht einzusehen ist, nach ihrer Dringlichkeit wechseln, sowie nach ihrer Klassenzugehörigkeit und Dauer; und alle diese drei Fälle liefern bereits eine Rahmenerklärung für sonst kaum beantwortbare Fragen der literarischen Produktion und Rezeption. Was zunächst die *Intensität* von Sinndefiziten angeht: so ist die nicht etwa, wie man denken könnte, da am größten, wo der Einzelne einer als zerstörerisch erkannten, äußeren Notwendigkeit unterworfen ist, etwa des Naturzwangs, der Tyrannei, des Kriegs. Denn selbst wenn sie *nichts dagegen machen kann*, so unterliegt hier doch die Einzelexistenz zwar einer falschen und aufgezwungenen, aber doch wenigstens vorhandenen und unerschütterlichen *Ausrichtung* und kommt dadurch zu einer immerhin *sinnanalogen* Struktur, die sich daher auch oft ideologisch sehr weitgehend plausibilisieren läßt (der ›heilige Krieg‹ ist das klassische Beispiel).

So erklärt sich die Merkwürdigkeit, die jeder Funktionstheorie von Literatur als *Kritik* doch unbegreiflich bleiben muß, daß gerade die *schwersten* Natur- und Gesellschaftskatastrophen, wie die Irische Hungersnot, oder auch der Nationalsozialismus oder der Zweite Weltkrieg, so vergleichsweise *wenige und unbedeutende,* von den Betroffenen selbst auch kaum einmal breit rezipierte literarische Verarbeitungen finden.

Sinndefizite werden vielmehr erst da *virulent,* wo die existentielle Ausrichtung auf irgendein wenn auch nur vermeintliches Sinnziel hin unsicher oder unmöglich wird: also unter Umständen, wo die direkten Zwänge nachlassen, und die Abschaffung oder Veränderung der einschränkenden Notwendigkeiten in den Blick rückt, die daher auch entsprechend schwer nur noch ideologisch abzudecken sind[61]; anders gesagt, je mehr *objektive* zum Bestehenden alternative *Möglichkeiten* sich auftun und trotzdem *nicht verwirklicht werden.* Der deutlichste Fall dafür ist zweifellos mit der Ausformung des Industriekapitalismus seit der Mitte des 18. Jahrhunderts eingetreten (mit seiner wichtigen Vorstufe der primären Akkumulation im 16.): denn hier eröffnet sich ja eine bis dahin gar nicht *vorstellbare* Alternative in der materiellen Bedürfnisbefriedigung, die der gesellschaftlichen Mehrheit aber vorenthalten und geraubt wird, ja auf dieser Vorenthaltung und Beraubung *beruht.* Aus dieser *Grundunsinnigkeit* ist nun gewiß auch die Tatsache herzuleiten, für die es gleichfalls nur höchst hilflose und unbefriedigende Erklärungsversuche gibt, daß zur selben Zeit, und *auch* mit einer wichtigen Vorstufe im 16. Jahrhundert, das *allgemeine Literaturbedürfnis* auf eine qualitativ neue Höhe ansteigt, um dann im 19. Jahrhundert, in dem die Distribution der Güter und Lasten am krassesten versagt, seine absolute Spitze zu erreichen.

Zugleich wechselt mit der Dringlichkeit des Sinnbedürfnisses augenscheinlich auch der *Abstand,* der zwischen dem literarischen Sinnbeispiel und der eigenen Lebenspraxis verlangt wird. Er ist nicht, wie die Literaturgeschichte im Ganzen anzunehmen scheint, *zufällig und regellos* einmal größer oder kleiner; vielmehr muß der Einzelne, solang er unabänderlichen und äußeren Notwendigkeiten unterliegt, die phantastische Lebensalternative im *ganz Anderen,* also in der extremen Distanz zur ›Wahrscheinlichkeit‹ aufsuchen. So schon lebensgeschichtlich zuerst im Märchen, später im Abenteuerroman; aber auch historisch, wo Perioden des unüberwindlichen Naturzwangs, der gesellschaftlichen Erstarrung oder nicht mehr steuerbaren Fehlentwicklung regelmäßig *offenkundig* wirklichkeitsferne Literaturformen hervorbringen: die Beispiele reichen vom Mythos selber und der altnordischen und mittelalterlichen Dichtung bis zur Romantik, dem Ästhetizismus und der surrealistischen Poesie. Im Maß aber, in dem der Einzelne sich von real möglichen, aber unverwirklichten Alternativen umgeben sieht, will er mit zunehmendem Sinndefizit und Nachdruck wissen, wie unter seinen *eigenen* gesellschaftlichen und Lebensumständen der Sinn noch zu holen wäre: er wünscht sich seine fiktiven Sinnbeispiele immer ›lebensnäher‹, wahrscheinlicher und plausibler, kurz: *realistischer* – so sehr, bis zuletzt literarische Mittel zu versagen beginnen, und Teile des Bestehenden selbst *zur Kunst erklärt* werden müssen.[62]

Auch in der Frage der Klassenabhängigkeit scheint mir der Ursachenzusammenhang zwischen spezifischen Literaturformen und spezifischen Sinndefiziten im Großen ohne weiteres deutlich zu sein. Über den *proletarischen* Bereich will ich mich dabei, wegen seiner großen Entfernung vom eigenen bürgerlichen, freilich nur vorsichtig und vermutungsweise äußern. Nach der Seite ihrer unterdrückten Interessen, soviel läßt sich mit Sicherheit sagen, deckt sich proletarische Lebenspraxis mit dem gesellschaftlichen Sinn: aber eben vielleicht auch nach der anderen, daß sie auf die *materielle Produktion,* die immer eine offensichtliche Sinnkomponente hat, ja in der nach später entwickelter Ansicht[63] der Sinn des gesellschaftlichen Zusammenschlusses überhaupt liegt, *direkt und funktional* bezogen ist. Nun wird aber kapitalistisch und staatskapitalistisch die Produktion für die bloßen *Zwecke* des Verwertungsgesetzes mißbraucht, und proletarische Lebenspraxis damit *gerade* in dieser zentralen Sinnhinsicht dem dauernden Zwang einer zerstörerischen, äußeren, interessierten und real schwer abschaffbaren Notwendigkeit unterworfen. Ein so geartetes Sinndefizit, *massiver aber einfacher* gebaut als das bürgerliche, kann, wie oben schon einmal ausgeführt[64], eine phantastische Alternative zum Bestehenden nur finden in einer *Wegdenkung* dieser real nicht wegzudenkenden Notwendigkeiten, also in einer ›trivialen‹ und offenen Märchenliteratur der bloßen Wünsche. Damit scheint mir der proletarische literarische Geschmack besser erklärt als durch die herkömmlichen und besserwisserischen Manipulationstheorien, die ihn immer nur für dumm verkaufen; und wer darin schon einen zynischen Ausschluß der Arbeiter vom

›menschheitlichen Erbe‹ sehen will, hat über dessen Funktion wohl noch nicht sehr tief nachgedacht. Die Rezeption dieses ›Erbes‹ wird nämlich proletarisch vielmehr *zu Recht* verweigert – und ebenso die der heutigen Arbeiterliteratur, so oft deren Autoren auch nachweisen wollen, wie begierig sie eigentlich *sein müßte,* wäre sie nicht von einer finsteren Marktverschwörung verhindert. Diese Literatur kann aber aus der proletarischen Perspektive nur als bloße *Verdoppelung* der eigenen alternativelosen Situation erscheinen, oder aber als Versammlung von wirklichkeitslosen politischen *Patentrezepten;* und wo nicht, ist es immer noch närrisch zu erwarten, die Arbeiter sollten ihr Klassenbewußtsein aus einer ästhetischen Form beziehen, deren Hauptfunktion in einer moralischen Selbstverhimmelung ihrer bürgerlichen Autoren und Leser besteht, ohne daß die das auch nur *gemerkt* hätten – und zwar, wie ich vermute, sehr im Gegensatz zu diesem Klassenbewußtsein *selbst,* das gerade eine feine, und in langer Erfahrung geübte Nase dafür hat, wenn in der Hierarchiehinsicht etwas faul, sprich: nicht zugegeben ist. So haben auch im Konkreten der literarisierte Arbeiter *wie* der Arbeiterschriftsteller, der sich von den Arbeitern gleichzeitig bezahlen lassen, und es besser wissen will als sie, etwas von einer *rührenden,* und das heißt verführten und traurigen Gestalt.

Insoweit der herrschenden Klasse zugehörig, ist der Einzelne dagegen von den zwei proletarischen Sinnkomponenten abgeschnitten; an ihre Stelle tritt die Durchsetzung von Herrschafts- und Privilegierungsinteressen, sowie die Delegierung der Produktion nach unten. Es sind dabei aber doch zwei deutlich getrennte Fraktionen auszumachen. In den eigentlichen *Funktionärspositionen,* also an den Stellen der direkten politischen und ökonomischen Führung und Verantwortlichkeit, sind nämlich die virtuelle vorhandenen Sinndefizite immer schon weitgehend ideologisch *abgedeckt* und psychologisch *verdrängt.* Das geschieht zwar, im schwer genau bestimmbaren Einzelfall, natürlich gelegentlich auch sonst; aber nur hier muß der Vorgang zur festen Regel und damit *repräsentativ* werden, weil diese Positionen sonst überhaupt nicht *eingenommen* werden könnten. Ihre Besetzung hat zum *Auswahlprinzip* die subjektive Überzeugung, die daher immer eine grundsätzlich *reaktionäre* sein muß, die Weiterführung der bestehenden Ordnung, genauer: der nur durch die Interessen geregelten Gesellschaft sei, alles in allem, eine sinnvolle Tätigkeit. Auch hier gilt, daß die funktionale Ausrichtung der eigenen Existenz, in diesem Fall keine äußere, sondern eine selbstgewählte, auf ein wenn auch falsches Ziel, Sinndefizite vermindert und vereinfacht. Für die eigentlich Herrschenden ist die ästhetische Kompensation daher immer nur von *marginaler* Bedeutung. Höfisch wie elitebürgerlich ist deswegen die Literatur (zusammen mit den anderen Künsten der Musik, der Architektur, des Balletts) nur als Wunschliteratur der *Selbsterhöhung* erfolgreich, oder in ihren reinen Unterhaltungs- und Zierformen; sobald sie sich in kritischer Absicht nähern will, wird sie als Pinscher verjagt.

Es ist die andere Fraktion, in älterer Terminologie die ›kleinbürgerliche‹, die aber unmittelbar unter der sozialen Spitze anfängt und bis zur proletarischen Grenze reicht, in der die eindringlichsten und zugleich komplexesten Sinndefizite entstehen müssen: denn die durch die nichtverallgemeinerbare Interessendurchsetzung hervorgerufenen Mängel und Einschränkungen betreffen hier nicht nur die *anderen*, sondern es unterliegt ihnen auch schon die eigene Existenz. An dieser, der eigentlich *bürgerlichen* Stelle innerhalb der sozialen Skala meldet sich daher auch der tiefste Zweifel, ob die zugestandene Privilegierung oder die zugewiesene Funktion mit irgendeinem Sinn zu vereinbaren sind; die Ausrichtung der Existenz versagt, oft nach beiden Seiten, oder kommt nur mithilfe massiver ideologischer Stützen zustande, und auch da nur undeutlich und immer neu gefährdet. Deswegen nimmt bürgerliches Bewußtsein neu sich abzeichnende reale gesellschaftliche Möglichkeiten auch am aufmerksamsten wahr und verhält sich zu ihrer Verwirklichung am erregtesten mit Ablehnung oder Beifall. Es ist das *ideologiebedürftigste* und bringt daher auch den ideologieproduzierenden Stand, nämlich die *bürgerliche Intelligenz* hervor. Nie aber darf es, oder es müßte der Ausgeschlossenheit und der eigenen Destruktion von Sinn direkt ins Gesicht sehen, *in seine Umgebung und in sein Inneres zugleich* schauen, sondern muß draußen die gesellschaftlichen Mängel entweder ignorieren – oder zur Kenntnis nehmen und dann aber auch dritten, fremden Mächten anlasten; und bei sich selbst die eigene Interessendurchsetzung entweder notwendig nennen – oder verdrängen und dann aber auch verharmlosen. Diese zwei Alternativen, die in etwa mit den üblichen *rechten* und *linken* Positionen zusammenfallen, sind aber beide nicht tragfähig und verlangen daher auch immer neue außertheoretische Plausbilisierungen.

Daher ist bürgerliches Bewußtsein auch das *literaturbedürftigste* und sein Sinndefizit das ästhetisch produktivste. Denn dieses Defizit verlangt, und bekommt auch, wie es seiner Beschaffenheit entspricht, die komplexesten fiktiven Lösungsvorschläge, in denen seine sehr tiefen Widersprüche erscheinen und zugleich auch schon wieder zur Sinnkonsistenz verarbeitet worden sind, ›weltsetzend‹ insofern, als in ihnen, wahrscheinlich gemacht und doch illusionär, möglichst genau und doch interesseharmonisiert, das seelische Innere und die gesellschaftliche oder Naturumgebung erforscht werden muß. Es entsteht, mit einem Wort, die *hohe* Literatur, von der sich jetzt zeigt, was bisher auch nicht sonderlich klargewesen ist, warum sie *nicht* von der sozialen Spitze hervorgebracht wird: sie heißt ›hoch‹ nicht nach ihrem gesellschaftlichen Ort, sondern nach ihrem existentiellen Nutzwert und Kompensationsgewinn.

Die Aufgabe ihrer Erfindung ist erschwert nicht nur von der Komplexität, sondern auch der Undeutlichkeit und Konturenlosigkeit dieses Sinndefizits, das auch da noch auftritt, ja gerade dann, wo anscheinend doch alles zum Besten steht – aber eben nur nach der Interessenseite. Sie ist nicht mehr vom bloß *dilettierenden* Autor zu bewältigen, sondern dieser muß sich spezialisieren, umgekehrt: er unterliegt einer strengen Selektion nach der Bildfähigkeit seiner Phantasie und seiner Sensibilität – und das heißt ja nichts anderes, als nach einer gegen *alle Einschränkungen der eigenen Selbstentfaltung* sich wehrenden Psychologie, die zudem den radikalen Entschluß aufbringen muß, sich von jeder direkt funktionalen gesellschaftlichen Beziehung loszusagen. Derart und sprichwörtlich ›egozentrisch‹ und ›freischwebend‹ erlebt er dieses Sinndefizit nach beiden Seiten *exemplarisch* und in seiner deutlichsten Gestalt, und wird dadurch befähigt und angetrieben, den Klassenauftrag zu dessen ästhetischer Behebung zu übernehmen – der ihn freilich niemals wesentlich *von außen* erreicht, das heißt als Mäzenatenanweisung oder über den Markt. Das zeigen die Fälle von Ovid bis zu Becketts Romanen und überhaupt alle literarischen *Skandale*, in denen *gegen* diese Anweisung geschrieben wird – und insofern irrt eine mit solchen Ursachenkonstruktionen arbeitende Literatursoziologie. Vielmehr wird dieser Auftrag vom Autor als *innerer und eigener* wahrgenommen, und seine Erfüllung vom Leser so auch verlangt und wiedererkannt. Das *Risiko* des Autors freilich bleibt es, ob er das Sinndefizit seiner Leser auch *trifft:* er kann es, auch bei großem Talent, *verfehlen* und endet dann als *poète à l'écart;* dahinter *zurückfallen,* und wird *epigonal;* oder, weil sein eigenes das entwickeltste ist, Sinndefizite *vorwegnehmend* zu einer Lösung bringen, die im allgemeinen Bewußtsein noch gar nicht als drängend sich gemeldet haben – und das ist der Fall der ›vorausschauenden Dichter‹ wie Blake oder Kafka, die dann auch entsprechend verspätet rezipiert werden.

Wenn man so auf die Art der Sinndefizite achtet, die hinter den literarischen Werken stehen und sie hervorbringen, und *nur dann,* löst sich schließlich auch die Frage, wie *dauerhaft* sie rezipiert werden. Das hängt nämlich keineswegs von ihrer *Qualität* ab, in der sich etwa ein *Robinson Crusoe* mit Shakespeares *Venus and Adonis* ja schlecht messen kann, noch von der *Zeitlosigkeit* des Themas, wie dasselbe Beispiel zeigt, sondern von der Dauerhaftigkeit eben dieser Defizite, die, wie leicht zu sehen ist, weder ›überzeitlich‹ sind noch streng eingegrenzt auf irgendein literarisches Entstehungsdatum. Vielmehr bleiben sie, zusammen mit ihren ästhetischen Lösungsvorschlägen, im Bewußtsein ebensolang lebendig, wie die gesellschaftlichen Mängel andauern, die ihnen zugrundeliegen. Manche von ihnen, wie der Widerspruch zwischen Staat und Individuum, sind so alt wie die Klassengesellschaft selbst; andere sind erst mit der Verallgemeinerung des Warentauschs entstanden und seither wirksam. Hier zeigt sich auf der Literaturseite, daß die ästhetischen Sinnlösungen für diese Defizite, also etwa die *Antigone* oder der *Kaufmann von Venedig* tatsächlich entsprechend lange rezipiert worden sind. Andere Defizite, wie die aus der englischen bürgerlichen Revolution stammenden, haben sich im ersten Drittel des 19. Jahrhunderts historisch erledigt: und bis dahin, aber seitdem nicht mehr, ist Miltons *Verlorenes Paradies* lesbar geblieben – wie jedermann, der sich noch heute davon fesseln lassen möchte, leicht feststellen kann. Schließlich gibt es Defizite, wie eine bestimmte, im englischen Bürgertum breit erfahrene Unbehaglichkeit innerhalb der eigenen fossilierten Verkehrsformen nach dem Zweiten Weltkrieg, die nur ein paar Jahre fortbestehen – danach sind die *Angry Young Men* nur noch Literaturgeschichte gewesen.

In all diesen Fällen zeichnet sich schon, wenn auch nur auf eine vorläufige Weise, die Abhängigkeit *bestimmter* Literatursorten von *bestimmten* Sinndefiziten ab, und zugleich ist dabei klargeworden, daß der Vorgang in der hierarchischen Mitte, wo sich

Herrschaft und Beherrschung überkreuzen, nach *beiden Seiten* seine entwickeltste Gestalt gewinnt: also einerseits in der hier entstehenden Literatur, aber andererseits auch in dem dahinterliegenden Sinndefizit, das, eben als selbstproduziertes, auch das differenzierteste und historisch beweglichste ist. Diesen besonderen Fall (unter all den anderen möglichen) zu untersuchen, ist bürgerliches Bewußtsein nicht nur am fraglosesten *kompetent*, sondern es muß ihm daran auch das Meiste *liegen* – weil es nämlich selbst davon betroffen ist. Auch wenn ihm die Aussicht wenig verlockend vorkommen mag, hätte es demnach in der Herleitung der *hohen* Literatur aus der Geschichte sein nächstes und erstes Arbeitsfeld, und im Hinblick darauf will ich zum Schluß dieses ersten Teils der Untersuchung die Frage stellen, ob die historische Reduktion von Literatur überhaupt gelingen kann, und nach welchen Grundregeln sie vorzugehen hätte. Denn wenn sich ihre Entstehung aus der gesellschaftlichen Sinnlosigkeitserfahrung nun *systematisch* vielleicht auch genügend geklärt hat, so ist damit noch lange nicht gesagt, daß sie sich auch im *historischen Verlauf* befriedigend nachverfolgen läßt. Offenbar müssen dazu die wichtigsten Schritte in der gesellschaftlichen Entstehung von Literatur noch einmal nachgegangen werden, also (a) die gesellschaftlichen Hauptmängel in der Entstehungszeit, (b) das daraus resultierende Sinndefizit im herrschenden Bewußtsein, und (c) die darauf aufbauenden Versuche zu seiner Behebung durch fiktive Beispiele von konsistent sinnbezogener Lebenspraxis. Aber diese Schritte scheinen einerseits alle, und besonders die ersten zwei, der vorgefaßten Meinung und der Spekulation unkontrollierbar offenzustehen; und andererseits muß man immer damit rechnen, daß die sich meldenden Bedenklichkeiten weniger den sachlichen Schwierigkeiten dieser Reduktionsarbeit als dem interessierten eigenen Widerstand dagegen zuzuschreiben sind.

In der Praxis ist dann aber alles gar nicht so schwer; und beim Versuch, die gesellschaftlichen Hauptmängel zu einer gegebenen Zeit konkret zu bestimmen, lösen sich die Grundsatzfragen, was als solcher Mangel zu gelten habe und wie er zu gewichten sei, fast jedesmal schnell in Luft auf. Wenn etwa das englische 19. Jahrhundert zur Debatte steht, dann *gibt* es auf einmal gar niemanden mehr, der hier nicht anfinge beim Klassenwiderspruch und der proletarischen Verelendung, und sie nicht auch sogleich vor den Hintergrund der wachsenden materiellen Ressourcen stellte, der

Kapitalakkumulation und der wachsenden bürgerlichen Privilegierung; und zugleich gibt es keinen ernsthaften Streit darüber, daß diese Erscheinungen in ihrer Besonderheit deutlich und erklärbar werden nur in einem Rückgang auf den *ökonomischen Basisvorgang*, also allgemein gesprochen, auf die Entwicklung der Produktionsweise und der Produktivkräfte, die Einzelheiten der Produktionsverhältnisse wie Eigentumsverteilung und Eigentumsordnung und deren verschiedene Folgen. Analog dazu, und wiederum ohne Streit, werden die gesellschaftlichen Mängel auch nach dem ökonomischen Fortgang *periodisiert:* im genannten Beispiel also etwa in das rasch akkumulierende *Railway Age* der 1850er und 60er Jahre, die Abflachung der *Great Depression* der 70er bis 90er, und den (in England) recht unentschiedenen imperialistischen Neuaufschwung bis zur Vorweltkriegszeit.

Dieser Einigkeit in der Mängeldiagnose liegt also wie mit Selbstverständlichkeit das Kriterium zugrunde, die materiellen Möglichkeiten einer Gesellschaft müßten optimal und für alle ihre Mitglieder genutzt werden, und somit das vielleicht ungewußte, aber gleichbleibende Kriterium der *gerechten Gesellschaft:* und das ist wiederum nur ein anderer Ausdruck dafür, daß die Mängel immer schon nach dem Maß einer *sinnvollen* gesellschaftlichen Organisation bestimmt worden sind; denn dieses Maß ist in der Strukturbestimmung von Sinn, als Ausrichtung der Gesellschaft (und damit der einzelnen Existenz) auf eine allgemeingültige und einsichtige Notwendigkeit, ja schon *mitenthalten.* Um das zu sehen, braucht man die Formel nur auseinanderzufalten: dann kann ›allgemeingültig‹ darin nichts anderes heißen, als *allen* auferlegt, zum *Besten* aller, und für alle zu gleichen *Teilen.* Jede Abweichung davon zerstört die realen gesellschaftlichen Beziehungen des Einzelnen ein Stück weit und in verschiedener Hinsicht. So bildet sich die Wegdelegierung der materiellen Produktion ab als Bewußtsein der eigenen gesellschaftlichen Funktionslosigkeit oder Disfunktionalität; die Reduktion dieser Beziehungen auf den Warentausch führt zu Erfahrungen von Entfremdung, leerer Innerlichkeit oder Isolation; und der Klassenwiderspruch, der immer auch ein Tötungs- und Schuldverhältnis setzt, verhindert nicht nur die Kommunikation über die Klassengrenze hinweg, sondern errichtet auch diesseits die Schweigezonen der Peinlichkeit und des ›Takts‹. Diese Abweichungen treten also, eben weil sie Abweichungen vom Sinn sind, *zunächst einmal* unfehlbar im herrschenden Sinndefizit auf, und werden allenfalls *später* ideologisch bearbeitet. Aber nicht nur der *Zustand* einer Gesellschaft wird nach diesen [ODER: diesen Abweichungen] gemessen, sondern, weil sie ›ausgerichtet‹ sein soll, auch ihre *Bewegung:* und deswegen wird das Sinndefizit entscheidend davon modifiziert, ob sie historisch *abnehmen* oder nicht vielmehr noch immer weiter *im Wachsen* sind.

Im ersten Schritt der historischen Reduktion von Literatur sind also die gesellschaftlichen Hauptmängel nach diesem einfachen Maß zu beschreiben, zuerst in der jeweiligen Gegenwart, aber dann auch im Vergleich zu der vorausgegangenen Entwicklung und im Hinblick auf die sich abzeichnende Perspektive. Man kommt so zu der Rekonstruktion des jeweiligen Sinndefizits in seiner ursprünglichen und vorideologischen Gestalt, die freilich auch eine bloß erschlossene und damit *hypothetische* ist: denn so kann es, wegen seiner Unerträglichkeit, im herrschenden Bewußtsein nicht stehenbleiben. Dieses muß vielmehr versuchen, den wahrgenommenen Interessen soviel wie möglich eine einsichtige Notwendigkeit und damit einen Sinn zuzuschreiben. Darin ist es zum Teil auch immer erfolgreich: wie eingangs schon einmal ausgeführt, kann ihm die Durchsetzung der eigenen Wünsche und Entfaltung als ein allgemein anzustrebendes Ziel vorkommen, und also wie die Beförderung, nicht wie die Untergrabung der richtigen gesellschaftlichen Ordnung. Daher faßt es, fälschlicherweise und zu seinem Unglück, zunächst einmal jede Einschränkung der eigenen Interessen, gleichgültig ob sie verallgemeinerbar sind oder nicht, als sinnlose auf, solang es die Notwendigkeit dazu nicht einsehen kann. Es zeigt sich also, daß das real erfahrene Sinndefizit von herrschendem Bewußtsein gegenüber dem ursprünglichen immer nach der Interessenseite *verschoben* ist – und erst als solches verlangt es dann auch theoretisch und ästhetisch nach seiner Behebung.

Zur Rekonstruktion des *manifesten* herrschenden Sinndefizits ist demnach in einem zweiten Schritt diese Verschiebung genauer zu bestimmen. Auch dabei ist man, entgegen dem ersten Anschein, nicht auf die Spekulation angewiesen, denn diese Verschiebung folgt grundsätzlich der immer gleichen Regel: sie ist, wie es der Natur des Interesses entspricht, jeweils *so groß wie möglich* – aber dieses mögliche Ausmaß *wechselt* mit den historischen Umständen. Es ist dann am größten, wenn, wie in langen feudalen

Epochen, die gesellschaftlichen Mängel den Schein von objektiver Notwendigkeit und Unveränderlichkeit erfolgreich angenommen haben; aber es schwindet, zum Teil drastisch, mit dem Auftauchen neuer politischer oder ökonomischer *Möglichkeiten.* Für den politischen Fall bietet die Französische oder die Oktoberrevolution ein lehrreiches Beispiel, durch die sich die Sinndefizite (zusammen mit ihren ideologischen und ästhetischen Lösungsversuchen) in ganz Europa mit einem Schlag geändert haben, auch da, wo die Basisvorgänge noch recht unbehelligt weitergelaufen sind: äußerlich recht ähnliche gesellschaftliche Zustände können sich in der *Sinnhinsicht* also durchaus verschieden darstellen. Der zweite, ökonomische Fall wäre etwa wieder an der neuen bürgerlichen Opulenz der englischen 1850er Jahre zu illustrieren. Beidemale wird es offensichtlich unmöglich, die alten Herrschafts- und Privilegierungsinteressen unverändert durchzusetzen und zugleich weiter zum gesellschaftlichen Sinn umzudeuten. Dies scheitert einmal am Einspruch von *außen,* der diesen angeblichen Sinn oft radikal anfängt in Frage zu stellen, also an der *Arbeiterbewegung* und ihren Vorformen, die jeweils sehr genau und differenziert auf zweifelhaft gewordene gesellschaftliche ›Notwendigkeiten‹ reagiert, und ohne die eine Rekonstruktion von genauer datierten Sinndefiziten daher niemals auskommt.

Aber der Widerspruch meldet sich auch von innen: denn bei jeder weiteren Interessendurchsetzung sieht sich jetzt herrschendes Bewußtsein nicht nur einer fortschreitenden Zerstörung seiner realen gesellschaftlichen Beziehungen ausgesetzt, die dann erklärte Konflikt- und Kampfformen annehmen, sondern auch vor kaum lösbare Probleme der Selbstlegitimation gestellt. Die schlechte gesellschaftliche Entwicklung droht dann als interessenproduzierte offenkundig zu werden, und führt zur Verhinderung von eigenen Entfaltungsmöglichkeiten und zur Motivationslähmung gerade im schon defizitären Sinnbereich. Vollends aber mißlingt die Umdeutung herrschender Interessen zum gesellschaftlichen Sinn, wenn diese, wie in England zwischen 1870 und 90, als die Verwertung durch die Auslandskonkurrenz ins Stocken kommt, anfangen, an eine anscheinend unverrückbare Grenze zu stoßen: von da an nämlich muß es so aussehen, als wäre die bestehende Gesellschaftsordnung einer unveränderlichen Notwendigkeit unterstellt und zugleich *für niemand mehr* sinnvoll, und entsprechend antwortet bürgerliches Bewußtsein mit einer zunehmenden inneren Abwendung von Gesellschaft überhaupt und der Entwicklung deklariert nihilistischer Positionen.

Auch die Abdeckungsmöglichkeiten des ursprünglichen und vorideologischen Sinndefizits lassen sich so durch einen genaueren Blick auf die jeweilige ökonomische und gesellschaftliche Situation meist recht genau angeben. Im Zweifelsfall kann dazu als Hilfsmittel der Überprüfung auch der politische oder legislative Ideologiebereich herangezogen werden, oder die damit einherlaufenden gesellschaftlichen Mängeltheorien, die sich ja auch immer genau auf dieser Grenze bewegen müssen. Sie dürfen freilich auch nicht, weil sie ja *ihrerseits* erst aus ihm erklärlich sind, zur *Herleitung* des Sinndefizits dienen, wenn diese nicht zur ›ideengeschichtlichen‹ herunterkommen will. Im Durchgang durch diese zwei Schritte, also durch die Beschreibung der gesellschaftlichen Hauptmängel und der ideologischen Umdeutungsmöglichkeiten von herrschenden Interessen in gesellschaftlichen Sinn, kommt man so zu einer mindestens generationsgenauen Bestimmung des manifesten herrschenden Sinndefizits und damit zu der konkreten gesellschaftlichen *Ursache*, aus der heraus die Literatur einer bestimmten Geschichtsepoche entsteht. Natürlich läßt sich aus ihr noch nicht der einzelne literarische Titel lückenlos ableiten: sonst könnte (eine offensichtlich unsinnige Konstruktion) zu einer gegebenen Zeit ja immer nur *ein* Buch entstanden sein. Sie gibt vielmehr den *Rahmen* ab, an den sich alle literarischen Sinnlösungen dieser Zeit halten müssen, um erfolgreich rezipiert zu werden, die aber das herrschende Sinndefizit trotzdem in verschiedenen Hinsichten und auf verschiedener Höhenlage bearbeiten können: und das ist in den englischen 1850er Jahren Matthew Arnold *wie* Trollope, und in den 1870ern der Geschichtspessimismus Hardys *wie* die Verzweiflungslyrik von James Thomson.

Damit bin ich bei der Literaturseite der Reduktionsarbeit. Wie eine Vorüberlegung zeigt, muß diese bei der literarischen *Rezeption* anfangen, und daher auch einem bestimmten Teil der Literatur den Vorzug geben. Von einem brauchbaren Verursachungsmodell für Literatur muß man *grundsätzlich* verlangen, und das kann das hier vorgeschlagene auch für sich in Anspruch nehmen, daß es für *alle* ihre Formen und Einzelhervorbringungen gilt. Etwas anderes ist es, ob der Ursachen*nachweis* sich auch in jedem Fall gleich gut führen läßt. Das wird umso schwerer fallen, je ausgefallener, kurzlebiger oder rückständiger die untersuchten literarischen

Sinnlösungen sind; und umso leichter, je mehr darin ein repräsentatives und breites Sinndefizit des herrschenden Bewußtseins bearbeitet ist, weil es als allgemeines mit dem Allgemeinen der jeweiligen gesellschaftlichen Ordnung in direkterer, weniger vermittelter Beziehung steht.

Das unterscheidende Merkmal dafür findet sich nicht auf der *Produktions*seite (auch der Primaner *produziert* ja seine Liebesgedichte), sondern auf der Seite der *Rezeption:* sie besteht im Primanerfall aus dem Papierkorb, und wird im zweiten entsprechend erfolgreich und langfristig aussehen. Für eine aussichtsreiche historische Reduktion muß daher ein *Primat der Rezeption* gelten. Diese ist aber als soziologisch-statistische im Einzelnen nur ausnahmsweise genauer erfaßbar: der schon angeführte ›antizipierende Autor‹ ist dafür ein gutes Beispiel; und für ältere Epochen fehlen schlicht die Zahlen. Zum Glück gibt es aber für jede Literatur eine schon fertige Auswahl der *großen Lösungen,* die sich im Rauf ihrer Rezeptionsgeschichte nach Qualität und Thematik als zeitrepräsentativ bewährt haben, nämlich den *literarhistorischen Kanon:* und daß diese Bewährung und Auswahl immer schon herrschaftsinteressierte gewesen sind, kann die historische Reduktion seiner Titel eher noch erleichtern als hindern: in ihnen findet sie daher ihr *geeignetstes Material.* Ja sie tut gut, auch darunter noch einmal auszuwählen. Nicht zufällig ist die Literaturgeschichtsschreibung schon immer von den ›Anfängen‹, also von den großen *Innovationen* fasziniert gewesen: denn sie sind ja die literarische Antwort auf *neuentstandene,* und nicht bloß weiterlaufende Sinndefizite, und somit noch nicht dem Veraltungsvorgang ausgesetzt gewesen, der sie dann allmählich ins nur noch Historische versinken läßt. Daher ist ihnen ihr gesellschaftlicher Entstehungsvorgang auch am direktesten und klarsten abzulesen: sie sind *innerhalb* des Kanons noch einmal die reduktionsgeeignetsten Fälle.

Für das so ausgewählte literarische Einzelwerk ist zuerst einmal eine *sinnverstehende,* das heißt identifikatorische Lektüre verlangt, ohne die es nämlich gar nicht erschlossen werden kann, sowie seine Interpretation nach altem Muster. Denn für diese bin ich, nach so vielen inzwischen dafür vorgeschlagenen ›kritischen‹ oder ›deskriptiven‹ Vorgehensweisen, noch immer auf kein besseres Rezept gestoßen als auf das herkömmlichste, nämlich nach dem Thema des Werks zu fragen, es nach dem Wie der Themabearbeitung zu untersuchen, und am Ende die Wechselbestimmung von Form und Inhalt nachzuverfolgen, in der sich beide dann genauer fassen lassen: so und nicht anders, eben weil im ästhetisch geglückten Fall die Form *tut*, was die Inhalte *sagen* [65], kann die allseitige Bezogenheit der Elemente untereinander und aufs Ganze, die Notwendigkeit ihrer Beschaffenheit und Abfolge – kurz, ihre *Sinnqualität* alleine deutlich werden. Diese Interpretation sollte, ohne einer ›Einfluß‹-Manie zu verfallen, besonders auf die *literarischen Vorstufen* des Werks achten, zunächst deswegen, weil die Differenz zu diesen ja zu seiner ›Aussage‹ selber gehört; aber hauptsächlich, weil gerade in seinen innovierenden Zügen, also in dem *Neuen* seines inhaltlichen Sinnziels wie seiner formalen Sinnherstellung sein eigentlicher Bezug zum zeitgenössischen herrschenden Sinndefizit zu finden ist. Daneben oder danach ist jetzt aber außerdem eine *sinnkritische* Lektüre gefordert, die die *gezielte Frage* nach dem Interesse festhält: denn anders läßt sich nicht aufdecken, wie darin, meist *entgegen* dem Anschein, Herrschafts- und Privilegierungsinteressen durch das sinnkonsistent gemachte fiktive Praxisbeispiel harmonisiert sind mit einem über-, außer- oder teilgesellschaftlichen ideologischen Sinnziel, und die gesellschaftlichen Mängel dadurch als notwendig, vorübergehend oder unwesentlich erscheinen können. Erfahrungsgemäß ist in dieser Hinsicht eine Beachtung des meist unauffälligen fiktiven Autors ergiebig, und noch mehr die des fiktiven Lesers: sie sind regelmäßig die beiden am wenigsten zensierten ideologischen Figuren literarischer Werke. Außerdem können Zeugnisse der zeitgenössischen Rezeption nützlich sein, soweit sie ihrerseits ideologiekritisch gedeutet werden.

In der Synthese zur eigentlichen historischen Reduktion fügen sich im geglückten Fall die beiden Bereiche eines rekonstruierten herrschenden Sinndefizits und des literarischen Versuchs zu seiner scheinhaften Behebung zu einer durchargumentierten Ursachenreihe zusammen, die von den ökonomischen Grundvorgängen übers Klassenverhältns bis zum literarischen Einzelwerk verläuft. Sie kann das Werk immer in seinen Hauptmerkmalen der Form und Thematik erreichen, oft bis in erstaunlich kleine Einzelzüge. Jedenfalls scheint mir, daß in den zwei ausgearbeiteten Beispielen die untersuchten Werke genauer als durch andere Methoden als gesellschaftlich hervorgebrachte und bestimmte aufgezeigt sind, und insofern – *wie*, aber nicht *weil* es die Lehre sagt – als

»einmalige, vergängliche, historische Produkte«.[66] Es ist damit eine auch von Marx schon formulierte[67] und aus Interessiertheit immer wieder zurückgestellte Aufgabe der Literaturwissenschaft, *gerade* der materialistischen, man kann nicht sagen: gelöst, aber doch praktisch in Angriff genommen – die gesellschaftliche Verursachung und Funktion von Literatur in ihrer Gesetzmäßigkeit aufzuklären und dann an Einzelbeispielen nachzuweisen. Sie weiterzuführen, darin liegt ein literarhistorisches *Projekt,* an dessen Ende die Geschichte der Literatur als Teil und Folge der realen gesellschaftlichen einsichtig geworden wäre.

Inwiefern darin ein wissenschaftliches *Erfordernis* zu sehen ist, davon war in diesem Kapitel eingangs schon die Rede; man kann sich jetzt zum Schluß aber auch die Frage nach der *Nützlichkeit* der hier vorgeschlagenen Bearbeitung von Literatur stellen. Ideologiekritisch ist damit die blinde Unterschreibung oder unausgesprochene Verhimmelung der scheinhaften literarischen Sinnlösungen abgewehrt; und die Literatur ist aus dem Mystizismus ihrer angeblich unbedingten Entstehung, uneingegrenzten Möglichkeiten, oder gar ewigen Gültigkeit befreit. Sie hat vielmehr in einem historisch wechselnden ideologischen Bedürfnis des herrschenden Bewußtseins ihre Bedingung, ihre Funktion und ihren Rahmen: ein Begriff, hinter den damit keine Literatur *und* keine Literaturwissenschaft mehr zurückkann, wenn sie nicht einfach die Reflexion über sich *verweigern* will. Sie wären damit ja nicht vernichtet oder verboten: sie müßten nur *wissen*, was sie tun, und auch nur denkbarerweise tun *können*.

Und was wäre das? Im Fall der *Literatur* das Eingeständnis und Bewußtsein, daß sie dazu da ist, ein wirkliches und starkes Bedürfnis scheinhaft und zeitweise zu trösten – eine menschliche Anstrengung gewiß, aber mit dem schweren moralischen und politischen Preis bezahlt, daß sie damit immer zugleich auch das Bestehende rechtfertigen und stabilisieren muß, die Kraft zur realen Veränderung an den Genuß verrät. Aber es gibt viele andere Wege, der mängelabschaffenden Praxis auszuweichen: und wer ohnehin nichts getan hätte, schadet auch niemandem, wenn er statt dessen liest oder schreibt. Aber was kann die *Literaturwissenschaft* noch tun, nachdem die gesellschaftliche Legitimation ihres Gegenstands so ganz verloren scheint? Den erdichteten Sinnbeispielen der Literatur kann sie nach dem Gesagten nicht mehr folgen, weder ausdrücklich noch verschwiegen. Aber es bleibt für sie das

Geschäft zu *erklären*, warum wir als Leser von ihnen jemals geglaubt haben, und durch eine so lange Zeit, wir könnten das, sie wären Beispiele für *uns* – und diesem Glauben, vom Bedürfnis gedrängt, wohl auch weiterhin unterliegen werden. Und eine solche Erklärung kann, wenn sie den hier aufgestellten Regeln folgen will, auf einmal auch wieder ein ergiebiges und lebendiges Geschäft sein, an dem sich der Reichtum und die Kraft von materialistischem Denken erweist. Nicht nur so, daß es bei tieferen, und oft auch neuen literarischen *Deutungen* anlangt; sondern auch dadurch, daß bei dieser Tätigkeit eben nicht nur immer das oft abgelebte Literaturwerk als eingestaubter Fetisch vor den Blick kommt, sondern, wenigstens im Umriß, das *Ganze* einer Gesellschaft – von unten angefangen bei den menschen- und sinnzerstörenden *konkreten* Folgen von durchgesetztem Herrschafts- und Privilegierungsinteresse, bis zu den luftigen, rührenden aber vergeblichen Anstrengungen der Kunst, das Bestehende doch noch einmal wohnlich zu machen.

Diese Tätigkeit endet, wie jede sinnvolle, bei uns selbst. Die historische Reduktion von Literatur kann die Entstehung von falschem Bewußtsein in einem ihrer wichtigsten Mechanismen – die Überschreibung des Interesses durch ideologischen Sinn – nachzeichnen und am Einzelbeispiel aus der Vergangenheit aufweisen. Ein »wissenschaftliches Amusement, denn mehr als das ist es nicht«, hat Marx dazu gemeint.[68] Ich bin nicht ganz so sicher. Denn damit ist doch wenigstens die theoretische Möglichkeit gegeben, auf die Interessiertheit unseres *eigenen* Bewußtseins zu reflektieren – und das war, mit Respekt gesagt, auch nicht gerade Marxens Stärke. Wir selber sind am Ende das ideale Ziel von historischer Reduktion: was dieser Mechanismus innerhalb unserer eigenen gesellschaftlichen Bestimmungen in uns bewirkt, *das* herauszufinden, ist ihre Utopie. Sie wird Utopie freilich auch bleiben müssen – wenn es wahr ist, daß das Bewußtsein sich *ganz* erst in der geglückten Gesellschaft wird einholen können. Deswegen braucht es ja aber nicht einfach *sitzenzubleiben*. In dem Versuch, hinter sich selbst zu kommen, als historisches und gegenwärtiges – darin kann die gesellschaftliche Funktion der literaturwissenschaftlichen Tätigkeit noch liegen, ihr gerade noch auffindbarer Sinn: denn wozu sollte eine bürgerliche Intelligenz gesellschaftlich gut sein, die noch nicht einmal *wissen will*, warum sie denkt, was sie denkt.

Zweiter Teil

Grundlegung für eine materialistische Theorie des Kunstschönen

> *Es wird sich zeigen, daß die Welt längst den Traum von einer Sache besitzt, von der sie nur das Bewußtsein besitzen muß, um sie wirklich zu besitzen.*
>
> Karl Marx

1. Zweck und Sinn

Der erste Teil der Untersuchung hat die bis dahin verborgene Entstehungsursache und Funktion von Literatur aufgeklärt und diese, ohne einen irgendwo darüber hinausgehenden Rest, als *Kompensation* zerstörter gesellschaftlicher Verhältnisse darstellen können. Damit hat sie aber erst die halbe Arbeit geleistet: denn sie hat bis jetzt noch nicht herausgefunden, so wenig wie eine Ästhetik vor ihr, warum die Literatur als *schön* bezeichnet und erlebt wird, und wie sich diese schwer greifbare Qualität bestimmt. Zwar hat sich gezeigt, daß allen ästhetischen, also ›schönen‹ Texten auch die Struktur von Sinnkonsistenz zukommt; aber das scheinen doch zwei ganz verschiedene Beschaffenheiten zu sein, die in der Literatur nur *nebeneinander* auftreten. Was Sinn hat, ist auch schön: diese Behauptung leuchtet nicht ein. Und doch kann auch niemand mit Sicherheit sagen, sie sei falsch. Denn die einzige Erfahrung, die wir von Sinnkonsistenz haben können, ist eben die in der Fiktion, und dort hat sie sich nun in aller Ausführlichkeit als bloß illusionäre und ideologische erwiesen. Was *wirklich* Sinn hat, könnte also durchaus zugleich *in sich* ein Schönes sein. Um diesen Gedanken bis an sein Ende zu verfolgen, will ich hier zuerst die scheinbar aussichtslose Frage nach einem *nichtideologischen* und *inhaltlichen* allgemeingültigen Sinnziel stellen: aussichtslos, weil augenscheinlich unentscheidbar – oder doch nur so, daß dieses Sinnziel mit keinem denkbaren anderen im Verhältnis der *Konkurrenz* stehen und damit nach Belieben annehmbar oder verwerfbar sein dürfte, sondern allen anderen zugrundeliegen müßte. Ich will zeigen, daß es ein solches Sinnziel *gibt*, also ein bestimmtes

Etwas, in Ausrichtung worauf sich eine durchgängige *reale* Sinnerfahrung herstellen läßt. Das wird die Untersuchung zwar weit weg von der Literatur in existentielle und politische Grundfragen führen; aber mit dem Ergebnis kann ich dafür in einem zweiten Kapital dann auch argumentieren, daß sie (und im weiteren die Kunst überhaupt) immer eine Nachahmung eben dieser realen und konkreten Ausrichtung versucht, und als solche mit jedem Recht, und aus unmittelbar verständlichen Gründen, *schön* genannt wird.

Ob es ein Etwas gibt, das unzweifelhaft und für alle Sinn hat – diese Frage verlangt, in einem zweiten Anlauf, eine neuerliche Anstrengung, den Begriff genauer zu fassen. Denn dieses Etwas darf nicht mehr auf bloßer *Deutung* beruhen; es muß Praxis erlauben, mögliches *Handlungsziel* sein; seine Bestimmungen dürfen bei keiner Struktur stehenbleiben, sondern müssen einen Inhalt angeben; und zugleich garantieren, daß dieses inhaltliche Sinnziel kein interesseharmonisiertes und somit *ideologisches* mehr ist. In einer dieser Hinsichten aber versagen alle bisherigen Verwendungen des Begriffs (*auch* die bisherige in dieser Untersuchung). Das wird einsichtig, wenn man diese Verwendungen einmal nachverfolgt, aufsteigend von der *allgemeinsten* bis zu derjenigen, die den eigentümlichen existentiellen Reflex bezeichnet auf dieses eben noch immer verborgene und unbekannte Etwas. Dazu braucht es eine Definition, die zunächst einmal *alle* Sinnarten umfaßt, und als solche schlage ich vor: Sinn ist dasjenige, was entsteht, *wenn eine Struktur mittels einer anderen kartiert wird.* Dann ist die unterste und allgemeinste Sinnart die *semantische,* also der ›Sinn‹ eines Wortes: Kartierung des Erfahrungsvorgangs selbst mittels eines Zeichensystems, das ihn nach fester, vom Einzelnen ganz unabhängiger Konvention in einzelne, gegeneinander abgegrenzte Elemente aufteilt. Von da an aufsteigend, kann ›Sinn‹ als nächstes soviel wie ›Bedeutung‹ heißen, und ist dann eine Kartierung nach *Relevanzen,* und zwar zunächst einmal nach wiederum fest konvenierten, und ebenfalls noch ganz personenlosen Relevanzen. Von diesem Wortgebrauch geht ›Sinn‹ dann ohne feste Grenze in den andern über, wo er eine Relevanz oder Bedeutung *für den Einzelnen* bezeichnet. In dieser Verwendung hat der Begriff die ältere Sinntheorie und ihre moderne Nachfolge ausführlich beschäftigt, und daher muß ich zur Klärung auch näher auf sie eingehen.

Mit ›Sinn‹ wird darin seit Dilthey, Husserl und der ›verstehenden Soziologie‹ eine wertfreie, allgemeine Struktur von menschlichem Erkennen, Erleben und Handeln *überhaupt* bezeichnet. Heinrich Gomperz hat dabei vor allem das erste dieser drei Elemente, also den ›*kognitiven* Sinn‹ als eine solche Struktur hervorgehoben, so in der folgenden Definition: »Gemeint ist vielmehr der ›Sinn‹, den wir allem uns unmittelbar *Verständlichen* zuschreiben, und vor allem jener, der allem *verständlich* Zusammenhängenden eignet.«[69] Im allgemeinen ist der Begriff aber so erweitert, daß er die *Gerichtetheit* von menschlichem Erkennen, Erleben und Handeln, als eine in ihnen immer wieder auftretende Struktur bezeichnen soll, etwa bei Alfred Schütz: »Sinngebung (ist) nichts anderes, als eine Leistung der Intentionalität, durch welche die bloß sensuellen Erlebnisse erst ›beseelt‹ werden ... Handeln ist an sich für den Handelnden sinnvoll, denn das unterscheidet es vom bloßen Verhalten ... jedes Handeln auf ein Ding zu ist bereits sinnvoll.«[70]

Diese Bestimmungen versuchen, aus Vorsicht, von allen Inhalten zu abstrahieren. Dasselbe gilt zunächst auch von der wichtigen Weiterentwicklung und Präzisierung des Begriffs, den vor ein paar Jahren Niklas Luhmann vorgeschlagen hat. Er stellt Sinn als allgemeine Kategorie von Erleben und Handeln in den Rahmen einer gesellschaftlichen Systemtheorie. Nach ihm ist Sinn »die Ordnungsform menschlichen Erlebens«; es gebe darin (erstens) »stets mehr Möglichkeiten ... als aktualisiert werden können«, die aber (zweitens) auch *nur* Möglichkeiten sind, und »daher auch anders ausfallen können, als erwartet wurde«. Diese zweifache Dimension von ›Komplexität‹ und ›Kontingenz‹ der Umwelt könne nicht anders bewältigt werden als durch »selektive Erlebnisverarbeitung«, und dies geschehe »in genau angebbarer Weise, nämlich in der Form von Sinn«.[71] Sinn ist also auch hier eine abstrakte, wertfreie, auf kein inhaltliches Ziel ausgerichtete *subjektive Ordnungskategorie,* und zwar eine so fundamentale, daß Luhmann es für möglich hält, »nicht Sinn durch Subjekt zu definieren, sondern umgekehrt *Subjekt durch Sinn – nämlich als sinnverwendendes System*«.[72]

Der Gedanke ist tief, und zeigt an, daß mit der Kategorie von Sinn zugleich eine für das Subjekt konstitutive, also *anthropologische* mitbezeichnet ist – und als solche will auch ich sie, wenn auch in sehr anderer Bestimmung, später geltend machen.[73] Freilich kann sie auch für Luhmann auf die Dauer nicht inhaltsleer bleiben. »Gesellschaft ist jenes Sozialsystem, das letzte, grundlegende Reduktionen *institutionalisiert*«[74], heißt es bei ihm, und zwar durch inhaltlich jeweils verschiedene ›Sinnsysteme‹[75], durch Regulierung von »Wahrnehmungsgewohnheiten, Wirklichkeitsdeutungen, Werten«.[76] Dabei ist nach dem bloßen *Funktionieren* dieser ›Sinnsysteme‹ gefragt: sie sind ideologische Orientierungsraster, ohne die der Einzelne sich nicht zurechtfinden könnte. Insofern ist diese Lehre nur *scheinbar* ideologieindifferent: sie ist vielmehr eine Formalisierung und zugleich Fundamentalisierung von Ideologie, die ja jetzt zur *Voraussetzung* von gerichtetem Handeln und einordnungsfähigem Erleben geworden ist. ›Sinnsysteme‹ können zwar disfunktional werden, aber *inwiefern* und *wodurch* sie ideologisch sind, dafür wird ein Maßstab weder angegeben noch auch nur aufgesucht: und daher läßt sich die Frage, ob es so etwas wie *realen* gesellschaftlichen Sinn gibt, innerhalb einer solchen Begriffsbestimmung gar nicht mehr *stellen*.

Diese Sinndefinitionen sind mangelhaft dadurch, daß sie alle vergessen haben, was in der Sinnerfahrung tatsächlich *passiert*. Man braucht sich nur ein einziges Erlebnis von Sinnabwesenheit vor Augen zu halten, und schon werden alle die aufgeführten Begriffsbestimmungen merkwürdig – so als wollten sie uns aus einer unausgesprochenen Grundüberzeugung heraus dauernd einen Sinn aufschwatzen, *wo gar keiner ist*. Wenn Schütz sagt: »jedes Handeln auf ein Ding zu ist bereits sinnvoll«[77], und Luhmann schreibt: »Es gibt demnach, diesen Sprachgebrauch unterstellt, kein sinnloses Erleben«[78], so setze ich den naiven Einwand dagegen: das ist aber nicht *unser* Sprachgebrauch. Wenn man von Sinn spricht – oder auch vom Ideal einer durchgängig sinnbezogenen Lebenspraxis – dann meint man in der alltäglichen Rede doch gerade *nicht* eine abstrakte, immer vorhandene Beschaffenheit von Handeln und Erleben. Die Frage, ›hat das einen Sinn?‹, oder die Behauptung, ›das wäre sinnvoll‹, meint gerade *keine* allgemeine, *keine* wertfreie und *keine* immer vorhandene Struktur, sondern eine *besondere* und *wertvolle* Qualität von Handeln und Erleben, die ihnen manchmal zukommt und meistens nicht. Sonst wäre die Gegenbehauptung, ›das hat keinen Sinn, ist sinnlos gewesen‹, *unverständlich* und ohne Gewicht.

Sie hat aber eins, und zwar ein lebensentscheidendes. Warum

wird die Frage nach dem existentiellen Sinn also ausgespart oder als lächerlich tiefsinnige nach dem ›Sinn des Lebens‹ tabuisiert? Oder zum einzig allgemeingültigen immer nur ein abstrakt-erfahrungs-strukturierender Sinn erklärt, und dann als der gesellschaftliche undeutlich unterschoben? Der Grund dafür wird sich zeigen: er liegt darin, daß die Frage nach dem realgesellschaftlichen und im weiteren nach dem existentiellen Sinn *den Fragenden in einen unvermeidlichen Widerspruch zu allen Herrschafts- und Privile-gierungsinteressen stellt.* Mit diesen sind alle hier aufgeführten Sinnbestimmungen, so entwickelt und scharfsinnig sie auch daherkommen, *immer noch einmal* harmonisiert – ja, sie haben sich überhaupt noch nicht *gefragt,* wie der Sinn vom Interesse sich scheiden ließe. Und auch der von mir eingangs vorgeschlagene strukturelle Sinnbegriff hat diese Frage nur aufgeworfen, nicht aber beantwortet; denn es war dort zwar viel von den falschen und interessegesetzten Notwendigkeiten die Rede, nicht aber diejenige allgemeingültige und richtige beim Namen genannt, vor der sie sich als die falschen zu erkennen geben müssen.

Um hier weiterzukommen, will ich mich wieder auf den Sprachgebrauch berufen; auf eine feste Formel, die in unserer Rede alltäglich vorkommt. Sie kann, sobald man sie auseinanderwickelt, auf der einen Seite noch einmal zeigen (was über dem langen Gang der Untersuchung vielleicht undeutlich geworden ist), daß wir Sinn tatsächlich immer denken als Ausrichtung auf eine Notwendig-keit und in der Entgegensetzung zum Interesse; aber zudem bezeugt sie, daß mit Sinn nicht, oder nur notfalls, das Ergebnis einer *Deutung* gemeint ist, ja überhaupt keine *Erkenntniskatego-rie,* die sich aus einem Gegensatz zum begrifflich *nicht Zuord-nungsfähigen* oder auch zur *Information*[79] treffend konstruieren ließe; sondern daß damit wesentlich ein Ziel des *Handelns* bezeichnet ist. Es könnte dem Begriff sonst nicht mit solcher Regelmäßigkeit, und als *einziger,* ein anderer zur Seite oder entgegengestellt werden, der gar nichts anderes als ein Handlungs-ziel bedeuten *kann.* Diese feste Formel ist die von *Sinn und Zweck.* Sie ist der Beleg dafür, daß das Bewußtsein immer schon *zwei verschiedene Arten von Handlungsziel* gekannt und auseinander-gehalten hat: was in der Sinntheorie undifferenziert unter ›Inten-tionalität‹ zusammengefaßt wird, ist in Wahrheit ein *Zweifa-ches.*

Daß die überlieferte Handlungslehre, bei all ihren oft scholastischen Zergliederungen, diese zwei Handlungsorientierungen noch nie ausdrücklich gegeneinander abgesetzt hat, scheint fast unbegreiflich – und hat doch eine einfache Erklärung: sie hat, wie ja im übrigen die alltägliche Sprache auch, in ihre Vorstellungen von Sinn das Interesse *immer schon mit hineingenommen,* und so die beiden bis heute miteinander verwechseln können.[80] Diese fließen schon in den antiken Begriffen von *telos* und *finis* undeutlich ineinander über; Kant hat den Unterschied getroffen, aber mit dem kategorischen Imperativ eine bloß fürs leere Vernunftsubjekt verpflichtende, sinnartige Handlungsanweisung beschrieben; und in den nachfolgenden Handlungslehren, von Bentham bis Max Weber, wird der Sinnbereich durchwegs auf die *Zwecke* zurückgekürzt.[81] Das aber steht im merkwürdigsten (und wenn man auf die *Interessenseite* schaut: schwer zu Ende zu denkenden) Gegensatz zur Erfahrung, in der die Handlungsmotivation durch Sinn, und zwar als existenzerfüllende, ja immer wieder vorkommt.

Tatsächlich verläuft zwischen den zwei Bereichen eine phänomenologisch deutlich zu beschreibende Grenze, durch die sie, ohne sich wechselseitig auszuschließen, doch einander entgegengesetzt sind. So ist mit *Zweck,* wie sich an einem Beispiel schnell zeigt, das Ziel von *nichtallgemeinem,* bloß selbstbezogenem Handeln, also von *Eigeninteresse,* genannt. Dieses Buch zu schreiben, hat für mich, im Gegensatz zu seinem *Sinn,* einen oder viele *Zwecke:* ich erspare mir die Mühe, einen komplexen theoretischen Zusammenhang für jedes Seminar mühselig neu zu formulieren; ich bin einen bestimmten Einfall los. Zweck heißt also die von mir *als Einzelnem* ausgehende, mir *nächstliegende* Intention; er ist inhaltlich von einem *Interesse* von mir bestimmt, bringt mir im typischen Fall einen *Nutzen,* soll ein *Bedürfnis* von mir befriedigen; und soweit man von einem *allgemeinen* Zweck sprechen kann, dient auch dieser nur einem allgemein verbreiteten, aber *je einzelnen* Bedürfnis.

Die Notwendigkeit der Zweckhandlung ist *meine einzelne* Notwendigkeit; sie ist subjektiv unmittelbare, und außerdem *vorübergehende* Notwendigkeit; denn sie verschwindet mit der Stillung meines Bedürfnisses, sie ist (wenn das Buch geschrieben sein wird) *beendet.* Dem entspricht auch die Bedeutungsgeschichte des Worts, das auf deutsch ursprünglich ›Zielnagel an der Zielscheibe‹ heißt (ähnlich französisch *but),* und bei *telos, finis, end* und in der älteren deutschen Redeweise ›zu welchem Ende?‹ ist sogar das *Wort* für Beendigung und Zweck dasselbe. Das heißt aber auch, da die *Inhalte* meiner Zwecke mit jedem meiner vielfältigen und untereinander oft widersprüchlichen Bedürfnisse *wechseln*, daß ich einmal der bin, der *dieses* will, und dann wieder der, der *jenes* will, anders gesagt: daß ich, an meine Interessen gebunden, als handelnde und erlebende Person *immer wieder von neuem anfangen und enden muß.* Ferner ist Zweck *instrumental*, läßt sich nur über ein *Mittel* erreichen, und dieses Mittel (das liegt in seinem Begriff) muß immer geeignetes, das heißt von meiner Person unterschiedenes *besonderes* Mittel sein. Schließlich kann der Zweck *wieder* einen Zweck haben, aber keine Zwecksequenz endet je bei einem *Sinn.*

Das sind nun keine übermäßig originellen Einsichten; aber sie haben den Vorteil, daß sie eine genauere Bestimmung von *Sinn* liefern können, der nämlich *in allen genannten Hinsichten vom Zweck verschieden ist.* Sinn ist keine vom Einzelnen ausgehende, sondern von ihm *übernommene* Intention, die Zwecke übersteigend, das heißt *übernächstes bis letztes* Handlungsziel. Das Buch fertig zu schreiben, hat so nicht nur *Zweck* für mich, sondern auch den *Sinn*, hinter einen nicht nur für mich gültigen ideologischen Mechanismus zu kommen. Sinn ist demnach nicht zunächst von *meinem* Interesse oder Bedürfnis bestimmt, sondern von einem *nicht-meinen*, bringt mir keinen unmittelbaren Nutzen, sondern im typischen Fall *Nachteile*, Einschränkungen von Bedürfnissen. Der Unterschied liegt also *nicht* im Handlungsziel oder darin, daß zweckrationales Vorgehen jetzt *ausgeschlossen* wäre: das Buch ist ja *dasselbe*, und erfüllt nach wie vor denselben Zweck. Aber die Notwendigkeit der Sinnhandlung ist eine andere: sie ist nicht einzelne, sondern eingesehene *allgemeine* Notwendigkeit.

Dabei ist erklärungsbedürftig, jedenfalls für jede zweckrationale Handlungstheorie, daß wie im Fall des *Opfers* die Motivation durch den Sinn der Zweckmotivation *überlegen* ist; daß der Einzelne nicht nur (wie Kant meint) aus *Pflicht*, sondern *gern* tut, was er für sinnvoll hält, und in diesem Wollen nur so gehindert werden kann, daß er durch Zwang oder durch eigene Bedürfnisse *überwältigt* wird. Der gesuchte Grund liegt offenbar in folgendem. Die Notwendigkeit der Sinnhandlung ist *nicht* vorübergehend; denn der Sinn wird von jeder solchen Handlung nur teilweise eingelöst, er erlischt *nicht* mit ihr, sondern bleibt, zusammen mit der allgemeinen Notwendigkeit, *stehen.* Die

Aufklärung des Zusammenhangs zwischen Ideologie und Interesse *behält* ihren Sinn auch *nachdem* das Buch fertig ist. Dem entspricht auch die Wortherkunft aus **sinþa,* soviel wie ›Reise‹ oder ›Weg‹, also nicht Ende, sondern zielgerichtete *Bewegung.*[82] Sinn bezeichnet damit eine ständig wirksame und systematisierende Motivation; ans Allgemeine gebunden, gibt er dem Einzelnen die Möglichkeit, seine widersprüchlichen Bedürfnisse und Interessen zu ordnen, sein Handeln auf ein *stetiges* Ziel auszurichten, und dadurch als handelnde und erlebende Person *identisch mit sich selbst zu bleiben.* Sinn ist insofern *konstitutiv* für den Einzelnen. Aus dieser konstitutiven Kraft erklärt sich offenbar jetzt, daß nur im Handeln fürs Allgemeine sich eine glückhafte Sinnerfahrung einstellt; daß diese Erfahrung durch die Interesse- und Zweckhandlung zweifelhaft oder zerstört wird; und schließlich die überlegene Motivation zur Sinnhandlung: weil nur *darin* der Einzelne er selbst bleibt. Die schon angeführte Selbstmordformel ›für mich ist alles sinnlos‹ verweist umgekehrt auf einen Zustand der Zurückgeworfenheit auf die Zwecke, auf Abgeschnittenheit vom Allgemeinen: in ihr kann sich die Person als sie selbst nicht mehr festhalten und gibt sich auf.

Weiter: Sinn ist *nicht* instrumental, durch kein einzelnes und besonderes Mittel einzuholen. Das ›Mittel‹ zur Erreichung von Sinn ist vielmehr *der Einzelne selbst.* Daher ›hat‹ der Einzelne für sich keinen eigenen Sinn, sondern nur im Hinblick aufs Allgemeine, und dieses im Hinblick auf ihn. Schließlich hat auch der Sinn eine Sequenz oder Stufenleiter. Ich bleibe beim Beispiel: wenn es der Sinn dieses Buchs ist, die Entstehung von Ideologie aufzuklären, so hat diese Aufklärung *ihrerseits* den Sinn, daß seine Leser danach weniger schnell auf sie hereinfallen; und dieses Nichthereinfallen hat wiederum den seinen. Sinn leitet sich also von *oben,* von einem noch genauer festzulegenden *letzten* oder *höchsten* Sinn ab. Anders als vorhin beim Zweck, der bei keinem Sinn endet, wird aber jeder Sinn gegenüber dem darüberstehenden instrumental, also *zweckartig,* und zerstört sich daher selbst, wenn er diese Verbindung nach oben verliert.

Diese Zerstörung läßt sich in der realen Sinnerfahrung auch wiederfinden. So ist es zunächst möglich, eine Praxis als sinnvoll zu erleben, die den nicht nur-eigenen Notwendigkeiten von Institutionen, Gemeinschaften oder Zweierbeziehungen folgt. Im gleichen Maß aber, in dem solche Gruppierungen sich von den *allgemeinen* Notwendigkeiten lösen, ein *Sonderinteresse* gegenüber der restlichen Gesellschaft vertreten und gegen sie durchsetzen wollen, *verlieren* solche ›Gruppensinnhandlungen‹ *ihre Sinnqualität,* weil sie *Sonderzwecken* unterstehen und damit selbst instrumental geworden sind. Es stimmt immer nur vorläufig, daß Institutionen eine sinnsetzende Kraft hätten: sie brauchen ihr lebendiges und einsichtiges gesellschaftliches Wozu nur zu verlieren, und schon wird ihr Sinn zur Fratze des ›Selbstzwecks‹; er wird vom losgelösten Sonderinteresse zerstört.[83] Ähnlich stoßen alle privilegierten Versuche zu ›alternativen‹ Lebensformen zuletzt auf die Frage, was ihr *Sinn sein soll,* solange die übrige Gesellschaft unbefreit fortbesteht; und an diesem auf sie zurückschlagenden Problem gehen sie dann auch oft zugrunde. Sinngewißheit stellt sich nur ein in der *Abwesenheit von Sonderinteresse:* wenn der Handelnde sicher ist, nicht nur für andere, sondern für *alle* andern zu handeln. Die Stufenleiter von Sinn ist eine Stufenleiter von wahrer Allgemeinheit, und der gesuchte letzte und höchste Sinn kann sich also nur herleiten von wahrhaft allgemeiner, das heißt von *gesamtgesellschaftlicher Notwendigkeit.*

Darin sind sich ja auch alle jemals vorgebrachten gesellschaftlichen Sinnlösungen *einig:* sie nehmen *immer* eine solche Notwendigkeit für ihre Sinnziele in Anspruch, und *müssen* das in ihrer Funktion als Mängelplausibilisierungen auch tun, von der allgemeingesellschaftlichen ›Notwendigkeit‹ des gottgefälligen Lebens bis zu der der freien Marktwirtschaft. Nun sagt die Begriffsbestimmung aber *auch,* daß ihnen ihre sinnsetzende Qualität verlorengehen muß insoweit sie zu *partikulären* Lösungen, und so im Verhältnis zu einem Teil der Gesellschaft (dem *beherrschten* nämlich) zu *Zwecken* werden, und das ist bei den *ideologischen* Sinnzielen immer nachweislich so: nach der objektiven Seite dadurch, daß sie nicht *stehenbleiben,* sondern nach den jeweiligen Erfordernissen der herrschenden Interessen *wechseln;* und subjektiv so, daß für den Einzelnen, soweit er diese Interessen mitvertritt, seine nach diesen ideologischen Zielen ausgerichtete Praxis einem ständigen *Sinnzweifel* unterliegt.

Die Frage nach dem Sinn geht also in Wahrheit nach einer *nichtpartikulären, stehenbleibenden und allgemeinen gesellschaftlichen Notwendigkeit.* Sie heißt in ihrer einfachsten Form: wozu gibt es überhaupt Gesellschaft und nicht vielmehr nicht? Worin liegt die Unabdingbarkeit des gesellschaftlichen Zusammenschlusses? Was muß, als Erstes und für alle, *getan* werden? Und sie braucht nur so gestellt zu werden, um sich selbst zu beantworten: die Antwort freilich kommt herrschendem Bewußtsein, weil es sie verdrängt hat, seit es Klassengesellschaft überhaupt gibt, befremdlich und unerwartet. Es gibt nur *eine* solche Notwendigkeit, zwingend für jeden Einzelnen, Bedingung der Möglichkeit aller anderen ›Notwendigkeiten‹, die daraus erst folgen, ein *erstes Woher und Wozu von Gesellschaft*, und diese Notwendigkeit ist *die materielle Produktion*. Und ebenso gibt es nur *eine* zwingende, subjektiv unmittelbar gegebene Notwendigkeit für den Einzelnen *als* Einzelnen, aus dem alle *seine* Notwendigkeiten erst folgen – *den materiellen Konsum*. Mit diesem einfachen Gedanken ist eine Verbindung gezogen zwischen den zwei gesellschaftlichen *materiellen Grundverhältnissen* und den zwei *grundsätzlichen Handlungsarten* der Sinn- und Zweckhandlung; und damit läßt sich das Sinn- und Zweckverhältnis, nach seiner begrifflichen und phänomenologischen Entgegensetzung, jetzt gesellschaftlich konkretisieren und im Hinblick auf die Konstituierung des Einzelnen verdeutlichen.

So sind zunächst im Verhältnis des Einzelnen zu seinem materiellen *Konsum* alle Merkmale vorhanden, die auch seine *Zwecke* gekennzeichnet haben: die von ihm ausgehende, ihm *nächstliegende* Intention, das *Interesse*, der *Nutzen*, das *Mittel*, das *Bedürfnis*. Wenn die begriffliche Bestimmung vorhin richtig war, kann man also formulieren: der materielle Konsum ist für den Einzelnen *der erste Zweck* für jede Art von gesellschaftlichem Zusammenschluß.

Außerdem wird der Einzelne durch seinen Konsum in ein bestimmtes Verhältnis zu sich selbst gesetzt, durch ihn unmittelbar *als Einzelner konstituiert*. Der Vorgang ist grundlegend, und von Hegel schon festgehalten: in ihm wird die Subjektivität zuerst aus sich herausgesetzt. »Durch die Befriedigung der Begierde«, heißt es in der *Enzyklopädie*, »wird die an sich seiende Identität des Subjekts und des Objekts gesetzt . . . (dadurch hebt) das Subjekt auch seinen eigenen Mangel, sein Zerfallen in ein unterschiedsloses Ich-Ich auf.«[84] Diese Heraussetzung ist aber noch ganz unvollständig. Zunächst ist sie *unfest:* »Die Begierde ist so in ihrer Befriedigung überhaupt *zerstörend* wie ihrem Inhalte nach *selbstsüchtig,* und da die Befriedigung nur im Einzelnen geschehen, dieses aber vorübergehend ist, so erzeugt sich in der Befriedigung wieder die Begierde.«[85] Auch nach der Konsumseite, wie vorhin nach der Seite der Zwecke, muß die Einzelheit des Einzelnen also ständig neu anfangen und aufhören. Außerdem kann er sie nur finden, indem er gleichzeitig an seine erste gesellschaftliche Begrenzung stößt, nämlich an das Konsumbedürfnis der andern, das mit dem seinen konkurriert. Im Konsumverhältnis ist der Einzelne gegen die andern, also in der *Negation von Gesellschaft* gesetzt. Der Konsum, die Interessen und die Zwecke des Einzelnen sind demnach die *ungesellschaftliche und unbeständige* Seite seiner Einzelheit.

Sie ›funktioniert‹ auch noch gar nicht, denn als *solcher* Einzelner kann der Einzelne noch nicht einmal überleben. Schon sein erster Zweck und einfachstes Bedürfnis, die nach Sättigung, bleiben offen ohne die andern. Er ist dafür angewiesen auf die materielle Produktion, und die ist auch als einfachste nur gesellschaftlich möglich: gleichzeitig bedeutet sie aber einen *zunächst allgemeinen Zwang zur produktiven Arbeit.* Im Verhältnis des Einzelnen zur materiellen Produktion vollzieht sich nun die Konstituierung des Einzelnen nach seiner gesellschaftlichen Seite; und zugleich treten in diesem Verhältnis alle angeführten Kennzeichen von *Sinn* auf. Die Notwendigkeit von materieller Produktion ist nicht einzeln und unmittelbar, sondern *mittelbar* und *allgemein;* nicht vorübergehend und wechselnd, sondern *beständig.* Die dazu geforderte produktive Arbeit ist für den Einzelnen *kein* Gegenstand von Interesse oder Zweck (wie oft das auch immer, seis in Vorwegnahme des Sinnverhältnisses von Arbeit, seis aus bloßer Interessiertheit, behauptet wird), er hat zu ihr *kein* unmittelbares Bedürfnis, sondern das Verhältnis von *Einschränkung* und Verzicht. Gleichzeitig findet er in diesem Verhältnis aber mehr als eine nur ungesellschaftliche und unstete Einzelheit, nämlich mit der *stehenbleibenden* allgemeinen Notwendigkeit eine *gesellschaftliche* und *dauerhafte,* in der er, und sei es auch in wechselnden Tätigkeiten, mit sich identisch *bleiben* kann. Auf die Frage ›was bist du?‹ nennt er daher auch dieses Verhältnis, *wie abgeleitet auch immer:* er ist ›etwas‹ als Bäcker, Fordarbeiter, Student, so als wäre er *ohne* ein solches Verhältnis gesellschaftlich ›nichts‹.

Seine Grenze ist nicht mehr die Bedürfniskonkurrenz, sondern die mit allen andern geteilte Produktionsnotwendigkeit. »Der Mensch (verliert) durch die Arbeit jenes atomistische Dasein, worin er allen andern Individuen entgegengesetzt ist«, heißt es bei

Herbert Marcuse.[86] So wird die materielle Produktion für den Einzelnen *übernächstes* bis *letztes* Handlungsziel, das alle ihm näherliegenden bestimmt, und von deren Notwendigkeiten sich seine Interessen und Zwecke einschränken lassen müssen. Im Konsumverhältnis hatte er Gesellschaft negiert; indem er jetzt in der produktiven Arbeit seine Interessen und Zwecke negiert, also in der *Negation der Negation* von Gesellschaft, wird er positiv bestimmter Einzelner. Er kann sich jetzt als produktive Subjektivität *geben* und ist, genau nach der obigen Bestimmung, *als Einzelner* ›Mittel‹ für die Produktion geworden, wie diese für ihn. Seine funktionale Teilhabe an der materiellen Produktion geschieht somit nicht aus *Selbstlosigkeit,* sondern buchstäblich aus Selbst*erhaltung,* und darin liegt der Grund für die Überlegenheit der Sinn- über die Zweckmotivation, so erklärt sich das Glücksmoment bei der Zurückstellung der eigenen Zwecke und Interessen: hier, in der ersten, beständigen und uneingeschränkt allgemeingesellschaftlichen Notwendigkeit, liegt das gesuchte *inhaltliche* gesellschaftliche Sinnziel: *die materielle Produktion ist der Sinn von Gesellschaft.*

Diese Formel ruft immer wieder, oft massiv und gefühlsgeladen vorgetragen, dieselbe Reaktion hervor; sie heißt *nein:* die materielle Produktion könne, um in den Begriffen der Untersuchung zu bleiben, vielmehr immer nur ein *Zweck* sein; und wenn schon allgemeingültige gesellschaftliche Sinnziele aus dem Bereich der Spekulation herausgerissen werden müßten (worin sie besser geblieben wären), dann ließen sich alle möglichen anderen, und zwar nicht minder ›notwendige‹, anführen mit weit höherem Recht. Warum die materielle und nicht vielmehr die geistig-intellektuelle Produktion, als die dem befreiten Individuum in der freien Gesellschaft angemessene? Warum nicht die übrigen Formen von menschlicher Interaktion? Warum nicht die meditative oder analytische Erforschung des eigenen Bewußtseins, die religiöse oder mystische Hingabe, oder, denn hier ist ja von Ästhetik die Rede, die künstlerische Selbstverwirklichung? Warum nicht die allseitige Entfaltung der Bedürfnisse und Wünsche, mit deren Befriedigung und Neuhervorbringung sich die Gesellschaft, auch nach Marx, doch erst fortentwickelt? Das sind in der Tat höchst vertretbare Ziele: aber, wie das zweite Hinsehen zeigt, *samt und sonders solche des Interesses,* deren Verfolgung nur auf verschiedene Formen der Interessenkonkurrenz hinauslaufen kann, und von denen daher keines als regulatives gesellschaftliches Prinzip tauglich ist. *Sinn* aber hat sich anders bestimmt: nicht was eine Gesellschaft an Wunscherfüllung bereitstellen kann, macht sie zur sinnvollen, sondern die richtige Verteilung der Güter und Lasten, und die danach sich festsetzende, allgemeingültige und einsichtige *Einschränkung* der Wünsche. Die aber bemißt sich allemal nach der gesellschaftlichen *Hauptlast* der materiellen Produktion: denn die wird ja wohl kaum *umsonst*, seit Menschen über andere herrschen, nach unten abgewälzt worden sein. Und wenn sie heute in den entwickelten Ländern einen immer kleineren Teil der gesellschaftlichen Kräfte in Anspruch nimmt, um so besser: sie bleibt als erste gesellschaftliche Notwendigkeit, die allen anderen als Bedingung ihrer Möglichkeit vorangeht, der objektive Sinn von Gesellschaft, auf den das Handeln und Erleben des Einzelnen funktional ausgerichtet sein muß, um als sinnkonsistent erfahren werden zu können. Alle möglichen intellektuellen, administrativen, dienstleistenden Tätigkeiten leiten ihren Sinn von diesem ersten Ziel der Gesellschaft her, und dürfen kein sogenanntes ›höheres‹ über sich dulden, wenn sie ihn nicht verlieren wollen.

Erst danach kehrt die Sinn–Zweck-Dialektik in sich zurück: denn natürlich hat nun auch die materielle Produktion, wo sie als gesellschaftliches Sinnziel festgehalten ist, wiederum *ihren* Sinn und ihr offensichtliches Wozu – im *Konsum;* nur ist der jetzt nicht mehr Konsum der je Einzelnen, sondern *aller* produktiven Einzelnen. Die gemeinsame Produktion ist in diesem Vorgang aber doch die *sinnsetzende Stelle,* weil ohne sie der Konsum vereinzelt, ungesellschaftlich und anarchisch, der Einzelne schlecht Vereinzelter bleiben muß. Sie ist der notwendige ›Umweg‹, über den das konsumierende Subjekt als Negation von Gesellschaft sich mit dem Objekt der produktiven Arbeit zum vergesellschafteten Subjekt vermittelt, und so in sich zurückkehrt, daß es jetzt seine gesellschaftliche (und nicht etwa eigentumsbestimmte) Identität gefunden hat und behalten kann. Auf diesem ›Umweg‹ muß der Einzelne andererseits von seinem Konsuminteresse zeitweise ablassen, und es außerdem auf das von der Produktion gesetzte allgemeine Maß einschränken, wozu er durch sein Sinnvermögen instand gesetzt ist.

Es scheint nun aber etwas höchst Verdächtiges in der Behauptung zu liegen, die wir in ähnlicher Form alle schon einmal zu oft gehört haben, daß der Einzelne mit seinem Sinnbedürfnis zugleich das Bedürfnis nach einer einschränkenden Notwendigkeit in sich tragen solle. Und doch *hat* er es, wie oft vom Interesse und den Wünschen auch geleugnet und zugedeckt: denn ohne eine solche Notwendigkeit kann er die Elemente seines Handelns und Erlebens immer nur als beliebig in ihrer Beschaffenheit und Abfolge erfahren, als kontingent und *nur für sich selber gut* (das heißt schlecht). Durch sie allein kann sich Gesellschaft nämlich als einsichtige *Totalität* herstellen; es *gibt* kein Allgemeines, durch das eine solche Notwendigkeit nicht mitgesetzt wäre, die zwei sind *dasselbe:* und in einem verständlichen Allgemeinen zu leben und zu handeln, danach geht in der Tat ein Bedürfnis, wenn anders die Rede vom Menschen als einem gesellschaftlichen Wesen nicht leer, und alle Erfahrungen von Sinn und Sinnlosigkeit bedeutungslos gewesen sind.

Was umgekehrt geschieht, wenn die materielle Produktion als ein für alle gültiges Sinnziel nicht festgehalten und *zum Zweck gemacht wird,* zeigt ein nahes, nämlich unser eigenes Beispiel. Der Zweck, dem sie hier zu dienen, und nach dem sie sich zu richten hat, ist auf der objektiven Seite die *Kapitalverwertung,* und auf der subjektiven die maximale Durchsetzung je eigener Wünsche über den *Tausch.* Diese zwei Seiten haben ihr offensichtlich Gemeinsames im *Interesse.* So wie das Herrschaftsinteresse, zum Klasseninteresse gebündelt, sich von keiner Notwendigkeit der Produktion sich mehr einschränken lassen will, so erzwingt das Privilegierungsinteresse deren ständige Ausweitung über einen unkontrollierten und anarchischen Markt. Interesse und Arbeit treten auseinander. Die materielle Produktion wird nach unten delegiert und zugleich zur Erzeugung immer größerer Massen von diversifizierten Überflüssigkeiten mißbraucht. Ihre vorher allgemeine Notwendigkeit wird zur alleinigen Not der Beherrschten, wird gleichzeitig zum Zweck und zum Zwang. Das Interesse, das sich als *je eigenes und geteiltes* schwer erkennt, vor allem aber nicht erkennen *will,* bleibt dagegen blind, will immer nur weiter die eigene Entfaltung und Befreiung, auf deren anderer Seite die anonyme Tötung steht: so geht der reale Sinn der Produktion dem herrschenden Bewußtsein verloren, den es dann vermißt und doch selbst mit vernichtet.

Wenn das funktionale Verhältnis des Einzelnen zur Produktion, wie diese selbst, wirklich an so entscheidender Stelle steht, dann wird es zur Frage, wie Gesellschaft nach der vollkommenen

Verkehrung dieser Ordnung überhaupt noch funktionieren kann. Hier war bei der Auseinanderlegung des realen Sinnverhältnisses vom Einzelnen zur materiellen Produktion zu sehen, wie er positiv bestimmter und mit sich identischer Einzelner nur durch eine *beständige* und *allgemeingesellschaftliche* Notwendigkeit werden kann, nach der sich seine wechselnden Bedürfnisse und Zwecke ausrichten und systematisieren lassen. Wenn also das reale gesellschaftliche Sinnziel einmal aus dem herrschenden Bewußtsein verloren ist, muß, damit der aus dem funktionalen Bezug zur Produktion freigesetzte Einzelne überhaupt *er selbst bleiben kann*, etwas anderes an seine Stelle treten, das diese konstituierende Funktion mindestens ersatzhaft übernimmt. Das geschieht so, daß herrschendes Bewußtsein aus dem realen Sinnverhältnis dessen *logische Struktur* herausabstrahiert und mit anderen, nämlich ideologischen Inhalten füllt. Danach kann alles scheinbaren Sinn haben, in dem ein vergleichbares Verhältnis zwischen Einzelnem und allgemeiner ›Notwendigkeit‹ überhaupt erscheint, wie etwa die ›Notwendigkeit‹ einer je individuellen bürgerlichen ›Freiheit‹ oder eines nationalen Krieges – wobei zur höheren Wirksamkeit oft ein scheinbares Element von Interesselosigkeit ins Ideologiekonstrukt eingebaut ist.

Den wichtigsten Sonderfall für diesen Vorgang will ich hier noch näher betrachten: in die abstrahierte logische Struktur von realem Sinn lassen sich nämlich auch *das Interesse und der Konsum* einfüllen. Dazu ist nach dem Gesagten nicht mehr gefordert, als daß sie als beständige und allgemeingesellschaftliche Notwendigkeit erscheinen können. Für das erste Merkmal genügt es, daß der Einzelne den *Konsum festhält*, und zwar entweder in Form eines Vorrats von Konsumtionsmitteln, das heißt als *Schatzbildung*, oder mittels der notwendigen Bedingungen zu ihrer Erzeugung, das heißt durchs private *Eigentum an den Produktionsmitteln*. Auch dadurch, durch seinen *Besitz* als Objektivierung und Festmachung seiner Person, kann er ja positiv bestimmter Einzelner werden: als Warenbesitzer und Tauschindividuum. Aber abgeschnitten vom realgesellschaftlichen Sinn ist er, konstituiert durch die ›Objekte seiner Begierde‹, danach *nur noch, was er hat*. Zum bloßen Sachwalter geworden, kann er sich nur noch wünschen, produktiv zu werden. Das Mittel ist Herrschaft; die Folge Verdinglichung.

Immerhin, die erste Bedingung der Beständigkeit ist erfüllt; und die zweite der allgemeingesellschaftlichen Notwendigkeit ist nicht schwer zu haben: Eigentum und Herrschaft brauchen sich nur noch *dazu zu machen,* sich als solche zu *setzen.* Sobald der Eigentümer sich so als gesellschaftlich funktional hinstellen kann, daß es ohne diese Funktion *nicht mehr* ›geht‹, ist die zweite Bedingung erfüllt, und jenes andere, das zwar nicht Sinn *ist,* aber für den besitzenden Einzelnen wie Sinn *wirkt,* weil es in die abstrahierte Sinnstruktur paßt, ist in die Welt gesetzt: er ist nun auch gesellschaftlich ›etwas‹ als Hauswirt oder Fabrikherr. Mit dem Eigentum ist die erste *objektive* Harmonisierung des Interesses mit einem ideologischen Sinnziel gelungen. Weil das Interesse sich weder nach innen noch nach außen *als Interesse* zu erkennen geben darf, wenn es die *Sinnähnlichkeit* des Eigentums nicht zerstören will, muß es dafür alle möglichen *phantastischen* Notwendigkeiten der Gottgewolltheit, der ›Natürlichkeit‹, der freien Entfaltung ›des‹ Individuums, der ›Rationalität‹ erfinden; und je mehr es die Gesellschaft nach seinem Gesetz *verwandelt,* desto mehr kann es diese ›Erklärungen‹ in ihr als zutreffende wiederfinden. Es fängt an, *muß* anfangen, sich für ›vernünftig‹ zu halten, und kann diesen Schein danach nur noch durch die gezielte Frage nach dem Interesse durchbrechen. Bis dann mit dem Anfang des Kapitalismus, also derjenigen Produktionsweise, in der das Interesse sich am *direktesten* durchsetzen kann, ohne daß es sich als eigenes begegnen müßte, und in der die Produktion zu *nichts anderem* mehr als zum *Zweck* geworden ist, das Eigentum mit Hobbes *ausdrücklich* zur Grundlage der Gesellschaft erklärt wird, und diese zur bloßen Agglomeration selbstsüchtiger Individuen; und schließlich zu Anfang des 19. Jahrhunderts Jeremy Bentham die Optimierung der Zwecke tatsächlich zum *Sinn der Gesellschaft* ausruft.[87] Seit dieser unerhörten Plausibilisierung des Interesses *durch sich selbst* darf theoretisch ungestraft die Rede vom ›legitimen‹ Interesse aller gesellschaftlicher Gruppen gehen, und seien es die der Stahlindustrie oder der Zahnärzte, das auf die Legitimität von Klassenherrschaft hinausläuft. Das Interesse ist damit in der Weise wahnsinnig geworden, daß es sich als das *einzig Vorhandene* begreift, und alles andere als wesenlos, unbewiesen und ›unvernünftig‹ abtut: wir leben noch immer in Jeremys Hölle.

Dagegen waren hier als zwei große Erinnerungen anzumelden: daß solche interessierte Vernunft ihre angeblich allgemeingesellschaftlichen Ziele nicht haltbar machen kann, sondern mit den wechselnden Interessen selbst immer wieder wechseln muß; und daß wir, obwohl der Herrschaft zugehörig, den Mangel immer noch merken, den ihre ›Erklärungen‹ zurücklassen. Wir verwerfen sie jedesmal, wenn wir in unseren alltäglichsten Sätzen davon sprechen, daß etwas ›Sinn hat‹ oder keinen; und dieser Sinn hat sich, bislang dem Interesse einvermischt und von ihm verdorben, durch eine eigensinnige Nachfrage als sein wahrer *Gegenbereich* ihm abnehmen lassen, der es an seinen Platz zurückverweist: nicht in den Zwecken, den Bedürfnissen und allen ihren phantastischen Überhöhungen ist Sinn zu finden, sondern in der ersten, für alle geteilten gültigen, und von allen *geteilten* Notwendigkeit der materiellen Produktion, und wem an solchem Sinn liegt, der muß ihn dort suchen und nirgendwo sonst.

Ich will hier versuchen, das Verhältnis zwischen dem Einzelnen und dem Allgemeinen der materiellen Produktion anzugeben, das aus dieser folgt und von ihr gefordert ist, wo sie als *anerkanntes* und *gewußtes* gesellschaftsbestimmendes Sinnziel festgehalten und nicht durch ein ideologisch-interessiertes ersetzt wird. Auch dabei ist anzufangen beim *Interesse und den Wünschen* der Individuen als derjenigen *Energie,* die einer Gesellschaft zu ihrer Erhaltung und Fortentwicklung überhaupt zur Verfügung steht, der sie aber zugleich auch immer, je nach ihrem technischen Stand, eine so oder so beschaffene *Schranke* setzen muß. Sie zu organisieren, so daß sie sich nicht anarchisch verausgabt und in Widersprüchen vernichtet, ist die erste Vorbedingung von gesellschaftlichem Sinn. Dazu muß sie aber vorher zu einem gesellschaftlichen *Gesamtinteresse* zusammengefaßt und überblickbar werden als dasjenige, was die Individuen von ihrer Gesellschaft an Bedürfnisbefriedigung und Wuncherfüllung *eigentlich wollen,* und zwar, weil die Summe die Schranke wohl jeder vorstellbaren Gesellschaft übersteigt, was sie *der Priorität nach* zuerst wollen oder erst danach. Kapitalistisch versagt dieser Vorgang nach beiden Seiten. Das Gesamtinteresse erscheint als bloße Summierung von Einzelwünschen in einer schwer durchschaubaren Marktnachfrage, die, der politischen Kontrolle entzogen, dem Mißbrauch für die Zwecke der Verwertung hilflos offensteht; und die Schranke der Bedürfnisbefriedigung ist allein individuell nach dem jeweiligen Privilegierungsgrad geregelt. Die Folge ist eine *sinnlose* Produktion sowohl nach ihren *Inhalten,* die einfach aus der Summe aller durchsetzbaren Einzelwünsche, und seien es die albernsten, bestehen, wie in ihrer zerstörerischen *Organisations-form;* und diese Sinnlosigkeit läßt sich wohlgemerkt auch nicht so beheben, daß man die Produktion per *ZK-Dekret* kleinhält, wodurch dann nicht nur ihre schlechte Organisationsform verlängert, sondern den Beherrschten *noch dazu* eine vollkommen uneinsichtige Konsumschranke verpaßt wird.

Nicht aus sich selbst nämlich läßt sich die gesellschaftliche Kraft der Interessen und Wünsche sinnvoll organisieren, sondern nur mittels eines anderen, und dieses andere ist die materielle Produktion, die alle Fremdbestimmung von sich abgeworfen hat und als gesellschaftliches Sinnziel ergriffen worden ist, und das muß heißen, daß sie als gesellschaftliche Hauptlast zunächst *minimalisiert* und dann *allgemein und gleich verteilt* ist. Beide Forderungen bedeuten eine *einsichtige* Interesseneinschränkung, die eine nach der Seite des Konsums, die andere nach der einer je einzeln übernommenen gesellschaftlichen Notwendigkeit. Sie sind offensichtlich nur mittels einer *demokratischen* politischen Struktur einzulösen: die erste so, daß das gesellschaftliche Gesamtinteresse nach Prioritäten vorgetragen und überschaubar gemacht, und dann aber zugleich abgewogen wird gegen die *Kosten* seiner Durchsetzung. Nur eine solche, in jeder Klassengesellschaft von anfang an unterbundene *politische Urentscheidung* zwischen der Notwendigkeit und den Wünschen kann verhindern, daß diese offenbleiben, auch wo sie mit hoher Dringlichkeit gewollt sind, oder sich blind und gegen den allgemeinen Willen addieren zu einem nicht mehr einsichtigen Grad von Repression.

Die zweite Forderung nach der allgemeinen und gleichen *Verteilung* der gesellschaftlich notwendigen Arbeit bedeutet zuerst, daß die von der Organisation der materiellen Produktion geforderte *Hierarchie* alles Herrschafts- und Privilegierungsinteresse abgestreift hat, so auch die höhere soziale und materielle Prämierung und Abspaltung der entwickelt-intellektuellen gegenüber der einfacheren und Handarbeit. Von ihr darf, nach einem Wort Proudhons übrigbleiben »keine andere Aristokratie als die der Arbeit«[88], also eine bloß funktionale, in ihrer Theorie von der Praxis überprüfte der Lenkung, Planung und Koordination. Leicht gesagt, wenn doch alle bisherigen realen Sozialismen gerade an diesem Problem gescheitert sind – aber dieses Scheitern hat auch jedesmal denselben Interessengrund gehabt: nämlich ist darin die Kontrolle von Herrschaft immer nur die formale eines ›demokratischen Zentralismus‹ gewesen, und unter diesem Prinzip ist die Wiedererrichtung neuer Klassengegensätze offenbar nur eine Frage der Zeit. Diese Kontrolle kann und muß aber *praktisch* werden durch ein anderes, das mit dem Schlagwort von der ›permanenten Revolution‹ vielleicht undeutlich mitgemeint, aber, und *wiederum* aus Interesse, damit noch lang nicht treffend bezeichnet, nirgends auch nur halbwegs ordentlich durchdacht, und noch nie auf die Dauer politisch erprobt und festgehalten worden ist. Dieses Prinzip ist das einer möglichst vollständigen *Rotation* in den gesellschaftlichen Funktionen, die mir auch auf einem hohen technischen Entwicklungsstand keine unüberwindlichen Probleme zu stellen scheint: sie ist jedenfalls, weil keine andere eine wirklich gleiche gesellschaftliche Lastenverteilung garantiert, die einzig mögliche Organisationsform einer *sinnvoll* strukturierten Produktion.

Und in der Tat sind, sobald sie diesen Bedingungen folgt, ihre sinnproduzierenden Qualitäten offensichtlich und verdeutlichen schmerzhaft das hiesige Elend ihrer dauernden und systematischen Zerstörung. In einer Gesellschaftsordnung, die sich nach den Erfordernissen der befreiten Produktion ausgerichtet hat, ist der Einzelne auf diese *funktional bezogen* und kann daher immer angeben, *wozu* er gesellschaftlich tut, was er tut, also in seiner *Arbeit*, in der er sich nach der klassischen Formulierung »nicht nur wie im Bewußtsein intellektuell, sondern werktätig, wirklich verdoppelt und sich selber daher in einer von ihm geschaffenen Welt anschaut«[89], das heißt die in ihm liegenden Möglichkeiten und Fähigkeiten verwirklicht und entwickelt, mithin zu dem wird, »was er sein kann«.[90] Das hört sich gewiß wirklichkeitsfern an für Produktionsbedingungen der Rationalisierung und Mechanisierung, die, wenn die gesellschaftlich notwendige Arbeit minimalisiert werden soll, natürlich weiter gelten müssen. Aber unter einem durchgesetzten Rotationsprinzip bleibt der Einzelne ja nicht an immer dieselbe, oft genug deformierende, Funktion gefesselt, sondern sie sind ihm, der Möglichkeit nach, alle zugänglich – wenn auch vielleicht weniger ganz so nach Lust und Laune als »nachmittags zu fischen, abends Viehzucht zu treiben, nach dem Essen zu kritisieren«, wie Marx urtümelnd gemeint hat[91]; unter etwas entwickelteren Verhältnissen kommt er nicht weniger zu seiner Identität übers vielfältige Ganze der produktionsbezogenen gesellschaftlichen Funktionen, und kann sich so, und erst jetzt, in allen seinen emotionalen, praktischen und intellektuellen Fähigkeiten und Anlagen, insofern *universal* entfalten. Dies um so mehr, als er nun die Inhalte, Prioritäten und Bedingungen der Produktion *mitbestimmen* und *mitplanen,* sowie über sein Produkt *verfügen* kann, freilich nicht in der Weise des Eigentums und der Einbehaltung, sondern in Hinsicht auf seine richtige Verwendung und Distribution. Darin wenn irgendwo liegt nun wiederum ein Antrieb nicht nur zur gestalterischen, technischen und planerischen *Kreativität,* sondern auch zur *politischen,* nachdem er nämlich, nicht mehr als bloßes Instrument, sondern als *Subjekt der Produktion* in seiner ersten und eigentlichen gesellschaftlichen Entscheidungskompetenz, die uns allen schon längst und restlos geraubt ist, endlich wieder *gefragt wird* und gefragt werden muß. Diese bewährt und bestätigt sich schließlich in der *Kooperation,* in der das Sinnverhältnis zwischen dem Einzelnen und dem Allgemeinen nämlich nun auch *sinnlich und konkret* wird als produktives *Verhältnis zwischen ihm und einer Gemeinschaft,* und so wird es in den emphatischen Formen von Solidarität, Interesselosigkeit und eigener Befeuerung als *Inbegriff von Gesellschaftlichkeit* auch erfahren – sogar noch in einer Produktionsweise wie der kapitalistischen, in der der vormalige Sinn ganz zum *Zweck* der Verwertung heruntergetreten ist.

Wir können klassengesellschaftlich nur wenig genauere Vorstellungen von einer derartig entfalteten *Produktionsindividualität* haben – mit der einzigen Ausnahme des *kunstproduzierenden* Individuums, das ihr in manchen Hinsichten nahekommt.[92] Wo Tauschindividualität, die wir als einzige kennen, darauf angewiesen ist, sich in der Tauschautonomie und im Dingverhältnis zur Ware zu verwirklichen, innerhalb einer gesellschaftlosen Freiheit und scheinbaren Gleichheit, unersättlich und unglücklich in einem, hat Produktionsindividualität für ihre Kreativität und Tätigkeit das Ganze von Gesellschaft und Natur zum Material und kann sich an ihnen bildend verwirklichen. Sie braucht kein Interesse mehr nach unten durchzusetzen und zu verdrängen und daher auch an keinen Denk- und Verhaltensgrenzen des Peinlichen und Heiligen mehr sich zu stoßen und krankzumachen; und muß auch in ihrer Sozialisation nicht mehr auf die schmerzliche Vereinzelung zum isolierten Tauschindividuum zurückgedrängt werden, sondern kann sich von Anfang an und stetig in einem produktiven Wir-Verhältnis entwickeln. Was ihr dabei noch an *äußeren* und *materiellen* Interesseneinschränkungen auferlegt ist, kann man nur raten, denn sie wären die ersten in einer freien Entscheidung selbstauferlegten; aber daß dagegen der Gewinn der neuen *inneren* und *menschlichen* Entfaltungsmöglichkeiten schwerer wiegt, das scheint mir keine Frage.

Das *geglückte Verhältnis* zwischen dem Einzelnen und dem Allgemeinen in der befreiten Produktion läßt sich also so auf die Formel bringen, daß der Einzelne darin *mehr ist und kann* als ohne es, so wie *die Gesellschaft mit ihm mehr ist und kann* als ohne ihn. Hegel hat dieses Verhältnis wie folgt beschrieben: »Die wahre Selbständigkeit besteht allein in der Einheit und Durchdringung der Individualität und Allgemeinheit, indem ebensosehr das Allgemeine durch das Einzelne erst konkrete Realität gewinnt, als das einzelne und besondere Subjekt in dem Allgemeinen erst die unerschütterliche Basis und den echten Gehalt seiner Wirklichkeit findet.«[93] Er meint damit freilich noch ein abstraktes und bloß begriffliches ›Allgemeines‹; setzt man aber für den Begriff das *reale Allgemeine* der materiellen Produktion ein, so wird darin eine bestimmte *Struktur* erkennbar, nämlich eine dialektische Bestimmung des Einzelnen durch das Allgemeine der Produktion, und dann wieder rückwärts der Produktion durch den Einzelnen. In dieser Dialektik wird der Einzelne als positiv bestimmter Einzelner konstituiert in einem *praktischen* Verhältnis zur allgemeingesellschaftlichen Notwendigkeit, so wie die Gesellschaft dann mittels der *Praxis* der so Konstituierten zustande kommt, sich erhält und fortentwickelt. Es ist die *Struktur einer dialektischen Wechselbestimmung des Einzelnen und Allgemeinen bei beiderseitigem ›Zuwachs‹:* und sie ist zugleich die gesuchte besondere und ausgezeichnete, durch die sich Handeln und Erleben als *real sinnvolle* ›kartieren‹ lassen, denn in ihr, und *nur* in ihr, sind alle formalen Kennzeichen von existentieller Sinnkonsistenz mit einem unanfechtbaren inhaltlichen gesellschaftlichen Sinnziel verbunden. Ein funktionales Verhältnis zur befreiten materiellen Produktion ist dauernde und allgemeine Notwendigkeit; das Eigeninteresse findet in ihr seine genau umschriebene und einsichtige Begrenzung; sie macht Gesellschaft zur überschaubaren und gegliederten Totalität; durch sie können die einzelnen Erfahrungselemente, als gesellschaftliche und produktive zugleich, aufeinander und auf ein Ganzes, und schließlich auch signalhaft für die andern, dauernd bezogen bleiben.

Das heißt umgekehrt: *konsistente reale Sinnerfahrung* kann sich dann und nur dann einstellen, wenn Handeln und Erleben über diejenige gesellschaftliche Struktur gelesen werden können, die von der *materiellen Produktion als durchgesetztem gesellschaftlichem Sinnziel* abgeleitet ist. Für diese Struktur ist es charakteristisch, daß die Reduktion von Erlebniskomplexität und -kontingenz *gegen null* geht: es gibt darin zwar andere Möglichkeiten als die erlebten, aber immer nur schlechtere; und sie können anders ausfallen als erwartet, aber bleiben dann hinter der Erwartung von eingelöstem Sinn zurück. Sie ist, mit anderen Worten, eine Struktur von *notwendig und einsichtig so und so beschaffenem* Handeln und Erleben, das, nach der Sinnformel, ›gar nicht anders hätte sein können‹. Zugleich verläuft die in ihr wirksame Wechselbestimmung zwischen mehr und mehr *vergesellschafteten Individuen* und einer mehr und mehr *individuierten Gesellschaft;* und darin liegt die Widerlegung der platt-ideologischen Behauptung von einer angeblichen Alternative zwischen einem ›freiheitlichen‹ Individualismus und einer ›freiheitslosen‹ Kollektivität, anders: zwischen dem gesellschaftslosen Individuum und der individualitätslosen Gesellschaft, die doch nur die Endpunkte von *gleichermaßen* sinnzerstörenden gesellschaftlichen Entwicklungen sind.

So braucht die Frage nach dem Sinn nur einmal von der nach dem Interesse klar geschieden zu sein, das reale gesellschaftliche Sinnziel der materiellen Produktion als solches erkannt und festgehalten zu werden, und es ergibt sich von selbst eine *Formalbestimmung* der für alle sinnvollsten, das heißt *der geglückten Gesellschaft.* Sie lautet auf *ein demokratisches Verhältnis, in dem der Einzelne vom Allgemeinen der Produktion positiv und konsistent bestimmt wird, so wie dieses Allgemeine wieder zurück von der Praxis des Einzelnen.* Sie muß formale Bestimmung heißen, weil sie keine politische Strategie enthält, wie der Primat des Herrschafts- und Privilegierungsinteresses zu brechen wäre, sondern nur einen Maßstab, an dem sich dieses Interesse messen und erkennen läßt; und ob sie jemals in ihrer reinen Gestalt zur Wirklichkeit wird kommen können, steht dahin: denn sie ist ja gleichzeitig *die Bestimmung von gesellschaftlicher Utopie.*

Trotzdem muß dieser Gedanke nicht leer bleiben: es gibt dazu in vielen revolutionären und postrevolutionären Gesellschaften, so zuletzt in China und Albanien, zumindest *Annäherungen,* in denen das reale allgemeine Sinnziel der materiellen Produktion, ich muß inzwischen wohl sagen: *zeitweise* durch nichts anderes ersetzt worden ist; wo die dialektische Wechselbestimmung von Produktion und Produzent mit beiderseitigem ›Zuwachs‹ *stattgefunden* hat; die Einschränkung der Hierarchie aufs Funktionale, die demokratische Kontrolle der Koordination und Lenkung der Produktion, wie das Prinzip der Rotation wenigstens offizielle politische Forderungen waren; von wo (von hier aus) schier unglaubwürdige Zeugnisse vorliegen von der gesellschaftlichen Mobilisierung menschlicher Fähigkeiten und Kräfte *gerade dadurch,* daß die Mitverfügung übers Produkt und die Mitplanung der Produktion den Produzenten anheimgestellt und *nicht* geraubt oder von ihnen wegdelegiert wird; Beispiele von individueller Entfaltung, die *nicht* auf Kosten nach unten geht, sondern in jedem Schritt von den allgemeingesellschaftlichen Notwendigkeiten bestimmt ist; in denen, wie es Maos Aufsatz *Über die Praxis* vorschreibt, die theoretische Tätigkeit sich in der Produktion bewähren kann, und die materiell-produktive nicht von der Theorie abgeschnitten wird. Es ist als hätte sich eine vorher *offene* Stelle, durch die in der Klassengesellschaft menschliche Fähigkeiten und Kräfte dauernd ungenutzt *ausfließen*, auf einmal geschlossen. Der Einzelne kann dann anscheinend sein lebendiges Verhältnis zum Allgemeinen der Produktion beständig real erfahren und festhalten, das heißt, *die Sinnfrage ist für ihn in der Annäherung gelöst:* und das scheint mir, nach jedem ernsthaften Begriff, ein Verhältnis von eingelöster Freiheit zu sein, und, so muß man es wohl nennen, von Glück.

Das chinesische Beispiel hat wie viele historische vor ihm inzwischen gezeigt, daß dieses Verhältnis kein statisches oder gar rückläufiges sein darf. Weil das Interesse diejenige gesellschaftliche Kraft war, die die Menschen allererst dialektisch in das Sinnverhältnis der gemeinsamen Produktion getrieben hat, kann ihm der Mut dazu durch immer weiter bestehende oder gar verschärfte Einschränkungen doch auch schließlich wieder abhanden kommen – und dann wird ein ›Entwicklungsprogramm‹ mit den dazugehörigen, nur allzu bereitwillig eingeräumten Westkrediten, das heißt der kapitalistischen Ansteckung, zur ebenso verständlichen wie falschen Massenforderung. Im geglückten Fall aber wird dieses Verhältnis zum Prozeß, der in der Fortentwicklung der Produktivkräfte immer neue Ziele aus sich heraussetzt, dabei neue Möglichkeiten zur Befriedigung materieller Bedürfnisse schafft und zugleich immer mehr Kräfte für die geistige Produktion freigibt: aber nicht als privilegiert-individuelle, sondern als allgemeine und zu jedem Zeitpunkt als gesamtgesellschaftlich sinnvoll bezogene. Dadurch rückt für den Einzelnen, was vorher für ihn nicht ›einzusehen‹ war, die Systematisierung und, wenn es sein muß, Einschränkung der eigenen Interessen in den Bereich des Möglichen und Vernünftigen; und damit ist, wenn auch gegen immer neue Reaktion, die uralt eingesessene Vorherrschaft der Interessen über den Sinn gebrochen; und im gleichen Maß kommen Verhältnisse in Sicht, in denen durch eine demokratische Neuorganisierung der Produktion und vor allem der Produktions-*verhältnisse* in Umkehrung der Marxschen Formel das Bewußtsein der Menschen ihr gesellschaftliches Sein bestimmt. Es tritt in seine wahre übergeordnete, organisierende Funktion ein: in die »Produktion der Verkehrsform selbst«.[94] Wenn man nämlich fragt, *wodurch* unter falschen gesellschaftlichen Verhältnissen das Bewußtsein an ›das gesellschaftliche Sein‹ gekettet ist, dann trifft man zuletzt immer aufs herrschende Interesse als unerkannt *selbstwahrgenommenes* und dann gebündeltes: und solang dieses sich gegen die andern durchsetzt und die Gesellschaft nach seinen Gesetzen organisiert, ist es in einem schlechten Zirkel auch *gezwungen*, diesen Gesetzen zu folgen. Es *betreibt* die Zerstörung von gesellschaftlichem Sinn, an der es dann selbst leidet; und kann sich aus diesem Zirkel nicht befreien, weil es von sich nichts weiß und nichts wissen will.

Daran zeigt sich die mögliche politische Bedeutung schon einmal der *Aufdeckung* des Zusammenhangs zwischen den existentiellen Kategorien von Interesse und Sinn und den gesellschaftlichen von Konsum und Produktion. Zunächst zeichnet sich die Möglichkeit ab – aber darüber muß ich hier notgedrungen schneller und flüchtiger reden, als es Gegenständen von solcher Größenordnung zukommt –, mit diesem Gegensatzpaar andere menschliche und gesellschaftliche Grundbestimmungen neu zu fassen und nach Interesse und Sinn auszurichten, nämlich die von Verstand und Vernunft, von Haben und Werden, von Gesetz und Gerechtigkeit, von Lust- und Realitätsprinzip, und (zuletzt) von Kapital und Arbeit: es ergeben sich daraus mit anderen Worten die Umrisse einer neuen *materialistischen Anthropologie*. Jedenfalls sieht mir das Sinnvermögen auch bei aller Gedankenvorsicht nach einer menschlichen – nein, ich sage lieber: sozialisationsgeschichtlichen

Konstante aus, nämlich wie das für den gesellschaftlichen Vorgang unabdingbare menschliche *Strategievermögen,* mit dem sich die zunächst zwingenden Triebansprüche im Einzelnen zugunsten weiter entfernter, aber *überlebenswichtiger* Ziele umgehen lassen, deren erstes die materielle Produktion ist und deren letztes ihre sinnvolle, das heißt klassenlose und funktionale Organisation.

Ob dieses letzte Ziel sich jemals real einholen läßt, das heißt ob die Strategie des Sinnvermögens zuletzt gegen die Taktik von wahrgenommenem Herrschafts- und Privilegierungsinteresse sich wird durchsetzen können, ist offenbar eine große, alles entscheidende Frage. Tatsächlich wird es wohl immer so sein, daß Interesse und Sinn im gesellschaftlichen Vorgang miteinander *konkurrieren;* ja sie müssen es, wenn dieser nicht einfach *stillgelegt* werden soll. Entscheidend dabei ist ihre *Priorität.* Auf der Seite des Interesses steht dabei das Kapital, Inbegriff, Verkörperung und Akkumulation von Interesse selbst (und von seinen Besitzern wahrgenommen nur in seiner Eigenschaft, von sich an sie etwas abzutreten, nämlich den *Zins,* der in so vielen Sprachen ›Interesse‹ *heißt*), unfähig nach andern als dessen sinnzerstörenden Gesetzen zu handeln, mit allen glänzenden Verlockungen seines Markts nach unsern unmündigen Wünschen greifend, um seine schlechte Herrschaft zu verlängern: »es selbst ist das Gemeinwesen und kann kein andres über ihm stehendes dulden.«[95] Es steht dort die Unterdrückung, Menschenzerstörung und ein Bewußtsein, das, solang es ans Interesse gefesselt bleibt, nichts anderes denken kann als deren Rechtfertigung, Verlängerung und Umdeutung zum Sinn, das heißt die *Lüge,* oder doch wenigstens nicht die Wahrheit.

Auf der Sinnseite steht das selbsteingeschränkte Interesse, die existentielle Ausrichtung von Handeln und Erleben auf die allgemeingesellschaftlichen Notwendigkeiten, die sinnvolle Funktion in der Gesellschaft als befreite Arbeit, und damit ein Bewußtsein, das die Interessefessel gesprengt hat und daher auch zum unideologischen *Wahren* gelangen kann: also nicht nur zum abstrakt Richtigen, sondern zur konkreten Wahrheit über die eigene Existenz, die klassengesellschaftlich zu schrecklich ist, als daß ihr Anblick erträglich wäre. Zum andern steht dort aber auch, als konkrete gesellschaftliche Sittlichkeit, die Anstrengung fürs Allgemeine, und damit, wir haben ja kein anderes Wort, für das

Gute: dieses besteht, wie sich jetzt zeigt, in der selbstübernommenen Pflicht zur Kooperation, also in einem *strategischen Egoismus,* der die Selbstverwirklichung nicht über die Interessen, sondern über den Umweg des Allgemeinen sucht, und ist damit alles andere als Selbstzweck, Selbstauslöschung oder Einhaltung der lästigen Vorschrift zur *Nichtverletzung fremden Interesses,* als welche das Sittliche in der ganzen bürgerlichen Ethik, mit der klassischen Formulierung in Kants *Kategorischem Imperativ,* immer nur gesehen war. So haben sich die zwei Grundideale der Philosophie ihrer näheren Bestimmung solange entziehen müssen, als ihr wirklicher Inhalt und Ursprung, nämlich die demokratisierte materielle Produktion, das gesellschaftlich *Verstoßene und Undenkbare* geblieben ist. Aber auch die marxistische Theorie weiß wenig davon, daß das menschliche Bewußtsein nicht nur mit einem vernünftig-sittlichen, sondern auch einem *emotionalen* Strategievermögen für die Sinnhandlung ausgestattet ist, und sein Glück sogar noch *weniger* in der Interessendurchsetzung und Triebbefriedigung findet als im unzweifelhaft gesellschaftlich funktionalen, auf die Produktion bezogenen Handeln: ihre Theoretiker wollten, aus Interesse, *diese* Glückserfahrung lieber nicht so genau erkunden. Eingelösten existentiellen Sinn kann man nicht nur verstehen, sondern emotional-sinnlich *spüren:* das Sinnvermögen ist ein bisher nicht genau bezeichnetes menschliches *Organ* – nämlich das *gesellschaftliche*[96] und zugleich, so wird sich herausstellen, das *ästhetische*. Die Frage, welche dieser zwei Motivationen schließlich über die andere siegt, ist so nicht nur eine allgemein politische, oder nur eine der Unterdrückten, sondern auch eine existentielle *für herrschendes Bewußtsein:* und sie stellt sich neu, seitdem der Interessedruck in den entwickelten Ländern durch eine verbesserte materielle Versorgung mehr und mehr nachgelassen hat – soweit, bis er endlich die Sinnfrage überhaupt erst wieder hat *aufkommen* lassen.

Die Klassengesellschaft, besonders die kapitalistisch organisierte, ist von der *utopischen gesellschaftlichen Struktur* einer demokratischen und durchgängigen dialektischen Wechselbestimmung zwischen dem Einzelnen und dem Allgemeinen der materiellen Produktion also im wesentlichen durch den Primat des herrschenden Interesses über den gesellschaftlichen Sinn getrennt. Von hier aus läßt sich Klassengesellschaft auf eine neue Weise beschreiben: so, daß in ihr diese Struktur von *zwei Gegenstrukturen* gestört oder vernichtet wird. Diese zwei gesellschaftlichen *Grundstörungen* sind die *klassenhierarchische* und die durch den *Warentausch*. Schon nach der ersten bleibt von der Utopie nichts mehr übrig: denn Klassengesellschaft ist offensichtlich keine für den Sinn, sondern eine fürs Interesse funktionale Hierarchieform. Daß sie die materielle Produktion auf einer bestimmten historischen Stufe *optimiert* hat, heißt noch lange nicht, daß sie auch die *optimale* wäre: auf beides hat Marx mit Recht so oft hingewiesen. In ihr sind die Einzelnen nicht mehr auf das Allgemeingesellschaftliche der Produktion *hin-*, sondern nach beiden Seiten von ihr *wegbezogen*. Diese ist auf der Seite der Herrschenden ganz nach unten delegiert; hier ist der Einzelne durch Herrschafts- und Privilegierungsinteresse, das sich zur Klassengrenze verfestigt, von ihr oft, besonders auf älteren Stufen, bis zur tiefen Bewußtlosigkeit von ihr abgeschnitten. Diese Störung ist überhaupt die primitivere; sie tritt in ihren krassesten Formen am *Anfang* der Klassengesellschaft, also in der Ablösung der Gentilverfassung durch die Sklavenhaltung auf, und bleibt lange Zeit die schwergewichtigere von den beiden.

Die durchs Interesse organisierte Gesellschaftsordnung erzeugt dabei noch einen schwer durchbrechbaren Schein von ›höherer Notwendigkeit‹ für diese Hierarchieform; so erklärt sich zweifellos auch die für spätere Zeiten unvorstellbar gewordene Blindheit für alles, was jenseits der Klassengrenze liegt, die barbarische und gleichgültige Zerstörungsgewalt herrschender Klassen bis hinein ins ›zynische‹ 18. Jahrhundert. Gesellschaftliche Alternativen kommen noch kaum in den Blick, oder bleiben, wie die christlichurgemeinschaftliche, bedeutungslos. Herrschendes Bewußtsein weiß von Produktion als Arbeit nichts – das heißt aber auch nichts von *Utopie* – und will davon nichts wissen; sie als allgemeines, gar übergeordnetes Sinnziel zu sehen, fällt ihm nicht ein.

Weil nun aber eine Sinnstrukturierung von Handeln und Erleben *sein muß*, wird es nötig, das realgesellschaftliche Sinnziel durch ein ideologisches zu ersetzen: bei dieser Grundstörung ein hierarchieplausibilisierendes. Es wird im allgemeinen in einer *Ständelegitimierung* formuliert, die hier auch noch weitgehend gelingt, und wo nicht, durch Gewalt ersetzt wird. Das herrschende Sinndefizit hält sich in Grenzen, reicht noch nicht bis in tiefere existentielle Schichten; zu seiner Behebung genügen hier noch *phantastische*, meist religiöse Sinnziele in wechselnden Arten von ›Gottgewolltheit‹ oder ›Natürlichkeit‹; als allgemeinverbindliche ›höhere‹ stehen sie jedenfalls nicht weiter tief in Zweifel.

Auf der *anderen* Seite der Klassengesellschaft wird dem arbeitenden Produzenten die Verfügungsmacht über sein Produkt und seine Produktionsbedingungen (auf der ältesten Stufe entschädigungslos) geraubt; auch er ist von der Allgemeingesellschaftlichkeit der Produktion abgeschnitten durch ein dazwischentretendes, fremdes Interesse, und im gleichen Maß wird seine Sinnerfahrung, die er durch seine produktive Arbeit machen könnte, auch schon wieder vernichtet. Auch er kann sich, sowenig wie die Herrschenden, von einem ihm gegenüberstehenden *Allgemeinen* der Produktion weder bestimmen lassen, noch es bestimmen. »Indem daher die entfremdete Arbeit dem Menschen den Gegenstand seiner Arbeit entreißt, entreißt sie ihm sein *Gattungsleben*«, heißt es darüber bei Marx.[97]

Die *zweite Grundstörung* der utopischen gesellschaftlichen Struktur betrifft nicht zunächst deren *Allgemein*gesellschaftliches, sondern deren *Produktions*bezogenheit: sie entspringt daraus, daß die Konstituierung, genauer: die gesellschaftliche Synthesis von Klassengesellschaft nicht mehr über die Produktion, sondern über den *Warentausch* verläuft.[98] Aus der Struktur des Warentauschs aber folgen zwei widersprüchliche Momente: eine Entdeckung von Marx, neben seiner Mehrwert- und Warentheorie sicherlich seine wichtigste, deren Folgen für die Bewußtseinskonstitution und Bewußtseinsgeschichte noch längst nicht alle ausgedacht sind. Auf der einen Seite gehört zu den *Vorbedingungen* für den funktionierenden Warentausch die gegenseitige Anerkennung der Eigentümer als Eigentümer, und damit auch »das selbstsüchtige Interesse, kein darüberstehendes verwirklichend«, wobei »der andere . . . auch als ebenso sein selbstsüchtiges Interesse verwirklichend anerkannt (ist)«.[99] Auf der anderen Seite hat auch der Warentausch sein Allgemeines, zwar nicht in der Produktion, aber in der wechselseitigen Konsumbedürftigkeit der an ihm Beteiligten; und darin liegt sein *Widerspruch* zur Klassenhierarchie so, daß »(Menschen) sich als Menschen zueinander verhalten; daß ihr gemeinschaftliches Gattungswesen von allen gewußt ist«[100]: er ist, nach der berühmten Formel »die produktive Basis aller *Freiheit* und *Gleichheit*«.[101]

Nicht gesehen ist dabei von Marx, dem am Subjekt wenig gelegen war, daß mit dem Primat des Interesses über den Sinn die utopische

Struktur auf den Kopf gestellt ist. Der Warentausch sprengt die ursprünglich von jedem als notwendig gewußte, eigene Interesseneinschränkung aufs von der Produktion vorgeschriebene Maß. Der Einzelne wird von ihm auf den unmittelbaren, ungesellschaftlichen und maßlosen Konsum zurückgeworfen, er *braucht* dazu nicht mehr den mühsamen, aber sinn- und identitätsschaffenden ›Umweg‹ über die kooperative Mitarbeit in der Produktion; und erst jetzt kann diese als lästige vom Herrschafts- und Privilegierungsinteresse nach unten abgeschoben werden. Die daraus fließenden Mängel ergreifen herrschendes Bewußtsein als je *einzelnes:* sie nehmen seinem Handeln und Erleben die gesellschaftliche Notwendigkeit und geben ihnen die Struktur der bloßen Beliebigkeit und schlechten Freiheit; und da es sich in der Tauschhinsicht der *ganzen* übrigen Gesellschaft gegenübergestellt sieht, verliert es oft auch die Wahrnehmung einer eigenen, positiv oder unangenehm erlebten Klassenzugehörigkeit. Daher ist das vom Warentausch erzeugte Sinndefizit auch im herrschenden Bewußtsein existentiell tiefgreifend und als eigenes dringlich und schmerzlich.

Trotzdem bleibt auch hier das realgesellschaftliche Sinnziel aus Interesse geleugnet oder unerkannt, wird ein anderes verlangt. Aber die ideologischen Kompensationen dieser Störung haben keinen allgemein anerkannten ›höheren‹ Zielbereich mehr. Mit der Verallgemeinerung des Warentauschs beginnt die Epoche der eigentlichen *individuellen* Sinnsuche, die sich immer weniger und nur noch im Ausnahmefall ins Religiöse wendet, und zunehmend in die Literatur und Kunst. Wichtig ist jetzt nur noch die *Strukturierungskraft* der ideologischen Sinnlösungen, das heißt ihre Fähigkeit, die widersprüchlichen und auseinanderstrebenden Interessen der Tauschindividualität, die unverwechselbar, unaustauschbar als die nur-eigenen gesehen werden, *irgendwie,* meist in irgendeinem abstrakten Persönlichkeitsideal von ›Freiheit‹, ›Sittlichkeit‹ oder ›Selbstverwirklichung‹, noch einmal zum Schein auf ein Ganzes auszurichten.

Der arbeitende Produzent dagegen ist der Sinnzerstörung durch den Warentausch gleich doppelt ausgeliefert: in der älteren und primitivsten Stufe dieser Grundstörung kann er noch nicht einmal *Subjekt* des Tauschakts werden, sondern ist als Sklave vielmehr dessen *Gegenstand* und *Opfer,* ein am Markt verhandeltes subjektives Nichts; damit ist er aber auch nicht *eigentumsfähig* und damit nicht *tauschfähig*. Nach den Regeln des *formal* gleichen und gerechten Tauschs, die dadurch noch nicht einmal verletzt werden, kann er so auch nicht seine Arbeitskraft marktfähig und lohnpflichtig machen, sondern wird als *Quelle* von Arbeitskraft, das heißt als *Produktionsmittel* gekauft und verkauft, womit seinem Besitzer freilich auch die *vollen*, das heißt *mehrwertslosen* Subsistenzkosten zur Last fallen.

Für die kapitalistische Verwertung ist aber der eigentumslose, *und doch eigentumsfähige* ›freie‹ Arbeiter vorausgesetzt; ihr Prozeß hat die Tendenz, zuletzt *alle* Mitglieder der Gesellschaft als tauschfähige, aber produktionsmittellose Zulieferer von Mehrwert sich entgegenzusetzen. Daraus folgt für den Warentausch, solange der Primat des Interesses über den gesellschaftlichen Sinn gilt, eine unaufhaltsame Dynamik, sich immer weiter zu verallgemeinern. Die zwei Grundstörungen treten damit in ein neues Verhältnis zueinander *und verschränken sich*. Nämlich ist von jetzt ab die klassenhierarchische Grundstörung über die des Warentauschs von Lohn gegen Arbeitskraft *vermittelt*. Klassenhierarchie kann sich nur noch mittels dieses Tauschverhältnisses durchsetzen – und andererseits ist dieses Verhältnis, wie oben ausgeführt, zur Hierarchie *widersprüchlich* als bürgerliche Gleichheit und Freiheit. Daher muß der Klassenabstand in seiner *absoluten Größe*[102] sich immer weiter einebnen, so sehr, daß er, ich nehme an aus einem *Wunschvergleich* zu guten alten Tagen, vom herrschenden Bewußtsein heutzutage allen Ernstes geleugnet werden kann, übrigens *gerade* von einer bürgerlichen Intelligenz, die seine Vorteile am selbstverständlichsten und schamlosesten wahrnimmt.

Mit dieser Verschränkung werden die Plausibilisierungen immer schwieriger und zugleich dringlicher. Die Tauschindividualität fällt als herrschende immer weiter aus den alten hierarchischen Sicherungen und deren Überschreibung mit einem *selbstverständlichen* ideologischen ›höheren‹ Sinnziel, und gerät immer orientierungsloser in die Wüste des Verbrauchs, der gewußten Disfunktionalität, der Entfremdung, Isolation und Angst. Dem arbeitenden Produzenten muß auf der anderen Seite, aus kapitalistischem Selbstverwertungszwang, die Verfügungsmacht über sein Produkt und seine Produktionsbedingungen gleichbleibend *aber immer erklärungsloser* abgenommen werden. Aus demselben Verwertungszwang wird seine Arbeitskraft auf die Produktion einer wachsenden Masse von kaputtem Ramsch jämmerlich verschwendet, von dem ihm dann zum Entgelt eine karge Wohlstandsration gnädig hingeworfen wird.

So kommt die Bestimmung dessen, was uns da eigentlich fehlt, wenn wir nach dem *Sinn* in unserem Erleben und Handeln fragen, zu ihrem Schluß: es ist die aus den Forderungen einer verallgemeinerten und geteilten materiellen Produktion folgende *utopische gesellschaftliche Struktur*. Durch ihre genauere Bestimmung hat sich dann Klassengesellschaft durch die zwei Grundstörungen dieser Struktur näher und neu beschreiben lassen. Und mit der Abgrenzung und Entgegenstellung von Zweck und Sinn ist dabei auch die *gemeinsame Ursache* für diese Grundstörungen ans Licht gekommen: die Klassenhierarchie ist diejenige Institution, durch die sich die Produktion nach unten delegieren und zum Zweck machen läßt, mit der die herrschende Klasse also ihr *Interesse* an der Freistellung von materieller Arbeit durchsetzt und bis heute festhält; der Warentausch die andere, durch die sie diesen Zweck verwirklicht, das heißt, ihr *Interesse* an der Monopolisierung der gesellschaftlich bereitstellbaren Genuß- und Entfaltungsmöglichkeiten durchsetzt und ebenso bis heute festhält – aber mit welchen Folgen für die Beherrschten *wie für sich selbst*, davon hat sie nie etwas wissen wollen.

Die Bestimmung der utopischen Struktur hat aber auch *systematische* Bedeutung für die materialistische Theorie. Im überlieferten Marxismus sind diese zwei gesellschaftlichen Grundstörungen und Hauptmängel ja unter den Stichworten des *Klassenkampfs* und der *Entfremdung* schon oft und verschiedenartig analysiert und dargestellt worden – aber immer nur im unverbundenen Nebeneinander, ja oft (wie in großen Teilen der Kritischen Theorie) in der *Entgegensetzung*. Er hat sie weder als Grundstörungen *ein und derselben* utopischen Struktur, nämlich der Struktur von *Sinn*, erkennen können, noch ihre gemeinsame Ursache im *Interesse;* und das Einigende dieser zwei Männgel erschließt sich auch erst der längst fälligen *Übersetzung der Utopie in Begriffe des Subjekts,* an die er von Anfang an zu wenig gedacht hat, weil er über sein *eigenes* gesellschaftliches Verhältnis nicht hat nachdenken wollen: er war daran eben durch das Eigeninteresse seiner *Theoretiker* gehindert, denen wie mir scheint an einem *eigenen* Anteil an materieller Arbeit und an einer *eigenen* Einschränkung ihrer Zwecke nie sonderlich gelegen hat. Aber auch daß beides, der Klassenkampf wie die Entfremdung, in der Literatur und der Kunst bearbeitet werden, hat die materialistische Ästhetik immer gewußt, und diese Bearbeitungen dann, nicht weniger aus Eigeninteresse, als getreue statt als kompensatorische Abbildungen gelesen. Nun ist es Zeit, nach der wirklichen Verbindung der Literatur, nicht nur mit den Störungen der Utopie, sondern mit *dieser selbst* zu fragen: nach dem wahren Zusammenhang zwischen der Literatur und dem Interesse.

2. Sinn und Kunst

Der Umweg zurück zur Literatur ist lang geworden, aber er hat dafür auch ans Licht gebracht, durch die Ausrichtung auf *welche* inhaltliche erste Notwendigkeit existentieller und gesellschaftlicher Sinn allein entstehen kann, und ist damit zu einem festen Begriff von gesellschaftlicher Utopie gelangt, als einem funktional auf die materielle Produktion bezogenen Verhältnis zwischen dem Einzelnen und dem Allgemeinen, den aller ideologische Schein fortan sich vorhalten lassen muß. Nun ist seit jeher klargewesen, daß die Literatur mit der Utopie zusammenhängt; aber solang diese nur als ein haltloses und beliebiges Sammelsurium von Wunschvorstellungen in den Köpfen war, hat logischerweise auch niemand angeben können, wie dieser Zusammenhang als allgemeiner, das heißt für *alle* Literatur gültiger, wohl genauer aussehen könnte. Dabei ist er einfach: die Literatur teilt mit dem eingelösten Sinnverhältnis immer die *Struktur*, aber *nie den Inhalt*. Das mag nach allem Gesagten vielleicht unmittelbar einleuchten. Aber eine genauere Beweisführung steht sogleich vor dem Hindernis, daß sie es hier wieder einmal mit zwei verschiedenen *Sinnarten* zu tun hat, die, wenn nicht sogar inkommensurabel, jedenfalls nicht einfach miteinander *gleichzusetzen* sind.

Mit Sinn war bis jetzt eine Qualität von realem Handeln und Erleben gemeint, ein Verhältnis von *Erfahrungselementen*. Der Sinn von Literatur aber hat ja ein ganz anderes Material, wird durch ein Verhältnis von *Zeichen* erzeugt, ist *semantischer Sinn* – und offenbar will es durch keine Anstrengung gelingen, die Relation der Zeichen zur Erfahrungswirklichkeit eindeutig zu beschreiben. Schon wie es kommt, daß sie etwas *denotieren* können, ist nicht klar, und was ihren *Sinn* angeht, also ihr

›Signifikat‹, ihre ›Referenz‹, ihre ›Bedeutung‹ oder ihre ›Konnotation‹, so enthält der Begriff hier anscheinend alles zwischen dem ›Sinn‹ eines Ja–Nein-Signals und der »Summe aller kulturellen Einheiten, die das Signifikans dem Empfänger institutionell ins Gedächtnis rufen kann«.[103] Vom Verhältnis der Zeichen zur Erfahrungswirklichkeit bleibt bei solchen Bestimmungen als Sicheres einzig übrig, daß es ein *unfest umrissenes* und *symbolisches* ist. Damit erscheint es recht aussichtslos, einen genaueren Zusammenhang zwischen *real erfahrenem* und *semantischem* Sinn herzustellen, und die im letzten Abschnitt gewonnenen Einsichten auf die Literatur anzuwenden.

Hier kann eine Überlegung zeigen, daß die Lösung des semantischen Grundproblems zwar unumgänglich ist, wenn man das Verhältnis eines Zeichencodes zur Erfahrungswirklichkeit inhaltlich erforschen will – etwa ihr prinzipielles Vermögen zur Abbildlichkeit[104]; aber für die hier gestellte Frage ist sie unwesentlich: auch wenn das Funktionieren der Zeichen ganz aufgeklärt wäre, könnte das nicht weiterhelfen bei der Unterscheidung zwischen ihrer *ästhetischen und nichtästhetischen Anordnung*, um die es hier ja geht. Dabei wird sich herausstellen, daß mit dem Sinn eines Literaturwerks zwar (natürlich) ein *semantisch vermittelter*, aber nicht *wesentlich* semantischer gemeint ist.

Man steht dabei vor einem ähnlichen Verhältnis einer allgemeinen Struktur und ihrem Sonderfall wie oben bei der Bestimmung von real erfahrenem Sinn. Nach Luhmann hatte *alles* Handeln und Erleben einen es strukturierenden Sinn, war ›in der Form von Sinn‹ geordnet: aber es hatte sich unter allen möglichen solchen Sinnstrukturen *eine besondere und ausgezeichnete* finden lassen, nämlich die einer dialektischen Wechselbstimmung zwischen dem Einzelnen und dem Ganzen bei beiderseitigem ›Zuwachs‹ – und nur wenn sich Handeln und Erleben durch diese Struktur ›kartieren‹ lassen, so war gesagt, dann stelle sich die Erfüllung der realen existentiellen Sinnerfahrung ein. Dabei ist in diesem Verhältnis zwischen dem Einzelnen und dem Ganzen die Seite der gesellschaftlichen Realität *gegeben*, sie steht fest und ist nur in Maßen veränderbar, nicht *beliebig* als sinnvolle Erfahrung zu interpretieren – sonst könnte so etwas wie Sinnmangel ja gar nicht *auftreten*.

Für ein literarisches Gebilde kann man nun eine ganz ähnliche Zweiteilung argumentieren. Die Struktur, mit der hier Erfahrungswirklichkeit ›kartiert‹ wird, ist zunächst nur die *allgemeine* Zeichensprache; der Sinn, der sich bei einer solchen Kartierung einstellt, ist ihr (wie immer näher zu beschreibender) *semantischer* Sinn. *Alles* durch die Zeichen Kartierte hat diesen Sinn. Aber es gibt auch hier eine *besondere und ausgezeichnete* Kartierungsstruktur, nämlich die *ästhetische Anordnung* der Zeichen. Dabei ist den Zeichen, *eben weil* ihr Verhältnis zur Erfahrungswirklichkeit unfest und bloß symbolisch ist, ihre objektive Seite *nicht fest gegeben,* sie läßt sich *von den Zeichen her* im künstlerischen Vorgang in den weitesten Grenzen variieren, als die oder jene bezeichnen. Sie können sagen, »Good night, sweet prince« oder »Mistah Kurtz – he dead« oder brauchen Hamlet und Kurtz innerhalb einer anderen Erfindung gar nicht erst sterben zu lassen, *ganz wie sie wollen* – oder vielmehr, wie ihr Autor und Rezipient es will. Angenommen, der will (und wie oben zu sehen war, *muß* er es aus Sinnzwang wollen) in seinem Werk ein Beispiel für eine sinnkonsistente Lebenspraxis herstellen – dann könnte er doch unter den zahllosen Anordnungsmöglichkeiten seiner Zeichensprache diejenige auswählen und bevorzugen, die der *utopischen Struktur von eingelöstem existentiellem Sinn am nächsten kommt.*

Damit ist die Untersuchung am Ende des Umwegs angelangt: für die ästhetische Anordnung ist es spezifisch, daß darin nicht nur die Zeichen zu *semantischem* Sinn zusammengefügt sind, sondern durch Zeichen denotierte Erfahrungselemente zu *existentiellem.* Den Beweis dafür möchte ich folgendermaßen führen: ich will die oben gefundenen Bestimmungen für real eingelösten Sinn ans ästhetische Werk anlegen, und so zeigen, daß *in der Literatur, und im weiteren in der Kunst überhaupt, in zwei genauen Analogien, die utopische Sinnstruktur als Zeichenstruktur wiederhergestellt, und dabei in ihren zwei Grundstörungen soweit wie möglich kompensiert wird.* Von diesen Analogien gilt die eine für das Verhältnis der Zeichen untereinander aufs Ganze, also werkästhetisch, die andere rezeptionsästhetisch, das heißt für das Verhältnis des Rezipienten zum Literaturwerk. Sie ergeben zusammen ein ästhetisches *Grundmuster,* das sich historisch, besonders in der Moderne, durch viele Negationen hindurch fortentwickelt, aber auch da noch durchwegs erkennbar bleibt.

Die erste Analogie hat ihre *eine* Seite im eingelösten realen, funktional auf die materielle Produktion bezogenen Sinnverhältnis zwischen dem Einzelnen und der Gesellschaft; und ihre andere im *Verhältnis zwischen dem Literaturwerk und seinen Teilen.* Mittels dieser Analogie wird vorrangig die *klassenhierarchische* Grundstörung der utopischen Struktur ästhetisch kompensiert. Für diese Analogie habe ich (vielleicht gibt es mehr) folgende *Einzelbestimmungen* auffinden können. Zunächst die der Interessenzurückstellung: sowenig die Teile des Literaturwerks sich dieses zum *Zweck* machen können, wenn dieses seinen *Sinn* behalten soll, sondern vielmehr als *Ganze* ›Mittel‹ zu seiner Hervorbringung werden müssen, so wenig setzen sie darin ihre sonstigen, außerkünstlichen Zwecke uneingeschränkt durch. Wörter haben ja ihren offensichtlichen *Zweck* in ihrer denotativen oder appellativen Funktion. In diesen Funktionen nun, und darin liegt ja ihre erste Kraft, zerlegen die Wörter den Erfahrungsvorgang in distinkte Elemente, denen dann jeweils bildhafte innere Repräsentationen zugeordnet sind.[105] Aber dabei müssen sie zugleich das Bestehende auf ontologische Einheiten festlegen, in denen die dialektischen Möglichkeiten und Widersprüche der Signifikate abgeschnitten sind: sie konstituieren sich als Zeichen durch ein Verhältnis der einschränkenden *Negation* zum Bestehenden. Diesem zwingen die Wörter ihrem Zweck nach ihren ›Willen‹ auf, überwältigen es: man braucht nur an Wörter wie *nigger* oder *stillgestanden* zu denken, und es wird klar, daß diese Einschränkung bis zur Vernichtung des Signifikats gehen kann; so wird durch die Wörter in ihrer zweckhaften Verwendung die Welt dem Interesse nämlich allererst zugerichtet.

In der Dichtung bekommen sie dagegen vom Werkganzen eine *über ihren Zwecken* stehende Bestimmung, die diese Zwecke einschränkt, modifiziert, oder sich ihnen auch *entgegenstellt.*[106] Dafür ist die (ihrerseits vom Ganzen bestimmte) *Metapher* das geläufigste Beispiel. In Blakes »Tyger, Tyger, burning bright« etwa hätte es das Wort *burning* zunächst zu seinem denotativen *Zweck*, ein *Feuer* zu bezeichnen. Aber seinen *Sinn* im Gedicht bekommt es erst, wenn es diesen Zweck zugunsten *bloß noch* seiner Konnotationen *zurückstellt*, und dadurch erst zu dem wird, was es sein kann. Der Tiger *brennt* nicht, brennt nur ›sozusagen‹, aber dadurch zugleich in einer sonst nicht möglichen Vielfalt von Hinsichten, nämlich wegen seines geflammten Fells, weil er eine schöne wie zerstörerische Energie verkörpert: weil er leuchtet. Innerhalb ihrer ästhetischen Funktion im Ganzen also geben die Wörter ihr Verhältnis der einschränkenden Negation wieder auf und sind damit *Negation der Negation* des Bestehenden; und wenn Kant die ästhetische Organisation der Kunstwerkteile als ›Zweckmäßigkeit ohne Zweck‹ beschreibt, meint er offenbar genau dies: etwas, was *Zweck* hat (als Negation der Kunst), dann *ohne* ihn ist (als Negation der Negation), und so zu einer *Zweckmäßigkeit* in einer höheren Qualität kommt, die hier *Sinn* genannt worden ist.

Hier wie im folgenden fehlt es nicht an einem Blick für die ästhetischen, sondern für die ihnen entsprechenden *gesellschaftlichen* Grundstrukturen: das ästhetische *Mehr* der Wörter an Möglichkeiten, Fähigkeiten und Reichtum entsteht ja ganz auf dieselbe Weise wie der utopische beiderseitige ›Zuwachs‹ für den Einzelnen wie für die Gesellschaft, nämlich dialektisch so, daß wie hier jeder Teil, so dort jeder Einzelne vom Ganzen sich bestimmen läßt, und seinerseits das Ganze mitbestimmt und mithervorbringt. Weiter, stehen die Teile des Literaturwerks, wie die einzelnen utopischen Produzenten, untereinander und zum Ganzen in einem Verhältnis der *Notwendigkeit* ihres Soseins und ihrer Anordnung und der durchgängigen *Bezogenheit*, dessen Kontingenz und Komplexität also gegen null reduziert ist. Sie fügen sich dabei in eine *Hierarchie*, aber – das ist *Kunstvorschrift* – in eine strikt *funktionale;* die Teile mögen ›zutragende‹ oder Schlüsselfunktionen von verschiedener Gewichtigkeit haben, aber sie lassen einander darin *gelten* und *kooperieren,* wie die Einzelnen in der Utopie, zum Ganzen einer bestimmten *Arbeit,* die hier wie dort ihre Mittel *ökonomisch* einsetzen soll, also beidemale *minimalisiert* ist. Ihr Verhältnis ist ein strukturell demokratisches, ausschließlich *produktiv* aufs Ganze bezogenes; die Vorstellung, sie könnten verschiedenen ›Klassen‹ angehören, von denen die eine die andere beherrscht, unterdrückt, oder ihr allein die ästhetisch-produktive *Arbeit* zuschiebt, ist vollends grotesk[107]: sie bilden untereinander mit immergewußter Selbstverständlichkeit eine *klassenlose* Struktur.

Ferner bekommen die Teile des Literaturwerks, analog zum Einzelnen in der produktionsbestimmten Gesellschaft, im produktiven ›Umweg‹ über das ästhetische Ganze eine *positiv bestimmte Einzelheit,* zu der sie in einem (von Jakobson zuerst beobachteten) reflexiven, auf sich selbst verweisenden Verhältnis stehen – das heißt, sie bekommen eine *semantische Identität.* Sie sagen von sich in dieser Verwendung, ›ich bedeute etwas, aber ich bedeute mehr als das Bedeutete, bin Signifikans aber auch Signifikat, bedeute genau genommen nur mich selbst und kein noch so gleichlautendes Anderes, bin durch meine ästhetische Funktion einmalig geworden, nämlich so, daß ich sinnbezogen bin auf das ganze Übrige des Gedichts, und mich durch diese *besondere* Bezogenheit definiere‹. Auch das läßt sich an Blakes *Tyger* zeigen, denn das Wort bedeutet und bezeichnet hier gewiß etwas anderes als jemals zuvor oder danach. Es kann jetzt, in der ästhetischen ›Sinnarbeit‹, seinen ganzen inneren konnotativen *Reichtum* ausbreiten; und zudem geschieht das Merkwürdige, daß es bei genauerem Hinhören auch *sinnlich* auf sich als *Lautkörper* aufmerksam macht – was sich in unserem Beispiel zufällig einmal auch in der *Schreibung* niedergeschlagen hat. »Man kommt damit zum Schluß«, schreibt Eugenio Coseriu, »daß dichterische Sprache die volle Funktionalität von Sprache darstellt, daß also die Dichtung der Ort der Entfaltung, der funktionalen Vollkommenheit der Sprache ist ... die alltägliche Sprache (ist) eine ... Abweichung gegenüber einer totalen Sprache«[108] – nämlich eine analoge, so läßt sich jetzt hinzufügen, zu der Abweichung der bestehenden Gesellschaft von der *Utopie*.

Schließlich und letztens werden die Teile des Literaturwerks in ihrer semantischen Identität *beständig festgehalten*, weil sie bei jedem Lesevorgang ihre ästhetische Arbeit neu leisten und dabei jedesmal auf die beschriebene Weise zu sich selbst kommen. Auch das hat die Rede vom *aere perennius*, von der ›Ewigkeit‹ des Gedichts, immer schon gewußt. Freilich hat sich diese Rede dabei im *Zeitmodus* geirrt: nicht *ewig* dauert es, sondern nur solang, wie es die real erfahrenen Grundstörungen der utopischen Struktur erfolgreich kompensiert. Während dieser Zeit ›lebt‹ es aber jedesmal; danach wird es zum historischen Fossil, nur noch so zu lesen, daß es diese Lebendigkeit *einmal gehabt hat*.

Die zweite strukturelle Analogie zwischen der Literatur und dem eingelösten realen Sinnverhältnis der produktionsbestimmten Gesellschaft ist nicht mehr nur werkästhetisch ins Werk eingeschlossen. Sie hat ihre *eine* Seite wie vorhin in eben diesem Sinnverhältnis; aber ihre andere diesmal im *Verhältnis des Autors und Rezipienten zum Literaturwerk*. Mittels dieser Analogie wird symbolisch-semantisch die zweite Grundstörung der utopischen Struktur kompensiert, also der gegen den gesellschaftlichen Sinn durchgesetzte Primat des *je eigenen Interesses*, wie er in der schlechten Bestimmung der materiellen Produktion durch den Tauschwert statt durch den Gebrauchswert, und also im *Warentausch* seinen objektiven Ausdruck findet. Diese Analogie ist nicht eine zum *Ganzen*, sondern eine zum Verhältnis des Einzelnen *innerhalb* der utopischen Gesellschaft: die Struktur der *Erfahrungselemente* des utopischen Produzenten ist hierbei analog zur Anordnungsstruktur der Erfahrungselemente für den identifizierten Leser. Diese ist wieder, und diesmal auf der subjektiven *Erlebnisseite*, charakterisiert durch die funktionale Ausgerichtetheit dieser Elemente auf eine einsichtige Notwendigkeit, und damit durch ihre durchgängige Bezogenheit untereinander und auf die Totalität des fiktiven Beispiels von Erfahrungswirklichkeit. Wichtiger als diese, hier nur noch einmal der Vollständigkeit wegen aufgeführte Organisationsweise ist nun aber die Analogie zum utopischen *Interessen- und Konsumverhältnis* des Einzelnen, also zur Interessenzurückstellung. Der Leser wird dabei, zum anderen geworden, von der Herrschaft seiner *eigenen* wechselnden und widersprüchlichen Zwecke und Bedürfnisse, das heißt von den *von ihm selbst und real* wahrgenommenen und sinnzerstörenden Interessen *zeitweise befreit*, und kann deswegen während der identifizierten Lektüre auch daran glauben, daß die fiktiven und im Werk vertretenen gegen ein gültiges Sinnziel zuletzt nichts vermöchten. So kann er wie sonst an keinem klassengesellschaftlichen Ort in der Literatur ›sich vergessen‹ als einer vom gesellschaftlichen Sinn Abgeschnittener, und braucht auf die ihn betreffenden gesellschaftlichen Mängel, soweit sie ihn nicht *überwältigen*, nicht mehr achtzuhaben. Zugleich kann er, während er als fiktiver Autor oder produktiv nacherlebender Rezipient sich im Kunstwerk nach dessen erfundenem Sinnziel ausrichtet, in einen oft beschriebenen Zustand des *Enthusiasmus*, das heißt der ›Gottbegeisterung‹ geraten, in dem er die existentielle Aufgehobenheit im Sinn wahrhaftig zu erfahren glaubt. Nach der Seite der *Kunst* hat Kant daneben auch schon die Interessenbehebung im Einzelnen treffend formuliert, wenn er das Verhältnis des Rezipienten zu ihr als ›interesseloses Wohlgefallen‹ bezeichnet. Aber erst die andere Seite der Analogie, nämlich die gesellschaftliche und materielle der Produktion und des Konsums hat zeigen können, daß das ›Wohlgefallen‹ eines ist *wegen* seiner Interesselosigkeit, daß *diese selbst* schon die eine Hälfte der ästhetischen Struktur, und also ein Schönes am Schönen ausmacht. Hegel ist diesem Gedanken ein Stück nähergekommen, wenn er verlangt, daß der sinnliche Anteil der Kunst *als Schein erkennbar bleiben müsse*, die Wunschziele mit den realen also nicht verwechselbar sein dürften, weil sie sonst die ›Begierde‹ erregten, und damit die Befreiung von den Interessen wieder zerstört wäre.[109] Und auch seine andere Ansicht: daß in der Kunst die Befreiung vom Interesse durch die sinnliche Vergegenwärtigung, das ›Scheinen einer Vernunftidee‹ geschieht, kann weiter gelten – freilich nach einem konkreteren und radikaleren, nämlich gesellschaftlichen Begriff dessen, was da *Vernunft* heißt.

Von hier an kann die Untersuchung nun auch aufhören, sich in ihren ästhetischen Überlegungen auf die Literatur einzuschränken: alles, was in den zwei Analogien zur Struktur von *Wörtern* gesagt ist – die ohnehin nur die einfachsten der vielen anderen ›Teile‹ des literarischen Werks ausmachen –, gilt offenbar genauso für *jede Art von Zeichen*, die, für sich oder (wie bei den Strichen eines Bildes) in bezug aufeinander Elemente von Erfahrungswirklichkeit denotieren können. Sie alle sind ja, ob Töne, Farben, Formelemente oder Gesten der Körpersprache, mit allen ihnen dabei zuwachsenden Merkmalen, zur utopischen Struktur anzuordnen, können also, und werden dann auch, ins ästhetische Verhältnis zueinander gesetzt. Es gibt demnach so viele Kunstarten, wie es Sorten von existentiell bedeutsamen Zeichen gibt, und für alle, das heißt *für Kunst überhaupt*, gelten also die oben ausgeführten Analogien.

In beiden hat sich Punkt für Punkt das ästhetische Verhältnis, so wie es immer schon gewußt war, als vergleichbar gezeigt mit dem Verhältnis von real eingelöstem gesellschaftlichem Sinn. *Analog* müssen sie heißen, weil sie in ihrem *Material* verschieden sind; denn das Schöne ist ein Verhältnis nicht von Menschen – ich sollte sagen: *noch nicht* von Menschen –, sondern von Zeichen, oder vom Einzelnen *zu* den Zeichen. Aber ihre *Struktur* ist, nach zahlreichen Einzelbestimmungen, *ein und dieselbe*. Damit halte ich die Richtigkeit der folgenden materialistischen *ästhetischen Grundthese* für ausreichend gesichert: *das Schöne am Kunstschönen ist seine utopische Anordnung. Es hat dieselbe Struktur wie das real eingelöste Sinnverhältnis zwischen dem Einzelnen und der produktionsbestimmten Gesellschaft: einmal als produktive, konsistente Wechselbestimmung zwischen dem Ganzen und den Teilen bei beiderseitigem ›Zuwachs‹, als notwendige Bezogenheit aller Teile*

untereinander und deren Ausrichtung auf ein übergreifendes
Sinnziel; zum andern als Befreiung des Einzelnen aus der Herr-
schaft seiner Eigeninteressen und unmittelbaren Konsum- und
Triebansprüche. Das Kunstwerk ist die Demokratie seiner Teile
und das letzte semantische Symbol für das vergessene allgemein-
gesellschaftliche Sinnziel der materiellen Produktion, und also für
die Utopie.

Die Untersuchung ist, man kann es anders schwer nennen, bei
ihrem *Glückspunkt* angelangt. Denn wenn vorhin in der demokratisierten Arbeit der vergessene Ort sich wiederfand, aus dem die
Wahrheit und das *Gute* stammen, so hat sie sich jetzt auch noch als
das Grundmuster für das *Schöne* erwiesen. Das klassengesellschaftliche Denken hat diese intuitiv immer gewußte Dreieinigkeit
lauter phantastischen Jenseitsinstanzen zugeschoben und schließlich, trübselig ernüchtert, verwerfen müssen: was auch sonst,
solang es die Wahrheit als *Widerspruchsfreiheit*, das Gute als
Privatsache, und das Schöne als *Genußmittel* verkannt hat.
Dreimal falsch: in unserem *einen* und *gesellschaftlichen* Vermögen,
für- und durcheinander zu leben, haben sie ihre gemeinsame
Herkunft. So sind diese drei auseinandergebrochenen und verstei-
nerten Stücke der Hoffnung auf das Bessere wieder zu einer
zusammengefügt, und mir ist es zugefallen, daß ich als erster *mit*
Gewißheit von ihr sagen kann: sie ist *konkret*, sie ist *rational*, sie ist
einzulösen durch eine grundsätzlich *herstellbare Struktur*. Mittels
dieser Struktur und in ihr könnte das Wahre sich erkennen und
ertragen, das Gute sich organisieren lassen: was sie aber *ist*, das
nennen wir, und wissen nicht warum, das Schöne.

Und in der Tat (ich rede weiter feierlich), wie hat je einer sich
überlegen können, was für ihn wohl das Schöne sei, und es wäre
nicht die Utopie gewesen, das ewig uneingeholte geglückte
Verhältnis der Menschen untereinander? Nur, warum haben wir
sie dann in der Kunst nicht wiedererkannt? Seit Thomas Morus
wissen wir, wie sie funktioniert, nämlich produktionsbezogen; ein
riesenhafter und kostspieliger Apparat ist in Bewegung gesetzt, um
ästhetische Strukturen zu erforschen – aber ihre Gemeinsamkeit
mit der utopischen ist unaufgeklärt geblieben. Wovon war sie
verdeckt? Ich bin, jenseits von Sinndefizit und Erfahrung von
gesellschaftlichen Mängeln, beim tiefsten Ursprung der Kunst
angelangt: *weil wir die Utopie nicht haben wollten – aus Interesse*
nicht. Sobald ihr Zusammenhang mit dem Schönen in die Nähe

kam, war von Produktion auf einmal nicht mehr die Rede, war sie jedesmal eine ganz andere: nämlich eine Utopie des ›befreiten Individuums‹, das in der Kunst ›antizipatorisch‹ seine gehinderten und getöteten Möglichkeiten der Sinne, der Liebe, des Genusses entfalten sehen kann – das aber nie im Ernst daran denkt, durch ein verallgemeinertes funktionales Verhältnis zur materiellen Produktion, in das es nämlich auch *selber* eintreten müßte, den gesellschaftlichen Sinn für sich einzulösen, und sich dabei eben auch *einschränken* zu lassen. Unser Begriff von Utopie war ideologisch und klasseninteressiert: so bei Schiller, der von seinem ›ästhetischen Staat‹ sagte – nachdem er diesen großen Gedanken wohlgemerkt *gefunden* hatte – »man möchte ihn wohl nur in einigen wenigen auserlesenen Zirkeln finden«[110], so bei Bloch, so bei Marcuse, so zuletzt noch in der Hannoveraner Schule, die wieder einmal daherkommt mit Bretons unsterblicher politischer Betise, »wir sollen alle Privilegierte werden.«[111] Heißt das, wir sollten alle dasitzen und Bücher übers *Unvermögen der Realität*[112] schreiben? In der könnte dann nämlich gelegentlich das elektrische Licht ausgehen!

Herrschendes Bewußtsein *will* kein funktionales Verhältnis zur materiellen Produktion, weil das seinem *Interesse* entgegensteht: weil daraus eine Praxisanweisung zur *Arbeit* folgen könnte. Deswegen hat es die Utopie zwar symbolisch in der Kunst wiederherstellen und genießen, aber nie so genau hinschauen wollen, *wie sie geht*. Die Vorstellung, in die Produktion zurückkehren zu müssen, ist diesem Bewußtsein ein so tiefer und solang nicht mehr bedachter Schrecken, daß es gar nicht mehr weiß, *wovor* es da erschrickt. Eine ganze Lesergeneration hat mit innerem Erschauern die Rilkezeile aus der ersten *Duineser Elegie* nachgebetet, und ebensowenig wie ihr Dichter gewußt, wovon sie in Wahrheit spricht: »Denn das Schöne ist nichts/als des Schrecklichen Anfang«; und ebenso den andern Vers aus dem *Archaischen Torso Apollos:* »denn da ist keine Stelle,/die dich nicht sieht. Du mußt dein Leben ändern.«[113] *Das ist bürgerlicher Klartext* und heißt: *ich will nicht!* Ich habe *Angst* davor!

Es liegt nun aber doch etwas Enormes darin, daß in einer freilich jahrtausendealten Geschichte von Klassenunterdrückung dem herrschenden Bewußtsein der Bereich der Utopie in seiner wahren Gestalt so ganz versunken ist, und sich vom Kunstschönen so vollständig abgetrennt hat, bis dieses als *geheimnisvoll Selbständi-*

ges an die utopische Stelle sich gesetzt, und ihr Gemeinsames sich auch noch der angestrengtesten und aufrichtigsten Nachforschung hat entziehen können: so tief verdrängt war diesem Bewußtsein die Schuld von Klassenherrschaft, so mächtig und versteinert ist die Barriere von unerkanntem Interesse, die sich zwischen uns und diese einfache Wahrheit legt. Erst die Reflexion aufs eigene und wahrgenommene Interesse hat sie ans Licht gebracht – und ich weiß nicht, wie viele andere noch auf diesem Weg liegen: daß das Schöne der produktionsbestimmten Gesellschaft nachgebaut ist, und daß die Kunst uns immer hat sagen wollen, daß die *so geordnete* Gesellschaft, nun eben – *schön* wäre, im ganzen Gewicht des Wortes, das sie ihm durch ihre Anstrengungen hat geben können. Und umgekehrt bekommt so eine Vorstellung von gesellschaftlicher Utopie, die vorher sich als ein Ideal unter andern hat abtun lassen, jetzt ihre unerwartete und schwer abzuweisende *Beglaubigung* aus dem Bereich des Kunstschönen, den jeder immer schon gekannt und wertgehalten hat, ohne zu wissen (weil er es nicht hat wissen wollen), *was* er da kennt und werthält. Jetzt *hat* sich gezeigt, »daß die Welt längst den Traum von einer Sache besitzt«, von der Sache der geglückten Gesellschaft nämlich, und sein Name ist die Kunst; aber es hat sich auch gezeigt, was uns daran hindert, von diesem Traum ›das Bewußtsein‹ und damit ihn ›wirklich zu besitzen‹[114].

Diese vom Interesse gesetzte Denkgrenze kann man mit Händen fassen, wenn man die *Scheinantworten* durchgeht, die auf die Frage nach dem Schönen immer wieder gegeben worden sind. Das Schöne, so hat die klassische Ästhetik behauptet, liegt im ›harmonischen‹, im ›organischen‹ Verhältnis des Ganzen und der Teile. Aber *woher* hat ein solches Verhältnis diese geheimnisvolle Qualität? Aus sich selbst, hat es geheißen, so *bestimmt* sich eben das Schöne: keine sonderlich befriedigende, weil offen tautologische Definition. Nun, weil dieses Verhältnis einen nicht weiter erklärlichen ›Sinn für das Schöne‹ anspricht. Was *ist* das für ein Sinn? Schwer zu sagen. Woher *kommt* das Wohlgefallen? Das sinnliche Scheinen von *welcher* sittlichen Idee, von *welchem* höchsten Ziel der Vernunft, *wie* hängt die Kunst mit dem Guten zusammen? Großes Schweigen. Die Kunst kann das ›Wesen‹ erfassen, die ›Wahrheit‹, den ›Sinn‹: aber *womit*, wie fängt sie das *an*, woraus *bestehen* die? The willing suspension of disbelief: *warum* sind wir bereitwillig? Die Kunst ist heiter. *Worüber?* Die

Kunst ist Traum. *Wovon?* Die Kunst ist Beschwörung. *Wessen?* Und wodurch ist das Beschworene der Realität überlegen? »Die Kunst legt über die Vielfältigkeiten des Lebens ein bedeutungshaftes Muster.«[115] *Worin* liegt das Bedeutungshafte, ein Muster *von was?* Die Kunst schafft Wirklichkeitsmodelle, sie hat eine Verwandtschaft mit dem Spiel. Und *woraufhin* ist die Wirklichkeit in diesen Modellen vereinfacht, *wodurch* wird das Spiel schön? Durch die Befreiung von der Nützlichkeit. Und was stört an der Nützlichkeit so sehr? Doch nicht etwa die Frage, *für wen* sie, und *wer zu was* nützlich ist?

Weiter: die Kunst ist Mimesis, Lust zur Nachahmung. Wovon? Von der Natur? Warum ist die Natur dann in der Kunst *verändert?* Aber Naturkunst ist ja auch reaktionär. Die richtige Kunst folgt der richtigen Theorie und ist Mimesis der Praxis, Widerspiegelung der Gesellschaft. Wirklich? Dann kann diese Theorie vielleicht auch erklären (versucht hat sie es jedenfalls nicht), warum sich in der Kunst *gerade* der Klassenwiderspruch, der Hauptmangel und das Grundmerkmal aller bisherigen Gesellschaft, strukturell *nicht* abbildet, und auch gar nicht abbilden *kann:* weil sie utopisch und also *klassenlos* gebaut ist – und *daher* hat der dogmatische Literaturmarxismus von Struktur und Form nie etwas wissen wollen, und statt dessen von einem ›Primat der Inhalte‹ gefaselt, *deswegen* hat er keine haltbare Ästhetik hervorgebracht: weil er die wahre utopische Gesellschaftsordnung ja kannte, aber nicht wiedererkennen wollte, um nicht in ihr *leben* zu müssen; denn dann wäre er mit dem Schwindel von der ›gesellschaftlichen Wechselwirkung‹ der Kunst, der seine privilegierte Tätigkeit als gesellschaftlich notwendige erscheinen lassen sollte, wohl bald aufgeflogen.

Es sieht so aus, als hätten wir in der Wissenschaft vom Schönen bisher – *Metaphysik* getrieben; und Metaphysik ist immer vom Interesse stillgelegte Dialektik. Die Frage nach dem Interesse und die beiden Analogien zwischen Utopie und Kunst haben diese Stillegung aufgehoben und damit die idealistische Ästhetik auf die Füße gestellt. Als Grundmuster des Kunstschönen zeigt sich jetzt die Utopie, das eingelöste gesellschaftliche Sinnverhältnis zur materiellen Produktion, und in der so gefaßten *Kategorie von Sinn liegt demnach die zentrale Vermittlung zwischen der Gesellschaft und der Kunst.* Mit ihr läßt sich das Kunstschöne aus den ersten zwei materiellen menschlichen Lebenstätigkeiten der Produktion und des Konsums entwickeln, und nach seinen *beiden* Seiten von Utopie und Ideologie festmachen. So löst sich jetzt das alte, doppelgesichtige Rätsel der Kunst, finden die ehrwürdigen Streitfragen über sie ihre Antwort: ihr niemals ganz erklärter Zauber wie ihr Hokuspokus, das sonderbar Geheimnisvolle ihres Wesens und Ursprungs wie ihre Schamlosigkeit, die Leidenschaft, mit der sie seit eh und je betrieben, verboten, erforscht, verfolgt, beschimpft und verteidigt wird: ob sie unentbehrlich ist oder nichtsnutz, ob bewundernswert oder ekelhaft, ob zum Guten führend oder bloß verführerisch, ob auszehrendes Laster oder höchste schöpferische Möglichkeit, ob Wahnsinn oder Begeisterung, Wahrheit oder Lüge, Aufklärung oder Blendwerk, politische Kraft oder privilegierter Genuß – das alles hat nie etwas anderes gemeint, als daß die Kunst dazu da ist, *das schlechte Bestehende mit Utopie zu überschreiben.*

Sehen wir uns diese beiden Seiten näher an. Über die eine, ideologische, ist nun nicht mehr viel zu sagen. Insoweit die Kunst *Inhalte* verwenden will, und im Fall der Literatur bleibt ihr schwerlich etwas anderes übrig, ist sie dafür angewiesen aufs Bestehende. Sie kommt ohne Erfahrungswirklichkeit nicht aus, und zwar um so weniger, je nachdrücklicher von ihr verlangt wird, sie solle davon *soviel wie möglich* in sich aufnehmen und auf ein Sinnziel ästhetisch ausrichten. Erfahrungswirklichkeit aber *kann* in einer Klassengesellschaft nicht utopisch sein, in einer allgemein warentauschenden schon zweimal nicht. Nur wenn die Kunst sich daher von der Erfahrungswirklichkeit reinigt, wenn sie inhaltslos wird, in bester Annäherung also in der *Musik*, kann sie ihre Utopie retten – aber sie bleibt *leere* Utopie, *sie sagt nichts.* Sobald sie inhaltlich oder gar realistisch werden will, unterschiebt sie damit dem Beschriebenen eine Sinnhaftigkeit, die in der Klassengesellschaft *keine reale Entsprechung hat, muß* sie unterschieben allein durch ihre Anordnung. Sie muß die Wirklichkeit somit falsch abbilden, nämlich *verschönen*, und zwar *strukturell*, das heißt in jeder beschriebenen Einzelheit. Das heißt, *die Kunst lügt, sobald sie etwas sagt*, und *muß* lügen – oder aufhören, ästhetische Struktur und damit Kunst zu sein. Freilich nicht, wie Platon ihr das vorgeworfen hat, weil sie nur Schattenbilder und schlechten Schein hervorbringt, und somit die Wirklichkeit zu wenig idealisierte, sondern weil sie das *zuviel* tut; und deswegen hat Sidney den Dichter gegen den Vorwurf der Lüge auch ganz anders verteidigt:

der könne gar nicht lügen, weil er nie behauptet habe, die Wahrheit zu sagen – *the poet never affirmeth*.

So könnte die Kunst noch nicht einmal, *wenn sie das wollte*, die Wahrheit sagen oder das Wirkliche beschreiben, wie es ist – aber sie *will* ja gar nicht, oder bestenfalls vermeintlich: was sie will, ist der eingelöste Sinn *jetzt* und *innerhalb* des Bestehenden. Daher muß sie, weil dem Sinn als Handlungs- und Erlebnisschema die Utopie der gemeingesellschaftlichen Produktion vergessen innewohnt, diese Utopie aufsuchen, auch wenn sie das nicht will noch weiß: aber richtig ist das Bestehende nur beschrieben als die vom Interesse *zerstörte* Utopie. Wenn die Kunst es als sinnvolles hinstellen will, muß dieses Interesse also daraus verschwinden: und umgekehrt muß dazu dem Bestehenden wieder eine sinnkonsistente Struktur gegeben werden. In dieser Dialektik ist das Interesse das treibende Moment: denn in der doppelten Fähigkeit der Kunst, Erfahrungswirklichkeit in sich aufzunehmen, und ihr zugleich die utopische Struktur zu unterlegen, ist ja die *Zaubermaschine* gefunden, die das Interesse braucht, um sich als sinnzerstörendes nicht begegnen zu müssen. Es versucht mittels der Kunst, das Bestehende nicht sowenig, sondern *soviel wie möglich* zu verfälschen, und das heißt, um nicht *als* Interesse aufzuliegen, *ohne daß mans merkt*, nein: ohne daß die Kunst selbst es merkt – und die Kunst ist, wie man weiß, empfindlich.

Daher ist ihre *erste Mimesis,* die der realgesellschaftlichen utopischen Struktur, ganz und gar *unkenntlich* gemacht – so sehr, daß sie bis jetzt noch nicht einmal *gesehen* worden ist. Und das kann wiederum nur auf eine Weise gelingen: so, daß diese Struktur durch eine staunenswerte Ähnlichkeit der beschriebenen Gegenstände mit den wirklichen unauffällig wird und dahinter *verschwindet:* was aber sonst Mimesis heißt, zeigt sich hier nun als dasjenige Mittel der Kunst, mit dem sie die Nachahmung der realen Utopie in ihr *verdeckt,* und so die beschriebenen Gegenstände trotz ihrer utopisch erhöhten Erlebtheit dem Interesse noch genießbar macht. *Welche* Gegenstände, das war der Kunst auf vielen älteren Stufen, in denen sie geringe Sinndefizite zu kompensieren hatte, noch gleich: es mußten nur *andere* als die produktionsbezogene Utopie selbst sein. Daher ist Utopie auch nicht im Ernst *kunstfähig:* so löst sich das Problem, warum utopische *Inhalte,* etwa in der Science Fiction, aber auch schon in *News from Nowhere* oder in vielen Beispielen des Sozialistischen

Realismus und des Arbeiterromans sich nur zu ästhetisch qualitätsarmen Lösungen verarbeiten lassen – und auch das hat der gescheite Thomas More gewußt, und aus seinem großen Utopieentwurf mit Absicht *keine* Literatur gemacht.

Das Sinnbedürfnis ist *Utopiebedürfnis*. Die ästhetische Deformierung der Wirklichkeit geschieht nicht durch *irgendeine* darübergelegte Sinnstruktur, sondern durch die *utopische*, die als produktionsbestimmte am Gegenpol des klassengesellschaftlich Bestehenden liegt. Die scheinbare Abwesenheit dieser Deformierung ist *Täuschung,* und die von der Kunst angeblich ausgehende Wirkung damit Selbsttäuschung der Kunst, ihrer Autoren wie ihrer Rezipienten. Dieses Wirkungsverhältnis ist *umgekehrt* zu denken: was wir uns als Folge von Kunst herbeiwünschen, ist vielmehr ihre *Ursache*. Das Utopiebedürfnis ist die Quelle sowohl des Sinnbedürfnisses wie der Kunst. Was im *realen* Widerspruch von Interesse und Sinn zu verändernder Praxis drängt, drängt gleichzeitig auch zu dessen symbolischer Behebung in der Kunst, das heißt zu ihrer Hervorbringung und Rezeption, aber ruft dann den Praxisantrieb nicht wach, sondern absorbiert ihn. Der wahre Grund, warum sie so gern hervorgebracht und rezipiert wird, liegt demnach zuletzt auch nicht in ihrem kritischen oder politischen *Stoff*, sondern im *ungewußten* sinnlich-emotionalen Nachschaffen und Nacherleben der Utopie *bei sonst gewahrten eigenen Interessen*, in ihrem bloßen *Genuß;* ihre wahre Praxisanweisung, nämlich die zur Verwirklichung der Utopie, ist noch nicht einmal *erkannt* – viel weniger, weil sie jedem Herrschafts- und Privilegierungsinteresse entgegensteht, *befolgt*.

Dem allen steht dabei das andere unberührt gegenüber: die wahre und utopische Seite der Kunst: immer geahnt, niemals genau bezeichnet. Seit dem Untergang der materiellen Produktion als gewußtem allgemeingesellschaftlichem Sinnziel ist sinnkonsistente Lebenspraxis einzig noch symbolisch in der ästhetischen Struktur nacherlebbar. Mit dieser Struktur hat sie das Vermögen, anscheinend als einzige klassengesellschaftliche Hervorbringung, die Utopie weniger dem Verstand (denn der hat sie grade *nicht* verstanden), als den Sinnen und dem Gefühl schon jetzt als schöne gegenwärtig zu machen. Im Fall der Dichtung bringt sie das mit komplexen, schwerlich ganz ergründbaren Gebilden zuwege; darin sind die Wörter als Lautkörper und Bedeutungsträger so ineinandergefügt und zu Gruppen geordnet, daß sie auf einmal anfangen können zu *arbeiten*, das heißt zueinander und zum Ganzen, das sie hervorbringen und das ihnen Sinn gibt, in ein neues, ›innerviertes‹ semantisches Verhältnis zu treten, und, als zu diesem Ganzen vernetzte Identitäten, einander zu formen, zu reflektieren, festzuhalten und zu heben – *und wenn darin kein Bild des utopisch vergesellschafteten Einzelnen liegt, dann gibt es keins. Es stimmt nicht, daß wir von konkreter Utopie nichts wissen können; im Kunstschönen hat sie uns ja immer vor Augen gestanden.* Mehr noch, werden diese Gebilde auch noch von einer erfundenen Person bewohnt, dem fiktiven Autor, sind eine immerhin *betretbare* Behausung; und wer dahinein identifikatorisch folgt, kann beim Übertritt in das Reich des freilich *bloß noch Semantischen* die Erfahrung von einem Zustand machen, der das *Spiel* eindeutiger Rollen mit den *Traumbildern* der Wünsche vereinigt, in dem seine Interessen und Zwecke in einem Allgemeinen aufgehoben sind und seine Existenz die Ausrichtung auf ein wenn auch erfundenes Sinnziel gewonnen hat.

Um solche Gebilde zu errichten, braucht es eine organisierende kreative Leistung, wie sie klassengesellschaftlich sonst weder genutzt noch auf den Plan gerufen werden kann. Was *Inspiration* heißt, wäre demnach nichts weniger als ein jetzt schon erfahrbarer (und *nach*erfahrbarer), über die alte Stufe hinausgehobener produktiver Ichzustand, ich sage einmal mit Pathos: des *Neuen Menschen*, der, seines realen utopischen Gegenstands beraubt, sich ersatzweise einen phantastischen suchen muß; hier zeigt er, was er kann, wenn er glaubt (und das *tut* der Dichter), als wahrhaft er selbst fürs wahrhaft Allgemeine zu arbeiten. Als befreite – in älterer Rede: als gottähnliche – Produktion ist seine Arbeit auch seit jeher verstanden worden: das einzige klassengesellschaftliche Beispiel einer (freilich isolierten) *Produktionsindividualität* – kein Wunder, wenn ihm dabei beifällig und zugleich scheel zugesehen wird.

Die wahre ästhetische ›Nachahmung‹ geht also nicht etwa auf die Gegenstände, sondern auf die Struktur der gesellschaftlichen Utopie. Es war zu sehen, wie dort der Einzelne eine eigentümliche Befeuerung und Bereicherung seines Wesens und seiner Fähigkeiten erfährt, nämlich die einer sich entfaltenden Produktionsindividualität, die die Gegenstände nicht aus ihrem *Genuß*, sondern aus ihrer freiwilligen *Bearbeitung* kennt, die Menschen nicht aus dem *Tauschverkehr*, sondern aus der Kooperation, und die

Gesellschaft nicht als fremd ihm *entgegengesetzte*, sondern als *seine eigene:* das heißt aber nichts anderes als eine neue und höhere Qualität seines *sinnlichen und emotionalen Welterlebens.* So kommt es, daß es auch die Kunst fertigbringt, indem sie diese Struktur dem Bestehenden unterlegt, die *Erlebtheit* ihrer Gegenstände aufs utopische Maß zu heben, soweit sie die utopische Struktur noch kompensatorisch wiederherstellen kann und darf: und darin bestand ja gerade das, was immer als ›Wahrheit‹ oder ›Wesenhaftigkeit‹ ihrer vermeintlichen Abbilder mißverstanden worden ist.

Das Analogieverhältnis zwischen der gesellschaftlichen Utopie und der Kunst scheint mir damit zwar ausreichend *beschrieben;* aber es bleibt auf eine unbefriedigende Weise rätselhaft, wie in aller Welt es denn jemals zu ihm hat *kommen* können. Die Antwort muß in seiner Entstehungsgeschichte liegen, und tatsächlich läßt sich das Schöne auch zurückverfolgen auf zwei einfache menschliche Grundfähigkeiten, in deren einer unsere *Befähigung* für eine utopische Gesellschaft sich abzeichnet, und in deren anderer gar so etwas wie unsere *Bestimmung* dafür. Die erste ist die Vorbedingung für alle Produktion: diese kann ja nur gelingen durch *Abstand und Suspendierung von Konsum,* allgemein gesagt also nur vermittels des menschlichen Sinn- und Strategievermögens, das die Triebansprüche unter sublimatorischer Erhaltung ihrer Energie zu *umgehen* vermag. Der Zusammenhang ist alt und geheimnisvoll, schwerlich ganz aufzuklären: das Schöne in seiner ersten Gestalt, so kommt es mir aber vor, ist das *Abstandhalten vom Triebziel,* und damit nichts anderes als die menschliche Gesellschaftsfähigkeit nach der Konsum- und Interessenseite, die die Produktion erst ermöglicht.

In dieser Gestalt weiß das Schöne – Kunstschönes kann man es noch nicht nennen – noch nichts von seiner Analogie zur Produktionsgesellschaft; es ist vom *Guten* noch kaum unterschieden. Das Kind soll, um sein Abstandsvermögen einzuüben und herzuzeigen, entweder einen ›schönen Diener‹ machen, oder die ›gute Hand‹ hergeben; und seit jeher gilt es bis heute als gesittet, das heißt triebkontrolliert, das Essen nicht augenblicklich mit Händen zu verschlingen, sondern ›gefällig‹ anzurichten. Ein anderes Beispiel, das jeder weiß und keiner erklären kann, ist die *menschliche Schönheit* selbst. Mit dieser Eigenschaft macht der Liebende die staunende und schlimme Erfahrung, die seit Sappho in der Liebeslyrik bezeugt ist, daß er im Geliebten eine *andere Person* aus der Nähe, und mit der Kraft der Begierde zu sehen, oder, wie die Bibel sich ausdrückt, zu ›*erkennen*‹ lernt: sie bewirkt und bekräftigt den Aufschub und die Suspendierung einer bloß ›tierisch‹ vollzogenen Sexualität, der es noch ganz egal ist, wie ihr Triebziel aussieht, und die bloß den Orgasmus sucht. Es weist also vieles darauf hin, daß diese Bekräftigung des Triebaufschubs *gerade das ist,* was später am Menschen seine ›Schönheit‹ heißen wird: Eros ist der mühsame und bewußtseinssetzende *Umweg* für die Begierde, die danach auf höherer Stufe wieder in sich zurückkehrt; durch ihn wird der Liebende eingeübt zur gesellschaftserhaltenden Kraft der Agape oder ›*Gattungsliebe*‹, die ihn dazu befähigt, von seinem ersten, vereinzelten, die übrige Gesellschaft negierenden Konsum innezuhalten, um dann über den sinn- und identitätsschaffenden *anderen* Umweg des Allgemeinen der materiellen Produktion wieder zu ihm als vergesellschaftetem und selbsteingeschränktem zurückzugelangen. Für beide Vorgänge ist verlangt, wenn sie glücken sollen, daß der Einzelne bei seinen Wünschen und Fähigkeiten bleibt, aber die einen zurücknimmt und die andern entfalten und bereichern kann; aber erst im zweiten, gesellschaftlichen liegt die Verbindung zum Schönen: Diotima führt mit ihrer Schönheit die Liebenden nicht zum Reich der Ideen, sondern zur Utopie des *gesellschaftlich Richtigen* hinauf, und nichts anderes ist es, was sie, als in der Mitte entzweigeschnittene Kugeln, mit Sehnsucht, aber innerhalb des schlechten Bestehenden auch immer wieder *umsonst*, ineinander suchen.[116]

Kann sein, es lösen sich hier noch andere Rätsel: denn es wäre demnach die *Scham* das ebenso alte, und in seiner Bestimmung ganz und gar vergessene gesellschafts*erhaltende* Verbot der unmittelbaren Triebsättigung, das das menschliche Sinnvermögen weckt, und aus dem gesellschaftlichen Muß der materiellen Produktion entsteht. Die Sublimierung, die klassengesellschaftlich nur der Ideologie und Herrschaft dienstbar gemacht ist und deren Mühsal dann auch nicht mehr als notwendig verstanden wird, ist die Vorbedingung für die menschliche Selbsterhaltung wie für die utopische Gesellschaft. In der biblischen Schöpfungsgeschichte ist dieser Zusammenhang zwischen Produktion und Triebverbot ideologisch auf den Kopf gestellt: darin wird die Arbeit als *Strafe* für das übertretene Verbot verhängt, statt dieses als *Voraussetzung* für ihr glückliches Zustandekommen gesehen, und als Strafe muß sie danach auch *allen* erscheinen: dem herrschenden Bewußtsein, weil es sich dem Konsum und den Interessen überantwortet hat, denen die Arbeit nur lästig vorkommt; und den Beherrschten, weil auf sie die Last einer sinnlosen Produktion jetzt allein abgeschoben und die Interesseneinschränkung aufgezwungen wird. Wie zu erwarten, hat Gottvater demnach den Menschen mit dem Triebverbot die gesellschaftliche *Wahrheit* verordnet, und die Phallusschlange *gelogen*, als sie ihnen von der Triebsättigung die Erkenntnis von Gut und Böse versprach: sie haben die beiden vielmehr seither *verwechselt*.

Das Kunstschöne drückt den Abstand vom unmittelbar wahrgenommenen Triebinteresse schon in seinen frühesten Formen aus: dazu verwendet es das zwecklose Zeichen des *Ornaments,* das aber nur zum Schein nichts bezeichnet und nur auf sich selbst verweist: es hat zur ›Referenz‹ *gerade* diesen Abstand von den Zwecken, also das Sinnvermögen. So soll es der Schmuck des menschlichen Körpers, oder seine reizende Verhüllung, der Begierde erleichtern, sich auf den sinnsetzenden Umweg zu machen; und noch die Warenästhetik folgt der Regel, den nackten Konsumzweck hinter der schönen Verpackung zu verbergen – hier freilich in der Absicht, der ermüdeten Eßlust durch andere Verlockungen wieder auf die Beine zu helfen.[117] Aber ursprünglich ist etwas durch seine Verzierung gekennzeichnet als nicht unmittelbar zu *Verzehrendes:* so ist mit der Schmückung des Opfertiers der Verzicht angezeigt, es aufzuessen; und wenn das Kind mit seinem Kot zu malen anfängt, weiß es, daß es ihn nicht mehr verspeisen soll.

Ein Übergang zum Kunstschönen in seiner echten, produktionsanalogen Gestalt findet sich im *Handwerk,* dessen wahrer Zusammenhang mit der Kunst ja auch nach wie vor im Dunkeln liegt. Er besteht tatsächlich darin, wie der Gemeinplatz sagt, daß ›Kunst von Können kommt‹: aber *was* da gekonnt wird, ist wieder die Fähigkeit zum Triebabstand. Nämlich ist das Handwerk die erste körperliche Tätigkeit, und darin liegt seine Würde, die es fertigbringt, nichts für Mund oder Sexualität *Sättigendes* mehr bereitzustellen, und zugleich während der Produktion sich nicht selbst zu sättigen; und dieses schöne Talent teilt es seinem Meisterstück doppelt mit: es soll mit seiner reichen Verzierung zeigen, daß es zum Gebrauch, und nicht zum *Verbrauch* bestimmt ist; aber mit seiner schönen *Form* steht es auch schon in der strukturellen

Analogie zur Produktion, der es einmal dienen wird.[118] Von hier aus bis in alle seine höheren Formen führt das Kunstschöne den Einzelnen auf dem ästhetischen Umweg nicht mehr zum *leiblichen* Genuß zurück, sondern nur noch zu dem geistig-symbolischen der Sinnstruktur selbst. Seine erste ›Ewigkeit‹ besteht also in seinem suspendierten Konsum: das Buch wird ›genossen‹ oder ›verschlungen‹, aber es ist danach immer noch da; und umgekehrt ist die Nichtverzehrbarkeit des Kunstschönen die erste Voraussetzung dafür, daß es dann seine Strukturanalogie zur produktionsbestimmten Gesellschaft errichten kann.

Auch dieser zweiten Analogie liegt ja zuletzt eine elementare menschliche Fähigkeit zugrunde, nämlich die der *sinnlichen Wahrnehmung* oder Aisthesis, der weiter oben schon eine sehr ursprüngliche Verbindung zum Ästhetischen abzulesen war: sie bedient sich zur Aneignung der Welt *innerer Repräsentationen*[119], in denen sich einerseits die Erfahrungswirklichkeit zu gesellschaftlich vorgegebenen distinkten Einheiten oder ›Gegenständen‹ gliedert, nämlich solchen, die es, weil sie Namen haben, ›gibt‹, und die andererseits und zugleich eine Versammlung der für den Einzelnen wünschbaren und relevanten Züge dieser Gegenstände darstellen. Diese Repräsentationen können, selbst schon bildartig, als *Bilder* sich veräußern und zu sich selbst kommen, denen, als interpretierbaren, sinnlich und emotional ›hypermimetischen‹ und gegliederten Totalitäten, immer schon eine ästhetische Qualität zuzusprechen war. Die utopische gesellschaftliche Struktur hat sich nun aber *auch* als eine solche gegliederte, durchgängig bezogene und interpretierbare Totalität erwiesen, und ist damit offenbar dieselbe, die im Wahrnehmungsvorgang selbst aufgesucht, aber dann nur bruchstückhaft in der Erfahrungswirklichkeit wiedergefunden wird. Wir versuchen immer schon, und ohne Erfolg, *utopisch wahrzunehmen:* und daher kann es sein, daß in der Utopie die Bilder nicht mehr *gemacht,* sondern nur noch *erblickt* würden. Denn nur *behelfs- und kompensatorischerweise* treten die inneren Repräsentationen als Kunstbilder nach außen: ihre erste und authentische Veräußerungsform ist aber nicht die ästhetische, sondern diejenige, in der die *Gegenstände* nach solchen ›Vorstellungen‹ *bearbeitet* werden. Wir bräuchten demnach die Bilder der Kunst erst hervorzubringen, seit wir uns von der Möglichkeit zur ›werktätigen Verdoppelung‹ innerhalb einer demokratisierten Produktion selbst abgeschnitten haben: denn nach *deren* Muster und Vorbild, so zeigt sich jetzt, ist offenbar unsere bildhafte sinnliche Wahrnehmung, als tiefste Schicht des Sinnvermögens, *überhaupt allererst gemacht,* und wird daher auch erst in der Utopie seine wahre Bestimmung finden und unverstellt zu sich selber kommen können.

3. Kunstform und Gesellschaftsform

Damit sind die Analogien zwischen der Kunst und der Utopie auf der Ebene ihrer *Strukturen* beschrieben und, soweit daran noch etwas Klares auszumachen war, auf menschliche Grundfähigkeiten zurückverfolgt. Dem sollte sich jetzt aber noch eine andere Überlegung anschließen, bei der ich freilich manches im Vorläufigen und Spekulativen lassen muß: nachdem nämlich die Struktur der Kunstwerke zustandegekommen war mittels einer mit den ›Inhalten‹ übereinstimmenden *Form,* und erst durch diese rätselhafte Qualität ihre durchgängige Interpretierbarkeit erlangte[120], stellt sich doch die Frage, ob die Kunst und die Utopie nicht auch *darin* einander entsprechen müßten, oder allgemeiner, ob nicht auch zwischen den Formen, zu denen sich die *Zeichen* anordnen lassen, und den *gesellschaftlichen* bisher unerkannte Analogieverhältnisse herrschen könnten. Dabei wird mindestens im Umriß deutlich werden, daß manche Gesellschaften (so die unsere) tatsächlich in einem derartigen Verhältnis zu *vorästhetischen* Formen stehen, und daß umgekehrt für die Utopie eine zur *ästhetischen* analoge Formierung verlangt ist, wenn sie nicht, indem sie *totalitär erkrankt,* zum gesellschaftlichen Übel werden soll.

Mit einer allgemeinen Begriffsbestimmung der Form will ich mich dabei, wegen ihrer Unmöglichkeit, nicht lange abmühen: da die Vorstellungskraft, wie der Versuch zeigt, offenbar unfähig ist, sich etwas ganz und gar *Formloses* zu denken, und demnach *alles* Form ist oder hat, lassen sich für diese auch keine spezifischen Merkmale angeben. Ihre Entgegensetzung zu einem ›Inhalt‹ wie zu einem ›Stoff‹ ist trügerisch, weil diese in vielen, genaugenommen in *allen* Fällen ja auch schon eine Form haben müssen; und überdies wird dabei über die Form auch nichts anderes ausgesagt, als daß sie *nichtinhaltlich* und *nichtstofflich* ist. Als ein *Kategoriales* für Bewußtsein bleibt sie diesem ein schwer faßbarer und nicht weiter reduzierbarer Sachverhalt: Form, so scheint es, ist eben immer nur – Form. Dagegen finden sich im Bewußtsein anscheinend fest vorgegebene Vorstellungen von ihrer *Entstehung*, die alle dadurch merkwürdig sind, daß sie etwas befremdlich *Metaphorisches* an sich haben: eine Form kann wohl immer nur gedacht werden als ein Resultat irgendwelcher ›*Kräfte*‹, die auf ein Anderes in verschiedener Weise einwirken und damit verschiedene *Formarten* hervorbringen. Ich will versuchen, obwohl die Beschreibung umständlich und abstrakt ausfallen wird, sie aufzuzählen. Eine erste oder ›einfache Form‹ entsteht demnach so, daß (wie immer geartete) innere oder äußere ›Kräfte‹ in ihrer Wirkung bei einem Widerstrebenden haltmachen, und ihm so eine feste *Grenze* als ›Form‹ aufprägen, wodurch diese dingähnlich und im ›Innern‹ zum bloßen Stoff und Inhalt wird. Solche Formen brauchen weder untereinander, noch die Elemente in ihrem Innern, in irgendwelchen *Relationen* zu stehen, also eine *Struktur* zu bilden. Dies wird denknotwendig erst bei der zweiten Formart, in der, wieder nach fester Vorstellung, die formenden ›Kräfte‹ ein Anderes *durchdringen* und so auch im ›Inneren‹ formen. Dieses ›Innere‹ kann dabei *durchgängig* geformt werden; es kann aber auch seinerseits aus Formen bestehen, die als solche entweder *stehenbleiben* und nur in bestimmte Verhältnisse zueinander gesetzt sind, oder nach dem Muster der ›einfachen‹ Form *geprägt* werden. Je nachdem entstehen dabei aber auch verschiedene *Strukturen:* eine ›reine‹, innerhalb derer nichts von ihr Verschiedenes mehr aufzufinden ist; eine Struktur von Elementen, die gegenüber der formenden Kraft autonom bleiben; oder eine solche von dingähnlich gewordenen ›Inhalten‹.

Daneben gibt es nun noch eine dritte und schwerlich ganz aufzuklärende Formierung, für die die organischen *Naturformen* ein Beispiel sind. In ihren ›Inneren‹ finden sich immer nur wieder lauter Formen – die aber *weder* ›einfache‹ *noch* autonom sind, sondern zueinander in Wechselmodifikation treten, so daß *eine die andere formt*. Dabei sind die sonst bei der Formentstehung mitgedachten ›Kräfte‹ miteinander vermengt: diese Formen lassen sich nicht anders vorstellen, als alle zusammen von derselben ›inneren‹ Kraft hervorgebracht, die ein Widerstrebendes ›außen‹ an einer fremdgesetzten, notwendigen Begrenzung findet, und so wiederum zur Form wird, die die in ihr eingeschlossenen ›inneren‹ Formen ebenfalls zurückformen kann. Das entstehende Gebilde kann also von zwei ›Kräften‹ zugleich durchdrungen werden; und zugleich wird in dieser eigentümlichen Formierung, und *nur* in dieser, keine seiner Formen jemals zum bloßen ›Inhalt‹ einer anderen; sie alle zeigen und behalten ein wesentliches Vermögen, das nämlich den Formen allein zukommt, *ihrerseits formbar* zu sein: als solche bilden sie ein ›Zwei-in-einem‹ und besitzen die Eigenschaft einer *doppelten Ausrichtbarkeit,* in der eine von *außen* dem Ganzen auferlegte begrenzende, und eine von innen *dagegen* wirksame Kraft einander modifizieren können, ohne daß dabei die eine die andere vernichten müßte. Die formbar gebliebenen Formen sind dadurch, als ›*Medium*‹ im weitesten Verstand, zu einer Vermittlung fähig zwischen dem, *was aufs Ganze ein-, und aus dem Einzelnen herauswirkt,* und zwar, wie es scheint, als Einziges unter allem Vorhandenen.

Aber was sind das für ›Kräfte‹, die, und zwar gar noch als zwei verschiedene, bei der Entstehung der Formen immer mitgedacht werden? Diese Vorstellungen werden klarer, und verlieren auf einen Schlag ihre schlechte Bildhaftigkeit, sobald ihnen nicht mehr die materiellen, sondern die Formen innerhalb der Welt der *Zeichen* und der *Gesellschaft* zugrundegelegt sind; so daß man fast glauben könnte, diese und nicht jene seien ihr ursprüngliches Muster. Denn die *hier* wirksamen Kräfte sind ja keine unfaßbaren Wesenheiten mehr, sondern eben die *menschlichen Intentionen,* und zwar einmal die *allgemeinen und äußeren* der gesellschaftlichen Notwendigkeiten, und das andere Mal die *inneren des Einzelnen.* Dabei kommt auch den *Zeichen,* von denen hier zunächst geredet werden soll, grundsätzlich das oben beschriebene Vermögen zur eigenen Formbarkeit und Vermittlung zu: ihre Designate (etwa die von Wörtern) sind ja zunächst dasjenige, was es gesellschaftlich ›gibt‹ oder genauer, ›geben‹ *soll*. Dieses Allgemeine wird von ihnen in der inneren Repräsentation des Einzelbewußtseins auch als Form wachgerufen, und dann aber sogleich nach dessen *eigenen* und *einzelnen* Intentionen modifiziert, nämlich versuchsweise auf durchgesetzte Ichautonomie und fremdverursachte Notwendigkeit hin ausgerichtet.[121] Wenn dies gelingt, wird die so formbar gebliebene Form wieder zu einem ›Zwei-in-einem‹, in dem die allgemeine und einzelne Intention sich treffen können, ohne unterzugehen: sie stehen in der Struktur des *Einander-Bedeutens,* und so können die Zeichen dann auch als *Bild,* das heißt als erste *ästhetische* Form, nach außen treten.

Daß die Zeichen und ihre Signifikate dieses Vermögen behalten, hängt nun aber davon ab, in welche Formierung sie gestellt sind: in zwei bestimmten Formierungsarten werden sie nämlich von ihrer modifizierenden Kraft abgeschnitten und zum bloßen Passivum einer anderen herabgedrückt. Dies geschieht dann, wenn ihre Formierung entweder allein einer *Interesseintention* oder allein einer *Sinnintention* folgt. Die erste bedient sich ihrer Natur nach der Zeichen, so besonders der Wörter, nur für ihre *Zwecke*, das heißt zur Bezeichnung von festumrissenen und nutzbaren *Objekten*. Dabei verwendet sie die Wörter typischerweise als ›definierte‹, das heißt nicht mehr formbare Begriffe, die dem Bezeichneten ihre feste Grenze aufprägen und es nur noch als ihren dinghaften ›Inhalt‹ erscheinen lassen. Obwohl die Begriffe wie das von ihnen Bezeichnete also *für sich* Formen sind, ist in ihrer *Entgegensetzung* die Formqualität des Designats nach Analogie der ›einfachen‹ Formen gelöscht: vielleicht daß die Meinung, es gebe überhaupt etwas, was *nur* ›Inhalt‹ sein könne, gar nur als derartige Interessentäuschung zustandekommt. Die Interesseintention fügt diese ›einfachen‹ Formen zu einer neuen, streng hierarchischen, zusammen, die sich das Einzelne unterstellt und in verschiedenartige, ›zwingende‹ und instrumentalisierbare Wenn-Dann-Zusammenhänge einsperrt. Sie bringt so eine Struktur hervor, in der das Einzelne, unter Ausschluß aller anderen Besonderheiten, immer nur das ›Allgemeine‹ eines bestimmten Zwecks bedeutet. Weil die Interesseintentionen nun aber auch in ihren Zielen *verschieden sind*, bringen sie eine *unverbundene Vielzahl* solcher Formgebilde hervor, die *unter* sich nur *Dinge* subsumieren, aber auch jede Zurückmodifikation durch eine *übergreifende Form* von sich weisen. Es entsteht, dem Spiel vergleichbar, in dem die in keiner objektiven Notwendigkeit begründeten Regeln alleine herrschen und die Einzelintentionen und -wünsche nichts verloren haben, ein *Nichts an Bildern*. Das deutlichste Beispiel dafür ist die Zwecksprache der *Wissenschaft*, die eine *nicht erlebbare*, aber *rationale* ›Wirklichkeit‹ faßt und immer da, wo sich ein wahrhaft allgemeiner Interessenkonsens legitim durchsetzen läßt, wie gegenüber der *Natur*, auch ihre bild- und personenlose Wahrheit hat: die aber, sobald sie sich die *Menschen* vorknöpft und dabei zu ›Inhalten‹ und das heißt zu *Dingen* macht, schnell zum Instrument der Unterdrückung und der Abtötung entartet.

Etwas anderes geschieht mit den Zeichen, wenn sich eine einzelne

Sinnintention zu ihrer alleinigen Formierungsinstanz aufwirft, also jetzt nach *dieser* Seite alle Einzelinteressen als unerheblich übergeht und restlos auf ein bestimmtes, zum allgemeinen erklärtes Ziel hin ausrichten will. Dabei verwendet sie die Wörter typischerweise ohne Rücksicht auf ihre eigenen und durch Konsensus gedeckten ›Inhalte‹, das heißt beliebig und materialhaft. Diese werden in einer solchen Formierung von der Sinnintention nach dem Muster der ›reinen‹ Struktur ganz und gar durchdrungen: sie *entleeren* sich. In der so geschaffenen Struktur bedeuten sie gar nicht mehr sich selbst, sondern nur noch, was die Sinnintention von ihnen will. Weil diese nun aber außer ihrem Ziel nichts kennt, bringt sie auch nur eine *einzige* übergreifende Form hervor, die keine andere neben sich duldet. Es entstehen, dem *Traum* vergleichbar, in dem ebenfalls nur eine Einzelintention etwas zu sagen hat, *Bilder von nichts.* Das deutlichste Beispiel dafür ist die Sinnsprache der *Ideologie,* die eine *erlebbare,* aber irrationale, bloß eingebildete, und damit *wahnhafte* ›Wirklichkeit‹ faßt, und zwar immer mittels der nichtigen Metaphorik einer von einer Einzelintention restlos bestimmten Welt: das kann die eines angeblich allmächtigen *göttlichen* oder auch eines *Volkswillens* sein, der sich dann in seinem ›Körper‹ gegen die bekannten ›Zersetzungen‹, ›Beulen‹ und ›schleichenden Gifte‹ zu wehren hat. Nach demselben Umdeutungswahn wird dann jedes Verhalten, das dieser Intention nicht in den Kram paßt, wie wahrhaftig, treu oder gerecht es auch sein mag, zur ›Lüge‹, zum ›Verrat‹ und ›Verbrechen‹.

Beidemale hat hier also eine Form ihre eigene Formbarkeit verloren, und dadurch die ihr unterstellten entleert oder zu dinglichen Inhalten gemacht. Nur in *einer* Formierungsart der Zeichen, nämlich der *ästhetischen,* ist ihr ›Inhalt‹ nie *bloßer* ›Inhalt‹, sondern wird dialektisch zur *Form der Form* dadurch, daß er sie dazu bringt zu *machen,* was er *sagt.* Im geglückten Kunstwerk gilt diese Formierung des ›Oberen‹ durchs ›Untere‹ durch eine Vielzahl von ineinander verschachtelten Formen hindurch, die sich damit alle, bis zur ›höchsten‹ und einzelnen des Werks selbst, als ihrerseits Geformte und Formbare auffassen lassen. So bestimmen in dem berühmten Hexenwort aus *Macbeth,* »Fair is foul, and foul is fair«[122] die *lexikalischen* Formen die *syntaktischen* (und umgekehrt); diese stehen wieder in demselben Verhältnis zu den *szenischen* Formen, in denen die Verwechslung von ›schön‹ und ›übel‹ ja *agiert* wird; und alle miteinander geben dem Stück schließlich seine *dramatische* Form, die als Inszenierung einer verworrenen *Weltordnung* aus allen Einzelformen *folgt* und diesen umgekehrt ihre *Notwendigkeit* gibt. Nicht nur fügt sich hier also das Einzelne dem Allgemeinen, sondern dieses auch dem Einzelnen, weil alle ›dasselbe‹ wollen, das dann doch nicht dasselbe ist, nämlich die formale Zusammengefaßtheit unter eine (ideologisch gesetzte) Notwendigkeit ohne Untergang des darunter subsumierten Einzelelements.

Diese Formierungsart scheint nun aber an eine grundsätzliche Grenze zu stoßen. Nach einer anscheinend notwendigen Vorstellung nämlich muß doch *jede* Form-Inhalt-Dialektik, bei noch soviel Wechselmodifikation, zuletzt eben *doch* an die Grenze stoßen einerseits einer gleichwie *gesetzten* übergreifenden Form, andererseits eines *nur noch* geformten ›Stoffs‹, und ein Gebilde der *reinen Vermittlung*, dem diese ›Endpunkte‹ fehlten, wäre demnach ein Ding der Unmöglichkeit. Die ästhetische Formierung umgeht diese Grenzen so, und ist darin dem Verhältnis zwischen der ›Naturanlage‹ und den zueinander vermittelten Formen der *Organismen* ähnlich, daß in ihr nicht nur das Ganze (natürlich) alle seine Teile enthält, sondern daß darin auch *jeder Teil das Ganze enthalten kann*. In der zitierten Hexenformel ist ja das *ganze* Stück schon unausgefaltet eingeschlossen, und ebenso, nach seinem jeweiligen *Stilgesetz* nämlich, trägt das Kunstwerk in vielen, ja genau genommen *allen* seinen Teilen sich selbst immer wieder in sich – wenn es nämlich richtig war, daß *jedes* seiner Zeichen etwas *spezifisch*, und durchs Ganze modifiziertes, *Anderes* bezeichnet als jemals irgendwo sonst.[123] Diese Formierung bringt also eine Struktur hervor, in der alle Elemente, auch die einfachsten, kompatibel bleiben als aufeinander bezogene formbare Formen: *deswegen* können sie alle sich selbst einander, und das Ganze zugleich bedeuten, das nur als ein so vermitteltes jemals sinnvoll erscheinen kann. Das Kunstgebilde ist den ›oberen‹ und ›unteren‹ Endpunkt seiner Formvermittlung unerwartet so losgeworden, daß es die beiden *zusammenschließt*, und gelangt erst dadurch zu derjenigen Eigenschaft der alle Teile umfassenden und sinnkonsistenten *Interpretierbarkeit*, die seine schöne Differenz zur Erfahrungswirklichkeit ausmacht. Diese Art der Formierung ist damit *notwendiges Mittel* zur Errichtung der ästhetischen – und wie sich bald zeigen wird, auch der utopischen – Struktur als einer *durchgängig vermittelten Totalität.* Darin liegt nun auch die (vom Leser wohl schon vermißte) Möglichkeit, die Kunstgebilde und die Utopie von semantischen und gesellschaftlichen *Systemen überhaupt* zu unterscheiden, die es ja auch zu einer Notwendigkeit der Anordnung wie Beschaffenheit und einer allseitigen Ausrichtung ihrer Elemente bringen können, aber als ›einfache‹ und oft gewalttätige Form-Inhalt-Entgegensetzungen oder *vermittlungsloser Totalitarismus* doch nicht aufhören, System zu bleiben.

Es ist aber, bevor ich zur gesellschaftlichen Seite der Analogie kommen kann, neben der Formbarkeit und Vermittlungsfähigkeit der semantischen Formen noch von ihrem dritten, und erstaunlichsten Vermögen zu reden: daß sie als ›höhere‹ den nachgeordneten zu einem nicht durchbrechbaren Schein von *Wirklichkeit* verhelfen können.[124] Dies am unauffälligsten, wenn die einen mit den andern ›übereinstimmen‹; aber auch dann schon, wenn sie diesen andern, etwa als traditionell vorgegebenes Reimschema oder versteinertes Genre *äußerlich* bleiben: sie vermögen dann trotzdem den von den ›Inhalten‹ geweckten inneren Repräsentationen ein unzweifelhaftes, real erfahrbares *Jetzig-Äußeres* zu geben, das ihnen als bloß phantasierten abgeht – und zugleich eine Notwendigkeit der Beschaffenheit und Abfolge der geformten Elemente, die aus diesen selbst zu kommen scheint, mithin einen interpretierbaren *Sinn.* Solche Gebilde fangen aber an, diesen Sinn zu verlieren, und aus dem ästhetischen Bereich herauszufallen, sobald die übergeordneten Formen als ›leere‹ oder ›erstarrte‹ auf sich aufmerksam machen: dann wird nämlich erkennbar, daß *sie* es sind, und nicht ein Wirkliches, was den nachgeordneten ihre Notwendigkeit gibt. Sie behandeln diese nur noch nach dem Muster der ›einfachen‹ Formen, und machen sie also nach einem ihnen nicht angemessenen, uneinsichtigen und doch unumstößlichen Zwangsgesetz zu dingähnlichen *Inhalten* – und schon sind aus den ›Schneebusen‹ und ›Korallenlippen‹ des barocken Trivialsonetts eigentümliche und *nichts mehr* bedeutende *Wortdinger* geworden. Unerwartet werden dabei dann aber auch die ›leeren‹ Formen *selber* dinghaft; sie stoßen dem Leser auf als penetrantes *abbacc,* und es muß ein Pedant gewesen sein, der das öde Schema auch noch an den Rand geschmiert hat: niemand sonst hätte damit etwas anfangen können, weil es, wie alle zum Ding gewordene Form, nur noch ist, was es ist, und sich also auch nicht mehr *interpretieren* läßt. Nun zeigt sich der tiefere Grund für die

Vorschrift, daß die Formen im Kunstwerk *unauffällig* bleiben sollen – weil sie sonst Objekte werden und damit ihr Wesen verlieren, das in ihrer *eigenen* Formbarkeit liegt.

Im geglückten ästhetischen Verhältnis sind daher die Formen nur so vorhanden, daß man *vermittels ihrer* und *durch sie* einen ›Inhalt‹ als dasjenige erfahren kann, was er immer hätte bleiben sollen, nämlich als formbare und ihrerseits formende Form, und umgekehrt kann man nur vermittels und durch ›Inhalte‹ *solcher Art* der übergeordneten Form als formbar gebliebener wieder innewerden. Die einen werden anschaulich immer nur über die anderen, man kann sie nur *durcheinander,* also zugleich sehen und nicht sehen: sie sind keine übereinstimmenden Dinge, sondern das *Ereignis* von Übereinstimmung zwischen einer Vorstellung und ihrem angemessenen Jetzig-Äußeren. In ihnen findet die Vermittlung des Allgemeinen und des Einzelnen, wie in der Erfahrungswirklichkeit ja auch, als *Prozeß* statt, aber im Gegensatz zu dieser ist sie hier *gelungene* Vermittlung, bei der das gesellschaftlich Vorgegebene und das vom Einzelnen Herbeigewünschte sich ineinandergefügt haben und *so auch nach außen treten* – gewiß nur in der ideologischen Kunstkapsel, sicherlich nur zum Schein und symbolisch: aber nur nach *diesem* Muster, wenn überhaupt, ist doch eine Welt zu denken, die dem Einzelnen nicht mehr fremd gegenüberstünde oder allein in seinem Kopf stattfände, sondern die er im Umweg über das Allgemeine als die seine sich *aneignen* könnte. Es ist *diese* Art der Formen, die deswegen auch die ›lebendigen‹ heißen, die uns vor der toten Überwirklichkeit der Verdinglichung wie der blinden Unwirklichkeit des Wahns bewahren und zu einer *formbar gebliebenen* Welt verhelfen könnten, in der wir nicht mehr vor der schlimmen Wahl stünden, uns aufzulösen oder zu Stein zu werden.

Um dieses Muster weiter auszudenken, braucht es jetzt den Schritt aus der Welt der semantischen Formen in deren gesellschaftliche Entsprechung. Daß hier analoge Verhältnisse herrschen können, läßt sich leicht begründen. Die Zeichen sind ja bloß die *Objektivierung* der in der Gesellschaft wirksamen Intentionen, und ihr Vermögen, deren Allgemeines und Einzelnes zueinander vermitteln zu können, muß natürlich erst recht den einzelnen *Individuen* zukommen, wenn sie überhaupt soziabel sein sollen. Tatsächlich zeigt sich auch, daß bei der menschlichen Interaktion, in »jeder gesellschaftlichen Situation, die ihren eigenen Ursprung überdauert«[125], die Akteure ihr Verhalten zueinander ›habitualisieren‹, wodurch »Typen von Handelnden reziprok typisiert werden«, also eine »Typik nicht nur der Akte, sondern auch der Akteure«[126] entsteht. Sie können also durch ihr Verhalten und die dahinterliegenden Intentionen einander prägen, zeigen sich als *formbare Formen.* Dies aber nicht nur auf der Ebene verschiedenartiger *individueller* Intentionen: denn es liegt ja schon im Begriff der ›Typisierung‹ selber, daß dabei im Typisierten seine eigenen und besonderen durch *allgemeine* und überindividuelle Intentionen so modifiziert sind, daß er eine für alle wiedererkennbare *Rolle* übernimmt; und es geschieht dies auch nicht nur vorübergehend, so daß sich die Typisierung immer wieder verlöre, sondern er kann sie durch *Interiorisierung* auch dauerhaft zur eigenen machen. Dabei kommen die übernommenen und die je einzelne Intention, die Rolle und das Selbst, zwar niemals ganz zur *Deckung,* aber sie schließen einander auch nicht aus: in seinem *Ich* hat das Individuum seine Ausrichtbarkeit nach beiden, in seiner Identität das ›Zwei-in-einem‹, in dem das Allgemeine und das Einzelne sich in ihm, nicht anders als in den Zeichen, *vermitteln* lassen.

Die allgemeinen Intentionen müßten dabei dem Einzelnen immer nur wie höchst blasse und ungenaue Wesenheiten vorkommen und ohne formende Kraft auf ihn bleiben, träten sie nicht ihrerseits als distinkte *gesellschaftliche Formen* auf, zu denen die Individuen in verschiedener Weise immer schon angeordnet sind. Diese Formen sind die *Institutionen,* die aus nichts anderem bestehen als aus einem Zusammenschluß von Einzelnen über ein jeweils Gemeinsames ihrer Intentionen so, daß dieses allen andern immer wieder neu ›gegenwärtig gemacht‹, also *repräsentiert* wird. Dazu müssen diese Einzelnen diese gemeinsame Intention und nichts anderes *verkörpern,* das heißt mit einem auf die Intention allein ausgerichteten Tätigkeits- und Eigenschaftsbündel auftreten – also wiederum in einer nun gesellschaftlich gewordenen *Rolle,* die mithin das *Konstitutive* der Institutionen ausmacht: »es sind Rollen, mittels deren Institutionen der individuellen Erfahrung einverleibt werden . . . Nur in ihrer Repräsentation durch Rollen manifestiert sich die Institution als wirklich erfahrbar.«[127] Es sind nun eben *diese* institutionalisierten Intentionen, und damit schließt sich der Kreis, die vom Einzelnen immer mindestens teilweise interiorisiert werden müssen, wenn er im Lauf seiner Sozialisation »eine Welt ›übernimmt‹, in der Andere schon

leben«[128] – und zwar als ›Vorstellungen‹ übernimmt, die dann bei
der Wiederbegegnung mit den Institutionen auf ein ihnen ange-
messenes *Jetzig-Äußeres* treffen, und damit als nicht nur phanta-
sierte sich ratifizieren lassen. Genau wie die semantischen, erhalten
damit auch die gesellschaftlichen Formen realitätssetzende Kraft:
»Institutionen sind nun etwas, das seine eigene Wirklichkeit hat,
eine Wirklichkeit, die dem Menschen als äußeres, zwingendes
Faktum gegenübersteht ... – wie die Natur und wie diese
vielerorts undurchschaubar.«[129]

Dieser Vorgang, fürs Zustandekommen von Gesellschaft wohl
unerläßlich, ist gleichwohl, weil von *innen her* nicht mehr
überblickbar, beängstigend: alle Mängel der institutionellen Ordnung werden dabei ja, einmal erfolgreich verinnerlicht, *unsichtbar*
und lassen sich allenfalls noch ahnungshaft erkennen aus dem
Leiden und Widerstand des Selbst, wenn es in die schlechten
Rollen hineingezwungen wird. So erklärt sich wohl am ehesten die
erstaunliche und oft empörende *Unbeendbarkeit* von Institutionen. Aber es scheint auch keine Garantie dafür zu geben, daß eine
institutionelle Ordnung, das heißt die in ihr wirksam gemachten
Intentionen, irgendeinem übergeordneten Leitziel oder auch nur
einer konsistenten ›Logik‹ folgt[130]: auch wenn in ihr falsche,
zerstörerische oder widersprüchliche Intentionen repräsentiert
sind, wird sie »zur Welt *schlechthin*«.[131] Wo umgekehrt die
institutionalisierten Intentionen einzelne (und wer weiß wieviele)
Bereiche unter den Titel stellt ›das gibt es nicht‹ oder ›das macht
man nicht‹, kann sich im Einzelnen der Gedanke vielleicht gar
nicht mehr melden, es könne so etwas wie das Ausgesparte doch
geben und gemacht werden. Die Institutionen können so dem
Einzelnen unmerklich die *Grenzen* dessen setzen, was er als
wirklich erfährt.

Die inhaltlichen Ziele seiner eigenen Intentionen müssen dabei
freilich dem Einzelnen nicht unbedingt verloren gehen: denn er hat
immerhin noch die Möglichkeit, an den anderen gesellschaftlich
verfügbaren Rollen seine eigene zu messen und sie so als gewollte
oder ungewollte zu erkennen. Es geht die institutionelle Prägung
des Einzelnen aber auch auf verschiedene *Art und Weise* vor sich,
deren jede eine andere *Art von Wirklichkeit* setzt – und die kann
dann, weil zu einem Vergleich keine gleichwertige andere mehr zur
Verfügung steht, in ihrer Eigenart kaum noch deutlich ins
Bewußtsein treten. Genau in dieser Schwierigkeit kann nun die

Überlegung weiterhelfen, inwieweit die gesellschaftlichen Formierungsarten zu den semantischen analog sind, bei denen es ja auch darum ging, *wie* sich die Formen und die Zeichen zueinander verhielten. Hier war zu sehen, daß *vorästhetisch* die Zeichen von Formen bestimmt sind, die ihrerseits *nicht mehr formbar* waren, und damit das Geformte von seiner Bedeutung entleeren oder sich als bloßen Inhalt entgegensetzen: so nach der Sinnseite des *Wahns* und der *Ideologie*, bei der eine übergreifende Form alles an sich reißt und für sich vereinnahmt; und nach der Interessenseite der positiven *Wissenschaft*, die eine unverbundene Vielzahl verdinglichter Formgebilde hervorbringt und kein Übergreifendes mehr über sich duldet. Daß nicht nur die Zeichen, sondern auch die Gesellschaft solche Fehlentwicklungen in ihrer Formierungsart kennt, und damit verschiedene Arten von schlechter Wirklichkeit hervorbringt, dafür möchte ich jetzt einige Beispiele angeben und am Ende zeigen, daß die Utopie, wenn sie glücken soll, zur Herstellung ihrer Sinnstruktur auch in ihrer Formierung den Kunstwerken folgen muß.

Alle diese Fehlentwicklungen sind aus einer Gesellschaftsorganisation zu rekonstruieren, die in ihren Objektivationen und den dahinterliegenden Formen intuitiv immer schon als *organische* aufgefaßt worden ist, und daher als rückwärtsgewandtes Ideal ihre Anziehung nie ganz verloren hat – nämlich die der *traditionellen*, das heißt einmal der Stammes-, und dann, mit Abstrichen, der mittelalterlichen Gesellschaft. Was davon überliefert oder noch übrig ist, wirkt auf eine schlagende Weise *naturähnlich*, und tatsächlich stehen die gesellschaftlichen Formen hier noch in Analogie nicht zu den ästhetischen oder vorästhetischen der Zeichen, sondern zu den *Naturformen*. Dafür spricht zweierlei. Einmal ist zwar auch die traditionelle Gesellschaft durchaus eine von den *Interessen* in Gang gehaltene: sie alle aber sind zusammengeschlossen und eingesperrt in eine nur zäh sich erweiternde *Naturschranke*, die als eine von allen gewußte und für alle geltende allgemeine Notwendigkeit eine freie, also prinzipiell schrankenlose Interessenentfaltung objektiv gar nicht zuläßt und daher auch subjektiv weitgehend verhindert. Die institutionelle Ordnung hat hier noch ihr übergeordnetes Leitziel und damit eine ›Logik‹, denn sie muß in allen Einzelformen auf die allgemeine Intention, nämlich aufs Überleben gegen die Natur, ausgerichtet bleiben – und insofern, weil funktional fürs Ganze, auch ›lebendig‹. Sie ist in sich und zum Allgemeinen der Naturschranke so vermittelt, daß sich alle Intentionen, als ›innere‹ Kräfte in diesem fest vorgegebenen Raum gleichsam *zurechtquetschen* müssen: daher gibt es hier auch so gut wie keinen *institutionsfreien* Bereich, und sei es der der Bekleidung oder der arbeitsfreien Zeit, der nicht durch Brauch oder Vorschrift geregelt wäre, und umgekehrt weiß sich der Einzelne fürs eigene Überleben auf diese Formen auch dauernd angewiesen. Sie prägen ihn über den *ganzen* Umkreis aller seiner Intentionen zum *durchgeformten* Typus: auch im Innern der so formierten Gesellschaft findet man immer wieder nur lauter Formen.

Objektiv und von außen gesehen zeigt der Einzelne sich hier also als eine in einem langsamen Prozeß *geformte Form,* von der das bestimmende Allgemeine der Naturschranke auch *zurückgeformt* wird; subjektiv aber weiß er nichts von dieser Wechselmodifikation und Vermitteltheit, sondern ist mit der ihm eingefleischten Rolle identisch und stellt auch die der anderen nicht in Frage. Es wird ihm ja, durch *Naturdruck,* das Ganze der institutionalisierten Ordnung interiorisiert; für so etwas wie ein für ihn selbst wahrnehmbares *Selbst,* das nichtinstitutionalisierte Wunschziele kennt und festhält, bleibt kein Platz: es ist in den archaischen Gesellschaften als *Magie* vielmehr seinerseits institutionalisiert, und wo es sich später, wie bei den mittelalterlichen Hexen, als nichtgemeinsame Einzelintention melden will, unterliegt es der schärfsten Abwehr und Zensur. In dieser Zurückdrängung des Selbst liegt einerseits die Erklärung für die heute kaum mehr begreifliche Unempfindlichkeit und ›Roheit‹ der so vergesellschafteten Individuen; andererseits aber auch für die Abwesenheit von *Entfremdung,* die ja immer nur aus mangelhafter Verinnerlichung entsteht.

Zugleich findet sich hier die zweite Begründung für die Analogie zwischen den traditionell-gesellschaftlichen und den Naturformen: sie beruht nicht nur auf einer beiden Bereichen gemeinsamen Begrenzung des *Lebensraums,* sondern unerwarteterweise auch auf einer ähnlichen *Vermitteltheit* der Formen. Wie nämlich die Organismen, worin anscheinend doch das Geheimnis ihrer naturschönen und lebensfähigen Formen liegt, das Einzelelement jeweils das Ganze, ohne selbstartigen, widerstrebenden und bewußten Rest, als ›Anlage‹ in sich trägt, so ist auch hier dem Einzelnen, ohne daß er davon wüßte, das gesellschaftliche *Ganze immer schon eingedrückt.* Beide stellen damit, wenigstens in der Annäherung, ein Gebilde ohne bloße ›Inhalte‹ dar, bei dem der ›obere‹ und ›untere‹ Endpunkt der Vermittlung zusammengeschlossen sind. Und erst in dieser Tiefe, aber nicht vorher (so wird sich zeigen), hat an dem Ideal einer ›natürlichen‹ gesellschaftlichen Ordnung jemals etwas gestimmt.

Mit dieser ›Naturwüchsigkeit‹ der gesellschaftlichen Formierung ist es ein für allemal vorbei, sobald, lang vorbereitet, die Naturfessel *gesprengt* wird. Damit verliert die Gesellschaft ihre äußere, objektive und von allen als gültig anerkannte Beschränkung, und hat von da an nur noch die schon je in ihr durchgesetzten *Interessen* zum einzigen Organisationsprinzip. Diese, auf nichts anderes achtend als auf sich selbst und ihre eigene Verwirklichung, betrachten alles ihnen Äußere als *Mittel* und *Zweck:* ihr Wesen ist die *Gewalt,* mit der sie alle anderen Intentionen, und so auch die allgemeinen und durch Konsensus gedeckten, sich möglichst vollständig zu unterwerfen versuchen. Unmittelbar durchgesetzt, liefen sie hinaus auf die *wechselseitige Vernichtung.* Es darf ihre Gewalt also bei Gefahr des Untergangs nicht ›nackt‹ zwischen den Einzelnen ausgetragen werden, sondern nur noch als *suspendierte* auftreten. Das wird möglich durch eine *dingliche Vermittlung* der Interessen so, daß sich diese der *Sachen* bemächtigen und dann die anderen von deren Nutzung und Verbrauch ausschließen, also mittels der *privativen* Gewalt des *Eigentums.* Damit hört die wechselseitige Prägung durch die Intentionen auf, eine von Rolle und Nachbarrolle zu sein, und wird zur *horizontalen* von *Herr und Knecht,* bei der die allseitige Interessendurchsetzung des einen nur im Glücksfall, und regelmäßig nur *so kurz wie möglich* vor der Vernichtung des anderen haltmacht.

Diese neue bestimmende Intention ist nun ganz gewiß keine allgemeine und durch Konsensus gedeckte, und ihr Gewaltmittel, das Eigentum, ist vor der Vernichtung durch die Ausgeschlossenen und durch das Nebeneigentum auch noch keineswegs sicher. Sie drängt daher darauf, absurder- und logischerweise, ihre Gewalt *in Frieden* anwenden zu können. Der ist aber nur zu errichten und zu halten wiederum durch Gewalt, nämlich durch die ›höhere‹ des *Staats,* der die Eigentümer ausdrücklich *allein* vertritt und demnach nicht die Menschen, sondern das Eigentum zu befrieden hat. Seine Aufgabe ist es, die Einzelnen an der Anwendung aller *andern* Gewalt als der privativen des Eigentums zu hindern. Damit macht er dieses im Prinzip gegenüber dem Nebeneigentum machtlos und garantiert damit den gewaltlosen Tauschverkehr unter den Eigentümern. Nach unten ist dieser Frieden aber ein *Gewaltfrieden* und offenkundiges Unrecht, der durch *Setzung* zum alleinigen *Recht* erklärt wird und damit alle staatlich verfügte ›Gerechtigkeit‹ von Grund auf und endgültig in ihr Gegenteil verdirbt. Zu seiner Wahrung muß er zunächst die Einzelnen, wie dann auch deren Kontrolleure ihrerseits, dauerhaft kontrollieren, das heißt, sie zu einer durchgängigen *Hierarchie* anordnen, die aber nicht als funktionale, sondern nur noch *autoritär*, also begründungslos auftreten kann; von unten angezweifelt, behauptet sie zwar mit Recht, Ordnung müsse sein, aber auf die Frage, warum gerade *diese?* hat sie immer nur die Antwort: ›so sei es nun einmal‹ – und auf einer solchen bloßen Setzung ruhen zuletzt alle staatlichen Regelungen. Sie dürfen zwar nach ihrem Zweck gefragt werden, aber nicht nach ihrem Sinn, weil sie keinen *haben:* anstelle der einsichtigen Notwendigkeit des Überlebenskampfs gegen die Naturschranke ist als neue Intentionsgrenze die uneinsichtige des Eigentums getreten, das, per Setzung zum falschen Allgemeinen erklärt, nun auch seine eigene, sinnlose Gewaltherrschaft errichten und den Einzelnen aufprägen kann: keine Fabrik oder Meldestelle, die ohne diesen Schutz auch nur einen Augenblick das bleiben könnte, was sie ist.

Zum gesellschaftlichen Grundgesetz geworden, bildet das Eigentum alle Institutionen nach seinen Zwecken um, oder bringt sie zur Selbsterhaltung und Kontrolle neu hervor. Es schafft eine gesellschaftliche Struktur, die die Eigentümer in ihrer individuellen Geformtheit stehenläßt und in ein Verhältnis der autonomen Tauschfreiheit zueinander setzt, aber den Enteigneten als autoritäre gesellschaftliche *Zwangsform* entgegentritt, die jeden Versuch zur Zurückmodifikation, ja auch nur zur kritischen Befragung, zurückweisen, und sich nach dem Muster der ›einfachen‹ Formen die Formierung als *Ding* und *Inhalt* entgegensetzen: wer ihnen, ohne eigenen institutionellen Schutz, auf dem Arbeitsamt oder im Personalbüro begegnet, kann dort seine Verwandlung zum Objekt auch heute noch erleben. Trotzdem werden diese Zwangsformen, solang sie das Überleben der Einzelnen nicht gefährden, und oft genug auch dann noch, mit Langmut ertragen. Der Grund für diese merkwürdige Geduld liegt offenbar darin, daß sich die autoritäre Hierarchie wie das Eigentum als ›Vorstellungen‹ besonders leicht und tief ansozialisieren und damit verinnerlichen lassen. Die Hierarchie der Eltern, deren Erziehungsgewalt sich über eine autoritäre Güterverteilung ja am massivsten geltend macht, führt zu einer sehr frühen, und durchaus *einseitigen* ›Typisierung nicht nur der Akte, sondern der (kindlichen) Akteure‹ und zwingt diese in eine Grundrolle von ›klein-niedrig-schlecht‹, die als Teil der eigenen Identität angenommen und damit als fremde Prägung unkenntlich wird. Als Gegenrolle wird die dazu komplementäre von ›groß-hoch-gut‹ den Eltern anphantasiert und als Identifikationsziel ebenfalls verinnerlicht. Es sind dies aber gerade die an die materielle Verfügungsgewalt gekoppelten Rollen von *Herr und Knecht*, die das Eigentum im gesellschaftlichen Bereich zu seiner Herrschaft braucht, und in die es *alle* Mitglieder der Gesellschaft hineintypisieren will. Wenn nun diesen zwar eingeflößten, aber auch angeeigneten ›Vorstellungen‹ in der *Klassenhierarchie* ein mit ihnen übereinstimmendes Jetzig-Äußeres begegnet, so erlangt diese, wie alles derart Übereinstimmende, den Status einer selbstverständlichen *Wirklichkeit*, die ›dem Menschen als äußeres zwingendes Faktum gegenübersteht‹, und zwar einer solchen, deren Alternativen allesamt in den wirklichkeitslosen Bereich des ›das gibt es nicht‹ verbannt sind: und in der Tat scheint dem menschlichen Bewußtsein über lange Zeitstrecken hinweg eine andere Gesellschaftsorganisation als die der autoritären Eigentums- und Klassenhierarchie gar nicht *vorstellbar*.

Diese erste ›künstliche‹, nicht mehr von der Naturschranke erzwungene gesellschaftliche Formierung läßt sich, solang ihre Verinnerlichung noch gelingt, offenbar in eine Analogie stellen zu derjenigen der *Zeichen*, wo diese von fest vorgegebenen, ›äußerlichen‹ ästhetischen Formen bestimmt sind: auch solche Formen können ja, wenn sie den ›Inhalten‹ nur nicht glattweg *widersprechen*, den ins Werk aufgenommenen Elementen eine Notwendigkeit der Beschaffenheit, Bezogenheit und Abfolge, und damit einen interpretierbaren Sinn geben. Aber die Analogie gilt nur für eine kurze Strecke, vielleicht sogar nur für einen gedachten, idealen Punkt in der gesellschaftlichen Entwicklung. Denn anders als die nicht dingvermittelten Formen der Gewalt hat die durch das Eigentum wirksame das Vermögen zur *Akkumulation:* sie *wächst*, und mit ihr, in zwei großen historischen Schüben, die Zahl der neuen Eigentümer, die gegen den Widerstand der alten in die Herrenrolle der Tauschfreiheit hinaufdrängen. Beidemale werden dabei aus den ›äußerlichen‹ *erstarrte* und immer autoritärere institutionelle Formen, die gegen die Ausgeschlossenen sich abschotten und ihnen ein wachsendes Maß an Gewalt antun; und wieder wie bei den Zeichen treten diese Formen dann aus der Unauffälligkeit: sie verlieren allen mystischen Schein des ›Natürlichen‹ und werden als uneinsichtige und fremde Zwangsgesetze kenntlich. So im ersten Schub dem *Bürgertum,* das sich schließlich gegen die ›willkürliche Knechtung‹ von oben wehrt: unter den Titeln von *Gleichheit* und *Freiheit* schafft es sich in der *parlamentarischen Demokratie* eine neuartige, seinem Eigentumsstatus angemessene Institution, die ihrer Idee nach keine *Sonderinteressen* mehr durchsetzen, sondern der Repräsentanz *aller* Intentionen dienen soll: und meint einen kurzen Augenblick lang, aus einer so umgeformten Gesellschaft könnte vielleicht schon die *ästhetische* hervorgehen.[132]

Daraus wird nichts: der Erstarrungsvorgang der gesellschaftlichen Formen wiederholt sich nur in schlimmer Verschärfung. Das ins Kapitalverhältnis gesetzte Eigentum schafft ein Gewaltpotential, das sich von den realen Intentionen auf beiden Seiten mehr und mehr ablöst: es wird eigengesetzlich und preßt den Enteigneten die gesellschaftliche Intentionsgrenze tiefer auf als je zuvor – und anders als die vorher dem Bürgertum auferlegte läßt sich diese immer höher akkumulierte Last nirgendwo mehr nach unten weitergeben. Im frühkapitalistischen Horror vollendet sich die einseitige Zwangsformung der vom Eigentum Ausgeschlossenen zum *mechanisierten Ding* und bloßen *Inhalt von Arbeitskraft.* Zugleich ist damit zwischen den zwei Eigentumsseiten die direkte – also eigentlich *formende* – Interaktion in ihrem zentralen Bereich unterbrochen. Die Intentionen treffen nicht mehr in persönlichen Herrschaftsbeziehungen aufeinander, wo sie sich wenigstens noch zu den Rollen von Herr und Knecht formiert hatten: vielmehr schiebt sich zwischen beide als anonyme Instanz das ›freie‹ Gesetz der Konkurrenz, des Arbeitsmarkts und der Verwertung, und *dem* gegenüber werden die Intentionen der Enteigneten nicht mehr nur *eingeschränkt,* sondern können sich gar nicht mehr *geltend* machen, sind wie *nicht vorhanden.* Die Nichtexistenz eigener Intentionen aber läßt sich *nicht* mehr verinnerlichen: in der Produktionssphäre werden so die noch annehmbaren Rollen und erträglichen Typisierungen rasch vernichtet und durch eine ›reine‹ Struktur von bloßen Funktionsbeziehungen ersetzt.

Wo gesellschaftliche Rollen aufgezwungen werden, aber nicht mehr zu verinnerlichen sind, treten auch ihre Alternativen aus dem vorher unvorstellbaren Bereich dessen, was es ›nicht gibt‹: die Möglichkeit von organisiertem Widerstand kommt endlich ins proletarische Bewußtsein. Er bricht los an einer bürgerkriegsähnlichen *Front* und droht die institutionelle Ordnung einzureißen. Damit ist aller Schein ihrer Freiheit und Gerechtigkeit verflogen. Sie wird zuerst überall durch offene Gewalt verteidigt und dann alsbald befestigt durch die massenhafte Errichtung immer neuer Institutionen der Niederhaltung, Inspektion, Sicherung, Erfassung und ›Wohlfahrt‹ – aber *auch* der Selbsteinschränkung des Bürgertums, dessen gesellschaftliche Intentionen wegen der hinter ihnen stehenden zerstörerischen Gewalten nicht mehr unkontrolliert bleiben können. Entsprechend autoritär müssen sie auftreten: ihre Regelungen des ›Arbeitsfriedens‹ werden von der Gefängnisordnung ununterscheidbar, und die behördliche ›Obrigkeit‹ kommt nur noch im schnarrenden Befehlston daher. Sie wachsen zum unübersichtlichen Netz einer durchgehend regulierten, repressiven ›öffentlichen Ordnung‹ zusammen, und ihre Rollenangebote werden nun auch mit dem Wünschen und dem Selbst der *bürgerlichen* Einzelnen immer schlechter vereinbar. Diese beginnen die Regeln ihrer eigenen institutionell gesetzten Wirklichkeit als ›hohl‹ und ›heuchlerisch‹ zu erleben und ziehen sich unter dem Selbstvorwurf, einer ›doppelten Moral‹ zu folgen, in den scheinbar institutions- und rollenlosen Raum hinter den Mauern ihres Eigentums zurück. In diesem noch unangetasteten Freigehege glauben sie sich allein noch frei entfalten zu können und suchen also dort in der Verwirklichung ihrer *Individualität* den immer weiter sich entziehenden Sinn.

Inzwischen hat aber auch die Gegenseite angefangen, sich zu institutionalisieren. Sie ist darin vom Bewegungsgesetz des Kapitals selbst gestützt, das den freien Arbeiter zum eigentumsfähigen machen, und aus eigenem Verwertungszwang durch Profitabtretung ihm ein wachsendes Maß von Tauschmöglichkeit am Warenmarkt einräumen muß. Damit sind die Arbeiter aus der politischen Repräsentanz, zuerst der gewerkschaftlichen, dann aber auch der parlamentarischen, auf die Dauer nicht mehr fernzuhalten. Der Vorgang muß so aussehen, als brächte er die Gesellschaft der sinnvollen Ordnung näher. Aber im Kampf gegen das Eigentumsinteresse gehen allmählich alle Forderungen und Ziele verloren, die nicht auch solche des *Interesses* wären. Angesteckt, beginnt sich die Repräsentanz der unterdrückten Intentionen in ihrer *Form* derjenigen der herrschenden unaufhaltsam anzugleichen. Mit dem Einschwenken der Arbeiterbewegung auf den *Reformismus* steht nicht mehr das Kapital, sondern nur noch die Profitverteilung zur Debatte. Das Eigentum als das falsche Allgemeine ist auch von der Gegenseite nicht mehr angefochten; sie versucht ihm nur noch zäh dasjenige abzuringen, auf dem es *beruht.* Aus dem Institutionsganzen wird eine immer unverständlichere und absurdere Maschinerie, in der alle Funktionen dazu verurteilt sind, das Schlechte zu befördern, und in der ein gemeinsames Interesse nur noch im *imperialistischen Export* der Eigentumsgewalt formuliert werden kann: der endet folgerichtig in der von ›allen ungewollten‹ Katastrophe des ersten Weltkriegs.

Von hier an treten die gesellschaftlichen Formen endgültig aus der Vergleichbarkeit mit der Kunst, und sei es der ›erstarrten‹ oder ›unlebendigen‹, und stellen sich nur noch in Analogie zu den *vorästhetischen* semantischen Formen der *Ideologie* und der *Wissenschaft.* In Europa kommt es zu Gesellschaften, die zwar als *utopische* angekündigt, und mindestens zum Teil auch geplant sind, aber dann alle *totalitär entarten.* In ihnen wird eine einzelne Sinnintention zum gesellschaftlich Allgemeinen erklärt, vor dem alle Interessen zu verstummen haben. Damit verlieren sie bei aller sinnähnlichen ›Volksgemeinschaft‹ ihren wahren gesellschaftlichen Sinn nach zwei Seiten: einmal, weil dieser nicht durch die *Annullierung* von Eigeninteressen entsteht, sondern durch deren freie *Selbsteinschränkung* aufs verallgemeinerbare Maß und zugleich, *innerhalb* dieses Maßes, ihrer durch Konsensus festgelegten und geplanten *Beförderung;* zum andern, weil sie wegen dieser Annullierung das erste und eigentliche gesellschaftliche Sinnziel der demokratischen Produktion entweder gar nicht ergreifen oder rasch wieder loslassen zugunsten einer einzelnen *Wahnidee,* meistens der Welteroberung oder des ›inneren Feindes‹, und diese Aufgabe dann zur allgemeingesellschaftlichen Notwendigkeit erheben. So nach dem Muster eines bestimmenden Einzelwillens ausgerichtet, suchen sie sich auch regelmäßig einen *Despoten* zum kranken Haupt, das die ganze Welt nur noch um seinetwillen *vorhanden* wähnt, den gesellschaftlichen Zwang zwar vielleicht gerechter verteilt, aber zugleich auch *maximiert,* und statt der Bereicherung und Entfaltung der Individuen ihre ›*Gleich-*

schaltung‹ verordnet. Diese zur allgemeinen erklärte Einzelintention versucht die Einzelnen zu entleeren und als ›reine‹ Struktur ganz zu durchdringen: ohne Scheu zum ›*Material*‹ erklärt, sollen sie für sich gar nichts mehr bedeuten und nur noch für etwas Anderes stehen – so wie dort die *Zeichen* aller ihrer ursprünglichen Signifikate beraubt und nur noch ›bildlich‹ verwendet worden waren. Und wie bei den Zeichen nur eine einzige *Form*, so entsteht hier nur noch eine einzige *Institution*, die als ›Volk‹ oder ›Partei‹ mit dem Gesellschaftsganzen angeblich zusammenfällt und alle nachgeordneten gewaltsam ihrem Gesetz unterwirft, das den Einzelnen damit *vermittlungslos* entgegentritt. Es wird alles *uni-form:* wer sich nicht nahtlos ›zusammenschweißen‹ lassen will, wird ›ausgeschaltet‹.

Innerhalb der einen, allmächtigen Institution kann es dabei auch nur noch *eine* wechselseitige Typisierung geben, nämlich nach den zwei *soldatischen* Rollen von Befehlen und Gehorchen. Daß sie so breit angenommen werden, ist nur denkbar nach einer Vorgeschichte, in der das Sinnbedürfnis der Einzelnen, ihr Drang nach *irgendeiner* gesellschaftlichen Ausrichtung übermächtig geworden ist, und schließlich ihr Selbst einbruchartig überschwemmt und gelöscht hat – so wie im *Wahn*, wo sich das Ich ohne Rest einer allgewaltigen, phantastischen Notwendigkeit unterwirft. Daher wird die neue Formierung subjektiv eine Zeitlang auch gar nicht als fremder Zwang erlebt: ohne den Widerstand des Selbst läßt sich ja, und zwar augenblicklich, *alles* interiorisieren. Jede Zurückmodifikation der gesellschaftlichen Form durch die so Geformten rückt damit zugleich ganz aus dem Bereich der Vorstellbarkeit: wer dem vermeintlichen Sinn dennoch entgegensteht, wird unter allgemeiner, ja oft der *eigenen* Zustimmung, als ›lebensunwert‹ ausgegrenzt. Wo sich Widerstand meldet, ist ihm immer ein starkes *reaktionäres* Element beigemischt, in dem, wenn auch die falschen, so doch *alternative* gesellschaftliche Formen noch lebendig sind. Dieses Element *siegt* dann auch regelmäßig, wenn das Gebilde endlich platzt. Es bleibt als ›Spuk‹, nach dem man sich die ›Augen reibt‹, oder auch ausdrücklich als ›*Wahnsinn*‹ in undeutlicher Erinnerung, und *natürlich* kann den Vorgang niemand ›bewältigen‹ oder ›aufarbeiten‹: denn von anderen gesellschaftlichen Formen bestimmt, hat er auch in einer anderen, nämlich der *Wahnwirklichkeit* des untergegangenen Selbst stattgefunden, mit jedem Zuvor oder Danach unvergleichbar.

Nach einer reaktionären Restaurationsphase findet man sich wieder in kahler, eingeebneter Landschaft – der unseren. Das Eigentum ist neuerlich in seine alten ›Rechte‹ und damit auch in sein früheres widersprüchliches Bewegungsgesetz eingetreten. Um seine immer höher akkumulierte Masse weiter verwerten zu können, ist es jetzt in den entwickelten Ländern zur Mobilisierung von *Massenkonsum* gezwungen, und verliert dadurch mehr und mehr seine eigentliche, nämlich *privative* Gewalt. Daher kann sich das unterdrückte Interesse eine immer breitere Repräsentation verschaffen: die Gewerkschaften erkämpfen sich ihre *formale* Anerkennung als *gleichberechtigte* ›Sozialpartner‹ – die freilich nicht inhaltlich werden kann, weil die Verwertung nur als *nichtgleichberechtigte* möglich ist. Zwar verschiebt sich dabei die gesellschaftliche Intentionsgrenze ein gutes Stück nach oben, aber entsprechend stärker werden die Anstrengungen des Kapitals, sie institutionell aufzuhalten: sie wird jetzt von beiden Seiten, weil nämlich *keine* mit ihr einverstanden ist, von einer unaufhörlich wachsenden Zahl von Unterinstitutionen bewacht und immer schärfer ausgereizt. Die Institutionalisierung der Produktion verliert dabei den Rest ihrer Übersichtlichkeit und ›Logik‹: sie hat fortan den mehrheitlichen Auftrag, *hierarchisch* die Verwertung zu garantieren, die aber ›*demokratisch*‹ möglichst auf *niemandes Kosten* gehen soll. Von dieser absurden Klammer aber können die *einzelnen* Institutionen nichts wissen: sie verstehen sich und werden verstanden als *unabhängige* und durch die Repräsentanz berechtigter Forderungen legitimierte politische Kräfte, die im ›demokratischen Kompromiß‹ dann das Bestmögliche zustande bringen sollen. Die Verteilung und Kontrolle der akkumulierten Eigentumsgewalt geht damit über auf ihre freie *Konkurrenz*, in der freilich auch nichts mehr außer den *Interessen* auf beiden Seiten zu Wort kommen kann. In ein solches Verhältnis zueinander gesetzt, müssen sie dann aber auch jedes andere, über ihnen stehende gesellschaftliche Allgemeine, das heißt jede Zurückmodifikation durch eine einzelne *übergreifende Form* von sich weisen. Damit verlieren sie das Vermögen, ein irgend jemand noch einsichtiges Allgemeines (und sei es das falsche) und damit auch nur etwas *Sinnähnliches* zum Einzelnen zu vermitteln. Sie bringen vielmehr als blinde Resultante einen von niemand mehr anfechtbaren *Sachzwang* als ein von *allen ungewolltes* Allgemeines hervor, dem sich dann jeder, ganz gleich was er will oder meint, zu beugen hat.

Der Staat aber, der vorher mit selbstverständlicher Parteilichkeit die Eigentümer und ihren Gewaltfrieden *allein* vertrat, ist gezwungen, diesem Vorgang zu folgen. Er muß jetzt, als Agentur *aller* gesellschaftlich durchgesetzten Interessen, beide Seiten zugleich vertreten, und damit *alle und niemand*. Er fängt an, mit einer gleichfalls unaufhörlich wachsenden Zahl von Unterinstitutionen, den neuen Frieden des Sachzwangs, durch den *allen* Gewalt angetan wird, als ›öffentliche Ordnung‹ strenger denn je zu schützen und zu überwachen: die Massenentlassung *wie* den Kündigungsschutz, die Subventionierung der Hausbesitzer *wie* der Mieter, die Erhöhung der Renten *wie* ihre Besteuerung, die Abschiebung *wie* die ›soziale Eingliederung‹, den ›offenen‹ Knast, der zugleich *sehr wohl*, aber dann auch wieder *keineswegs* einer sein soll. Eine unabsehbare, sich selbst im Weg stehende, oft auch schon unberechenbar gewordene bürokratische Apparatur produziert so mit riesigem Aufwand und immer schneller rotierenden EDV-Bändern nur noch, und offenbar unabänderlich, weil sie ja in jedem Einzelfall tatsächlich ›Mißstände‹ auszubessern scheint, die Lähmung, den alltäglichen Widersinn, und die unbegreifliche Zwangsregel.

Es ist der Denkfehler des Reformismus zu meinen, das Eigentumsunrecht, das ein strukturelles ist, ließe sich quantitativ und punktuell beheben; und die Erneuerung der gesellschaftlichen *Formen*, die er mit seinem Namen verheißt, bedeutet in Wahrheit ihre *Zersetzung*, die darin endet, daß die Institutionen aufhören, *irgend jemand* zu repräsentieren. Anders als vorher kann zwar das unterdrückte Interesse von ihnen jetzt nicht mehr *autoritär*, durch bloße unbegründete Setzung, niedergehalten und ausgeschlossen werden, sondern findet ›demokratisch‹ *Eingang* in sie und bekommt Stuhl und Stimme. Aber sie können, weil ihre Konkurrenz untereinander schon längst zum bestimmenden Prinzip der Gewaltverteilung und -regelung geworden ist, den dargelegten Mehrheitswillen nicht mehr zum Ganzen vermitteln, sondern müssen bei Gefahr der Niederlage versuchen, den oben resultierenden Sachzwang *nach unten* weiterzuleiten als das einzig ›Vernünftige‹ oder ›Machbare‹, gegen das allenfalls ›romantische Weltverbesserer‹ noch aufbegehren. Aber auch die *institutionalisierte* Konkurrenz der durchgesetzten Interessen läuft ja, denn darin besteht ihr Grundkonsens, *weiterhin* auf einen Primat der Verwertung hinaus, und das heißt: die ›Skandale‹ und Kartellver-

schwörungen sind *eingebaut,* die Institutionen *müssen,* wie der
›Marsch‹ durch sie hindurch beweist, auf den höheren Vertre-
tungsebenen ›korrupt‹ werden und die Basis ›verraten‹, und
unfehlbar ruft die Verweigerung oder Bekämpfung des Verwer-
tungsvorgangs an einem nicht mehr demokratisierbaren Punkt
schließlich doch wieder die autoritäre Hierarchie, das Unrecht und
die Gewalt auf den Plan. An ihren Resultaten, die gegen allen
Einspruch und mit eintöniger Regelmäßigkeit hinauslaufen auf
Investitionshilfen und Kernkraft, erhöhte Verkehrstarife und
Nachrüstung, zeigt die vermeintlich ›repräsentative‹ Demokratie
unabweislich, daß sie nicht die Intentionen der Einzelnen, sondern
allenfalls deren *verwertungskompatiblen* Teil repräsentieren und
verwirklichen kann.

Es ist klar, daß eine so formierte Gesellschaft kaum mehr
Möglichkeiten zu ihrer *Aneignung* bietet, und daher auch als
ebenso fremd wie zwingend erfahren wird. Der Einzelne sieht sich
für seine Wunscherfüllung einzig verwiesen auf den abgeschnitte-
nen Teilbereich eines vollgestopften und menschenleeren *Waren-
markts,* in dem seinem Selbst weder die Schranke einer einsichtigen
und allgemeingültigen Notwendigkeit, noch der Widerpart einer
durch unfragliche Rollen gesicherten Identität entgegengestellt
wird. Für alle Intentionen, die über diese private Konsumsphäre
hinausgehen, findet er nirgendwo mehr eine klare Vertretung: sie
werden zwar immer weniger einfach autoritär verworfen, aber
dafür von einem allgegenwärtigen Netz scheinbarer ›Vernünftigkeit‹ überall beschnitten oder unterbunden. Geht er in die
einzelnen Institutionen hinein, so hat er es zur einzigen ›Rolle‹,
dieselbe ›Vernünftigkeit‹ in ihrer jeweiligen Besonderung den
Betroffenen möglichst sachlich und effektiv beizubiegen, oder sie
als Betroffener ›einzusehen‹ und ›nicht persönlich zu nehmen‹.

Solche Rollen aber lassen sich, weil in ihnen prinzipiell *alle*
eigenen Wünsche und Intentionen auf eine ›frustrierende‹, nämlich
gummiartige Weise dauernd zurückgedrängt sind, auch nicht
mehr *verinnerlichen:* die institutionellen Tätigkeiten werden zum
job, also zu einer von der eigenen Person abgelösten bloßen
Funktion, deren Notwendigkeit vielleicht noch für die *Einzelin-
stitution,* nicht aber mehr außerhalb ihrer ersichtlich ist, und der
daher auch alle Bezogenheit auf irgendein übergeordnetes Ganzes
abgeht. Ohne Verinnerlichung aber auch keine ›Typik der Akteure‹: die Einzelnen werden von ihren Funktionen zwar immer mehr

eingeengt und schärfer definiert, aber weder in ihrem Innern noch äußerlich erkennbar *geprägt;* und daher sind umgekehrt die Institutionen nur noch unzulänglich *verkörpert,* das heißt in der alltäglichen Interaktion sinnlich nur noch vage erfahrbar. Zudem haben sie sich als ganz und gar versachlichte und personenlose von allen ›Vorstellungen‹ entfernt, die der Einzelne sich jemals von ihnen hat machen können: diese Vorstellungen treffen daher, soweit sie überhaupt noch *gebildet* werden, immer seltener auf ein mit ihnen übereinstimmendes Jetzig-Äußeres. So werden die Institutionen zu etwas überall und fremd Vorhandenem, das sich, außer in der direkten und dann oft brutalen Konfrontation, der deutlichen und bildlichen Überschaubarkeit sonderbar entzieht.

Damit hat sich, bei allem weiterbestehenden Unrecht in der Verteilung der Güter und Lasten, ein gesellschaftliches *Formverhältnis,* das vorher nur die Unterdrückten bestimmt und als Subjekte negiert hatte, aufs Ganze der Gesellschaft *generalisiert.* Die Institutionen haben *alle und jeden* zum Ding und Inhalt sich entgegengesetzt, und zwar *jede für sich,* so daß der Einzelne sich nicht mehr nur von *oben,* sondern von allen Seiten, er weiß noch nicht einmal in wievielen Einzelhinsichten, eingeschränkt und umstellt sieht: er trifft nur noch auf das Unverrückbare. Von Formen, gegen die er sich wenigstens noch *wehren* konnte, haben sich die Institutionen, untereinander alle *gleichgeworden,* zu abstrakten und schwer faßbaren Strukturen entkörpert, die ihn *leugnen* – und in entsprechend toter Häßlichkeit kommen sie ihm dann auch in ihren Objektivationen, etwa der Architektur oder den Medien, entgegen: ein abgehobenes, dem Erleben nicht mehr zugängliches Un- und Überwirkliches, das ihm ein strikt vorgegebenes Minimum an Entfaltungsmöglichkeiten zuteilt, auf das er keinen Einfluß hat. Er ist in eine Wirklichkeit versetzt, die ihm nichts sagt, weil er in ihr nichts zu sagen hat; die sich nur noch so erfahren läßt, daß sie ist, wie sie ist; und die er daher, in unzusammenhängenden Einzelsträngen, noch ursächlich und nach ihren Zwecken erklären, aber nicht mehr als ganze und sinnvoll geordnete interpretieren kann. Er *muß* sie zwar einsehen, aber er *will* nicht, weil er in seiner Existenz auf der Bezogenheit und einigenden Notwendigkeit seiner Erfahrungselemente besteht, und will *mit Recht* nicht: denn auch *diese* Wirklichkeit ist ja in Wahrheit *auch* nur ein von den gesellschaftlichen Formen, und zwar den *falschen,* Gesetztes.

Die gesellschaftliche Formierung ist damit in eine Analogie zu derjenigen vorästhetischen der *Zeichen* getreten, die sie sich auch zu ihrem ideologischen Hauptmedium gemacht hat: der *Wissenschaft*. Die Wörter sind hier wie dort, wie hier die Individuen, eingekürzt auf ihre Zweckfunktionen: als definierte Begriffe zur eindeutigen Denomination versachlicht, verlieren sie ihre eigenen Möglichkeiten der Bedeutungsvielfalt und Bildhaftigkeit, ja sie werden, damit ihnen kein solcher Rest mehr anhafte, sogar mit Vorliebe den *toten* Sprachen entnommen. In ihnen ist das Bezeichnete *objektiv* gefaßt, also auf eine *entsubjektivierte* Weise, die einen sinnlichen und emotionalen Zugang zu ihm programmatisch ausschließt, und zugleich *abstrakt:* das Bezeichnete erscheint darin nur noch insofern, als es sich mit allgemeinen, und ihm übergeworfenen Kategorien zur Deckung bringen läßt, und ist damit nur noch in diesen Hinsichten *repräsentiert.* Ohne seine Formierung zurückmodifizieren oder durchbrechen zu können, wird so *alles und jedes* nach dem Muster der ›einfachen‹ Form zum Ding und bloßen Inhalt gemacht. In dieser Weise zugerichtet, läßt es sich dann auch ohne erkennbaren Rest in zwingende Wenn-Dann-Strukturen bringen, und zwar, wie die Einzelnen in den Institutionen, nicht nur in *eine,* sondern in eine unverbundene und massenhafte Vielzahl solcher Gebilde, die alle ihre je eigenen Absichten verfolgen und somit, voneinander unabhängig, frei *konkurrieren,* ohne irgendeine sie bestimmende *übergreifende Form* über sich zu dulden. Sie *reißen* sich um die ›Gegenstände‹, die sie immer genauer und von allen Seiten eingrenzen und ›feststellen‹, aber können sie, selber nur lauter eigenständigen Einzeldisziplinen zugehörig, zu keinem zusammenhängenden Ganzen mehr vermitteln. Zur Nutzbarmachung von *Dingen* ist das ein geeignetes Verfahren; daß es aber versagt, wenn sich die ›Gegenstände‹, wie die Menschen oder die Kunst, nur aus einem Ganzen *begreifen* lassen, davon kann die Wissenschaft, bei noch so genauer Überprüfung ihrer Voraussetzungen, nichts merken: denn sie hat es zu ihrem Formierungsprinzip und damit zu ihrer nicht mehr unterlaufbaren Prämisse, das von ihr Erfaßte mit den einzelnen, daran auffindbaren Ursachen- und Zweckzusammenhängen *gleichzusetzen.* So redet sie, als Kunstwissenschaft oder Psychologie, unentwegt weiter von ihrem ›Gegenstand‹, auch wenn sie ihn schon längst *verloren* hat: er kann in der von ihr gesetzten ›Wirklichkeit‹ so wenig mehr *vorkommen,* wie der Einzelne in der institutionellen – und der hält sich dann auch vor dem unerbittlich häßlichen Geleier ihrer unbezogenen und unbeziehbaren, das heißt sinnlosen Richtigkeiten zuletzt nur noch die Ohren zu.

Indem man so einmal nicht nur auf die bestimmenden Strukturen, sondern auf die schwerbemerklichen Formen achtet, mittels derer sie zur zwingenden Wirklichkeit werden, kommt man auch zu einer deutlicheren Bestimmung dessen, was an der kapitalistischen Entwicklung ›spät‹ heißen kann: in diesem Zustand ist, auf beiden Seiten der hier untersuchten Analogie, eine Formierung zur beherrschenden geworden, in der die Errichtung von Sinnstrukturen durchwegs mißlingt, weil *nichts* Einzelnes und *kein* Einzelner zu einem Allgemeinen noch ausreichend vermittelt, das heißt in ihm nicht mehr *repräsentiert* ist. Dieser Zustand wäre wohl kaum gegen den Willen *aller* eingetreten oder aufrechtzuerhalten: und tatsächlich hat er ja auch seine offensichtliche Stütze in demjenigen Teil *unser selbst,* der *alles andere* lieber will als die wirkliche Repräsentanz aller Einzelintentionen, und damit die Vermittlung der wahren allgemeingesellschaftlichen Notwendigkeit eben *auch zu uns;* mit dem wir rücksichtslos, und wenn es nicht anders geht auch gewaltsam, den anderen feindlich entgegentreten und sie uns soweit wie möglich zum Ding und ›Inhalt‹ machen wollen – unser *Interesse* nämlich, dem es ganz recht ist, wenn ihm andere nicht nur die *Arbeit,* sondern auch noch deren falsche *Verteilung* abnehmen, und das sich zwar unentwegt durchsetzen, aber nur ja nicht dabei zuschauen will. Was es sich damit wünscht: die wie Gleichheit aussehende Hierarchie, das als Recht erscheinende Unrecht und die repräsentative Nichtrepräsentanz – das eben findet es auch verwirklicht in den bestehenden Institutionen. Deswegen, ein anderer Grund läßt sich schwer finden, sind wir nicht überrascht, und dulden es alle vier Jahre wieder, daß Parteien, die schon längst keine mehr sind, mit falschen Alternativen und uneinhaltbaren Zusicherungen uns ›Vertreter‹ andrehen, die wir, wenn sie sich nur weit genug die Landeslisten hinaufgestrampelt haben, noch nicht einmal *abwählen* können. Die machen dann *natürlich,* ›was sie wollen‹ – aber unsere Empörung darüber bleibt *haltlos,* solange wir keine Entgegnung auf ihre Frage finden, ob wir uns denn auf etwas anderes einigen könnten, als auf die Interessenresultante des Sachzwangs, dem auch sie nur folgten. Die uns beherrschenden gesellschaftlichen Formen erweisen sich so als *projektive,* als tatsächliche Repräsentanz eines Verdrängten, aber immer doch Gewünschten, das deswegen den meisten von uns, wenn es uns nur als ›Objektives‹ und nicht Selbstverursachtes wieder entgegenkommt, auch wie das im großen und ganzen doch noch Richtigste erscheinen will.

Es ist nicht sicher, daß das auch so bleibt. Der Vorgang, in dem die Interessen- und Eigentumsgewalt sich sozial verbreitet, zu immer höheren Potentialen akkumuliert und schließlich angefangen hat, auf ihren beiden Seiten in einem zähen Widerstreit sich gegen sich selbst zu richten, endet immer deutlicher in einer *Nichtmehrbewohnbarkeit* der Gesellschaft. Unser Interesse, in dessen ›Verfolgung‹ wir einmal unser ›Glück‹ vermuteten, hat uns *eingeholt.* In Schlafstädten und Fahrbahnen, Dienstaufsichten und Ausbildungsgängen, Ausführungsbestimmungen und Verhältnismäßigkeitsvorschriften sind wir überall von haarscharf vorgezeichneten und übersensibilisierten Grenzen gemaßregelt, die eine unsteuerbar gewordene Gesetzes- und Verfügungsmaschinerie täglich dichter und undurchbrechbarer befestigt. *Es geschieht nichts mehr* – außer vielleicht, daß wieder einmal ein Sinnverhungerter in die allgemeine Sinnlosigkeit die *noch* sinnlosere Bombe schmeißt; oder daß eine öffentliche Ordnung, in der ›Freiheit‹ und ›Demokratie‹ nur noch die kümmerlichen Reste heißen sollen, die sie selber davon übriggelassen hat, hysterisch auf alles eindrischt, wovon sie sich ›angetastet‹ fühlt. Auch das wird sich schließlich beruhigen lassen – nämlich durch ein *Mehr* an ›Maßnahmen‹, die indessen, wie repressiv oder liberal sie auch immer seien, im Versuch, das *besondere* Übel zu beseitigen, schon durch ihre *Form* das *allgemeine* weiter befördern. Die ›Lösung‹ ist zum Problem geworden, ja vielleicht muß man schon sagen: es zeigt sich »das Heilmittel nicht nur schlimmer als die Krankheit, sondern *ist* die Krankheit«.[133] Die Verantwortlichen müssen zusehen, wie das Institutionsganze immer weniger *greift,* und beginnen, sich über eine neue ›Unregierbarkeit‹ zu beklagen, und das kann nur heißen, daß die institutionell hergestellten Notwendigkeiten *unvermittelbar* geworden sind. Wir aber finden uns wieder, einbetoniert in die Verdinglichung, die auch vor unseren Gefühlen und Gesichtern nicht mehr haltmacht, und ängstigen uns vor dem sozialisatorischen *Kollaps,* in dem sich der innere Bruch mit der gesellschaftlichen Sphäre überhaupt vollzieht: für den *Aussteiger* sind ihre Normen, manchmal bis zur elementarsten, nämlich dem

Tötungsverbot, gleichgültig und lachhaft geworden; ihre Funktionen erscheinen ihm alle gleich nutzlos, langweilig und selbstzerstörerisch; abgeschnitten von den Möglichkeiten zur Selbstbestätigung und Selbstverwirklichung, ist er antriebslos in eine sinnlich und emotional fahlgewordene Welt entlassen, in der er tatsächlich *keine* Rolle mehr spielt, und die sich höchstens noch im Konsum, der schließlich in der *Droge* auf seine klarste Formel kommt, zu einem flüchtigen Scheinleben erwecken läßt.

Jetzt allerdings meldet sich ein Bewußsein davon, daß wir das alles gar nicht wollten; die andere, lang weggedrückte, gesellschaftliche und *Sinnseite* unserer Intentionen macht sich endlich geltend und geht auf die Suche nach *alternativen* gesellschaftlichen Formen, in denen der Einzelne wieder die eigenen Wünsche in ein Allgemeines *einbringen,* und sich von diesem auf eine *zustimmungsfähige* Weise einschränken lassen könnte. Aber zugleich scheint es, als liefen alle Versuche dazu immer wieder nur in ihr Unglück: am sichersten da, wo sie den *Wahnideen* der neu grassierenden *Sekten* anheimfallen, die wie alle derartigen Gebilde nur *eine* Institution und Rolle kennen, und deren vermeintlicher Sinn sich in der Ausrichtung auf den nicht zurückmodifizierbaren Einzelwillen eines übermächtigen ›Meisters‹ erschöpft. Aber es ist auch wenig geholfen mit einem *Protest,* der zwar in der Erstarrung der gesellschaftlichen Formen das Übel richtig erkennt, aber dann auch nur wieder gegen die Verkürzung der eigenen, und oft genug privilegierten *Interessen* aufbegehrt, und daher in der Konkurrenz der Sachzwangs von den schon bestehenden Institutionen entweder *abgeschmettert* wird, oder sich ihnen in seinen Repräsentanzformen bis zur Ununterscheidbarkeit *angleichen* muß. Und schließlich schlagen auch die Anstrengungen, die demokratische Gesellschaft *im Kleinen* zu verwirklichen, immer wieder nach demselben Muster fehl: so gut nämlich die darin die von der Gruppe produzierten Notwendigkeiten zu den Einzelnen auch *vermittelt* sind, erweisen sie sich bald auch als die *härteren* und *strengeren* als die ihrer rationalisierten Umgebung, also als unzureichend *minimalisierte,* und müssen dann im Vergleich ihre Einsichtigkeit auch wieder ganz verlieren.

Der Antrieb zur Veränderung ist so überall entmutigt: aber daß er, nachdem das Leiden an der institutionellen Versteinerung doch nur noch zunehmen kann, ganz zum Erlöschen kommt, ist schwer zu glauben. Er weiß nur nicht wohin; und daher ist hier daran zu

erinnern, daß das Eigentum, aus dem diese schlechte gesellschaftliche Formierung stammt, unter den Einzelnen immer nur wie
exakt auch austarierte Gewaltverhältnisse schaffen kann. *Demokratisieren* läßt sich nur eine Gesellschaft, die die Last der
materiellen Produktion auch tatsächlich als gemeinsame auf sich
nimmt, und nicht zum Ding und Inhalt ihrer Interessen macht. Als
diejenige wahre und erste gesellschaftliche Notwendigkeit, die für
alle einzusehen ist, kommt sie nämlich auch als einzige mit der
einfachen Vernunft, das heißt im Prinzip *ohne Gewalt* aus, um sich
zum Einzelnen zu vermitteln – dem ja seine Verpflichtung, und oft
auch seine Bereitschaft, zur Kooperation nicht etwa völlig *unbekannt* sind. Die freilich darf ihm nicht als etwas, was so und nicht
anders zu sein hat, einfach *anbefohlen* werden: so nämlich ist sie in
den bisherigen Gesellschaften ja gerade den Unterdrückten auferlegt gewesen, und hat damit gesellschaftliche Formierungen auf
den Plan gerufen, die am Ende ihrer Entwicklung nur noch mit
denjenigen der Zeichen in einer subjekt- und bildlosen Wissenschaft oder in der Selbstauslöschung des Wahns zu vergleichen
waren.

Ich bin am Schluß der Überlegung angelangt, daß in der
ästhetischen Formierung das analoge Muster liegen könnte für die
utopisch institutionalisierte Gesellschaft. Für die Kunstgebilde ist
es dabei kennzeichnend gewesen, daß in ihnen die Formen sich
ihre ›Inhalte‹ gerade *nicht als Dinge* entgegensetzen, oder sie
wahnartig von aller Eigenbedeutung *entleeren*, sondern daß darin
vielmehr die einen ›machen‹, was die anderen ›sagen‹, und so *beide*
sich als das zeigen, was sie für sich genommen immer waren: als
formbar bleibende und einander formende Formen, die ohne
einander zu *widersprechen* in ihrer ständigen ›Übereinstimmung‹
auch zu der sonderbaren Qualität einer immer neu *sich ereignen-
den* ›Wirklichkeit‹ gekommen waren. In solcher Wechselmodifikation hatten sie, durch eine ›oberste‹ Form bestimmt, die sie
zugleich auch alle mithervorbrachten, eine Totalität herstellen
können, in der sich ein Allgemeines über viele Zwischenformen
deswegen durchgängig und ohne Zwang bis zu den Einzelelementen hin vermitteln ließ, weil diese das Werkganze immer schon
unausgefaltet *in sich* enthalten hatten.

Die gesellschaftliche Entsprechung dazu liegt offenbar in der
materiellen Produktion als ›oberster Form‹ und den Individuen als
›Einzelelementen‹, die auf eine analoge Weise institutionell zuein-

ander vermittelt sind, also so, daß weder die Produktion sich die Einzelnen, noch diese die Produktion ihren Interessen dingartig unterwerfen. Dazu müssen die Einzelnen sich in ihrer Ichautonomie soweit einschränken lassen, daß sie in das Allgemeine der Produktion *zunächst einmal* auch eintreten, um es *mithervorzubringen.* Erst dadurch haben sie nämlich angefangen, die Repräsentanz aller Einzelintentionen, und nicht vielmehr die Unterwerfung der ihnen entgegenstehenden, wirklich zu *wollen.* Sie *vertreten* also das Allgemeine, und damit steht es ihnen auch als einzigen zu, diesem Allgemeinen gegenüber in ihren Intentionen *repräsentiert* zu sein, das heißt es nach ihren ›Vorstellungen‹ zurückzumodifizieren. Die Institutionen haben von da an nur noch die eine logische und durchschaubare Funktion, zwischen der Notwendigkeit der Produktion und dem Willen der Produzenten eine ›Übereinstimmung‹ herzustellen, und keine von ihnen kann mehr den Schein der Legitimität bewahren, die über dieses Allgemeine und diesen Willen die angebliche Notwendigkeit von Sonderinteressen stellen will: sie alle werden daraufhin befragbar, wozu sie *da sind,* und was sie denn eigentlich *wollen* – wenn nicht das Selbstverständliche, die allgemeine Last der Arbeit *wie* die Einschränkung der Einzelnen *so klein wie möglich* zu halten. Nach diesem Kriterium lassen sich die Institutionen reinigen sowohl von falschen *Funktionen,* wie auch von einem parasitären *Funktionärstum,* das ohne eigene Erfahrung im Allgemeinen der Produktion immer nur *dekretiert* und *delegiert,* was ihm ›notwendig‹ erscheint, um sich dann selbst davor zu *drücken;* und damit brauchen sie sich auch nicht mehr zu undurchdringlichen, selbstgesetzlichen und einander blockierenden Gebilden aufzublähen, die die Arbeit wie die Zwänge immer nur weiter sinnlos *vermehren,* und zuletzt *nichts* mehr repräsentieren als die schlechte Resultante des Interessenstreits um den Mehrwert: sondern durchlässig, formbar und ›formlos‹ – das heißt, wie in der Kunst ja auch, *formunauffällig* – nämlich im einfachen, in seinen Prämissen immer kontrollierbaren rationalen Diskurs, läßt sich jetzt das *wirklich* Notwendige von den Einzelnen bestimmen, dort zurückmodifizieren, wo es sich aus der Einsichtigkeit *entfernt,* aber *als* Einsichtiges auch gewaltlos zum Einzelnen weitergeben.

So ist das ästhetische Formgesetz zum gesellschaftlichen geworden: die Produktion *macht,* was die Einzelnen *sagen* – und das heißt, sie haben, was die Grundbedingungen ihres Daseins angeht, zum erstenmal *überhaupt etwas zu sagen*. Jetzt erst, wo nämlich die Vermittlung von Freiheit und Notwendigkeit *mehr* meint als die von *Interessendurchsetzung* und *Eigentumsgewalt*, und ausgreift nach ihrer einen Seite auf die für *alle* mögliche Freiheit, und nach der anderen auf die eine unabschaffbare und für *alle* geltende Notwendigkeit, läßt sich die Gesellschaft *repräsentativ* und *demokratisch* organisieren. Die Produktion ist nicht dazu da, daß darin die eine Hälfte *kaputtgeht*, und die andere *absahnt*, bis schließlich alle im wertlosen Schund *erstickt* sind: sondern sie ist derjenige Vorgang, und deswegen muß sie der *Sinn* von Gesellschaft heißen, durch den die menschlichen Wünsche *alle erst erfüllbar werden* – und zwar nicht nur die des Konsums und der Genüsse, die das Selbst, um sich entfalten zu können, braucht; sondern auch der Wunsch nach der geglückten *Form* des gesellschaftlichen Zusammenschlusses. Diese Form aber ist keine leere, aufgezwungene oder verdinglichte, sondern, wieder analog zur Kunst, die der *gewaltlosen Kooperation* der Einzelnen, und in ihr liegt alles eingeschlossen, was wir uns an Sinnmöglichkeiten selber weggenommen haben.

Wo nämlich die Kooperation als *tätige,* produktive Repräsentanz zum institutionellen Formprinzip geworden ist, sind die Einzelnen nicht mehr in starr definierte, von der Person abgelöste Funktionen eingesperrt: weil die Intentionen sich darin *direkt* begegnen, können sie einander auch wieder in einer wechselseitigen ›Typisierung der Akteure‹ zu gesicherten und ins Ich integrierbaren *Rollen* formen, in denen sich dann auch das von allen gewollte Allgemeine wieder *verkörpert*. Dabei sind diese Rollen einmal selbstgewählt, zum andern anerkannt *gerade* da, wo sie (vormals die ›schlechten‹) die größere gesellschaftliche Last auf sich nehmen, und schließlich untereinander auswechselbar, und verhelfen damit dem Einzelnen zu einer Identität, die sich übers Ganze der gesellschaftlichen Möglichkeiten betätigen und bewähren kann. Die Einzelintentionen treffen nicht mehr aufeinander in der Absicht der gegenseitigen *Vernichtung*, sondern um ihr Gemeinsames zu finden in einer eigenen und aneigenbaren Welt der Gebrauchsgüter und Verkehrsformen. So ist die einzelne Existenz in einer ›doppelten Ausrichtung‹ auf die Verwirklichung ihrer Besonderheit wie auf das Allgemeine dauernd und durchgängig bezogen: sie weiß, wozu sie macht, was sie macht, und kennt die Notwendigkeit der ihr auferlegten Einschränkungen. Die kooperativen gesellschaftlichen Formen sind diejenigen, mittels derer sich eine Struktur errichten läßt, in der *nichts* mehr ›Inhalt‹ ist, und *alles* Sinn hat.

Denn darin vollendet sich schließlich die Analogie zwischen der Kunst und der Utopie: die ›Vorstellungen‹ der in *solchen* Formen vergesellschafteten Einzelnen fänden immer ein mit ihnen übereinstimmendes Jetzig-Äußeres; sie bräuchten sich von ihm nicht jedesmal nur schmerzlich zurechtzurücken und bis zur Bildlosigkeit zerschlagen zu lassen, sondern eine bewußt und ihnen gemäß *hergestellte* Wirklichkeit könnte sie *einholen* und, indem sie mit ihnen zusammenfällt, sich auf eine Weise *ereignen*, wie es hier nur das *Schöne* kann – denn diese Einzelnen trügen das Gesellschaftsganze, das sie da zusammen hervorbringen, ja immer schon als *Bild* in sich. Das eben aber war die Anordnung der geglückten Formen, ohne Bewußtsein in der Natur, und in der Kunst nur für die Zeichen eingelöst: daß die einfachste Formeinheit die Totalität jeweils schon unausgefaltet *in sich hat,* und daher auch gewaltlos, ohne leer oder zum Ding werden zu müssen, zu dieser sich vermitteln läßt. Es ist *diese* Art der Formierung, die, wenn auch unergründlich bleibt warum, in der Kunst uns ›lebendig‹ vorkommt, und in der Natur tatsächlich *lebt:* Grund genug für einen Versuch, bevor wir in einer *toten Gesellschaft* an unserem Interesse alle noch *eingehen*, sie zur unseren zu machen; und daß der unter unseren entwickelten Verhältnissen so kläglich scheitern müßte, wie die anderen vor ihm, die von der schieren Last der gesellschaftlich notwendigen Arbeit erdrückt worden sind, steht noch lange nicht fest.

Das Ende einer Kunstperiode

All is pretty.
Andy Warhol

1. *Verlorene Wahrscheinlichkeit*

Welche Erfahrungen wir in der Gesellschaft machen, und welche
in der Kunst – dies festzuhalten und miteinander zu vergleichen,
hat dem utopischen Denken jetzt auf einem langen Weg zu einer
neuen Grundlage verholfen. Es als verworrene Spekulation und
blinde Wunschbehauptung abzutun, geht nicht länger an; denn
nun ist durch die Kunst beglaubigt, daß es im menschlichen
Bewußtsein immer schon vorhanden war und auf Verwirklichung
gedrängt hat. Aber auch für die Kunst hat sich dabei ein
Zweifaches herausgestellt: hatte sie sich im ersten Schritt als fiktive
Behebung der gesellschaftlichen Sinnmängel erwiesen, und darüber den altgeglaubten Schein ihrer historischen Unbedingtheit
wie ihrer Kraft zur Abbildung und zur Handlungsmotivation des
Rezipienten ablegen müssen; so war ihr dann aber auch wieder in
ihrer Struktur und Formierung ein festes Maß zu entnehmen, das
über diese Mängel erst objektiv zu urteilen erlaubt. Die Einsicht in
ihre ideologische Seite ist dabei die Vorbedingung dafür gewesen,
daß ihre utopische zum Vorschein kommen konnte; und in der
Anstrengung, diese Dialektik offenzuhalten, statt sie schlecht zu
verkürzen oder gar in eins zu setzen, hat die Untersuchung über
die bisherige Kunsttheorie, insbesondere die klassische Ästhetik,
in drei wichtigen Punkten hinauskommen können. Sie braucht
sich nicht mehr auf eine harmonisch-organische, oder sonstwie
besondere Kunstform einzuschränken, sondern beruft sich allein
auf die Eigenschaften der Interpretierbarkeit und der Form-
Inhalt-Entsprechung, die für alle ästhetischen Werke unumstritten
sind. Sie erkennt ein utopisches Ideal nicht nur einer bestimmten,
und auf bestimmte Inhalte festgelegten Kunstsparte zu, sondern
aller Kunst, die dieses Ideal freilich allein strukturell und formal
wiederherzustellen versucht und dabei dem schlechten Bestehen-

den trügerisch einvermischt. Und schließlich sieht sie das Verhältnis der Kunst zu ihrem Ideal nicht mehr als ein für allemal gegebenes, sondern als eines, das die *jeweiligen* Abweichungen von der Utopie kompensatorisch zu beheben hat, und über diese Funktion bezogen ist auf die Geschichte und Gesellschaft.

Diesen Bezug im einzelnen zu rekonstruieren, ist nicht mehr die Aufgabe einer systematischen Kunsttheorie, sondern ihrer künftigen historischen Anwendung, wie sie im zweiten Band an zwei Beispielen aus der englischen Literatur versucht worden ist. Trotzdem soll hier jetzt zum Schluß, in möglichster Kürze, noch eine Beschreibung der Kunst *in ihrem neuesten Zustand* folgen, und seine Herleitung aus dem hier vorgeschlagenen ästhetischen Funktions- und Verursachungsmodell. Daran ist mir gelegen, nicht nur weil sich dieses Modell dabei an einem extrem ›unklassischen‹ Kunstbereich noch einmal bewähren kann, sondern vor allem, weil es sich diesem neuen Kunstzustand ja überhaupt erst *verdankt*. Die Kunst hat darin nämlich angefangen, in ihrer sinnkompensatorischen Hauptfunktion zunehmend zu *versagen*. Erst dadurch aber ist diese auch aus ihrer Unauffälligkeit herausgetreten, mit der sie für die Ästhetik unentdeckt bleiben konnte, und allmählich ins Bewußtsein gerückt, bis endlich ihre theoretische Formulierung möglich und verlangt war. Es bleibt nach der Darstellung dieses Vorgangs zu überlegen, welche Folgen dies haben könnte nicht nur für die ästhetische, sondern für Theorie überhaupt.

In ihrer spezifisch modernen Entwicklung sieht sich die Kunst vor ein gleichzeitig immer dringlicheres und zunehmend unlösbares Problem der *Wahrscheinlichkeitsmachung* gestellt: welche ästhetischen Sinnvorschläge ihm auch gemacht werden, dem Rezipienten kommt angesichts der Sinnabwesenheit in seiner realen Existenz keiner mehr so vor, als könne er ihn für sich auch nur denkbarerweise *übernehmen;* er hört auf, ihre Beispiele von durchgesetzter Ichautonomie und fremdverursachter Notwendigkeit nur irgendwie noch für glaubhaft zu halten. So wird die Kunst allmählich gezwungen, von ihren vormals ›hohen‹ Lösungen abzulassen: bis sie inzwischen, in einer ganz und gar unerwarteten Volte dabei ist, ihre alte Anstrengung zur Mimesis aufzugeben und als *deklariert unwahrscheinliche Trivialkunst* repräsentativ zu werden. Das scheint mir einen grundsätzlich neuen Einschnitt in der Geschichte des Kunstschönen zu bezeichnen, aber er wird nicht erklärlich ohne die *Vorgeschichte* der ästhetischen Wahrscheinlichkeit. Diese Vorgeschichte muß ich daher, bevor ich auf die eigentlich zeitgenössische Kunst zu sprechen kommen kann, anhand der Geschichte der zwei utopischen Grundstörungen[134], wenigstens schematisch nachskizzieren.

Von den zwei utopischen Grundstörungen bleibt die erste, also die *klassenhierarchische* für lange Zeit (nämlich bis zum verallgemeinerten Warentausch) die wesentliche. Hierauf muß die Kunst vorrangig reagieren mit der formalen Wiederherstellung dessen, was durch die Klassenhierarchie vernichtet wird, also der *demokratischen* Seite der Utopie. Im Vordergrund steht hier das gesellschaftlich verlorene Allgemeine als unzerteiltes Ganzes, dem sich das Einzelne in der dialektischen Wechselbestimmung harmonisch und ausgewogen unterordnet, um es als ebenso harmonisches funktional und organisch mithervorzubringen. Nach dieser Seite ist die utopische Struktur am deutlichsten und reinsten in der *Klassik* ästhetisch wiederhergestellt – mit nicht wieder eingeholter Qualität in der griechischen Antike, in der übrigens die Erinnerung an die (freilich von der Naturschranke *erzwungene*) demokratische und produktionsbestimmte Gentilverfassung auch noch lebendig war.

Marx hat die *kompensatorische* Funktion dieser Kunst, und damit ihre zur realen Gesellschaft *konträre* Struktur, nicht gesehen, sondern sie auf eine haarsträubende Weise mit dieser Gesellschaft *gleichgesetzt*. »Norm und unerreichbares Muster« nennt er sie gleich zweimal mit der Begründung, sie entstamme der »geschichtlichen Kindheit der Menschheit, wo sie am schönsten entfaltet«, und die daher »als eine nie wiederkehrende Stufe . . . ewigen Reiz ausüben« müßte[135] – aber so kann man von der ersten entwickelten Sklavenhaltergesellschaft Europas doch nur im Schlaf reden. Neben und nach der antiken geht klassische Kunst, zum Beispiel in der französischen oder deutschen Ausprägung, ganz regelmäßig einher mit extrem *hierarchisierten* Gesellschaftsformen: die Kunst ist dort am klassisch *schönsten*, wo die Gesellschaft hierarchisch am *häßlichsten* ist. Aber noch kann diese den Beherrschten wie ein alternativeloses Notwendiges erscheinen. Daher muß sich die antike Kunst auch nicht mit der Wirklichkeit verwechseln; sie ist als das schöne *Andere* und uneinholbares Ideal, also als *selbstverständlich* interessierte Verfälschung, *gewußt,* und wenn sich ihre Pygmalionfiguren mimetisch so wahrscheinlich machen, daß sie

›zu atmen scheinen‹, so liegt darin immer noch eine *beibehaltene* Märchenhaftigkeit; sie wollen sich damit nicht als *übernehmbare* Sinnbeispiele ausgeben, sondern sich dem kompensatorischen Genuß nur leichter zugänglich machen.

Die ästhetischen Wahrscheinlichkeitsvorschriften ändern sich im Protokapitalismus der Renaissance, also der Zeit, in die der erste große Schub in der Verallgemeinerung des Warentauschs als der »produktiven Basis aller Gleichheit und Freiheit«[136] fällt. Damit verliert Klassenherrschaft auch etwas von ihrer vormaligen ›eisernen Notwendigkeit‹, die alles andere als einen Klassenstaat denkunmöglich erscheinen ließ: Thomas Morus erfindet dazu als erster die große, und immer noch gültige theoretische Alternative. Die Störung ist gegenüber ihrer antiken Ausprägung abgeschwächt; das heißt aber auch, daß ihre ästhetische Kompensation den alten Rang nicht mehr ganz erreicht: aus der Klassik wird *Klassizismus,* an dessen allmählichem Niedergang der Zerfall von Klassenherrschaft als gesellschaftlich ›notwendiger‹ Struktur sich ablesen läßt, bis zu den faschistischen und stalinistischen Neoklassizismen, in denen die ganz haltlos gewordene angebliche totalitäre ›Notwendigkeit‹ die Kunst nur noch in den Gips treibt.

Auf der anderen Seite führt die zum erstenmal breit wirksame Grundstörung der utopischen Struktur durch den Warentausch im herrschenden Bewußtsein zum typischen Sinndefizit der Tauschindividualität, bei der sich die autonomen und widersprüchlichen Einzelinteressen über den gesellschaftlichen Sinn setzen, und die dadurch aus aller gesellschaftlichen Sinnbezogenheit fällt. Sie verliert für ihr Handeln und Erleben die einsichtige Notwendigkeit und den Bezug zu einer überschaubaren Totalität; und muß ihren Ort im allgemeinen nun nicht mehr nur *sichern,* sondern vielmehr erst *suchen* in einem ideologischen, dem realen der materiellen Produktion analogen Sinnziel. Es wird also auf dieser Seite der ästhetischen Wiederherstellung der Utopie der *Einzelne* im Vordergrund und Mittelpunkt stehen, das Ganze und Allgemeine hingegen nur noch als dessen Horizont erscheinen.

Dieser ›subjektivistischen‹ ästhetischen Grundhaltung entspricht in schematischer Zuschreibung die *manieristische,* später die *romantische,* nach Schiller die ›sentimentalische‹ Kunst. Der ihr zugrundeliegende Sinnmangel kann über sich nicht mehr aufs Ganze hinaussehen; mit ihm hört die einsichtige Beschränkung des

Einzelnen durch eine allgemeingültige gesellschaftliche Notwendigkeit auf, *glaubhaft* zu sein. Das klassische Ideal entleert sich, und wird auch als nur denkbares Anderes unwahrscheinlich. Die fiktiven Sinnbeispiele werden jetzt uneinsichtigen und fremdproduzierten Notwendigkeiten unterstellt, und müssen daher auch ihre harmonisch-klassischen Formen aufgeben: diese sind jetzt nur noch in der Reflexion oder in ihrer *Abwesenheit* gefaßt, als Durchbrechung, Disharmonie, Fragment – also in der *Negation*. Trotzdem behalten auch diese neuen Gebilde als Form-Inhalt-Übereinstimmungen ihre durchgängige Interpretierbarkeit, ja sie gewinnen durch ihren unausgesprochenen Rückverweis aufs klassische Muster, das nämlich als verlorenes mitverstanden bleibt, noch eine neue Sinndimension. Durch diese Grundstörung wird die Kunst also in ihre erste *formale* Negation gedrängt. Sie begleitet fortan als solche, bis zum Nebeneinander von Neoklassizismus und Romantik im 19. Jahrhundert die andere, die ihren Ursprung in der klassenhierarchischen Grundstörung hat. In ihr müssen als Gegenüber der Tauschindividualität *alle andern,* also auch schon die Beherrschten als Horizont (aber auch *nur* so) auftreten. Sie wird jetzt, als *einzige* Möglichkeit, das aus dem Warentausch steigende Sinndefizit ersatzweise zu beheben, *unentbehrlich,* und bekommt eine zunehmend ›heilige‹ Zuschreibung. Gleichzeitig, und aus demselben Grund, verliert sie ihr Bewußtsein, bloßer schöner Schein zu sein, und fängt an, ihre Sinnbeispiele für *reale* Lebensmöglichkeiten zu halten.

Inzwischen wird die oben beschriebene kapitalistische *Verschränkung* der zwei Grundstörungen mehr und mehr wirksam: Klassenhierarchie kann sich fortan nur noch *mittels* des Warentauschs von Lohn gegen Arbeitskraft durchsetzen – und andrerseits wird dieses Tauschverhältnis zur Hierarchie zunehmend widersprüchlich, weil es die formale Gleichheit und Freiheit der Tauschenden voraussetzt. Jetzt werden zwar die alten hierarchiebearbeitenden ästhetischen Lösungen, die von dieser Vermittlung noch nichts wissen, *historisierend* und sehnsüchtig in ionischen oder gotischen Bahnhöfen nachgeahmt, und in der neuen Erfindung des Museums ganze Arsenale davon der gähnenden Betrachtung vorgeführt, aber das Leben eines realen und gegenwärtigen Sinnbedürfnisses ist aus ihnen gewichen: dieses Bedürfnis geht jetzt nach einer ästhetischen Wiederherstellung der demokratischen Struktur, in der zum erstenmal in der Geschichte des

Kunstschönen explizit die *ganze* Gesellschaft aufgenommen werden muß, *auch* das Proletariat – weil in einer allgemeinen Tauschgesellschaft Demokratie nicht mehr anders zu denken ist. Die authentischen Bearbeitungen der klassenhierarchischen Grundstörung müssen sich jetzt im *Realismus* und Naturalismus die Form der *Kritik* an der nichteingelösten realen Gleichheit und Freiheit geben; daher ist von nun an die gesellschaftliche Utopie als ›Inhalt‹ unwahrscheinlich geworden[137]: sie läßt sich jetzt *nur* noch mittels der ästhetischen Formierung als *Struktur* ins Kunstwerk aufnehmen – und gleichzeitig werden an die Kunst jetzt erstmals ernsthaft gesellschaftsbildende und politische Erwartungen gerichtet, die sie, blind gegens in ihr einharmonisierte Interesse, auch glaubt einlösen zu können.

Auf der Seite der zweiten Grundstörung leidet die Tauschindividualität, seit der Verallgemeinerung des Warentauschs mit der *ganzen* übrigen Gesellschaft vermittelt, nicht mehr nur darunter, daß ihre Interessenautonomie *sie selbst* vom realen gesellschaftlichen Sinnziel losgerissen hat, sondern sie kommt zum erstenmal nicht mehr darum herum, auch dessen zerstörerische *Folgen* auf der anderen Seite der Klassengrenze zu bemerken. Das tut sie (wie das Dickens-Beispiel zeigen wird) erstaunlich spät, und so wenig sie nur kann: über den Tauschkanal fließt dann der gesellschaftliche Mangel aber doch dauernd in sie ein und bildet sich in ihrem Sinndefizit ab als Zweifel an der eigenen gesellschaftlichen Funktion – *oder* als Antrieb zur Gegenideologie. Hier liegt ihre *subjektive* Motivation zur Erfindung und Rezeption der realistischen Kunstlösungen, durch die sie sich von der Mithervorbringung dieses Mangels entschuldigt glaubt, und die doch ihren Drang zur mängelabschaffenden *Praxis* nur absorbieren.

Dadurch wird aber nur ihr demokratisches Defizit symbolisch behoben. Ihre *eigene* schlechte Interessenautonomie läßt sich dagegen mit irgendeinem ›Sinn‹ nur harmonisieren, wenn sie diesen Kanal, durch den sie mit der restlichen Gesellschaft verbunden ist, *wieder kappt* – denn unvermeidlich müßte in der Lösung sonst das gegenläufige und unharmonisierbare Interesse der Beherrschten erscheinen und diesen Sinn wieder zerstören. Nach dieser Seite kann die formale Wiederherstellung der utopischen Struktur also nur in der möglichst vollständigen Ausblendung von Gesellschaft gelingen, im weiteren von Wirklichkeit und jeder *außerkünstlichen ›Referenz‹ überhaupt*[138], also in der Kunstkapsel des *Ästhetizismus,* der sich nach seiner *heiligen* Seite streng als *Anti-Ware* gegen den Tausch verwehrt, und nach seiner *peinlichen* gegen die ›ordinäre‹ Arbeit: »Schon eure zahl ist frevel«[139] – aus einer solchen Zeile springt einem beides ins Gesicht. Hier wird ungewußt, in der Anzweifelung und Wiederherstellung der Kunst *als* Kunst die utopische Struktur selber schon thematisiert; andererseits muß der Ästhetizismus natürlich bemerken, daß er inhaltlich die hierarchische Grundstörung überhaupt nicht mehr bearbeiten kann, und sich daher wechselweise als *unnütz* und als das *einzig Vorhandene* bezeichnen.

Die Einzelheiten des ästhetischen Kompensationsvorgangs sind damit noch lange nicht aufgeklärt; aber mit dem Gedanken, daß die utopische gesellschaftliche Struktur seit der Verallgemeinerung des Warentauschs *doppelt* gestört ist, läßt sich doch (was anders wohl schwer gelingt) das Nebeneinander von zwei gegenpoligen ästhetischen Lösungen zur selben Zeit begründen, wie es sich etwa in Figurenpaaren wie Fielding/Sterne, Morris/Wilde oder Brecht/Benn exemplifiziert. Sie sind aber, weil sie ja auch alle ein und demselben historischen Sinndefizit entspringen, auch nur schematisch voneinander zu trennen und gehen in Wirklichkeit – ebenso wie die zwei Grundstörungen selbst – vielfältige, oft schwer erträgliche Überkreuzungen ein, um bei den Beispielen zu bleiben: zu einem ›sozialkritischen‹ Wilde oder Benn, und einem ›ästhetizistischen‹ Morris oder Brecht.

Beide Lösungen wissen dabei schon früh, daß sie etwas nicht Erlangbares versuchen. Mit Flaubert setzt das bodenlose Grübeln des Realismus über sein Vermögen ein, ›die Wirklichkeit zu fassen‹ – bodenlos deswegen, weil er nur immer noch einmal das bürgerliche Interesse zu einer Sinnlösung zusammenschließen muß; weil er die ideologische Täuschung nur umso unkenntlicher macht, je mehr er sich ins Zeug legt; umso lügenhafter wird, je aufrichtiger er sein will: es beginnt der Kunst selber unwahrscheinlich zu werden, daß sie Erfahrungswirklichkeit adäquat wiedergeben kann. Der Ästhetizismus aber verendet, in den Figuren eines Beardsley oder Georg Heym sogar buchstäblich, an seiner Gesellschaftslosigkeit: die nur noch mit sich selbst verkehrende, immer weiter sensibilisierte Tauschindividualität verirrt sich in ihren Antrieben, denen der sinnsetzende ›Umweg‹ genommen ist; außer ihresgleichen (und auch das nur ahnungshaft) kann sie sich niemandem mehr mitteilen, und weiß am Ende in den Gedichten von Mallarmeé oder den *Duineser Elegien* selbst nicht mehr, wovon sie redet.

Damit scheinen alle Möglichkeiten, wie Privilegierungsinteresse und eine herbeigezogene ideologische ›Notwendigkeit‹ noch einmal zu fiktiven Sinnbeispielen miteinander zu vereinbaren wären, erschöpft, und demnach alle ›hohen‹ Kunstlösungen fortan aus dem Bereich des Authentischen verbannt. Die Kunst bemerkt, wie alle solchen *positiven* Sinnvorschläge als *bloße* schöne Wuncherfindungen hohl werden; sie fängt an, ihre Ablieferung zu verweigern – und im gleichen Maß strömt ihr enttäuschtes Publikum immer kopfschüttelnder dem Ausgang zu: es sieht jetzt so aus, als wäre *alles* unwahrscheinlich geworden, was Kunst *überhaupt* hervorbringen kann. Und doch findet sie für ihre hohen Lösungen noch einmal einen Ausweg in der *Negation des Kunstschönen selbst*, oder anders: in der Kunst als *Zerstörung* von Kunst. Auch in diesem, dem eigentlich *modernen* ästhetischen Vorgang bleiben freilich die zwei utopischen Grundstörungen noch deutlich wirksam. Als Bearbeitungen der inzwischen abgeflachten *hierarchischen* Grundstörung tauchen jetzt Versuche auf, zum Beispiel mit Brechts Idee der ›Verfremdung‹ oder mit Tretjakovs Vorschlag, das ästhetische Verfahren von dem Produzenten an den Konsumenten weiterzugeben, die Kunst zu *demokratisieren* dadurch, daß dem *Rezipienten* die Produktion des Kunstwerks oder jedenfalls der in ihm beschlossenen Sinnlösung zu überlassen. Daß das funktioniert, scheint zweifelhaft; daß die Kunstwerke dadurch schöner werden, ist unwahrscheinlich; aber darum geht es ja nicht: sondern um die Glaubhaftigkeit, die *Plausibilität* der so erzeugten Sinnlösungen, der das Kunstschöne auch in dieser Umstülpung allein noch dient.

Die Grundstörung der utopischen Struktur durch den *Warentausch* hat das neuere bürgerliche Bewußtsein offenbar tiefer beschäftigt. Ihre Bearbeitung in der Moderne hat eine sehr viel weitläufigere und komplexere, trotzdem leicht zusammenfaßbare Geschichte: sie besteht in der stufenweisen Negierung und Leugnung aller möglichen früher formulierten Sinnlösungen für die einzelne Tauschindividualität, zunächst der explizit ideologischen von Liebe, Natur oder Gesellschaft, des künstlerischen Vorgangs, oder irgendeiner anderen lebenspraktischen Sinnkohärenz (mit einem Gipfel bei Beckett); dann aber auch die Verweigerung von *Inhalten überhaupt*, nicht nur in der abstrakten

Malerei, sondern auch der abstrakten Poesie des Dada und der abstrakten Prosa von Gertrude Stein. Damit hat aber auch, denn sonst wäre ja die Interpretierbarkeit der Werke verlorengegangen, eine aggressive Zerschlagung aller alten, vorgegebenen ästhetischen Formen einhergehen müssen. Ihre erste Hauptstation war die Aufgabe des gereimten und metrischen *Verses;* von den weiteren nenne ich die Verrätselung und Zersplitterung der Texte im Surrealismus und der absurden Literatur, in der Konkreten Poesie und im Lettrismus: den Versuch zur Ausschaltung des fiktiven Autors in der écriture automatique, zu dem der Verzicht auf eine *eigene* Produktion im objet trouvé oder im Vorgefundenen Gedicht hinzutritt – bis dann Anfang der 60er Jahre von Andy Warhol, in der neuerlichen Negation allen bisherigen ästhetischen Verfahrens, bei dem die Tauschindividualität sich immer noch an eine Utopie des Nicht-Tauschs gehalten hatte, in der *Ware* selbst eine utopische Struktur neuentdeckt wird.

Aber alle diese Versuche zur Verweigerung und Zerstörung der ästhetischen Sinnstruktur *versagen.* Wer den *Sinn* eines Dada-Textes oder eines Beckett-Stücks nicht begreift, hat sie nur *schlecht gelesen;* sie stellen die Sinnfrage laut als unbeantwortbare – und beantworten sie dann doch: in der *Darstellung* von Zersplitterung und Absurdität liegt demnach die letzte noch sinnvolle Praxis. Der Autor kann im Happening, im Aktionstheater, durchs Vorlesen des Telefonbuchs die Kunst immer weiter ›prozessualisieren‹[140] – er bleibt trotzdem der sinnsetzende Autor, versteht sich selbst so und wird auch so gefeiert. Die Tauschindividualität kann bei Joseph Beuys ihrer eigenen Entleerung, Zerfaserung, Ungesellschaftlichkeit zusehen, aber als absurde, traurige, reliktartige, kapitalismusproduzierte, zeitgemäße usw. gehen diese Gebilde ästhetisch immer noch *auf,* und lassen sich als interpretierbare und sinnhaltige weiterhin genießen. Die Negation der einen Kunststufe durch die nachfolgende gewinnt dabei immer größere Bedeutung. Die Entwicklung scheint dahin zu gehen, daß die hohen Kunstwerke nur noch ausdrücken wollen, welche anderen vorausgehenden schon wieder ›unmöglich‹, das heißt unwahrscheinlich geworden sind. Die Resignation darüber, wie weit es mit ihnen *selbst* gekommen ist, wird ihnen zum Hauptdarstellungsmittel der schlechten Wirklichkeit: sie werden immer leerer und sagen alle immer mehr dasselbe.

So in die Reduktion gedrängt, *minimalisiert* sich ihre ästhetische

Distanz zur Realität beständig, und auch dies unter Zwang: innerhalb einer verdinglichten *gesellschaftlichen Formierung* nämlich, in der alles unverrückbar, zwingend und uneinsichtig nur noch ist, wie es ist, wird jede *andere* Art von Form, und damit auch die ästhetische, zur unglaubwürdigen, bloßen Wunschwirklichkeit. Damit geht die hohe Kunst in ihre letzte Negation: die von *Formen überhaupt.* Um geglaubt zu werden, muß sie möglichst alles ›nur-noch-mimetisch‹ *stehen lassen* – und doch, um Kunst zu bleiben, eine winzige, am liebsten nicht mehr erkennbare Veränderung damit vornehmen: der Photorealismus ist ein Beispiel. Sie braucht mit der Wirklichkeit jetzt nur nicht mehr als *identisch-identische* zusammenzufallen, und schon ist sie mit der ästhetischen Qualität behaftet – ja es genügt dazu die bloße ›infizierende‹ *Anwesenheit* eines Autors, der an irgend etwas die Sinnfrage *richtet*, und dadurch dessen Erlebtheit um ein kleines ins Utopische hebt: sie kann also auch reale Wohnküchen, Tankstellen, Landschaften in sich vereinnahmen, und sich so nach der Art des Papstsegens urbi et orbi *generalisieren*. Aber nach wie vor ist in solcher Kunst die schlechte Realität interpretierbar gemacht, mit Sinn überschrieben und verschönt, und nach wie vor ist der Antrieb zur mängelabschaffenden Praxis darin absorbiert: denn *natürlich* können der Autor wie die Rezipienten – von Nitschschem Blutritual zu Christoscher Verpackung hastend – ganz buchstäblich bleiben, was sie immer waren: und so etwas läßt sich das Interesse nicht zweimal sagen.

Das Kunstschöne erweist sich so in seiner neuesten Geschichte als etwas unausrottbar Hartnäckiges und Klebriges, steckt sich durch alle Negationen hindurch wieder neu an sich an. Die Kunst kann sich noch so ›minimal‹ oder ›povera‹ machen, die erst gemalten – oder *nicht* erst gemalten – Bilder so schwarz sie will wieder zuschmieren, die Tonbandrede und die Campbell-Dose noch so gewissenhaft reproduzieren, aus der Müllhalde klauben oder in der Müllhalde liegen lassen: *es hilft alles nichts,* alle ästhetische Scham ist umsonst und verkehrt sich zur Obszönität, mit aufsässiger Bosheit macht sich das Kunstschöne *gerade* in seiner Minimalisierung immer unverfrorener breit, ergießt sich unflätig über einen wachsenden und mafiotischen Markt, im grellsten Widerspruch von offenkundigen, aber zu Höchstpreisen gehandelten Nichtigkeiten, als selbstdeklarierte Kunstscheiße, und verlangt dabei der ästhetischen Theorie immer neue Reflexionsstufen ab, die diese, mit einer Art von Schafsgeduld, auch bereitwillig erklettert. Denn die Avantgarde heißt ja nicht umsonst so: sie ist im allgemeinen *schneller* – im Erkennen nämlich veraltender und innovationsfähiger ideologischer Lösungen, an deren Stelle sie dann auch gleich die allerneueste (und meist noch leerere) parat hat.

Nur wieso? Woher *kommt* diese neue Bösartigkeit der Kunst? Dem außenstehenden Betrachter ist deutlich, daß dieser ganze Vorgang nicht mehr von der tatsächlichen ästhetischen Produktion getragen sein kann. Dazu verweist sie auf annehmbaren Sinn nur noch allzu spurenhaft, durch ganze Ketten einander vernichtender Negation – und *muß* das auch tun, wenn sie sich nicht selbst disqualifizieren, nicht augenblicklich als abgeschmackt-interessierte Legitimierung einer Gesellschaft auffliegen will, über deren Mängel sich niemand mehr täuscht: und darüber, daß diese Mängel von der schlechten und ungerechten Resultante aller durchgesetzten Interessen erzeugt sind, auch nicht. Wahrgenommene Herrschafts- und Privilegierungsinteressen *lassen* sich angesichts dieses Zustands nicht mehr mit sinnkonsistenten Praxisvorschlägen harmonisieren zu strukturell-utopischen Kunstgebilden – *aber das macht den Wunsch danach nicht kleiner*, sondern läßt ihn im Gegenteil als ungesättigten anwachsen so weit, daß er sich auch mit den kümmerlichsten Abfällen noch zufriedengibt – oder aus Not und ›Heimweh‹ auf ältere ästhetische Formen zurückgreift.

Das Bedürfnis der hierarchieversessenen Tauschindividualität ist es, das diese Kunstproduktion als *hohe, aber nichtige* hervortreibt und, wie oft und nachdrücklich darin auch Sinnzerstörung und Sinnabwesenheit formuliert sind, dann eben deren *Rückseite* oder den Vorgang des *Formulierens* zu sinnbehafteten macht. Deutlicher als je zuvor, und bis zum Selbstekel[141], erfährt jetzt die Kunst, daß sie Erfahrung *als* sinndefizitäre oder gar sinnlose nicht und auf keine Weise mitteilen kann, *weil sie vielmehr deren Kompensation sein muß* – und wenn sie dabei erschöpft auf der Strecke bleibt; daß ihre Aufgabe nicht Abbildung der Realität ist, *sondern deren Deformation* und Unterlegung mit der utopischen Struktur und seis die *ideelle* der bloßen Zuschreibung; daß sie kurzum von einem Bedürfnis nach Sinn *geschaffen ist*, und daß dieses Bedürfnis nichts anderes aus ihr herauslesen will, als was es zuvor in sie hineingelegt hat. Was ihre gesellschaftliche *Wirkung* angeht, so ist es angesichts dieser verzweifelten Anstrengungen der Kunst, sich überhaupt noch einmal zustande zu bringen, geradezu lächerlich geworden, davon zu reden: sie besteht allenfalls aus dem fassungslosen Staunen darüber, daß es sie überhaupt noch *gibt*. Aber sie *kann* nicht sterben, solange das blinde und herzlose Bedürfnis nach ihr sie immer wieder in ein galvanisches Scheinleben zurückzwingt, weil es sich aus Genußgier einredet, es sei doch *bloß* ein Bedürfnis nach dem Schönen, und nicht etwa eins nach dem eingelösten gesellschaftlichen Sinn; und dieses Schöne sei *nichts weiter* als eben – schön, und nicht etwa die vom Interesse ins Luftmeer verstoßene konkrete Utopie.

2. Triviale Kunst

Mit der Entwicklung zu einer widersprüchlichen und sich selbst widerwärtigen Avantgarde sind die hohen Kunstlösungen in einen offensichtlichen *Grenzzustand* geraten, aus dem sie sich auf dem bisherigen Weg zu keiner neuen Stufe fortbewegen können: schon jetzt sind sie für ihr Repertoire zur Selbstzerstörung weitgehend angewiesen auf historische Rückgriffe zur klassischen Moderne. In der Malerei und Plastik zwar noch unentwegt vorangetrieben, sind sie dort keineswegs mehr die einzigen vorgeschlagenen oder repräsentativen; und in der Literatur haben sie, weil sich diese nämlich zur Herstellung von ›belassenen‹ *Objekten* weniger eignet, etwa im Vergleich zu den zwanziger Jahren ihre Bedeutung weitgehend eingebüßt. Die Versuche zur *formalen* Zerstörung oder Verweigerung der utopischen Struktur, oder zur Leugnung des Kunstcharakters selbst, sind deutlich zurückgegangen; und ebenso die ästhetischen Lösungen, in denen herrschende Tauschindividualität *inhaltlich* über sich geklagt hat als isolierte, identitätsverrätselte oder von öder Sinnleere umgebene. Sie haben ihren unzweifelhaften Höhepunkt im Werk von *Beckett* gehabt; aber dieser Autor ist schon ganz historisch geworden, und angesichts seines weltliterarischen Ranges bemerkenswert nachfolgelos geblieben.

Statt dessen hat die Kunst seit dem Eintritt der entwickelten Gesellschaften in den Sozialdemokratismus und Massenkonsum eine wie ich meine ganz und gar neue Richtung eingeschlagen: sie wirft die uneinholbar gewordene Verpflichtung zur wahrscheinlich gemachten Lüge ab und wird zur allgegenwärtigen und alles vereinnahmenden *Trivialkunst:* so zunächst auf der mittleren und unteren Rezeptionsebene, in der sie ja von jeher zu Hause war. Hier ist sie mittlerweile in der Reinform von Popmusik und Schlager, Comic und Groschenheft, Schnappschuß und Urlaubsfilm, oder in Mischformen wie dem Bestseller und der Fernsehserie massenhaft verbreitet. Als seriell hergestellte und wesentlich autorenlose ist sie dabei heute so wenig wie vorher auf eine klassische Formierung aus, in der ja nur selbst wahrgenommene Klassenherrschaft ästhetisch bearbeitet war. Sie stellt sich vielmehr einer utopisch gleichgestellten Tauschindividualität *schamlos* für deren *scheinhafte* Wunschbefriedigung zur Verfügung, und richtet deren widersprüchliche Bedürfnisse und Interessen aus auf die *offen fiktiven* Sinnziele einer Love Story oder des paradiesischen Lebens auf der fremden Galaxie und der touristischen Trauminsel. Diese Schamlosigkeit kann sie sich leisten, weil sie das in ihr harmonisierte Interesse *als nichthierarchisches wagen kann, offen herzuzeigen;* und aus demselben Grund hat sie es auch nicht nötig, sich als *wahre* oder *eigentliche* Wirklichkeit auszugeben, die es *hinter* der schlecht bestehenden noch gäbe: keine Fabrikarbeiterin, die sich *ernsthaft* mit der Erbbauerntochter verwechselt, ihren Freund mit dem Chirurgen im weißen Mantel, der zu ihr eine ewige Leidenschaft gefaßt hat, oder auch den photographierten Urlaub mit dem gelebten. Trivialkunst hat also die kompensatorische Aufgabe, der Tauschindividualität, zunächst der unterdrückten, bestimmte, oft auch ungesellschaftliche Wünsche in ihrer Befriedigung fiktiv vorzuführen, und sie zugleich auf eine meist sehr einfache, aber ebenso *strenge* Weise sinnkonsistent auszurichten.[142] Die vielbeschworene *manipulierende* Wirkung – oder gar *Absicht* – von Trivialliteratur zeigt sich hier als eine Einbildung, und die ihres kapitalistischen Markts als ein Gedankenfehler: denn nicht die Formen ihrer Befriedigung, sondern natürlich die *Wünsche* der Leser von Trivialliteratur sind zunächst einmal verstümmelt, und dafür kann der literarische *Markt* doch nichts – denn der läuft, wie alle Kunst, den an ihn gerichteten Wünschen vielmehr hinterher und ist von ihnen bestimmt.

Das Trivialschöne ist lange unterdrückt gewesen, und hat vom herrschenden Bewußtsein offiziell bestenfalls patronisierendes Schulterklopfen erfahren – und zugleich, hinter verschlossener Tür, seinen gierigen und schuldbewußten Konsum. Dann aber hat es unerwartet seinen Siegeszug auch in der *herrschenden* Ästhetik angetreten. Der Vorgang ist am deutlichsten an der heute *repräsentativen* Kunstform, nämlich der *Photographie* und dem langen Streit um ihren ästhetischen Status nachzuverfolgen. Zur Zeit ihrer Entstehung mußten sich die hohen Kunstlösungen noch lange nicht durch Versuche zur *wörtlichen* Reproduktion von Wirklichkeit wahrscheinlich machen. Nach dem Grundsatz, daß die Kunst in ihren fiktiven Sinnbeispielen immer mit dem jeweils möglichen *Minimum* an Mimesis auszukommen versucht[143], wird die mühelose und unübertreffliche Abbildungsgenauigkeit der Photographie daher auch bloß als kuriose Fertigkeit bestaunt: als ›künstlerisch‹ wird sie nur anerkannt, wo sie sich in die etablierten ästhetischen Muster fügt. Ihr Aufstieg beginnt genau in dem Moment, als sich die Kunst von den an sie gerichteten Erwartungen von ›Wirklichkeitstreue‹ überfordert fühlt; von da an glaubt sie sich der Photographie unterlegen und schreibt ihr auf einmal die eigenen Fähigkeiten zu. »Meiner Ansicht nach«, sagt Zola im Jahr 1901, »kann niemand behaupten, etwas gesehen zu haben, solange er es nicht photographiert hat.«[144] Aber bald darauf zeigt die Photographie immer deutlicher ihre unglaubwürdige und bloß verschönernde Seite: so natürlich vor allem, und mit allen erdenklichen Mitteln, im *Kino*, das die scheinbare Objektivität des neuen Mediums dazu benutzt, auch die *offenkundigsten* Trivialstoffe noch einmal annehmbar zu machen. Aber schon 1934 weiß Walter Benjamin, daß sie gar nicht *vermeiden* kann, Kunst zu sein; auch wo sie ein Mietshaus, einen Abfallhaufen abbilde, könne sie nichts anderes sagen als: »wie schön«.[145]

Tatsächlich lassen sich in ihr ja auch alle wichtigen Züge der Kunst wieder auffinden: sie liefert mit ihren Bildern ein abgeschlossenes Ganzes von Erfahrungswirklichkeit, das mit seinen Elementen, wie diese zu ihm und untereinander, in einem angebbaren Sinnbezug steht und daher auch durchgängig *interpretierbar* ist – ja, es ist die intuitiv wahrgenommene Sinnhaftigkeit dieses Ganzen das ›Motiv‹, das heißt der erklärte *Antrieb*, ein Photo von ihm überhaupt erst zu *machen;* sie stellt lauter übers sonstige emotionale und sinnliche Erleben hinausgehobene ›Überabbilder‹ her, denen gegenüber dann »der reale Gegenstand oft als Ernüchterung erfahren wird«[146]; und schließlich hat sie, wie alle Kunstwerke, auf den Betrachter auch keine andere *Wirkung* als die Verstärkung von vorher schon entwickelten Bewußtseinsdispositionen – und auch dies nur zweifelhafter- und unnachprüfbarerweise. Sie ist freilich auch diejenige Kunstgattung, die ihren Kunstcharakter am geschicktesten *verbirgt:* viel überzeugender als die Literatur oder die bildende Kunst kann sie sich ja dem Betrachter als die ›Wirklichkeit selbst‹ ausgeben – und zugleich von ihr strukturell verschieden bleiben. Das macht sie dem modernen Bewußtsein lange unverdächtig. Dann aber bestätigt sich neu die Wahrheit, daß die verdinglichte Interessenwirklichkeit glaubhafte Bilder von sich nicht mehr *zuläßt:* die Photographie ist auf dieselbe Weise von der Unwahrscheinlichkeit bedroht, wie alle übrigen Kunstarten auch, und muß daher auch zum selben letztmöglichen Gegenmittel greifen. Der Satz von Susan Sontag, »heute strebt alle Kunst nach dem Zustand der Photographie«[147] läßt sich genausogut *umdrehen*, denn sie sind *beide* authentisch nur noch in ihren *Trivialformen* und als *durchschaubare* Unwahrscheinlichkeit: Kitaj und Hamilton haben den *Schnappschuß* und das *Automatenphoto* zu den ›schönsten‹ Bildern erklärt, und Warhol hat diesen ästhetischen Endzustand in die Formel gefaßt: »ein schlechtes Photo kann man nicht machen.«[148]

Überhaupt ist dann in der *Popkunst* das Trivialschöne mit hörbarem Knall in der herrschenden Ästhetik explodiert, und hat von den alten Kunstschalen des Heiligen und Peinlichen nur noch Trümmer übriggelassen. Mit ihr kam die Wiederentdeckung der einfachsten und ältesten ästhetischen Struktur: nämlich daß das Kunstschöne, als Voraussetzung für seine fiktiven Produktionsanalogien, immer auch den *Abstand* zum vereinzelt-unmittelbaren *Konsum* nachbilden muß, und daß dieser Abstand, als Erinnerung an das gesellschaftliche Sinnvermögen, selbst schon ein Schönes am Schönen ist. Bei genauerem Hinsehen zeigt diesen Abstand aber *alles Reale*, und insofern »ist alles hübsch« und »jedes sozusagen künstlich«[149], was nicht gestaltlos Brei und Scheiße ist: nur diese beiden Gegenstände sind *nicht* kunstfähig – wohl aber die *Ware*, die vor ihr Verschlucktwerden hauptsächlich ihre – von Christo als schön aufgegriffene – *Verpackung*, aber auch ihre anderen Verlockungen für Auge, Finger, Nase als ›Umweg‹ stellt. Um sie geht es in dieser Kunst vor allem: denn mit ihrer nicht, jedenfalls nicht *unmittelbar* verzehrbaren ›Abbildung‹ oder ›Auffindung‹ läßt sich die utopische Störung durch den Warentausch immer noch so kompensieren, daß ein fiktives Praxisbeispiel des *Abstands von der konsumierten Ware*, also des nicht wahrgenommenen Privilegierungsinteresses entsteht. Diese Form der ästhetischen Kompensation ist ein paar Jahre lang so erfolgreich rezipiert worden, daß sie sich als triviale Dekokunst inzwischen bis in die Aschenbecher und Häuserfassaden pestartig verbreitet; allmählich aber scheint sie zu veralten, das heißt in ihrer Lügenhaftigkeit durchschaut zu werden: denn das herrschende Bewußtsein hält keineswegs *wirklich* Abstand vom Konsum, sondern nur symbolisch und fiktiv in einer dazu erfundenen Kunstart – an der ihrerseits es dabei ist, sich zu überfressen.

Daneben ist das Trivialschöne in vielen anderen Formen, deren Interessiertheit weniger deutlich schien, in die herrschende Ästhetik eingedrungen. Dabei hat es sich sowenig wie jede andere Kunst vor ihm von der offiziellen Mißbilligung Vorschriften machen lassen, genauer: machen lassen *können.* Denn auf einmal war die bürgerliche Intelligenz damit *konfrontiert,* daß ihr Peanuts und Asterix, der jeweils *Neue* von Patricia Highsmith, die Rock-Bilder von Guy Peellaert *unwiderstehlich waren,* daß sie vom Indienkitsch wie von der naiven Revolutionskunst der Sonnenaufgänge als *ästhetischen* Erscheinungen gefesselt war, daß sie zu den blödesten Römerschinken ins Kino rannte, und ihre Zimmer überquollen von viktorianischem Krimskrams und dem ›echten‹ Blechspielzeug von 1930. Daß sie die Werbetexte, den Fußball, die Sgraffiti, die Landschaft der Stadtautobahnen und Flugplätze, den American Dream auf einmal anfing, *schön* zu finden – dagegen haben ihr doch alle politischen Vorhaltungen und Gewissensbisse keinen Pfifferling genutzt, und sie *hat recht gehabt:* denn das war jedenfalls besser, als wollte sie Kunst und politische Praxis immer weiter miteinander verwechseln.

Die Öffnung des neubürgerlichen Geschmacks für die Trivialkunst wird von der reaktionären Kulturkritik aus einer bösartigen ›Massenkultur‹ erklärt, die dem gewachsenen Erbe jetzt die letzten Wurzeln abfrißt; von der Kritischen Theorie aus der Dämonie eines manipulierenden Marktes und vom dogmatischen Marxismus aus einer Dekadenz vom einzig wahren Realismus: sie alle versuchen mehr, alte Kunstformen zu restaurieren, als die neuen zu erklären. Diese haben ihre Hauptursache gewiß in der ins Vorästhetische zurückgefallenen Formierung der Gesellschaft, die alle ästhetisch geformte Wirklichkeit unglaubwürdig werden läßt, und so die Rückkehr der Kunst in die offene Unwahrscheinlichkeit erzwingt. Aber zugleich sind darin offenbar auch die Veränderungen in den zwei utopischen Grundstörungen wirksam geworden.

Der Klassengegensatz hat sich in den entwickelten Ländern ja seit dem Zweiten Weltkrieg objektiv so rasch wie nie zuvor *eingeebnet,* und dabei durch den neuen Massenkonsum die Störung durch den Warentausch verallgemeinert und verschärft. Dadurch ist herrschendes Bewußtsein auf der einen Seite aus der hierarchischen Sinnzerstörung zu einem Teil entlassen; auf der anderen ist der privilegierten Tauschindividualität aber zugleich auch jeder letzte Anschein von Legitimierung verloren gegangen. Daher will sie in ihren neubürgerlichen Formen von den eigenen Vorrechten nichts wissen; sie zur Schau zu tragen, gilt ihr als das, was sie auf keinen Fall sein will, und in jedem Falle bleibt: als *›bürgerlich‹.* Denn nach wie vor versucht sie ja, jeder Art von gesellschaftlicher Notwendigkeit, oder gar einem funktionalen Produktionsverhältnis mit allen Mitteln zu entkommen, und bleibt daher ihren zwischen der naturgedüngten Nahrung, der Therapie und der Arbeitslosenhilfe schwankenden Wünschen ohne gesellschaftliche Sinnausrichtung weiter ausgeliefert. Sie sehnt sich danach, ihre Privilegierung loszuwerden – und hält zugleich entschlossen an ihr fest; will das schöne Leben, und sei es auch ohne den Schein der Wahrheit: und eben das bekommt sie im Trivialschönen jetzt auch geliefert.

Für die Kunst ist das eine Art von Erlösung. Sie ist endlich von dem erstickenden Zwang befreit, durchgesetztes Herrschaftsinteresse zu Sinnbeispielen zu verarbeiten, die auch noch ›wahr‹ sein sollten. Als Trivialkunst braucht sie nicht mehr vorzugeben, der gesellschaftlichen Realität *getreu* zu sein – um sie sogleich wieder lügnerisch zu verschönern. Sie kann die Unnötigkeit und Sinnlosigkeit der realen gesellschaftlichen Mängel wenigstens *auslassen,* und muß nicht *auch noch* behaupten, sie hätten ihren tieferen höheren schlechten guten *Sinn;* ihr Käufer handelt sich mit ihr nicht mehr den Irrtum ein, er bräuchte es nur ein bißchen anders machen, und alles wäre gut. Als triviale kann sie sich offen nach der Seite zeigen, in der die Kunst allein ihre Wahrheit hat, und das ist die Seite *des Bedürfnisses nach ihr;* so kehrt sie unschuldig dahin zurück, wo sie als Kunst einzig etwas fertigbringen kann: in ihr *eigentliches Reich der Wünsche und des schönen Scheins.* Sie endet dort, wo sie angefangen hat: beim *Märchen,* in dem die gesellschaftlichen Notwendigkeiten der inhaltlich eingeholten Ichautonomie nichts anhaben können – ja, in ihren Bearbeitungen der hierarchischen Grundstörung geht sie noch ein Stück weiter zurück, und nähert sich in dem von den ›Zuschauern‹ selbst produzierten Rollenthater oder in den therapeutischen Rollen-, Gruppen- und Selbstdarstellungsübungen von Gestalt und Encounter wieder der ästhetischen Vorform des *Spiels*. Hier kann der Rezipient und Mitspieler sein Wissen behalten, daß er nicht mit dem Wunschhelden identisch ist, und der schöne Schein nicht mit der Wirklichkeit: er wird weniger, weil nicht auch noch über sein *Getäuschtsein* getäuscht.

Allein in dieser Gestalt der erkennbar gemachten Unwahrscheinlichkeit und Unübernehmbarkeit kann die Kunst ihre alte Verklammerung mit dem Interesse abwerfen und braucht sich zur Kompensation, zu der sie sich auch nicht mehr eignet, endlich nicht länger mißbrauchen zu lassen. Sie kann als das *offen* uneinholbare Andere von jeder, auch der geglückten Gesellschaft stehenbleiben, und es ist nicht einzusehen, warum sie in dieser Funktion jemals ganz überflüssig werden sollte. Sie drängt in ihren *Inhalten*, als deklariert phantastische Alternative, auf die Erfüllung aller möglichen Wünsche und die Abschaffung allen uneinsichtigen Zwangs, also auf etwas niemals ganz *Erreichbares*, und das wird ihr *eine* Aufgabe wohl auch immer bleiben können; in ihrer *Struktur* aber beharrt sie darauf, daß der Einzelne von der auch dann noch bestehenden Notwendigkeit des Allgemeinen sich durchgängig einschränken und bestimmen lassen soll, also auf etwas niemals ganz *Erfüllbarem*, und auch darin wird sie sicher weiter nützlich sein – solang sie nur nicht wieder glaubhaft machen will, das alles sei schon jetzt und hier zu haben. So scheint sich die Frage nach einer *wahrhaft demokratisierten*, und das heißt doch wohl auch: nach der authentischen proletarischen Kunst auch hier wieder so zu lösen, daß man sie im Trivialschönen schon längst vor sich hat.

Ob sie in diese Funktion auch eintreten kann, hängt freilich von ihrem gesellschaftlichen Standort ab. Der nachrevolutionären Kunst in *China* scheint das geglückt zu sein, die sich, weitab von allem verquälten sozialistischen Realismus, in der Pekingoper und der Plakatkunst, dem Revolutionsballett und dem Zirkus, lieber an offen vereinfachende, wunscherfüllende und kitschnahe Formen gehalten hat. Darin war es ja auch nicht *wahrscheinlich*, daß *alle* Kommunenmitglieder mit *unentwegt* strahlendem Lachen den Tigerberg bekämpfen. Aber dieses phantastische Moment ist für solche Kunst gerade *unabdingbar*, wenn sie nämlich nicht von neuem eine illusionäre Identifikation auf sich ziehen, und damit eine kompensatorische Sinnsättigung und Stillegung des Praxisantriebs mit sich bringen soll. Erst dann kann ein solches Bild, solange die Gesellschaft sich ins offensichtlich Bessere fortbewegt, als eine *erfundene Verlängerung* der schon eingeholten und gemeinsam angestrebten Befreiung und Bedürfnisbefriedigung gelesen werden – und damit scheint die Kunst sogar zu ihrer ersten und ursprünglichen Aufgabe zurückgekehrt zu sein.[150]

Bei uns unterliegt sie anderen Bedingungen. Der bürgerliche Einzelne, der, eingesperrt in die Verdinglichung, seine Privilegierung zugleich festhält und loswerden will, steht in keiner solchen Perspektive. Er greift zur Trivialkunst nicht, weil er seine Sättigung *vermeiden* möchte, sondern weil in seiner Lage *eine volle ästhetische Kompensation offenbar nicht mehr möglich ist;* auf ein wahrscheinlich gemachtes fiktives Sinnbeispiel trifft er *nirgendwo* mehr. In die *historischen* Kunstlösungen kann er nur noch mit gezielter Anstrengung, normalerweise in der literarhistorischen *Arbeit,* identifikatorisch eintreten. Dort mag er vielleicht finden, wie es einmal *war* – aber nicht mehr, wie es *mit ihm sein könnte:* wohl am ehesten deshalb, weil diese Lösungen einen klassenherrschaftlichen Stand kompensieren wollen, der ihm inzwischen *unvorstellbar* geworden ist: denn der hat durch seine rasche Veränderung seit 1950 ja auch eine ebenso stark beschleunigte *ästhetische Veraltung* bewirkt. Die Kunstwerke verschleißen heute so schnell, daß sie schon zwanzig Jahre danach wieder *in Mode* sind, das heißt mit Rührung als etwas betrachtet werden, dem *früher einmal* und *irrtümlicherweise* wahrer Sinn zugesprochen worden ist – und dieser ganz gebrochene, nostalgische Genuß läßt sich inzwischen aus *jedem* erhaltenen Gegenstand ziehen, und macht *alles,* freilich mit Vorliebe den *erklärten* Kitsch, zur Antiquität.

Die ›hohen‹ ästhetischen Avantgardevorschläge, die zunehmend nur noch aus der Destruktion und Aufhebung ihrer eigenen Vorgänger bestehen, sind am Erlöschen; die Popkunst hat längst angefangen, auf ihre einharmonisierten Interessen hin durchsichtig zu werden; aber auch die anderen, neu in den bürgerlichen Kunstkanon aufgenommenen Formen des Trivialschönen bringen nicht mehr das Gewünschte: ihre Beispiele *geben ja zu,* daß sie in der Realität uneinlösbar sind. So hat *keine* der historischen oder gegenwärtigen Gestalten des Kunstschönen dem bürgerlichen Rezipienten mehr *direkt* etwas zu sagen. Er kann in ihnen nur noch ein *Repertoire* von Beschreibungsmöglichkeiten sehen, austauschbar, ziemlich gleichmäßig falsch: im Trivialen, darin besteht dessen Vorsprung, wenigstens noch *erkennbar* so. Sie haben alle etwas *Zitathaftes* bekommen; und oft hat er es schon längst aufgegeben, in ihnen noch das Ganze zu suchen, das sie immer noch sein wollen; die ästhetischen Bearbeitungen von Erfahrungswirklichkeit bieten ihm nur noch einzelne herausnehmbare ›Sätze‹ und ›Bilder‹ – häßliche, ›starke‹, oder *unheimlich schöne* –, aus denen alle sinnliche oder gesellschaftliche Kohärenz gewichen ist. Freilich ist er *unzufrieden* darüber, daß sein Kunstgenuß eingekürzt ist aufs Kaputte oder Triviale, bemängelt es als ›billig‹ und ängstigt sich vor dem Kulturverlust; denn er möchte nach wie vor, daß die Kunst wenigstens zeitweise sein Leiden an der gelebten Sinnlosigkeit noch zudeckt. Aber die Decke ist dünn geworden; und frierend empfindet er ihre schönen Erfindungen als ›unwirklich‹ in einer Wirklichkeit, die ihm seine inneren Bilder von einer anderen und besseren immer vollständiger zerschlägt.

Das scheint mir der gegenwärtige Zustand; und wenig spricht dafür, daß er sich innerhalb einer interessegelähmten Gesellschaft noch einmal grundsätzlich ändern könnte. Aber auch wenn er von älteren, halbintakten Rezeptionsweisen noch weiterhin begleitet ist, oder sogar (denn je hungriger einer ist, desto mehr kommt ihm auch schmackhaft vor) von neuen Gegenbewegungen der *Reliterarisierung* ab und zu unterbrochen werden sollte: die *ästhetische Theorie* müßte ihn trotzdem zur Kenntnis nehmen. Sie kann nicht einfach, nachdem ihr Gegenstand einmal aufgehört hat zu funktionieren, so tun als *wäre nichts gewesen*, und ihn unentwegt als ›Gegebenheit‹ positivistisch weiter auseinanderklauben oder durch angebliche Wirkungs- und Abbildungskräfte absegnen, von denen der Rezipient bei sich gar nichts mehr bemerkt. Es ist dieser Zustand vielmehr ihre historische Gelegenheit, sich von Täuschungen zu befreien, an die sie zunehmend allein noch glaubt: jetzt *hat* sie doch die Möglichkeit, aus dem *Nichtmehrfunktionieren* der Kunst auf deren vorher nicht erkennbare *Funktion* zu schließen, und aus der *mißlingenden* Sinnkompensation zu lernen, auch wenn ihr das schwerfällt, daß diese bis dahin *nie etwas anderes* gewesen ist.

Aber nicht nur an die Ästhetik sind damit neue Forderungen gestellt, sondern an *Theorie überhaupt*. Die Kunst ist langweilig geworden: aber doch nur deshalb, weil *alle* Ideologie anfängt zu versagen. Für das neue herrschende Sinndefizit sind zusammen mit den ästhetischen eben auch die *theoretischen* Plausibilisierungen unglaubhaft geworden. Es braucht sich einer nur zu fragen, *ob es Sinn hat oder nicht, was er täglich tut und aushalten soll,* und sie sind alle schrottreif. Für die positiven Sinnüberschreibungen unserer Lage gilt das ohnehin: aber auch für *Kritik,* und komme sie noch so alternativ und von links daher, die in ihren Theorievorschlägen immer nur der *Fortsetzung* des bestehenden Interessekampfs das Wort redet – denn in welche Wüste der Verdinglichung *der* hineinführt, müssen wir jetzt erfahren. Was wir darin vermissen, das war doch die verschlüsselte Botschaft der ästhetischen Struktur, ist gerade *nicht* die schrankenlose Selbstentfaltung und blinde Zerschlagung allen gesellschaftlichen Zwangs: sondern die verlorene Möglichkeit, uns auszurichten und, wo es sein muß, auch einzuschränken auf eine gesellschaftliche Notwendigkeit, *die wir verstehen können.* Innerhalb von Verhältnissen, die nur noch den Wunsch nach Flucht und Ausbruch wecken, ist das kein unmittelbar eingängiger oder angenehmer Gedanke; und daß diese Notwendigkeit nur durch eine Demokratisierung der Arbeit ihre Einsichtigkeit gewinnen und behalten kann, erst recht nicht. Aber wer bereit ist, weil ihm allmählich gar nichts anderes mehr *übrigbleibt,* in die Frage nach dem Sinn von neuem einzutreten, wird ihn am Ende richtig finden: es gibt keine andere Antwort auf die kleinmütige Vorhaltung, wie es denn *anders* gehen sollte; vor ihr muß alle Ideologie ihr Interesse, wie gut auch eingewickelt, für alle sichtbar zu erkennen geben.

Der Schluß ist nicht neu; in einer alten und guten Tradition ist Theorie immer wieder bei ihm angelangt. Darin ist sie jetzt unerwartet so bestätigt worden, daß wir auch in der *Kunst* denselben Schluß bewußtlos immer schon gezogen haben; ja es hat diese, in ihrer letzten Entwicklung, der Theorie sogar schon *vorgemacht,* was den Bedingungen eines nicht mehr kompensierbaren Sinndefizits allein noch genügen kann. Je mehr wahrgenommenes Eigeninteresse die Kunstwerke in ihren fiktiven Sinnvorschlägen unterbringen wollten, desto unwahrscheinlicher sind sie geworden. Die Trivialkunst dagegen sagt ihrem Rezipienten in jedem ihrer Beispiele neu, daß diese Unterbringung zu *keiner* Sinnlösung mehr führen kann, die irgendwie noch wahrscheinlich wäre. Und zugleich ist die Kunst von immer komplexeren, originelleren, differenzierteren, untrivialeren Formen zurückgekehrt zu ihren *allereinfachsten*. Auch darin ist sie noch, wie alles Kunstschöne, ein Versuch zur symbolischen Wiederherstellung der utopischen gesellschaftlichen Struktur. Denn die klassische Formel des Herrschaftsinteresses zur Abwendung von utopischem Denken hat doch seit jeher geheißen: ›*das ist alles nicht so einfach*‹. Nur, wodurch wird ›alles‹ *kompliziert*, wenn nicht durch die Verwechslung dieses Interesses mit dem gesellschaftlichen Sinn? Jetzt, wo die ästhetischen Werke sich dieser Verwechslung nicht mehr in den Dienst stellen, weil keiner mehr daran glauben mag, können sie wieder daran erinnern, daß die Utopie *einfach* ist, so wie sie selber auch und die Struktur von beiden.

Aber auch die Theorie muß sich nach den neuen Grenzen richten, die jetzt der Glaubwürdigkeit gesetzt sind. Sie hat zwar auch bisher in keiner ihrer ernstzunehmenden Formen dem Interesse einfach haltlos sich geöffnet; aber doch gemeint, in der *Objektivität* schon die ausreichenden Mittel zu haben, sich seiner zu erwehren. Tatsächlich ermöglichen diese Mittel der *Entsubjektivierung* und *logischen Stimmigkeit* auch eine *Gleichgültigkeit* gegenüber dem Interesse; mit ihrer Hilfe hat sie, und das waren ihre großen Siege, nach und nach auf die *Voraussetzungen* ihrer selbst stoßen können, und damit auf ebensoviele vorher unbekannte mögliche Quellen möglicher Verfälschung: so mit Marx auf die Gesellschaftsbedingtheit des Bewußtseins, oder auf dessen Bedingtheit durch die Triebkräfte des Unbewußten in der Lehre von Freud. Dann aber hat sie an sich erfahren müssen, wie sie trotzdem und neuerlich zur bloßen Beruhigung und Beschönigung von Herrschaftsinteresse mißbraucht worden ist: nicht nur der Marxismus, sondern auch die Psychoanalyse, mit der nämlich ein neubürgerliches *Gesundheitsprivileg* sich breitmacht, das nicht so sehr die Armut als vielmehr die *Krankheit* nach unten abschieben möchte. Mit der bloßen Gleichgültigkeit gegens Interesse ist es also nicht mehr getan. Theorie muß anfangen, von dem zu reden, was uns am meisten fehlt, wenn sie eine sinnvolle Tätigkeit bleiben soll: vom Sinn selber – und das kann sie nur, weil der allein auf der *Gegenseite* von Herrschafts- und Privilegierungsinteresse zu finden ist, wenn sie sich *bewußt* und ihrem *Programm* nach als *gegeninteressierte* versteht. Nicht das Subjekt als Ganzes muß sie in sich löschen, um wahr und wahrscheinlich bleiben zu können, sondern nur, soweit sie eben kann, die Seite seines *Eigeninteresses:* und alsbald zeigt sich dieses Interesse, als inneres des Lustprinzips, und als äußeres, objektiv gewordenes des Kapitals und Eigentums, als die letzte, nächste und einzige Bedingtheit dessen, was wir tun und denken können.

Hier kommt die Untersuchung an ihr logisches Ende: sie muß nun selbst erklären, daß sie *ideologisch bleibt* nach allen Merkmalen, die Ideologie an sich hat. Sie kann sich ja keineswegs den realen gesellschaftlichen Sinn zum *direkten* Ziel machen; es ist in ihr allerdings ein mehr oder minder großes Maß an Privilegierungsinteresse harmonisiert; sie täuscht in der Kritik der Kunst eine Anweisung zu sinnkonsistenter Lebenspraxis innerhalb des Bestehenden vor, und mit ihrem fiktiven Autor – ›mir‹ – ein Beispiel für eine solche Praxis in der theoretischen Tätigkeit – als könnte irgendeine reale Existenz darauf durchgängig und mit unzweifelhafter Notwendigkeit bezogen bleiben.

Sie hat sich damit in eine eigenartige, vielleicht auch denkwürdige Lage gebracht: dadurch daß sie sich nach ihrem Interesse gefragt hat, ist ihr der Zusammenhang zwischen wahrgenommenem Eigeninteresse und zerstörtem gesellschaftlichen Sinn allererst klargeworden – und jetzt muß sie sich in ihren Ergebnissen selbst als interessierte erkennen. Sie ist selber *ideologische Innovation* so, daß sie zuerst Ideologie bis in ihren wahren Entstehungsgrund zurückverfolgt hat, und nun selber die Aufdeckung und Aufhebung von interessierter Ideologie als *sinnvolle* Tätigkeit innerhalb des schlecht Bestehenden vorschlagen muß. So bringt das falsche gesellschaftliche Sein weiterhin falsches Bewußtsein hervor, auch bekämpftes Interesse bleibt wahrgenommenes, auch die Analyse von Interessiertheit interessiert. Der Vorgang kann zeigen, daß die Reinigung der Theorie vom Eigeninteresse nicht durch logische Stimmigkeit garantiert ist, und nicht durch plötzlichen Entschluß geschehen kann, sondern ein langsamer, von den gesellschaftlichen Gegebenheiten und der eigenen Existenz des Theoretikers eben *nicht* ablösbarer, und dadurch mühsamer, nämlich *politischer* Prozeß ist. Bewußtsein bleibt gefesselt, auch das herrschende, und muß den historischen Möglichkeiten seine Befreiung abzwingen.

Diese Möglichkeiten haben sich freilich in den letzten zwanzig Jahren auch verändert. Einerseits ist das Sinndefizit von herrschendem Bewußtsein in dieser Zeit so drängend und unverdeckbar geworden wie nie zuvor; andererseits muß der bürgerlichen Intelligenz, wegen der objektiven sozialen Einebnung, die andere

Seite der Klassengrenze auch nicht mehr vorkommen wie der schlechthin unausdenkliche Abgrund, vor dem sie nur schaudernd den Blick wenden kann, und braucht sich nicht mehr wie früher an ihre Privilegierung zu klammern bei Gefahr des intellektuellen Untergangs. Sie hat sich ja auch, zum erstenmal in nennenswerter Zahl und freiwillig, zur Alternative der *kooperativen Arbeit* entschieden, und auch wenn sie merkt, daß sie auf ihren abgeschlossenen Gruppeninseln damit auf verlorenem Posten steht, versucht sie oft noch an dieser Sinnerfahrung festzuhalten, weil die anderswo gar nicht mehr zu haben ist.

So scheint auch gegeninteressierte Theorie ohnmächtig vor der Aufgabe zu stehen, das erkannte reale gesellschaftliche Sinnziel einzuholen, und muß wahrgenommenes Interesse als gewußtes weiter ertragen – und welche Fehler ihr dadurch noch unterlaufen sind, kann sie nicht wissen, sondern erst eine vom objektiven Interessendruck befreitere Zeit. Darin liegt ihre eigene Grenze. Von interessierter Theorie ist sie aber doch dadurch verschieden, daß sie von der realen Zerstörung der Utopie *durchs eigene Zutun* weiß, und sich daher mit deren ästhetischer Herbeschwörung oder theoretischer Verbannung in ein angebliches Nirgendwo nicht mehr, zufriedengeben will. Sie ist entschlossen, die Täuschung durchs Eigeninteresse und die daraus folgende Praxislosigkeit zu durchbrechen, und ihren Sinnmangel nicht mehr ersatzhaft zu beheben, sondern *thematisch* zu machen. Ein offengelassenes Sinnbedürfnis mag schwerer zu ertragen sein als ein beruhigtes, aber es liegt dafür auch ein Stück näher an der *Wahrheit* und am *Handeln*. Es kommt also darauf an, ihm die Kraft des Bewußtseins zu geben; sich zu politisieren nicht für die andern, und nicht für die andern materialistische Theorie sich auszudenken, sondern sie für sich selbst zu ergreifen: so hat sie das offen daliegende Rätsel der Kunst lösen können; und so meine ich, kann sie auch noch eine nähere als die hier nur abstrakt und allgemein gefaßte, aber ebenso offen daliegende Antwort finden auf die Frage *Was tun?*

Theodor W. Adorno, *Ästhetische Theorie, Gesammelte Schriften 7* (Frankfurt, 1970)

Theodor Wiesengrund-Adorno, *Vorlesungen zur Ästhetik 1967-68* (Zürich, 1973)

Samuel Beckett, *Waiting for Godot* (London, 1965)

Samuel Beckett, *Watt* (London, 1963)

Max Beer, *Allgemeine Geschichte des Sozialismus und der sozialen Kämpfe* (Berlin, 1931, repr. Erlangen, 1971)

Peter L. Berger / Thomas Luckmann, *Die gesellschaftliche Konstruktion der Wirklichkeit. Eine Theorie der Wissenssoziologie* (Frankfurt, 1970)

Eugene C. Black, *Victorian Culture and Society* (New York, 1974)

Peter Brückner et al., *Das Unvermögen der Realität. Beiträge zu einer anderen materialistischen Ästhetik* (Berlin, 1974)

S. H. Butcher, *Aristotle's Theory of Poetry and Fine Art* (London, 1898)

Albert Camus, *La peste* (Paris, 1978)

Christopher Caudwell, *Illusion and Reality. A Study of the Sources of Poetry* (London, 1946)

Eugenio Coseriu, »Thesen zum Thema ›Sprache und Dichtung‹«, in: Richard Brütting / Bernhard Zimmermann (edd.), *Theorie – Literatur – Praxis. Arbeitsbuch zur Literaturtheorie seit 1970* (Frankfurt, 1975)

Umberto Eco, *Einführung in die Semiotik* (München, 1972)

George E. Ford (ed.), *The Dickens Critics* (Ithaca, N. Y., 1961)

Hugo Friedrich, *Die Klassiker des französischen Romans* (Leipzig, 1939)

Hans-Georg Gadamer, *Wahrheit und Methode. Grundzüge einer philosophischen Hermeneutik* (Tübingen, ²1965)

Heinrich Gomperz, *Über Sinn und Sinngebilde* (Tübingen, 1929)

Jürgen Habermas, *Erkenntnis und Interesse* (Frankfurt, 1968)

Jürgen Habermas, *Zur Rekonstruktion des Historischen Materialismus* (Frankfurt, 1976)

Jürgen Habermas / Niklas Luhmann, *Theorie der Gesellschaft oder Sozialtechnologie?* (Frankfurt, 1971)

G. W. F. Hegel, *Vorlesungen über die Ästhetik I*, in: *Werke in zwanzig Bänden* (Frankfurt, 1970), Band 13

G. W. F. Hegel, *Enzyklopädie der philosophischen Wissenschaften*, in: *Werke in zwanzig Bänden* (Frankfurt, 1970), Band 10

Max Horkheimer, *Notizen 1950 bis 1969*, und *Dämmerung. Notizen in Deutschland* (Frankfurt, 1974)

Roman Ingarden, *Vom Erkennen des literarischen Kunstwerks* (Tübingen, 1968)

Wolfgang Iser, »Die Appellstruktur der Texte«, in: Rainer Warning (ed.), *Rezeptionsästhetik* (München, 1975)

Wolfgang Iser, »Die Wirklichkeit der Fiktion«, in: Rainer Warning (ed.), *Rezeptionsästhetik* (München, 1975)

C. G. Jung, *Seelenprobleme der Gegenwart* (Zürich, 1931)

Wolfgang Kayser, *Das sprachliche Kunstwerk* (Bern und München, ¹³1968)

Niklas Luhmann, *Zweckbegriff und Systemrationalität* (Frankfurt, 1973)

Georg Lukács, »Es geht um den Realismus«, in: Fritz J. Raddatz (ed.), *Marxismus und Literatur* (Reinbek bei Hamburg, 1972)

Herbert Marcuse, »Über den affirmativen Charakter der Kultur«, in: *Kultur und Gesellschaft I* (Frankfurt, 1965)

Herbert Marcuse, »Kunst und Revolution«, in: *Konterrevolution und Revolte* (Frankfurt, 1973)

Herbert Marcuse, *Die Permanenz der Kunst. Wider eine bestimmte marxistische Ästhetik. Ein Essay* (München, 1977)

Herbert Marcuse, *Vernunft und Revolution* (Neuwied und Berlin, 1962)

Graham D. Martin, *Language, Truth and Poetry* (Edinburgh, 1975)

Karl Marx, *Grundrisse der Kritik der politischen Ökonomie* (Frankfurt und Wien, o. J.)

Karl Marx / Friedrich Engels, *Werke,* 39 Bde. (Berlin, 1959 ff.)

Thomas Metscher, »Ästhetik und Abbildtheorie«, in: *Das Argument* 77 (1972)

Thomas Metscher, »Ästhetische Erkenntnis und realistische Kunst«, in: *Das Argument* 90 (1975)

Ursula Oomen, *Linguistische Grundlagen poetischer Texte* (Tübingen, 1973)

János S. Petöfi / Hannes Beer, *Probleme der modelltheoretischen Interpretation von Texten* (Hamburg, 1974)

J. Pokorny, *Indogermanisches etymologisches Wörterbuch* (Bern und München, 1959)

G. Salomon (ed.), *Proudhon und der Sozialismus* (Berlin, 1920)

Friedrich Schiller, *Werke in drei Bänden* (München, 1966)

Moritz Schlick, »Content and Form«, in: *Gesammelte Aufsätze 1926-1936* (Wien, 1938)

S. J. Schmidt (ed.), *Text, Bedeutung, Ästhetik* (München, 1970)

Alfred Schütz, *Der sinnhafte Aufbau der sozialen Welt* (Wien, 1932)

Alfred Sohn-Rethel, *Geistige und körperliche Arbeit* (Frankfurt, 1970)

Alfred Sohn-Rethel, *Warenform und Denkform* (Wien, 1971)

Susan Sontag, *Über Fotographie* (München, 1978)

George Thompson, *Frühgeschichte Griechenlands und der Ägäis. Forschungen zur altgriechischen Gesellschaft I* (Berlin, 1960)

George Thompson, *Marxism and Poetry* (London, 1975)

Friedrich Tomberg, *Mimesis der Praxis und abstrakte Kunst. Ein Versuch über die Mimesistheorie* (Neuwied und Berlin, 1968)

Andy Warhol et al. (edd.), Ohne Titel, *published on the occasion of the Andy Warhol exhibition at Moderna Museet in Stockholm, February–March 1968*

Paul Watzlawick et al., *Lösungen* (Bern etc., 1975)

Paul Watzlawick et al., *Menschliche Kommunikation* (Bern etc., 1974)

Max Weber, »Die Objektivität sozialwissenschaftlicher und sozialpolitischer Erkenntnis«, in: *Gesammelte Aufsätze zur Wissenschaftslehre* (Tübingen, ⁴1973)

Bernard Willms, »Institutionen und Interesse. Elemente einer reinen Theorie der Politik«, in: Helmut Schelsky (ed.), *Zur Theorie der Institution* (Düsseldorf, 1970)

1 Sohn-Rethel, *Warenform*, 31.

2 Sohn-Rethel, *Warenform*, 60. Er spricht dort von seiner Entdeckung, die sein »Denken in einen Permanenzzustand gärender Wirrnis ... versetzt hatte«.

3 So vor allem in Walter Benjamins »Geschichtsphilosophischen Thesen« und Herbert Marcuses Aufsatz »Über den affirmativen Charakter der Kultur«; auch Adorno hat sich über die ideologische Funktion der Kunst ausführlich geäußert. An einer freilich entlegenen Stelle kommt er der hier vorgetragenen These ganz in die Nähe; er sagt dort, daß die Grundbehauptung aller Kunst, »die Welt könne sinnvoll gedacht werden, bloßer Hohn« sei, ein »Moment der Lüge ... der Kunst tief eingesengt«, und leitet daraus die Forderung ab: »alle Ästhetik hat sich der Sinngebung als eines schlechtin Unmoralischen zu verweigern« (*Vorlesungen*, 76-7). Diese Einsicht wird freilich nicht festgehalten: »noch in Kunstwerken jedoch, die bis ins Innerste mit Ideologie versetzt sind, vermag der Wahrheitsgehalt sich zu behaupten«, heißt es in der *Ästhetischen Theorie* (351). Auch beim späten Marcuse wird die Kunst wieder zu einer Vergegenwärtigung der »*condition humaine*, wie sie sich in der gesamten Geschichte der Menschheit, unbeschadet aller spezifischen Bedingungen, durchhält« (*Kunst*, 104) mit einer Fähigkeit zur »transhistorischen Wahrheit« (*Permanenz*, 38); und Max Horkheimer hat sich schließlich zu dem Satz hinreißen lassen: »Kunst ist mit der Wahrheit identisch« (*Notizen*, 11-2).

4 Gadamer, 108 und 120-1.

5 Auch der neuesten Aufbereitung des Widerspiegelungstheorems durch Thomas Metscher ist dazu nichts Neues eingefallen. Über die ›Formbestimmtheit‹ der Literatur zu sagen, sie sei »die Summe der das ästhetische Produkt konstituierenden technischen Mittel ... das technische Instrumentarium (*Erkenntnis*, 247): das alte Laster der materialistischen Ästhetik, genau *klingende* Begriffe zu verwenden, die dann leergelassen werden. Den literarischen Vorgang faßt Metscher in den vier pompösen Bestimmungen des ›ikonischen Charakters‹, der ›Individuation‹, des ›Sprachcharakters‹ und des ›Prozeßcharakters‹ (Erkenntnis, 247-51). Das sind aber, wie oft sie auch ›Charakter‹ heißen, die ersten *Banalitäten*, die sich über Literatur sagen lassen, nämlich daß sie Bilder, Figuren oder Sprecher, Sprache verwendet, und einen Verlauf hat: unterschreibbar auch noch von der reaktionärsten idealistischen Position, und dazu für Literatur keineswegs spezifisch: so läßt sich nämlich *jede* zwischenmenschliche Kommunikation beschreiben.

Die politische *Wirkung* von Literatur ist, wenn auch abgemildert, so doch dogmatisch und beweislos weiterbehauptet: »Sie vermag Bewußtseinsprozesse einzuleiten, die unter Hinzutreten anderer, außerliterarischer Faktoren . . . ein vernünftiges politisches Handeln ermöglichen« (*Abbildtheorie*, 948); und auch am Dogma des *Abbildungsvermögens* von Literatur ist weiter festgehalten: sie ist »Widerspiegelung gesellschaftlicher Praxis«, im engeren Sinn einer »Reproduktion von Wirklichkeit«, und im weiteren einer »Produktion von Abbildern« (*Abbildtheorie*, 939).

Für Tomberg ist Kunst einerseits »Widerschein der wirklichen Welt« und andererseits »Widerspiegelung einer gegenwärtig vollendeten Eudämonie« (Tomberg, 20 und 25), aber es bleibt unklar, auf welche Weise sie *beides* sein kann, und *wie* sie diese ›Widerspiegelung‹ fertigbringt. – Auch die hier vorgetragene These könnte die Literatur ›Widerspiegelung‹ nennen, nämlich der *Wünsche* von herrschendem Bewußtsein, aber sie will den bis zur Unbrauchbarkeit ausgeweiteten und in seiner Grundmetapher nach wie vor falschen Begriff lieber nicht verwenden.

6 Iser, *Appellstruktur*, 232: »Es gehört zu den schier unaustilgbaren Naivitäten der Literaturbetrachtung zu meinen, Texte bildeten Wirklichkeit ab. Die Wirklichkeit der Texte ist immer erst eine von ihnen konstruierte und damit Reaktion auf Wirklichkeit« – freilich, wie ich im folgenden argumentieren will, keineswegs *irgendeine*.

7 Iser, *Wirklichkeit*, 301: es »ist klar, daß sich der Text nicht auf Wirklichkeit schlechthin, sondern nur auf ›Wirklichkeitsmodelle‹ beziehen kann . . . auf Systeme, in denen Kontingenz und Weltkomplexität reduziert und ein je spezifischer Sinnaufbau der Welt geleistet ist«. Für eine Kritik des Luhmannschen Sinnbegriffs, s. u., 166. Ich will später zeigen, daß in der Utopie wie in der Literatur Kontingenz und Komplexität *gegen null* reduziert sind, s. u., 184 und 198.

8 So fragt Martin, 84: »*Does Literature Refer?*«, und räumt dann aber ein, daß sie das auf irgendeine Weise wohl müssen wird: »if poetry is supposed to be a form of discourse which does not, *in any way, even indirectly* refer to the world, what interest would there be in it?«

9 Schmidt, 69.

10 Petöfi/Beer, 25.

11 Schmidt, 71.

12 Watzlawick, *Kommunikation*, 246.

13 S. u., 172 ff.

14 Mit diesem Argument verdammt Paul Watzlawick in einem Kapitel über »Das Utopie-Syndrom« (*Lösungen*, 69-83) das utopische Denken überhaupt: indem es die Wirklichkeit an einem uneinholbaren Maßstab messe, entwerte es alles Bestehende und leite zu seiner

Vernichtung an. Als wäre radikale Kritik mit dem Antrieb gleichzusetzen, alles kaputtzuschlagen! Außerdem übersieht Watzlawick, daß
er *sehr wohl* auch einen Begriff von Utopie hat: es ist derjenige der
geglückten menschlichen *Beziehungsstrukturen*, und damit dem hier
vertretenen durchaus verwandt.

15 Wegen der Exponiertheit der Behauptung eine zustimmende Meinung aus Berger/Luckmann, 109: »Erst der legitime Sinn des Todes
stellt dem Menschen ein Rezept für den ›wirklichen‹ und ›richtigen‹
Tod aus . . . Es kann den Menschen vermögen, ›wirklich‹ und ›richtig‹
zu sterben.«

Vielleicht wird das Argument auch überzeugender durch einen Blick
auf die *Vorgeschichte* der Sinnlosigkeit. Am geschichtlichen Anfang
sind Sinndefizite zweifellos hauptsächlich vom *Naturzwang* erzeugt,
der die menschlichen Überlebensanstrengungen immer wieder
zunichte macht, und ideologisch durch *magische* Erklärungen zum
›einsichtigen‹ gemacht werden muß. Erst mit der Errichtung von
Klassenherrschaft verlagern sich die uneinsichtigen Notwendigkeiten
ins Gesellschaftliche, bis dieses, mit wachsender Naturbeherrschung,
zur alleinigen Ursache von Sinndefiziten geworden ist. Der reine
Naturzwang ist damit eingeschrumpft auf eben die zwei hier disku-
tierten Bereiche von Krankheit und Tod, die ihrerseits freilich längst
gesellschaftlich tief durchsetzt sind.

16 Marcuse, *Vernunft*, 33.

17 Auch wie ihn Jürgen Habermas in *Erkenntnis und Interesse* verwendet, ist der Begriff einem derartigen ›Gattungsinteresse‹ mindestens
verwandt, jedenfalls bezeichnet er ein allgemeines, übersubjektives
›Interesse‹, 242: »*Interessen* nenne ich Grundorientierungen, die an
bestimmten fundamentalen Bedingungen der möglichen Reproduktion und Selbstkonstitution der Menschen, nämlich an *Arbeit* und
Interaktion haften . . . (sie zielen) auf die Lösung von Systemproble-
men überhaupt.« Damit fehlt dem Begriff das Moment der *Selbstsüchtigkeit*, durch die Interesse *keineswegs* auf die Lösung von System-
problemen überhaupt zielt, und das nach meiner Meinung gerade das
politisch entscheidende ist.

In Habermas' *Rekonstruktion* ist mittels einer Analogie von kindli-
cher und historisch-gesellschaftlicher Bewußtseinsentwicklung eine
Wendung der materialistischen Theorie ins Subjektive undeutlich
vollzogen, aber der Mangel an Selbstreflexion unkorrigiert stehenge-
blieben. Zwar wird festgehalten: »die Klassenstruktur . . . ist in letzter
Instanz Ursache des Legitimationsdefizits« (*Rekonstruktion*, 320),
»die Beschaffung von Motivation und Sinn« wird als Problem der
postmodernen Gesellschaft gesehen, und dieser als »eine knappe und
immer knapper werdende Ressource« (*Rekonstruktion*, 182, 320),
aber die Verbindung zwischen Legitimations- und Sinndefizit nir-

gends gezogen. Schließlich sagt Habermas richtig, »daß sich Interessen nur durch ihre Verallgemeinerungsfähigkeit als vernünftig auszeichnen lassen« (*Rekonstruktion*, 332), aber daß das Interesse an der *eigenen* Theoriebeschäftigung eben *kein* verallgemeinerungsfähiges ist, bleibt verdrängt, und so auch die Folgerung, in die Theorie könnte dadurch eine Interessen*verfälschung* eingehen: und die ist dann auch kräftig passiert.

18 Die hier verwendete Schematisierung der menschlichen Denk- und Handlungsantriebe ist mit der psychoanalytischen auch auf der anderen Seite vereinbar. Dem ›Lustprinzip‹ steht hier das ›Realitätsprinzip‹ gegenüber, also im wesentlichen die im ›Überich‹ interiorisierten Normen: die Fähigkeit dazu ist aber keine andere als die zur *Erlernung und Anerkennung von Gesellschaftlichkeit überhaupt*, und daher mit dem Sinnvermögen gleichzusetzen.

19 Am deutlichsten im ›Aufseher-Sadismus‹ und der anscheinend tatsächlich unausrottbaren *Folter*, deren ›Knechte‹ ihr eigenes Beherrschtsein suchtartig durch symbolisches Beherrschen kompensieren müssen.

20 Der klassengesellschaftliche Tötungszusammenhang hat seine offensichtlichste Ausnahme in der *Revolution*, die einen gefährlichen und labilen emotionalen Appell daraus gewinnt, daß nun endlich der Spieß umgedreht ist. Er wird aber davon nicht schöner, daß man ihn einen historischen Augenblick lang auf den Kopf stellt – um dann, nach der Etablierung der *neuen* Herrschaft, wieder ganz in ihn zurückzufallen.

21 Die einzige andere *rationale* Erklärung für Schuld, die psychoanalytische, verlegt ihren Ursprung gleichfalls in eine *Tötung*, nämlich in die (herbeigewünschte) des Vaters im Ödipus. Darin liegt ein offensichtlich verdrehter sozialisatorischer Reflex auf die realen Verhältnisse: tatsächlich ist es doch der *Vater* als gesellschaftsvertretende Instanz, der den Sohn oder die Tochter zur Einübung in Herrschaft oder Unterdrücktsein abtötet und abtöten muß, wenn sie später zu solchen Rollen befähigt sein sollen.

22 S. u., 82 u. 109.

23 Sie sind mit Wörtern bezeichnet wie ›Ehre‹, ›Würde‹, ›Weihe‹, ›Anstand‹, ›Geheimnis‹, ›Schande‹, ›Makel‹ usf. Ihre Signifikate sind, weil *magischen* Ursprungs, rational nicht bestimmbar, und entziehen sich (wie das Ei, das Alice beim Schaf kaufen will) dem Versuch, sie zu fassen, durch eine Fluchtbewegung nach oben oder unten: die *wahre* ›Ehre‹ ist immer *eins weiter oben*, die *wahre* ›Schande‹ *eins tiefer*. Diese eigentümliche semantische Relation auf ein *fliehendes Signifikat* ist für diese Untersuchung zweifach wichtig. Erstens, weil sie auch für Wörter wie ›Kunst‹ oder ›Schönheit‹ zu gelten scheint; zweitens, und im weiteren, weil es sich nach meiner Meinung bei allen Beispielen um

Reste aus der Schuldverdrängung von Klassenherrschaft handelt. So besonders das Wort ›Adel‹, das ursprünglich noch ein Herrschaftsverhältnis bezeichnet, aber nun schon lang zu dieser Gruppe gehört. Proust hat am schönsten beschrieben, daß damit nichts mehr anderes gemeint ist, als ein inhaltlich nicht mehr faßbares, nur noch formales »höher als«. Die Aristokratie sieht sich von ihrer Schuld so tief bedroht, daß sie am liebsten auf dem Mond säße; und eine Familie ist deswegen umso besser, je älter sie ist, weil damit auch ihr gesellschaftliches Verbrechen weiter zurückliegt.

24 Man kann sich überlegen, wie es von seiner Ausgangsbedeutung ›Hindernis‹ zu ›Wichtigkeit, Anteilnahme, Zins‹ gekommen ist: meine Vermutung ist, daß es ziemlich früh angefangen hat, das Hindernis *vor der Nutzung fremden Eigentums* zu bezeichnen – also die Nutzungsgebühr.

25 Marx/Engels, *Werke*, 2, 85.

26 In seinem großartigen und verblüffenden Versuch, das Transzendentalsubjekt aus der Warenform herzuleiten, vgl. Sohn-Rethel, *Arbeit und Warenform*.

27 Am ausgeprägtesten im frühen 19. Jahrhundert, etwa bei Bentham, s. u., 178 und das Dickens-Beispiel in Band II; aber auch in der heutigen BRD werden die Mängel der ›freien Marktwirtschaft‹ durch das fadenscheinige ›allgemeine‹ Sinnziel einer Freiheit des Individuums zu notwendigen erklärt, und dieses von beiden großen Parteien mit der resignativen Formel ›immer noch besser als bei den Russen‹ plausibilisiert.

28 Marx/Engels, *Werke* 3, 47.

29 Für die Konstanz bestimmter herrschender Ideologieelemente ist schon im *Kommunistischen Manifest* der richtige Grund gefunden, Marx/Engels, *Werke* 4, 480: »Die Ausbeutung des einen Teils der Gesellschaft durch die andere ist eine allen vergangenen Jahrhunderten gemeinsame Tatsache. Kein Wunder daher, daß das gesellschaftliche Bewußtsein aller Jahrhunderte ... in gewissen gemeinsamen Formen sich bewegt.«

30 Vgl. »First Report of the Children's Employment Commission, Mines«, *Parliamentary Papers* XV (1842), abgedruckt in Black, 177.

31 Nach dieser Beobachtung werden Autoreklamen oder Parteiprogramme am aufmerksamsten studiert nicht von denen, die sich erst noch entscheiden wollen, sondern von den *schon Entschiedenen*.

32 Ein schönes und einfach geschriebenes Buch darüber ist Beer, *Allgemeine Geschichte*.

33 So im Märchen. Über dessen Unhaltbarkeit s. u. 90 f. u. 105.

34 *Waiting for Godot*, 80: »We are not saints, but we have kept our appointment.«

35 Ingarden, 78.

36 Kayser, 217.

37 *Macbeth*, I. iii. 146-7 und V. ii. 20-2.

38 Iser, *Appellstruktur*, 235 ff.

39 Gadamer, 375 und 447.

40 Dies, mit hohem Grundsatzanspruch, bei einem neueren Ableger der
   Hermeneutik: der von Ulrich Oevermann, Hans-Georg Soeffner und
   anderen vorgetragenen ›hermeneutischen Soziologie‹, derzufolge
   Interaktion und Gesellschaftswirklichkeit als ›Text‹ aufzufassen, und
   demnach nicht anders als ein literarischer *interpretierbar* seien nach
   ihren bedeutungshaften Bezügen und der Notwendigkeit im Sosein
   und der Abfolge ihrer Elemente. Damit meint sie aber immer bloß,
   daß diese in ihrer *ursächlichen Determiniertheit* lückenlos aufzuklären
   seien: nicht aber, was hier als Interpretierbarkeit gemeint ist, in ihrem
   sinnhaften *Wozu* innerhalb des Ganzen. *Danach* läßt sich Erfahrungswirklichkeit nicht interpretieren: denn sie mag ›Text‹ sein, aber
   sicherlich kein *ästhetischer*.
   Wollte sie aber auch das noch behaupten, wegen der angeblichen
   Unfaßbarkeit der Kunstgrenze, so unterläge sie folgendem Irrtum.
   Was sie da interpretiert, sind ja nicht etwa Existenzen (am wenigsten
   die eigene), sondern Interviews und Protokolle. Nun ist aber, wovon
   sie nichts ahnt – und weiter unten noch zu reden sein wird –, das
   Kunstschöne in seiner neueren Entwicklung in einen Zustand gekommen, in dem schon allein das Abgerücktsein des Interviewers oder des
   Protokolls eine *ästhetische* Distanz schafft, die nun auch so etwas wie
   den ›Tonbandroman‹ in die Kunstsphäre, und damit in die *literarische*
   Interpretierbarkeit versetzt hat. Wollte sie ihre Aufzeichnungen also
   literarisch interpretieren, so hätte sie diese zuvor ungewußt zur
   ›vorgefundenen Kunst‹ erklärt – und wäre damit, was sie sicherlich
   nicht wollte, zu einer Unterabteilung der Literaturwissenschaft
   geworden. Als solche könnte sie auch noch diesen ›Kunstformen‹ ihre
   sinnkompensatorische Funktion nachweisen – aber nie, daß die darin
   aufgezeichneten Erlebnisse von *anderen* allesamt sinnvoll gewesen
   seien.

41 ›Früh‹ im Sinn ihrer ersten Darstellungen, nicht etwa ihres ersten
   Auftretens. Die Literatur ist oft sehr lange nicht fähig, bestimmte
   Erfahrungen in ihre Sinnlösungen aufzunehmen, eben weil sie von
   ihnen *zerstört* würden. Der Zusammenhang ist im Dickens-Beispiel in
   Band II ausführlich besprochen.

42 *Kritik der reinen Vernunft*, »Von der logischen Funktion des
   Verstandes in Urteilen«.

43 Camus, 99.

44 Spiel im Sinn von ›game‹, nicht ›play‹.

45 Daß die Mimesis in der Kunst zunächst auf die Nachahmung nicht der

äußeren, sondern der inneren Welt geht, hat die ältere Ästhetik durchwegs gewußt und gefordert: »›to imitate nature‹ . . . is not for Aristotle the function of fine art. The actual objects of aesthetic imitation are threefold: the characteristic moral qualities *(ethe)* . . . the more transient emotions, passing moods of feeling *(pathe)* . . . actions in their proper and inward sense *(praxeis)* . . . Everything that expresses the mental life . . . The whole universe is not conceived of as the raw material of art« (Butcher, 122-4). Diese Einsicht, bis in die Renaissance hinein lebendig, und dort in einer längst eingestaubten Dissertation über *Sonett und Poetik* von mir näher behandelt (München, 1962, bes. 156-85), geht ganz erst im 19. Jahrhundert verloren: jetzt auf einmal, wenn auch in anderer Kategorisierung als vorher, taucht sie wieder auf.

46 *Complete Writings*, ed. Geoffrey Keynes, 215.

47 Friedrich, 141.

48 Bertolt Brecht, »Vom armen B. B.«

49 II. ii. 595 und 601-2: »What's Hecuba to him« und »amaze indeed / The very faculties of eyes and ears«.

50 *Deutsches Strafgesetzbuch*, § 88a, Absatz 3; nun aufgehoben, aber aus noch nicht verrauchtem Zorn im Text gelassen.

51 In der Moderne hat die Literatur diese Regel, wie viele andere, auf den Kopf zu stellen versucht, und sie dabei, wie die andern auch, nur noch einmal bestätigt. Der Zuschauer von Handkes *Publikumsbeschimpfung* entgeht so wenig wie irgend sonst ein Leser der eigenen Verklärung: auf die neue Negation augenblicklich mit hinaufgehoben, wird er, ganz anders als beim Gezeter um den Parkplatz, zum wunderbar *Überlegenen*, der imstande ist, dies und noch viel mehr als ›tollen Einfall‹ seinem hochentwickelten Kunstgeschmack mühelos einzuverleiben. – Weil mir das Beispiel so oft vorgehalten wird, will ich hier noch einmal daran mahnen: daß man hinter sein wahres Literaturverhältnis nur durch den Entschluß kommt, auch wirklich darauf hinsehen zu wollen, und niemals dadurch, daß man sich für das *Herbeigewünschte* Beispiele aus den Fingern saugt, die dann immer doch nicht stimmen.

52 Lukács, *Realismus*, II, 65.

53 In der Variante von C. G. Jung hat die Tiefenpsychologie die kompensatorische Funktion der Literatur schon gesellschaftsnäher gesehen. »Darin liegt die soziale Bedeutung der Kunst: sie führt jene Gestalten heraus, die dem Zeitgeist am meisten mangelten. Aus der Unbefriedigung der Gegenwart zieht sich die Sehnsucht der Künstler zurück, bis sie jenes Urbild im Unbewußten erreicht hat, welches geeignet ist, die Mangelhaftigkeit und Einseitigkeit des Zeitgeistes am wirksamsten zu kompensieren« (Jung, 71). Freilich ist die ästhetische Kompensation hier noch falsch als psychologische *Rückkehr* zur

vermeintlichen Vollkommenheit des Uranfangs verstanden, statt als strukturelle *Vorwegnahme* der utopischen Gesellschaft; außerdem ist die Beschreibung für große Teile der *modernen* Kunst nicht mehr zutreffend.

54 Ich übernehme dankbar einen Hinweis von Regina Stetter auf die Nachbarschaft der Ideologie und Literatur zum Wahn, sowie auf die Urverwandtschaft des Worts nicht nur mit ›vanus‹, sondern auch mit ›venus‹, und also mit ›Wunsch‹: so als wüßte die Sprache, daß die Wahnstruktur immer auch eine *herbeigewünschte* ist.

55 Es ist das Verdienst Castanedas, uns Nichtethnologen mit der indianischen Lehre von *nagual* bekanntgemacht zu haben, die mir dem Freudschen Konzept des ›Unbewußten‹ überlegen scheint, sowohl als topologische Bestimmung wie als Beschreibung der dort möglichen Erfahrungen.

56 Diese Ansicht ist oben, 97 f., weiter entwickelt. Später, bei einer Überlegung über die *gesellschaftlichen* Formen, wird sich die Frage stellen, ob es nicht überhaupt Form-Inhalt-Entsprechungen sind, die Wirklichkeit zur ›wirklichen‹ machen, s. u., 222 f.

57 S. u., 258 f.

58 Trotzdem sind beide Ansätze, und zwar von unerwarteter, nämlich *linker* Seite, mit schlechtem Erfolg jüngst neu aufgegriffen worden. Marcuses *Permanenz der Kunst* fällt dabei recht begründungslos in widerlegte Positionen zurück. Sartres *Flaubert*-Buch dagegen unternimmt den aussichtslosen Versuch, Literatur vom Autor und damit von ihrer *Produktion* her mit ihrem gesellschaftlichen Kontext zu verbinden. Das aber kann höchstens der allwissende Demiurg. Die Aufgabe ist nur zu bewältigen, wenn man nicht von der Sonderpsychologie des Autors ausgeht, sondern von den gesellschaftlich erzeugten *allgemeinen* Lesedispositionen, das heißt vom Publikum und der *Rezeption*.

59 So in der klassischen Fetischismus-Passage, Marx/Engels, *Werke*, 23, 86.

60 »Entia non sunt multiplicanda praeter necessitatem«. Der Satz wird in England liebevoll *Occam's Razor* genannt.

61 Sinndefizite können sich also auch durch bloßen ›ideellen Import‹ verändern, das heißt durch den Vergleich mit besser oder schlechter geordneten Gesellschaften. Auf den Fall wird weiter unten noch näher eingegangen.

62 S. u., 254.

63 S. u., 174.

64 S. o., 101 f.

65 S. o., 97.

66 Marx/Engels, *Werke* 4, 130.

67 Marx/Engels, *Werke* 3, 37-8: »Die materialistische Geschichtsauffas-

sung beruht also darauf, den wirklichen Produktionsprozeß ... als Grundlage der ganzen Geschichte aufzufassen und ... die sämtlichen verschiedenen Formen und Erzeugnisse des Bewußtseins ... *aus ihr zu erklären* ... (sie) *erklärt* nicht die Praxis aus der Idee, *erklärt* die Ideenformationen aus der materiellen Praxis« (meine Unterstreichung).

68 Marx/Engels, *Werke* 3, 40.

69 Gomperz, 4 (meine Unterstreichung).

70 Schütz, 72.

71 Habermas/Luhmann, 31-3.

72 Habermas/Luhmann, 12 (meine Unterstreichung).

73 S. u., 186 ff.

74 Luhmann, *Zweckbegriff,* 16 (meine Unterstreichung).

75 Luhmann, *Zweckbegriff,* 82.

76 Luhmann, *Zweckbegriff,* 183. Wie oben Anm. 7 erwähnt, hat dieser Begriff durch Wolfgang Iser auch schon in die Literaturwissenschaft Eingang gefunden.

77 Schütz, 72.

78 Habermas/Luhmann, 31-2.

79 Habermas/Luhmann, 42 ff.

80 Wegen meiner dürftigen philosophischen Bildung führe ich als kompetenten Beleg an Luhmann, *Zweckbegriff,* 10: »Die überlieferte Handlungslehre versteht den Zweck als Teil der Handlungsstruktur, als jenen Teil, der dem Ganzen seinen Sinn und seine Rechtfertigung gibt: als Kulminationspunkt oder Ende (telos) der Handlung.« Wie ersichtlich, ist auch hier noch keine Unterscheidung zwischen Sinn und Zweck getroffen.

81 Weber, 149: »Jede denkende Besinnung auf die letzten Elemente sinnvollen menschlichen Handelns ist zunächst gebunden an die Kategorien ›Zweck‹ und ›Mittel‹.«

82 Pokorny, I, 908. ›Sinn‹ ist also (wenigstens in den germanischen und romanischen Sprachen) nicht von den ›Sinnen‹ abgeleitet, sondern *umgekehrt:* er ist nicht, was den Sinnen wie die gute Richtung vorkommt, sondern gibt ihnen das Ziel, das sie finden helfen sollen. So liegt schon im Wort ein Hinweis auf das hohe, nämlich *stammesgesellschaftliche Alter* des Denk- und Handlungsschemas von Sinn als der gesellschaftlichen Ausrichtung des Einzelnen.

83 Die sinnsetzende Kraft der Institutionen ist eine der Hauptthesen von Berger/Luckmann und der ihnen voraufgehenden Institutionstheorie. Willms, 55, leitet sie dagegen richtig aus dem Interesse ab: »Institution (ist) die auf Dauer gestellte Organisation von Interesse«; er sieht dort auch, »daß im Gegeneinander dieses Durchsetzens Prämien auf der Verschleierung des eigentlichen Interesses stehen müssen. Die Rationalisierung oder Ideologisierung wird so zum selbstverständlichen

Moment der Politik«. Als politische Lösung fällt ihm freilich auch wieder nichts anderes ein, als daß »die Gesellschaft von einem System der Bedürfnisse sich zu einem ›System der Interessen‹« organisieren soll (57).

84 Hegel, *Enzyklopädie*, 217, § 427.

85 Hegel, *Enzyklopädie*, 218, § 428.

86 Marcuse, *Vernunft*, 77.

87 Benthams Lehre und ihre Funktion in der englischen frühkapitalistischen Gesellschaft ist im Dickens-Beispiel in Band II näher dargestellt, s. u. 405 ff.

88 Salomon, 111.

89 Marx/Engels, *Werke*, Ergänzungsband I, 517.

90 Marcuse, *Vernunft*, 33.

91 Marx/Engels, *Werke* 3, 33.

92 S. u., 209.

93 Hegel, *Ästhetik* I, 237.

94 Marx/Engels, *Werke* 3, 70.

95 Marx, *Grundrisse*, 134.

96 Diese Meinung wird gestützt von der Systemtheorie und Informationslehre, die das menschliche Verhalten als ›offenes System‹ sehen, das sich nicht deterministisch aus linearen Ursachen-Zweck-Reihen deuten läßt, sondern das seine Ziele zirkulär über rückgekoppelte Steuerung anpeilt; in den hier gebrauchten Begriffen: menschliches Verhalten ist nicht nur interesse-, sondern auch sinngesteuert. Die existentielle Sinnerfahrung wäre dann der Reflex dieses Mechanismus im Ichbewußtsein, also seine *Erlebnisform*.

97 Marx/Engels, *Werke*, Ergänzungsband I, 517.

97 Sohn-Rethel, *Arbeit*, 142: »(eine) Gesellschaftsformation, in welcher die gesellschaftliche Synthesis vom Austauschprozeß der Produkte als Waren vermittelt ist und nicht mehr auf der gemeinschaftlichen Produktionsweise beruht«.

99 Marx, *Grundrisse*, 156.

100 Marx, *Grundrisse*, 154. Marx nimmt an dieser Stelle den funktionierenden Warentausch zum *Beweis* von gesellschaftlichem Bewußtsein im Einzelnen; daß die *Grundlage* von diesem Bewußtsein in der von jedem einzelnen gewußten Notwendigkeit der materiellen *Produktion* zu suchen, und eine Vorbedingung für *deren* Funktionieren ist, bleibt davon unberührt.

101 Marx, *Grundrisse*, 156.

102 Soweit, daß er heutzutage in den entwickelten Ländern als utopische Grundstörung ästhetisch kaum mehr wirksam ist, s. u., 261 f.

103 Eco, 108; vgl. auch dessen »untere« und »obere Schwelle der Semiotik«, 31-2.

104 Eine extrem skeptische Position gegenüber der abbildenden Fähigkeit

der Sprache findet sich bei Schlick, 151-250: demnach ist Sprache überhaupt nur fähig, Strukturen (Verhältnisse) ›auszudrücken‹, und keinerlei ›Inhalte‹.

105 S. o., 107.

106 Ich sehe darin den Grund für die poetische *Lizenz*, die erlaubte, ja geforderte Abweichung vom Lexikon und von der Grammatik in der Dichtung: er liegt freilich außerhalb des Horizonts einer ›Abwei- chungspoetik‹, die ihren Gegenstand nur immer positivistisch als *gegebenen* sehen kann. Sie scheint übrigens auch dabei, sich aufzuge- ben, vgl. Oomen, 84.

107 Darin liegt ein Grundsatzeinwand gegen alle ästhetischen Abbil- dungs- und Widerspiegelungstheorien (s. u., 205) und im weiteren gegen alle nichtkompensatorischen Auffassungen von Kunst.

108 Coseriu, 85-6. Richards, 251, argumentiert sogar, die Wörter seien in ihrem alltäglichen Gebrauch durch die lebenspraktischen Interessen *eingeschränkt*.

109 Hegel, *Ästhetik* I, 57-60.

110 Schiller, II, 520.

111 Brückner, 8.

112 So der Titel von Brückner.

113 Rilke, der elitebürgerlich eine Zeitlang als reine *Sinndroge* gelesen worden ist, fühlt sich nicht nur von der konkreten Utopie fast schon unverstellt *angeschaut*, sondern beschreibt auch genau, warum er sie zu allerletzt sich zu eigen machen wird. In den folgenden Zeilen lohnt es, jedem einzelnen Wort in seiner klassenherrschaftlichen Unver- schämtheit und falschen Heiligkeit nachzuschmecken: »Alles Erworbne bedroht die Maschine, solange/sie sich erdreistet, im Geist, statt im Gehorchen zu sein . . ./Nirgends bleibt sie zurück, daß wir ihr *ein* Mal entrönnen/und sie in stiller Fabrik ölend sich selber gehört.« (*Sonette an Orpheus, Zweiter Teil*, X).

114 Marx/Engels, *Werke* I, 346.

115 »Art imposes a meaningful pattern on the complexities of life«, Ford, 4-5.

116 Der (wahrscheinlich offensichtliche) Verweis geht auf Platons *Gast- mahl*.

117 Die Popkunst hat dieses Nichtzusammenfallen der Ware mit dem Triebziel ästhetisch neu entdeckt, s. u., 259.

118 Im modernen ästhetischen Ideal der ›Funktionalität‹ und ›Sachlich- keit‹ des Geräts hat die zweite Seite des Kunstschönen (die der Produktionsanalogie) seine erste (die der Konsumhemmung) ausge- trieben; aber die Maschine macht ja ihre Nichteßbarkeit, etwa im Unterschied zum geschmückten Vieh, von selbst genügend klar.

119 S. o., 107.

120 S. o., 94 ff.

121 S. o., 101-4.

122 *Macbeth*, I.i.11 und *passim*.

123 S. o., 198 f.

124 S. o., 97.

125 Berger/Luckmann, 59.

126 Berger/Luckmann, 58.

127 Berger/Luckmann, 78-9.

128 Berger/Luckmann, 140.

129 Berger/Luckmann, 62-3.

130 Vgl. Berger/Luckmann, 68-9.

131 Berger/Luckmann, 70.

132 So in Schillers Briefen »Über die ästhetische Erziehung des Menschen«.

133 Watzlawick, *Lösungen*, 79.

134 S. o., 189 ff.

135 Marx/Engels, *Werke* 13, 642, und *Grundrisse*, 31. Der berühmte Passus hat viel theoretisches Unheil angerichtet und gilt dem dogmatischen Marxismus als Hauptbeleg für die ›Überzeitlichkeit des Erbes‹ und die ›relative Eigenständigkeit‹ des Überbaus gegenüber der Basis: beide sind fürs Interesse, wie leicht zu sehen ist, überaus brauchbar. Die *langfristige Gültigkeit* von ideologischen Lösungen scheint mir einleuchtender so erklärt, daß diese Lösungen eben grade solange halten wie die gesellschaftlichen Mängel, die darin bearbeitet sind. Auch diese Erklärung kann sich auf Marx berufen, s. Anm. 29 sonst s. o., 153. – Einen Versuch zur materialistischen Reduktion der griechischen Tragödie hat Thompson in *Marxism* und *Frühgeschichte* I, 41-52 unternommen, allerdings nur in Hinsicht aufs Geldverhältnis und den Warentausch.

136 Marx, *Grundrisse*, 156.

137 Der letzte größere Versuch dazu, William Morris' *News from Nowhere* (1891), hat schon alle Versuche aufgegeben, sich wahrscheinlich zu machen, und gehört daher bereits in die Trivialkunst.

138 Martin, 95, nennt die Dichtung Mallarmés »an attempt to eliminate the referent«.

139 Stefan George, *Die tote Stadt*.

140 Ein Versuch der modernen Kunst, die Kategorie der Totalität zu unterlaufen, die sie als ideologische erkannt hat. Aber auch darin darf man nicht in ihre Intention mit ihrer Leistung verwechseln. Auch wo sie ›endlos‹ oder ›partial‹ sein will, sich ›produktlos‹ auf ihren eigenen Herstellungsprozeß einschränken will, bleibt sie das *andere* der Erfahrungswirklichkeit, d. h. der Nichttotalität. Sie ist *immer* eine auf ihren Sinn hin interpretierbare Aussage über das Ganze, und wird so auch immer gedeutet: denn der Wunsch nach der Kunst ist gar kein anderer als der nach der Totalität selber.

141 Ein klassischer Beleg ist Becketts Anmerkung in den »Addenda« zu *Watt*, nicht eingearbeitetem Romanmaterial, von dem er sagt: »Only fatigue and disgust prevented its incorporation« (247).

142 Darin nähert sie sich der *Werbung*, an der sich auch neu bestätigt, was oben über das ästhetische Abbildungs- und Wirkungsvermögen behauptet war. Sie ist gewiß der deutlichste und krasseste Fall für die ›existentielle Überabbildlichkeit‹, mit der die Kunst ihre Gegenstände, hier die angepriesene Ware, in deren *Erlebtheit* überzeichnet; und auch ihre *Wirkung* besteht allenfalls darin, schon vorhandene Bewußtseinsdispositionen zu bekräftigen: sie kann noch nicht einmal, und wenn sie noch so viele erlebtheitsverstärkende Penisse, Vulven, Gäule, Flöße und Strände in sich einbaut, den markenfesten Raucher zur *nächsten* Marke überreden; und ihn mit ihrer Hilfe vom Rauchen abbringen, also gegen sein Interesse zu einer Sinnhandlung bringen zu wollen, ist hinausgeworfenes Geld.

143 S. o., 112 u. 206 f.

144 Sontag, 83.

145 Sontag, 101.

146 Sontag, 137.

147 Sontag, 140.

148 Warhol, ohne Seitenzahl (11): »You can't take a bad picture«.

149 Warhol, ohne Seitenzahl, (5 und 6): »all is pretty«, »everything is sort of artificial«. Zum Konsumabstand als ästhetisches Urelement s. o., 210-1.

150 Wenn man nämlich Christopher Caudwells Ursprungstheorie der Dichtung folgt, die mir überzeugend und unwiderlegt erscheint. Nach ihr ist die erste gesellschaftliche Funktion der Poesie die Motivation zur *kollektiven Arbeit* durch die *phantastische Vorwegnahme der Ernte* gewesen. Caudwell beschreibt den Vorgang so (27-30): »As man by the violence of the dance, the screams of the music and the hypnotic rhythm of the verse is alienated from present reality, which does not contain the unsown harvest, so he is projected into the phantastic world in which these things phantastically exist ... and even when the music dies away the ungrown harvest has a greater reality for him, spurring him on to the labours necessary for its accomplishment.« – »poetry describes and expresses not so much the grain in its concreteness, the harvest in its factual essence ... but the emotional, social and collective complex which is that tribe's relation to the harvest«.

Dieser Gedanke hat den Vorteil, daß er einfach ist, und zugleich die Hauptelemente der Poesie *vollzähliger* begründet als alle andern mir bekannten Theorien über ihren Ursprung: es waren ja bis dahin ganz offene Fragen, *warum* die Dichtung eigentlich rhythmisch sein sollte, *wozu* und *wie* sie welche Gefühle wecken will, was der *Grund* für ihre

Bildlichkeit ist, und *was* sie mit ihrer zauberähnlichen Kraft ›beschwören‹ soll. Mit Caudwells These werden alle diese poetischen Grundmerkmale auf einmal als gesellschaftlich funktionale verständlich. Sie erfaßt zudem noch ihre vorwegnehmende, das heißt *utopische,* und ihre illusionäre, das heißt *trügerische* Seite, und schließlich auch ihre Absicht, *jedem* Menschen etwas zu sagen, also ihren allgemeingesellschaftlichen Anspruch.

Die Theorie ist in verschiedener Hinsicht ergänzungsbedürftig, aber der Grundgedanke steht: daß die Kunst aus der ersten gesellschaftlichen Lebenstätigkeit der gemeinschaftlichen *materiellen Produktion* herzuleiten ist, also aus dem realen gesellschaftlichen *Sinn,* und in der Gentilgesellschaft auch noch funktional darauf bezogen bleibt. Wie in allen produktionsbestimmten Gesellschaften, aber auch *nur* in diesen, braucht Kunst dabei *nicht* Herrschaft zu legitimieren, *kein* Interesse zu harmonisieren, kann sie den Einzelnen zu *realer* Praxis befeuern und auf seinem *nicht nur symbolischen* schönen ›Umweg‹ über die Produktion begleiten und zur verdienten Feier führen, weil ihre kompensatorische Aufgabe – darin vielleicht ähnlich der nachrevolutionären *chinesischen* – nur in der ästhetischen Aufhebung eines *Zeitabstands,* und noch nicht einer gesellschaftlichen *Grundstörung* besteht.

Caudwell ist freilich in seiner Ursprungstheorie der Dichtung auch *steckengeblieben.* Er verfällt dem ideologischen Irrtum, die Funktion der Literatur wäre auch *nach* dem Untergang des realen gesellschaftlichen Sinnziels ganz dieselbe geblieben. Nach wie vor ist für ihn die Vorwärtsbewegung der Literatur, auch der bürgerlichen, die Resultante der »contradiction between the instincts and the environment, the endless struggle between man and nature which is life« (201); nach wie vor ist die Literatur »interested in society as the sum and guardian of common instinctive tendencies« (206) – und dabei wäre sie doch, wenn man den Freudschen Terminus schon verwenden will, viel richtiger *selber* die ›Hüterin des *Klassenschlafs*‹ zu nennen.

Übersicht

Einleitung
Die Literatur als Idol der Wissenschaft

Die gesellschaftliche Funktion und Ursache von Literatur ist unbekannt (15); es gibt darüber nur dogmatische Behauptungen. Die Überschätzung der Literatur durch den älteren und neueren Idealismus (16); durch den Marxismus (17); durch die Rezeptionsästhetik (18); durch die Literatursoziologie (19), und durch den Literaturformalismus (20). Die kritische Befragung der Literatur ist vom Interesse verhindert. Die Hauptergebnisse der Untersuchung (22) widersprechen allen bisherigen Übereinkünften über die Literatur; die Literaturwissenschaft ist zur sinnlosen Betätigung geworden (23).

Erster Teil
Die gesellschaftliche Funktion und Entstehung der Literatur

1. Interesse und Ideologie. Die bisherigen Funktionsbestimmungen der Literatur sind allgemeinideologisch. Argumentationsziel des ersten Teils: die Stellung der Literatur im Ideologievorgang (24). Sinnbedürfnis und Interesse als Ursprung von Ideologie. Das unzweifelhafte Vorhandensein des Sinnbedürfnisses (25); seine mangelhafte Erfüllung, und seine elementare existentielle Bedeutung. Es sucht vergeblich nach festen Sinnzielen (26), kann sich dabei aber doch auf konkrete Sinnerfahrungen berufen. Die Sinnerfahrungen lassen sich nicht inhaltlich (27), wohl aber strukturell systematisieren. Strukturelle Begriffsbestimmung von Sinn: seine drei strukturellen Kennzeichen der Interessenzurückstellung (28), der Bezogenheit, und der Ausrichtung auf eine stehenbleibende Notwendigkeit (29). Existentielle Sinnkonsistenz ist der Maßstab für Sinndefizite. Die Ursachen von Sinndefiziten liegen nicht beim Einzelnen, weder in seiner Unfähigkeit zu bestimmten ›Einstellungen‹ (30), noch in seinem Ausgeliefertsein an Alter oder Tod (31), noch in seinem Unvermögen zu einer geglückten ›sozialen Identität‹ (32), sondern in den gesellschaftlichen Hauptmängeln einer falschen Produktionsweise und des

Klassenwiderspruchs. Diese Mängel haben für niemanden Sinn (33). Die Klassifizierung von Sinndefiziten; ihre Geschichtlichkeit; die Unabdingbarkeit ihrer Bearbeitung (35). Das Sinnbedürfnis will keine Erklärung der Ursachen, sondern der Notwendigkeit der gesellschaftlichen Mängel (36). Notwendigkeiten lassen sich setzen, Sinn ist scheinhaft herstellbar. Damit wird Ideologie möglich (37): das Sinnbedürfnis drängt zwar auch nach Mängelplausibilisierung, aber erst das Interesse macht sie zur herrschenden Ideologie (38).

Begriffsbestimmung von Interesse: sein Ausgangspunkt ist das Wunsch- und Triebinteresse des Einzelnen (39). Die Legitimität von wahrgenommenem Eigeninteresse macht seine Zweiteilung nach dem Herrschaftskriterium nötig (40), und damit die Verwendung eines strukturellen Zweiklassenschemas. Erst dann erscheint Klassenherrschaft unverhüllt in ihrer wahren Gestalt: als Tötungsverhältnis (41), und damit als erstes und ursprüngliches Schuldverhältnis (42). Damit wird Ideologie unumgänglich; wahrgenommenes Eigeninteresse muß verdrängt werden (43). Seine Bündelung zum Klasseninteresse; seine Wiederkehr aus der Verdrängung (44) als das Heilige und als das Peinliche (45).

Linke Theorie bleibt im Ideologievorgang unterlegen: denn auch in ihr wird wahrgenommenes Privilegierungsinteresse ausgeblendet (46); die eigene Klassenschuld wird projiziert auf die Nächsten und auf die Fernsten (47); der Widerstand gegen Klassenherrschaft hört bei der eigenen Privilegierung auf (48). Die Bedeutung von wahrgenommenem Eigeninteresse im Ideologievorgang (49); Eigeninteresse glaubt nicht an seine Abwesenheit, sondern will an sich festhalten; daher bleibt die herrschende Ideologie immer die mängelplausibilisierende (51).

Die drei Arten von Mängelplausibilisierung: durch Gewalt, durch Doktrin (52), durch Theorie, optimal durch die Angabe eines gesellschaftlichen Sinnziels. Dieses Sinnziel ist regelmäßig außergesellschaftlich (53), als klasseninteressiertes ideologisch, und erklärt sich aus den gesellschaftlichen Mängeln, nicht diese sich aus ihm. Der Nachweis liegt in einem doppelten Versagen von ideologischer Mängeltheorie (54): die historische Leistungsgrenze von Ideologie (55), schematisch zu illustrieren an der bürgerlichen ›Naturlösung‹. Das historische Versagen von Ideologie beweist ihre Interessiertheit (56). Zwei Modifikationen: die Fraktionierung und unterschiedliche Dauerhaftigkeit von Ideologie; ihre historische Reduzierbarkeit. Die zweite Leistungsgrenze von Ideologie: ihr Versagen in der Lebenspraxis (57); sie hat die unwirksame Form der bloßen Ableitung und Deutung (58). Daher die zwei anderen Versuche zur Mängelbearbeitung: durch Gegenideologie und durch die Literatur (60).

2. Ideologie und Literatur. Zusammenfassung: das Sinndefizit von herrschendem Bewußtsein ist durch Theorie nicht zu beheben; wohl aber in der Vorstellung (61), das heißt in der Kunst, und da besonders in der Literatur. Ein neuer Begriff von Literatur (62): Literatur ist immer fiktives Beispiel für sinnkonsistente Lebenspraxis (63), inhaltlich auf ein ideologisches Sinnziel ausgerichtet (64), und zu struktureller Sinnkonsistenz organisiert (66), das heißt zu durchgängiger Interpretierbarkeit (67). Durch diese Qualität ist Literatur definierbar (68), und zugleich von aller realen Erfahrungswirklichkeit strukturell verschieden (70). Literatur kann nur über Sinndefizite reden (71), aber sie nicht als eine Struktur von erfahrener Wirklichkeit wiedergeben. Sie ist auf reale Lebenspraxis nicht anwendbar, und steht zu ihr im Verhältnis der Wunscherfüllung (72). Ihr Antrieb ist das herrschende und Privilegierungsinteresse; sie ist fiktive Befriedigung von Sinnbedürfnis (73). Dieses Grundverhältnis war verdrängt und verdrängbar wegen des doppeldeutigen Vermögens der Literatur zur Wahrscheinlichkeit (74). Diese Zweideutigkeit ist jetzt aufgelöst: die Literatur hat zur ersten Vorschrift die Erfindung, und damit die Unwahrscheinlichkeit und Unüberprüfbarkeit (75). Diese sind vom Leser auch immer verlangt (76), denn er will von der Literatur die Einholung von Eigeninteresse zugleich mit einer ihr nicht widersprechenden, einsichtigen Notwendigkeit.

Wie kann die Literatur dergleichen glaubhaft machen? Rekurs auf zwei bisher unklar gesehene Vorformen der Literatur (77). Der Traum macht Wünsche in Bildern fiktiv wahr (78), aber nicht wirklich; der Zensor bewirkt darin eine Wunschentstellung, deren Sinn aber nur unterstellt ist (79). Das Spiel ist fiktive Suspension von Eigeninteresse, und erreicht eine durchgängige Sinnstruktur. Es bietet eindeutige Rollen an (80); seine durch Regeln gesetzten Notwendigkeiten sind wirklich, auch beim Glücksspiel (81), wo sie ursachen- und kostenlos als ›Zufall‹ walten, aber sie sind nicht wahr (82). Die Literatur vereinigt Traum und Spiel (83), indem sie

sie als bloße, nur für Dritte gültige Möglichkeit hinstellt. Damit kommt sie zu ihrer ersten, authentischen Gestalt: dem Märchen.

Das Märchen verwendet offen gesetzte und fremdverursachte Notwendigkeiten (84); arbeitet mit dem dauernden Zufall, einer einmaligen und außergewöhnlichen Rolle, und endet mit der eingelösten Wunschautonomie. Sein Mittel der Beglaubigung ist die Form (85): mittels der Benennung ruft es nacheinander Vorstellungen wach, die unerkannt des Lesers eigene sind (86), und ihm daher als wahr erscheinen. Dieses innere Nacheinander begleitet es durch das formale und äußere, aber unbemerkliche der erzählerischen Ereignisreihung, gibt ihm dadurch sein Jetzig-Äußeres, also Wirkliches (87), und macht so den inneren Vorgang an einem äußeren ›probabel‹ in Analogie zu aller sonstigen Erfahrung. Es macht die Wünsche durch seinen Benennungszauber wahrscheinlich, und die Notwendigkeit ihrer Erfüllung durch lückenlose Zufallsreihung (88).

Diesem Märchenmuster folgt alle spätere Literatur (89), aber sie muß es unmerklich tun. Das Märchen versagt zunehmend in seiner Vergleichbarkeit zur Erfahrungswirklichkeit (90): dadurch wird die Literatur zur Nachahmung gezwungen, und kann sich so den Schein eines dauernd übernehmbaren Lebensbeispiels geben (91). Dabei hat sie ihre zwei Zaubermittel nur abgewandelt: aus der Benennung wird die Beschreibung (92), und aus der lückenlosen Zufallsreihung (93), wird eine dauernde ›zufällige‹ Formbestimmtheit der Inhalte, die nach Art der göttlichen Fügung allem Bestehenden scheinbaren Sinn gibt (94).

Indem die Form macht, was die Inhalte sagen, kann sie Wünsche unwiderleglich beglaubigen, wie zur interpretierbaren Wirklichkeit erheben (95); und scheinbare Notwendigkeiten dem Rezipienten als reale Situation aufzwingen, womit sie ihm als einsichtige und sinnvolle erscheinen müssen (96). Eine solche Form-Inhalt-Entsprechung läßt sich immer herstellen: mit ihr kann die Literatur alles und jedes scheinbar wahr und wirklich machen. Sie holt sich mittels der Form eine Überprüfbarkeit zurück (97); aber nicht an der Erfahrungswirklichkeit, sondern immer nur innerhalb ihrer selbst. Sie ist in ihren Erfindungen von der Erfahrung unabhängig, weil sie eine zu dieser analoge Evidenz herstellt (98); abhängig ist sie dagegen von den Vorstellungen ihrer Leser, die sie zum Material ihrer Erfindungen machen muß, um in bestimmte

Sinndefizite mit wahrscheinlichen fiktiven Lebensbeispielen eintreten zu können (99).

Rückkehr zu den gesellschaftlichen Kategorien ›Interesse‹ und ›Ideologie‹: da diese ›Vorstellungen‹ sich historisch verändern, muß es auch die Literatur (100). Ihre Geschichte ist bestimmt von der Geschichte der Sinndefizite, in die sie eintritt. Immer aber bewahrt sie ihre Märchenhaftigkeit: so für beherrschtes Bewußtsein in einer ›trivialen‹ (101) Wunschliteratur, aber auch für das herrschende (102). Hier versagt sie sich die Wünsche, aber nicht die Struktur von Ichautonomie, und sie nimmt reale gesellschaftliche Zwänge in sich auf (103), aber nie als selbstproduzierte. So auch noch, gegen alle Absicht, im Realismus (104). In diesen zwei Strukturverkehrungen zeigt sich die Literatur immer noch als Märchen: wir haben nie etwas anderes gelesen (105).

Die zwei Selbsttäuschungen über die Literatur: ihr Abbildungsvermögen und ihre verändernde Wirkung. Das literarische Abbildungsvermögen ist ein Täuschungsvermögen: aber zugleich ist die literarische Abbildung die sprachlich optimale (106). Aber warum wird überhaupt abgebildet? Schon die bildartigen inneren ›Vorstellungen‹ sind von dem Wunsch bestimmt, die Gegenstände interpretierbar zu machen (107). Die Bilder sind die Veräußerungen dieser inneren Repräsentationen, und daher das erste Mittel zur illusionären Sinngebung (108); aber vorästhetisch müssen sie der Erfahrung weichen (109). Erst die Literatur macht sie haltbar und bringt sie zu sich selbst; sie werden zu neuartigen Gegenständen, gegenüber der Realität in ihrer Sinnlichkeit (110) und Emotionalität gesteigert, und somit ›hypermimetische‹ Überabbilder. Der Literatur geht es nicht um die Sachen, sondern um deren Erlebtheit: darin besteht ihr Modellcharakter (111). Alle literarischen Abbilder sind interessierte Wunschverfälschung der Wirklichkeit (112).

Vom Wirkungsvermögen der Literatur hängt ihre Legitimation ab. Daher werden von der bisherigen Wirkungstheorie beweislos alle möglichen Eigenschaften und Intentionen der Literatur (113) blind zu wirkungsfähigen erklärt, ohne Rücksicht auf die allgegenwärtigen Gegenbeispiele (114). Die angeblichen Wirkungen von Literatur heben einander auf, sind beliebige, herbeigewünschte, und nicht nachweisbare Behauptungen. Jede haltbare Wirkungstheorie muß von der ästhetischen Hauptqualität der Literatur ausgehen (115). Daß die Literatur den Leser in seiner Praxis verändert (116), dafür gibt es kein einziges gültiges Beispiel, am wenigsten in der eigenen Leseerfahrung (117). Nach der Interessenseite (118) läßt sich eine solche Wirkung grundsätzlich nicht beweisen, ausgenommen im Ästhetizismus (119). Nach der Sinnseite ist eine praxisverändernde Wirkung (120) im ›politischen‹ Fall ungewiß (121), und in allen übrigen Fällen widerlegbar. Denn durch die literarischen Sinnbeispiele wird das Bestehende unweigerlich legitimiert, und die Motivation zur Sinnhandlung geschwächt (122); daher schläfert die Literatur auch ein. Sie bewegt allenfalls zur Praxis des Schreibens und Lesens (123), die, um sinnvoll zu erscheinen, auch den Trug der Wirksamkeit braucht (124). Die Literatur bewirkt Stabilisierung von Herrschaft und Absorption von Widerstand. Von der Zensur wird sie darum verfolgt (125), weil sie alternative Denk- und Wunschmöglichkeiten bereitstellt (126).

Daß die Literatur die Einstellungen des Lesers verändert, stimmt nur unter äußeren Zwangsverhältnissen; sonst hält die ›neue‹ Einstellung keiner Erprobung stand (127), weil sich dann zeigt, was sie kostet. Sie war auch gar nicht neu, sondern im Leser immer schon vorhanden (128), so insbesondere seine Vorstellungen von sich selbst (129), die die Literatur bestätigt statt kritisiert, und die märchenhaft sind und auch bleiben wollen. Die Literatur hat kein Vermögen zur Veränderung (130) oder zur Wahrheit: alle bisherigen literarischen Wirkungstheorien sind falsch (131).

Die einzige Wirkung der Literatur ist die gesellschaftliche Kompensation (132). Die ästhetische Kompensation ist aber überlebensnotwendig. Es bliebe sonst als einzige alternative Erfahrungsstruktur die des Wahnsinns (134), die der ästhetischen analog ist. Die ästhetische Kompensation schützt vor der Flucht in den Wahn. Bewußtsein braucht das Andere seiner Vorstellungen und Erfahrungen (135), aber es wird davon leicht überwältigt. Die Literatur formt dieses Andere und macht es dadurch dem wachen Bewußtsein zugänglich (136), als eine zweite Totalität auf der anderen Seite des Wahns. Aber diese ist von der Erfahrung durch die Kunstgrenze getrennt, und nur durch die kompensatorische Wunschverfälschung mit ihr verbunden (137). Die Literatur gibt die falschen Antworten auf die richtigen Fragen. Aber mit den spürbarer werdenden gesellschaftlichen Mängeln beginnt der Lesevorgang zu versagen (138). Endlich hat so das kulturelle Verhalten der Literatur (139) den Blick freigegeben auf ihre wahre

Entstehungsursache und Funktion (140). Es gibt keine revolutionäre Literatur, und Verschönung des Bestehenden bleibt ihr Gesetz.

3. Literatur und Geschichte. Die historische und gesellschaftliche Reduktion der Literatur ist für die Wissenschaft (141) notwendig, aber sie kann ihr nicht gelingen (142), wenn diese einen Begriff weder von der Literatur, noch von der Gesellschaft oder Geschichte hat (143). Der Marxismus hat das je eigene Verhältnis zu Literatur und Geschichte schlecht objektiviert: und daher waren alle seine literarischen Reduktionen falsch (144). Seinen objektiven Grundkategorien entsprechen die subjektiven von Eigeninteresse und Sinn, in denen sich Gesellschaft und Geschichte im Einzelnen zunächst abbilden. Daher ist die historische Reduktion von Literatur nur als materialistische möglich (145).

Im Sinndefizit liegt die Verbindung zwischen Gesellschaft und Literatur (146); verschiedene Sinndefizite bringen verschiedene Literatursorten hervor. Einige wichtige Fälle: die Intensität von Sinndefiziten (147); die Klassenabhängigkeit von Sinndefiziten: proletarisches (149), herrschaftliches (150) und bürgerliches Sinndefizit (151); die Dauerhaftigkeit von Sinndefiziten (153).

Das Verfahren der historischen Reduktion von Literatur. Die Bestimmung der gesellschaftlichen Hauptmängel (154) nach dem Maß der gerechten Gesellschaft (155); die Rekonstruktion des vorideologischen und des manifesten herrschenden Sinndefizits (156); die außerliterarischen Ideologiebereiche als Hilfsmittel der Überprüfung (158). Die Literaturseite der historischen Reduktion: Primat der Rezeption; der literarhistorische Kanon als geeignetstes Material; sinnverstehende (159) und sinnkritische Lektüre; die Synthese von Sinndefizit und Werk (160). Die Nützlichkeit der historischen Reduktion von Literatur (161) und ihre Anwendung auf uns selbst (162).

Zweiter Teil
Grundlegung für eine materialistische Theorie des Kunstschönen

1. Zweck und Sinn. Wie bestimmt sich die Qualität des Schönen? Das Schöne tritt immer zusammen mit dem Sinn auf: ob der Sinn selbst ein Schönes ist, bleibt unentschieden, bis ein nichtideologisches inhaltliches Sinnziel angegeben ist (163). Darin versagt der Sinnbegriff in allen bisherigen Verwendungen: semantischer Sinn; Sinn als ›Bedeutung‹ (164); Sinn als allgemeine, wertfreie Struktur von Handeln und Erleben; Sinn als ›Form von selektiver Erlebnisverarbeitung‹ (165). Die reale existentielle Sinnerfahrung ist in diesen Bestimmungen vergessen (166). Sinn ist wesentlich nicht Erkenntnis- sondern Handlungskategorie (167).

Phänomenologische Unterscheidung von Zweck und Sinn. Die Zweckhandlung ist von subjektiver und unmittelbarer Notwendigkeit (168). Durch Zwecke ist der Einzelne nicht konstituiert. Zwecke brauchen besondere Mittel; Zwecksequenz. Die Sinnhandlung ist von allgemeiner und mittelbarer Notwendigkeit (169). Sinn ist für den Einzelnen konstitutiv. Sinn ist nicht instrumental, wird von Interesse und Zweck zerstört (170), ist abgeleitet von wahrer allgemeingesellschaftlicher Notwendigkeit (171). Es gibt nur eine solche Notwendigkeit: die materielle Produktion, und nur eine subjektiv unmittelbare Notwendigkeit: den materiellen Konsum. Der Konsum ist der Zweck für den gesellschaftlichen Zusammenschluß. Der Einzelne wird dadurch als Einzelner gesetzt (172), aber in der Negation von Gesellschaft. Die materielle Produktion ist Vorbedingung für den Konsum; im Verhältnis zu ihr konstituiert sich der Einzelne als positiv bestimmter (173), in der Negation der Negation. Die materielle Produktion ist der Sinn von Gesellschaft.

Überprüfung dieser Formel: alle anderen ›Sinnziele‹ sind solche des Interesses (174); in der Klassengesellschaft ist die Produktion zum Zweck erniedrigt (176); dadurch werden ideologische Sinnziele nötig. Der wichtigste Sonderfall, das Eigentum (177), plausibilisiert sich durch phantastische ›Notwendigkeiten‹, schließlich durchs Interesse selbst (178).

Gegenerinnerungen: das von der materiellen Produktion geforderte gesellschaftliche Verhältnis ist Organisation von Einzelinteressen zu einem Gesamtinteresse (179), minimalisierte und gleich verteilte Arbeit, und ist einzulösen nur mittels einer demokratischen Struktur (180) und des durchgesetzten Prinzips der Rotation. Es ermöglicht die universale Entfaltung des Einzelnen (181), und gibt dem Produzenten sein Produkt zurück (182). Es ist dialektische Wechselbestimmung des Einzelnen und des Allgemeinen bei beiderseitigem ›Zuwachs‹ (183), führt damit zu realer Sinnkonsistenz, und liefert so eine Formalbestimmung von geglückter Gesellschaft, und also von der Utopie (184). Reale politische Annäherungen ans gesellschaftliche Sinnziel (185). Das Sinnvermögen ist sozialisationsgeschichtliche Konstante (186) und menschliches Strategievermögen, und steht zum Interesse in Konkurrenz (187) als unentdecktes gesellschaftliches Organ (188). Klassengesellschaftlich unterliegt die utopische Struktur zwei Grundstörungen: der klassenhierarchischen (189), und der durch den Warentausch (190). Ihre Verschränkung im Kapitalismus (192) und ihre gemeinsame Ursache im Interesse (193).

2. *Sinn und Kunst.* Existentiell-gesellschaftlicher Sinn und der Sinn von Literatur (194): das semantische Grundproblem ist ästhetisch irrelevant; realer wie ästhetischer Sinn sind eine besondere Struktur innerhalb einer allgemeinen (195).

Die ästhetische Anordnung der Zeichen steht zum realen Sinnverhältnis in zwei strukturellen Analogien (196): das Verhältnis zwischen dem Werk und den Teilen ist der utopischen Produktion nachgebildet (197), das Verhältnis zwischen dem Einzelnen und dem Werk folgt dem utopischen Konsumverhältnis (199). Diese Analogien gelten nicht nur für die Literatur, sondern für alle Kunstarten. Ästhetische Grundthese: das Schöne hat dieselbe Struktur wie die gesellschaftliche Utopie (201), und ist über diese mit dem Wahren und Guten verbunden. Die bisherige Ästhetik hat diese Strukturgleichheit aus Interesse nicht erkannt (202); herrschendes Bewußtsein will von der Utopie nichts wissen (203), und hat daher statt Ästhetik Metaphysik getrieben (204), oder von Widerspiegelung gefaselt. Erst die Frage nach dem Interesse (205) hat das Rätsel der Kunst nach seinen zwei Seiten aufgelöst.

Die eine Seite: Kunst muß ihre Inhalte utopisch verschönen; daher lügt sie, sobald sie etwas sagt (206); und zwar soviel wie möglich. Ihre inhaltliche Mimesis dient der Verdeckung der utopischen (207). Sie ist ungewußtes Nachschaffen der Utopie bei gewahrtem Eigeninteresse. Die andere Seite: Kunst ist Aufbewahrungsort für konkrete Utopie. Ihr Autor deutet voraus auf die utopische Produktionsindividualität (209).

Der Ursprung der zwei utopisch-ästhetischen Strukturanalogien: das Schöne in seiner ersten Gestalt ist suspendierter Konsum (210); sein ästhetisches Zeichen dafür ist das Ornament, und die ihm zugehörige Kunstform ist das Handwerk (212). Die zweite

Wurzel des Schönen liegt im inneren Bild als nichtverwirklichte Produktion (213).

3. Kunstform und Gesellschaftsform. Die Analogie zwischen Kunst und Utopie auf der Ebene der Form: Form ist begrifflich nicht bestimmbar (214), aber läßt sich in verschiedene Formarten unterteilen (215). Als formbare Form ist sie doppelt ausgerichtet, und kann so zwei entgegengesetzte ›Kräfte‹ zueinander vermitteln.

Auch die Zeichen sind formbare Formen (216), aber nicht bei ihrer Formierung durchs Interesse, wie in der Zwecksprache der Wissenschaft (217), oder durch eine einzelne Sinnintention, wie in der Sinnsprache der Ideologie, sondern nur in ihrer ästhetischen Formierung (218): sie ist reine Vermittlung ohne bloße Inhalte, weil jeder Teil schon das Ganze in sich trägt, und notwendiges Mittel zur Errichtung der ästhetischen Struktur (219). Daneben setzt sie eine Wirklichkeit, die sich aber mit der Erstarrung der Formen verdinglicht (220). Im ästhetischen Formverhältnis ereignet sich Wirklichkeit als gelungene Vermittlung zwischen dem gesellschaftlich Gesetzten und dem Einzelwunsch, und darin liegt ein Muster für die geglückte gesellschaftliche Formierung.

Auch die Individuen sind formbare Formen (221); die ihnen übergeordneten gesellschaftlichen Formen sind die Institutionen (222), die ihnen ihre Wirklichkeit setzen: aber schwer bemerklich und ohne überschaubare Grenzen (223). Wie für die Zeichen, gibt es verschiedene Formierungsarten auch für die Gesellschaft. Die ursprüngliche gesellschaftliche Formierung gleicht den Naturformen (224); auch darin trägt der Einzelne das Gesellschaftsganze schon in sich (225). Nachdem die Naturfessel gesprengt ist, geschieht die gesellschaftliche Formierung durch das Interesse, das Eigentum und den Staat (226). Das Eigentum wird zur gesellschaftlichen Zwangsform (227); seine Institutionen erstarren, und machen sich die Enteigneten zum Ding und bloßen ›Inhalt‹ (229). Dem proletarischen Widerstand wird durch massenhafte Neuerrichtung von Institutionen begegnet. Aber auch die Gegenseite schafft sich eigene Institutionen (230). Das Institutionsganze muß beide Seiten des Eigentums repräsentieren und wird in sich widersprüchlich.

Dieser Widerspruch wird gewaltsam gelöst im Totalitarismus (231); darin ist die gesellschaftliche Formierung zur semantischen der Ideologie analog (232). Danach setzt sich der Widerspruch in den Institutionen fort. Sie bestimmen jetzt die gesellschaftliche Notwendigkeit in der freien Konkurrenz, die auf den von niemand gewollten Sachzwang hinausläuft (233). Die ›repräsentative Demokratie‹ kann nicht mehr die Einzelnen repräsentieren (234), sondern nur noch den verwertungskompatiblen Teil ihrer Intentionen (235). Die Institutionen machen, jede für sich, alle Einzelnen sich zum Ding und ›Inhalt‹, und setzen damit eine Wirklichkeit der unverrückbaren Faktizität (236). Die gesellschaftliche Formierung wird analog zur semantischen der Wissenschaft (237).

Die wirkliche Repräsentanz aller Einzelintentionen ist aber auch nicht gewollt: die bestehenden Institutionen sind (238) die tatsächliche Repräsentanz eines Verdrängten. Die widersprüchliche Eigentumsrepräsentanz führt zur Nichtmehrbewohnbarkeit der Gesellschaft: einbetoniert in die Verdinglichung, sind die Einzelnen bedroht vom inneren Bruch mit der gesellschaftlichen Sphäre überhaupt (239). Die Suche nach alternativen gesellschaftlichen Formen greift zu kurz (240); demokratisieren läßt sich nur eine Gesellschaft, die sich die Produktion nicht zum Ding und Inhalt macht (241). Die Einzelnen müssen sich von der Produktion als ›oberster Form‹ bestimmen lassen, um sie nach ihren Vorstellungen zurückzumodifizieren. Die Institutionen stellen die Übereinstimmung zwischen Produktion und Produzenten her, und bleiben formbare Formen (242). Die gesellschaftliche Formierung ist zur ästhetischen geworden: Ihr Formprinzip ist das der gewaltlosen Kooperation; die Einzelnen sind in gesicherten Rollen repräsentiert, und doppelt ausgerichtet auf ihre Besonderheit wie aufs Allgemeine (243). Wie in der Kunst tragen sie als Einzelelemente die Totalität in sich. Wir haben die Wahl zwischen lebendiger Formierung oder der toten Gesellschaft (244).

Schluß
Das Ende einer Kunstperiode

1. Verlorene Wahrscheinlichkeit. Die Kunst beginnt in ihrer Hauptfunktion zu versagen: sie kann sich immer weniger wahrscheinlich machen (246). Die Vorgeschichte der ästhetischen Wahrscheinlichkeit: klassische Kunst weiß sich noch als das ideale

Andere (247); mit der Verallgemeinerung des Warentauschs entstehen neue Sinndefizite. Das klassische Ideal wird als schönes anderes unwahrscheinlich (248). Mit der Negation der klassischen Formen beginnt sich die Kunst mit der Wirklichkeit zu verwechseln (249), oder wird zur ›bloßen‹ Kunst des Ästhetizismus (250). Beide Lösungen bemerken ihre Vergeblichkeit (251): die Kunst wird als solche unwahrscheinlich, und kann sich nur noch in ihrer Selbstzerstörung wahrscheinlich machen, durch ›Demokratisierung‹ und als Anti- oder Nichtkunst (252). Aber die Selbstzerstörung der Kunst mißlingt (253). Die ästhetische Form selbst wird unglaubwürdig, und darauf kann sie als ›hohe‹ Kunst nicht verzichten. Aber das Kunstschöne ist unausrottbar (254) wie das Bedürfnis nach ihm (255).

2. Triviale Kunst. Die Kunst wirft ihre Verpflichtung zur Wahrscheinlichkeit ab, und wird Trivialkunst. Als solche ist sie in die herrschende Ästhetik (257) eingedrungen, zuerst mit der Photographie (258), dann als Popkunst (259) und als triviale Gebrauchs- und Alltagskunst (260). Durch die neue Klasseneinebnung und den Massenkonsum hat die privilegierte Tauschindividualität ihre Legitimierung verloren. Sie verlangt ästhetisch nach dem schönen Leben auch ohne den Schein der Wahrheit.

Für die Kunst ist das eine Art von Erlösung. Sie kann zurückkehren zum Märchen (261) und zum Spiel. Ohne Verklammerung mit dem Interesse kann sie weiter gültig bleiben als wahrhaft demokratisierte und authentisch proletarische Kunst (262). Aber mit ihr hört auch die ästhetische Kompensation auf (263); sie wird nur noch im Zitat und als unwirklich erlebt. Das muß Folgen haben für die Ästhetik, die aus dem Nichtmehrfunktionieren der Kunst auf ihre Funktion zurückschließen kann: aber auch für Theorie überhaupt (264).

Auch die theoretischen Plausibilisierungen sind unglaubhaft geworden. Wie die Trivialkunst (265) darf auch die Theorie gegens Interesse nicht mehr nur gleichgültig sein, sondern muß sich programmatisch als gegeninteressierte verstehen (266). Auch dann bleibt sie noch ideologisches Sinnbeispiel (267); aber anders als interessierte Theorie kann sie das Sinnbedürfnis thematisch machen, und so zu einer Antwort auf die Frage führen: Was tun? (268)

II Beispiele

Vorbemerkung

Der Theorieband hat, als *systematischer* Teil dieser Ästhetik, gleichwohl schon ein Verfahren ins Auge gefaßt, wie einzelne Literaturwerke über die jeweiligen herrschenden Sinndefizite aus ihrem gesellschaftlichen und geschichtlichen Standort hergeleitet werden könnten. Aber wieweit sich ein solches Verfahren der *historischen Reduktion* von Literatur praktisch einlösen läßt und bewährt, ist damit noch lange nicht ausgemacht. Es ist zwar die Gültigkeit einer Theorie von der Frage ihrer Anwendbarkeit nicht berührt; aber beruhigend wäre es doch, eine Ursachenverknüpfung zwischen Literatur und Geschichte, die soweit außerhalb der bisherigen Übereinkünfte liegt, auch empirisch bestätigt zu sehen; und außerdem läßt sich diese Verknüpfung, eben weil sie ja tatsächlich im Schwerbemerklichen und Verdeckten eines *Kompensationsvorgangs* liegt, wohl nur durch die Arbeit an konkreten Fällen ins Erfahrbare und Nachprüfbare herüberholen. Das ist hier also anhand zweier Beispiele aus der englischen Literatur versucht. Wie der Vergleich zeigt, ist ihre Herleitung einerseits *datierungsgenauer* gelungen, als das mittels der älteren marxistischen Ansätze möglich war; und andererseits hat sie auch nicht, wie innerhalb der gängigen literatursoziologischen Verfahren, beim *ideologischen Kontext* der untersuchten Werke haltmachen müssen, sondern bis zu den gesellschaftlichen Hauptbewegungen vordringen, und diese dann als bestimmende Ursache der theoretischen *wie* ästhetischen Sinnkonstruktionen darstellen können.

Damit soll nicht gesagt sein, daß die Reduktionsbeispiele schon so gut sind, wie sie sein könnten. Um es nur zuzugeben, stammen sie aus einer Zeit, in der die später entwickelte Theorie erst im Umriß skizziert war, und wenn diese ihnen dadurch manches zu verdanken hat, so sind sie daher doch auch in vielem hinter ihr noch zurückgeblieben. Ich habe sie trotzdem unverändert stehenlassen. Sie können so zeigen, daß man auch schon mit dem einfachen Grundgedanken, daß die Literatur kompensatorisch in geschichtliche Sinndefizite, das heißt in die jeweilige doppelte Grundstörung der utopischen Struktur, einzutreten hat, zu brauchbaren Ergebnissen kommen kann, und in der praktischen Reduktionsarbeit also zunächst die Theorie nicht bis in alle

Verästelungen am Schnürchen haben muß. Man braucht ihr noch nicht einmal blind abzunehmen, daß die historische Reduktion von Literatur grundsätzlich nur als *materialistische* möglich ist, denn eben das ist in den Beispielen ja erst *ausprobiert:* wenn die Beschreibung von Gesellschaftswirklichkeit aus Ökonomie und Klassenverhältnis etwas zur ursächlichen Herleitung von Literatur leistet, und zwar *mehr* als andere Beschreibungsweisen, dann ist die Vereinfachung auf diese zwei gesellschaftlichen Grundmomente methodisch auch gerechtfertigt – wenn nicht, nicht.

Mir jedenfalls scheint damit die erste logische Vorbedingung für jede Art der Reduktion von Literatur eingelöst: sie liegt offenbar darin, diese mit ihrem gesellschaftlichen Kontext erst einmal erfolgreich zu *konfrontieren*. Aber auch wenn das geleistet ist, springt einem die Lösung noch lange nicht automatisch entgegen. Denn die literarischen Werke stehen zur gesellschaftlichen Realität nie im einfachen Verhältnis der *Abbildlichkeit,* sondern in dem komplexen einer *Bearbeitung,* die mit dieser Realität mehr oder weniger eng, aber immer in verschiedener Hinsicht zusammenhängt. Daher läßt sich ihre gesellschaftliche Verursachung auch nicht nach *einem* immer richtigen Schema optimal rekonstruieren, sondern verlangt eine wechselnde Hervorhebung ihrer gesellschaftsnahen oder gesellschaftsfernen Seiten. Im Fall des *Kaufmanns von Venedig,* der das ökonomische Element des Seehandels schon im Titel führt, habe ich so die Darstellung des gesellschaftlichen Kontexts an den Anfang gesetzt, um den *realen* elisabethanischen Seehandel mit seiner literarischen Bearbeitung genauer vergleichen zu können; im *Oliver Twist* war es mir so rätselhaft, wie in einer realistischen Beschreibung des London von 1837 der gesellschaftliche Hauptwiderspruch nach beiden Seiten, während einer *offen* geführten Klassenauseinandersetzung, *vollständig ausgelassen* werden kann, daß es mir besser schien, mit einer Analyse des Romans anzufangen, um in dieser Rätselhaftigkeit nicht befangen zu bleiben. Durch diese Unsicherheiten in der *Vorgehensweise* von historischer Reduktion sind die Beispiele, wahrscheinlich übers Leserbedürfnis hinaus, breit und ›solide‹ (und das heißt natürlich auch streckenweise langweilig) geraten; aber die erste Aufgabe von Theorie ist wohl auch nicht ihre Unterhaltsamkeit.

Noch ein Wort zur Auswahl. Wenn das hier vorgeschlagene Entstehungs- und Funktionsmodell von Literatur gültig ist, dann muß zwar im Prinzip *jedes* literarische Werk der historischen Reduktion zugänglich sein; seine *praktische* Grenze findet das Verfahren allerdings da, wo das literarisch bearbeitete Sinndefizit zu schmal, zu abgelegen oder kurzfristig ist für seine zuverlässige Rekonstruktion aus dem historischen Abstand. Ich habe mich daher an solche Werke gehalten, deren repräsentative Rezeption für einen dahinterliegenden wichtigen und breit erfahrenen Sinnmangel spricht, und die beiden Beispiele dem überlieferten literargeschichtlichen Kanon entnommen – an zwei, wie mir schien, wichtigen Punkten. Im *Kaufmann von Venedig* ist nicht nur, wie in den anderen Shakespearestücken, bürgerliche Individualität in vielen Differenzierungen, Dimensionen und Widersprüchen neu gefaßt, sondern auf eine erstaunliche Weise als *Tauschindividualität* literarisch erstmals entdeckt und entfaltet. Im vorliegenden theoretischen Rahmen heißt das, daß hier die utopische Grundstörung des Warentauschs zum ersten Mal, und zwar in *deklarierter* ökonomischer Verknüpfung, zum Thema gemacht und dann einer positiven und optimistischen ideologischen Sinnlösung zugeführt wird. Mit diesem Beispiel hat es die historische Reduktion noch sozusagen leicht: das Stück zeigt noch weitgehend eine gesellschaftliche *Wunsch*wirklichkeit, die seiner Lösung widersprechenden Mängel sind fast vollständig ausgeblendet. Die Reduktion braucht sich hier also noch nicht ernsthaft mit einer Differenzierung von Literatur als ›Sinnbeispiel‹ und als ›Vertretung von Klasseninteresse‹ herumzuschlagen – freilich mit den wichtigen Einschränkungen des ›ungerecht‹ behandelten, ›bewegenden‹ Shylock und des ›melancholischen‹ Antonio, die sich als bloßes überhöhtes herrschendes *Interesse* nicht mehr verstehen und deuten lassen.

Dickens' *Oliver Twist* steht an einem andern Angelpunkt in der Geschichte des Literaturschönen: mit diesem Roman tritt zum ersten Mal der literarische Realismus (im engeren Verstand) auf den Plan – ein Beispiel von offensichtlicher Wichtigkeit für eine Literaturtheorie, die sich in ihrer Hauptstoßrichtung als eine *Kritik des Realismus* samt seiner Ziele und Ansprüche verstehen muß. Sie steht hier vor einem Buch, in das die zeitgenössischen gesellschaftlichen Mängel sehr wohl, und zwar gerade in ihrer *krassesten Form* aufgenommen sind. Erst bei diesem Fall beginnen alle Erklärungsversuche endgültig zu versagen, die Literatur als direkten Ausdruck von bürgerlichem Klasseninteresse hinstellen wollen: daß in dem Roman aber, in dem kein einziger Arbeiter erscheint, etwa das proletarische vertreten wird, werden sie auch nicht sagen mögen. Hier also muß sich das Modell von der Literatur als einer ästhetischen Sinnlösung erst wirklich bewähren und seine Leugnung der Abbildlichkeit und politischen Wirkung von Literatur genauer argumentieren.

Eine andere Frage ist damit noch nicht beantwortet: warum die Beispiele zeitlich so weit entfernt gewählt sind und nicht, was doch der Ehrgeiz von historischer Reduktion sein müßte, aus der Gegenwart. Wenn es ihr Ziel ist, am literarischen Einzelfall einen ideologischen Mechanismus aufzudecken, dem auch heutiges herrschendes Bewußtsein unterliegt – die Verdeckung von eigenem wahrgenommenen Interesse durch seine Überschreibung mit Sinn –, dann müßte das nächstliegende Beispiel doch auch das nützlichste sein; und tatsächlich werden in der Diskussion am häufigsten neuere (meist politische, aber auch absurde, oder nicht mehr eindeutig ästhetisch formierte) Texte als Einwand gegen die hier vorgetragenen Thesen vorgebracht. Der Grund ist, ich habe mir – außer in der ausdrücklich spekulativen Beschreibung der zeitgenössischen Kunst im Schluß des Theoriebands – gegenwärtige Beispiele nicht *zugetraut*. Ob sich Bewußtsein je ganz einholen kann, scheint mir fraglich; und ich wollte mit einem anfechtbaren Reduktionsbeispiel nicht gleich das ganze Verfahren diskreditieren. Außerdem war für mich nicht ganz einzusehen, wenn schon in dieser Form über *heutiges* bürgerliches Bewußtsein nachzudenken ist, warum das einer allein am Schreibtisch tun sollte.

I. Das Schöne im Warentausch:
William Shakespeares *Kaufmann von Venedig*

1. Einleitung

Das Stück, das zwischen 1596 und 1598 entstanden ist[1], wird weiter unten ausführlich interpretiert werden; trotzdem, denn es wäre ja immerhin denkbar, daß es der Leser nicht mehr, oder noch nicht, genau im Kopf hat, will ich hier am Anfang seine Handlung kurz nachreferieren. Es erzählt von zwei Freunden, Kaufleuten in Venedig: Bassanio möchte zu einer reichen Erbin, Portia, auf Brautwerbung fahren, aber er hat nicht das nötige Geld dazu. Antonio borgt es für ihn von dem Wucherjuden Shylock, dem er dafür als Pfand ein Pfund Fleisch aus seinem eigenen Leib überschreibt. Portia ist nur durch die Wahl unter drei metallenen Kästchen zur Frau zu gewinnen; zwei Freier, nämlich Morocco und Arragon, wählen das falsche, und Bassanio als Dritter das richtige aus Blei. Währenddessen verfällt Antonios Geldschuld. Shylock zieht ihn vor Gericht; aber dort wird ihm die Eintreibung des Pfands unmöglich gemacht, und er wird wegen eines Anschlags auf das Leben eines Venezianers enteignet. Der unerkannte junge Richter bekommt von Bassanio zum Dank einen Ring, den ihm Portia als Liebespfand gegeben hat. Die vermißt ihn an seinem Finger und kündigt ihm ihre Liebe auf; aber dann stellt sich heraus (was der Zuschauer längst wußte), daß sie selbst der Richter war, und alles löst sich zum Guten.

Von diesem Stück will ich jetzt im folgenden untersuchen, wieweit sich aus den gesellschaftlichen Verhältnissen der englischen 1590er Jahre seine Entstehung gerade zu dieser Zeit, mit dieser Handlung und in dieser Form erklären läßt. Die Ausgangsfrage wird dabei sein, ob diese Gesellschaftswirklichkeit (die dazu in ihren Hauptzügen zu beschreiben ist) von dem Stück überhaupt bearbeitet wird, und wenn ja, in irgendeiner erkennbar systematisierten Weise. Aber es müssen sich im weiteren auch Deutungsprobleme lösen lassen, die das Stück selbst aufwirft, und die daher die Kommentatoren immer wieder beschäftigt haben. Das ist zunächst die Frage, in einer vielseitigen Kontroverse oft abgehandelt, welches Thema oder welche ›Leitidee‹ nun eigentlich in seiner

Mitte steht. Weiter: Ist Shylock eine komische, tragische, rassistisch gezeichnete Figur? Wird er in dem Prozeß gerecht oder ungerecht behandelt? Warum hat Shakespeare auf das Märchenmotiv der Kästchenwahl zurückgegriffen, durch die Portia gewonnen werden muß? Warum hat er es auf eine bestimmte Weise abgeändert? Warum ist innerhalb der Thematik des Stücks ausgerechnet das bleierne das richtige Kästchen? Warum ist Antonio als schwermütig charakterisiert? Ist das aus seiner angedeuteten Homosexualität zu verstehen, aus seiner symmetrischen Gegenposition zu Shylock, aus einem dritten, oder etwa aus gar keinem Grund? Wie erklärt sich die verwirrende dramatische Struktur des II. Akts? Wozu dienen die weggeschenkten und wiedergefundenen Ringe am Schluß? All das muß sich beantworten und auf die besondere Bearbeitungsweise von Gesellschaftsrealität im Stück beziehen lassen; erst wenn Einzelfragen von solcher Gezieltheit erfaßt und gelöst sind, hat eine historische Reduktion des Stücks ihre Aufgabe auch wirklich erfüllt.

2. Der gesellschaftliche Kontext

Für die Darstellung der gesellschaftlichen Bedingungen zur spätelisabethanischen Zeit kann sich die Untersuchung die ausführlichen und sorgfältigen Vorarbeiten von Christopher Hill, Jürgen Kuczynski und Robert Weimann[2] zu Hilfe nehmen. Dabei will ich (was von der Seminarpraxis ohnehin zwingend gefordert ist) versuchen, mit einem vereinfachten Schema der wichtigeren Bewegungen in Ökonomie und Klassenverhältnis, also mit einem sozialgeschichtlichen *Minimum*, auszukommen und nur in den Punkten darüber hinausgehen, wo es die Reduktionsarbeit wirklich erfordert.

Die zwei wichtigsten Veränderungen in der *Ökonomie* des englischen 16. Jahrhunderts lassen sich schnell bezeichnen: erstens das Ansteigen der landwirtschaftlichen und industriellen Güterproduktion auf etwa das Doppelte[3]; zweitens die seit 1510 einsetzende Inflation, die die Preise für die Hauptlebensmittel bis 1600 nach den besten Zahlen von 100 auf 453 steigen läßt[4].

Von diesen ökonomischen Entwicklungen aus erklären sich, mehr oder weniger vermittelt, die drei wichtigen Verschiebungen im *Klassenverhältnis* der Zeit. Auch sie sind sozialgeschichtlich geläufig und brauchen hier nur eine kurze Darstellung. Erstens wird die alte Feudalschicht der *barons* in ihrer Rivalität zur Krone immer weiter zurückgedrängt, zunächst (seit Henry VII.) politisch durch Verbot der bewaffneten Hausmacht *(retainers)*, sowie durch deren schwindende militärische Effizienz und steigende Kosten. Der Kampf ist zur Shakespearezeit entschieden, aber noch nicht beendet: noch 1583 werden die *retainers* durch königlichen Erlaß neuerlich verboten, und von 1601 datiert der letzte Aufstand gegen Elisabeth durch den Grafen von Essex. Hinzu kommt die wirtschaftliche Schwächung durch die Inflation, also durch den sinkenden Realwert der langfristigen feudalen Pachten. Freilich halten sich noch lange große Enklaven von weitgehend autonomer Wirtschaftsführung, die dann aber oft zu Verschuldungen von enormen Ausmaßen führt – oder eben zum Ausverkauf.

Die zweite wichtige Verschiebung ist der Aufstieg einer neuen Klasse zur wirtschaftlichen Hegemonie, und zwar in den zwei Fraktionen der landbesitzenden *New Gentry*, deren Einkünfte im Jahr 1600 diejenigen der Peers, der Bischöfe und der Freibauern *zusammen* schon »um ein Vielfaches überstiegen«[5] und der neuen Manufaktur-, Handels- und Finanzkapitalisten[6]. Durch Kauf oder Schenkung (vor allem von Kirchgütern) hatte im Lauf des Jahrhunderts »der weitaus größere Teil des englischen Landbesitzes die Eigentümer gewechselt und war in den meisten Fällen in die Hände der Kaufleute und Industrialisten oder der neugeschaffenen Aristokratie gekommen«[7]. Die Gentry beginnt dieses Land seit Anfang des Jahrhunderts neu zu verwerten, hauptsächlich durch kurzzeitliche Begrenzung der Pachten – die sich so der inflationären Entwicklung anpassen ließen –, durch Amelioration und Zusammenlegung der Felder, durch Einhegungen *(enclosures)* von vorher unkultiviertem Boden oder des vorher allgemein genutzten Gemeindelands *(common)*, und durch profitorientierte Produktion für den wachsenden Markt für Lebensmittel und Wolle, wobei die Schafzucht noch den Vorteil niedrigerer Lohnkosten hatte. Die letzten zwei Bewegungen sind sozial einschneidend: durch die Umwandlung von Äckern in Schafsweide und den Raub der Allmende verliert eine breite unterste Bauernschicht der Kätner *(cottagers)* vielfach ihre Überlebensfähigkeit durch Subsistenzwirtschaft und muß sich ihr Auskommen auf einem wenig aufnahmefähigen freien Arbeitsmarkt als Land- bzw. Saisonarbeiter, oder als vagabundierende Diebe und Bettler suchen[8].

Auf seiten der Manufaktur und des Handels geht dieser Aufstieg so vor sich, daß es den Gilden und *Companies* gelingt, sich vom Kleinhandel und -handwerk zu trennen und nicht nur den Außen-, sondern auch den Binnenhandel zu monopolisieren. Diese Fraktion ist mit dem neuen Grundbesitz eng verknüpft und nach Tawney »nicht als zwei Klassen, sondern als eine« zu sehen[9]. Als wichtiges Dokument ihres (von der Krone gestützten) Aufstiegs kann das *Statute of Artificers* von 1563 gelten, das einerseits den Aufstieg zum Meister durch Eigentumsqualifikationen und eine 7-jährige Lehrzeit erschwert, andererseits für die ungelernte Arbeit einen allgemeinen Arbeitszwang, Ortsgebundenheit, einen 11 1/2- bis 12 1/2-stündigen Arbeitstag und einen von den Friedensrichtern festzusetzenden Höchstlohn (dessen Überschreitung eine Geldbuße kostete) gesetzlich vorschreibt. Die wirtschaftliche Führungsrolle liegt dabei beim Außen-, d. h. Seehandel, bei dem sich die bedeutendsten Kapitale akkumulieren, dessen Zollabgaben die wichtigste Einnahmequelle für den Staatshaushalt sind, und der am Ende des Jahrhunderts anfängt, die Produktion von sich abhängig zu machen und in eigener Regie zu organisieren[10]. Damit steht die Ökonomie der Zeit unter einem deutlichen *Seehandelsprimat.*

Die dritte soziale Hauptbewegung ist die Entstehung eines ersten, von allen Produktionsmitteln getrennten, freien Proletariats in Stadt und Land, das zahlenmäßig noch verhältnismäßig klein ist, dem aber die hier sich verwertenden Kapitalmassen direkt und gewalttätig ausgepreßt werden. Die Reallöhne für die einfachen Handwerker und Arbeiter fallen seit 1450 von einem Wert, den sie erst vier Jahrhunderte später wieder erreichen werden, bis zum Jahre 1600 auf den *tiefsten Stand in der ganzen neueren Geschichte,* die ersten Jahrzehnte des 19. Jahrhunderts eingeschlossen[11]. Für den hier betrachteten Zeitraum sinken sie von 1500/1510 = 100 auf 1590/1600 = 45,6, also auf die knappe Hälfte[12]. Entsprechend grell tritt dieser neue Klassenwiderspruch in Erscheinung. Die Klagen über Armut und Bettelei werden allgemein; seit einem Gesetz von 1531 werden arbeitsuchende ›Vagabunden‹ ausgepeitscht, in ihre Gemeinde zurückgebracht und dort zur Zwangsarbeit verwendet, seit 1547 mit einem »V« gebrandmarkt; auf Flucht steht Tod durch Erhängen[13]. Im Jahr 1601 schätzt ein Richter die Zahl der »müßigen Personen und Männer ohne Meister« in London auf 30 000[14], und ein vielsagendes Gesetz von

1593 verbietet, daß dort mehr als eine Familie in einem (gewöhnlich zwei- oder dreizimmrigen) Haus wohnt[15]. Schließlich wird durch den anarchischen kapitalistischen Ausbeutungsvorgang, der auf kleinerer Skala in so vielen Einzelheiten den des 18. Jahrhunderts vorwegnimmt, mit dem Armengesetz von 1597 (erneuert 1601) der klassische Staatseingriff notwendig: Zwangsarbeit für arbeitsfähige Kinder und Erwachsene und Unterstützung der Arbeitsfähigen auf der strikten Überlebensgrenze, Subventionierung der Löhne und damit der Profite über eine Armensteuer durch die öffentliche Hand. Aber unaufhaltsam vernichtet der frühkapitalistische Vorgang die alten, naturwüchsigen Existenzmöglichkeiten für das unterste Viertel der Bevölkerung, durch diesen Notbehelf (und durch die kolonialistische Expansion) kaum gemildert. »Das große Zeitalter der elisabethanischen und jakobäischen Literatur schwankte am Rande des sozialen Zusammenbruchs«, urteilt Christopher Hill[16].

Die wichtigsten Klassenbewegungen sind damit im Umriß beschrieben; es fehlt jetzt noch eine Bestimmung des genaueren historischen Punkts, zu dem das Stück erschienen ist. Die Gentry-Bourgeoisie in der Gestalt der geschilderten zwei Fraktionen hat eine glänzende, aber kurze Geschichte. Ihr Aufstieg, der unter Henry VII. beginnt, ist mit dem »bürgerlich-monarchistischen Bündnis«[17] unter Elisabeth besiegelt, aber keineswegs uneingeschränkt oder widerspruchslos. Sie ist ebenso auf Vertrags- und Verkehrssicherheit, also auf eine verläßliche staatliche Zentralgewalt, eine einheitliche Verwaltung und politische Rückendeckung für den Seehandel angewiesen, wie die Krone auf einen starken Verbündeten gegen die nach wie vor gefährliche Rivalität des alten Feudaladels und auf eine wirtschaftliche Stütze für die Kriegskosten und die wachsenden Staatsausgaben. Auf der anderen Seite will die Krone bürgerliche Machtansprüche eindämmen, wo sie gesellschaftsbestimmend zu werden drohen oder den Hauptwiderspruch unerträglich verschärfen, und schlägt sich dann auf die Seite der immer noch mächtigen traditionalistischen Aristokratie, oder gibt laut werdenden Volksforderungen nach. Die Folge ist eine ewig schwankende und scheinbar prinzipienlose Politik und Gesetzgebung in allen wichtigen Bereichen: dem Handel, der Zoll- und Steuerpolitik, der Frage der Einhegungen und des Landerwerbs durch Kaufleute (die immer wieder behindert oder verboten werden), der Prärogative der Gilden und

Handelskompagnien, schließlich der Kompetenz des Parlaments. Weimann hat sie am Beispiel der Reformation und des *Statute of Artificers* dargestellt als immer wieder neu ausgehandelten »absolutistischen Kompromiß« auf der Basis einer »Romanze der Prosperität«[18].

Dieser Kompromiß, der sich in der harmonistischen Staatsideologie eines gesunden *body politick* niederschlägt, wird in den letzten Regierungsjahren Elisabeths brüchig und dann von Jakob I. seit 1603 entschieden aufgekündigt. Auf der einen Seite wächst die proletarische Verelendung bis zu dem Punkt, wo mit dem Armengesetz von 1597 (zur genauen Entstehungszeit des Stücks) ein staatlicher Eingriff unabwendbar wird. Die tatsächliche Gefährlichkeit der Entwicklung zeigt sich in den stetigen Warnungen vor ›Aufruhr‹ und ›Rebellion‹[19], wie schließlich auch in den heftigen (und aussichtslosen) Aufständen der ersten *Levellers* und *Diggers* im Mai und Juni 1607 in Northampton, Warwick und Leicester – von denen Shakespeare in Stratford persönlich betroffen war, und in denen er sich durchaus gutsherrlich verhielt[20]. Auf der anderen Seite bricht die Koalition innerhalb der Klasse wie die mit der Krone auseinander. Die Produktion beginnt sich vom Verlagssystem immer mehr zur Manufaktur zu zentralisieren und aus der Kontrolle durch den Handel zu lösen[21]; dieser monopolisiert sich zunehmend und wird darin von Elisabeth und noch mehr von Jakob I. durch eine Politik des Privilegienschachers bestärkt, so daß die Abschöpfung der Produktions- und Handelsprofite einer immer schmaleren neuen Oberschicht zufällt. Das Preisdiktat der Monopole im Binnenhandel wird drückender und schließlich zu einer Fessel der Entwicklung: die alten feudalen Einschränkungen für die Gentry-Bourgeoisie sind in neuer Gestalt zurückgekehrt. Die ersten Proteste des Parlaments dagegen stammen aus den Jahren 1601 und 1604. Mit der Auflösung des Unterhauses durch Jakob I. ist die goldene Zeit der elisabethanischen Klassenharmonie vorbei. Die Gentry-Bourgeoisie muß sich auf einen langen Kampf gegen die feudalabsolutistische Reaktion einrichten, der schließlich in die bürgerliche Revolution von 1640 einmündet.

Drei gesellschaftliche Haupterfahrungen kristallisieren sich so für die Gentry-Bourgeoisie in den englischen 1590er Jahren heraus: ihr eben einige Generationen alter und rascher Aufstieg gegenüber der früheren Feudalherrschaft, ein gerade *durch* diesen

Aufstieg erzeugtes, massenhaft verelendetes Proletariat und die beginnende Zurückdrängung durch die absolutistische Reaktion. Alle diese Erfahrungen sind ökonomisch verursacht und bilden sich in der Form eigenen neuen Reichtums, fremder Armut und einer drohenden neuerlichen Umverteilung der Profite *als* ökonomische höchst spürbar ab. Wenn man nun in vorläufiger Weise das Stück daraufhin befragt, ob in ihm Gesellschaftswirklichkeit bearbeitet wird, so stößt man tatsächlich auf einen *ökonomischen* Konflikt, freilich auf einen ganz anderen, unerwarteten, nämlich den zwischen *Seehandel und Wucher*. Diese zwei konträren Wirtschaftsformen müssen jetzt noch systematisch und historisch kurz abgehandelt werden: dann wird sich zeigen, daß in diesem Konflikt das *zentrale Thema* des Stücks liegt, und daß seine historische Reduktion daher die Frage beantworten muß, *warum gerade hier* und nicht in denjenigen Widersprüchen und Mängeln, die der neu aufgestiegenen Klasse wahrhaftig näherliegen müßten.

Zunächst die Feindseite. Das Wucherkapital ist »die erste Form, in der das Kapital in einer Wirtschaft auftaucht, die noch von Grund auf eine Naturalwirtschaft ist«[22], insofern von altertümlichem, archaischem Gepräge. Der Wucher lebt, seiner Natur nach, von der Unausgeglichenheit und Verschlossenheit des Geldmarkts, der Zirkulation und des Verkehrs, also von Dezentralisation und lokaler Eingeschränktheit. Er »verelendet die Produktionsweise, lähmt die Produktivkräfte ... und verewigt diese jammervollen Zustände ... saugt sich an (die Produktionsweise) als Parasit fest«[23], »ist konservativ, macht sie nur miserabler«[24]. Er bringt nichts voran, hindert alle Entfaltung. Er investiert ja (*als* solcher) nicht, verweigert sich der produktiven Verwertung, sperrt sich gegen allen Austausch in menschlich verwendbare, bereichernde und lebensnotwendige Gebrauchswerte und häuft sich in fruchtloser und toter Schatzbildung nur immer weiter an. Anders als der freie Tauschverkehr errichtet er persönliche Abhängigkeiten und Gewaltverhältnisse und ist auf sie angewiesen: er »kennt ... durchaus keine Schranke außer der Leistungsfähigkeit oder Widerstandsfähigkeit der Geldbedürftigen«[25]; nicht aus Zufall, sondern weil er solche realen Wirkungen hat, wird er mit Erwürgen, Töten, mit ›Halsabschneiderei‹ assoziiert. Er ist selbstbefangener und auswegloser Zwangsprozeß, von jedem Ziel außer der eigenen, unersättlichen Vermehrung abgeschnitten, ›lebt‹ nur aus sich selbst, ist, wie das deutsche Wort ›Wucher‹ besagt, außer Kontrolle geratenes, nur noch sich selbst dienendes Wachstum. Er will sich im Prinzip *alles* einverleiben und daher schließlich auch die Person des Wucherers selbst, die er bedenkenlos für sich benutzt, aufs Spiel setzt und in ihrer menschlichen Bedürftigkeit als lästigen Fresser fortwünscht. Der Wucherer ist damit von seiner objektiven Seite her unfähig zu irgendeiner Form menschlicher Rücksichtnahme oder Anerkennung, mehr noch, er vermag es nicht, *irgend etwas* außer sich selbst auch nur zu *sehen*: daher seine ›blinde‹ Gier, sein Widerwille, etwas loszulassen, seine Abstandslosigkeit und Verklammerung mit Sachen und Personen, die er nicht sinnlich, sondern nur als abstrakte Wertträger erkennen kann. Psychologisch und subjektiv stellt er sich mit dieser Struktur in die Sphäre einer ›niedrigen‹ Analität und der mit ihr verknüpften Eigenschaften der Fühllosigkeit, des Eigensinns, der Härte, der Pedanterie und Buchstabentreue, der Verschlossenheit, des Sadismus und der Trauer.

Wie man sieht, ist die Shakespearsche Symbolik des Wuchers bis heute intakt, wohl weil er sich reliktartig in recht unveränderten Formen erhalten hat[26]. Für den *Handel* gilt, seit er vom produktiven Kapital unterworfen und funktionalisiert worden ist, nicht mehr dasselbe. In seiner ökonomischen Frühphase jedoch kann er gegenüber dem Wucher in allen Punkten eine positive Gegenrechnung aufmachen. »Die Entwicklung des Handels und des Handelskapitals entwickelt überall die Richtung der Produktion auf Tauschwert, vergrößert ihren Umfang, vermannigfaltigt und kosmopolisiert sie, entwickelt das Geld zum Weltgeld«[27]. Er hat damit eine fördernde, belebende, bereichernde und entgrenzende Wirkung. Das Handelskapital darf sich, wiederum seiner Natur nach, gerade *nicht* festhalten, sondern muß ausgreifen und *sich geben*, um mehr zu werden. Es funktioniert um so schlechter, je mehr es sich an die Dinge klammert und sie nur als abstrakten Tauschwert sieht; es muß vielmehr einen klaren Blick haben für die sinnlichen Gebrauchswerte seiner Waren, ohne sich an diese Sinnlichkeit zu verlieren: dazu braucht es die Fähigkeit, Abstand halten und hergeben zu können, sich zu ›verschwenden‹, den Austausch zu suchen, braucht Freizügigkeit, Beweglichkeit und – was sich als Zentraltugend des Stücks erweisen wird – Wagemut und Risikobereitschaft[28]. Man kann in diesen Elementen die Grundzüge nicht nur des Handelskapitals sehen, sondern, verallgemeinert und in positiver Deutung, des kapitalistischen Vorgangs überhaupt, der zunächst einmal das ›Loslassen‹ und den ›Einsatz‹ von Kapital verlangt, damit es Mehrwert einfangen kann[29].

Mit dem Seehandel ist somit der Warentausch zum Mitthema des Stücks gemacht, also diejenige Form menschlichen Verkehrs, die Marx zur Grundlage einer materialistischen Individualismustheorie gemacht hat und die vom Stück (nach ihrer positiven Seite) schon ganz ähnlich gesehen ist. Die *Bedingungen,* unter denen ein freier Tauschverkehr unter zwei Partnern überhaupt nur erfolgen kann, sind folgende: »Jedes der Subjekte ist ein Austauschender; d. h. jedes hat dieselbe Beziehung zu dem andern, die das andre zu ihm hat. Als Subjekte des Austauschs ist ihre Beziehung daher die der *Gleichheit.* Es ist unmöglich, irgendeinen Unterschied oder gar Gegensatz zwischen ihnen auszuspüren, nicht einmal eine Verschiedenheit . . . Die Äquivalente sind die Vergegenständlichung des einen Subjekts fürs andre; d. h. sie sind gleich viel wert und bewähren sich im Akt des Austauschs als Gleichgeltende und zugleich als Gleichgültige gegeneinander«[30].

Marx macht wenig später klar, daß erst »bei entwickeltem Geldsystem das System der Tauschwerte sich realisiert hat oder umgekehrt«[31]. Soweit das aber geschehen ist, läßt sich darin für alle am Markt Beteiligten eine vorher unbekannte *utopische Erfahrung von menschlicher Gleichheit* machen, die dann freilich von der Seite der kapitalistischen Produktionsverhältnisse her, also beim ebenfalls *freien* Austausch von Lohn und Arbeitskraft, *als* solche Erfahrung dauernd wieder auf den Kopf gestellt und vernichtet wird. Trotzdem tritt sie in der entwickelten Zirkulation (also in der Zeit, von der wir reden) klassengesellschaftlich seit der Antike erstmals als reale *überhaupt* wieder auf den Plan, und kann von da an erst wieder innerhalb der herrschenden Klasse als gesellschaftliches Ideal erfaßt werden.

Die Struktur des Austauschs bleibt bei der formalen Ununterschiedenheit und Gleichgültigkeit der Tauschenden untereinander nicht stehen: »der Inhalt des Austauschs . . . weit davon entfernt, die soziale Gleichheit der Individuen zu gefährden, macht vielmehr ihre natürliche Verschiedenheit zum Grund ihrer sozialen Gleichheit . . . Demnach sind sie aber nicht gleichgültig gegeneinander, sondern integrieren sich, bedürfen einander . . . (daß das) Bedürfnis des einen durch das Produkt des andern und vice versa befriedigt werden kann, und der eine fähig ist, den Gegenstand dem Bedürfnis des andern zu produzieren und jeder dem andern als Eigentümer des Objekts des Bedürfnisses des andren gegenübersteht, beweist daß jeder als *Mensch* über sein eignes besonderes Bedürfnis etc. übergreift, und daß sie sich als Menschen zueinander verhalten; *daß ihr gemeinschaftliches Gattungswesen von allen gewußt ist*«[32].

Schließlich ist die Anerkennung des andern im Austausch, wenn er funktionieren soll, auch keine erzwungene oder erzwingbare: »Obgleich das Individuum A Bedürfnis fühlt nach der Ware des Individuums B, bemächtigt es sich derselben nicht mit Gewalt, noch vice versa, sondern sie erkennen sich wechselseitig an als Eigentümer, als Personen, deren Willen ihre Waren durchdringt . . . Aus dem Akt des Austauschs selbst ist das Individuum, jedes derselben, in sich reflektiert als ausschließliches und herrschendes (bestimmendes) Subjekt desselben« – nämlich des Austauschs. »Damit ist also die vollständige Freiheit des Individuums gesetzt: Freiwillige Transaktion; Gewalt von keiner Seite; Setzen seiner als Mittel . . . um sich als das Herrschende und Übergreifende zu setzen . . . Gleichheit und Freiheit sind also nicht nur respektiert im Austausch, der auf Tauschwerten beruht, sondern der Austausch von Tauschwerten ist die produktive, reale Basis aller *Gleichheit* und *Freiheit*«[33].

Auch dieses zweite, vom verallgemeinerten Warentausch produzierte gesellschaftliche Moment der Freiheit verkehrt sich auf der Seite der kapitalistischen Produktion in ihr reales Gegenteil. Aber wie oben ist die neue Freiheitserfahrung im Warentausch offensichtlich für eine optimistische Deutung verwendbar: der Handel kann als wirkender Träger einer schließlich allgemein-gesellschaftlichen, freien, gerechten und gleichen wechselseitigen Anerkennung entfalteter Individuen erscheinen. In allen hier entwickelten Punkten aber steht, ebenso offensichtlich, der *Wucher* auf der Gegenseite, der sich dem Austausch versperrt, die Besonderheit des andern und seine Bedürfnisse *nicht* anerkennt, sich zu ihm *nicht* als Mensch verhält, ihn *nicht* als Gleichgeltenden sieht und *nicht* als Gleichgültigen – sondern vielmehr als mögliche Beute, und dazu auch *durchaus* zur Gewalt greift. Insofern ist er Verkörperung von gegenseitiger, ungerechter Unterdrückung, Verkrüppelung und Ungesellschaftlichkeit.

Damit ist ein allgemeines Schema der zwei Wirtschaftsformen des Wuchers und des Handels gegeben; es ist jetzt noch zu zeigen, welche spezifische historische Ausprägung es im englischen 16. Jahrhundert erhält. Der Wucher hat in dieser Zeit zwei Grundformen: »*erstens*, der Wucher durch Geldverleihen an verschwenderische Große, wesentlich Grundbesitzer; *zweitens*, Wucher durch Geldverleihen an den kleinen . . . Produzenten, . . . ganz spezifisch der Bauer«[34]. Für beide fehlt es wahrhaftig nicht an Beispielen. In den letzten zwanzig Jahren des Jahrhunderts war der Duke of Norfolk verschuldet mit £ 6000-7000, der Earl of Huntingdon mit £ 20 000, Sir Francis Willoughby mit £ 21 000, der Earl of Essex mit £ 22 000-23 000, der Earl of Leicester angeblich sogar mit £ 59 000[35]. Als Kleinwucher ist er massenhaft verbreitet in verschiedenen Formen: bei den Kleinbauern als Vorschuß fürs Saatgut in schlechten Erntejahren, als vorgestrecktes Kapital für neugegründete Handwerksbetriebe und als allgemeine und einzige Form des Kleinkredits[36].

In beiden Formen, dies das Wichtige, läßt sich der Wucher als rückwärtsgewandte, *feudale* Erscheinung auffassen. Das ist bei der Finanzierung der alten, an der früheren Autonomie festhaltenden Adelsherrn augenscheinlich, aber auch da noch, wo er, etwa über die Beleihung zukünftiger Steuereinnahmen, Macht über die Krone, die letzte und größte Feudalherrin[37], gewinnt. In seiner Kleinform macht er sich an unrentablen und rückständigen Produktionsformen fest, um sie zu ruinieren oder an einem jämmerlichen Scheinleben zu erhalten. »Revolutionär wirkt der Wucher in allen vorkapitalistischen Produktionsweisen nur, indem er die (alten) Eigentumsformen zerstört und auflöst . . . wo und wann die übrigen Bedingungen der kapitalistischen Produktionsweise vorhanden, erscheint der Wucher als eines der Bildungsmittel der neuen Produktionsweise, durch Ruin der Feudalherrn und der Kleinproduktion einerseits, durch Zentralisation der Arbeitsbedingungen andererseits«[38]. Seine Funktion ist somit eine rein destruktive: in beiden Grundformen läßt er sich beschreiben als rückständiges und lähmendes feudales Fäulnisprodukt, das mit den gesellschaftlichen Hauptmängeln in direkter und ursächlicher Verbindung steht.

Auch historisch nimmt der Handel zu dieser Zeit die Gegenposition zum Wucher ein, die deutlichste in der ganzen Geschichte dieser Auseinandersetzung. Dabei ist klar, daß man diese zwei Verwertungsformen nach Funktionen trennen muß, die real oft in Personalunion vereinigt waren: die reichen Kaufleute und *mercers*

(Tuchhändler) wie Pallavicini, Gresham, Stoddard, Audley waren zugleich auch bereitwillige und räuberische Geldverleiher[39]. In seiner *Handelsfunktion* ist das Kapital aber natürlich umgekehrt an niedrigen Zinsen interessiert, im Idealfall an der *Zinslosigkeit*. Die großen Handelsunternehmungen waren so sehr früh, seit der Zeit Edwards VI., als *joint ventures* finanziert[40]; auch gab es in vielen Gilden eine »common box«, aus der die Mitglieder zinslos borgen konnten, ohne sich dem Wucher ausliefern zu müssen[41]. Schließlich hatte der Handel, vor allem in Venedig und Amsterdam, auch schon früh ›normalisierte‹, d. h. immer *unter* den Handelsgewinnen bleibende Kreditformen entwickelt[42]. Auch *juristisch* hatten sich die Kaufleute oft untereinander abgesichert[43].

Über diese neue Kraft hat nun der Wucher, wenigstens auf die Dauer, keine Gewalt; das Handels-, später das Produktionskapital bringt ihn im Lauf eines langen Kampfes zu Fall. Zunächst scheint er noch zu siegen, wie die wirkungslosen Wucherverbote von 1487, 1495 und schließlich 1552 zeigen; aber mit dem Gesetz von 1571, das einen Zinsfuß von 10% allgemein durchsetzt, ist er gebändigt[44]. Der weitere Hintergrund ist dabei der, daß es Handel und Produktion fertigbringen, auch die kleineren Sparvermögen über ein geordnetes Bankwesen zu mobilisieren, das »alle totliegenden Geldreserven konzentriert und auf den Geldmarkt wirft, andererseits das Monopol der edlen Metalle selbst durch Schöpfung des Kreditgelds beschränkt«[45]. Der Wucher ist damit als Fessel gesprengt, und der Zins kann sich auf ein verläßliches Niveau unterhalb der allgemeinen Profitrate einpendeln.

Aber nicht nur an dieser Front, sondern viel mehr aus sich selbst, kann der Handel, und besonders der große Außen- und Fernhandel, sich als die neue, die alten Feudalstrukturen überwindende Kraft darstellen. »Die plötzliche Ausdehnung des Weltmarkts, die Vervielfältigung der umlaufenden Waren, der Wetteifer unter den europäischen Nationen, sich der asiatischen Produkte und der amerikanischen Schätze zu bemächtigen, das Kolonialsystem, trugen wesentlich bei zur Sprengung der feudalen Schranken der Produktion«, heißt es bei Marx etwas allgemein[46]; die Zahlen für den Export[47] oder das Anwachsen der Schiffstonnage[48] geben einen genaueren Eindruck. Noch bemerkenswerter aber sind die konkreten Einzelheiten des damaligen Seehandels: »Die Auffahrt des Mr. Cavendish durch die Themse«, berichtet ein Brief von Allen an Francis Bacon vom 17. August 1589, »ist berühmt, denn seine Matrosen und Soldaten waren alle in Seide gekleidet, seine Segel aus Damast, sein Mastkorb aus Gold und der reichste Gewinn, der je zu irgendeiner Zeit nach England gebracht worden war«[49]. Bekanntere Beispiele sind die Handelsfahrten von William Hawkins jr.[50], oder von Francis Drake von 1577-80, die bei einem Kapitaleinsatz von £ 5000 einen Profit von £ 600 000 abwarfen[51]; beide Fahrten hat Königin Elisabeth aus eigener Tasche mitfinanziert. Aber auch abgesehen von solchen Sensationserfolgen waren die durchschnittlichen Handelsspannen enorm[52]. Es liegt so über dem Seehandel der Zeit etwas Legendäres und Märchenhaftes, sowohl in der Exotik und Kostbarkeit der zurückgebrachten Waren wie auch (und vor allem) in der Möglichkeit einer geradezu wunderbaren Geldvermehrung, die das ganze Land zu beschäftigen und zu bereichern scheint: »der größere Teil der Nation lebt von der Handelsware, die aus dem Königreich kommt und in es hineinfließt«, heißt es in einem diplomatischen Bericht an den Papst von 1569[53].

Hier macht also zum ersten Mal eine kapitalistisch wirtschaftende Klasse ihre Erfahrungen mit einem von ihr selbst geschaffenen und energisch vorangetriebenen *Welthandel*. Die elisabethanische Prunksucht ist sprichwörtlich; aber sie ist nicht nur moralisches Laster und gesellschaftliches Übel, sondern sie zeigt auch die neuen Möglichkeiten einer immer vielseitiger entfalteten Tauschindividualität an, die jetzt die verschiedensten Bedürfnisse des Genusses, der Intellektualität, der sozialen Selbstdarstellung bei sich entdecken und stillen, wie zu ihrer Verwirklichung nutzen kann. Eben weil der Seehandel noch reale gesellschaftliche Vorwärtsbewegung bringt, spürt sie noch nichts von ermüdeter, verkapselter und schließlich entleerter Innerlichkeit, wie sie der spätere, gesellschaftlich nur noch unterdrückerische Tauschverkehr in ihr erzeugen wird; sie kann sich noch als expansiv und optimistisch verstehen und ihre Tauscherfahrung von ›Freiheit und Gleichheit‹ wenigstens nach oben als Anspruch nachdrücklich vortragen – und gerade in diesem Anspruch soll sie nun wieder beschnitten werden.

Nun hat freilich auch gerade der Fernhandel seine sehr häßlichen Rückseiten gehabt: er ging ohne feste Grenze in die Piraterie über, was ihn – vor allem im Mittelmeer, im Ärmelkanal und an der *Barbary Coast* (Nordwestafrika)[54] – gefährlich und risikoreich machte; und in den befahrenen Gegenden hat er schrecklich gehaust, wofür die spanischen Conquistadoren nur das berühmteste Beispiel sind: aber Versklavung, Verschleppung, Mord und einfache Ausraubung der Eingeborenen waren allgemeine Praktiken, sowie eine Art ›Zwangshandel‹, bei dem die jeweiligen ›Kunden‹ die englischen Waren, ob sie sie nun haben wollten oder nicht, gegen unverhältnismäßige Mengen ihrer eigenen Produkte eintauschen mußten[55]; *but that was in another country* – vom englischen Inland aus gesehen, exportiert der Seehandel die gesellschaftlichen Mängel, hat anscheinend nur günstige Wirkungen, schafft Reichtum und Wohlleben, verhilft England zu Macht und neuen Ländereien, bringt gewaltlos überalterte feudale Strukturen zu Fall. Auf der anderen Seite steht er, anders als die neue Agrarwirtschaft und Manufaktur, in keiner direkten Beziehung zu den wachsenden gesellschaftlichen Widersprüchen, auch nicht über den Binnenhandel, mit dem er ja keineswegs identisch ist; es kann sogar so aussehen, als könnte er die ›Auswüchse‹ in diesen Bereichen mildern und schließlich aus der Welt schaffen. So wird er mögliche Grundlage einer utopischen Konstruktion und eines scheinbar plausiblen Lösungsvorschlags für alle wichtigen gesellschaftlichen Konflikte der Zeit.

3. *Wucher und Handel im* Kaufmann von Venedig

Aus dieser theoretischen und historischen Bestimmung von Wucher und Handel läßt sich zeigen (und die spätere Interpretation wird es immer wieder bestätigen), daß das Personal und die Haupthandlungsstränge des Stücks durchwegs auf diese zwei, von Shakespeare korrekt als antithetisch gedeuteten Wirtschaftsformen hin zugeordnet und in Beziehung gesetzt sind. Shylock wird sichtbar als reine, ohne Rest aufgehende Verkörperung des Wuchers. Es kann seine ganze Umwelt nur durch den Raster von erworbenem und festgehaltenem Geld lesen, ja wahrnehmen; auch seine Beziehungen zu seiner Tochter Jessica und dem Mitjuden Tubal sind – *entgegen* dem Klischee vom jüdischen Clan- und Familienzusammenhalt – nichts als Erwerbs- und Besitzbeziehungen. Er träumt vom Geld[56]; am Ende der Gerichtsszene formuliert er, sein Besitz und sein Leben seien dasselbe[57]. Das Gesetz des Wuchers richtet sich als Geiz gegen seine eigene Person[58];

Zusperren und Abriegeln ist sein Verhältnis nicht nur gegenüber seinem Besitz, sondern, als dessen Verkörperung, ist er auch ›verschlossen‹ gegenüber seiner Umwelt – wieder eine *Abweichung* vom ethnischen Klischee. Alles *andere* als ein ›ewiger Wanderer‹, ist er aus Haß gegen Entfernung und Abstand auf Venedig festgebannt, nur sein Geiz treibt ihn, widerwillig und erfolglos, in fremde Häuser. Er klammert sich an Sachen wie an Wörter – daher seine konkrete, metapharnarme, aus ›niedrigen‹ Bereichen geschöpfte Sprache. Jeder Gedanke an Austausch ist ihm widerwärtig: er nennt Antonio einen »Verschwender«[59], der sein Geld im Handel »verschleudert«[60]; er hätte seinen Türkis nicht hergegeben für eine ganze »Wildnis von Affen«[61] – ohne Gedanken daran, daß das vielleicht ein gutes Geschäft gewesen wäre.

Auch daß er Antonio Geld ohne Zins ausleiht[62], gehört zur Logik des Wucherers. Die einzige ihm zugängliche *Strategie* ist eine Erwerbsstrategie: so etwa gibt er aus, er »weiß nicht wieviel[63], um die mit den Dukaten entlaufene Tochter wieder suchen zu lassen. Gegenüber Antonio und dem Handel will er sich ausdrücklich[64] unbehindert als eigene Wirtschaftsform durchsetzen: das geht aber nur, indem er den Feind ausschaltet, sprich tötet, und das liegt mit dem verlangten Pfand von einem Pfund Fleisch in seiner deutlichsten Absicht – dafür, und *nur* dafür kann er auf den Zins verzichten. Es kommt darin die Gewalttätigkeit des Wucherers zum Vorschein; mit dem Messer, das er wetzt, um es Antonio auf die entblößte Brust zu setzen[65], ist sie auf ein krasses und archaisches Bild gebracht. Der Wucher vernichtet Leben, um als einziges weiterzuleben, kennt nichts außer sich: daher ist Shylocks Grausamkeit blind – Antonio, Jessica, schließlich auch sich selbst gegenüber, tritt sie ihm als solche (etwa in der Gerichtsszene) nicht ins Bewußtsein. Es fehlt jetzt nur noch die historische Dimension des Wuchers, das Altertümliche und aus der Zeit Gefallene daran, und daher ist ihm die Welt des Alten Testaments beigegeben mit ihren offensichtlich archaischen, unentwickelten, subjektivitätslosen und rachedenkerischen Zügen. Wenn dies aber lauter adäquate Wucherzuschreibungen sind, ist die *Rassismusfrage des Stücks gelöst;* es kommt hinzu, daß Shylocks Welt nirgends fortgeführt ist ins eigentlich Religiöse, noch in die eigentlich jüdische des Talmuds – also in die zwei Bereiche, an denen sich das ethnische Vorurteil hauptsächlich festgemacht hat. Die Ausstattung von

Shylock ist strikt funktional: er ist nicht Wucherer, weil Jude, sondern Jude, weil und insofern er damit den Wucherer beschreibt[66].

Am anderen Pol des Seehandels steht Antonio: er verkehrt mit seiner Umgebung nur auf der Ebene des Hergebens, des Abstands und des bedingungslosen Einsatzes: wenn nicht von Geld, weil er keins mehr hat, dann seines Lebens. Er gleicht Shylock insofern, als diese Funktion ebenfalls seine ganze Person ergreift: auch er ist reine Verkörperung. Dadurch unterliegt er einer von Shakespeare erstaunlich genau gesehenen Dialektik: als bloßer Austausch hat er zu den Gebrauchswerten kein Verhältnis; er ist unfähig, etwas für sich zu nehmen. Er leiht zinslos[67]; und von Bassanio verlangt er für seinen Tod das denkbar Wenigste, und auch das noch mit Einschränkungen – nämlich, ihn noch einmal zu sehen[68]; und das ihm zufallende Vermögen Shylocks will er nicht für sich haben, sondern lediglich verwalten[69], und das heißt für ihn unfraglich, in Handelsfahrten investieren. Alle Genuß- und Gebrauchswerte gehen durch ihn hindurch und an ihm vorbei; ihn durch sinnliche Freuden aufheitern zu wollen, ist ein aussichtsloses Unternehmen[70]. Deswegen bleibt er auch das ganze Stück hindurch eine auffallend blasse und abstrakte Figur; und darin, so wird sich in der Interpretation zeigen, liegt das Geheimnis seiner vielumrätselten *Melancholie,* die, wenn irgend etwas, ein genialer Zug des Stückes ist.

Der Austausch kann in der Meinung von Shakespeare nur menschlich werden, wo er ins Konkrete und Sinnliche umgesetzt wird und zur *wechselseitigen, persönlichen* Bereicherung führt. Dieses Vermögen hat Bassanio, und deshalb liebt Antonio »die Welt nur seinetwegen«[71]; Antonio eine sinnlich-erotische Beziehung zu Bassanio unterstellen zu wollen[72], widerspricht der ganzen Anlage der Figur und des Stücks. Das Erste, was Bassanio mit dem neugeliehenen Geld macht, ist, daß er ein großes Gastmahl plant, zu dem sogar Shylock geladen wird[73]. Seine Fahrt auf die Insel Belmont zu Portia unternimmt er in keiner erkennbaren Weise aus Liebe, dagegen ganz ausdrücklich als Handelsfahrt. In der Kästchenwahl wird er geprüft, *ob er ein guter Händler* ist, das heißt ob er erstens ein distanzfähiges, aber sinnlich positives Verhältnis zum Gebrauchswert hat, und ob er zweitens zur Haupttugend des Seehandels, nämlich zur Risikobereitschaft fähig ist: wer das richtige Kästchen wählen und Portia erringen will, »muß geben und wagen alles, was er hat«[74]: nicht pauschal sein Leben wie Antonio, sondern konkret *im Leben* sein Glück aufs Spiel setzen. Durch seine Wahl erlöst er Portia, die sich zuvor, um eine solche Prüfung zu ermöglichen, zum *Handelsding* gemacht hat, in den Austausch: und der wird in dieser, seiner idealisiertesten Gestalt nach Meinung des Stücks belohnt durch eine neue und unerhörte Form der freien, wechselseitigen und unverdinglichten Liebesbeziehung zwischen Mann und Frau.

Auf das Verhältnis zu Seehandel und Wucher sind so alle vier Hauptpersonen des Stücks in ihrer Beschaffenheit und ihrem dramatischen Schicksal dauernd bezogen und ausgerichtet – und so auch das übrige des Personals und der Handlung. Die ideale Haltung des Bassanio wird durch verschiedene Abweichungen und Höhestufen hindurch erläutert von Morocco, Arragon und Jessica/Lorenzo; der Konflikt zwischen den zwei widersprüchlichen Wirtschaftsformen wird in der Gerichtsszene mit dem Sieg des Seehandels dramatisch entschieden, und dieser dann im 5. Akt als *Utopie*, wiederum des Weggebens mit Zugewinn, beschrieben und gefeiert: auf diesen Konflikt und seine Lösung hin lassen sich alle Elemente des Stücks bis in kleinste Einzelheiten interpretieren und neu – oder überhaupt zum ersten Mal – verstehen.

Mit diesem zentralen Thema wird der *Kaufmann von Venedig* zu einer Bearbeitung gerade *nicht* der sozialen und ökonomischen Hauptwidersprüche der Zeit. Das macht sie noch nicht zur falschen: das Thema war dem Zeitbewußtsein ja tatsächlich wichtig und ist vielfach abgehandelt worden. Im Stück ist aber nicht nur ein bestimmter Widerspruch herausgehoben, sondern alle andern sind thematisch ausgeblendet und ästhetisch unsichtbar gemacht. Das sind einmal solche gesellschaftliche Mängel, denen die Gentry-Bourgeoisie selber unterworfen ist. Die bedrängende und widersprüchliche Politik der Krone, die sonst in der Literatur der Zeit (auch von Shakespeare) immer wieder unter dem Thema des guten oder schlechten Herrschers diskutiert wird, ist aus dem Stück ferngehalten: statt dessen tritt eine blasse und mild-wohlwollende Dogengestalt auf; die neu aufkommende Monopolistenoligarchie ist zurückverwandelt in den aufgeblasenen Arragon, einen Feudaladligen alten Typs. Noch deutlicher aber ist die Veränderung derjenigen gesellschaftlichen Mängel, die die neuaufgestiegene Klasse *selber hervorbringt*. Ihre Urheberschaft muß ihr deutlich sein: schließlich ist sie es, die die Proletarisierung und

Ausraubung der kleinen Handwerker und Arbeiter zielstrebig und rücksichtslos betreibt. Aber im Stück erscheint das arme Volk allenfalls in einer Dienerfigur, Launcelot, der vom reichen Bassanio rasch geholfen ist; und der Seehandel ist, als bloßer verschwenderischer und freigebiger Reichtum, darin ganz abgeschnitten von seiner mängelerzeugenden Verknüpfung mit dem räuberischen Binnenhandel und der ausbeuterischen Produktion – und erst als *solcher* kann er dann dastehen als ideale und allgemein segensreiche Betätigung, der als Feind nur noch die veraltete Wirtschaftsform des Wuchers gegenübersteht.

4. Das Sinndefizit der Gentry-Bourgeoisie und seine inhaltliche Behebung im Stück

Es ist also Gesellschaftswirklichkeit im Stück durchaus *mängelbezogen* bearbeitet; aber nicht im Modus einer realistischen oder aufs Wesentliche zurückgeführten *Abbildung* (noch gar einer Kritik), sondern einer *Wunschwirklichkeit* für die Gentry-Bourgeoisie. Trotzdem ist diese Wunschwirklichkeit nicht einfach auf die *Interessen* dieser Klasse hin ausgerichtet: denn *darin* dürfte kein Kaufmann je melancholisch sein, kein Jude mit zweifelhafter Gerechtigkeit verurteilt werden; die Landwirtschaft wäre darin segensreich, und das Volk unterwürfig und arbeitsam, kurz: das Stück wäre so gesellschaftlich *dumm* wie diese Interessen selber. Entweder ist diese Wunschwirklichkeit also in gar keiner Weise systematisiert, willkürliche Versammlung zugelassener und ausgeschlossener Wünsche, oder nach irgend etwas *zwischen* Interesse und Abbildung. So etwas gibt es aber: es ist die in den Augen der Gentry-Bourgeoisie *sinnvoll* organisierte Gesellschaft. In einem *solchen* Wunschbild müßte einerseits alles ferngehalten sein, was ihr gesellschaftlich *sinnlos* vorkommen muß; ihre Wünsche und Interessen können in es eingehen, aber sie müssen auch so weit zurückgenommen sein, daß sie nicht *als* wahrgenommenes Interesse mit allen üblen Folgen sich zeigen, und so als Hindernis für eine sinnvolle Organisation der Gesellschaft dastehen müßten. Es ist deutlich, daß jede herrschende Klasse sich solche ideologischen Sinnlösungen wünschen muß: sie findet darin, wenn sie aufgehen, eine anders nicht herstellbare (wenn auch scheinbare) Legitimation; und in den Figuren, die sie tragen, begegnet sie sinnlich erfahrbar gemachten Beispielen für eine durchgängig sinnerfüllte Lebenspraxis, wie sie in der wirklichen Gesellschaft durch die Bedrängungen von oben und durch die selbsterzeugte gesellschaftliche Sinnzerstörung immer wieder durchkreuzt und verhindert ist. Sie muß von diesem Wunschbild weiter verlangen, denn sonst kann es als *Beispiel* nicht gelten, daß es glaubwürdig und *plausibel* sei, das heißt wenigstens ein *Minimum* von Gesellschafts- und Mängelbezogenheit; und verlangt es um so *dringlicher*, je mehr in ihren Augen der gesellschaftliche Sinn bedroht oder vernichtet wird.

Aus dem besonderen Charakter von Literatur als gesellschaftlicher *Sinnlösung* und individuellen *Sinnbeispiel* erklärt sich, daß herrschendes Klasseninteresse in ihr nicht offen erscheinen darf, sondern sich den Anschein einer allgemeingesellschaftlichen Notwendigkeit oder Wünschbarkeit geben muß; und tatsächlich stellt der *Kaufmann* demjenigen, was die Gentry-Bourgeoisie als gesellschaftliche Sinnlosigkeit erfahren muß, auch nur allgemeingesellschaftlich vertretbare Alternativen entgegen. Die obige Gegenüberstellung des Stücks mit seiner Gesellschaftswirklichkeit läßt sich also so systematisieren, daß das Stück als literarische Sinnlösung auf ein spezifisches *Sinndefizit* der Gentry-Bourgeoisie antwortet und es – illusionär, durch *Deformierung* dieser Gesellschaftswirklichkeit – zu beheben versucht. Dieses Sinndefizit kann man nach dem Gesagten auf vier Hauptelemente zusammenfassen. Zunächst die Behinderungen durch die Krone, die Einschränkungen durch die alte und neue Feudalität und die Verelendung des neu freigesetzten Proletariats. Von allen dreien läßt sich sehr wohl argumentieren, daß sie einer sinnvoll geordneten Gesellschaft entgegenstehen, und daher sind sie im Stück auch ausgelassen. Viertens versteht sich die Gentry-Bourgeoisie aber auch als eigentliche Trägerin des ökonomischen und zivilisatorischen Fortkommens der elisabethanischen Gesellschaft: so im Großen, aber auch im Einzelnen durch die Entfaltung einer neuen und reichen Tauschindividualität.

Diese legitime Führungsrolle sieht sie als *positives*, gleichwohl vielfach verhindertes und durchkreuztes gesellschaftliches Sinnziel, das sie eingelöst sehen möchte. Mit dem Seehandel ist nun im *Kaufmann* der große Hebel ihres eigenen Aufstiegs und diejenige Reichtümer und Weite schaffende Kraft bezeichnet, die mit ihren mängelerzeugenden Interessen am undeutlichsten und entferntesten verbunden ist: von ihm müßte demnach in ihren Augen die ideale Gesellschaft beherrscht sein. Auch darin scheint das Stück fürs allgemeingesellschaftliche Beste zu plädieren: der Seehandel wird die Disfunktionalität der alten wie der neuen Hierarchie überwinden, er wird zu seiner legitimen Führungsposition ungehindert aufsteigen, er wird durch allgemeinen Wohlstand die ›Auswüchse‹ des Binnenhandels und der ausbeuterischen Produktionsverhältnisse beheben, wie die neue eigene Entfaltung als allgemein mögliche legitimieren. Sein wahrer Widersacher ist die Rückständigkeit, die lokale Einschränkung und Verkrüppelung, die persönlichen Unterdrückungs- und Gewaltverhältnisse, kurz - der *Wucher* mit dem ganzen Umkreis seiner Symbolisierungen. Damit ist der Hauptkonflikt des Stücks auf das spezifische Sinndefizit der neu aufgestiegenen Klasse zurückgeführt und zugleich auch *datiert*. Der Seehandel läßt sich als allgemeingültiges Sinnziel etwa ab 1560 wahrscheinlich machen; aber erst seit es am Ende der 1590er Jahre mit der feudalabsolutistischen Reaktion als allgemeines wieder in Gefahr steht, seit die Krone anfängt, ihre bürgerliche Koalition zu kündigen und sich mit der Feindseite zu verbünden, wächst in der Gentry-Bourgeoisie der Eindruck einer *sinnlosen* gesellschaftlichen Entwicklung, wird die Bearbeitung dieses wachsenden Sinndefizits wirklich dringlich – und gerade *dann* von Shakespeare auch unternommen. Mit allen wichtigen Zügen und genauer Datierung fügt sich der *Kaufmann von Venedig* so als literarische Sinnlösung in die ökonomische Entwicklung und die Klassenverhältnisse seiner Entstehungszeit.

5. Die bisherigen Deutungen

Die Interpretation wird in den Einzelheiten nachverfolgen, wie diese historisch datierte, *allgemeine* ideologische Sinnlösung literarisch, das heißt im eigentlich ästhetischen Verfahren, zu individuellen und nacherlebbaren *Sinnbeispielen* vereinzelt wird. Ich will vorher noch einen Überblick über die bisherigen Deutungen des Stücks geben: denn sie zeigen an einem instruktiven Beispiel, wohin eine ihrerseits ideologisierte Wissenschaft gerät, die die herrschaftsinteressierten Positionen der von ihr untersuchten Literaturwerke, weil sie ihr Herrschaftsinteresse *teilt*, nicht nur in ihrem historischen Urteil unterschreibt, sondern auch noch für den heutigen Leser als immer noch gültige zu retten versucht. Das Verhältnis von Gesellschaft und Literatur glaubt sie mit zeitgenössischen ›Anspielungen‹, allenfalls mit der Vorstellung eines ›historischen Gewandes‹ für immer gleichbleibende menschliche Erfahrungen erledigt. Daher bemerkt sie noch nicht einmal, daß das Stück seine Gesellschaftswirklichkeit überhaupt bearbeitet – von der *Art* dieser Bearbeitung zu schweigen. Über alles hat Shakespeare ihr zufolge geschrieben, nur nicht über einen ›Kaufmann‹; und so kommt der vorliegende Deutungsversuch in die sonderbare Lage, als erster in einer ziemlich umfänglichen Sekundärliteratur auch nur den *Titel* des Stücks ernstgenommen zu haben[75].

Die lange Debatte über das zentrale Thema, die ›Leitidee‹ des Stücks, ist in den letzten Jahrzehnten zu folgenden Ergebnissen gekommen: Nach Coghill handelt es von »Gerechtigkeit und Gnade, von dem alten Gesetz und dem neuen«[76], nach anderer Ansicht vom Gegensatz von ›Schein und Sein‹[77], wobei dann auf eine ganz unkenntlich gemachte Weise das eine dem andern jeweils vorgezogen wird. Beide Themabestimmungen werden schon vom Arden-Herausgeber zurückgewiesen mit der Begründung, sie deckten nicht das ganze Stück[78]. Mir scheint der bessere Einwand darin zu liegen, daß damit so weit vom Thema des Stücks abstrahiert ist, daß die Formel genausogut auf *Maß für Maß* oder auf den *Sturm* paßt: sie sagt nichts anderes, als daß der *Kaufmann* gar kein eigenes Thema *hat*. Dem Arden-Herausgeber geht es selbst aber auch nicht besser: »eines scheint sicher«, schreibt er, »Geben ist das wichtigste Teil – verschwenderisch Geben, ohne Gedanke ans Nehmen«[79]; *der* Satz gilt aber auch noch für *Hans im Glück*. Und was dieser Kritiker über *Timon von Athen* schriebe, läßt sich nur ahnen.

Andere Deutungen abstrahieren aus dem Stück wenigstens nicht auch noch das *Geld*, und sehen im Wucher richtig, wenn auch theorielos, dessen negativen Aspekt; aber was sie ihm dann auf der positiven Seite gegenüberstellen, geht über die Hutschnur von blinder ideologischer Identifikation und wird von jeder halbwegs heutigen Gegenfrage widerlegt. Chambers sieht im Wucher den »Haß«, Lever »die Verneinung von Freundschaft und Gemeinschaft«: das Geldverhältnis von Bassanio andererseits verkörpert für sie die »Liebe« beziehungsweise »das großmütige Geben und Nehmen des Gefühls, das freie Verausgaben der reichen Gabe der Natur«[80] – nur, seit wann ist Geldausgeben (noch dazu auf

Pump) so selbstverständlich mit diesen schönen Tugenden verknüpft? Nach Parrott behandelt das Stück den Gegensatz von »Geld als bloßes Mittel, Geld zu hecken« und »Geld einfach als ein Mittel, das gute Leben zu befördern«[81] – mit dem Vorteil, daß sich Ideologie hier wenigstens nicht mehr versteckt. C. S. Lewis stellt einander gegenüber »den kalten, mineralischen Reichtum in Shylocks Zahlkontor« und »den leuchtend roten und organischen Reichtum in (Bassanios) Adern, den Mittler von Adel und Fruchtbarkeit«[82] – aber wessen Ansicht über den Reichtum ist das eigentlich? Mir will sie eher falsch vorkommen. »Das Stück zeigt«, schreibt ein anderer Kritiker, »daß Geld, richtig verstanden ... nicht unmenschlich zu sein braucht«[83] – haben wirs nicht auch schon anders gehört? »Man schränke (das Geld) auf die Aufgabe des Austauschs ein, und es wird seine selbstheckende Kraft verlieren«, heißt ein beifälliger Kommentar[84] – aber vielleicht weiß sein Autor auch, wie man es *anstellt*, das Geld auf seine Tauschmittelfunktion einzuschränken? »Shylock ist der Feind, weil er den freien Fluß des Geldes aufhalten will, das sich so gesund bewegen sollte wie das Blut im menschlichen Körper«[85] – und wenn *das* der wünschenswerte Zustand ist, dann hätten wir inzwischen ja über weiter nichts zu klagen.

An den zitierten Ansichten wäre nichts auszusetzen, wenn sie Erläuterung, *bewußter* Kommentar bleiben wollten; das Anstößige daran ist ihre Beifälligkeit, besser: ihre grundsätzliche *Beifallsbereitschaft*. Als ideologisch eingeübte können sie immer nur die ideologische Weitereinübung befördern – und versäumen darüber auch noch ihre erste Aufgabe, nämlich das Stück aus sich selbst zu deuten und verständlich zu machen. Weil Shakespeare (oder irgendein anderer von ihnen betrachteter Autor) nach dieser Haltung immer ›recht hat‹, münzt sie dessen historisch gerade noch verständliche Position zu angeblich immergültigen ›Evidenzen‹ um – die inzwischen natürlich schon längst keine mehr sind; Sozialgeschichte und ökonomische Theorie[86] bleiben säuberlich fern; und am Ende ist hinter dichten Schwaden von Ewigkeitswerten auch noch das *Thema* des Stücks verschwunden: der Sieg des Seehandels, des Austauchs und der Risikobereitschaft als gesellschaftliche Utopie.

Es gibt in der ganzen Literatur über den *Kaufmann* nur zwei neuere Arbeiten, die dieses Thema, wenn auch nur am Rande, berühren – um es dann freilich gleich wieder zu verlieren.

»Shylock . . . ist einer, der sich weigert, zu wagen; er ist kein Kaufmann, der kauft und verkauft und daher wagt«, schreibt Sylvan Barnet[87]; damit ist der Wucher richtig als konträres Wirtschaftsverhalten zum Handel gesehen, aber dieser selbst ist falsch gedeutet. Es ist im Stück nicht das Risiko von Kauf und Verkauf gemeint, sondern des *Schiffbruchs*, und zwar das absolute, bedenkenlose Risiko[88]; und es ist ganz spezifisch dieses Wagnis, und nicht irgendein »großes Element von Risiko, das in einer sehr besonderen Weise« – welcher übrigens? – »die Kästchen-Handlung und die Pfand-Handlung zusammenbindet«[89]. Dann verläuft sich der halbwegs richtige Ansatz in die These, daß Shylock »Zeit verkauft«[90], was vom Wucher wohl allgemein gilt, aber im Stück überhaupt nicht thematisch wird, und deswegen auch der Deutung nicht weiterhilft.

Neil Carson sieht das ›einigende Thema‹ des *Kaufmann* schließlich im Gegensatz von »Wagen und Prellen«[91], als zwei verschiedener *religiöser* Grundhaltungen, aber die Kontrastierung ist schief und ungenau. Wer nach Meinung des Stücks die ›Preller‹ sind, muß offen bleiben. Nach Carson sind es die, »die glauben, daß das Glück sich erwerben läßt durch Verdienst oder Anstrengung«[92], und Hauptvertreter dieser Ansicht ist im Stück zweifellos Arragon; aber der nennt ›Preller‹ doch gerade die »*ohne* den Stempel des Verdiensts«[93] – wozu er ganz gewiß die Händler zählt. Die Vokabel ist also keiner der zwei Seiten zuzuordnen und dient der *gegenseitigen* Anschuldigung. Aber auch die Kaufleute sind falsch gedeutet als »›Wager‹, deren Bedenkenlosigkeit ein Zeichen ihres Glaubens an Gottes höherer Vorsehung ist«, und der Fehler wiederholt sich am Schluß des Aufsatzes, mit dem anscheinend die Spitze kritischen Bewußtseins in der Literatur über den *Kaufmann* erreicht ist: »Ein Publikum des zwanzigsten Jahrhunderts, vielleicht vertrauter geworden mit den unromantischen Zügen des Kapitalismus, findet es schwierig, in der Jagd nach Geld eine kongeniale Metapher für Glaube, Hoffnung oder Liebe zu sehen. Trotzdem glaube ich, daß Shakespeare sie teilweise als solche gemeint hat«[94]. Darin ist alles idealistisch auf den Kopf gestellt. Schon bei Shakespeare kommt nicht der Wagemut der Kaufleute aus ihrer Frömmigkeit, sondern ihr Gottvertrauen aus dem geglückten Handelsrisiko[95]; und nicht die ›Jagd nach Geld‹ ist bildlich gemeint, sondern umgekehrt sind die im Stück gefeierten Werte die ›kongenialen Metaphern‹, Überhöhungen und direkte

Folgen des *richtigen Seehandels,* den Shakespeare der Gentry-Bourgeoisie der englischen 1590er Jahre als ideologische Sinnlösung für die von ihr erfahrenen gesellschaftlichen Mängel vorschlägt. Das soll jetzt durch eine Interpretation der Hauptstationen des Stücks erhärtet werden; und zugleich läßt sich damit auch zeigen, wie darin *ästhetisch,* durch eine lückenlose Sinnvernetzung aller Teile untereinander und zum Ganzen, die Ausblendung der Widersprüche zu dieser Lösung gelingt, und die Hauptfiguren als Beispiele für sinnkonsistente Lebenspraxis erscheinen können.

6. Interpretation

Erste Szene. Der Anfang des Stücks soll dem Zuschauer, wie oft bei Shakespeare, das Hauptthema klarmachen, innerhalb zweier Figuren modifizieren, und durch ein Nebenthema (in diesem Fall durch einen Vergleich mit der Liebe) stützen. Dieses Hauptthema ist der Seehandel.

Der Schauplatz ist Venedig, immer noch europäischer Inbegriff des großen Seehandels, und dem damaligen London einfach gleichzusetzen: »die 1590er Jahre waren eine Periode, in der London sich seiner selbst als reich und kultiviert bewußt wurde, so daß es Venedig als Prototyp betrachten konnte«[96]; und zugleich ist dieser Schauplatz, dem Wesen des Seehandels entsprechend, legendär und entrückt.

Antonio erscheint und spricht davon, daß er traurig ist, ohne zu wissen warum: eine viel umrätselte Trauer, die sich aber dem Seehandelsthema lückenlos, und mit erstaunlicher Tiefe der Auffassung, einfügt. Sie wird bisher entweder aus einer erotischen Bindung an Bassanio oder als schlimme Vorahnung der späteren Krise gedeutet[97]. Diese Deutung kommt mir zu kurz vor; in den folgenden 33 Zeilen wird dem Zuschauer der Grund dafür mit ungewöhnlichem poetischem Aufwand vorgeführt. Die Rede ist von Antonios Handelsschiffen: lebendige und syntaktisch lebendig *gemachte* Wesen; stolz und prächtig fliegen sie auf »gewobenen Flügeln« vorüber, beladen mit »Seide« und »Gewürzen«, aber empfindlich und *gefährdet* von allen Seiten, durch Stürme,

woven wings (I. i. 14) – spices, silks (I. i. 33-4)

Untiefen, Sandbänke, Felsen: da kann es doch gar nicht anders sein, als daß Antonios Geist bei ihnen, ja ganz und gar *eins* mit ihnen ist: »Euer Sinn wird hin- und hergeworfen auf dem Weltmeer«; ganz gewiß ist er mit dem »größeren Teil« seiner »Gefühle« und mit seinen »Gedanken« – so fünfmal – bei ihnen, ohne in ihr Schicksal eingreifen zu können, zur ängstlichen Untätigkeit verurteilt und daher (dreimal) »traurig«. Der Text bietet es dem Zuschauer an, die Gleichsetzung Antonios mit seinen Schiffen *mitzuerleben*; er steht am Ende dieser Rede als *Verkörperung* des Seehandels da.

Eine scheinbare Schwierigkeit ist hier Antonios *Leugnung:* »Meine Handelsware macht mich nicht traurig.« Aber will man sich seine zwei Begründungen nicht genauer anschauen? Er habe nicht alles einem Schiff anvertraut, noch einer Route: aber das *hindert doch nicht,* daß er sich darum sorgt; und die zweite Begründung ist *eine höfliche Lüge:* »noch hängt mein ganze Gut / Am Glück des gegenwärtigen Jahrs«, sagt er, doch bei seinem Vertrauten Bassanio weiß ers anders: »Du weißt, mein sämtlich Gut ist auf der See; / Noch hab ich Geld oder Ware, eine Summe / Gleich zu heben.« Auch an späterer Stelle ist den Beteiligten klar, daß Antonio hier einen empfindlichen Punkt hat. Man soll Antonio zwar von den gescheiterten Schiffen erzählen, »Doch tuts nicht plötzlich, denn es könnt ihn schmerzen«. Aber der Zuschauer muß nicht so lange warten, um die Lüge zu durchschauen: Gratiano sagt sie ihm noch in derselben Unterhaltung auf den Kopf zu: er verschweige den Grund für seine Traurigkeit »Aus Absicht, sich zu kleiden in einen Ruf von Weisheit« – und nochmal: »Doch fische nicht mit so trübseligem Köder / Nach . . . diesem Ruf.« Diese Meinung wird von einer unwichtigen Nebenfigur mit reiner Kommentarfunktion vorgebracht: es gibt keinen erdenklichen Grund für den Zuschauer, ihm nicht zu glauben, oder für Shakespeare, sie am Anfang des Stücks über Antonio etwas Falsches sagen zu lassen. Er verstellt sich; seine Trauer hat sehr wohl etwas mit seiner Handelsware zu

Your mind is tossing on the ocean (I. i. 8). – The better part of my affections (I. i. 16) – sad (I. i. 22/38/40).

my merchandise makes me not sad (I. i. 45) – nor is my whole estate/Upon the fortune of this present year (I. i. 43-4) – Thou know's that all my fortunes are at sea, / Neither have I money, nor commodity / To raise a present sum (I. i. 177-8) – Yet do not suddenly, for it may grieve him (II. viii. 34) – With purpose to be dress'd in an opinion / Of wisdom (I. i. 91-2) – But fish not with this melancholy bait / For . . .this opinion (I. i. 101-2). –

tun. Er hält die Welt für »Eine Bühne, wo jeder eine Rolle spielen muß, / Und meine ist traurig«. Nämlich geht er so sehr in seiner Handelsfunktion auf, daß er nur innerhalb ihrer *lebt*; und in dieser Funktion ist er solange *suspendiert*, solange seine Ware austauschlos auf den Schiffen verharren muß. Bis dahin sitzt er da »wie sein eigener Großvater, gehaun in Alabaster«, sein Gesicht hat »wie ein stehender Teich eine säuerliche und bleiche Schicht«, wirkt also kalt, weiß und maskenähnlich. Aber dieser Zustand ist wie weggeflogen, sobald er, Bassanio gegenüber, die Möglichkeit zu einem neuen Einsatz sieht, in seine Funktion zurücktreten kann. Seine Reaktion auf Shylocks hochgefährliches Angebot ist augenblickliche, freudige und überigens gedankenlose[100] Zustimmung, und dabei sind seine Gedanken *allerdings* bei seinen Schiffen[101]; und neuerlich traurig ist er erst wieder bei der Abreise Bassanios, nach der er nun *wirklich* nichts mehr einzusetzen hat[102].

So ist Antonio eben doch wegen seiner Handelsware »traurig«, und der einzige andere Erklärungsversuch seiner Umgebung, nämlich daß er *verliebt* sein müsse, ist ganz daneben: »Pfui, pfui,« sagt Antonio darauf. Warum ist dann sein Zustand dem eines Verliebten so ähnlich? Es wird hier erstmals im Stück, spielerisch und in der Umkehrung, der Seehandel durch eine Liebesmetapher charakterisiert, aber aus der *Negation:* Antonio ist der abstrakte, reine Handel, unfähig zum richtigen sinnlichen Verhältnis zu den Gebrauchswerten, das die Vorbedingung ist für das ideale Handelsverhalten *wie* die Belohnung mit Liebesglück – und *insofern*, auf dieser *Metaphernebene*, kann er auch dem *unglücklich* Liebenden ähneln.

Die Beschreibung des Seehandels wird jetzt in der Unterhaltung zwischen Antonio und Bassanio gleich auf der positiven Seite weiterentwickelt. Bassanios Hauptsorge ist zunächst nur, wie er seine *alten* Schulden loswerden kann[103]; aber Antonio antwortet ihm mit solcher Großzügigkeit[104], daß er gleich darauf zu sprechen kommen kann, *wie* er sich die Schuldenbegleichung vorstellt. Die Parabel ist wichtig genug für ein längeres Zitat:

A stage, where every man must play a part, / And mine a sad one (I. i. 78-9) – like his grandsire, cut in alabaster (I. i. 84) – cream and mantle like a standing pond (I. i. 89).

fie, fie! (I. i. 45).

In meiner Schulzeit, wenn ich einen Bolzen
Verloren hatte, schoß ich seinen Bruder
Vom gleichen Flug den gleichen Weg; ich gab
Nur besser acht, um jenen auszufinden,
Und, beide ins Ungefähre schickend, fand ich beide oft.

         . . . beliebts Euch,
Noch einen Pfeil desselben Wegs zu schießen,
Den ihr den ersten schoßt, ich zweifle nicht
(Da ich das Ziel im Aug behalte), ich finde beide –
Wo nicht, bring ich das spätere Wagnis Euch zurück
Und bleibe dankbar Euer Schuldner für das erste.

Bassanio findet hier die klarste Formulierung für die *Seehandels-
moral* des ganzen Stücks. Er spricht von Eigentum, das man bis
außer Sichtweite in die Ferne hinauswirft, mehr noch: männlich
und aggressiv *verschießt* und, weil man nicht vorsichtig genug
»achtgibt«, verliert, aber nicht endgültig. Der Verlust läßt sich so
wieder wettmachen – schließlich kennt man jetzt die Gegend, hat
dort vielleicht die erste einfache Niederlassung gegründet –, *daß
man auf derselben Route ebensoviel Kapital nochmal investiert*, in
der Zuversicht des Seehandels, daß dort schließlich doch noch was
zu holen ist, zumindest der zweite Einsatz, in Wahrheit aber, wie
das Stück behaupten wird, noch viel mehr. Dies also die Aufforderung an Antonio, in ihrem Erfolg durch gehäufte Wiederholun-
gen abgesichert, ›syntaktisch garantiert‹ (one/the other/both/
both/another/the first/both/the first; self-same flight/selfsame
way/that self way; lost/find/found/find), und mit allen *essentials*
für den Seehandel argumentiert: der (selbstverständlich) *zinslose*
Kredit, »adventuring« – Stichwort für den Seehandel schlechthin[105], und »spätres Wagnis«, das mit unverminderter Risikobereitschaft *noch mal* eingesetzte Kapital – *und* zugleich spätere
Überschreibung des richtigen Kästchens: »geben und wagen«.

In my school-days, when I had lost one shaft,/I shot his fellow of the selfsame
flight/The self-same way, with more advised watch/To find the other forth, and by
adventuring both,/I oft found both . . . if you please/To shoot another arrow that self
way/Which you did shoot the first, I do not doubt,/(As I will watch the aim) or to find
both,/Or bring your latter hazard back again,/And thankfully rest debtor for the first
(I. i. 140-152)
 give and hazard (II. vii. 9 und öfter).

Es ist dies, in solcher Kompromißlosigkeit, natürlich keineswegs allgemein durchgesetzte Moral: Bassanio muß beteuern, daß sein Vorschlag »die reine Unschuld ist«, aber Antonio macht ihn, als Verkörperung des Seehandels, mit größtem Nachdruck zu seinem, ja er versteigt sich zu den starken Worten: »Ihr tut mir mehr Unrecht,/Wenn Ihr mein Äußerstes in Frage stellt,/Als hättet Ihr mir alles durchgebracht.« Bassanio soll ihm nur sagen, wo seines Wissens noch ein Einsatz für ihn möglich ist, »und ich bin dazu pressiert« – das heißt, gleichzeitig voller Bereitschaft, aber auch *gezwungen* – von dem Seehandelsgesetz nämlich, unter dem sein Leben steht.

Die Pfeilparabel ist zugleich aber auch der *ideologische Angelpunkt* des Stücks. In ihr ist die Metapher des unglücklich Liebenden für das abstrakte Handelsverhältnis (Antonio) zum ersten Mal ins Positive gewendet, und von jetzt an wird der richtige Seehandel immer öfter, manchmal auf eine verquere, ›concettistische‹ Weise, metaphorisch (das heißt *unnachprüfbar*) mit der Liebe gleichgesetzt. Bassanios ›Handelspfeil‹ – daher doch offensichtlich die *Wahl* des Bildes – ist vorwegnehmend natürlich auch sein Liebespfeil, so wie sein Handelsziel zugleich sein Liebesziel sein wird: erster Schritt zur Vernetzung des Seehandels mit einem positiv/negativen Wertesystem, die schließlich jede einzelne Äußerung, Erfahrung oder Unternehmung des gesamten Personals mit diesem gesellschaftlichen Sinnziel durchgängig in Beziehung bringt.

Bassanio, so zum Sprechen ermuntert, erzählt jetzt, mehr als offen sogar, von »einer Dame, reich beerbt«, und schildert sie wie folgt:

> ... ihr sonnig Haar
> Lockt von der Schläf ihr wie ein goldnes Vlies:
> Zu Kolchos' Strande macht es Belmonts Sitz,
> Und mancher Jason geht nach ihr auf Fahrt.
> O mein Antonio, hätt ich nur die Mittel ...

---

what follows is pure innocence (I. i. 145) – you do me now more wrong/In making question of my uttermost/Than if you had made waste of all I have (I. i. 155–7) – and I am prest unto it (I. i. 160)

a lady richly left (I. i. 161)

her sunny locks/Hang on her temples like a golden fleece,/Which makes her seat of Belmont Colchos' strond,/And many Jasons come in quest of her./

> So weissagt mir mein Sinn solchen Gewinst,
> Daß ich ohn' Zweifel mir mein Glück erlang.

Das Goldene Vlies ist aber das zeitgenössische *Schulbeispiel* der sagenhaftesten, kostbarsten, und nur unter höchstem Risiko zu erlangenden *Handelsware* in weitester Ferne[106]. Und was verspricht sich Bassanio von seiner Unternehmung? *Thrift*, also »Geldgewinn«[107], und daher sonst auch nur ein *Shylock*-Ausdruck[108]; und außerdem, daß er *fortunate* sein wird, sein Glück machen wird – worauf Antonio in der folgenden Zeile vollkommen adäquat antwortet, alle seine *fortunes*, d. h. sein ganzes Kapital sei auf der See.

»Von Liebe wurde oft in kaufmännischen Ausdrücken gesprochen«, lautet dazu ein bündiger Kommentar[109]; und ein anderer beruhigt den Leser ausdrücklich: »Bassanios beredte Worte über Portia machen uns sicher, daß seine Liebe zu ihr echt ist«[110]. Aber auf *diese* Weise hat doch wohl noch nie ein Verliebter von seiner Geliebten jemals geredet: *und tatsächlich gibt es auch keinen einzigen Hinweis darauf*, und sei er noch so versteckt, *daß Bassanio hier schon die Portia liebt*. Er selber sagt bis zum 3. Akt kein Wort davon; das ist aber für einen Shakespeareschen Liebhaber ein *Ding der Unmöglichkeit;* und ebenso, daß er seinen verliebten Zustand nicht äußerlich kenntlich machte durch Trübsinn, Geistesabwesenheit, Ungeduld, und von seiner Umgebung dafür nicht gehänselt würde. Bassanio aber verhandelt in aller Ruhe mit Shylock, stellt einen Diener ein, richtet ein Fest, bittet die Freunde dabei um ihr »kühnstes Kleid der Fröhlichkeit«, und reist schließlich nur deswegen so überstürzt ab, weil »sich der Wind gedreht hat«; seine Umgebung vermutet Verliebtheit allenfalls bei Antonio, aber nie bei ihm. Umgekehrt wird sich auch bei Portia zeigen, daß sie hier noch gar nicht lieben oder geliebt werden kann.

In dieser Szene, *wie im ganzen ersten Akt*, macht keine der auftretenden Personen eine Liebeserfahrung, und werden alle in Beziehung zum Seehandel gesetzt. Es gibt keine andere Deutungs-

---

O my Antonio, had I but the means/. . . I have a mind presages me such thrift/That I should questionless be fortunate (I. i. 169–176)

all my fortunes are at sea (I. i. 177)

Your boldest suit of mirth (II. ii. 193) – the wind is come about (II. vii. 64)

möglichkeit: Antonios ›Trauer‹ war auf ihn zurückzuführen (1-7), er wird als erstes im Stück poetisch vergegenwärtigt (8-40), Antonios Leugnung (41-45) und Bestimmung seiner ›Rolle‹ (77-79), die ›Sir Oracle-Rede‹ (79-102) haben alle nur mit ihm zu tun; in der Unterhaltung zwischen Antonio und Bassanio (119-185) wird eindeutig eine Handelsfahrt geplant, sie handelt nur von der richtigen Weise zu investieren und vom Problem der Kapitalbeschaffung: »Geh gleich und frag, wo Geld ist«, heißt die Schlußformel der Szene. Man wird danach nicht mehr davon sprechen können, der Seehandel sei im *Kaufmann* eine ›Metapher‹ für irgend etwas: er selbst ist das Thema, und nur wer aus ideologischem Vorurteil entschlossen ist, dem Stück seine gesellschaftliche Dimension abzuschneiden und ihn aus historischer Unkenntnis für einen zu ›niedrigen‹ oder ›trivialen‹ Stoff zu halten, kann daran vorbeilesen. Die ganze erste Szene dient im Gegenteil dazu, ihn in seiner Wichtigkeit und seinem Glanz zu heben; an ihrem Ende steht er dem Zuschauer in vielfältiger Gleichsetzung mit Pracht und Reichtum, mit Freundschaft, Großzügigkeit und Selbstlosigkeit, mit Wagemut, Abenteuer, Jugend und einer Vorahnung von künftiger Liebe verlockend vor Augen, als eine noch geheimnisvolle Sinnmitte, auf die sich vielleicht am Ende alles wird zugeordnet haben.

Zweite Szene: Wer das Thema der ersten Szene nicht richtig aufgefaßt hat, dem muß die zweite und die ganze darauf aufbauende Geschichte mit der Kästchenwahl unverständlich bleiben. Sie ist ja als altertümliches, halbmythisches Märchenmotiv auch rätselhaft genug. Gewiß unterstellt sich Portia darin dem (besser *einem*) ›Alten Gesetz‹[111], aber warum gerade diesem und in dieser Form[112]? Wenn man Bassinio in der ersten Szene als wahren Liebenden fehlgedeutet hat, dann scheint Portia nur in der Schwierigkeit aller reichen Erbinnen zu stehen: daß sie herausfinden muß, ob sie für Geld oder aus Liebe geheiratet werden soll. Das ›arme‹ bleierne Kästchen wäre dann deswegen das richtige, weil es die bloß besitzgierigen Freier abschreckt, und der wahrhaft Liebende mit seiner Wahl demonstrieren kann, daß es ihm nur um die verborgenen *inneren* Qualitäten Portias zu tun ist[113].

Diese Deutung geht aber nicht auf. Erstens sind die falschen

Go presently inquire . . ./ Where money is (I. i. 183-4)

Freier in keiner erkennbaren Weise hinter Portias Geld her, *sondern nur der richtige.* Zweitens müssen sie nicht, wie im literarischen ›Normalfall‹ zwischen verschiedenen Frauen wählen, sondern zwischen drei Dingen, die weder als Symbole für wahre oder falsche Liebe noch als Aspekte Portias gelten können, sondern an denen sich nur eine ganz grundsätzliche Lebenshaltung der Bewerber erweisen kann. Warum also unterwirft sich Portia einem Gesetz, das sie zum Gewinn für eine richtige *Dingwahl* macht, und zwar, wenn man der freudianischen Gleichsetzung glauben will, grade in ihrer eigentlichen Frauenhinsicht, der Sexualität[114]? Die Frage löst sich erst, wenn man sieht, daß Bassanio, *wie alle übrigen Freier durchwegs,* bis zur Wahl zu ihr nur ein *Objektverhältnis* hat: von Portia als *Person* wird im Stück erst danach, und zwar unmittelbar danach, gesprochen[115]. Das heißt aber doch: was durch die Kästchenwahl erprobt werden soll, ist nicht irgendeine schon fertige ›Liebe‹, sondern die sich an einem Ding erweisende richtige Grundhaltung, an der sich *dann* die Fähigkeit oder Unfähigkeit zur Liebe zeigen kann. Welche nämlich? In der wichtigsten Quelle für das Motiv war es noch die Gottgläubigkeit[116], und hier greift Shakespeare am tiefsten in die überlieferte Geschichte ein: jetzt ist es das richtige Verhalten und Verhältnis, so wird sich immer deutlicher zeigen, des Nichtbesitzenwollens, des Austauschs, des Handels zur Handels*ware:* was soll der Handel auch vorhaben mit Gold und Silber, den bloßen Tauschäquivalenten? Im »mageren Blei« allein liegt die Menschlichkeit des *Gebrauchswerts* – eben jenes Element der Ware, von dem aller gute Handel lebt, und das ihn allein rechtfertigt.

Nach dieser Vorwegnahme zurück zur Szene: »Mein kleiner Leib ist dieser großen Welt überdrüssig«, so wird sie von Portia eingeleitet. Warum? Die Dienerin Nerissa gibt die Deutung: sie ist »krank« als eine von denjenigen, »die übersättigt sind von zuviel«. Was soll sie auch mit ihrem »Überfluß« auf ihrer Insel Belmont, umlagert von Sonderlingen und Halbdeppen? Sie sehnt sich *nach lebendigem Austausch* für sich selbst wie für ihren Reichtum, und dorthin wird sie auch beides werfen, besinnungslos, ekstatisch, sobald sie im 3. und 4. Akt die Gelegenheit dazu bekommt. Dazu

---

meagre lead (III. ii. 104)
my little body is aweary of this great world (I. ii. 1-2) – they are . . . sick that surfeit with too much (I. ii. 5-6) – abundance (I. ii. 4).

braucht sie aber einen, der sich als Austausch- und Handelsfähiger bewährt hat, und deswegen muß sie jetzt *Ware spielen*, so schwer ihr das auch fällt: »Ist es nicht hart, Nerissa, daß ich nicht einen wählen und auch keinen ausschlagen darf?« Nerissa beruhigt sie über das Risiko, aber *natürlich ist es eins*, wenn auch nur ein ›passives‹, und wird auch immer wieder als solches hingestellt[117]: denn der Zufall, »die Lotterie« könnte sie auch mit einem zusammenzwingen, der schlecht mit ihr ›handelt‹. Trotzdem ist sie entschlossen, Ding und Objekt zu werden, »will ich doch so keusch sterben wie Diana, wenn ich nicht dem letzten Willen meines Vaters gemäß *erworben werde*«.

Aber noch ist es nicht soweit: die Szene macht im Gegenteil alle Anstrengung, Portia als geistreich, witzig, schnell, kurz: als *lebendige Subjektivität* darzustellen, ganz so, wie sie nach der glücklichen Wahl wieder erscheint. Der Zuschauer soll begreifen, daß sie nicht etwa in ihrem Wesen subjektlos und dingähnlich ist, sondern daß sie sich mit Mühe *dazu machen muß:* »eine hitzige Natur springt über eine kalte Vorschrift«, sagt sie, »aber dies Vernünfteln hilft mir nicht, einen Gemahl zu wählen«. Zugleich macht ihre Rede dem Zuschauer deutlich, welche Eigenschaften dieser Gemahl *nicht* haben soll. Nicht weniger als sechs falsche Freier werden dabei von ihr übermütig durchgehechelt: einer ist ein Pferdenarr, einer melancholisch, einer launenhaft, einer ein Modegeck, einer ein Streithammel, einer ein Säufer. Was haben sie an Falschem gemeinsam? Daß sie alle an einen *humour* gebunden sind, einen Temperamentsfehler, über den sie nicht hinausschauen können; so wird der Säufer gewiß dasjenige Kästchen für das richtige halten, auf dem ein Glas Wein steht: er macht auf niedriger Ebene vorwegnehmend denselben Fehler wie Morocco. Außerdem verläßt sie allesamt zum guten Ende auch noch der Mut zur Kästchenwahl, zu der sie aus *mangelnder Abstandsfähigkeit* auch gar nicht kompetent wären. Und wenn jetzt Shylock erscheint, auch er abstandslos an seinen *humour* der Geldleidenschaft gefesselt, dann ist bereits klar, daß er irgendwann ihre Niederlage teilen wird.

is it not hard Nerissa, that I cannot choose one, nor refuse one (I. ii. 25-6) – the lott'ry (I. ii. 28 und öfter) – I will die as chaste as Diana, unless I be obtained by the manner of my father's will (I. ii. 102-3).

a hot temper leaps o'er a cold decree ... but this reasoning is not in the fashion to choose me a husband (I. ii. 18-22).

Dritte Szene. Wie in allen entwickelten literarischen Ideologielösungen (*Faust* ist ein vergleichbarer Fall) ist der Gegenspieler des Helden nicht nur das allgemein und überhaupt Böse, sondern arbeitet spezifisch dem vorgeschlagenen Sinnziel entgegen. Shylock verkörpert daher den *Anti-Seehandel*. Das wird dem Zuschauer auch sogleich *formal* klargemacht. Wo der Seehandelsgesellschaft bis jetzt und später die ausgreifende, sich schenkende Poesie, auf niedrigerer Ebene der lockere, geistreiche Witz und die Musik zugeordnet sind, ist es beim Wucher die Prosa und der prosaische Vers, die metaphernarme Buchstäblichkeit und die Tautologie. Shylocks Rede verläuft von Anfang an stockend, vorsichtig, in kleinsten Argumentationsschritten, als hätte sie Angst, Fehler zu machen: so sehr, daß Bassanio, und später Antonio, vor Ungeduld fast aus der Haut fahren. Aber auch inhaltlich stellt sie sich dem Seehandel entgegen. Shylock nennt Antonios *ventures* »vergeudet«; in seinem Abscheu vor dem Risiko sieht er die Schiffe sogleich bedroht von Dieben und Ratten. Er haßt Antonio, »weil er von den Christen ist«, offenbar mit den Implikaten von ›Liebe‹, ›Hergeben‹ und (später) ›Gnade‹, und präzisiert sogleich den Hauptgrund für diesen Haß in Antonios *zinslosen Krediten:* »Doch mehr noch, weil er aus gemeiner Einfalt/Gratis Geld ausleiht und hier in Venedig/Den Zinsfuß uns herunterdrückt.«

Dieser Basisantagonismus wird von Shakespeare also von jetzt an mit einem religiösen und gleich noch mit einem Tier- und Essensthema ideologisch verknüpft. Bassanio will das von Shylock erst noch zu leihende Geld sogleich in ein Festmahl umsetzen und lädt ihn *jetzt schon dazu ein;* Shylock lehnt ab aus Gründen jüdischer Speisetabus, also aus archaisch-analer Reinlichkeitsvorschrift; später geht er *aus Geiz* trotzdem hin, verliert währenddessen seine Tochter, und geht *noch dazu leer aus,* weil das Fest platzt. Er kann nicht essen, versagt beim urtümlichsten Umgang mit menschlichem Gebrauchswert; seine Essensphantasien sind kannibalisch, Menschenfleisch gilt ihm wie Tierfleisch, in der Übertreibung sogar weniger: »Ein Pfund Menschenfleisch ... ist nicht so schätzbar, auch so nutzbar nicht/Wie Fleisch von Schöpsen,

squander'd (I. iii. 19) – because he is a Christian (I. iii. 37) – But more, for that in low simplicity/He lends out money gratis, and brings down/The rate of usance here with us in Venice (I. iii. 38–40)

337

Ochsen oder Ziegen«, und später will er mit Antonios Fleisch »Fische ködern«. Das einzige, was er *gerne* nährt, ist sein wucherischer Haß: »So will ich mästen meinen alten Groll auf ihn«, »meine Rache nähren«.

Immer wieder ist bei ihm die menschliche Sphäre, die von der Seite des Seehandels durch Geben, Austausch, Risiko entwickelt wird, mit einem niedrigen und instinkthaften Tierbereich verknüpft. Er selbst heißt »Hund« und »Köter«, nimmt diesen Vergleich auch an: »Bin ich ein Hund, nimm dich in acht vor meinen Hauern«, und weckt den Verdacht, sein »hündischer Geist hat einen Wolf beherrscht«, bevor der per Seelenwanderung auf ihn gekommen sei.

Die Tiervergleiche sind auch antagonistisch zum Seehandel *gemeint:* denn mit eben diesem Mittel bekommt er jetzt Antonio, genau wie er sich wünscht, »an der Hüfte zu fassen«. Die Stelle ist ungenügend gedeutet. »Doch hört einmal«, sagt er zu Antonio, »mich dünkt, Ihr sagtet,/Daß Ihr auf Vorteil weder leiht noch borgt«; und dieser: »Ich pfleg es nie.« Darauf kommt Shylock nicht mit einer herkömmlichen Wucherapologie daher: er helfe schließlich aus der Not, wenn ers nicht täte, dann ein anderer, usw., sondern stellt Antonio die *allgemeine Frage nach der Legitimation von Zuwachs und Profit* an einem theoretisch schwierigen und zweideutigen, aber von der Bibel gedeckten Beispiel: Jakob, der von Laban alle gesprenkelten Schafe zu eigen bekommen soll, führt, um viele davon zu erhalten, die Herde zur Zeugung vor eine gefleckte Wand. Produktion, Handel, Betrug und Wucher (als Tauschwertheckung) sind darin schwer entwirrbar verknüpft. Welcher Art ist nun dieser »Segen«? Antonio ist mit seiner Deutung schnell zur Hand: »Das war ein Handelswagnis, Herr, dem Jakob diente,/In seiner Macht stands nicht, es zu bewirken,/Des Himmels Hand regiert' und lenkt' es so« – also

A pound of man's flesh . . . Is not so estimable, profitable neither/As flesh of muttons, beefs, or goats (I. iii. 161-3) – bait fish (III. i. 47) – I will feed fat the ancient grudge I bear him (I. iii. 42) – feed my revenge (III. i. 48)

dog (I. iii. 106 und öfter) – cur (I. iii. 117) – since I am a dog, beware my fangs (III. iii. 7) – thy currish spirit/Govern'd a wolf (IV. i. 133-4)

If I can catch him once upon the hip (I. iii. 41) – but hear you,/Me thoughts you said,/you neither lend nor borrow/Upon advantage (I. iii. 63-5) – I do never use it (I. iii. 65) – blessing (I. iii. 85) – This was a venture sir that Jacob serv'd for,/A thing not in his power to bring to pass,/But sway'd and fashion'd by the hand of heaven (I. iii. 86-8)

legitime Belohnung für Risiko, dem Handel ähnlich, und daher
Gott gefällig und von ihm zum Guten geführt. Nur, das Beispiel
paßt so schlecht – oder vielmehr so *gut:* denn natürlich hat der
Handel – und zwar im *Gegensatz* zum Wucher – ein Betrugsele-
ment, der Seehandel hauptsächlich darin, weil er, oft gewaltsam,
unter Wert einkauft[118]. Außerdem, worin soll die *venture* von
Jakob eigentlich bestanden haben? Sie war genaue magische
Berechnung und Schläue, der Himmel hat damit herzlich wenig zu
tun. Antonio *weiß* keine Widerlegung auf die Behauptung, daß sie
beide auf die dubiose Jakobsweise ihr Geld verdienen; er ist auf die
gehässige, aber sachlich ganz unzureichende Gegenfrage angewiesen: »ist Eur Gold und Silber Schaf' und Widder?« – und Shylock
antwortet unwiderleglich: »Ich weiß das nicht, ich mehr' es grad so
schnell«, worauf Antonio einen Wutanfall bekommt. *Shylock hat
ihn theoretisch gelegt.* Denn natürlich *stimmt* die ganze Unterscheidung nicht zwischen einer guten, gottgefälligen und einer
bösen, ›ungläubigen‹ Beutelschneiderei. Antonio muß an eine
›Freundschaft‹ appellieren, die zwischen ihnen erklärtermaßen
nicht existiert, und Shylock damit recht geben: »wann nahm die
Freundschaft/Vom Freund Ertrag für unfruchtbar Metall? –/
Nein, leih es lieber deinem Feind«: an den ›Feinden‹ darf man sich
also offenbar legitim bereichern – *fragt sich nur, wo sie leben.*

»Nun seht mir, wie Ihr stürmt«, sagt Shylock. Allerdings: denn
Wucher und Seehandel stehen jetzt ganz ähnlich da, der Seehandel
eher noch schlechter, weil unehrlicher. Die Passage ist bemerkenswert darin, daß Shakespeare es wagt, sein ideologisches Sinnziel
(ähnlich wie in Shylocks ›Sklavenrede‹ IV.i.89-98) als höchst
widersprüchliches zu entfalten, um es dann im *dramatischen
Durchgang* erst zu harmonisieren; ein lehrreiches Beispiel, auf
welche genauere Weise in der Literatur, wenn sie glücken soll, das
in ihr vertretene Klasseninteresse sich erst ›in letzter Instanz‹
durchsetzen darf, der Seehandel also nicht platt als Interessenziel
immer nur weiter verschönt werden darf, sondern sich über die
eingeräumten Widersprüche hinweg als das scheinbare *eigentliche*
gesellschaftlich Sinnvolle erweisen muß. Shylock hat Antonio hier
in eine Lage manövriert, wo dieser den Seehandel als ein Lebens-

---

Or is your gold and silver ewes and rams? (I. iii. 90) – I cannot tell, I make it
breed as fast (I. iii. 91) – when did friendship take/A breed of barren metal of his
friend?/But lend it rather to thine enemy (I. iii. 128-30).
Why look you how you storm (I. iii. 133)

prinzip schleunigst rechtfertigen muß: und bietet ihm jetzt den Kredit *ausdrücklich ohne Zins an:* »Freund wollt ich mit Euch sein und keinen Heller/Zins für meine Gelder nehmen.« Antonio verschlägt es die Sprache[119], und Shylock nutzt den Augenblick, um ihm als Sicherheitspfand vorzuschlagen »ein genaues Pfund/ Von Eurem schönen Fleisch«. Sein Angebot heißt: wir sitzen im selben Boot, aber meinethalben, machen wirs auf deine Weise: keine schmuddligen Zinsgeschäfte, dafür einen Einsatz, wie du ihn doch so liebst – dann setz aber auch *wirklich* mal was ein: dein Leben nämlich. Daraufhin vergißt Antonio (wie seine Kommentatoren), daß er ja immer noch eine reale Sicherheit anzubieten hätte: und zwar *sein Haus*[120] – er *kann* diese Herausforderung nicht abschlagen, und der Wucher hat den Seehandel wirklich an der Gurgel.

Die Kästchenwahl: Morocco (II. i/vii). Mit dem ersten Akt ist so der Seehandel in eine *realgesellschaftliche Opposition* zum Wucher gestellt, und eine (freilich erst metaphorisch vorbereitete) *utopische Äquivalenz* zur Liebe, auf die die ideologische Strategie des Stücks schließlich hinausgeht. Um diese Uropieseite zu präzisieren, das heißt die Bassanio-Portia-Lösung plausibler zu machen, hebt Shakespeare sie nun ihrerseits noch zweifach oppositorisch ab. Auch dazu – und nicht nur, weil Portia sich zu Ding und Ware machen muß, was sich ja wohl kaum realistisch in Szene setzen läßt – muß Belmont als Märchenbereich gegeben werden.

Dabei bleiben die beiden Bereiche *formal geeinigt* durch dieselbe dramatische Bewegung: den ganzen 2. Akt hindurch werden jetzt die Falschen verlieren. Auch in Belmont (wie eben in Venedig) wird es jetzt aber nach dem Vorspiel der bloß *komisch* an ihre Temperamentsfehler gebundenen Freier ernsthafter: die nächsten zwei, Morocco und Arragon, sind auf eine wichtigere und tiefergreifende Weise die Falschen.

Das sieht zunächst nicht so aus: Morocco ist Krieger und Held, er ist der Sonne »ein Nachbar, nah geboren«, sein »Blut ist das röteste« der Tapferkeit und der schönen Sexualität, denn die »wohlgeachtetsten Jungfraun« seines Landes haben ihn gern

I would be friends with you . . . and take no doit/Of usance for my moneys (I. iii. 134-7) – an equal pound/Of your fair flesh (I. iii. 145-6)

a neighbour, and near bred (II. i. 3) – blood is reddest (II. i. 7) – The best-regarded virgins (II. i. 10)

gesehen, und Portia selbst sagt zu ihm, unentscheidbar mit wieviel Spott, seine Aussichten auf ihre Zuneigung seien so »hell« wie je die eines andern. Was macht er dann so falsch, daß er schließlich mit dem goldenen Kästchen bedacht wird, in dem er einen »Totenschädel« findet statt Portias Bild? Eine Deutung läßt sich glaube ich ausschließen: daß er als Krieger durch *Mortality* besiegt werden müsse[121] – der Grund muß hier doch ganz eindeutig in seinem falschen Verhältnis zum Gold (oder zu Portia) liegen, seine Niederlage ist in keinem möglichen Sinn eine kriegerische. Aber auch die sonst gängige Erklärung stößt auf Schwierigkeiten: Morocco falle auf den *schönen Schein* herein, bleibe blind gegen das *Wesen* von Portia[122]. Wieso hereinfallen? Gold *ist* doch gerade das wesentlich Wahre, Echte, Lautere – und mit dieser sich vordrängenden Symbolik kommt auch der im Kästchen liegende Merkvers nicht ganz zurecht: wenn es darin heißt: »Es ist nicht alles Gold, was glänzt«, dann ist innerhalb der ›Schein-Sein‹-Deutung doch eine mehr als sophistische Unterscheidung zwischen *falschem* echten Gold und *wahrem* echten Gold getroffen. Außerdem bleibt dann der Totenkopf im Innern unerklärt.

Der einzig mögliche schlechte Aspekt des echten Kästchengolds kann nur im *Verhältnis zu ihm* liegen. Tatsächlich macht Morocco hier auch seinen Fehler, und Bassanio wird seine falsche Einstellung zum Gold später auch kritisieren[123]. In der Inschrift des Kästchens ist mit alter Symbolik das Gold gleichgesetzt mit sexueller Begierde: »Wer mich erwählt, gewinnt, was mancher Mann begehrt« – und dieser Gleichsetzung folgt er, unter lächerlicher bis empörender Auslassung dessen, was Portia vielleicht sich wünschte: der reine Gockel. Sie ist für ihn »ein so reicher Edelstein«, daß er nur in Gold gefaßt sein kann, eine in England gängige goldene »Münze, die das Bild von einem Engel trägt« – zwei *Shylock-Sachen* also, und auf die Shylock-Weise sieht er sie auch »eingemauert«, schlimmer noch, »in das düstere Grab« gesperrt, das sich für ihn freilich rasch » in ein goldnes Bett« verwandelt. Er will Portia also wie ein goldenes Ding *besitzen*, voller Begier, ohne Abstand, Austausch oder Risiko, als gesicher-

---

stood as fair/ . . . For my affection (II. i. 20-2) – A carrion Death (II. vii. 63) – All that glisters is not gold (II. vii. 65)

›Who chooseth me, shall gain what many men desire‹ (II. vii. 5 und öfter) – so rich a gem (II. vii. 54) – A coin that bears the figure of an angel (II. vii. 56) – immured (II. vii. 52) – in the obscure grave (II. vii. 51) – in a golden bed (II. vii. 58)

ten und *toten Schatz*. Aber nicht der eingeheimste und abgesperrte Reichtum ist nach der Meinung des Stücks der gute, sondern der weggegebene, aufs Spiel gesetzte und getauschte. Aus diesem Grund, ein besserer bliebe jedenfalls zu suchen, findet Morocco im goldenen Kästchen einen Totenkopf mit »blindem Auge«, also etwas ebenso Blindes und Lebensfeindliches wie die Wucherleidenschaft. So wird dem Zuschauer jetzt in einer Äquivalenz von sexueller und wucherischer Begehrlichkeit das Ideal des Seehandelsverhaltens am Gegenteil verdeutlicht. Nur in diesem Gegensatz – und nicht in dem zu Bassanios ›wahrer Liebe‹, die ja noch gar nicht vorhanden ist – geht die Szene auf; mit ihr ist wiederum ein neuer Lebensbereich in die Grundopposition einbezogen, der *reale* Widerspruch zum Seehandel (nämlich, der über den Binnenhandel wirksame im Inland, und der direkten Ausraubung in Übersee) ein Stück unsichtbarer gemacht.

Die Zwischenszenen (II. ii-vi). Moroccos Wahl ist in zwei Teile geteilt. Dazwischen reiht das Stück fünf kurze Szenen aneinander, deren dramatische Funktion aufs erste unklar bleibt. Sie stellen drei neue Figuren vor, die später keine oder nur minimale Bedeutung haben (Leonardo, Launcelot Gobbo und sein Vater, von dem sich erst langwierig herausstellen muß, daß er überhaupt der Vater *ist*); bereiten ein Fest mit Maskenzug vor, das dann gar nicht stattfindet, usf. Formal fällt daran auf: *alle treffen dauernd alle* – Launcelot seinen Vater, beide den Bassanio mit Leonardo, der den Gratiano, der drei Freunde und Launcelot (mit Brief), der den Shylock und Jessica, die den Gratiano und Salerio und gleich darauf den Lorenzo, mit dem sie durchbrennt, schließlich Antonio nochmal den Gratiano. Durch die Häufung wird die Absicht klar: Der Gegensatz von Wucher und Handel soll von den Protagonisten *verallgemeinert*, Venedig als *soziales Gebilde* deutlich werden, das von ihm beherrscht ist. Das Einigende dieser disparaten Szenen ist eine Bewegung, mit der das ganze Personal ein Stück von Shylock abrückt und Belmont ein Stück näherkommt: Launcelot entläuft seinem Herrn Shylock, tritt ins ›natürliche‹ Verhältnis zu seinem Vater wieder ein, gleich darauf ins noch bessere (Belmont-nähere) zu Bassanio; Gratiano erbittet und erhält die die Erlaubnis, nach Belmont mitzufahren; Jessica, kaum

empty eye (II. vii. 63)

aufgetreten, will von Shylock fort und flieht mit Lorenzo im Maskenzug, den Shylock haßt; Bassanio und Gratiano segeln ab nach Belmont.

Gleichzeitig macht Shylock alles falsch, alle seine Vorhaben gehen gegen ihn aus, und immer aus demselben Grund. Er entläßt Launcelot aus Geiz, und um Bassanio finanziell zu schaden: »ich will ihm den geborgten Beutel leeren helfen«. Aber der Schaden trifft ihn selbst, denn Launcelot macht jetzt den Zwischenträger für Jessica und befördert ihre Flucht. Mit demselben Motiv nimmt er die Einladung zu Bassanios Festmahl an: »Doch will ich gehn, aus Haß, von dem verschwenderischen Christ zu zehren« – aber er bekommt nichts und verliert die Tochter Jessica. Er übergibt ihr die Schlüssel und trägt ihr auf, »meines Hauses Ohren zu verstopfen« gegen die (Belmont-verwandte) Straßenmusik, und gibt ihr gerade dadurch Gelegenheit, sich bei derselben Musik davonzumachen »mit Gold und mit Juwelen«. Jedesmal wird dabei die Wucherhaltung von Geiz, Festhalten, Zusperren als *selfdefeating* hingestellt: gerade *aus Besitzgier geht Besitz verloren*. Das englische Sprichwort paßt auf Shylock noch genauer als das deutsche, in der Gerichtsszene sogar wörtlich: »Der ist ein Narr, der sich mit dem eignen Messer schneidet«[124]. Er selbst hat (außer dem ›Schloß‹ als Teil seines Namens) für seinen Irrtum einen Sinnspruch, der geradezu die *Gegenformel* des Stücks ist: »Fest gebunden, fest gefunden, –/Sprichwort, dem Sparsinn nah zu allen Stunden«; und wieder ist diese, sonst nur positiv zu lesende Spruchweisheit falsch nur in *einer* Hinsicht – darin, daß sie der Maxime des Seehandels widerspricht.

Der 2. Akt zeigt den Konflikt noch auf mittlerer, vorbereitender Höhe. Der Verlust von Jessica ist für Shylock ein schwerer, aber noch kein vernichtender Schlag. Umgekehrt werden vier Figuren, nämlich Launcelot, Jessica und Lorenzo, Gratiano auf ihre Aufnahme in Belmont vorbereitet, obwohl sie es nicht (wie Bassanio) *verdienen*. So klärt sich auch eine eigentümliche Rede von Gratiano über das künftige Liebesschicksal von Jessica und Lorenzo, die *überhaupt nicht ins Stück zu passen scheint*. Er vergleicht es mit einer Handelsfahrt:

I would have him help to waste/His borrowed purse (II. v. 49-50) – yet I'll go in hate, to feed upon/The prodigal Christian (II. v. 14-5) – stop my house's ears (II. v. 34) – gold and jewels (II. iv. 31) – Fast bind, fast find, –/A proverb never stale in thrifty mind (II. v. 53-4)

Wie ähnlich einem jüngern und verschwenderischen Sohn
Eilt das beflaggte Schiff aus heim'scher Bucht,
Geliebkost und geherzt vom Buhlen Wind!
Wie kehrt es heim gleich dem verlornen Sohn,
Zerlumpt die Segel, Rippen abgewittert,
Kahl, nackt, und auf den Hund gebracht vom Buhlen
Wind!

Darin wird der Seehandel auf einmal pessimistisch gesehen, als
Bettler, ohne Profit kommt das Schiff zurück, noch unpassender:
es wird zweimal mit dem verschwenderischen verlorenen Sohn
verglichen, der sein Erbe (wieder zweimal) mit der Buhlerin
verpraßt. Die Stelle ist aber trotzdem genau gearbeitet. Jessica und
Lorenzo werden es nämlich nach Meinung des Stücks *tatsächlich*
nicht richtig machen. Sie sind durch ihren Raub ans Geld
gebunden, werden in Genua in »einer Nacht achtzig Dukaten«
verjubeln, einen schönen Türkis »für einen Affen« eintauschen –
ihr Leben ist *falsche* Handelsfahrt, sie kommen mit wenig oder
nichts nach Belmont und werden dort nur aus ›Gnade‹ und
Überfluß neu ausgestattet, in Lorenzos eigenen Worten: »Ihr
streut Manna Hungrigen/In ihren Weg« – nämlich die Hinterlas-
senschaft von Shylock ohne zuvor riskierten Einsatz.
   Die Zwischenszenen leisten somit Folgendes: sie verallgemeinern den Grundkonflikt auf die ganze venezianische Gesellschaft
und fächern ihn weiter auf. Zur ›guten‹ und ›schlechten‹ Lösung
kommt jetzt noch die ›halbgute‹; anders gesehen, wird die
›überhöhte‹ (Antonio) und ›hohe‹ (Bassanio) durch eine ›mittlere‹
(Jessica) und ›niedrige‹ (Launcelot) ergänzt. Durch die selbst-
destruktive Besitzgier Shylocks und das Abrücken der andern
Figuren von ihm wird der Zuschauer eingeübt für die schwierige
Abgrenzung von Seehandel und besitzergreifender Sexualität, die
sich mit Moroccos Wahl jetzt anschließt. In II. viii wird in den
Berichten von Salerio und Solantio über die zwei Antagonisten der
erreichte Stand zusammengefaßt. Shylock erscheint folgerichtig

---

How like a younger or a prodigal/The scarfed bark puts from her native bay
–/Hugg'd and embraced by the strumpet wind! How like the prodigal doth she
return/With over-weather'd ribs and ragged sails –/Lean, rent, and beggar'd by the
strumpet wind! (II. vi. 14–9)
   one night, fourscore ducats (III. i. 98–9) – for a monkey (III. i. 109) – You drop
manna in the way/Of starved people (V. i. 294–5)

zum ersten Mal als *isoliert und ausgestoßen,* er erfährt als Einziger nicht rechtzeitig von der Abfahrt, »alle Buben in Venedig« laufen hinter ihm her und äffen ihn nach. Aus Besitzgier Besitz zu verlieren: das ist eine absurde, ›närrische‹ Struktur; und so hat es für den Zuschauer erkennbaren *Sinn,* wenn Shylock jetzt zum ersten Mal als *komische und lächerliche* Figur dasteht. Er macht zugleich *denselben* Fehler wie der eben gescheiterte Morocco, und überläßt sich ganz und gar seiner »Leidenschaft«, die »verwirrt« und »wechselreich« freilich nur auf der Antonioseite heißen kann, denn er sagt immer nur eins: die Tochter ist dasselbe wie die »Dukaten« (nämlich die entsprungenen), die Christen sind dasselbe wie die »Dukaten« (nämlich die verlorenen), die Gerechtigkeit ist dasselbe wie die »Dukaten« (nämlich die wiederbeschafften) – eine komische (weil unangemessene) Gleichsetzung von Geld mit *allem,* totalisierte Besitzleidenschaft als einzige, kein menschliches Gegenüber mehr wahrnehmende Begierde.

Im andern Teil des Berichts wird der Zuschauer darüber beruhigt, daß Antonio es *nicht* falsch gemacht, nicht zu viel riskiert, nicht übertrieben hat im Loslassen und Weggeben. »Ein freundlicherer Herr lebt nicht auf dieser Erde«, er ist reine, schenkende Liebe, bittet Bassanio, sich nur ja nicht seinetwegen zu beeilen, ist *bloße* Anerkennung von menschlichem Gegenüber, drängt sich in »wunderbar empfindsamem Gefühl« noch nicht einmal durch einen letzten Handschlag auf. Nur eine »festgehaltne Schwermut« zeigt er über den Abschied vom Freund, aber auch von seiner letzten Möglichkeit, einen Einsatz zu wagen. Wer zwischen Handel und Wucher *recht hat,* ist damit schon fast überdeutlich: und deswegen ist die Frage von jetzt an, ob der Seehandel auch recht *bekommt,* sich durchsetzen kann.

Die Kästchenwahl: Arragon (II. ix). Das Stück geht diese Frage direkt an und stellt den Seehandel jetzt in Opposition zum *alten Geburtsadel.* Sein Vertreter Arragon ist sicher einer der entnervendsten Freier, die jemals erfunden worden sind: kalt zählt er die Vertragsbedingungen auf, überhört Portias vorwitzig angebotenes

all the boys in Venice (II. viii. 23) – passion, confus'd, variable (II. vii. 12-3) – ducats (II. viii. 15-7)

A kinder gentleman treads not the earth (II. viii, 35) – with affection wondrous sensible (II. viii. 48) – embraced heaviness (II. viii. 52)

Stichwort »zu wagen für mein geringes Selbst«, das er drei Zeilen
später vom richtigen Kästchen ablesen kann, und zwar weil Portia
in seiner Rede ratsächlich *überhaupt* nicht mehr vorkommt, auch
nicht als begehrtes Objekt. Nach dieser Seite sagt er, in der
Meinung des Stücks, auch etwas Richtiges: die Begierde fällt herein
auf den »Anschein«, folgt dem »vernarrten Auge«, also der
Sinnlichkeit, und dem blinden Instinkt »wie der Mauersegler« –
kurz, wer sich von ihr leiten läßt, begeht den Morocco-Fehler, und
von *dem* hat Arragon freilich nicht die Spur.

Er ist nämlich märchenhaft gereinigt von allen Eigenschaften bis
auf eine: sich als soziale Spitze zu sehen. Hierarchie ist die einzige
Zuordnungskategorie, die ihm zur Verfügung steht: das Blei ist
ihm zu »niedrig«; das Gold ist ihm zu ordinär, weil es die »Vielen«
haben wollen, und das sind für ihn durchwegs »gewöhnliche
Geister«, eine »närrische«, vielmehr »barbarische Masse«. Von
hier aus fängt er an, in der Lage des Brautwerbers wohlgemerkt,
gegen alles loszuwettern, was da kapitalistisch an Gentry und
Handelsvermögen alles neu hochgekommen ist: »Güter, Ämter
und Würden« werden neuerdings »korrupt erworben«, wer
gehorchen sollte, gibt Befehle, wer den Hut ziehen sollte, behält
ihn auf, lauter »niedriges Bauernvolk«, das in einer Art Säube-
rungsaktion »ausgelesen werden« sollte. Portia muß fassungslos
sein: sie steht ja so ziemlich als nächste auf der Abschußliste – aber
da erinnert sich Arragon gerade noch rechtzeitig an seine Heirats-
absicht, und wählt, recht abrupt, das Silber. In Wahrheit wählt er
sich selbst: denn er *besteht* aus lauter »Verdienst«, »Würde«,
»Verdienst«, »Ehre«, »Ehre«, »Verdienst« und »Verdienstlich-
keit« – und nichts davon ist irgendwie gedeckt außer durch seine
ehrwürdige Herkunft[125], also durch einen von der Person ganz
abgezogenen, quasi-metaphysischen Herrschaftsanspruch. Er
repräsentiert also gerade *die* Form von feudaler Beschränktheit,
die im Verein mit der Krone den Handel im englischen 16.
Jahrhundert immer wieder beschneidet und denunziert. Der

to hazard for my worthless self (II. ix. 18) – show, fond eye (II. ix. 26-7) – like the
martlet (II. ix. 28)
base lead (II. ix. 20) – common spirits (II. ix. 32) – fool multitude, barbarous
multitude (II. ix. 26, 33) – estates, degrees, and offices . . . deriv'd corruptly (II. ix.
41-2-low peasantry (II. ix. 46) – be gleaned (II. ix. 46) – merit, dignity, honour, merit,
honour, honour, deservings (II. ix. 39-60) –

Handel ist aber nicht abstrakte Wesenheit, sondern tätige und persönliche Tauschindividualität. Arragon steht neben Shylock am Gegenpol der Seehandelsnormen: und nicht nur, daß er wie der Wucher, nichts kennt und wahrnimmt außer sein eigenes, starres Gesetz – er hält sich dabei auch noch für das Allerbeste auf der Welt. Entsprechend hart fällt sein Urteil aus. Was er *wirklich* ›verdient‹ hat, und daher auch im Kästchen findet, ist das Inbild von blinder, selbstbezogener Realitätslosigkeit: »ein blinzelnder Idiot« – und das ist vermutlich die krasseste und böseste Ablehnungsformel für den Adel im ganzen Shakespeareschen Werk. Wenn er sich innerhalb *dieses* Stücks über den Seehandel erheben will, hat er sich gründlich gebrannt: »So hat die Motte sich am Licht versengt.«

Auch mit dieser Entgegensetzung kommt Shakespeare mit dem sonst von ihm vertretenen Normensystem in Schwierigkeiten. Zwar ist Arragon das Silber angemessen wegen seines Alters und seiner Asexualität, zwar hat er dazu das falsche Verhältnis einer (fürstlichen) »Schatzkammer«; aber Alter, Silber, wie natürlich auch »Verdienst« und »Rang« sind sonst bei Shakespeare immer positiv assoziiert, und auch im Merkvers ist das »siebenmal geläuterte« Silber immer noch mit dem »siebenmal geläuterten Urteil« gleichgesetzt, das heißt dem *richtigen.* Das silberne Urteil kann aber wieder nur in *einer* Hinsicht zum falschen werden: wenn es die Menschen zu ›bedächtigen Narren‹ macht, die »die Weisheit haben, durch ihren Witz Verlust zu leiden« – wenn man mit anderen Worten *zu viel davon hat,* nur noch überlegt und abwägt, und daher zum Schluß *nichts mehr riskiert.* Wie vorhin bei Morocco ist diese Abwertung sonst gültiger Normen nur verständlich aus der Opposition und in bezug zum Seehandel: denn bei der Erkundung der ›wahren Liebe‹ könnten Urteil, Weisheit und Bedächtigkeit gewiß nur nützlich sein.

Mit Arragon ist die Frage der Durchsetzung des Handels ideologisch vorentschieden, und zwar unerwartet *optimistisch* vorentschieden: sein realpolitischer Machtgegner ist im Stück nur noch ein Popanz. Diese Frage wird im 3. Akt jetzt dramatisch so

a blinking idiot (II. ix. 54) – Thus hath the candle sing'd the moth (II. ix. 79)
treasure house (II. ix. 34) – Seven times tried that judgments is (II. ix. 64) – deliberate fools! . . ./They have the wisdom by their wit to lose (II. ix. 80-1)

weitergeführt, daß die Bewegung der venezianischen Gesellschaft von Shylock zu Belmont sich zu einer Reihe von *Konfrontationen* zuspitzt: Shylocks mit zwei Antonio-Anhängern, Bassanios mit Portia und Shylocks mit Antonio selbst. Sie münden logisch in den show-down der Gerichtsszene. Das allgemeine Paradigma und der große Verlauf stehen jetzt fest; die Deutung braucht sich daher nur noch bei den wichtigeren Modifikationen und dramatischen Klärungen aufzuhalten.

Die Kästchenwahl: Bassanio (III. ii). Dem Zuschauer muß jetzt klar sein, daß Bassanio das bleierne Kästchen wählen wird. Es ist das dritte, also nach Märchenregel das richtige, und mit der Maxime des Seehandels überschrieben: wer die Prüfung bestehen will, »muß geben und wagen alles, was er hat«. Die besitzergreifende Begierde von Morocco und Shylock kann das nicht; ebensowenig der überbedenkliche und personenlose, sich nur auf ›Verdienst‹ berufende Herrschaftsanspruch von Arragon, denn der Seehandel bringt durch Einsatz von Geld und Person utopisch *mehr* ein als das ›Verdiente‹. Aber wie Bassanio diese Fehler vermeiden wird, ist unsicher; er ist mit Absicht den ganzen 2. Akt hindurch nur Randfigur geblieben. Alles, was der Zuschauer von seiner Eignung weiß, ist, daß er zu Portia auf Seehandelsfahrt gegangen und jetzt in Belmont schon mit einer *Übertreibung* der Seehandelsmaxime angelangt ist: er bringt anscheinend als einziger Freier, sonst bräuchte das keine Erwähnung, »Geschenke von reichem Wert«, und zwar solche, die ihm ja streng genommen *gar nicht gehören,* also mit der auch äußerlich bekundeten Bereitschaft zum Austausch, »zu geben und zu empfangen«. Aber bei dieser Tauschbereitschaft wird es nicht bleiben; Portia und Bassanio werden sie vielmehr dazu einsetzen, *einander* ›zu geben und zu empfangen‹, also zu einem *Liebesaustausch* – denn mit dieser – erst *nach* der Kästchenwahl einsetzenden – Überschreibung wird Shakespeare seine ideologische Sinnlösung krönen.

Sie wird jetzt in ihren verschiedenen Stadien dramatisiert. Zunächst muß sich Portia, um das Vermögen Bassanios zum seehändlerischen Idealverhalten zu erproben, auch hier noch *zur Ware reduzieren,* an der sich dieses Idealverhalten allein bewähren

must give and hazard all he hath (II. vii. 16 und öfter) – Gifts of rich value (II. ix. 91) – to give, and to receive (III. ii. 140)

kann. Obwohl für sie mit Bassanio die Erlösung des richtigen »Erworbenwerdens« unmittelbar bevorsteht, darf sie sich ihm als Person noch nicht eröffnen. Zwar geht sie vorwegnehmend, und vorwitzig, auf ihn als Subjektivität schon werbend ein, aber nur bis zu einer bestimmten Grenze: »Ein Etwas sagt mir – doch es ist nicht Liebe«; »ich möchte nicht – aber damit Ihr etwa nicht – und doch«; »ich könnte – doch dann – doch wenn Ihrs tut«. Sie ist erst zur »einen Hälfte« die Seine, hat noch »keine Zunge«, darf nicht sprechen, und doch benennt sie die Grenze zwischen ihnen schon: »O die böse Zeit,/Die Eignern Schranken vor ihre Rechte legt!« Welche Schranken? Die noch nicht erfolgte Kästchenwahl natürlich. Die aber wird zeigen, daß Bassanio sich frei von Besitzdenken erweisen muß. Die Stelle läßt sich also genau lesen: die ›Eigner‹ dürfen keine *Besitzer* sein. Der Handel besitzt (als solcher) nichts, sondern hat Tauscheigentum, das sich von den Sachen lösen kann und soll: er *sieht* ihren Gebrauchswert, aber klammert sich nicht an ihn, faßt ihn nicht als Begierdeobjekt, legt ihn nicht still als ängstlichen Begierdevorrat, vernichtet ihn nicht durch Konsum, sondern schätzt, achtet ihn und läßt ihn bestehen. Das sind ebensoviele Voraussetzungen für die richtige Liebeshaltung: der *Verdacht auf Besitzdenken* beim andern ist die Schranke, von der Portia spricht. Bevor er nicht aus der Welt geschafft ist, liegen sie beide auf dem »Streckbett« und warten auf ihre »Erlösung«. »In einem bin ich eingeschlossen«, sagt Portia von den Kästchen, »wenn Ihr mich wirklich liebt«, nämlich auf die *Tauschweise,* »so findet Ihr mich aus.« Dazu gibt sie ihm jetzt noch versteckte Hilfe; zweimal fällt das Stichwort: »Bevor Ihr wagt«, »bevor Ihr für mich ins Ungewisse geht«; er soll wie der junge Herkules das jungfrauenverspeisende »Seeungeheuer« überwinden, also die ungezähmte sexuelle Begierde. Durch eine Musik macht sie ihm diese Vergeistigung leicht, und das Lied dazu warnt vor der falschen Liebe. Es wird darin das »Gefallenfinden« zu Grab getragen, die »vernarrte

There's something tells me (but it is not love); I would not – But lest you should – And yet; I could – but then – But if you do (III. ii. 4-13) – One half of me (III. ii. 16) – no tongue (III. ii. 8) – O these naughty times/Put bars between the owners and their rights (III. ii. 18-9) – rack (III. ii. 25, 26, 32) – deliverance (III. ii. 38) – I am locked in one of them, –/ If you do love me, you will find me out (III. ii. 40-1) – Before you hazard (III. ii. 2) – Before you venture for me (III. ii. 10) – sea-monster (III. ii. 57)

Zuneigung«, die weder aus dem »Herzen« noch aus dem »Kopf« kommt, sondern »in den Augen gezeugt« ist und »sich vom Anstarren nährt« – also das bloße, den andern als Person nicht achtende Habenwollen, das »in der Wiege«, nämlich gleich nach dem Gehabthaben, wieder stirbt[126].

Nach dieser lang aufgebauten ›Zuschauerüberlegenheit‹ ist die Erwartung auf Bassanios Entscheidung jetzt auf dem Höhepunkt; aber wie die Beteiligten selbst wird der Zuschauer durch eine Rede von Bassanio auf die Folter gespannt, die nicht gradewegs aufs Ziel losgeht, sondern sich assoziativ und tastend aufs Handelsthema erst einpendelt. Er philosophiert über den »äußeren Schein« und das »Schmuckwerk«, zählt lauter Beispiele dafür auf, wie das Schlechte, Falsche und Häßliche sich äußerlich anziehend macht durch eine »holde Stimme« oder eine »besonnene Stirn«; die Feigheit, das heißt die *Scheu vorm Risiko*, tritt in der Maske von männlicher Kraft auf, und ein weiblicher Glatzkopf verbirgt sich gern hinter einer reizenden goldenen Perücke – auch Bassanio ist hier, wie die andern Freier, *taktlos* gegenüber der goldhaarigen Portia, das heißt er darf sie noch nicht als *Person* behandeln. Damit ziehen sie das ›Gefallenfinden‹, fehlgeleitete Sinnlichkeit und blindes Verlangen auf sich. Wie der Zuschauer von Shylock und Morocco gelernt hat, verstößt es gegen das gesellschaftliche Idealverhalten, ihnen zu folgen; von beiden ist ihm auch geläufig, daß sie mit dem Gold verbunden sind: wo nicht, so bekommt er es von Bassanio jetzt noch mal genauer erklärt. Das sinnlich schöne und verführerische Äußere ist für ihn, mit *Seehandelsmetapher,* »die trügerische Küste von einer höchst gefahrvollen See«, an die die Handelsfahrt leicht scheitern kann; Bassanio will das Gold nicht, weil es zu der Haltung von *Midas* führt, der aus Besitzgier alle Gebrauchswerte vernichtet, bis er nur noch Gold zur »harten Nahrung« hat, wie Shylock nicht mehr essen kann und schließlich verhungert. Der Handel aber, um es zu wiederholen, muß ein sinnliches Verhältnis zum Gebrauchswert haben, aber er darf sich von ihm weder blenden lassen noch an ihn klammern. Der

fancy, fond affection, heart, head, engend'red in the eyes, With gazing fed, In the cradle (III. ii. 63-9)

outward shows, ornament (III. ii. 73-4) – gracious voice, sober brow (III. ii. 76-8) – the guiled shore/To a most dangerous sea (III. ii. 97-8) – Hard food for Midas (III. ii. 102)

Merkvers, der in dem richtigen Kästchen steckt, wird das gleich noch mal sagen: »Ihr, der nicht auf Schein gesehn,/Wählt so recht und trefft so schön«, und das heißt doch wohl: habt ein ebenso schönes Glück gehabt und etwas ebenso Echtes erwählt, wie es Eure wagnisreiche Wahl gewesen ist.

Das Silber lehnt Bassanio in anderthalb kurzen Versen ab, ohne auf die Arragon-Wahl noch einmal Bezug zu nehmen: er bestätigt damit, daß das Stück die alte Feudalaristokratie nicht mehr fürchtet, sondern nur noch die auf ihr wuchernde alte Wirtschaftsform. Bassanio hat auch für diese Zurückweisung eine *Handelsbegründung:* »nichts von dir, gemeiner, bleicher Handlanger/Von Mensch zu Mensch« – und das kann nur heißen, daß Bassanio hier nichts von gewöhnlicher, kleinkrämerischer *Silbermünze* wissen will in dem Augenblick, in dem es buchstäblich um das Geschäft seines Lebens geht.

Bei seiner Entscheidung für das Blei findet Bassanio seine dritte und eindeutigste Handelsformel. Er nennt es »mager«, spricht von seiner »Bleichheit«, nach anderer Lesart auch »Schlichtheit«, jedenfalls kommt es ihm ärmlich und unscheinbar vor: aber das hindert nicht, daß es von den dreien am besten waren- und handelsfähig ist; und erwählt es mit der Begründung, daß »du eher drohst, als irgendwas verheißt«. Das ist aber nach keiner möglichen Deutung mehr eine Maxime für eine richtige *Liebeswahl*, denn die läßt sich wohl kaum von der *Bedrohlichkeit* der Erwählten leiten. Der Satz ist vielmehr *die auf die Spitze getriebene Seehandelsmaxime:* nicht nur das Risiko ist verlangt, sondern das jederzeit aufgesuchte, das geradezu *unvernünftige* Risiko, eben wie es das Kästchen vorschreibt, der bedingungslose Einsatz von *allem* was man hat, wie er zuvor von Antonio, und jetzt zugleich von Bassanio und Portia gewagt wird. Deswegen »bewegt« das Blei mit seiner Schlichtheit den Bassanio mehr als die geschmückte, auf sich selbst zeigende, den kommunikativen Austausch abwehrende »Eloquenz« des Goldes, und deswegen ruft er jetzt triumphierend: »Und hier wähl *ich*« – *ich, der gute Händler.*

You that choose not by the view/Chance as fair, and choose as true (III. ii. 131-2)

none of thee thou pale and common drudge/'Tween man and man (III. ii. 103-4)

meagre, paleness bzw. plainness conj. Theobald (III. ii. 104, 106) – Which rather threaten'st than dost promise aught (III. ii. 105) – eloquence (III. ii. 106) – And here choose I (III. ii. 107)

Die Wirkung der Wahl ist augenblicklich und zweifach, davon die zweite merkwürdig, tief und erklärungsbedürftig. Erstens: sobald Bassanio bewiesen hat, daß er zu dem Bleikästchen das richtige Handelsverhältnis hat, tritt Portia aus der Warenmaske heraus und wird Person. Zum ersten Mal im Stück – wir sind immerhin im 3. Akt – wird jetzt von Bassanio ihre Schönheit beschrieben, als lebendig bewegte, dem ›Bildnis‹ überlegen, und zugleich kunstvoll mit einer zweifachen, hochmanieristischen Metaphernerfindung über eine ›Blickverschmelzung‹ poetisch gefaßt[127]. Die vormalige ›Schranke‹ zwischen ihnen hat sich in Luft aufgelöst, ist nur noch der Atem, der Portias Lippen trennt: »eine so süße Schranke/Muß zwischen solchen süßen Freunden sein«. In feierlicher Rede tritt sie Bassanio *als sie selbst* gegenüber, »so wie ich bin«, wiederum als lebendiger Prozeß, »ungeübt«, »glücklich zu lernen«, »am glücklichsten darin, gelenkt zu werden«: denn von Bassanio hat sich jetzt herausgestellt, daß er es, im Handel geübt, *am besten weiß*. Infolgedessen übergibt sie seiner Tauschkompetenz rückhaltlos ihren ganzen Reichtum, wünscht sich dazu noch »zehntausendmal reicher«, und für Antonio, von dem sie nichts weiß, außer daß er Bassanios »liebster Freund« ist, sie dagegen »halb Du selbst«, will sie sofort das Doppelte der Pfandsumme ausgeben, das Doppelte vom Doppelten, von diesem Vierfachen das Dreifache, ja »zwanzigmal soviel« – sie kann gar nicht mehr aufhören[128]. Auf der anderen Seite stellt sie ihre neue personale Autonomie auch gleich unter Beweis, nämlich so, daß sie von jetzt ab zum *Regisseur des Stückes wird*: sie schickt Bassanio zurück nach Venedig, leitet und rettet das Verfahren gegen Shylock, fädelt den späteren Ringtausch ein und führt ihn zum guten Ende.

Die zweite Wirkung der geglückten Kästchenwahl ist ein innerer Zustand der beiden, wie er bei Shakespeare mit gegenseitig entdeckter Liebe sonst glaube ich nirgends einhergeht: sie fallen in einen eigentümlichen *Wirbel* oder *Taumel*. Portia erlebt eine »Ekstase«, ein »Übermaß« an Freude, ihre »anderen Leidenschaften entfliegen durch die Luft«; Bassanio nennt sich »im Geiste

so sweet a bar/Should sunder such sweet friends (III. ii. 119-20) – Such as I am (III. ii. 150) – unpractised, happy (to) learn, happiest to be directed (III. ii. 159-164) – ten thousand times more rich (III. ii. 154) – dearest friend (III. ii. 291) – half yourself (III. ii. 247) – twenty times over (III. ii. 306)
extasy, excess, all other passions fleet to air (III. ii. 108-112)

schwindlig«, er ist »aller Worte beraubt«, er fühlt eine »Verwirrung aller Seelenkräfte«, in ihm geht etwas vor, »Wo jedes Etwas ineinanderfließend/Zu einem wilden Nichts, außer von Freude wird,/Gesagt, und ungesagt«, was sich aufs Erste also gar nicht überblicken, mit nichts Geläufigem benennen läßt, zu einem verwirrenden, neuen Ganzen. Bassanio und Portia sind in diesem Augenblick fassungslos, es steht ihnen der Verstand still: und tatsächlich machen sie hier die Entdeckung einer neuen, erst im freien Tauschverhältnis möglichen zwischenmenschlichen Verkehrsform.

Ihr Zustandekommen erklärt sich wieder am einfachsten aus der Marxschen Tauschtheorie. Zunächst hat zwar der allgemein durchgesetzte Warentausch nur die schlechte Folge der Verdinglichung, da (nach der Marxformel) den Menschen »die gesellschaftlichen Charaktere ihrer eignen Arbeit als gegenständliche Charaktere der Arbeitsprodukte selbst« fortan erscheinen müssen[129]. Dieses verdinglichte Verhältnis der Tauschpartner hat aber, wie oben entwickelt, seine Rückseite darin, daß sie, soweit sie sich *tauschgerecht* aufeinander beziehen, sich als gleiche und freie »wechselseitig anerkennen«, »als Menschen zueinander verhalten«[130]. Bei Shakespeare ist diese Tauschdialektik noch utopiefähig. Portia und Bassanio stehen einander im idealen Handelsverhältnis gegenüber – als bloße Person, die Portia auch in Handelsbegriffen beschreibt: »meine volle Summa/Ist Summe von einem, ingrosso zu beziffern:/Ein unerzognes Mädchen«, und erfahren jetzt, daß sie als autonome Tauschpartner unter dem einzigen Gesetz von Freiheit und Gleichheit und der gegenseitigen Wertschätzung ihrer jeweiligen Subjektivität in ein Liebesverhältnis getreten sind – sie haben nicht weniger als eine *neue Art von Liebe* entdeckt. Dieses Verhältnis ist dadurch außerordentlich, daß darin die traditionelle Geschlechterhierarchie unvermittelt aufgehoben ist – wie das im höfischen Sonett durch bloße Umkehrung allenfalls vorbereitet, in andern Shakespearefiguren wie Viola, Beatrice, Rosalind ahnungsweis erfaßt war: aber nur hier, im

giddy in spirit (III. ii. 144) – bereft . . . of all words (III. ii. 175) – confusion of my powers (III. ii. 177) – Where every something being blent together,/Turns to a wild of nothing, save of joy/Express'd, and not express'd (III. ii. 181-3)

the full sum of me/Is sum of something: which to term in gross,/Is an unlesson'd girl (III. ii. 157-9)

einzigen Shakespearestück, das vom *Austausch* handelt, ist es so eingelöst, daß Portia ihre ganze reiche Subjektivität in die Beziehung miteinbringen kann, und Bassanio noch zweimal, vor Gericht und beim Ringtausch, mit ihren schönen inneren Möglichkeiten überraschen wird. An diesem Grundverhältnis ändert auch die dialektische Wiederherstellung der alten Rangordnung durch Portias freiwillige Untergebenheit nichts. Es liegt darin eine bemerkenswerte Vorwegnahme und gleichzeitige Bestätigung der Marxschen Theorie über den Warentausch, freilich noch ohne deren zwei negativen Implikate, nämlich der bürgerlichen inneren Entleerung und der *auch* über den Warentausch laufenden proletarischen Ausbeutung; sie ist hier ideologisch noch ganz ins Positive gewendet.

Shakespeare verdeutlicht die positive Überschreibung des geglückten Tauschverhältnisses mit seiner eigenen älteren Symbolik. Portia nennt die Musik vor Bassanios Wahl, sollte sie gut ausgehen, »wie ein Fanfarenstoß, wenn treue Untertanen/ Dem neugekrönten Herrscher neigen«, und den Bassanio »ihren König«; Bassanio selbst kommt sich vor wie nach der Auszeichnung durch »einen teuren Fürsten unter der murmelnden zufriednen Menge«, »er hört den Beifall und den allgemeinen Jubel«. So ist klar, was sie durch ihr unerhörtes Tauschwagnis geworden sind: *die neuen Könige,* von allem Volk gefeiert[131]. Sie haben in einer in allen Teilen aufeinander bezogenen Abfolge und ständigen Abhebung vom Falschen ihr eigenes Sinnziel erreicht, das zugleich auch ein gesellschaftliches ist, und der Zuschauer hat ihnen in jedem Schritt dabei folgen können. Eingefangen in die kunstvolle lückenlose Vernetzung aller vorkommenden Elemente muß ihm dieses Sinnziel nicht nur schön erscheinen, sondern auch *wahrscheinlich*, wirklich einholbar: die realen Widersprüche der Volksverarmung, der Monopolisierung, der alten und neuen Behinderungen durch die Krone sind hinter diesem Netz längst verschwunden: sein Blick ist nur noch auf den Nebenwiderspruch des Wuchers gerichtet, dessen Besiegung er jetzt zuversichtlich erwarten kann.

Shylock im 3. Akt. Auch Shylock macht ›Fortschritte‹ in den drei

Even as the flourish, when true subjects bow/To a new-crowned monarch (III. ii. 49-50) – her king (III. ii. 165) – By a beloved prince . . ./Among the buzzing pleased multitude (III. ii. 179-80) – Hearing applause and universal shout (III. ii. 143)

Begegnungen, die er vor der großen Gerichtsszene noch hat: dramatisch, indem er zwei davon zur feindlichen Konfrontation zuspitzt; und inhaltlich durch die Einschränkung seiner Rede auf ein bloßes ›ich oder ihr‹. Er bleibt äußerlich der Sieger, aber ist innerlich schon besiegt von seiner ›Leidenschaft‹, dem Wucher in seinem direkt-destruktiven Aspekt des Tötungswillens und der Rache, zu keiner darüber hinausblickenden Strategie mehr fähig.

In seinem Streit mit Solanio-Salerio (III. i) definiert er den Feind allein ökonomisch: Antonio sei »ein Bankrotteur, ein Verschwender, ein Bettler« nach dem (vermeintlichen) Verlust seiner Schiffe, er habe Geld verliehen für ein bloßes Dankeschön, ihn um eine halbe Million gebracht, und so fort über volle zehn Zeilen. Danach hält er seine angeblich ›tragische‹ Rede übers verfolgte Judentum: »Wenn ihr uns stecht, bluten wir nicht? Wenn ihr uns kitzelt, lachen wir nicht? Wenn ihr uns vergiftet, sterben wir nicht?« – aber wieder ist *er* es, der die Religionszugehörigkeit zur Hauptsache macht, und seine Argumente sprechen nicht gerade für ihn. Er kennt als einzige menschliche Grundgemeinsamkeiten die *physiologischen;* und der einzige Handlungsantrieb, dem seiner Meinung nach alle, Juden wie Christen, folgen, ist – er sagt es dreimal – die »Rache«. Er ist ganz seinen *humours* ausgeliefert und kennt zuletzt selbst keine andere Begründung mehr für sein Tun als »nennt es meine Laune«. So deutet ihn später auch Antonio, wenn er sagt, man könne ebensowenig »die Flut von der gewohnten Höh sich senken heißen« wie Shylock umstimmen: er ist innerlich so unfrei, von einer so strengen Kausalität bestimmt, wie sonst nur die äußere Natur und der tierische Instinkt.

In der Begegnung mit dem Juden Tubal in der gleichen Szene ist dieses Verhalten ins Lachhafte gesteigert. Dabei ist Tubal nicht erkenntlich anders geschildert als die Nichtjuden Solanio und Salerio: er spielt mit Shylocks Reaktionen genau wie sie. Shylock ist wie eine Maschine: bei fremdem Schaden lacht er, bei eigenem jammert er; jeder Gedanke an die Subjektivität eines andern ist ihm verwehrt, wie es nämlich nicht dem *Juden* zukommt – siehe Tubal

---

a bankrupt, a prodigal, a beggar (III. i. 39-40) – if you prick us, do we not bleed? if you tickle us do we not laugh? if you poison us do we not die? (III. i. 58-60) – revenge (III. i. 60, 63, 64) – say it is my humour (IV. i. 43) – bid the main flood bate his usual height (VI. i. 72)

–, sondern dem *Wucher*. Als solcher formuliert er zum Schluß auch noch einmal sein Ziel: »wenn er aus Venedig weg ist, kann ich Handel treiben wie *ich* will«; und dafür geht er, für jüdische Begriffe blasphemisch – Tubal ist auch sicherlich entsetzt – in die Synagoge beten, so wie er sich später (oder bei derselben Gelegenheit?) gottlos verschwört, Antonio umzubringen[132].

In der Begegnung mit dem inzwischen gefangenen Antonio (III. iv), die schon hinter die glückverheißende Bassanio-Wahl gestellt ist, erscheint Shylock dann voll reduziert. Der Wärter soll ja aufpassen auf den »Narr, der Geld umsonst auslieh«; er selbst mag ein »Hund« sein, aber ein Hund mit scharfen »Hauern«. Sonst sagt er in einer Art von tautologischer Kombinatorik immer wieder dasselbe, so fünfmal »ich will mein Pfand«, und viermal, Antonio soll nicht sprechen, »sprich nicht«, »ich dulde keine Sprache« – die endgültige Verweigerung von Kommunikation und menschlichem Verkehr. Wo der Wucher herrscht, will er nichts mehr sehen und hören, nur noch haben, nur noch selber sprechen, und es ist jedesmal ein Todesurteil. Wo der Handel herrscht, will er begierig den andern wahrnehmen, nichts haben, immer zum andern sprechen, und zwar in Liebe. *Das Stück ist sozusagen zu Ende.* Es bräuchte jetzt nur noch poetische Gerechtigkeit zu folgen, Antonios Schiffe könnten heimkehren, der Doge könnte eine Moralpredigt halten, neue Wucherbestimmungen erlassen und Shylock entsprechend bestrafen, und die Belmont-Gesellschaft bräuchte nur noch zum Schlußtableau anzurauschen. Eine solche Sinnlösung wäre als *realpolitisch* ausgerichtete auch schlüssig für die Gentry-Bourgeoisie der 1590er Jahre; aber sie wäre eingeschränkt auf die Position des Wuchergesetzes von 1571[133], würde lediglich das schon Erreichte nochmal beruhigend bestätigen. Das Stück will aber mehr: kein Herrscher soll mehr von oben den Streit zwischen Wucher und Handel schlichten, denn dieser muß sich einen wohlwollenden, aber schwachen Regenten wünschen *(und so ist er im Stück auch gezeichnet):* sondern als *utopische* Gesellschaftsbasis und aus eigener Kraft soll der Handel den Wucher überwinden.

were he out of Venice I can make what merchandise I will (III. i. 117-8)

the fool that lent out money gratis (III. iii. 2) – dog, fangs (III. iii. 7) – I'll have my bond (III. iii. 4, 5, 12, 13) – speak no more (III. iii. 13) – I'll have no speaking (III. iii. 17)

Die Gerichtsszene (IV. i). In dieser ›Krise‹ des Stücks wird jetzt nicht nur der glückliche Ausgang, sondern noch mehr das ideologische Sinnziel einer Seehandelsgesellschaft so radikal in Frage gestellt, daß sich der Zuschauer durchaus zu einem brechtianischen Mitdenken aufgefordert fühlen kann. Der Streit wird nämlich auf *der* Ebene der Auseinandersetzung geführt, auf der der Handel beruht und für die er kämpft: innerhalb einer ›Gerechtigkeit‹, die auf die bürgerliche Gleichheit vor dem Gesetz gestützt ist und die deshalb auch nicht in eine ›juristische‹ und eine ›höhere‹ auseinanderfallen darf. Die für *alle* gleich geltende Strafandrohung ist das einzige Mittel, mit dem sich die Einhaltung von Verträgen durch jedermann ohne direkte persönliche Gewaltanwendung durchsetzen läßt. Ohne funktionierende Verträge, insbesondere ohne den Tauschvertrag und seine wichtigste Unterform, den Arbeitsvertrag, *sind aber bürgerlicher Staat und geregelter allgemeiner Warentausch gleich unmöglich.* Das wird auch im Stück mehrfach gesagt, so vor allem vom Hauptvertreter des Seehandels, Antonio: den »Gang des Gesetzes« zu hindern, »wird sehr in Zweifel ziehen die Gerechtigkeit des Staats,/Denn der Gewinn und Handel dieser Stadt/Teilt sich in alle Völker«; Shylock beruft sich unwidersprochen auf die unmenschliche Durchsetzung von Tauschverträgen auch bei den Christen gegenüber ihren Sklaven, »weil ihr sie kauftet«; wollte man ihm diese Durchsetzung versagen, »so hat das Recht Venedigs keine Kraft«; und Portia weist als Richter Bassanios Ansinnen, das Recht zu verdrehen, mit politischer Begründung zurück: »mancher Fehltritt nach demselben Beispiel/Griff’ rasch um sich im Staat«.

Die reale Seehandelsgesellschaft ist also auf eine allgemeingültige ›Gerechtigkeit des Staats‹ angewiesen. Was soll sie aber tun, wenn auch der Wucher sich diese Allgemeingeltung zunutze machen will – obwohl ihm doch an Gesetz und Gewaltlosigkeit nicht das mindeste liegt, er im Gegenteil das Gesetz (außer seinem eigenen) bei jeder Gelegenheit überschreitet und überall persönliche Gewaltverhältnisse errichtet? Das Stück verhält sich in dieser Frage eindeutig: Shylock wird offensichtlich *nicht* nach den

---

the course of law (III. iii. 26) – Will much impeach the justice of the state,/Since that the trade and profit of the city/Consisteth of all nations (III. iii. 29-31) – Because you bought them (IV. i. 93) – There is no force in the decrees of Venice (IV. i. 102) – And many an error by the same example/Will rush into the state (IV. i. 218-9)

Regeln einer ordentlichen Rechtsprechung behandelt. Die wichtigeren Formverstöße sind von den Kommentatoren größtenteils (bis auf den letzten) schon angemerkt worden: (a) Warum sollte es vertragswidrig sein, wenn Shylock *weniger* als ein Pfund von Antonios Fleisch erwischt? Mit der gleichen Begründung dürfte er auch nicht *weniger* als eine ausstehende Schuldsumme eintreiben; (b) warum sollte Shylock bei der Pfandeintreibung kein Blut vergießen dürfen? Das ist in diesem Fall *notwendige* Erfüllungsfolge, auch wenn es sich um ›Christenblut‹ handelt; (c) der Vertrag ist keineswegs, wie Portia behauptet, »ein direkter oder indirekter Anschlag« auf das Leben eines Venezianers. Antonio hat den Vertrag gekannt und war durch nichts gezwungen, ihn einzugehen: aber ein ›Anschlag‹, mit dem man *einverstanden* ist, kann doch kaum noch so genannt werden: und ein *freier* Vertrag ist allenfalls sittenwidrig, dann auch nichtig, und strafbar höchstens als Verstoß gegen Treu und Glauben; (d) und am wichtigsten, dürfen Vergleich oder Gnadenwaltung grundsätzlich keiner juristischen Partei *aufgezwungen* werden, weil sonst eben kein Vertrag mehr öffentlich garantiert wäre – und dann kann man das ganze Privatrecht wegwerfen; vielmehr muß der Gnadenerlaß der Exekutive vorbehalten bleiben, und auch da nur im außerordentlichen *strafrechtlichen* Fall.

Der herkömmlichen Shakespeareforschung ist es bei der Gerichtsszene seit jeher unbehaglich geworden[134]; hier folgt sie am deutlichsten ihrer eigenen und ungewußten ideologischen Voreingenommenheit. Teils drückt sie sich vor einer Stellungnahme, indem sie die juristischen Formverstöße als »dramatisch gerechtfertigt«[135] bezeichnet, zu deutsch also als inhaltlichen *Unsinn;* oder indem sie darauf hinweist, daß so etwas wie eine ›höhere Gerechtigkeit‹ historisch im *Chancery Court* institutionalisiert war[136]: daß es eine Art ›Gnadengericht‹ tatsächlich gegeben hat, ist aber noch lang kein hinreichender Grund für seine Übernahme ins Stück. Teils zieht sie ihre eigenen, muffigen Begriffe von ›Gnade‹ oder ›Liebe‹ in das Stück hinein (diejenigen von Shakespeare sind es jedenfalls nicht), und wer die beiden dann nicht sogleich als gültige *Rechtsprinzipien* anerkennen kann, ist nach dieser Deutung so klug wie zuvor[137]. Am liebsten aber sieht sie in Shylock hier auf einmal das tragische Minderheitenopfer, es geschieht ihm nach

direct, or indirect attempts (IV. i. 346)

ihrer Meinung ein *Unrecht,* schließlich *gehört* ihm doch das Geld[138]. Sehr plötzlich steigt sie also aus der bisherigen ideologischen Identifikation mit dem Handel aus, und fängt an, sich an das *eigene* Rechtsdenken und die *eigene* Besitzwut zu klammern. Sie merkt offenbar, daß sie hier einer Sache zugejubelt hat – der utopischen Aufhebung der bürgerlichen Gesellschaft nämlich –, die ihr jetzt über den Kopf wächst: und daher darf das Stück auch nicht den Seehandel zum Thema haben, sondern ›Schein und Sein‹: und so unfein der Wucher auch sein mag, Recht muß Recht bleiben: deutlicher kann man sich die Notwendigkeit von ideologischer Selbstüberprüfung dieser Wissenschaft nicht wünschen.

In Wahrheit ist dieser Szene mit einem unreflektierten Begriff von bürgerlicher Gerechtigkeit nicht beizukommen: Shakespeare hat es nämlich darin gewagt, *auch sie noch* zur Seehandelsutopie in Widerspruch zu setzen. Daß diese Gerechtigkeit selbst noch den Wucher als gleichberechtigt behandeln muß, ja zu ihm sogar strukturelle Ähnlichkeiten hat, so die Härte, den Zwang, das Absehen von der Person, die Buchstäblichkeit des Aug' um Auge – darin liegt für ihn ihre Anfechtbarkeit. Die Tauschgerechtigkeit als Basis des *realen* Handels erkennt er an: aber für den utopischen sieht er auch schon ihre Aufhebung voraus. Wenn der Seehandel nämlich auf der objektiven Seite Reichtum und Überfluß an Gebrauchswert *für alle* ins Land bringt und auf der subjektiven die Einzelnen zur Haltung der gegenseitig anerkannten Tauschautonomie befähigt, *dann wird das Privatrecht gegenstandslos,* der Kain- und Abelstreit um den Besitz ist endlich ausgestanden, die Gesellschaft *braucht* dann keine Tauschverträge, keinen Arbeitsvertrag und nach *dieser* Seite jedenfalls auch keine im absolutistischen Herrscher gipfelnde Machthierarchie mehr. Im *Kaufmann von Venedig* ist die Utopie ernstgemeint und der Seehandel als eine Kraft gesehen, die die gesellschaftlichen Verkehrsformen, und zwar die persönlichen *wie* die politischen und rechtlichen, revolutionieren und überwinden könnte. Erst von da aus erschließt sich die Szene.

Wie soll nämlich der Seehandel, die gewaltlose Revolution des Eigentums und der Monarchie, seine neue und höhere Ordnung durchsetzen gegen die alte, die weiterhin blind und instinkthaft am Besitz festhält, Gebrauchswert vernichtet und verneint, die

The quality of mercy is not strain'd (IV. i. 180 ff.)

Gewalt übt und anruft? Zunächst natürlich wie jede Revolution ihre Gegner: durch Überzeugung, und als Versuch dazu ist auch Portias große »Die Art der Gnade weiß von keinem Zwang«-Arie zu lesen. Aus dem Bedeutungszusammenhang geht hervor, daß sie dabei nicht abstrakt von einer christlichen ›Gnade‹ spricht, sondern damit einen Gegenbegriff zu weltlicher (nicht göttlicher) ›Gerechtigkeit‹ meint, und die heißt im ganzen Stück immer nur *Vertragsgerechtigkeit*. Konkret meint sie doch mit ›Gnade‹ – und das hängt auf die merkwürdigste Weise auch mit der Bedeutungsgeschichte des Worts zusammen[139] – den Verzicht auf erzwungenes Hergeben, die Nichteintreibung von vertraglich vereinbarter Geldschuld. Ein solcher Verzicht, sagt sie, »steht/Dem Fürsten auf dem Thron besser als die Krone« und als das Szepter, also besser als seine Machtausübung; er »thronet im Herzen der Monarchen«. Das haben Bassanio und Portia als die ›neuen Könige‹ auch an sich erfahren: nach dem Wagnis, alle Besitzhaltung gegenüber Sachen und Personen aufzugeben, sind sie in einen uneingegrenzten, alle Verträge sprengenden, lebendigen Austausch getreten, und der »segnet den, der gibt, und den, der nimmt« – Portia weiß, wovon sie redet.

Aber der Gegner läßt sich nicht überzeugen: »Ich verlang Gesetz«, sagt Shylock; seine einzige Vorstellung von »Segen« bleibt der von Jakobs Schafen, des Wegnehmens und der Wertheckung. Und in diesem Fall ist allerdings *auch* klar, wie sich jede neue revolutionäre Verkehrsform durchsetzen muß: durch den Rückgriff auf das alte Gesetz. Im Innern der neuen Gesellschaft kann die ›Liebe‹, die vertragslose ›Gnade‹ herrschen, aber gegen den verstockten äußeren Feind muß sie sich wehren mit der alten, überwundenen ›Gerechtigkeit‹. Nur daß die wirklich ›gerecht‹ gewesen wäre, hat im Stück noch keiner je geglaubt und muß im utopischen Nachhinein erst recht niemand mehr glauben; für *diese* Gerechtigkeit, und das weiß die Gentry-Bourgeoisie seit der Einhegung der Gemeindeländer und dem *Statute of Artificers* auch, hat seit jeher der Anschein der formalen Rechtskorrektheit genügt, und der ist jetzt unwesentlicher denn je geworden. Für die

---

it becomes/The throned monarch better than his crown (IV. i. 184-5) – It is enthroned in the hearts of kings (IV. i. 190) – It blesses him that gives, and him that takes (IV. i. 183)

I crave the law (IV. i. 202) – blessing (I. iii. 85)

Durchsetzung der Seehandelsutopie gehen die politischen Ziele vor: daß Shylocks Vermögen endlich in den Austausch kommt, wo es hingehört, und daß er von seiner alttestamentarischen, personenlosen Vertragsbuchstäblichkeit und der direkten Gewaltanwendung abläßt und »sogleich zum Christen werde« – wenn nicht freiwillig, dann eben mit Zwang; soweit hat Shakespeare immerhin, im Gegensatz zu seinen Kommentatoren, die Justiz als *politische* begriffen und beschrieben.

Die Ringpfänder und der 5. Akt. Die siegreiche utopische Seehandelsgesellschaft zeigt sich in der Gerichtsszene von ihrer wehrhaften und notwendig ›häßlichen‹ Seite. So kann sie schlecht stehenbleiben: jedenfalls soll dem Zuschauer jetzt noch das Glück der gelebten Utopie vorgeführt werden. Dergleichen ist schwer in eine dramatische Handlung zu bringen: es können ja kaum alle auf der Bühne dasitzen und sich ununterbrochen mit Liebe überschütten. Das Stück läßt sich dazu noch einmal eine Abwandlung des Hauptthemas einfallen: *eine Komödie der Verträge.*

Die Annahme der Ringe durch Bassanio und Gratiano ist der Schuldverschreibung von Antonio analog: technisch ist damit ein Vertrag geschlossen, der für den Fall der Weggabe der Ringe die Aufkündigung des Liebesverhältnisses und der Gütergemeinschaft vorsieht: ihr Verlust, sagt Portia, »sei mir Gelegenheit, gegen Euch zu klagen«: Bassanio setzt als Unterpfand sogar sein Leben ein: wenn er den Ring verliert, »weicht von hier das Leben,/O dann sagt kühn, Bassanio sei tot«. Aber dieser Vertrag soll im folgenden nicht *juristisch* gelten und wirksam werden. Selbst wenn die Ringe wirklich einem fremden Doktor und seinem Schreiber geschenkt worden wären, und nicht Portia und Nerissa selbst, hätten diese wohl schwerlich einen Prozeß angestrengt – immerhin hätte ein ›Gnadenfall‹ draus werden können. Aber so? Portia und Nerissa stiften ihre Ehemänner ja ausdrücklich zu dem ›Vertragsbruch‹ an, nennen die Frau eine »Verrückte«, die etwas dagegen haben könnte, machen sich selbst zu den ›Geschädigten‹, die dann aber mit den ›Begünstigten‹ identisch sind, sie nehmen und geben sich die Ringe zugleich: der Fall ist schlechterdings *injustiziabel,* auch die scharfsinnige Portia hätte da, als Richterin und Anstifterin zugleich, nicht mehr durchgefunden.

He presently become a Christian (IV. i. 383)
  be my vantage to exclaim on you (III. ii. 174) – then parts life from hence, –/O then be bold to say Bassanio's dead (III. ii. 185) – a mad-woman (IV. i. 441)

Außerdem haben Bassanio und Gratiano sich im Sinn des Stücks *richtig* verhalten, ihre Fähigkeit, ›alles, was sie haben‹, auch das Wertvollste, wegzugeben, neuerlich bewährt. Aus dem früheren Besitzverhältnis ist in der Utopie ein Mittel geworden, einander in der neuen Menschlichkeit zu stützen und zur Bewährung zu verhelfen. Was man gibt, kehrt wieder im schöneren Gewand. Bassanio hat sich mit seinem Verzichtswagnis bei der Kästchenwahl mehr eingehandelt als er dachte; etwas, was er sich so wenig vorstellen kann, daß er seine Frau bei der Gerichtsszene gar nicht ›erkennt‹: eine Portia nämlich, die die neue Verkehrsform der wechselseitigen Anerkennung nicht nur wehrhaft verteidigt, sondern, wiederum als Regisseur, dieses Verhältnis durch das Ringpfand neuerlich in ihrer beiderseitigen Liebesbeziehung gegenwärtig macht. Trotzdem ist diese neue Menschlichkeit nicht regellos. Mit dem Ringpfand ist kein juristischer, sondern ein moralischer ›Vertrag‹ gesetzt. Diese Verbindlichkeit kann man zwar aus freiem Entschluß beiderseitig aufkündigen – und dann ist es offenbar auch den Frauen erlaubt, jedenfalls gibt es keine Widerrede dazu, eine neue Liebe einzugehen (mit dem angeblichen fremden Doktor und Schreiber), die das Ringzeichen dieser Verbindlichkeit trägt. Solange sie aber gilt, muß sie auch die »Treue« halten. Daß Bassanio sie gehalten hat, wissen alle Beteiligten, aber er formuliert es auch nochmal unter Berufung auf die Erfahrung des ›Mit den Blicken einswerden‹, durch die er die neue Art von Liebesbeziehung gleich nach der Kästchenwahl entdeckte: »Ich schwöre dir bei eben deinen schönen Augen,/Worin ich selbst mich sehe.« Portias Antwort ist nicht nur »lachend ironisch«[140], sondern in der Übernahme dieser wichtigen Metapher ebenso ernsthaft: »In meinen Augen sieht er sich doppelt selbst,/ In jedem Auge einmal, – schwört mir nur/Bei Eurem Doppelselbst, das ist ein Eid,/Der Glauben einflößt« – der *einzige* glaubwürdige sogar, der solang gilt wie das schöne und freie Wechselverhältnis, in dem zwei Subjektivitäten sich ineinander spiegeln und verdoppeln können.

Der Treubruch ist im Stück also nur theoretisch: aber die neue Treue ist von der Art, daß sie immer wieder, und seis nur komisch,

---

faith (V. i. 253) – I swear to thee, even by thine own fair eyes/Wherein I see myself (V. i. 242-3) – In both my eyes he doubly sees himself:/In each eye one, – swear by your double self,/And there's an oath of credit (V. i. 244-6) – you have given me life and living (V. i. 286)

überprüft werden muß. Portia und Bassanio landen in keinem schauerlichen ›ehelichen Hafen‹ von Sicherheit und Langeweile, *sowenig wie der Handel in einem wirklichen*. Hier macht Shakespeare seine letzte wechselseitige Sinnzuschreibung zwischen der utopischen Liebe und der utopischen Seehandelsgesellschaft. Als Antonio durch Portia von der glücklichen Heimkunft seiner Schiffe erfährt, sagt er zu ihr: »Ihr gabt mir Leben, und zu leben« – wieso? Sein Leben hat er schon lange wieder, und was seinen Unterhalt angeht, so hätte Bassanio sich jetzt wohl auch nicht lumpen lassen. Nur daß ›das Leben, und zu leben‹ bei ihm eben den neuen Einsatz bedeutet, die nächste Handelsfahrt. Die Utopie des Handels ist nicht statisch, sondern immer wieder in sich zurückkehrender Prozeß, ist Zirkulation – und das heißt doch wohl: *ein Ring*, zumal der weggegebne und mit Gewinn zurückgekehrte. Das ist der Grund, warum der 5. Akt die treulose und unglückliche Liebe zum Thema hat, die dann zu Glück und Treue zurückfindet. Die Hauptpersonen reden davon, aber auch Lorenzo und Jessica halten jetzt ihre kunstvolle Wechselrede über Cressida, Dido und Medea, die Lorenzo mit einem großen Monolog über die Sphärenmusik beendet: hohe Worte für das vordem ›mittlere‹ Paar; und auf der anderen Seite darf Portia sich jetzt ruhig auch einmal auf die Ebene von zweideutigen Witzen herunterlassen darüber, wer bei wem gelegen hat und liegen wird. Denn die *ganze* utopische Handelsgesellschaft, so wie Shakespeare sie erdichtet hat, und nicht nur das Portia-Bassanio-Verhältnis, ist zuletzt auch *demokratisch:* eine Musik aus Leuten.

7. *Der* Kaufmann von Venedig *als ideologisch-ästhetische Sinnlösung*

Die Interpretation hat sich ungebührlich in die Länge gezogen, aber nur so war ihre zweifache Aufgabe zu lösen. Sie hat einmal, gegen eine Fülle von anderen Meinungen, zeigen müssen, daß das wahre Thema des Stücks eine Seehandelsutopie ist und das zu ihr gehörige persönliche, gesellschaftliche und ökonomische Idealverhalten; und wie sich darauf alle seine wichtigen Elemente beziehen und alle von ihm selbst gestellten Deutungsprobleme lösen lassen. Zum andern hat sie nachverfolgen sollen, wie dieses Ideal durch ein Paradigma von Äquivalenzen, Kontrasten und Modifikationen, und eine dramatische Abfolge von Konflikt, Krise und Sieg dem Zuschauer Stück für Stück als gültiges und einholbares nahegebracht wird. Das gilt für die Rahmengeschichte von Antonios ausgesandten und schließlich heimgekehrten Schiffen; das Personal des Stücks hat sich nach seiner positiven oder negativen Einstellung zum Seehandelsideal gruppieren und teilweise auch präziser als vorher deuten lassen – so der ›traurige‹ Antonio oder der ›diskriminierte‹ Shylock. Portias sonderbare Entschlossenheit, sich der Kästchenwahl zu unterwerfen, hat in ihrem Handelsverhalten seinen Grund gefunden, und ihre zwei falschen Freier, wie der richtige, waren als dreimalige Erläuterung dieses richtigen Verhaltens zu verstehen. In das immer deutlicher hervortretende Wertsystem haben sich auch kleinere Details, wie die Verschiedenheit der zwei Juden Tubal und Shylock, oder die ›falsche Handelsfahrt‹ von Lorenzo und Jessica ohne Zwang einordnen lassen. Die ›unbesonnene‹ Verpfändung Antonios, die plötzlich erwachende Liebe zwischen Portia und Bassanio erscheinen jetzt nicht mehr als willkürliche dramatische Setzungen, sondern fließen logisch aus ihrer richtigen Einstellung zum Seehandelsideal. An diesem Maßstab war endlich auch genauer zu sehen, inwiefern der Shylock-Prozeß ›gerecht‹ oder ›ungerecht‹ geführt ist; die Geschichte mit den Ringpfändern braucht nicht mehr bloß als ›Nachspiel‹ dazustehen, sondern zeigt sich als dramatische Inszenierung der positiven Utopie; und gleichzeitig wird das Unterthema der treulosen Liebe im 5. Akt zu mehr als einem ›heiteren‹ Versatzstück und von seiner ernsthaften und themabezogenen Seite her einsichtig.

Eine Interpretation so anzulegen heißt (und das ist ja alte, nicht hinterfragte philologische Übung) das Stück nach seinen *Stimmigkeiten* abzusuchen und diese zu systematisieren, um dann in ihrer gemeinsamen Ausrichtung das gemeinte Thema erkennen zu können. Dieses Vorgehen ist vom Text her auch gerechtfertigt: wenn es keine Fehler macht, so liefert dieser solche Stimmigkeiten überall, im ästhetisch geglückten Fall sogar lückenlos: es gibt dann darin nichts Unstimmiges mehr. Jeder gesprochene Satz, jede Metapher, alles Erleben und Handeln der auftretenden Personen sind auf andere vorausgehende oder folgende – oft mehrfach – bezogen, auseinander begründbar und *sinnvoll* im Hinblick auf das übergreifende Thema. Damit ist zugleich gesagt, daß alle diese Elemente gar nicht anders sein könnten als sie sind, sie sind *notwendig* so: Bassanio ›darf nicht‹ verliebt sein im 1. Akt; Morocco ›muß‹ das falsche Kästchen wählen; Bassanio ›kann‹ im Richter die Portia gar nicht erkennen, ›weil‹ er ihren inneren Reichtum noch nicht hat sehen gelernt, oder im Kleineren: Portia gibt ihm den Ring als Pfand, ›damit‹ sie ihn später wegnehmen und zurückgeben kann, und es ›muß‹ ein Ring sein, weil darin der Handel und die Liebe zugleich symbolisiert sind, usw. Alle im Stück auftretenden Personen (auch Shylock natürlich) liefern so fiktive Beispiele für eine Lebenspraxis, die in allen Einzelheiten und in ihrem ganzen Verlauf einen durchgängigen und vom Zuschauer nachprüfbaren *Sinn* hat.

In dieser Stimmigkeit liegt nun aber auch die spezifisch *ästhetische* ideologische Leistung des Stücks. Weiter oben war zu sehen, wie sich der *Kaufmann von Venedig* thematisch einfügt in das für die ganze Klasse der Gentry-Bourgeoisie, also in das darin *allgemein* geltende Sinndefizit, so wie es entsteht aus dem Widerspruch nach unten, aus der Behinderung durch die alte und neue Feudalität, aus der Aufhaltung des eigenen Aufstiegs und der drohenden Einschränkungen ihrer neuen Entfaltungsmöglichkeiten im Warentausch. Man kann sich aber wohl fragen, inwiefern dieses Sinndefizit vom *einzelnen* Klassenangehörigen geteilt und erlebt werden muß, der doch vielleicht in die neue Wirtschaftsform gar nicht direkt verwickelt, überhaupt mit öffentlichen und politischen Belangen innerlich nicht weiter tief beschäftigt ist. Daß er die Beschneidung der Tauschfreiheit auch einzeln als unsinnig erfährt, ist nicht weiter schwer zu sehen. Aber auch die sonstigen allgemeinen Widersprüche schlagen auf die Existenz des Einzelnen in der Weise von Sinnlosigkeitserfahrungen durch. Er wird in der realen Lebenserfahrung mit gesellschaftlichen Mängeln, etwa der neuen proletarischen Verelendung, dauernd sinnlich konfrontiert und weiß sie daher, wie unklar auch immer, von seinen eigenen wahrgenommenen Interessen mitverursacht; andererseits sieht er sich in diesen eigenen Interessen durch die neuen Machtverhältnisse auch zunehmend beschnitten. Sein größeres oder kleineres Leiden daran hat keine für ihn einsichtige allgemeine Notwendigkeit, er kann seine Gesellschaft nicht mehr als Totalität überblikken, in die er sinnvoll eingefügt wäre; und seine Praxis ist durch keine ersichtliche Beförderung des Gemeinwohls mehr legitimiert, im Gegenteil von den verschiedensten und disparatesten Interessezielen bestimmt, und auch insofern nicht mehr auf einen einzigen, formulierbaren Punkt bezogen und ausgerichtet: sie verliert die Zusammengehörigkeit ihrer einzelnen Elemente untereinander und auf ein Ganzes, so daß diese Elemente in bezug aufeinander und aufs Ganze auch nichts Sicheres mehr *bedeuten*.

Von den gesellschaftlichen Mängeln wird also auch herrschende Lebenspraxis, mit der ökonomischen Entwicklung und den Klassenverhältnissen jeweils wechselnd, ihres *Sinns* beraubt, und entsprechend stark meldet sich im Einzelnen das existentielle Bedürfnis nach sinnvollem, das heißt von gesellschaftlicher Notwendigkeit gedecktem Handeln und Erleben. Eine solche Notwendigkeit können die jeweiligen *theoretischen* Ideologiekonstrukte immer nur bis zu einem gewissen Maß wahrscheinlich machen: so läßt sich für die Gentry-Bourgeoisie der Shakespearezeit der Ursachenzusammenhang zwischen dem wahrgenommenen Eigeninteresse und der proletarischen Verarmung und Landvertreibung durch keine Theorie von Gottgewolltheit oder vom ›body politick‹ *ohne Rest* aus der Welt disputieren. In diese Sinnlücke tritt nun das Stück ein und liefert mit Bassanio und Portia die fiktiven Beispiele für eine Lebenspraxis, die ganz nach dem Gesetz der neuen Ökonomie geführt und *trotzdem* von jedem Element von Interessendurchsetzung oder Sinnzweifel gereinigt ist: alles, was sie tun und was ihnen zustößt, ist eben auf die ersehnte Weise notwendig, in allen Teilen aufeinander bezogen und auf ein einziges, scheinbar allgemeingesellschaftlich gültiges Sinnziel ausgerichtet.

Von außen gesehen ist diese Lösung scheinhafte und klassenparteiliche, also ideologische Mängelplausibilisierung, im wesentlichen so entstanden, daß die eigene Position verschönt, und ihre negativen gesellschaftlichen Folgen ausgeblendet worden sind. Das wird aber innerhalb des Werks, grob gesagt während der Dauer seiner Rezeption, unsichtbar. Denn die Kunst kann ein Verhältnis von solcher *Notwendigkeit* in der Abfolge, dem Zusammenhang und den Entsprechungen ihrer Teile setzen, daß keins davon abgeändert, ausgetauscht, ausgelassen oder eingeschoben werden kann, ohne daran Schaden zu nehmen. Wenn sie aber dieses Vermögen hat, was soll dann die Literatur daran hindern, sich einzelne Teile von *Lebenspraxis* zu suchen, andere auszulassen, und das Ganze dennoch als eine in sich notwendige Totalität hinzustellen? Und schon hat sie ihre übergreifende Ausrichtung (den Seehandel) und ihre Bedeutsamkeit in allen Teilen untereinander und aufs Ganze, sind dem Zuschauer fiktive Beispiele von Lebenspraxis und Erfahrungswirklichkeit vorgeführt, wie er sie sich innerhalb falscher gesellschaftlicher Verhältnisse nur wünschen kann: nämlich daß sich bei ihnen jede Äußerung oder Begebenheit *strukturell* in einen inhaltlich erkennbaren Sinnzusammenhang einfügt, und in ihm ihre nachweisliche, feste Stelle, zu ihm ihren eindeutigen Bezug hat. Das eben kommt, solang wir nicht in der Utopie leben, *nur in der Kunst vor*; und trotzdem widerspricht es nicht ihrem Gesetz, diesen Bezug auf ein ideologisches und klasseninteressiertes Ziel auszurichten. Beides wünscht sich herrschendes Bewußtsein zugleich, und in der Literatur ist beides untrennbar zu einem geworden. Sie hat ihre Entstehungsursache und ihren Rezeptionsgrund in diesem *besonderen* Bedürfnis nach *jetzt schon* eingeholtem Sinn, nicht in einem allgemeinen ›Klasseninteresse‹, und liefert dazu die Kompensation des Fehlenden, nicht die ›Widerspiegelung‹ des Vorhandenen.

Im vorliegenden Beispiel ist dabei auch noch das ideologische Sinnziel nach seinen *utopischen* Inhalten weit entwickelt und bis zu einer Überwindung der bürgerlichen Gesellschaft weitergeführt. Es zeigt sich hier, wie im analogen Fall der klassischen griechischen Kunst, daß am Anfang großer ökonomischer und klassengeschichtlicher Epochen, wo neue Grunderfahrungen (hier die verallgemeinerte Tauschautonomie) gemacht werden, auch große und weitblickende Kunstlösungen gefunden werden können, die daher auch lange gültig, das heißt rezeptionsfähig bleiben. Das besagt nicht, daß sie nicht sachlich einseitig und irrig wären: tatsächlich hat sich der Seehandel historisch nicht zur Utopie und nicht zur gesellschaftsbestimmenden ökonomischen Hauptkraft fortentwickelt. Es bedeutet auch nicht, daß sie in ihrer Entstehung nicht an einen ziemlich eng begrenzten Zeitraum gebunden wären; denn das darin bearbeitete Sinndefizit muß einerseits schon deutlich *spürbar* geworden, die vorgeschlagene Lösung andererseits noch *plausibel* sein: so hat Shakespeare seit 1604, also recht genau seit der Thronbesteigung von James I, der das Ende des ungehinderten Aufstiegs der Gentry-Bourgeoisie besiegelte, nur noch pessimistische Lösungen vorgeschlagen, oder solche, in denen die gesellschaftlichen Realien nur noch zu einer entrückten, traumartigen Wunschordnung zusammengefügt sind.

Man kann das Verhältnis zwischen Literatur und Gesellschaft

verstehen als ein beliebiges und freies, oder als eines, das (im geglückten Fall) hinter den ›Erscheinungen‹ des Gesellschaftsvorgangs sein ›Wesen‹ faßt, und dabei im übrigen wechselnd stark vom herrschenden Klasseninteresse bestimmt ist; aber durch keins dieser Grundmodelle scheint dieses Verhältnis richtig getroffen, und weder lassen sich damit die Werke in ihren genaueren Einzelheiten aus ihrem gesellschaftlichen Kontext herleiten, noch wird dadurch ihre Datierung in einer bestimmten gesellschaftlichen Entwicklung erklärlich. Im hier durchgeführten Beispiel scheint beides mit einiger Stringenz geleistet. Es hat dazu noch eine bisher immer übersehene vermittelnde Instanz gebraucht, eben die Agentur eines historisch und innerhalb der Klassen wechselnden Sinndefizits, ohne die die Entstehung wie die Rezeption von Literatur unverständlich bleiben muß. Ihre neue Verständlichkeit als kompensatorische Stillung dieses bestimmten, gesellschaftlich hervorgerufenen Bedürfnisses zahlt die Literatur mit dem Verlust der ihr früher zugeschriebenen gesellschaftlichen Schlüsselrolle: aber die Wahrheit wird wohl auch hier der schönen Selbsttäuschung vorzuziehen sein. Um sie zu entdecken und festzuhalten braucht es freilich einen vorausgehenden Entschluß, das in der Literatur gleichzeitig wahrgenommene und sinnüberdeckte Herrschafts- und Privilegierungsinteresse sichtbar zu machen, und das heißt aber auch: das wahrgenommene *eigene* sehen zu wollen, ohne das das fremde nämlich unkenntlich bleiben muß – und dann kommt es zu eben jener blinden ideologischen Identifikation der Untersuchung mit dem untersuchten Werk, wie sie der Forschung zum *Kaufmann von Venedig* so vollständig unterlaufen ist, daß sie noch nicht einmal das *Thema* des Stücks hat erkennen können (von den borniierten bis ekelhaften Behauptungen darin angeblich abgebildeter überzeitlicher Menschenbeschaffenheiten einmal abgesehen). Vielleicht haben die Beschreibungen von Literatur zu kurz gegriffen, solang nicht klar war, wie sie funktioniert, vielleicht müssen wir erst nochmal neu anfangen zu interpretieren.

I. Theorie und realgesellschaftlicher Kontext

P. J. Bowden, *The Wool Trade in Tudor and Stuart England* (London and New York, 1962)

Eleonora M. Carus-Wilson (ed.), *Essays in Economic History Reprints*, 3 vols. (London, 1954)

Eleonora M. Carus-Wilson, *Medieval Merchant Venturers* (London, 1954)

J. Cornwall, »English Population in the Early Sixteenth Century«, Ec. Hist. Rev. 2nd ser. XXIII (1970), 32-44

Maurice Dobb, *Entwicklung des Kapitalismus vom Spätfeudalismus bis zur Gegenwart* (Köln und Berlin, 1963)

F. J. Fisher, »Commercial Trends in Sixteenth-Century England« (1940), in: Carus-Wilson, *Essays* I, 141-157

Christopher Hill, *Reformation to Industrial Revolution* (Harmondsworth, 1969)

Peter King, *The Development of the English Economy to 1750* (London, 1971)

Jürgen Kuczynski, *Die Lage der Arbeiter in England* (Berlin, ²1954)

Ephraim Lipson, *The Economic History of England*, 3 vols. (London, 1947)

Ernest Mandel, *Marxistische Wirtschaftstheorie* (Frankfurt, 1970)

Karl Marx, *Grundrisse der Kritik der politischen Ökonomie* (Frankfurt und Wien, o. J.)

Karl Marx und Friedrich Engels, *Werke* (Berlin, 1968)

H. O. Meredith, *Economic History of England* (London, 1958)

Brian R. Mitchell und Phyllis Deane, *Abstract of British Historical Statistics* (Cambridge, 1962)

E. H. Phelps Brown and Sheila V. Hopkins, »Seven Centuries of the Prices of Consumables, Compared with Builders' Wage-Rates« (1956) in: Carus-Wilson, *Essays* II, 169-96

P. Ramsay, *Tudor Economic Problems* (London, 1963)

I. M. Shukow (ed.), *Weltgeschichte in zehn Bänden* (Berlin, 1966)

Werner Sombart, *Der moderne Kapitalismus. Historisch-systematische Darstellung des gesamteuropäischen Wirtschaftslebens von den Anfängen bis zur Gegenwart*, 6 Bde. (München usw., 1928)

Lawrence Stone (ed.), *Social Change and Revolution in England, 1540-1640* (London, 1970)

R. H. Tawney, »The Rise of the Gentry, 1558-1640« (1941), zusammen mit der Kontroverse mit H. R. Trevor-Roper am einfachsten in: Stone, *Social Change*

R. H. Tawney (ed.), *Thomas Wilson, A Discourse upon Usury ... (1572)*, Introduction (London, 1925)

Robert Weimann, *Drama und Wirklichkeit in der Shakespearezeit* (Halle, 1958)

II. Shakespeare und »The Merchant of Venice«

Benutzter Text: *The Merchant of Venice,* ed. John Russell Brown, Arden Edition (London and Cambridge, Mass., 1959)

Die wichtigsten kritischen Aufsätze sind gesammelt bei:

John Wilders (ed.), *Shakespeare, The Merchant of Venice. A Casebook* (London, 1969)

sonst:

M. E. Andrews, *Law versus Equity in »The Merchant of Venice«* (Boulder, Col., 1965)

Sylvan Barnet, »Prodigality and Time in the *Merchant of Venice*«, PMLA 87 (1972), 26-30

M. C. Bradbrook, *Shakespeare and Elizabethan Poetry* (London, 1951)

Neil Carson, »Hazarding and Cozening in *The Merchant of Venice*«, ELN 9 (1972), 168-77

Christopher Caudwell, *Illusion and Reality. A Study of the Origins of Poetry* (London, 1946)

E. K. Chambers, *Shakespeare: A Survey* (London, 1925)

E. K. Chambers, *Willian Shakespeare. A Study of Facts and Problems* (London, 1930)

Nevill Coghill, »The Governing Idea of the *Merchant of Venice*«, SQ 1 (1948), 9-17

Sigmund Freud, »Das Motiv der Kästchenwahl« (1913a)

J. W. Lever, in: SQ 3 (1952), 383-6

Kenneth Myrick (ed.), W. Shakespeare: *The Merchant of Venice,* Introduction, Signet Classic Shakespeare (New York, etc., 1965)

T. M. Parrott, *Shakespearean Comedy* (London, 1949)

M. P. Tilley, *A Dictionary of Proverbs in England in the Sixteenth and Seventeenth Centuries* (Ann Arbor, 1950)

Anmerkungen

1 s. Arden, xxi–xxvii.
2 vgl. Bücherliste.
3 Für das englische 16. Jahrhundert gibt es keine verläßlichen Produktionsziffern, und sie stehen wohl auch nicht zu erwarten. Man ist angewiesen auf die Zahlen für die Bevölkerungszunahme, nach Cornwall ansteigend von 1510 = 100 auf 1600 = 148, zu der ein unbekannter Faktor für das im Durchschnitt doch wohl ansteigende Konsumniveau hinzuzurechnen ist. Der einzige andere Hinweis sind die Exportziffern, für Textilien (short-cloths) nach Fisher wachsend von 1509/1511 = 100 bis 1598/1600 = 176. Die Produktionssteigerung liegt demnach zwischen 60 und 100% im Laufe des Jahrhunderts.
4 Die Geldentwertung, ein gesamteuropäischer Vorgang, ist wenigstens für England genauer belegt. Die angegebenen Zahlen sind berechnet nach Phelps Brown und Hopkins. In guter Übereinstimmung gibt Ramsay (pp. 115-6) für die Grundnahrungsmittel eine Preissteigerung von 1510 = 100 auf 1600 = 459 an. Niedrigere Werte zeigen die Wollpreise, nach Bowden etwa verdreifacht von 1510 = 100 auf 1600 = 272, wieder vergleichbar sind die Weizenpreise in Exeter, nach Mitchell/Deane (pp. 485-6) steigend von 1500/1510 = 100 auf 1590/1600 = 411. Die Inflationsrate ist einigermaßen linear bis auf eine hohe Teuerungsspitze in den späten 1550er Jahren.
5 Shukow, V, 23.
6 Es handelt sich tatsächlich nur um zwei Fraktionen derselben Klasse: »The landowner living on the profits and rents of commercial farming, and the merchant or banker who was also a landowner, represented, not two classes, but one«, Tawney, *Rise*, 189.
7 »From the reign of Henry VII to the last days of James I, by far the better part of English landed estate changed owners, and in most cases (went into the hands of) the merchants and industrialists or the newly created nobility and gentry«, Liljegren bei Weimann, 33.
8 Zwischen 1455 und 1607 sind nach einer allerdings wenig verläßlichen Quelle etwa 500 000 acres eingehegt worden (Shukow, V, 20). Jedenfalls fallen von den gesamten Einhegungen zwischen 1450 und 1607 48% in die letzten 27 Jahre dieses Zeitraums (King, 278). Zwei charakteristische Klagen: »the greatest grief that hath been into the people of this realm, hath been the enclosing of commons« (Thomas Lever); »you rent-raisers, I may say you step-lords, you unnatural lords« (aus einer Predigt von Latimer), beide nach King, 278, 276. Shakespeare war persönlich 1608 in die Zwangseinhegung einer Allmende bei Stratford mitverwickelt, die gegen den militanten

Widerstand der Bauern durchgeführt wurde; er hatte aus dieser Allmende Zehnten bezogen, deren Weiterzahlung er sich vor seiner Zustimmung zur Einhegung von den neuen Herren vertraglich garantieren ließ (Chambers, *Study,* II, 135-6). – Edward Bond hat diesen Stoff kürzlich dramatisch bearbeitet in *Bingo, Scenes of Money and Death* (London, 1974).

9 s. Anm. 6.
10 Dobb, 136. Beispiele sind John Winchcombe (›Jack of Newbury‹), der mehrere hundert, und William Stumpe, der angeblich 2000 Arbeiter beschäftigen konnte (Dobb, 145). Auch der bedeutendste Finanzier der Zeit, Sir Thomas Gresham, war als *King's Merchant* und *Royal Agent* noch aktiv im Handel.
11 Phelps Brown und Hopkins haben eine Kurve des Reallohns für den gelernten Maurer vom 13. bis ins 20. Jahrhundert erstellt. Sie ist einen längeren Blick wert: an ihr läßt sich der barbarische Vorgang der primären Akkumulation und der Mehrwertabschöpfung durch den Industriekapitalismus am genauesten ablesen.
12 Berechnet nach Phelps Brown und Hopkins. Meredith (p. 420) hat noch höhere Zahlen, danach sinkt der Reallohn für den gelernten Schreiner von 1510 = 100 auf 1600 = 36,5 und für den Landarbeiter von 1510 = 100 auf 1600 = 38,2.
13 King, 293.
14 »idle persons and masterless men«, Hill, 45-6.
15 King, 282.
16 »The great age of Elizabethan and Jacobean literature trembled on the verge of social breakdown«, Hill, 94.
17 Weimann. 36.
18 Weimann, 37-41.
19 So Crowley, Stubbes, Tyndale, Zitate bei Weimann, 80-5.
20 s. o., Anm. 8.
21 Es entsteht »a new class of manufacturers, who might still be traders to some extent, but whose principal function it was to be employers and organizers of labour«, Unwin bei Weimann, 44.
22 Mandel, 107.
23 Marx/Engels, *Werke* 23, 609-10.
24 Marx/Engels, *Werke* 23, 623.
25 Marx/Engels, *Werke* 23, 612.
26 Nämlich in den Formen des ›Kleinkredits‹ und der Ratenzahlung.
27 Marx/Engels, *Werke* 23, 345.
28 Psychoanalytisch gesehen also ›phallische‹ Tugenden.
29 Shakespeare hat den kapitalistischen Vorgang nicht nur als Zuschauer gekannt: Hill, p. 89, hat den Hinweis, daß das Theater seit 1577 mit James Burbage und dem *Globe* zum »big business« geworden ist, und Shakespeares Vermögen stammte aus Einkünften daraus.

30 Marx, *Grundrisse*, 153.

31 Marx, *Grundrisse*, 157.

32 Marx, *Grundrisse*, 154 (meine Unterstreichung).

33 Marx, *Grundrisse*, 156.

34 Marx/Engels, *Werke* 25, 608.

35 Tawney, *Introduction*, 32. Ein Taglöhner verdiente damals, zwischen 1580 und 1600, 8-9d (Meredith, 420). Setzt man das Existenzminimum einer heutigen vierköpfigen Familie bei 30,– DM an, so war der Earl of Essex also mit gut und gern 17 Millionen DM verschuldet. Tawney fährt fort: »The Viscount Bindon had mortgaged two manors, the Duke of Norfolk three and the demesnes of two others, the Earl of Leicester his estates in Denbigshire, and the Earl of Southampton his estates everywhere« (*Introduction*, 36).

36 Tawney, *Introduction*, 26-9. Übrigens in oft bunten Formen: aus den *Chancery Proceedings* zitiert Tawney ein Beispiel, wo für £ 289 ausgezahlten Kredit eine Leihsumme von £ 480 hatte angegeben werden müssen; ein anderer Pfandschein fordert die ›Rückgabe‹ von 100 nie verliehenen Schafen, usw.

37 Weimann, 34.

38 Marx/Engels, *Werke* 25, 610-11.

39 Tawney, *Introduction*, 38.

40 Hill, 76.

41 Tawney, *Introduction*, 126.

42 Tawney, *Introduction*, 64-5.

43 *The Lawes, Customs and Ordinances of the Fellowshippe of Merchantes Adventurers*, zitiert bei Lipson, II, 199: »no member being allowed to ›vex, sue or trouble . . . any brother or officer of the fellowship or cause them to be arrested or cited to appear before any court of justice on this side of the seas‹, other than the Court of the Company«.

44 Tawney, *Introduction*, 161-5, geht auf die höchst merkwürdigen Einzelbestimmungen des Gesetzes von 1571 näher ein: danach sind Zinsvereinbarungen über 10% nichtig und unter Strafe gestellt; bei niedriger vereinbartem Zins aber *verfällt* der Zinsanspruch! Das Gesetz ist demzufolge auch so ausgelegt worden – *ganz analog dem undurchführbaren nicht-mehr-nicht-weniger von Shylocks Pfund Fleisch* –, als wäre der Zinsanspruch praktisch überhaupt nicht mehr einzuklagen. Nach gewöhnlicher Meinung galt das Gesetz aber, was auch sinngemäß war, als staatliche 10%ige Zins*vorschrift*.

45 Marx/Engels, *Werke* 25, 615.

46 Marx/Engels, *Werke* 25, 345.

47 s. o., Anm. 3.

48 Nach King, 324, betrug die Anzahl der englischen Schiffe über 100 tons 1560 = 76, 1577 = 135, 1588 = 183, 1624 = 350.

49 »The passing up the river of Thames by Mr. Cavendish is famous, for

his mariners and soldiers were all clothed in silk, his sails of damask, his top of gold, and the richest prize that ever was brought at any time into England«, Sombart, I. 2, 677.

50 King, 322.

51 Mandel, 115.

52 Nach Mandel, 117, war das Verhältnis von Ein- und Verkaufspreisen für Seidenwaren 100 : 303, für Pfeffer 100 : 374, für Rohseide 100 : 191, für Salpeter 100 : 1500, für Baumwollgarn 100 : 311. Die durchschnittliche Profitrate aufs eingesetzte Kapital betrug pro Handelsfahrt 250%.

53 »The more part of this nation lives by the merchandise that goes out of and comes into the realm«, Lipson, II, 185.

54 Drei von den sechs Schiffen Antonios sind in diesen Gegenden unterwegs (III. ii. 267-8).

55 Einzelheiten bei Sombart, I. 2, 682 ff.

56 II. v. 18.

57 IV. i. 373-4.

58 II. v. 14-5.

59 »a prodigal« III. i. 39-40.

60 »squand'red«, I. iii. 19.

61 »for a wilderness of monkeys«, III. i. 112-3.

62. I. iii. 136-7.

63 »I know not what«, III. i. 83.

64 III. i. 117-8.

65 IV. i. 121.

66 Das Stück zeigt also gerade das jüdische Wuchermonopol als reale Grundlage des Antisemitismus und übernimmt an keiner Stelle dessen rassistische Ideologie.

67 I. ii. 39.

68 III. iii. 317-8.

69 IV. i. 378-80.

70 II. viii. 53.

71 »only loves the world for him«, II. viii. 50.

72 So am nachdrücklichsten Midgley in Wilders, 199-201.

73 II. iv. 17-8.

74 »must give and hazard all he hath«, II. vii. 9 und öfter.

75 Für zwei halbherzige Ausnahmen vgl. die Arbeiten von Barnet und Carson, s. u. 376-7.

76 »Justice and Mercy, of the Old Law and the New«, Coghill, 17.

77 Zusammengefaßt Arden, lii.

78 Arden, li-liii.

79 »One thing seems certain, that giving is the most important part – giving prodigally, without thought for the taking«, Arden, lviii.

80 »Hate«, »the negation of friendship and community«, »Love«, »the

generous give and take of emotion, the free spending of nature's bounty«, Chambers, 112, und Lever, 383.

81 »Money merely as a means to breed money« – »money simply as a means to promote good life«, Parrott, 143.

82 »The cold, mineral wealth in Shylock's countinghouse« – »the crimson and organic wealth in (Bassanio's) veins, the medium of nobility and fecundity«, zitiert nach Arden, liii.

83 »The play shows that money, rightly understood ... need not be inhuman«, Wilders, 16.

84 »Confine (money) to the work of exchange, and it will lose its power to breed«, Wilders, 79.

85 »Shylock is the enemy, because he would check the free flow of money, which should move as healthfully as blood in the human body«, Wilders, 79.

86 Arden, lvi, deutet nach einem verbreiteten elisabethanischen Wortspiel das Verhalten von Portia und Bassanio als ›usury of blessing‹ und macht damit den Hauptkonflikt des Stücks zwischen Wucher und Handel endgültig unkenntlich. Nach Wilders, 110, ist Shylock »the child of the new cash-nexus« – aber er ist natürlich genau das Gegenteil.

87 »Shylock is ... one who refuses to hazard; he is not a merchant who buys and sells and who, therefore, hazards«, Barnet, 26-30.

88 S. die folgende Interpretation besonders von Bassanios Ausspruch »Which rather threaten'st than dost promise aught« (III.ii. 105).

89 »large element of risk (which) ties together in a very special way the casket plot with the bond plot«, Barnet, 28.

90 »sells time«, Barnet, 30.

91 »Hazarding and Cozening«, Carson, Titel.

92 »The ›cozeners‹ who think that good fortune may be earned by merit or endeavour«, Carson, 170.

93 »without the stamp of merit«, II. ix. 39.

94 »A twentieth century audience, more familiar perhaps with the unromantic characteristics of capitalism, finds it difficult to see in fortune hunting a congenial metaphor for faith, hope, or charity. Nevertheless I think that Shakespeare partly intended it as one«, Carson, 177.

95 Vgl. I. iii. 86-88.

96 »The 1590's were a period when London was becoming conscious of itself as wealthy and cultivated, so that it could consider ... Venice as a prototype«, Barber in Wilders, 176.

97 »Antonio's presentiment (which) suggests to the audience some great danger of which he and his friends are totally unconscious«, Myrick, xxiv.

98 99 Entfällt.

100 Siehe unten die Interpretation zu I. iii. 148.

101 I. iii. 154-5 und 177.

102 II. viii. 46.

103 I. i. 122-34.

104 Wobei er sein Vermögen und seine Person bis in den Wortklang gleichsetzt: »my *purse*, my *person*, my extremest means«, I. i. 138.

105 Die Vokabel ist mit dem Seehandel lang und eng verknüpft. Schon Chaucer läßt einen Exportkaufmann sagen: »Us moste putte oure good in aventure« (*Canons Yeoman's Tale*, 393); seit dem Ende des 15. Jahrhunderts nennt sich der Beruf in fester Prägung ›Merchant Venturers‹ oder ›Merchant Adventurers‹ und schließt sich seit der Mitte des 16. Jahrhunderts in verschiedenen Hafenstädten zu ›Merchant Adventurers' Companies‹ zusammen (Carus-Wilson, *Venturers*, xi).
Auch im Stück ist ›venture‹ technischer Ausdruck für Handelsware und Handelsunternehmen (I. i. 21, 42, I. iii. 86). Die Formel »nothing venture, nothing have« ist im heutigen Englisch noch als Sprichwort lebendig.

106 »the golden fleece was a symbol for the fortunes for which merchants ventured«, Arden, lv (mit Belegen). Auch das Stück verwendet das Symbol und nennt Antonios Schiffsladungen »the fleece that he hath lost«, III. ii. 241.

107 »mercenary profit«, Arden, 14n.

108 I. iii. 45 und 85.

109 »Love was often spoken of in commercial terms«, Arden, lv.

110 Bassanios »eloquent words about Portia assure us that his love for her is genuine«, Myrick, xxv.

111 »Old Law«, Coghill, 12.

112 Mit *Shylocks* ›Gesetz‹ hat Portias kaum etwas zu tun: sie teilen vielleicht die Buchstäblichkeit und Subjektlosigkeit, aber nicht die Grausamkeit, Rache, oder die Verknüpfung mit dem Besitzdenken.

113 Darauf laufen die zahlreichen Deutungen hinaus, die hinter Bassanios Wahl eine Einsicht in das ›wahre Wesen‹ oder das ›Sein‹ von Portia vermuten.

114 Freud, *Motiv*.

115 III. ii. 115 ff.

116 *Gesta Romanorum*, abgedruckt Arden, 172 ff.

117 I. ii. 51, 86-7, 91: und bei den späteren Belmont-Szenen macht ja grade dieses Risiko die Spannung für den Zuschauer aus.

118 Sombart, I. 2, 682 ff.

119 »The short line and Bassanio's interjection suggest that Antonio hesitates – so Shylock proceeds«, Arden, 29 n.

120 In Antonios Aufzählung kommt dieses wahrscheinlich doch fürstliche Haus nicht vor: »Thou know'st that all my fortunes are at sea,/Neither

have I money, nor commodity/To raise a present sum«, I. ii.
177-79.

121 So Bradbrook, 176.

122 Arden, lii, mitgestützt durch Bassanios Rede über ›ornament‹, die aber
ihrerseits bisher ungenau gedeutet worden ist, s. Interpretation zu III.
ii. 73 ff.

123 Vor allem in seinem Midas-Exempel, III. ii. 102.

124 »He is a fool that cuts himself with his own knife«, Tilley, No. F 479.
Das Sprichwort ist den Kommentatoren des Stücks meines Wissens
noch nicht untergekommen. Ob es ein Quellpunkt für die Shylock-
Figur ist, muß unentschieden bleiben.

125 Er trägt als einziger der drei durchgezeichneten Freierfiguren einen
historischen Titel.

126 Das Thema ist auch sonst bei Shakespeare geläufig, vor allem aus
Sonett CIIL, CL, CLII. – Die Lehrmeinung sieht in dem Lied keine
Beeinflussung von Bassanio: »it would belittle Bassanio« oder wäre »a
slim trick«, Arden, 80 n. Aber die Hinweise stehen nun einmal da, und
es wäre doch eher merkwürdig, wenn das Lied von etwas ganz
anderem handelte.

127 III. ii. 115-126: einmal gewinnen die Augen des Portia-Portraits
Bewegung dadurch, daß sie auf Bassanios eigenen »reiten«; dann
»raubt« das eine fertiggemalte Auge beide Augen des Malers, so daß er
– mit Hyperbole – das andere nicht mehr hinzumalen kann. Die
Metapher ist vorbereitet III. ii. 14 »beshrew your eyes«, und in
offensichtlich gemeinter Weise V. i. 243-5 nochmals aufgegriffen.

128 Bassanio wird es später tatsächlich besser wissen, nämlich mit Portias
Vermögen besonnener umgehen und dem Juden nicht mehr als das
Doppelte anbieten, IV. i. 84.

129 Marx/Engels, Werke 23, 86.

130 Marx, Grundrisse, 156.

131 Auch nach dieser utopischen Seite trifft demnach Caudwells Bemer-
kung: »Elizabethan poetry . . . is the voice of this princely will, the
absolute bourgeois will whose very virtue consists in breaking all
current conventions and realizing itself. This is why all Shakespearean
heroes are princely; why kingliness is the ideal type of human
behaviour at this time« (p. 74).

132 Er hat den Eid III. iii. 5 jedenfalls schon getan.

133 s. o., p. 316.

134 s. Arden, li.

135 »justified dramatically«, Arden 116 n.

136 Hauptargument Andrews.

137 Coghill, und oft.

138 Arden, 116 n. und oft.

139 lat. merces heißt ›Lohn‹; die Bedeutung verschiebt sich in merowin-

gisch *merci* zu ›Gunst‹, ganz offenbar, weil feudal der Lohn nicht mehr einklagbar ist, und von da aus altfranzösisch zu ›Gnade‹. In Shakespeares utopischer Seehandelsgesellschaft soll dagegen der Lohn oder das Verdiente deswegen nicht mehr einklagbar sein, weil es sie, zusammen mit dem Arbeitsvertrag, nicht mehr zu geben braucht.

140 »laughingly ironical«, Arden, 137 n.

II. Das Nützliche in Wirklichkeit:
Charles Dickens' *Oliver Twist*

1. Einleitung

Mit diesem Roman, unserem zweiten Beispiel, vom Januar 1837 bis März 1839 in *Bentley's Miscellany* erschienen[1], sind wir in eine sehr viel andere, dem heutigen Bewußtsein nähere und gleichzeitig auch wieder großväterhaft fremde und schwer zugängliche Literaturepoche versetzt. Der Vergleich zwischen Shakespeare und Dickens ist ein Gemeinplatz der englischen Literaturkritik, aber sie kennt auch seine Grenzen: die Zeit des frühbürgerlichen Glanzes ist vorbei, die große Ordnung des Shakespearetheaters ist nicht mehr zu holen, die klassische ästhetische Anordnung taugt nicht mehr dazu, die offensichtlich gesellschaftszerstörenden bürgerlichen Herrschafts- und Privilegierungsinteressen mit Sinn zu überschreiben. Die ganze gesellschaftliche Landschaft, die Produktion und der Markt, das Klassenverhältnis und die Verkehrsformen haben sich ins kaum mehr Wiederzuerkennende gewandelt: Dickens ist der erste hochkapitalistische Autor der Welt; sein Werk entsteht (und viele ähnliche im 19. Jahrhundert werden ihm folgen) in massenhafter, anscheinend müheloser, gleichsam *selbsttätiger* Produktion – die Lieferungen von *Oliver Twist* waren wohlgemerkt *wöchentlich*, und dabei war Dickens mit seinem ersten Roman, den *Pickwick Papers*, noch nicht einmal ganz fertig –, rasch und roh fabriziert: da gilt kein Geschmack mehr, keine sorgfältige Feilarbeit und Abstimmung auch der kleinsten Teile untereinander, sondern nur noch der Strom, das Gewimmel, die grellen Farben, die ›flüchtig hingemachten Männchen‹[2] und die nicht weniger krassen und groben Geschichten, Situationen, Gefühle – das Ganze so reich, häßlich, barbarisch, mächtig und *unwiderleglich* wie der kapitalistische Vorgang selbst.

Diese vorläufige Charakterisierung will auf keine ungenaue These von irgendeiner ›Zeitverkörperung‹ hinaus – obwohl sich im herrschenden Sinndefizit einer Zeit, erfaßt man es nur tief genug, *alle* Elemente des Gesellschaftsganzen, zum Wunsch verdreht, wiederfinden müssen. Sie soll vielmehr auf zwei wichtige Züge des

Romans vorausdeuten. *Oliver Twist* ist der erste großformatige Versuch in der englischen Literatur, die gesellschaftlichen Mängel seiner Gegenwart *realistisch* zu beschreiben; die bis dahin gültige Grenze zwischen dem Schönen und dem Häßlichen, dem Kunst- und dem Nichtkunstfähigen, ist aufgegeben zugunsten eines neuen, negativen Wahrheitsanspruchs, daß die gesellschaftliche Realität *um nichts besser* sei, als es darin geschrieben steht. Der Roman steht damit am Anfang eben der Täuschung (und Selbsttäuschung), deren Auflösung heute bevorzustehen scheint: er glaubt an seine Abbildlichkeit nicht weniger als an seine Wirkung auf den einzelnen Leser und damit auf seine Gesellschaft, und bietet damit eine gute Gelegenheit, diese zwei Hauptpunkte noch einmal am Beispiel zu diskutieren. Außerdem ist er, nach allgemeiner kritischer Übereinkunft, kein besonders *gelungenes* Stück Literatur, noch nicht einmal innerhalb des ohnehin oft angefochtenen Werks von Dickens: aber gerade in dieser ästhetischen Mangelhaftigkeit liegt ein Grund, sich näher mit ihm zu beschäftigen. Wenn die gesellschaftliche Entstehung von Literatur hier richtig gekennzeichnet ist, dann hat jede Epoche mit derselben Notwendigkeit wie eine so oder so ausgeprägte Erfahrung von Sinnabwesenheit im herrschenden Bewußtsein auch eine so oder so beschaffene Literatur. Es kann demnach auch historische Abschnitte geben, in denen geglückte Literatur *nicht möglich ist,* und die englischen 1830er Jahre gehören offenbar dazu.

Zu den Mangelhaftigkeiten des Romans gehört nun auch seine offensichtlich unzulängliche explizite Sinnlösung des bürgerlich-humanitären ›Seid gut zueinander‹; sie ist ein deutlicher Notbehelf. Daher scheinen mir Versuche zu einer Reduktion zu kurz zu greifen, die sich ideologiekritisch darauf stürzen; und die dann aus Dickens einerseits, wegen seiner sozialkritischen Seiten, einen ›progressiven‹ Autor machen, ohne daß irgend jemand sagen könnte, warum er gerade in seiner Zeit dazu geworden sein sollte, und die ihm dann die Verhimmelung des Bürgertums als ›Ausrutscher‹ ankreiden, der ebenso unerklärt bleibt. Vielmehr ginge es doch darum, zu zeigen, wie beide Seiten mit *Notwendigkeit* zu einer literarischen Sinnlösung gehören, die sich in den englischen 1830er Jahren dem herrschenden Bewußtsein noch als plausible darstellen kann. Daher will ich in diesem zweiten Beispiel anders vorgehen als beim *Kaufmann von Venedig,* wo die angegebene gesellschaftliche Sinnlösung des Seehandels noch inneres Thema und lebendige Mitte des Stücks war, und nicht mit der Rekonstruktion des herrschenden Sinndefizits und seiner Übereinstimmung mit der expliziten Sinnlösung anfangen. Es scheint mir hier aussichtsreicher – und dasselbe empfiehlt sich für viele neuere Literatur, in denen eine Sinnlösung oft nur noch *implizit* mitgegeben ist –, zuerst die Hauptmerkmale des Buchs, wie sie sich aus der immanenten Interpretation ergeben, aufzuzählen, und sie erst danach an den zeitgenössischen gesellschaftlichen Kontext anzulegen: erst so wird sich die Sinnlösung des Romans auch in ihren unter der Oberfläche liegenden Schichten und in ihrer eigentlichen Notwendigkeit zeigen.

2. *Die Hauptmerkmale des Romans*

Die Geschichte des Romans ist schnell zusammengefaßt. Er erzählt, wie es der Untertitel verspricht, »die Lebensfahrt des Pfarrkindes« Oliver aus dem tiefsten Elend in einen Himmel bürgerlicher Geborgenheit. Seine Mutter bringt ihn sterbend im Arbeitshaus einer Kleinstadt[3] zur Welt und läßt ihn als Waisenkind zurück, »ein Bündel Sterblichkeit«, »gezeichnet und abgestempelt . . . durch die Welt geknufft und gestoßen zu werden – von allen verachtet und bemitleidet von niemand«. Seine erste Leidensstation ist eine Kinderkrippe, in der er zusammen mit »zwanzig oder dreißig jugendlichen Gesetzesbrechern« lieblos und halbverhungert aufgezogen wird bis zu seinem neunten Jahr; dann kommt er ins Arbeitshaus zurück, um dort das »nützliche Handwerk« des Wergzupfens zu lernen – und hier hat er auch seinen großen Lesebuch-Auftritt. Zum Äußersten getrieben durch »die Foltern des langsamen Verhungerns« rafft er sich bei der Suppenausteilung zu dem Satz auf: »Bitte Sir, ich möchte noch etwas«, worauf das Personal halb in Ohnmacht fällt, aufschreit, und ihm den sichern Tod am Galgen voraussagt. Man will ihn loswerden und überläßt ihn für £ 5 – ein »großzügiges Angebot« – einem Sargmacher zur beliebigen Mißhandlung und Ausbeutung. Dort wird er auch so

---

The Parish Boy's Progress – item of mortality (1) – badged and ticketed . . . to be cuffed and buffeted through the world – despised by all, and pitied by none (3) – twenty or thirty other juvenile offenders (4) – useful trade (9) – the tortures of slow starvation (11) – ›Please, sir, I want some more‹ (11) – liberal terms (21)

gepeinigt und beleidigt, daß er nach London entläuft; aber unterwegs trifft er Artful Dodger, einen jungen Taschendieb, und fällt so unter die Verbrecher. Er wehrt sich rührend und standhaft gegen die Verderbnis, aber erst im allerletzten Moment, aus Zufall, wird er gerettet und in eine menschliche, wohlhabende und herzensgute Bürgerfamilie aufgenommen. In einer melodramatischen Verwicklung, die an den Tod seiner Mutter anknüpft, stellt sich heraus, daß er mit dieser Familie auch noch verwandt ist, er erbt ein bescheidenes Vermögen von £ 3000 und wird vom Roman in ein ländliches Happy End entlassen – während die Verbrecher durch Mord, Selbstmord und Todesurteil enden.

Man hat es als heutiger Leser schwer mit dieser Handlung, wird oft nur durch ihren recht äußerlichen Spannungsverlauf bei der Stange gehalten; die geschilderten Situationen, die Beziehungen zwischen den Personen sind schematisch und vorhersehbar, die Figuren, mindestens die ›guten‹, auf eine öde Weise vereinfacht; und Oliver selbst gehört darunter zu den langweiligsten. Er läßt sich auch als verweltlichter ›Jedermann‹ oder Bunyan-Pilger nicht kritisch retten[4] – dazu ist er zu sehr bloß leidendes und jammerndes Opfer, rührende Wohlerzogenheit, liebevoller Empfänger von charity, reagierendes und kaum jemals handelndes Vehikel eines aufsteigenden Wegs durch die Gesellschaft, die in ihren höheren Sphären auch nur aus ewig zartfühlenden, mitleidigen, edlen und natürlich begüterten Figuren besteht: »Sie war über die siebzehn nicht hinaus«, heißt es von Rosie Maylie, »so zart und erlesen von Gestalt; so mild und sanft; so rein und schön, daß die Erde nicht ihre Heimat schien ... vor allem aber ihr Lächeln, ihr fröhliches, glückliches Lächeln, das alles war wie geschaffen fürs Daheim, für Frieden und Glück am Kamin.« Als Schattenseiten sind diesen Figuren allenfalls eine ›rauhe Schale‹ oder ein ›origineller Zug‹ wie der rasch besänftigte Jähzorn des Mr. Grimwig mitgegeben – also gerade so viel, daß sie aus der Idealisierung wieder in *irgendeine* Art von Wiedererkennbarkeit rücken. Sie verlangen vom Leser keine nähere Beschäftigung – außer mit der Frage, wozu sie ins Personal des Romans aufgenommen worden sind: denn daß

She was not past seventeen. Cast in so slight and exquisite a mould; so mild and gentle; so pure and beautiful; that earth seemed not her element ... above all, the smile; the cheerful, happy smile; were made for Home; and fireside peace and happiness (187–8)

Dickens nicht hat glauben können, das Bürgertum seiner Zeit wäre in der Regel so beschaffen, wird er sich schon hier denken.

Sie stehen, wenn auch in lästiger und erklärungsbedürftiger Breite, nur am Rand des Romans: was Dickens mit dem Buch eigentlich wollte, hat er in dem 1841 verfaßten Vorwort gesagt. Die alten romantisierenden Darstellungen von Verbrechen und Armut à la *Beggar's Opera* kommen ihm falsch vor, geschrieben mit Rücksicht auf ein allzu zartfühlendes Publikum: »Ich habe kein Verlangen, mir unter solchen Leuten Anhänger zu suchen. Ich habe vor ihrer guten oder schlechten Meinung keine Achtung; trage keine Begehr nach ihrem Beifall; und schreibe nicht zu ihrer Unterhaltung.« Was er schreiben will, ist die »strenge und einfache Wahrheit«; und darunter versteht er die ungeschönte, rücksichtslose Aufdeckung der dunkelsten Seite der Gesellschaft, ihrer Mängel dort, wo sie am krassesten hervortreten, im öffentlichen Auftrag: »die verbrecherischsten und entehrtesten der Londoner Bevölkerung.. in ihrer ganzen Verkrüppelung, ihrer ganzen Erbärmlichkeit, dem ganzen schmuddeligen Elend ihres Lebens; sie zu zeigen, wie sie wirklich sind ... das zu tun, so schien mir, hieße etwas sehr Notwendiges zu unternehmen, und ein Dienst an der Gesellschaft.«

Innerhalb dieser neuen Aufgabenstellung für die Literatur gelingen ihm Figurenbeschreibungen und gleichzeitig ein Verhältnis dieser Figuren zum Leser, wie sie es vorher nicht gegeben hat: dieser kann sie – anders als die blassen Bürgerschemen einer Rosie oder eines Mr. Brownlow – auf eine vorher nicht gekannte deutliche Weise sehen und hören, aber auch *nur* noch sehen und hören. Der erste Auftritt von Bill Sikes, dem Einbrecher und Mörder, ist ein gutes Beispiel: »Der Mann, der diese Worte hervorknurrte« – er schimpft im Hereinkommen, weil er gerade mit Bier übergossen worden ist –, »war ein stämmig gebauter Kerl

I have no desire to make proselytes among such people. I have no respect for their opinion, good or bad; do not covet their approval; and do not write for their amusement (lxiii) – the stern and plain truth (lxiii) – the most criminal and degraded of London's population ... in all their deformity, in all their wretchedness, in all the squalid misery of their lives; to show them as they really are ... it appeared to me that to do this, would be to attempt a something which was very needed, and which would be a service to society (lxi-ii)

The man who growled out these words, was a stoutly built fellow of about five-and-thirty, in a black velveteen coat, very soiled drab breeches, laceup half boots,

von etwa fünfunddreißig Jahren in einem schwarzen Felbelrock, sehr fleckigen graubraunen Bundhosen, geschnürten Halbstiefeln und grauen Baumwollstrümpfen, die ein Paar sehr massige Beine mit dick hervortretenden Waden umschlossen . . . Er hatte einen braunen Hut auf dem Kopf und ein schmutziges Belcher-Tuch um den Hals, mit dessen langgefransten Zipfeln er sich beim Reden das Bier aus dem Gesicht schmierte. Als er damit fertig war, enthüllte er ein breites, schweres Gesicht, mit einem drei Tage alten Bart und finster blickenden Augen, von denen das eine noch die buntscheckigen Symptome eines Schlages trug, von dem es kürzlich beschädigt worden war.«

Dieser Text ahmt die Geste des auferksamsten Registrierens so genau nach, daß es für den Leser ununterscheidbar wird, ob hier erfunden oder *tatsächlich* registriert worden ist: nicht nur Stiefel, sondern Halbstiefel, geschnürt; kein bloßes Halstuch, sondern eins, wie es der berühmte Boxer Jim Belcher in Mode gebracht hatte, blau und mit langen Fransen. Von dem so geschilderten Äußeren ist die Figur – man kann, glaube ich, sagen – *mehr* als je zuvor oder danach (im 19. Jahrhundert) definiert, bis in den Satzbau ist sie dessen Funktion und Folge: zuerst kommt das Halstuch, dann das Gesicht, das ›enthüllt‹ wird; zuerst die Strümpfe, dann die Beine, die sie ›umschließen‹, und so fort – ebenso wie die körperliche Beschaffenheit dann erst auf die inneren Eigenschaften der Figur verweisen. Bill Sikes ist nicht *zufällig* unrasiert, sondern aus innerer Verworfenheit, und sein blaues Auge ist bloßes Signal für den Charakterzug der Gewalttätigkeit und Brutalität. Die werden dem Leser nun gleich auch vorgeführt dadurch, daß Sikes den mitgebrachten Hund mit einem Fußtritt quer durchs Zimmer schleudert; es bleiben wenig Zweifel, wie er später den ihm überantworteten Oliver behandeln wird.

Diese Art der Personenbeschreibung ist eine Neuentdeckung der Literatur und sozusagen ein feierlicher Augenblick in ihrer Geschichte: mit ihr tritt ja der *literarische Realismus* in seiner ersten fertigen Gestalt[5] auf den Plan. Seine entscheidenden drei

and grey cotton stockings, which inclosed a very bulky pair of legs, with large swelling calves . . . He had a brown hat on his head, and a dirty belcher handkerchief round his neck: with the long frayed ends of which he smeared the beer from his face as he spoke. He disclosed, when he had done so, a broad heavy countenance with a beard of three days' growth, and two scowling eyes; one of which displayed various parti-coloured symptoms of having been recently damaged by a blow (76-7)

Merkmale sind hier jedenfalls alle schon ausgebildet. Das wichtig-ste ist darunter die Abwertung, möglichst weitgehende Ausschal-tung, besser: die *Unkenntlichmachung der Fiktion*, wie sie aus Dickens' Absicht, seine Figuren zu schildern, ›wie sie wirklich sind‹, mit Notwendigkeit folgt. Das zweite ist das neue Zurück-treten des Autors als erkennende und moralische Instanz, also die (wenigstens scheinbare) *Delegation des Urteils an den Leser,* das ja womöglich ganz anders ausfallen könnte, als das eines ›unobjektiv‹ erzählenden Autors. Das dritte, damit zusammenhängend, ist dessen *Enthaltung von psychologischer Spekulation* über die Figuren: es gilt nur, was sie sagen und wie sie handeln, ihre Motivationen und Gefühlsregungen sind daraus, wieder für den Leser, nur abzuleiten oder erschließbar[6].

Diese Haltung ist der älteren der freien Erfindung an Glaubwür-digkeit, wie an moralischer und politischer Verantwortlichkeit überlegen – und sie ist, wie sich zeigen wird, von der literarischen Funktion der Sinnerfindung jetzt auch gefordert. Es hat eine lange, fast 150-jährige Erfahrung mit dem Realismus gebraucht, bis es klar geworden ist, daß er in allen drei Hinsichten immer wieder *versagt.* Jedem heutigen Leser ist eine Figur wie Bill Sikes augenblicklich als fiktive kenntlich, und zwar gerade durch ihre lückenlose *Stimmigkeit:* er ist immerzu roh und fühllos und immer *nur das.* Alle Dickensfiguren sind (wenn vielleicht auch ungeschickter) *nach*erfindbar und immer voraussagbar; wenn ihnen, was selten vorkommt, irgendeine Widersprüchlichkeit mitgegeben ist – wie der Nancy ihre gelegentliche ›Weichherzigkeit‹ –, dann mit der durchschaubarsten Absicht, die Erfindung nicht ganz und gar unwahrscheinlich zu machen. Was das zweite Merkmal angeht, so zeigt das Beispiel, wie durchs Zurücktreten der urteilenden Autoreninstanz das Leserurteil nicht freier wird, sondern *strenger gelenkt* denn je: es kann sich nicht mehr an einer Autorenmeinung orientieren, sondern muß glauben, es richte sich nach einer Objektivität – die aber als stimmig gemachte von Anfang an keine sein kann. Und die Enthaltung von psychologischer Spekulation über die Figuren schließlich führt bei Dickens zu einer Haltung von so extremer Distanz zu den Figuren, daß sie zuletzt als seelenlose und unerklärlich maschinenhafte dastehen – eine »Er-setzung der Seelen durch Mechanismen, der Charaktere durch Marionetten«[7].

Man kann sich auch genauer und grundsätzlicher überlegen, wie die Verwandlung von Personen in jene berühmten Wesen des Dickensschen *Typus* vor sich geht, und was dabei eigentlich passiert, richtiger natürlich: bei ihrer *Erfindung* und der gleichzeitigen Behauptung, daß sie so ›wirklich sind‹. In unserem Roman ist, neben einem wahren Gewimmel von ähnlichen Gestalten, der Gemeindebüttel Bumble das berühmteste Beispiel: ein Monster an undurchdringlicher Selbstgerechtigkeit, Blindheit und Pomposität, stolziert er dick und hüstelnd, einmal auch als grotesker Freier, durch den Roman. »Die Armenhilfe außer Hauses, Mrs. Corney«, lautet eine seiner Reden, »richtig angepackt: richtig angepackt, liebe Dame, ist der beste Schutz fürs Kirchspiel. Der große Grundsatz für die Armenhilfe außer Hauses ist, daß man den Armen genau das gibt, was sie nicht wollen; dann sind sie es bald leid zu kommen.« In jeder einzelnen Äußerung spricht er als Verkörperung seiner schrecklichen Institution; bis zur Vollständigkeit – nämlich bis auf einen einzigen Moment der Rührung, die seine sonstige Fühllosigkeit nur noch deutlicher macht[8] – ist ihm jede mitmenschliche oder auch nur lebendige Seite abgesprochen. Dadurch erhält die Figur auf der einen Seite ihre *kritische* Funktion: sie wird zum Träger eines menschlichen Fehlverhaltens, in dem nach Dickens ein oder *der* Hauptgrund für die gesellschaftlichen Mängel und ihrer Verlängerung liegt. Je mehr sie aber auf diese Funktion eingeschränkt wird, desto weniger kann sie den Vorschriften eines Realismus genügen, der sie beschreiben wollte, ›wie sie wirklich ist‹: sie unterliegt jener ›Überzeichnung‹, die von der Dickenskritik manchmal beklagt, meistens gelobt, niemals erklärt wird; sie steht da als einer jener »Halbgötter und Heroen«, für die G. K. Chesterton Dickens »den letzten Mythenschreiber und vielleicht den größten« genannt hat[9]. Der Vergleich ist zutreffend. Auch mythologische Figuren sind eingeschränkt auf ihre Taten oder Kompetenzen, also auf ihre *Funktion;* sie sind wiedererkennbar als Verhaltens- oder Schicksals*schemata,* und niemand würde von ihnen erwarten, sie hätten eine eigene Psychologie oder individuelle Entwicklung. Es ist genau *diese* Abbildlichkeit, die Wiedererkennbarkeit eines oder zweier verab-

›Mrs. Corney, ... out-of-door relief, properly managed: properly managed, ma'am: is the parochial safeguard. The great principle of out-of-door relief, is, to give the paupers exactly what they don't want; and then they get tired of coming.‹ (148)

solutierter Charakterzüge, die für die Dickensfiguren gilt: »Für mein Empfinden sind die Menschen von Dickens viel deutlicher und lebhafter gegenwärtig als die von Tolstoj, aber immer in einer einzigen unveränderlichen Haltung, wie Gemälde oder Möbelstücke«, hat George Orwell beifällig geschrieben[10].

Im Fall des Gemeindebüttels Bumble – wie in zahllosen anderen des Buchs – ist diese Wiedererkennbarkeit noch gehoben durch ein *Pendant* der Vereinfachung oder Schematisierung: er ist eine durchwegs *komisch* behandelte Figur. Nun zeigt eine einfache Überlegung, daß jede Art von Komik die Wiedererkennbarkeit des Belachten zur *Voraussetzung* hat, und sie kann sich gleich an einem Beispiel bewähren. So heißt es von Bumble bei seinem ersten Auftritt in der guten Stube von Mrs. Mann, als er sich niederläßt, seine Würdesymbole vor sich auf einem Stuhl: »Mr. Bumble wischte sich die Feuchtigkeit von der Stirn, die sein Spaziergang dort hatte entstehen lassen, blickte mit Behagen auf seinen Dreispitz und lächelte. Ja, er lächelte. Auch Büttel sind nur Menschen, und Mr. Bumble lächelte.« Sowohl die Wiedererkennbarkeit wie das Lächerliche dieses Auftritts lassen sich schwerlich bestreiten. Einer, der vor Fett und falscher Würde schwitzt; und dann mit unendlicher, syntaktisch dreimal nachgezeichneter Langsamkeit ausnahmsweise eine menschenähnliche Regung zeigt – aber ausgerechnet beim Anblick der Abzeichen des eigenen, mediokren Amtes: den meint man doch, wenn das in der Literatur überhaupt jemals geschieht, als komische Gestalt ›förmlich vor sich zu sehen‹.

Freilich mit einer Einschränkung. Was für Bill Sikes galt, gilt hier durch die komische Behandlung doppelt: zwar sieht man Bumble wiedererkennbar vor sich, aber über eine geradezu unermeßliche *Distanz zu einem selbst*. Kein Leser, soviel steht für für ihn bei der Lektüre fest, wird jemals auf diese lächerliche Weise lächeln (oder wie Sikes seinen Hund treten), mehr noch: die inneren Regungen, die hier in ihrem äußeren Ausdruck geschildert sind, bleiben von des Lesers eigenen grundsätzlich getrennt, fremd und unverständlich. Das Charakteristische der nichtbürgerlichen Dickensfiguren ist ihre *Undurchdringlichkeit*. Sie erscheinen vom sozialen Druck

---

Mr. Bumble wiped from his forehead the perspiration which his walk had engendered; glanced complacently at the cocked hat; and smiled. Yes, he smiled. Beadles are but men: and Mr. Bumble smiled. (6)

zurechtgepreßt und ihren Zwängen so weit ausgeliefert, daß auch nur die *Möglichkeit* von alternativem Handeln undenkbar geworden ist. Nie werden sie auch nur einen Millimeter von ihren zwei drei ärmlichen Eigenschaften abrücken; nie den Gedanken fassen, andere Menschen (etwa Oliver) könnten, wie sie selber, fühlen oder leiden. Tatsächlich ist das Dickenssche ›wie sie wirklich waren‹ eine *negative* Qualität, etwas, was diesen Figuren *fehlt* – leider Gottes, so gibt der Text zu verstehen, aber es ist nun einmal so. Insofern ist der Hinweis auf die Menschenzugehörigkeit von Bumble komisch, aber auch notwendig: es ist an den Figuren buchstäblich unsichtbar geworden, *daß sie Menschen sind*. Sie scheinen einer anderen Gattung anzugehören. Sie mögen rührend sein, schlau, edel, teuflisch – immer sind sie so ›charakteristisch‹ wie Dreifüßler; so getreulich nachgebildet, so wiedererkennbar, wie Gürteltiere. Es wird sich noch zeigen, wie diese Reduktion menschlicher Gestalten aufs quasi-zoologische ›Exemplar‹, aufs ›Original‹, tief in die ideologische Perspektive dieses Werks gehört: rätselhaft und erklärenswert bleibt dabei, daß diese Zurückschneidung auf bloße Figurenreste einem behäbigen Lesepublikum bis heute wirklichkeitsadäquat und ganz besonders – ›*menschlich*‹ vorkommt.

Diese Autorenhaltung der extremen Distanz gilt auch für die anderen komischen Seiten des Romans. Bill Sikes, wie schon angeführt, hat nicht etwa ein ›blaues Auge‹, sondern es trägt »die buntscheckigen Symptome eines Schlages«. An dieser Art von Ironie verstört nicht nur ihre ungewöhnliche Schwerfälligkeit, sondern auch ihre Gefühlskälte: der Leser hätte vielleicht grade eintreten mögen in ein Verhältnis von Aufmerksamkeit oder Verständnis zu der Figur, aber mit dieser Wendung ist sogleich wieder eine unüberspringbare Lachschranke aufgerichtet. Das Beispiel ist aber noch milde gewählt. »Zwar bin ich nicht gesonnen zu behaupten, in einem Arbeitshaus geboren zu sein, wäre in sich der glückhafteste und beneidenswerteste Umstand, der einem menschlichen Wesen möglicherweise zufallen kann«, heißt es im dritten Abschnitt des Buchs; »diese festliche Zubereitung« nennt

---

Although I am not disposed to maintain that being born in a workhouse, is in itself the most fortunate and enviable circumstance that can possibly befall a human being (1) – this festive composition (10) – while Oliver's affairs were in this auspicious and comfortable state (13)

der Autor die Wassersuppe, an der die Kinder langsam verhungern;»während die Angelegenheiten von Oliver in diesem verheißungsvollen und behaglichen Zustand waren«, sagt der Erzähler, als sein Held sich winters unter der kalten Pumpe waschen muß und dabei mit dem Stock geprügelt wird. Auch hier gehen Kritik und Distanz Hand in Hand: der Autor gibt durch seine Haltung von so ›bösem Witz‹ überdeutlich zu verstehen, daß er betroffen und empört ist, so sehr, daß er keine direkten Worte mehr dafür findet. Aber der Leser, der sich allmählich fragt, wann dieser Erzähler eigentlich einmal *aufhören* will zu lachen, findet zu diesen pompös ›gebildeten‹, gespreizten (und häßlichen) Satzgefügen keine andere Verhaltensmöglichkeit als die eines ihm aufgezwungenen ›bitteren Gelächters‹, die ihn vom Geschilderten dauernd *emotional abtrennen:* und beim eigentümlich Zwanghaften dieser Komik fragt man sich, ob sie nicht zum *Zweck* von solcher Distanz erfunden sein könnte: ob der Autor von sich und dem Leser hier nicht etwas fernhalten will, was ihnen sonst vielleicht unerträglich nah auf den Leib gerückt wäre.

Die ironische Erzählung des Romans hat ihre Kehrseite in einem Pathos, das nicht weniger massiv daherkommt:»Er weinte nur bitterlich den ganzen Tag; und als die lange, düstre Nacht anbrach, breitete er die kleinen Hände vor die Augen, um die Dunkelheit abzuhalten . . . enger und enger an die Wand rückend, als wollte er noch an ihrer kalten, harten Oberfläche einen Schutz fühlen in der Finsternis und Einsamkeit, die ihn umgaben.« Hier wird der Leser, anders als vorhin, mit allen Mitteln in die Rührung gedrängt: die Situation soll ihm auch emotional ›abgebildet‹ werden, um auf ihn zu ›wirken‹. Aber wird sie das auch? Lang und düster, bitterlich und klein, finster und einsam: das Pendant zum ›bösen Witz‹ ist die *Sentimentalität* – und auch die entsteht, beim Anschein des Gegenteils, aus einer Haltung der *Distanz.* Niemand, der sich in eine Lage wie die von Oliver nacherlebend hineinbegibt, könnte so von ihr reden: es müßte ihm zumindest auffallen, daß (bekanntlich) *niemand* ›den ganzen Tag‹ weinen kann. Die wahren, das heißt widersprüchlichen und lebendigen Gefühle – wie die von

He only cried bitterly all day; and, when the long, dismal night came on, he spread his little hands before his eyes to shut out the darkness . . . drawing himself closer and closer to the wall, as if to feel even its cold hard surface were a protection in the gloom and loneliness which surrounded him (12-13)

Haß, Liebe, Mitleid oder Dankbarkeit, soweit sie im Roman erscheinen – sind zu ›Gefühlen am Block‹ verdinglicht, wie sie derjenige im Fühlenden vermutet oder konstruiert, der ihn nur aus weitestem Abstand sieht, aber nie wie einer, der sie teilt.

Zur Aufzählung der Hauptmerkmale des Romans braucht es zum Schluß noch einen Blick auf seine *Sachwelt*. Sie erscheint am eindrucksvollsten in einer Reihe von virtuosen und neuartigen Ortsbeschreibungen, zumeist angelegt als *Gänge,* auf denen der Leser mit einer der Figuren durch Orte des Grauens und des Elends geführt wird bis zu ihrem schmutzigen und tödlichen Mittelpunkt[11]. Ich zitiere, gezwungenermaßen etwas langwierig, eine solche Passage: »Es war eine Ansammlung bloßer Hütten, einige hastig errichtet mit losen Backsteinen, andere aus altem, wurmstichigem Schiffsholz, zusammengewürfelt ohne einen Gedanken an Plan und Ordnung, und großenteils bis auf ein paar Fuß ans Flußufer gesetzt. Einige lecke Boote, auf den Schlamm gezogen und an der zwergenhaften Mauer festgemacht, die ihn eindämmte; und hie und da ein Ruder oder ein aufgerolltes Seil . . . Im Herzen dieses Knäuels von Hütten; und an den Fluß angrenzend, über den die oberen Stockwerke überhingen, stand ein großes Gebäude, das früher als Fabrik für irgend etwas gedient hatte, aber jetzt schon längst zerfallen war. Die Ratte, der Wurm und die Einwirkung der Nässe hatten die Pfähle, auf denen es ruhte, zermürbt und zerfressen; und ein ansehnlicher Teil des Baus war schon unten ins Wasser abgesunken; während der schwankende und gegen den dunklen Strom sich neigende Rest auf eine günstige Gelegenheit zu warten schien, es seinem früheren Gefährten gleichzutun und demselben Schicksal zu verfallen.« Mit dieser Stelle sind wir offenbar wieder zu Dickens' realistischer

It was a collection of mere hovels: some hastily built with loose bricks: others of old worm-eaten shiptimber: jumbled together without any attempt at order or arrangement, and planted, for the most part, within a few feet of the river's bank. A few leaky boats, drawn up on the mud, and made fast to the dwarf wall which skirted it: and here and there an oar or a coil of rope . . . In the heart of this cluster of huts; and skirting the river, which its upper stories overhung; stood a large building, formerly used as a manufactury of some kind . . . But it had long since gone to ruin. The rat, the worm, and the action of the damp, had weakened and rotted the piles on which it stood; and a considerable portion of the building had already sunk down into the water beneath; while the remainder, tottering and bending over the dark stream, seemed to wait a favourable opportunity of following its old companion, and involving itself in the same fate (249)

Seite zurückgekehrt. Auch hier ein vorher nicht gekannter Aufwand, den Schauplatz dem Leser im einzelnen deutlich zu machen, bis in die scheinbar ›registrierte‹ Genauigkeit eines aufgerollten Seils: so daß er gegenüber der Handlung eine eigentümliche Selbständigkeit erlangt, fast schon wichtiger als sie, und dem Leser womöglich auch länger in Erinnerung haftet. Und in der Tat ist er auf einer tieferen Ebene auch ein ebenso wichtiges ›Geschehen‹. Anders als die Figuren, die starr und entwicklungslos fungieren, und deren Inneres zuletzt leer oder unbegreiflich bleibt, haben die Sachen – und das sind fast immer die Gebäude und Straßen – eine Geschichte, und zwar alle dieselbe: aus einer anderen Zeit und besseren Tagen sind sie heruntergekommen, versinken jetzt ins Ruinöse und den Schmutz, und stehen so zeichenhaft für die Geschichte einer Gesellschaft, die der Auflösung zu Sumpf und Fäulnis verfallen ist.

Es liegt darin aber ein *tätiges* Verhängnis von eigentümlicher Lebendigkeit, das schädlingsartig an den Grundfesten nagt, schließlich scheinen sich die Häuser selbst zu *bewegen* – wie übrigens die Prosa auch, die hier zu lauter aktiven und vermenschlichenden Metaphern greift und mit einer ungewöhnlichen Interpunktion einen erwartungsschweren, aufs böse Ende hindeutenden Sprechduktus vorschreibt. Und, wiederum anders als die Romanfiguren, sind die Sachen bis zu ihrer Mitte betretbar: und die ist regelmäßig finster, schmutzig und todbringend. So führt die zitierte Passage den Leser schließlich zu einer Art Höllenloch, in das er mit hinunterschaut: »Das trübe, vom schweren Regen angeschwollene Wasser floß unten rasch dahin; und alle übrigen Geräusche gingen unter im Lärm, mit dem es gegen die grünen und schlammigen Pfähle klatschte und wirbelte. Es war früher einmal ein Mühlwerk darunter gewesen; und die Flut, die gegen die paar verfaulten Pfosten und Maschinenreste, die noch übrig waren, schäumte und prallte, schien weiterzueilen, mit erneuter Kraft, sobald es von den Hindernissen befreit war, die es vergeblich

The turbid water, swollen by the heavy rain, was rushing rapidly on below; and all other sounds were lost in the noise of its plashing and eddying, against the green and slimy piles. There had once been a watermill beneath; and the tide foaming and chafing round the few rotten stakes, and fragments of machinery that yet remained, seemed to dart onward, with a new impulse, when freed from the obstacles which had unavailingly attempted to stem its headlong course.›If you flung a man's body down there, where would it be to-morrow morning?‹ said Monks . . . (255)

zurückzudämmen versucht hatten in seinem ungestümen Lauf. ›Wenn einer da eine Leiche hinunterwirft, wo könnte die morgen früh wohl sein?‹ sagte Monks . . .«, und läßt dann teuflisch den einzigen Beweis für Olivers gute Herkunft, seine letzte Hoffnung auf ein besseres Leben, dort hinunterfallen.

Mehr noch als die erste Zitathälfte ist diese Beschreibung von einer eigentümlichen Intensität, hinter deren Geheimnis man erst mit der Beobachtung kommt, wie genau sie das Beschriebene *nachmacht*, nicht nur in ihren gehäuften Schallnachahmungen, sondern (im englischen Text noch deutlicher) in ihrem *Ablauf*: an den »few rotten stakes, and fragments of machinery that yet remained« staut sich der *Satz* so gut wie das Wasser, und wie der Strom schießt er weiter, »with a new impulse . . . its headlong course«, von den »obstacles« und »stem« noch einmal ›vergeblich‹ aufgehalten. Wie niemals den Personen schmiegt sich diese Prosa den *Sachen* an, macht sich zu ihnen selbst, ertastet sie in ihren Bewegungen und erfüllt sie dabei mit einer magischen und mesmerischen Energie. Die Kritik verzeichnet dies, freilich nur als weiter nicht begründbares ›Charakteristikum‹, als Dickens' »›Animismus‹, seine Art, den Dingen Leben einzuhauchen mit einem flüchtigen Bild, einer ausgearbeiteten Phantasie oder einem Symbolmuster«[12]. Für uns bleibt festzuhalten, daß in seiner Prosa auf eine sonderbare Weise die Menschen totenähnlich und die Dinge scheinlebendig sind.

3. Oliver Twist *als politische Literatur*

Die Hauptmerkmale des Romans sind damit einigermaßen vollständig zusammengestellt. Sie können hier, vor dem Versuch ihrer historischen Reduktion, schon einmal nach ihrer möglichen Wirkung befragt werden, wie sie sich eine politisch oder emanzipatorisch optimistische Theorie von ihnen erhofft. *Oliver Twist* ist ja ein für die hier vertretene Position ausgesprochen ›ungünstiges‹ Beispiel; aber wenn sie gilt, muß sie sich auch daran bewähren. Die Gegenposition könnte ungefähr so aussehen: *gerade* die oben bemängelten Seiten des Romans sind in der Wirkungshinsicht die positiven; wenn Dickens seine Figuren vereinfacht und depsychologisiert, so liegt das in seiner Absicht. Wozu sollte er einen Bumble, den Vertreter einer unmenschlichen und zu bekämpfenden Institution, dem Leser psychologisch näherbringen? Dem Bill Sikes differenziertere oder versöhnliche Züge zu geben, wäre ihm wie eine unverantwortliche Schönfärberei vorgekommen; es *gibt* Menschen, behauptet er[13], in denen auf eine so erschreckende Weise alle sozialen Fähigkeiten abgetötet worden sind: und zu *dieser* Möglichkeit muß sich der Leser verhalten. Weder an der Distanzierung durch komische Mittel ist etwas auszusetzen, denn sie erleichtert dem Leser die moralische und politische Stellungnahme, und wenn sein Urteil gelenkt wird, dann zumindest nicht in eine reaktionäre Richtung: noch an dem, was oben Sentimentalität genannt wird, was aber in Wahrheit gerade den unverbildeten Leser erschüttert und ihn auf das gesellschaftliche Unrecht mit so starken Mitteln emotional einstimmt, daß er sich ihm nicht mehr einfach entziehen kann. Außerdem wird dadurch eine Figurenabbildlichkeit erreicht, wie sie in solcher Lebendigkeit und Plastizität nach Meinung der gesamten Dickenskritik von der beschreibenden Literatur kaum einmal wieder eingeholt worden ist. Schließlich ist von Dickens mit größerer Anstrengung denn jemals zuvor der Versuch gemacht, sich der Realität schreibend anzunähern, sie durch sich selbst sprechen zu lassen und aus einem erkennenden und moralischen Über-allem-Stehen herunterzutreten; und wenn er die düstere Stadtwelt seiner Zeit mit einer gespenstigen Lebendigkeit beseelt, dann immer in der Absicht, sie *gesellschaftlich* zu symbolisieren.

Noch etwas: warum sind in der obigen Charakterisierung gegenüber den formalen Merkmalen des Romans die *Inhalte* so sehr zu kurz gekommen? Der gesellschaftliche Hauptmangel, nämlich das *tatsächlich* fast ›unbeschreibliche‹ materielle und seelische Elend der Unterdrückten in den englischen 1830er Jahren, ist darin zum ersten Mal literarischer Stoff geworden: ein ganzes Arsenal der Armut und des Verbrechens, der Verrohung und Gleichgültigkeit ist dem Leser darin vorgeführt; und zu diesen Mängeln nimmt der Roman moralisch auf seine Weise Stellung, die gerade der kritische Leser unterschreiben kann. »Oliver ist jedes ausgehungerte Waisenkind auf der Welt, und der Vorsteher des Arbeitshauses jeder Handlanger eines Unterdrückungssystems, wo es auch sei«[14]. Was wäre dagegen vorzubringen? Dickens' politische Haltung hat George Orwell genauer eingegrenzt. »Sein Radikalismus ist etwas vom Verschwommensten, aber man weiß doch, daß er immer da ist«, schreibt er, aber »mit Selbstverständ-

393

lichkeit steht er auf der Seite des Unterdrückten, immer und überall«[15]. Auf der einen Seite »gibt es kein klares Anzeichen, daß er die bestehende Ordnung umgeworfen haben will«, und etwas anderes lasse sich von einer Literatur, die durch *Beschreibung* wirken will, auch nur dogmatisch verlangen. Auf der anderen Seite »hat Dickens die englischen Institutionen mit einer Wildheit angegriffen, der seither nichts nahgekommen ist«[16]. »Er war fähig, auf eine komische, vereinfachte, und daher einprägsame Weise die Anständigkeit des Durchschnittsmenschen zum Ausdruck zu bringen«[17]. Der Konflikt in *Oliver Twist,* sagt Arnold Kettle, »ist der Kampf der Armen gegen den bürgerlichen Staat«[18]. Das sind durchwegs fortschrittliche Positionen; bleibt als Einwand allenfalls die (durch Mr. Brownlow implizierte) politisch fragwürdige Handlungsanweisung zur Mildtätigkeit, die Unwahrscheinlichkeit der Oliver-Handlung und die ärgerliche Verhimmelung des besitzenden Bürgertums. Aber alle drei sind für jeden halbwegs wachen Leser sofort *durchschaubar,* aus welchen Gründen auch immer sie in das Buch geraten sind; sie können ihn nicht ernsthaft daran hindern, sich zu den beschriebenen Mängeln auf seine Weise zu verhalten. Zumindest wird er in diesem Sich-Verhalten vom Roman in die politisch-moralische *Dimension* gedrängt: das heißt doch aber, Weckung von kritischem Bewußtsein und somit, seis auch nur marginal, verändernde Wirkung aufs Gesellschaftsganze. Das ist auch die Überzeugung der liberalen und linken Dickenskritik. »Seine Pflicht als Volksschriftsteller«, sagt Slater, habe darin bestanden, »die wohlhabendere Klasse wenigstens bis zu einem Bewußtsein der Situation wachzurütteln«[19]. »Darin«, schreibt George H. Ford, »besteht die revolutionäre Rolle der Literatur, das Mitgefühl und die imaginative Identifikation wachzurufen, durch die eine bewußte, konstruktive Reform lebendig wird«[20].

Wenn man nach einem Beispiel sucht, wo Literatur durch ihre Wirkung gesellschaftlich legitimiert ist, hat man es demnach mit *Oliver Twist* vor sich; und daraus ist zumindest in diesem Fall ihre literaturanalytische Bearbeitung zugleich gerechtfertigt. Alle Hauptmerkmale des Romans lassen sich mindestens *auch* so deuten, daß sie dem Leser zu einem *Überblick* über die gesellschaftlichen Mängel verhelfen, ihm die Orientierung erleichtern und ihm eine mängelabschaffende Praxis nahelegen. Eine Theorie, die die verändernde Wirkung von Literatur leugnen will, muß diese Deutungen auch am wahrscheinlichsten Beispiel noch entkräften können. Die Frage wird sich objektiv nur dadurch entscheiden lassen, daß man am selben Beispiel noch einmal seine Abbildlichkeit genauer zur Debatte stellt; und damit wird es jetzt auch von dieser Seite her nötig, dem Buch seinen realgesellschaftlichen Kontext wenigstens umrißhaft gegenüberzustellen.

4. Der gesellschaftliche Kontext

Ich will im folgenden versuchen, in möglichster Kürze für die Entstehungzeit des Romans die ökonomischen Grundvorgänge zu umreißen und den daraus folgenden Zustand des Hauptklassenwiderspruchs; davon werden sich im nächsten Abschnitt insbesondere die bürgerlichen Legitimationsprobleme und Plausibilisierungsversuche herleiten lassen, und so am Ende auch, als Vorschlag für eine ästhetische Sinnlösung, der Dickenssche Roman in seinen verschiedenen Merkmalen.

In den Jahren 1800-1840 war in England, zum ersten Mal auf der Welt, eine kapitalistische Ökonomie zum ›take-off‹[21] gelangt, aber gegen Ende dieses Zeitraums, zwischen 1830 und 1842, zweimal zugleich auch in ihre schwerste gesellschaftliche und politische Umsturzgefahr geraten. Einzelne Industriezweige hatten sensationelle, nirgends je erlebte Zuwachsraten erreicht, so die Baumwollverarbeitung aufs 8,8fache und die Roheisenherstellung aufs 9,3fache[22]. Insgesamt war das Bruttonationalprodukt in diesen 40 Jahren aufs 1,9fache[23] angewachsen – und die Bevölkerung in derselben Zeit immerhin aufs 1,7fache[24]. Aber der mechanische Schluß trügt, daß somit die Pro-Kopf-Güterherstellung etwa statisch geblieben wäre: vielmehr wächst die *Masse* der Agrar- und Industrieproduktion in diesem Zeitraum sehr spürbar aufs 3,6fache[25].

Man steht in diesen Jahren also keineswegs vor Produktionsschwierigkeiten – die zyklischen Krisen waren ja vielmehr gerade solche des Absatzes und insofern der ›Über‹produktion – sondern vor krassen und (angesichts des wachsenden gesellschaftlichen Reichtums) immer weiter sich verschärfenden Mängeln in der *Distribution*. Nach einer Erhebung aus dem Jahr 1834 betrugen die Gesamteinnahmen der arbeitenden Bevölkerung (ca. 8 Millionen) etwa £ 100 Millionen; die der Nichtproduzenten (ca. 9 Millionen) dagegen £ 330 Millionen[26]. Patrick Colquhoun hatte für das Jahr

1814 die vergleichbare Schätzung aufgestellt, daß die arbeitende Klasse, einschließlich der Armenhilfe, ganze 25% des Nationaleinkommens erhalte[27].

So bleiben die vier Jahrzehnte von 1800 bis 1840 von Anfang bis Ende, innerhalb einer enorm sich steigernden Güterproduktion, eine Epoche der tiefsten proletarischen Verelendung und Unterdrückung. Man muß sich, was die Lohnverhältnisse und die materielle Versorgung angeht, indische Zustände vorstellen – Engels hat sie 1845 beschrieben. Der Arbeitstag war allein durch die physische Erschöpfungsgrenze beschränkt, im Regelfall 15-16-stündig[28]: erst 1833 wird gesetzlich für Jugendliche der 12-Stunden-Tag eingeführt und die Kinderarbeit unter 9 Jahren nominell verboten, und auch das nur in der technisch fortgeschrittenen Textilbranche und ohne wirksames Überwachungssystem, und es dauert noch einmal 15 Jahre, bis der allgemein durchgesetzte 10-Stunden-Tag in Sicht kommt. Dabei hatte Robert Owen in seiner Spinnerei in New Lanark seit dem Jahr 1800 über zwanzig Jahre lang gezeigt, daß auch eine große Fabrik mit einem 10½-Stunden-Tag und unter Verzicht auf Kinderarbeit unter den bestehenden Konkurrenzverhältnissen noch wirtschaftlich zu führen war.

Die Arbeitslöhne werden durch den ganzen Zeitraum von 1800-1840, am deutlichsten nach den Napoleonkriegen seit 1815, wegen der fallenden Preise *nominal* laufend gekürzt[29]; *real*, also der Kaufkraft nach, bleiben sie etwa konstant, weil sie ohnehin dauernd um die Hungerlinie pendeln. Nach Phelps Brown/Hopkins bewegen sie sich für den gelernten Maurer von 59 (1820) auf 62 (1840) Punkte, wobei die Vergleichszahl 100 für die Jahre 1451-1475, also für die Zeit vor der primären Akkumulation, errechnet ist[30]. In vielen Bereichen, am deutlichsten bei den Handwebern, aber auch in der maschinellen Fertigung, ist das Überleben ohne die Zuarbeit von Frau und Kindern nicht mehr möglich. Der Pauperismus wächst immer weiter an, wie aus den Kosten für die Armenhilfe zu ersehen ist: sie erreichen schließlich in den Jahren 1830-34 eine Höhe von £ 6 750 000, so daß sich das Parlament ›gezwungen‹ sieht, das alte Wohlfahrtssystem, bei dem die Armen von der jeweiligen Gemeinde mit Nahrung und Geld in ihrer Wohnung unterstützt wurden, abzuschaffen und die Einrichtung von zentralen *Arbeitshäusern* zu organisieren, die aber erst in den Jahren 1836-37 gegen oft militanten Widerstand der

Bevölkerung durchgesetzt werden kann: die Wohlfahrtskosten ließen sich dadurch in den Jahren 1835-40 um etwa ein Drittel auf £ 4 570 000 senken[31]. Dieser Häuser – in *Oliver Twist* ist ja eines beschrieben – waren ein Mittelding zwischen Manufaktur und Gefängnis bei barbarischer Disziplin, unzureichender Ernährung und strenger Geschlechtertrennung auch innerhalb der Familien – das letztere mit dem Argument, sonst kämen nur noch mehr Hungerleider auf die Welt. Aber auch draußen waren die proletarischen Lebensbedingungen buchstäblich mörderisch: in Glasgow sank die durchschnittliche Lebenserwartung von 36 Jahren (1821) auf ganze 25 Jahre in der Zeit von 1838-43[32].

Zur Erklärung für eine derartige, geradezu selbstzerstörerische Entartung der gesellschaftlichen Reproduktion läßt sich vielleicht Folgendes anführen. Der kapitalistische Mechanismus von Ausbeutung und Beherrschung setzt sich, im Gegensatz zu den vorausgehenden, ja *anonym* über den Markt und die als ›Naturgesetz‹ erfahrene Konkurrenz durch; es ist an ihm niemand mehr in persönlicher Weise ›schuld‹, und daher werden in ihm auch solche Interessenkräfte frei, die vorher noch moralisch oder humanitär gehemmt sind. Auf der anderen Seite entwickelt er sich innerhalb einer oligarchisch-parlamentarischen Herrschaftsstruktur, die diesen blinden und destruktiven Kräften durch nichts entgegensteuern kann. Der kapitalistische Vorgang bleibt daher fast ohne jede politische Kontrolle bis in die 1850er Jahre – und auch danach regelt er sich eher ökonomisch als politisch dadurch, daß zum ersten Mal ein *über* dem Subsistenzminimum liegender Teil der Profite an die Arbeiter als Lohn zurückgegeben wird, der dann erst im *Umweg* über einen wachsenden Konsummarkt wieder ans Kapital zurückfließt.

Die proletarisch-bürgerliche Auseinandersetzung ist daher von Anfang an aus den vorhandenen politischen Strukturen herausverlegt auf eine mehr oder weniger direkte Konfrontation von Gewalt und Gegengewalt. Es entsteht eine starke außer- und antiparlamentarische Arbeiterbewegung, die in ihren Ursprüngen auf die 1790er Jahre zurückgeht und sich seit Ende der 20er Jahre auch durch polizeistaatliche Repression nicht mehr zurückdrängen läßt[33]. Sie führt England zweimal, zuerst in den Jahren 1829-1832, und dann wieder Ende 1836-1842, bis an den Rand einer proletarischen Revolution.

Die erste Krise reicht weit in die zwanziger Jahre zurück. Seit der

Aufhebung des Vereinigungsverbots 1824/25 hatten sich zahlreiche Gewerkschaften gebildet, zum Teil mit nationaler Organisation, die für Lohnerhöhungen und eine Reform des überalteten Wahlrechts kämpften, das die Arbeiter von jeder direkten Repräsentation im Parlament ausschloß; auch die alte jakobinische Forderung nach einem geheimen, allgemeinen männlichen Stimmrecht wird (von der *National Union of the Working Classes*) seit 1830 neu erhoben. Die Bewegung, vom liberalen Bürgertum unterstützt, nimmt vor allem wegen der starren Haltung der Tory-Regierung bedrohliche Ausmaße an. »Die öffentliche Meinung ist jetzt schließlich reif für eine Revolution«, war die Meinung des Generals Napier im Februar 1830[34]. Sie führt zum Sturz der Wellington-Regierung und beruhigt sich auch keineswegs unter der neuen Whig-Regierung unter Grey, die zwar für die Reform Bill eintritt, aber von Anfang an zu arbeiterfeindlichen Maßnahmen greift. Die Unruhen wachsen unter dem Eindruck der französischen Juli-Revolution und einer schlechten Ernte. Ein Landarbeiterstreik wird noch 1830 unter Einsatz von Kavallerie, Infanterie und Dragonereinheiten niedergeschlagen[35]; 1831 werden bei einem Streik der Bergleute in Northumberland und Devon, nach einem lock-out durch die Grubenbesitzer, Hunderte von Familien unter Truppengewalt aus ihren Häusern geworfen[36]. »Die Whigs erwiesen sich im Amt als keineswegs menschlicher und aufgeklärter und als einigermaßen weniger funktionstüchtig als die Tories«, urteilt R. J. Cruikshank; »die Unzufriedenheit der Arbeiterklasse war so groß, daß nicht nur Engels der Überzeugung war, das Land steuere auf den Abgrund der blutigsten aller Revolutionen zu«[37]. Als dann die Reform Bill, selbst noch in ihrer abgeschwächtesten Form, im Oktober 1831 vom Oberhaus abgelehnt wird, kommt es zu den machtvollsten Aufständen seit 1815: Sturm des Gefängnisses in Derby, Niederbrennung des Schlosses des Duke of Newcastle, Erstürmung von Gefängnis, Rathaus und Bischofspalais in Bristol gegen Truppengewalt, wobei es 12 Tote und 94 Verletzte gibt[38]. Am Hof von William IV. werden Vorbereitungen zur Flucht getroffen[39]. England war in dieser Zeit »der Revolution am nächsten« in seiner ganzen neueren Geschichte, behauptet Anthony Wood[40], bis dann unter dem Druck der Massen die Reform Bill am 4. Juni 1832 das Oberhaus passiert.

Mit dem neuen Wahlrecht sicherte sich das Industriebürgertum für dauernd eine angemessene Vertretung im Parlament gegenüber dem bis 1830 immer übergewichtig repräsentierten Grundbesitz; aber wegen der Eigentumsqualifikation blieben auch jetzt »fünf von sechs Arbeitern ohne Wahlstimme«[41]. Die Erbitterung darüber ist tief und dauerhaft, obwohl die Bewegung zunächst umschwenkt zu owenistischen Alternativprojekten und zum gewerkschaftlichen Kampf. Sie verstärkt sich durch die – vor allem im Norden – militant geführte Bewegung gegen die Durchsetzung der neuen Armengesetze von 1834 und verbündet sich seit 1836 mindestens zeitweise mit den Gegnern der alten Korngesetze von 1815. Schließlich kommt sie unter dem Eindruck immer weiter sich verschlechternder Verhältnisse auf ihre alten politischen Ziele zurück. Das bürgerlich geführte kapitalistische *factory system* schien am Ende. Harrison faßt die folgenden Jahre so zusammen: »1836 hörten die guten Ernten und der Handelsaufschwung auf, und das Land wurde 1837 in eine anhaltende Depression gestürzt, die bis 1842 dauerte. Diese sechs Jahre waren die finsterste Periode in der Geschichte des 19. Jahrhunderts. Die Industrie kam zum Stillstand, die Arbeitslosigkeit erreichte bis dahin unbekannte Ausmaße und bei den hohen Lebensmittelpreisen und unzureichender Sozialhilfe stand die Industriearbeiterschaft vor Hunger und Elend. Zu keiner Zeit schien das ganze System näher am vollkommenen Zusammenbruch«[42].

1837 legt der Anführer der *London Working Men's Association*, William Lovett, dem Parlament die seit den 1790er Jahren immer wieder geforderten ›Sechs Punkte‹ der späteren *People's Charter* vor: allgemeines männliches Wahlrecht, geheime Wahl, Abschaffung der Einkommensqualifikation für die Abgeordneten, Entlohnung der Abgeordneten, jährliche Neuwahlen, einwohnergleiche Wahlkreise. Ihre Einlösung hätte (obwohl sie, bis auf die wichtige vorletzte, in den westlichen Demokratien inzwischen selbstverständlich sind) unter den Verhältnissen der Zeit unweigerlich eine Arbeiterregierung an die Macht geführt. Das Parlament stimmte auch gar nicht darüber ab. Aber der Chartismus wird nun zu einer wahren Volksbewegung von unvorhergesehenem Ausmaß, deren gemäßigter (›*Moral Force*‹) und radikaler (›*Physical Force*‹) Flügel sich sammeln unter der siegessicheren Parole: »Friedlich wenn wir können, mit Gewalt wenn wir müssen«[43]. Im Mai 1838 wird die *People's Charter* veröffentlicht und es folgt ein Sommer der größten Massendemonstrationen, die England bis dahin erlebt hatte, so die in Glasgow vom 21. Mai mit 150 000 geschätzten

Demonstranten, die in Newhall Hill bei Birmingham vom 6. August, auf der die chartistische Bewegung formell aus der Taufe gehoben wurde, mit 200 000, und die von Kersall Moor bei Manchester am 24. September mit 250 000[44], nicht gezählt die zahllosen lokalen, oft nächtlichen Versammlungen[45]. »Es schien, als hätte sich das ganze Land erhoben, um sich hinter die Charte zu stellen«, schreibt G. H. D. Cole[46]. Die Regierung Melbourne wagt den ganzen Herbst und Winter 38 keine direkte militärische Konfrontation; der Chartismus ist in seine kraftvollste und zuversichtlichste Phase eingetreten.

Die weitere Entwicklung braucht uns hier nur noch in der Perspektive zu beschäftigen: in diesem November 1838 erscheint *Oliver Twist* als Buch – obwohl er in Fortsetzungen in *Bentley's Miscellany* noch bis März 1839 weiterläuft. Wohl aber können die folgenden Ereignisse die Tendenzen deutlich machen, die sich zu diesem Zeitpunkt abzeichneten: und da war mindestens mit der *Möglichkeit* eines Sieges der chartistischen Bewegung zu rechnen. In Wahrheit war der Ausgang bis 1842 zweifelhaft. Ein erster Höhepunkt der Volksbewegung fällt in die Sommermonate 1839, in denen die Charte als *National Petition* dem Parlament vorgelegt und am 12. Juli eine Abstimmung darüber erzwungen wurde; nach der Ablehnung folgte dann eine Phase der Entschlußlosigkeit, Fraktionierung und Schwäche. Aber bis zum Mai 1842 hatte sich die Bewegung wieder so weit gesammelt, daß sie dem Parlament eine zweite Petition mit ca. drei Millionen Unterschriften, gefolgt von einem Demonstrationszug, der von Westminster bis Oxford Circus reichte, antrug; auf die neuerliche Ablehnung folgte eine landesweite Welle von Erhebungen, Streiks und Sabotagekampagnen, die für die politische und ökonomische Ordnung des Landes ernsthaft bedrohlich wurden. In einem Rückblick des damaligen Innenministers Graham hieß es: »1842 (war) ein Jahr der höchsten Notlage, und jetzt, da es vorüber ist, kann ich auch sagen, der äußersten Gefahr . . . Truppen wurden ständig beigezogen . . . drei Monate lang war die Angst, unter der ich und meine Kollegen standen, größer als wir sie je zuvor erlebt hatten«[47]. Erst im Herbst 1842 war die gemeinsame Anstrengung der Fabrikanten und Staatsgewalt siegreich: die Streiks konnten nicht durchgehalten werden, die Armee blieb regierungstreu und die ohnehin schwach organisierte Bewegung begann sich im neuen wirtschaftlichen Aufschwung von 1842/43 zu verlaufen. Nach 1842, urteilte

Pauline Gregg, »war die Macht des Chartismus als revolutionäre Kraft erschöpft«[48] – mit dem Ergebnis, daß die bürgerlich-kapitalistische Gesellschaftsordnung in England (mit Ausnahme vielleicht einiger Monate im Jahr 1848) fortan keine realpolitische Alternative mehr hat.

5. Sinndefizit und gesellschaftliche Mängeltheorien des Bürgertums

In der Entstehungszeit des Dickensromans *Oliver Twist* stehen wir somit vor einem bürgerlich-proletarischen Klassenwiderspruch, wie er in solcher Schärfe in England zuvor nicht erlebt worden war: nicht nur sind seine ökonomischen Gründe so offenkundig, daß sich auch die bürgerliche Geschichtsschreibung ihnen nicht verschließen kann[49]; sondern er findet jetzt auch politische Formen einer direkten, militanten Auseinandersetzung, deren Ausgang keineswegs feststeht. Für das Bürgertum dieser Zeit entstehen daraus Legitimationsschwierigkeiten, die mit einer *allgemeinen* Rechtfertigung von Klassengesellschaft sich nicht mehr beheben lassen, sondern für die Zeit von der ersten Grey-Regierung bis zum Niedergang des Chartismus durchaus spezifisch sind. Ein Blick auf die bürgerlichen Plausibilisierungsmöglichkeiten vor und nach dem Jahrzehnt 1830-42 kann das genauer zeigen.

Auf der älteren Stufe, etwa bis zur Jahrhundertwende, fällt dem bürgerlichen Bewußtsein angesichts der ungebrochenen politisch-parlamentarischen Vormachtstellung des *landed interest* die Schuldzuschreibung für die gesellschaftlichen Mängel nicht schwer: es liegt an den *andern*, im wesentlichen am grundbesitzenden Adel – und so erscheint die gesellschaftliche Kritik auch in den literarischen Lösungen, etwa in Wordsworths *Prelude* oder bei Shelley: *irgendwelche*, selten einmal genauer bezeichnete ›Unterdrücker‹ auf der einen Seite, und ein geplagtes, nach Freiheit verlangendes ›Volk‹ auf der anderen Seite. Mit den Napoleonkriegen, die ja durchaus auch im Interesse und mit Unterstützung des Industriebürgertums geführt werden, verschiebt sich die bürgerliche ideologische Plattform. Zum einen wird der proletarische Widerspruch jetzt auch von bürgerlicher Seite gewaltsam unterbunden – ein Stichdatum sind die *Combination Acts* von 1799/

1800 – mit der Begründung, jetzt gelte es den ›Zwist‹ zu vergessen und England zu retten; zum andern werden die überhöhten Getreidepreise, also die zum Teil maßlosen Extraprofite des grundbesitzenden Adels[50] für die wachsende Misere verantwortlich gemacht. Dieser Legitimierungsversuch bleibt auch nach Kriegsende, vor allem durch die Verabschiedung der unverschämten Korngesetze von 1815, lebendig; es liegt dem ja auch ein realer Konflikt zwischen Agrar- und Industriekapital zugrunde, der erst 1846 mit dem *Corn Law Repeal* endgültig entschieden wird[51].

Im Laufe der 1820er Jahre wird diese bürgerliche Mängelplausibilisierung immer brüchiger. Nicht nur fallen die Getreidepreise eben doch unter den vom Gesetz vorgeschriebenen Mindestbetrag, und machen es dadurch weitgehend wirkungslos; sondern die Industrieproduktion beginnt auch seit etwa 1818 die landwirtschaftliche zu überflügeln und wird immer deutlicher zum eigentlichen gesellschaftstragenden Bereich[52]. Seinen letzten großen Auftrieb bekommt die antiaristokratische Apologie im Mai 1831 nach der Ablehnung der *Reform Bill* durch das Oberhaus; aber als dann im Juni 1832 die Zustimmung der Lords erzwungen war, blieb davon nichts Haltbares mehr übrig.

Auch nach dem Ende des hier relevanten Zeitraums steht das Bürgertum vor anderen Legitimierungsmöglichkeiten als in den 30er Jahren. Es hat die Kraftprobe mit dem Chartismus nun für sich entschieden; nach 1842 steht die Frage nicht mehr real zur Debatte, ob Kapitalismus oder nicht, und die scharfe gesellschaftliche Zweiteilung in Proletariat und Nichtproletariat ist unumstößlich, und damit auch weniger legitimierungsbedürftig geworden. Zudem scheint jetzt die gesellschaftliche Abwärtsbewegung, die dauernde Verschärfung der Mängel zum ersten Mal seit den 1790er Jahren aufgehalten, und sich eine Perspektive der politischen und ökonomischen Stabilisierung anzudeuten; und danach kann sich die ideologische Auseinandersetzung für lange Zeit auf evolutionäre Plausibilisierungen eingrenzen, bei denen es nur noch um die Möglichkeit oder ›Unmöglichkeit‹ von Reformen geht.

Anders in den 1830er Jahren. Seit Beginn des Jahrzehnts, nämlich mit der ersten Whig-Regierung, hat das Industriebürgertum die politische Kontrolle übernommen, mindestens insoweit, als seither die zuvor ideologisch bekämpfte Tory-Fraktion entmachtet ist: es steht zum ersten Mal deutlich in der gesamtgesellschaftlichen Verantwortung. Unausweichlich trifft es jetzt bei der Suche nach dem Urheber der sozialen Notlage und Unruhe auf sich selbst. Zugleich steht es einer militanten proletarischen Bewegung gegenüber, die diese Mängel durch den Sturz der bürgerlichen Herrschaft beheben will, und die zugleich die ökonomische und gesellschaftliche Vernunft auf ihrer Seite hat. Dabei wird der Konflikt schon längst nicht mehr, wie zu Zeiten von Tom Paine, auf der moralischen Ebene des Naturrechts von Freiheit und Gleichheit ausgetragen, sondern wird auf beiden Seiten als Widerspruch zwischen Kapital und Arbeit klar erkannt. Wenn J. R. McCulloch für die Notwendigkeit hoher Profite plädiert, die zur Mechanisierung gebraucht würden, und höhere Löhne daher für >schädlich‹ hält[53], so ist er durch Owens Beispiel in New Lanark und einer Reihe anderer Produktionskooperativen[54] in der Praxis schon widerlegt. Thomas Hodgskin hält ihm entgegen, der Arbeiter schaffe die Güter und habe daher rechtmäßig auch über sie zu verfügen; nur wegen seiner Abhängigkeit vom Kapital würde er dauernd enteignet[55]. »Was ist das Kapital?« fragt eine Agitationsstimme 1833: »Es ist einbehaltene Arbeit! Von wem und was einbehalten? Von der Kleidung und Nahrung der Elenden«, und schließt folgerichtig mit einem kooperativen Programm: »(Die Arbeiter) werden für einander arbeiten, Arbeit und Kapital werden nicht länger geschieden, sondern unauflöslich verbunden sein in den Händen der Arbeiter und Arbeiterinnen«[56]. Wer sich freilich dieser Logik entzieht, die unerträglich gewordenen gesellschaftlichen Widersprüche argumentationslos verlängern will, bekommt auch Drohungen zu hören: »Es gibt einen Punkt, über den hinaus die Geduld nicht mehr durchhalten kann; es gibt einen Punkt der Unterdrückung, der, einmal überschritten, eine schreckliche Reaktion zeitigen wird . . . Ich warne jeden akkumulierenden Kapitalisten . . . Es wäre Narrheit, die an Wahnsinn grenzt, wollte der reiche Kapitalist sich in Sicherheit wiegen«[57]. So steht das Bürgertum seit 1830 vor einer schwierigen, wohl auch nicht vorausgesehenen Situation. Kaum hat es endlich das lang angestrebte Zeil der Übernahme der Staatsmacht erreicht, kaum sind ihm alle Möglickeiten zu einer fremden Schuldzuschreibung weggenommen, muß es seine Interessen auch schon offen und mit Waffengewalt nach unten verteidigen und durchsetzen: so im Sommer und Herbst 1831, so durch das barbarische Armengesetz von 1834 und die Niederschlagung des Widerstands dagegen, so durch den Kleinkrieg gegen den Chartismus. In der Legitimierung seiner Herrschaft durch das wachsende kapitalistische Elend geschwächt, und durch eine massenhaft anschwellende Arbeiterbewegung offen angezweifelt, weiß es nichts dagegenzuhalten, als im Namen einer immer schlechter funktionierenden ›Ordnung‹ zur Gewalt zu greifen. Die 1830er Jahre sind in England nicht nur das Jahrzehnt der schärfsten Klassenauseinandersetzungen, sondern auch der größten *Legitimationslücke* für das Bürgertum. Es gibt für den Gesellschaftszustand jener Jahre keine *Erklärung* mehr, die den Namen verdiente, die Notwendigkeit der Mängel ist durch nichts mehr argumentierbar, ihre Behebbarkeit in den Kooperativen vor Augen geführt. Die bestehende Ordnung ›muß sein‹ mit keinem anderen ›muß‹ als dem der Herrschaftserhaltung; die Mängel ›müssen‹ bleiben, weil das Industriekapital es will. Die Durchsetzung des eigenen Interesses scheint sich durch keinen gesellschaftlichen Sinn mehr überschreiben zu lassen: das Bürgertum steht vor dem ideologischen Bankrott.

Hier beginnt ein erschreckendes, aber aufschlußreiches Kapitel über die Unverzichtbarkeit von Mängeltheorien und die Widerstandslosigkeit, mit der sich herrschende Ideologie dem Interesse überläßt. Zwar bringt die Schwierigkeit des Systems, sich zu plausibilisieren, eine lange und bedeutende Reihe von bürgerlichen Dissidenten hervor, wie Owen, Lovett, Place, Attwood, oder (auf der Tory-Seite) Oastler, Stephens und Disraeli. Im ideologischen Hauptstrom setzt sich jetzt aber die Art von Plausibilisierung durch, die dem Interesse als letzter Ausweg immer noch offensteht: es erklärt das Bestehende zur Naturgegebenheit. Nur daß sich durch die Leugnung aller alternativen Möglichkeiten auch das KZ ›rechtfertigen‹ läßt: wo Dialektik auf diese Weise stillgelegt wird, beginnt nicht nur die Unwahrheit, sondern auch der Terror. Jetzt erst, weil keine andere Legitimierungsmöglichkeit mehr übrig ist (und das erklärt ihre späte Breitenwirkung), wird auf die Mängeltheorien von Malthus und Bentham zurückgegriffen: also auf die zwei Formen von Gesellschaftstheorie, in denen der Eigenwert und innere Reichtum des Einzelnen tiefer als im ganzen bisherigen europäischen Denken negiert war. Malthus argumentiert mit dem ›Naturgesetz‹ einer linear wachsenden Agrarproduktion und einer geometrisch wachsenden Bevölkerung: der Einzelne wird dabei zum positiven *Unwert*, lästiger Ballast, den es besser nicht gibt als gibt; einmal auf der Welt, ist das gesellschaftliche Gewollt- und Gebrauchtwerden seine einzige Daseinsberechtigung: »Ein Mensch, der in eine schon in Besitz genommene Welt geboren wird, hat, wenn er nicht von seinen Eltern erhalten werden kann, an die er rechtmäßige Forderungen stellt, und die Gesellschaft seine Arbeitskraft nicht haben will, keinen Anspruch und kein *Recht* auf den kleinsten Anteil Nahrung, und hat tatsächlich da, wo er ist, nichts verloren. Auf der Natur gewaltigem Fest ist für ihn kein freier gedeckter Platz. Sie sagt zu ihm, geh weg . . .«[58]. Wer da also von der ›Natur‹ in den Hungertod geschickt wird, sind die anscheinend auch von ihr hervorgebrachten *Arbeitslosen;* und wenn *zu viele* arbeiten, bleibt für sie von diesem ›Fest‹ eben nur entsprechend wenig übrig.

An *Brauchbarkeit* für das Industriebürgertum läßt diese Mängeltheorie nichts zu wünschen übrig; aber sie hat den Nachteil, daß ihr Interessefehler zu offenkundig ist: jeder Blick auf die landwirtschaftliche Produktionssteigerung während der Napoleonkriege (wo sie nämlich etwas *eintrug*) kann ihn aufdecken, und der auf die *Verteilung* des nationalen Reichtums nicht weniger – von der Möglichkeit, daß man Getreide schließlich auch *importieren* kann, einmal ganz abgesehen. Daher wird auch nur im deutlichsten politischen Interessefall, der Armengesetzdebatte von 1834 und den folgenden Jahren, damit operiert. Ein anderer theoretischer Plausibilisierungsversuch ist weniger leicht aufzulösen: die utilitaristische Lehre des Jeremy Bentham und seiner Schüler, die gerade jetzt, um das Jahr 1836, »ihren höchsten Punkt erreicht«[59]. Deswegen, aber auch weil diese Lehre eine grundsätzliche Gegenposition zu der hier vorgetragenen vertritt, soll sie hier etwas breiter dargestellt werden.

Das Ausgangstheorem ist geläufig: für Bentham ist der wahre letzte Bestimmungsgrund für das Handeln des Einzelnen das Aufsuchen von ›Lust‹ und das Vermeiden von ›Schmerz‹; die Gesellschaft ist dann richtig geordnet, wenn sie ›das größte Glück für die größte Zahl‹ ermöglicht[60]; diesem gemeinsamen *Zweck* aller Individuen müssen alle gesellschaftlichen Regelungen unterstehen: alle Vorschriften, besonders die von Moral und Gesetz, sind daher richtig oder falsch nach dem Kriterium ihrer *utility*, also ihrer Fähigkeit, diesen gemeinsamen Zweck zu befördern: und nur da, wo sich das Einzelinteresse dem Allgemeinzweck entgegenstellt, muß es durch möglichst wirksame ›schmerzerzeugende‹ Sanktionen eingeschränkt werden.

Die fortschrittliche Seite dieser Position ist unmittelbar klar:

strenge Zurückweisung, ja ›Widerlegung‹ aller disfunktional gewordenen Traditionen, Normen und Privilegien, die gegen das Gesetz der ›größten Zahl‹ verstoßen. Bentham wird so in die politische Gegnerschaft zur Aristokratie, zur Kirche und zur englischen Rechtsprechung (dem ›judge-made law‹) geführt; er stellt sich an die Seite der Radikalen, tritt für das allgemeine und geheime männliche Wahlrecht ein, für Demokratie und Republik, ja sogar für das jährliche Parlament mit der Begründung, unkontrollierte Regierungen würden notwendig immer nur die Interessen ihrer Mitglieder gegenüber dem Allgemeininteresse durchsetzen[61]; er plädiert gegen den Gesellschaftsvertrag und für einen Eigentumsausgleich[62]; und hat wichtigen und aufklärerischen Einfluß auf das englische Rechtsdenken mit der Idee einer ›vernünftigen‹ Justiz und Gesetzgebung, die sich nicht mehr aus moralischen Grundsätzen, sondern nur noch aus ihrer gesellschaftlichen Ordnungsfunktion herleiten sollen.

Hier scheinen somit gesellschaftliche Mängel richtig bezeichnet und bekämpft: aber diese kritische Seite ist ein Kennzeichen für jede erfolgreiche Mängelplausibilisierung, die als solche immer erst durchschaubar wird, wenn man auf die darin behauptete ›Naturgegebenheit‹ achtet. In Benthams Lehre lautet sie so, daß es nur einen einzigen *nachweislichen* Antrieb für menschliches Handeln geben soll, nämlich ein durch nichts durchbrechbares »Erstprinzip der Selbstbevorzugung, kraft dessen jeder Mensch sein eigenes Glück begehrt«[63]. Diesem Drang ist der Einzelne hilflos ausgeliefert; er muß ihm folgen, besser: folgen wollen. Der »moralische Sinn«, mit dem er vielleicht doch von der Verfolgung des eigenen Glücks absehen könnte, ist eine Scheinmotivation, eine »fiktive Wesenheit«, die nur insoweit (scheinbar) zu selbstlosen Handlungen führt, als diese ohnehin ›Lust‹ bewirken.

Das klingt zunächst wie eine zwar resignierte, aber doch aufrichtige, realistische und tolerante Handlungstheorie. In Wahrheit ist damit aber die entscheidende Differenz zwischen der Zweck- und der Sinnhandlung glattgestellt: die letztere geht zwar mit der Glückserfahrung einher, etwas gesellschaftlich Sinnvolles getan zu haben, was dem *Ganzen* nützt, und ist insofern von ›Lust‹ begleitet, aber sie wird von keinem angeblichen »Erstprinzip der Selbstbevorzugung« bewirkt, sondern von deren Gegenteil. Die Dialektik, daß hier *pleasure* und Selbstbestätigung über den *Umweg* von Gegeninteresse und Selbstlosigkeit bezogen wird, ist stillgelegt, und damit die gesellschaftliche Dimension von menschlichem Handeln überhaupt. Nachdem alles Handeln eigeninteressiertes ist, läßt sich eigeninteressiertes Handeln auch nicht mehr kritisieren: der Einzelne wie die Gesellschaft wird zu einer *Interessenmaschine,* existentieller wie gesellschaftlicher Sinn zu einer »fiktiven Wesenheit«.

Keine Frage, was die faktische Resultante dieses Interessenmechanismus ist: ein *funktionaler,* von ›unvernünftiger‹ Moral gereinigter Kapitalismus. Von diesem läßt sich jetzt im Handumdrehen ›nachweisen‹, daß er »das größte Glück für die größte Zahl« bewirkt – ein größeres für eine größere Zahl *gibt* es eben nicht. Soll einer doch der Industrie erst einmal zeigen, daß sie mit der ›natürlichen‹ Verfolgung ihrer Interessen nicht zugleich auch der Gesellschaft nützt! Zugleich haben diese Interessen jetzt, als Bedingungen der Produktion, eine ›natürliche‹ Priorität vor denen des Arbeiters, dessen ›Lust‹ *vernünftigerweise* auf das Maß eingeschränkt werden muß, in dem das Kapital produktiv bleibt.

Wie widerstandslos die utilitaristische Lehre sich mit dem Ausbeutungsinteresse harmonisieren läßt, zeigt sich an dem grausigen Beispiel einer ›Erfindung‹, die Bentham selbst gemacht hat: das *Panoptikon* – ein von allen Seiten ständig überwachbares Mustergefängnis in Form einer Fabrik, die statt mit Dampfmaschinen mit menschlicher Antriebskraft durch Tretmühlen betrieben werden soll (1791). Bentham gibt für das Projekt £ 8000 seines eigenen Vermögens aus, erwirbt später für £ 12 000 ein Grundstück in Milbank; im März 1772 ersucht Bentham die Regierung um Überlassung von 1000 Strafgefangenen; aber nach langem Hin und Her stellt 1811 ein Untersuchungsausschuß fest, es sei unzulässig, daß Bentham und sein Bruder das Gefängnis mit *Profit* betreiben wollten, und lehnt das Gesuch ab. Bentham wird vom Parlament mit £ 23 000 entschädigt[64].

Finstere Zeiten. Aber auch in diesem Fall scheint eine Erklärung dringender und lehrreicher als die Verdammung. Sie zeigt hier an einem gewiß eindrucksvollen Beispiel, wie weit die Vernunft sich unterm Zwang von Herrschaftslegitimation und Interesseharmonisierung deformieren und verkehren, und sich doch dabei weiterhin ganz aufrichtig als Vernunft verstehen kann. Wahrgenommenes Eigeninteresse darf sich nun offen als solches begegnen, seit Bentham von ihm ›bewiesen‹ hat, *daß es außer ihm nichts anderes gibt:* die Konkurrenz wird zum *anthropologischen* Grundsatz. Durch welche andere These hätte es sich auch noch rechtfertigen können, nachdem es seit 1815 schon kaum mehr gelingen wollte, das bürgerliche Interesse als Urheber der gesellschaftlichen Mängel zu verbergen, und nachdem es seit 1830 argumentationslos zur Gewalt hatte greifen müssen? Infolgedessen wird der Bentham-Utilitarismus jetzt zur herrschenden Mängeltheorie – bis nach 1842 sich in einer allmählichen ›Evolution‹ endlich wieder etwas anderes als das Interesse selbst zum gesellschaftlichen Sinnziel aufrufen läßt.

Diese Lehre hat freilich auch einen Nachteil: nämlich daß man mit ihr nicht *leben* kann. Die Auffassung seiner selbst als Interesseautomaten, der Verzicht, entgegen einem dauernd sich meldenden Bedürfnis, auf die Einordnung des eigenen Handelns und Erlebens in einen gesellschaftlichen Sinnzusammenhang, das Hinnehmen auch der krassesten gesellschaftlichen Mängel als vom Interesse *notwendig* hervorgebrachter und daher *legitimer,* die Anerkennung jeder Art von Unmenschlichkeit, solang sie nur kapitalistisch funktional bleibt, auch da, wo sie noch den einfachsten Gefühlsregungen widerspricht: eine solche unerträgliche ›Vernunft‹ läßt sich durchgängig wohl auf keine vorstellbare Lebenspraxis anwenden. Sie läßt sich zwar anonym und öffentlich-politisch argumentieren – und in diesem Bereich muß das Bürgertum, soweit es seine Interessen nicht loslassen will, sich an diese ›Vernunft‹ halten – oder an gar keine mehr. Aber soweit dieser Bereich in den eigenen, *privaten* übergreift, fängt sie an zu versagen. Wir sind hier im konkreten Beispiel bei der Überlegung angelangt, inwieweit die ideologische theoretische Mängelplausibilisierung wohl das je einzelne Sinndefizit im herrschenden Bewußtsein decken kann, das aus der sinnlichen Erfahrung und der existentiellen Verstrickung in die gesellschaftlichen Mängel entstehen muß. Die sinnliche Erfahrung, sagen wir der Slums, der Kinderarbeit, der Arbeitshäuser, der Reden und Anklagen auf den Arbeiterversammlungen, schließlich der offenen Gewalt auf der Arbeiter- wie auf der Regierungsseite läßt sich in dieser Zeit ja nicht mehr umgehen oder einfach suspendieren; und sie ist zugleich jedesmal eine Erfahrung davon, daß die bestehende Ordnung *entgegen* der utilitaristischen oder malthusianischen ›Erklärung‹ eben *nicht* ›vernünftig‹ ist. Zugleich scheinen sich diese Mängel in diesen Jahren zunehmend und unaufhaltsam zu verschlimmern. Das *kann* aber nichts anderes heißen, als daß alles in diesem Vorgang funktionale oder nutznießerische Handeln auf irgendeine Weise als zerstörerisch erlebt werden muß: je bewußter, desto mehr ›sinnlos‹ im direkten Verstand; aber auch noch in der Verdrängung als Sinnabwesenheit oder Sinnunsicherheit, und jedenfalls in keinem denkbaren Fall als von gesellschaftlichem Sinn positiv gedeckt.

Auf der Zirkulationsseite kommt etwas anderes hinzu. Die Tatsache, daß der nichtproduzierende Teil der englischen Bevölkerung um 1840 ein dreimal so hohes Gesamteinkommen wie die Arbeiterschaft hat, und daß sich in der Zeit seit 1800 der bürgerliche Güterkonsum mit Sicherheit etwa verdoppelt hat[65], bringt eine qualitative Veränderung für die bürgerliche Einzelexistenz mit sich. Die Lebensweise dieser Klasse, die man sich im 18. Jahrhundert, etwa im Fall eines Arztes oder Advokaten, noch vergleichsweise unaufwendig denken muß, kommt jetzt zu einer Opulenz, wie sie *nach* dem 1. Weltkrieg vielleicht grade wieder in den heutigen 1970er Jahren eingeholt wird (und auch da nur in mancher Hinsicht). Das Bürgerhaus beginnt sich zu vergrößern, in Herren-, Speise-, Umkleide-, Dienstbotenzimmer und Bibliothek zu untergliedern, mit einem endlosen Inventar von Konsolen, Schlafhauben und Tafelsilber zu füllen, die Speisefolgen kommen auf ihr monströses viktorianisches Format, die Dienstleistungen im Haushalt werden bis zum Grad einer betulichen und infantilen Versorgungsangst beansprucht – wie etwa Brownlow in *Oliver Twist* seine Haushälterin verdächtigt, seine (selbstverständlich blütenweiße) Serviette nicht genügend *gelüftet* zu haben[66].

Abstrakt formuliert, tritt damit die bürgerliche Tauschindividualität in ihrer voll ausgeprägten Gestalt auf den Plan. Die Voraussetzung dafür, nämlich die Verallgemeinerung des Geldsystems – bis auf kleine Reste von ländlicher Selbstversorgung – ist jetzt gegeben. Dabei erlaubt die mindestens noch halbhandwerkliche Zulieferung eine später wohl nie mehr erreichte Differenzierung der individuellen bürgerlichen Bedürfnisbefriedigung. Der einzelne Bürger ist jetzt über den Kanal des Tauschverkehrs immer schon mit dem *Ganzen* seiner Gesellschaft verbunden: und zugleich ist in dieser Zeit für Geld vielleicht mehr denn je zuvor oder danach zu *haben*. Er definiert sich zunehmend als Besitzer und Insasse einer vielfältig und pedantisch geordneten Warenwelt, in die sich Selbstverwirklichung und Selbstausdruck nun verlagern und damit verdinglichen müssen; als autonome Existenz verkörpert er immer ausschließlicher »das selbstsüchtige Interesse, kein darüberstehendes verwirklichend; der andere ist auch als ebenso selbstsüchtiges Interesse verwirklichend anerkannt«[67]. Damit ist nach der *eigenen* Seite, wo wahrgenommenes Interesse noch positiv erlebt werden kann, die Benthamsche Interessenlehre vielleicht gerade noch akzeptabel – obwohl Individualität nun schon in den ›originellen‹ Eigenheiten und kauzigen Gewohnheiten eines *character* anfängt, sich eine nur noch ersatzhafte Systematisierung seiner widersprüchlichen Interessen und Bedürfnisse zu suchen.

Nach der Seite seiner sozialen Umgebung aber ist das bürgerliche Individuum nun eingeschränkt auf einen immer strenger formalisierten Verkehr mit den Nebenwarenbesitzern. Es entstehen Tendenzen zur Verkapselung, Isolation und existentieller Angst[68], die sich durch das aktuelle Klassenverhältnis allesamt noch verstärken. Das Bürgertum als neue herrschende Klasse ist ja (bis sie dann durch die Monopolisierung wieder vermindert wird) zahlenmäßig größer als alle vorausgehenden, und verursacht entsprechend hohe Kosten; man kann sagen, daß von ihr mehr als jemals zuvor – vielleicht mit Ausnahme der luxurierenden Aristokratie um die Wende vom 16. zum 17. Jahrhundert – vom nationalen Einkommen buchstäblich *verfressen* worden ist: jedenfalls werden die neuen materiellen Möglichkeiten von ihm vollständig monopolisiert. Auf der anderen Seite bleiben die Grundversorgung der Arbeiter, ihre Wohn- und Arbeitsbedingungen, nicht nur gleich miserabel, sondern werden in den Krisenjahren 1830-42 immer noch schlechter: nach *beiden* Seiten also vergrößert sich der materielle Abstand zwischen den Klassen und führt schließlich zum bewaffneten proletarischen Aufruhr. So kommt zur bürgerlichen Verkapselung in der Besitzwelt noch eine *defensive* Komponente nach unten; und zu der Angst der mit sich allein gelassenen Tauschindividualität noch die der offensichtlichsten gesellschaftlichen Disfunktionalität – wo nicht der bloß noch konsumierenden Praxislosigkeit – und zugleich einer ernstzunehmenden physischen Bedrohung. Das Bürgertum, formuliert Harrison mit einer treffenden Metapher, »kam sich oft vor wie eine Insel, umgeben von riesigen Meeren der Armut«[69]. Einen Vorgang von so offenkundiger, privater wie gesellschaftlicher Sinnzerstörung *gerade* durchs wahrgenommene Interesse kann auch ein

Bentham-Konstrukt nicht mehr wegraisonnieren. Er wird jetzt auch schon teilweise psychologisch aufgefangen durch einen zunehmend strengeren Moralkodex, eine wenigstens nach *außen* hergezeigte Selbstbescheidung oder gar Selbstbestrafung – die dann aber auch schon wieder, mit Thackeray, zu Recht als Heuchelei gebrandmarkt wird. Ein akzeptables gesellschaftliches Sinnziel ist dadurch für das Bürgertum jedenfalls nicht zu formulieren. Wie in allen schlecht legitimierten Herrschaftsformen ist es das *eigene* Sinnbedürfnis der Herrschenden, das jetzt ideologisch nicht mehr abzudecken ist. Es bleibt am Dickens-Beispiel zu sehen, mit welchen Mitteln die Literatur versucht, dieses Bedürfnis mit der Erfindung eines *auch jetzt noch* sinnkonsistenten Praxisbeispiels wenigstens notdürftig und zeitweise zu sättigen.

6. Oliver Twist *als literarische Sinnlösung*

Die Aufgabe der historischen Reduktion von Literatur liegt darin, die Frage zu stellen: wann warum welches Buch geschrieben und gelesen wird, und diese Frage aus den gesellschaftlichen Verhältnissen seiner Entstehungszeit zu beantworten. Die Literaturwissenschaft macht es sich mit dieser Frage gewöhnlich leicht: sie *konstatiert*, daß es so gewesen ist. Im Fall von *Oliver Twist* lautet ihr Tenor (etwa bei George Orwell), es habe sich eben jetzt in Dickens ein Fürsprech der Armen und Unterdrückten gefunden, einer mit »einer gefühlsmäßigen Einsicht, daß etwas falsch ist«[70]; mit diesem Roman habe die Literatur sich besonnen auf ihre soziale Verantwortung und ihre öffentlichen Wirkungsmöglichkeiten, sich der Mißstände angenommen und sie mit aller wünschenswerten Deutlichkeit und Schärfe dem Bürgertum der damaligen Zeit vor Augen gehalten.

Dabei ist schon die Frage nach dem *wann* höchst rätselhaft. Die Mängel des Fabriksystems waren bei Erscheinen des Buchs mindestens 40 Jahre alt; seit den 1790er Jahren hatte es den 14- bis 16-stündigen Fabrikarbeitstag gegeben, die Unterkünfte, in denen nur *halb* so viele Betten wie beschäftigte Kinder standen, weil in *Schicht* geschlafen wurde, oder die sogenannten *flappers*, die sie mit Schlägen weckten, wenn sie über der Arbeit einschliefen –

lauter Mißstände, die der damaligen Zeit neu und daher auffällig waren, und in den Schriften von Cobbett, Owen oder der Corresponding Societies der 90er Jahre auch unentwegt beschrieben und angeprangert wurden[71]. Liest man aber die bürgerliche *Literatur* dieser Jahrzehnte, so kann man im ersten Augenblick glauben, vor einer Verschwörung des Schweigens zu stehen: bis auf ein paar Gedichte und Passagen bei Blake, Wordsworth, Clare, Burns und Byron, auf die höchst abstrakten Tiraden Shelleys gegen die Priester und ›Tyrannen‹, wird davon einfach nicht geredet. Bis zum Ausgang der zwanziger Jahre bleiben in der bürgerlichen Literatur durchwegs sinnkonsistente Erfindungen von Lebenspraxis vorherrschend, die aus einer spätromantischen ›sinnreichen‹ Konfrontation der Dichterindividualität mit Natur oder Kosmos, aus ihrer Versetzung in ein schöneres Einst und Anderswo, oder auch in eine irreale Schreckenswelt lebten: romantische Poesie, Scott oder Schauerroman. Woran kann das liegen? Wenn man argumentiert, daß die bürgerliche Literatur sich zu dieser Zeit um die soziale Misere – aus *Interesse* – nicht kümmern *wollte*, steht man sogleich vor der nächsten Frage: warum wollte sie dann auf einmal zur Dickenszeit, in der dieses Interesse doch immer noch dasselbe war? Denn daß diese Misere vorher eben noch nicht groß *genug* gewesen wäre, läßt sich schwerlich behaupten. Die Erklärung für die verspätete Bearbeitung der frühkapitalistischen Gesellschaftsschäden liegt, wie ich meine und zeigen will, darin, daß erst zur Dickenszeit die erwähnten ästhetischen Sinnlösungen unannehmbar wurden, daß die bürgerliche Literatur bis dahin, ihrer gesellschaftlichen Funktion zufolge, noch nicht *mußte*, und wenn man auf die Seite ihrer gesellschaftlichen Entstehungsursache schaut, noch nicht *konnte*.

Um das genauer zu sehen, ist es nützlich, den Dickensroman wenigstens schematisch in sein Davor und Danach einzuordnen. Die vorausgehende Entwicklung ist, auch mit den darin auftretenden Schwierigkeiten und Widersprüchen, wohl am deutlichsten im Werk von Thomas Hood und Alfred Tennyson nachzuverfolgen[72]. In ungewöhnlich genauer Zeitübereinstimmung mit der großen Legitimationskrise ab 1830 brechen diese Lösungen in sich zusammen; und in Tennysons *Palast der Kunst* – begonnen im Oktober 1831[73], veröffentlicht 1832 – wird dieser Zusammenbruch zum expliziten Thema für ein großes Gedicht. Beschrieben wird darin »herrschaftliches Lusthaus«, in dem die »Seele« des Dichters in gottähnlichem Selbstgenuß den Freuden der Kunst und der Sinne lebt, wo es ihr drei Jahre wohlergeht, bis »sie im vierten stürzte«: ihre Schönheitsinsel erfüllt sie auf einmal mit »schlimmer Verzweiflung« und »tiefer Angst« – »Und Tod und Leben haßte sie gleichviel,/Und sah in ihrer Hoffnungslosigkeit nichts mehr/Als schreckliche Zeit, schreckliche Ewigkeit/Und nirgends einen Trost«. Rettungslos vereinsamt »schrie sie in dem verlaßnen Saal,/›Keine Stimme durchbricht die Stille dieser Welt–/Tief, tief schweigt alles‹«; schließlich »heulte sie laut, ›Mein Innres brennt als Feuer,/Kein Raunen kommt als Antwort‹«. In ihrer Umgebung tauchen Gespenster auf, »weißäugige Schemen, die blutige Tränen weinen« und »entsetzliche Alpträume«, sie fühlt sich »eingesperrt wie in eine bröckelnde Gruft«.

Hier ist offenbar eine extreme Erfahrung von Sinnlosigkeit bearbeitet, durch die eine bisher mögliche, reich entwickelte bürgerliche Lebensweise auf einmal vernichtet wird, weil ihr bisheriger Bedeutungshorizont seine Gültigkeit verliert. Die vorher als positiv erlebte Selbstherrlichkeit der Tauschindividualität, mit allen Entfaltungsmöglichkeiten der Sinne und der Kunstproduktion, wird jetzt zur schlechten Ichautonomie, bei der alle Verbindungen zur übrigen Gesellschaft, auch zur *eigenen* Klasse, abgeschnitten sind, und die, bloß noch ihren eigenen Interessen und Wünschen ausgeliefert, sich nach keinem allgemein formulierbaren Sinnziel sich mehr ausrichten kann. Wir stehen an der Stelle, wo dem bürgerlichen Bewußtsein, eben seit 1830, die sinnzerstörende Kraft dieser Interessen und Wünsche unwiderruflich deutlich werden muß: Angst, Bezugsunfähigkeit, Kommunikationslosigkeit, ein ›lebendiger Tod‹ sind die Folge. Sie werden in Tennysons Gedicht zu einer konsistenten *negativen* Sinnlösung verarbeitet: nur in der *Abwendung* von einer sich selbst genügenden Kunst liegt demnach noch das mögliche Praxisbeispiel. Aber diese Lösung ist widersprüchlich: die Abwendung wird ja ihrer-

---

my soul – a lordly pleasurehouse (I) – on the fourth she fell (LVI) – sore despair (LVII) – deep dread (LIX) – And death and life she hated equally,/And nothing saw, for her despair,/But dreadful time, dreadful eternity,/No comfort anywhere (LXIX) – she shrieked in that lone hall,/›No voice breaks through the stillness of this world –/One deep, deep silence all‹ (LXVII) – She howled aloud, ›I am on fire within,/There comes no murmur of reply‹ (LXXIV) –white-eyed phantasms weeping tears of blood – horrible nightmares (LXII) – Shut up as in a crumbling tomb (LXXI)

seits wieder Gegenstand von praxisferner Kunst – und *ist* demnach natürlich keine. Und für den Bereich, dem sich die Kunst jetzt statt des verlassenen zuwenden soll, findet das Gedicht nur eine klägliche Schlußformel: die ›Seele‹ des Dichters, heißt es dort, »warf ihre Königskleider fort und sprach,/›Baut mir ein Kätnerhaus im Tal,/Daß ich dort trauern und büßen kann‹«.

Aber mit so leeren und kostenlosen Vorsätzen ist es jetzt nicht mehr getan. Die Realität der eigenen Herrschafts- und Unterdrückungsfunktion rückt dem Bürgertum in den Jahren 1830-32 zu nah auf den Leib, als daß sie sich aus dem Bewußtsein einfach inhaltlich weiter fernhalten ließe; die davon verursachten gesellschaftlichen Mängel sind nun nicht mehr auf eine abstrakte Weise ›schlimm‹, sondern haben sich in eine direkte und direkt ausgesprochene Bedrohung verwandelt. »Tennyson, in der Kunst kann man nicht leben«, hatte ein Freund des Dichters zu ihm in diesen Jahren gesagt[74]. In der Literatur immer *noch* einmal von dem ganz Anderen zu reden, macht sie leer, unerträglich, gespenstisch. Oder, um es in den Begriffen der hier vorgeschlagenen literarischen Funktionstheorie auszudrücken: eine Kunst, die die neu ins herrschende Bewußtsein getretene Sinnzerstörung *ausläßt,* hört nun auf, dem bürgerlichen Autor und Publikum etwas zu ›sagen‹ – auf seine immer dringendere Frage nämlich: was sollen wir jetzt, unter diesen durch nichts mehr gerechtfertigten gesellschaftlichen Umständen *machen, außer* uns auf die Seite der Unterdrückten und der gesellschaftlichen Vernunft zu stellen?

Genau in diese Frage tritt jetzt das Frühwerk von Dickens ein, noch tastend und kleinformatig mit den *Sketches by Boz,* seit 1834 im *Morning Chronicle* und 1836 als Sammelband erschienen; mit einem neuerlichen (auch erfolgreichen) Versuch des Ausweichens in die gute alte georgische Zeit in den *Pickwick Papers,* in deren Idylle allerdings schon sehr merkwürdige Schauergeschichten und gegen Ende auch die schlimme Tatsächlichkeit des Schuldgefängnisses in der Fleet einbrechen: dann aber direkt, massiv, und in der Großform eines durchkonstruierten Romans, mit *Oliver Twist.* Mit diesem Buch macht Dickens seine große ästhetisch-ideologische Entdeckung: die Entdeckung des literarischen Realismus selbst. Sie heißt, daß man auch literarisch die allgegenwärtigen

She threw her royal robes away./›Make me a cottage in the vale,‹ she said,/›Where I may mourn and pray.‹ (LXXV)

gesellschaftlichen Mängel ausführlich und genau ins Auge fassen kann – und daß man sich als Bürger trotzdem nicht zu ihnen verhalten muß, *sondern bleiben kann, was man immer war.*

Auf der einen Seite hat die Aufnahme der gesellschaftlichen Misere in die Literatur, nach ihrer immer weiter betriebenen Verdrängung und Wegschiebung, den deutlichen Charakter einer *Erlösung.* Die Prosa von Dickens ist wie ein Dammbruch, eine Flut von Sachen, Personen, Kleinigkeiten zieht am Leser vorbei, tausendundzwei Szenen und ›Originale‹, bis in ihre Verästelungen geschildert, bis ins Blinzeln des *Hundes* von Bill Sikes, bis in die genaue *Sorte* seines Halstuchs. »Das hervorstehende, unverkennbare Merkmal der Schreibweise von Dickens«, sagt Orwell, »ist das *überflüssige Detail*«[75], und in dieser Hinsicht stellt sie tatsächlich bis ins 20. Jahrhundert einen uneingeholten Höhepunkt dar – so weit, daß sie bisweilen erzählökonomisch disfunktional wirken kann. So im 13. Kapitel: da wird lange überlegt, wer auf die Suche von Oliver gehen soll; es wird erzählt, was Nancy anzieht, sie spielt vor, was sie auf der Polizeiwache sagen wird, ihr Gang dorthin wird beschrieben, die verschiedenen Zelleninsassen, der Polizist – *und dann ist Oliver gar nicht dort;* oder die ausführlich geschilderte Spielrunde im 25. Kapitel, bevor Crackit kommt und vom Mißlingen des Einbruchs erzählt: das alles *kann* zu nichts anderem dienen, als zur Herbeischaffung von immer neuen Mengen von wiedererkennbarer sozialer Wirklichkeit. Der Ehrgeiz scheint danach zu gehen, *alles* zu beschreiben, nach *Vollständigkeit* in der Wiedergabe der Gesellschaft (wie sie Balzac mit dem Plan zur *Comédie humaine* dann ja ausdrücklich anstreben wird). Es ist, als wäre die Literatur nach dem sozial Konkreten ausgehungert gewesen. Nun holt Dickens es ein, größer als wirklich, echter als echt, mit einer spürbaren *Lust* an der Aufdeckung des Schrecklichen, das er bis in finstere Löcher und Höhlen, in mit leeren Särgen vollgestellte Keller hinein verfolgt; mit einem ständigen Pathos des ›Schaut nur hin, so schlimm geht es hier wirklich zu!‹, bei dem einem vor soviel grausiger Erfindung und Faszination am Verfall leicht unwohl werden kann[76]; und so oft verliert er sich in seine dunklen Ausläufer und schauerlichen Episoden, daß er sie formal nur noch mühsam zusammenhalten kann: in den *Sketches by Boz* noch gar nicht außer durch eine lockere Gruppierung, in *Oliver Twist* nur durch einen sehr mechanischen melodramatischen ›plot‹ und durch eine überaus durchschaubare Schnitt- und Spannungstechnik[77], über die man sich sehr wohl beklagen kann – die Frage ist aber, ob er anders sein Material überhaupt zu einer sinnkonsistenten und interpretierbaren Lösung hätte organisieren können.

Die zeitgenössische Kritik antwortet auf diese Öffnung der Literatur für die gesellschaftliche Realität in der Hauptsache mit Staunen, Bewunderung und Erleichterung. Schon zu den *Sketches by Boz* heißt es: der Autor »steigt mit einer erschreckenden Wahrheitstreue zu den Niedrigsten der Niedrigen hinunter«[78]; »ihre Lebensähnlichkeit ist unbestreitbar«; seine Stücke seien »Auszüge aus dem wahrhaftigen Leben« und eine »genaue Wiedergabe alltäglicher Dinge«[79]. »Seine Vortrefflichkeit scheint tatsächlich in der Beschreibung genau dessen zu liegen, was jedermann jeden Tag sieht« [80], heißt es zu *Oliver Twist;* »Mr. Dickens hat eine neue Ära in unserer volkstümlichen Literatur eröffnet . . . dieser Autor hat die unerschöpfliche Mine des privaten Lebens der Massen erschlossen«[81]; und noch zwanzig Jahre später schreibt Walter Bagehot bewundernd: »Die Menge an Details ist für einen herkömmlichen Schriftsteller etwas Erstaunliches. Er beschreibt London wie ein Sonderkorrespondent für die Nachwelt«[82].

Ein anderer Teil der Kritik ist dagegen von Dickens' Realismus deutlich überanstrengt. Immer wieder wird gefragt, ob diese Art der Literatur, trotz ihres unbestreitbaren Erfolgs, ›bleibend‹ oder ›verdienstvoll‹ sein kann, und öfters wird das verneint: »Der wahre Geist eines Zeilenschinders . . . (Dickens) bricht in wortreiche Beschreibungen der verschiedenen Straßengänge aus, bloß um den nötigen Raum zu füllen«[83]. Andere Stimmen wünschen sich eine beruhigendere Lektüre: »Die Häufung von kleinen Details des Elends und der Unbehaglichkeit ist ausgesprochen schmerzlich und wird dem Leser zuletzt quälend.« Es wird ihm angeraten »etwas, worin ein wenig mehr Behagen und Glück geschildert ist«[84]. Die deutlichste und zugleich am offensten *interessierte* Ablehnung des Romans ist eine hochherrschaftliche: sie ist in Königin Viktorias Tagebuch festgehalten und stammt von dem damals amtierenden Ministerpräsidenten Melbourne: »(Das Buch) handelt unter Arbeitshäusern und Taschendieben und Sargmachern . . . Ich mag solche Dinge nicht; ich wünsche ihnen aus dem Weg zu gehen. Ich mag sie nicht in der Wirklichkeit, und deswegen mag ich sie auch nicht dargestellt sehen«[85].

Auf eine solche Meinung scheint Engels' Urteil über das bürgerliche Bewußtsein dieser Jahre genau zu passen: »Bei alledem will die englische Mittelklasse und namentlich die fabrizierende, die aus der Not sich direkt bereichert, nichts von dieser Not wissen. Sie, die sich als die mächtige, die Nation repräsentierende Klasse fühlt, schämt sich, den wunden Fleck Englands den Augen der Welt bloßzulegen; sie will es sich nicht gestehen, daß die Arbeiter elend sind, weil sie, die besitzende, industrielle Klasse, die moralische Verantwortlichkeit für dieses Elend tragen müßte«[86]. Der überwältigende Erfolg eines Romans wie *Oliver Twist* gerade beim bürgerlichen Publikum zeigt aber, daß die Sache nicht so einfach ist. Melbournes Wunsch nach der bloßen Auslassung der gesellschaftlichen Mängel in der Literatur ist die Ausnahme. In seinem repräsentativen Teil befürwortet dieses Publikum vielmehr ihre Beschreibung, möchte sich ihr offenbar gerade innerhalb der privaten Lektüresituation, also auf der Ebene eines je einzelnen, existentiellen ›Damit-Zurechtkommens‹ aussetzen; auf der anderen Seite fordert es, daß sie, um nicht »quälend zu werden«, sich an bestimmte Grenzen hält.

Welches sind diese Grenzen? Wir stehen vor der Frage nach der *anderen Seite* des Dickensschen Realismus – nämlich, wodurch er für das bürgerliche Bewußtsein akzeptabel wird, anders gesagt: *was er ideologisch leistet.* Jetzt kann die oben versuchte Darstellung des realgesellschaftlichen Kontexts zu dem Roman ihre Nützlichkeit erweisen. Erst wenn man ihn vor dieses Zeitgeschehen hält, dann aber unübersehbar, zeigt sich: in *Oliver Twist* wird der gesellschaftliche Hauptmangel und der daraus entstandene, ganz England erfassende Konflikt *noch nicht einmal erwähnt*, die gerade in der genauesten Entstehungszeit des Romans auf jeder Versammlung, in einer überall verbreiteten Arbeiterpresse, bei jeder zweiten Parlamentssitzung – und Dickens hatte gerade die bewegten Jahre 1830-35 hindurch als Parlamentsreporter für verschiedene Zeitungen gearbeitet[87] – leidenschaftlich zur Diskussion standen. In einem Buch, das die realistische Schilderung des ärmsten Teils von London zum ausdrücklichen Thema hat (und dasselbe gilt auch für alle folgenden Dickenstitel aus den 30er und 40er Jahren), kommt kein einziger Arbeiter und keine einzige Fabrik vor, kein Fall von Ausbeutung oder Bereicherung – außer unter korrupten Beamten und Verbrechern –, kein Kapital, kein Korngesetz, keine Zehnstundenbill- und noch weniger Streiks,

Ausschließungen, Lohnkürzungen, Gewerkschaften, Demonstrationen, Militäreinsätze, *also nichts von alledem,* was als reale gesellschaftliche Bewegung und als Ursache des wachsenden Gegensatzes von arm und reich, von Prostitution und Kriminalität im allgemeinsten Bewußtsein war. Der einzige skandalöse Mißstand der Zeit ist nach Auskunft des Romans die schlechte Führung der Arbeitshäuser gewesen (nicht etwa ihr Vorhandensein), und der dramatischste Anlaß, zu dem sich im damaligen London eine Volksmenge versammelt hat, die Verfolgung eines Einbrechers, der seine Freundin umgebracht hat.

Damit ist nun nicht etwa gefordert – immer ein unzulässiger Einwand –, Dickens hätte ein anderes Buch schreiben sollen: vielmehr *glaubt* der Leser ja vor einer adäquaten Schilderung und Kritik der gesellschaftlichen Mängel zu stehen. Die Abweichung ist für ihn nur unkenntlich gemacht (durch welche Mittel, wird noch zu überlegen sein): trotzdem ist sie, nach Maßgabe des realen Zeitgeschehens, enorm. Sie ist zugleich nach allen Funktionsbestimmungen der Literatur als ›Widerspiegelung‹ schlechterdings unbegreiflich. Ihnen zufolge wäre der Einbezug der realen Klassenauseinandersetzung doch für die Darstellung der ›wesentlichen gesellschaftlichen Kräfte‹ unbedingt gefordert gewesen, als politisch vorrangiger, und zudem literarisch lohnender Stoff. Warum hat Dickens ihn ausgespart? Aus dem in der Literatur angeblich vertretenen Klasseninteresse? Auch diese ›Erklärung‹ kann so undifferenziert nicht stehenbleiben: denn in *dessen* Absicht konnte eine breite Schilderung von »Verkrüppelung, Erbärmlichkeit, schmuddeligem Elend«[88] auch nicht gerade liegen.

Die These dagegen, daß Literatur dazu da ist, herrschendem Bewußtsein fiktive, aber plausible Beispiele für sinnkonsistente Lebenspraxis zu liefern, kann nicht nur erklären, warum und auf welche Weise bestimmte Mängel eben doch im Roman bearbeitet sind, sondern sie kann auch den Grund und die Art der ›Abweichung‹ genauer angeben: sie besteht in einer *systematischen Ausblendung des eigentlich sinnzerstörenden Vorgangs,* als offensichtlicher Voraussetzung für die geforderte Sinnkonsistenz. Ein Kritiker aus dem Jahr 1838 hat darauf auch den Finger gelegt; er fragt Dickens, *wenn* er schon den Lebenslauf eines Arbeitshausjungen beschreiben wollte, warum er dann »ein riesigeres öffentliches Verbrechen« ausgelassen habe, »nämlich das *Zutodeschinden von kleinen Jungen und Mädchen in den Fabriken«*[89]. Zu einer anderen Zeit, etwa wenn sich eine Perspektive zu seiner Abschaffung hätte angeben lassen, wäre vielleicht auch noch die Beschreibung *dieses* Ausbeutungsübels mit einem bürgerlichen Sinnbeispiel zu vereinbaren gewesen; aber in den englischen 30er Jahren gab es keine solche Perspektive – dagegen sehr wohl eine Praxisalternative auf der proletarischen Gegenseite. Es leuchtet ein, daß die bürgerliche Literatur und ihr Publikum aber zu einer solchen, ihr Interesse inhaltlich beschneidenden Lösung nur notfalls greift, und jedenfalls nicht, solange andere Praxisformen noch möglich scheinen: und eine solche wird Dickens in seinem Roman auch vorschlagen. Auf der anderen Seite werden die ersten literarischen Bearbeitungen des Chartismus – Disraelis *Sybil* (1845) und Gaskells *Mary Barton* (1848) – erst dann erscheinen, als eine Verbesserung der sozialen Lage sich wenigstens undeutlich abzeichnet und die angegebenen bürgerlichen Praxisbeispiele daher nicht mehr auf Klassenverrat hinauslaufen müssen.

Die Ausblendung des gesellschaftlichen Hauptmangels ist nicht das einzige ideologische Mittel, mit dem der Roman arbeitet; vielmehr sind auch die ins Buch aufgenommenen auf eine *bestimmte Weise* ausgewählt und wiedergegeben, die sich schwer anders erklären läßt als durch die Notwendigkeit, sie auf eine bürgerliche Sinnlösung hinzusystematisieren. Dazu sind jetzt die oben angegebenen Hauptmerkmale von *Oliver Twist* noch einmal zurückzurufen. Hier stehen auf der *einen* Seite des Romanpersonals, in Dickens' erklärter Absicht, Bill Sikes und seine verbrecherische Umgebung; daneben aber auch, weniger erklärt, Figuren wie Mrs. Mann, Gamfield, Sowerberry, Fang und Mrs. Corney, alle aus dem gedrücktesten Kleinbürgertum armer Handwerker und niederer Beamter, und ohne Ausnahme negativ gezeichnet. So kann, eben weil es die Arbeiter in dem Roman nicht gibt, die ganze ›untere‹ Hälfte der Romangesellschaft zu einem einzigen Ausbund unmenschlicher Verderbtheit werden: von beiden Schichten läßt sich nämlich am wahrscheinlichsten asoziales Verhalten und moralische Deformation behaupten. Fragt sich der Leser aber nach deren Grund und Ursache, so liegen die, etwa im Fall von Bumble, nicht etwa in dessen eigener Unterdrückung durch die *gentlemen of the board* oder seiner Furcht vor dem sozialen Absturz (der ihn am Romanschluß ja mit seiner Entlassung ereilt), sondern in seiner Engstirnigkeit, Pompösität und Herzlosigkeit – lauter Eigenschaften, die ihm anscheinend *von Natur* zu eigen sind. Dasselbe gilt, wie zu sehen war, noch um einen Grad deutlicher für die Verbrecher: mit der Figur von Sikes ist dem Leser nicht mehr die Gestalt eines Schurken gegeben, der böse ist aus Entschluß oder Neigung oder irgendeinem anderen subjektiven Anlaß. Wenn sich überhaupt eine Herkunft seiner Bosheit erraten läßt, dann liegt sie in einer zurückliegenden (aber nicht beschriebenen) krankheitsähnlichen *Ansteckung* oder *Impfung* durch eine schlechte Umgebung, wie sie auch dem kleinen Oliver in den Händen Fagins droht: »der schlaue alte Jude ... träufelte jetzt langsam das Gift in seine Seele, von dem er hoffte, daß es sie schwärzen und seine Färbung auf ewig ändern würde«. Als der Leser Sikes aber kennenlernt, hat er alles Gewordensein schon längst hinter sich gelassen, er ist *fertig* von seinem ersten Auftritt an, durch die Beschreibung seines Äußeren auf ewig festgelegt. Er hat jede innere und äußere Möglichkeit zur Veränderung verloren, *ist wie er ist* mit all seinen schlechten Zügen[90]. Und der ihm zugeordneten *Sachwelt* war etwas ganz Ähnliches abzulesen: in ihr wird der Leser, ohne Einspruchsmöglichkeit, immer wieder in eine schreckliche Mitte geführt, die, bereits heruntergekommen und verrottet, so beschrieben wird, als wollte sie von selbst, ja mit einer sonderbaren Eigenlebendigkeit, ihrem sicheren Ende in Ruin und Schlamm entgegengehen.

Das heißt nun aber doch, daß in der ›unteren‹ Hälfte des Romans die Menschen böse und sozial verstümmelt sind, zum einen *im äußersten Grad* und zum andern *ohne erkennbare gesellschaftliche Ursache.* Sowohl durch ihre Auswahl wie durch ihre Darstellung sind die in den Roman aufgenommenen gesellschaftlichen Mängel auf ein solches Extrem und eine solche Ursachenlosigkeit deutlich *hingetrimmt.* Zu seinem kleinbürgerlichen Teil gehört das Personal in die Sphäre einer lächerlichen und korrupten ›Wohlanständigkeit‹; zu seinem kriminellen, und da gleichsam metaphysisch, in eine Sachwelt von Schmutz und Verfall. Wenn danach noch ein Beweis fehlt, dann wird er durch Oliver geliefert: wer dieses Engelskind mit solcher Grausamkeit mißhandelt, der hat seine Menschenzugehörigkeit endgültig verwirkt; das Schicksal solcher Leute, behauptet und erzählt der Roman, kann wie das ihrer Häuserwelt kein anderes sein als der unaufhaltsame Untergang.

the wily old Jew ... was now slowly instilling into his soul the poison which he hoped would blacken it, and change its hue for ever (120)

Auch hier ist leicht zu sehen, wie damit ein Stück bürgerliche Selbstlegitimierung geleistet wird. Dickens arbeitet dabei mit einer ideologischen Volte, in der er noch viele Nachfolger haben wird. Bei ihm sind die gesellschaftlichen Mängel nicht wie sonst als vorübergehend oder unwesentlich beschrieben, sondern der Gesellschaft wie eine weltliche Hölle unausrottbar eingewurzelt[91]. Ihre Darstellung erscheint so einerseits als radikale Kritik und Anklage, und zwar um so nachdrücklicher, je krasser sie gehäuft werden: Oliver begegnet im 5. Kapitel nicht nur einer hungernden Frau, sondern einer *Mutter,* die Hungers *stirbt,* und das auch noch im *Finstern.* Damit ist auf der einen Seite jedem moralischen Anspruch an die Literatur Genüge getan. Aber auf der Rückseite davon stellt sich, und zwar sicherlich ungewollt und vielleicht auch ungewußt, eine ganz andere Konsequenz ein. Wenn die Mängel jetzt nämlich zugleich als infernalisch *und* ursachenlos dastehen – dann sind sie doch auch *jenseits aller Reparatur und unabänderlich.* Sikes, Fagin, Bumble, das Slum von *Jacob's Island:* das sind aussichtslose Fälle. Der ideologische Vorschlag lautet also: man braucht im Hinblick auf solche Mängel nichts zu unternehmen, weil jeder Versuch dazu ohnehin wirkungslos wäre. In der Welt von Dickens muß jede *politische* mängelabschaffende Praxis vergeblich bleiben: sie ist *sinnlos* insofern, als sie das angestrebte Sinnziel ja doch um keinen Deut näherbringen kann.

Damit ist der erste wichtige Schritt vollzogen: Dickens hat eine Möglichkeit entdeckt, wie die gesellschaftlichen Mängel nicht mehr ängstlich aus dem bürgerlichen Horizont ferngehalten werden müssen, und der Bürger sich trotzdem nicht praktisch zu ihnen verhalten muß: wenn er weiterlebt wie bisher, wird die Welt davon nicht böser. Neben dieser resignativen Sinnlösung versucht der Roman nun aber auch noch eine positive: für diejenigen, denen ein solches Nicht-Verhalten schwerfällt, weil es ihnen zur Legitimierung ihrer Existenz nicht auszureichen scheint, ist als *einzige* und *gerade noch* sinnvolle Praxis offensichtlich die von Mr. Brownlow vorgeschlagen, der das Böse (etwa das empörende Gerichtsverfahren oder die Verschwörung gegen Oliver) bekämpft und das Elend karitativ mildert, wo er ihm begegnet. Der Roman behauptet dabei wohlgemerkt *nicht,* es wäre der Gesellschaft als Ganzer damit besonders viel geholfen, oder dieser Fall wäre aufs ganze Bürgertum zu verallgemeinern; Mr. Brownlow ist ebenso erkennbar wie Oliver als *Ausnahme* angelegt, und deswegen unterliegen beide Figuren auch nicht mehr der Vorschrift der Wahrscheinlichkeit. So können sie als blasse, aber vielleicht doch noch mögliche Idealfiguren durchs Romangeschehen schweben. Gleichzeitig ist damit der zweite Schritt getan, das scheinbar Unmögliche noch einmal eingeholt: mit Mr. Brownlow ist für das Bürgertum der Zeit ein Praxisbeispiel gegeben, in dem eine sinnvolle Tätigkeit mit seinen Interessen *vollständig harmonisiert* ist. Brownlow erleidet durch die Rettung von Oliver keinerlei erkennbare Einbuße: und gewinnt dabei doch auf der anderen Seite die Möglichkeit von sinnvoller Praxis, durch die er noch dazu Olivers kindliche Liebe und Dankbarkeit erntet; und so ist für den Leser der Widerspruch zwischen wahrgenommenem herrschendem Interesse und gesellschaftlichem Sinn unsichtbar geworden.

Diese Lösung hat freilich noch einen Schönheitsfehler. Brownlow muß, um sie tragen zu können, soweit zur idealen Gottvaterfigur hinaufstilisiert werden, daß der Leser Mühe hat, sich mit ihm zu identifizieren. Er mag in der tiefen bürgerlichen Legitimationskrise der 1830er Jahre auf der Handlungsebene des Romans unverzichtbar sein, weil er nur so den geschilderten Mängeln einen noch intakten Sinnbereich entgegensetzen und dem bürgerlichen Leser erträglich machen kann. Trotzdem ist er ein deutlicher und erkennbarer Notbehelf. Daher ist ihm auf einer zweiten Erzählebene ein Doppelgänger beigegeben, eine Figur, die ihm durchaus gleicht, aber *innerhalb* des Romans nicht zu handeln braucht, und daher auch nicht als unglaubwürdiger goody-goody dastehen muß.

Diese Figur ist der Erzähler, genauer der *fiktive Autor*, der genau wie Brownlow in das gesellschaftliche Geschehen nicht eingreift, aber dem Elend und der Not, wo er sie trifft, mitfühlend gegenübersteht. Als erster und einziger unter den vielen Schriftstellern seiner Zeit verschließt er die Augen nicht länger vor der allgegenwärtigen Misere, sondern macht sie mutig zum Stoff seines Romans. Weniger hochfahrend als sie, schränkt er sich dabei ein in der Willkür der Erfindung und begnügt sich in seinen beschreibenden Passagen mit der bloßen Haltung des Registrierens: was er zu schildern hat, spricht deutlich genug durch sich selbst. Falsch wäre es aber auch, davon nicht betroffen zu sein, und diese Betroffenheit nicht zu zeigen: und zwar nicht durch wehleidiges Jammern, sondern durch Szenen von hohem Pathos, oder durch eine Haltung des bitteren Gelächters, die ihm als einzige übrig bleibt: in dieser Hinsicht ist sein Double Mr. Grimwig, dessen rauhe Schale ja auch nur ein um so weicheres Herz verbirgt. Ähnlichkeit mit Brownlow zeigt er aber wieder in seiner ideologisch wichtigsten Grundhaltung: die Hoffnung auf das ›Gute im Menschen‹, so irrational und oft enttäuscht sie auch immer sei. So wie Brownlow gegen allen Anschein an Oliver glaubt, so meint auch der fiktive Autor nicht zu viel zu behaupten, wenn er unter sein Personal ein paar Gerechte mit aufnimmt und sie in einen moralisch und materiell gesicherten Bereich versetzt: »Ich wollte in dem kleinen Oliver *das Prinzip des Guten* zeigen, wie es jeden ungünstigen Umstand überlebt und schließlich triumphiert«, heißt es im Vorwort. Sinnlos muß dem frühen realistischen Autor die Mühe des Schreibens vorkommen, und als sinnlose wohl auch nicht durchzuhalten, wenn er sich nur versenkte in den unaufhaltsamen Niedergang zu immer mehr Not, Verbrechen und Zerfall: so setzt er ihm aus *Sinnzwang*, das heißt, um überhaupt noch einmal Literatur daraus machen zu können, eine Maxime entgegen, die nur noch so gedeckt ist, daß sie als Grundhaltung des Erzählers ständig gegenwärtig ist. Der *pessimistische* Erzähler in den Romanen von Eliot und Hardy und die Entdeckung, daß auch er noch bürgerliche Sinnlösungen angeben kann – unter freilich ganz anderen gesellschaftlichen Bedingungen – wird noch bis in die 1850er Jahre auf sich warten lassen.

So werden, für den Leser schwer bemerklich, die mit der schwachen Identifikationsfigur Brownlow verkörperten ideologischen Setzungen durch den fiktiven Autor alle nochmal gestützt: beide sind blind gegen den gesellschaftlichen Hauptwiderspruch; beiden erscheinen die sozialen Mißstände ursachenlos und damit im Großen unabänderlich; beide halten ihre punktuelle Behebung für die einzige mögliche Form von sinnvoller bürgerlicher Praxis; und beide erfahren sich als von ihnen durch einen geradezu unendlichen Abstand getrennt.

In diesem Punkt kann sich der fiktive Autor dem Leser genauer und artikulierter mitteilen als seine literarische Erfindung Brownlow: wo dieser nur eine faktische Distanz zu seiner sozialen Umgebung hat, hat der Autor eine *erzählerische:* und so fügen sich

I wished to show, in little Oliver, the principle of Good surviving through every adverse circumstance, and triumphing at last (lxii)

einige bisher noch nicht aufgeklärte Merkmale des Romans in die ideologische Konstruktion eines plausiblen, sinnkonsistenten bürgerlichen Praxisbeispiels für diese 1830er Jahre. Der Erzähler kann sich, im Gegensatz zu Brownlow, wegen seiner Herausgehobenheit aus der Handlung, das Distanzmittel der ›bitteren Ironie‹[92] zu eigen machen; und er entdeckt, was nur aus seiner sicheren Entfernung möglich ist, die *Komik* der Unterdrücker, und damit ihre verwundbare und ohnmächtige Seite. Er nimmt damit am konsequentesten von allen Figuren im Roman die darin vorgeschlagene bürgerliche Idealhaltung ein: die genaue, aber entfernte Betrachtung der gesellschaftlichen Mängel; das moralisch engagierte, aber politisch untätige Sich-Verhalten zu ihnen; und ein trotz aller Not und Ausweglosigkeit durchgehaltener Optimismus und Humor. Eine durchgängige solche Einstellung zu seinen realen gesellschaftlichen Erfahrungen kann sich aber der Bürger der englischen 1830er Jahre *nur wünschen*. Es zeigt sich: *der fiktive Autor ist die eigentliche Identifikationsfigur des Romans*. Wenn der Leser den Weg von Oliver zwar erschüttert und erlöst, aber doch halb ungläubig verfolgt hat; wenn ihm Brownlow für einen Vergleich mit sich selbst doch ein Stück zu edel vorgekommen war – dann hat er jetzt im Erzähler ein Praxisbeispiel zur Hand, das mit seinem offenen Blick fürs Wirkliche, mit seiner selbstlosen, kritischen literarischen Tätigkeit ihm unzweifelhaft gesellschaftlich funktional erscheinen muß, legitimiert nach allen Seiten, ein moralisches und menschliches Vorbild, das tatsächlich und gegenwärtig zu existieren scheint. Was dabei weitgehend unbemerkt bleibt, ist die naive und maßlose Selbstgerechtigkeit dieses fiktiven Autors (die besonders im Realismus sehr häufig, ja geradezu der Normalfall ist). Der *reale* Autor und Leser glauben nämlich hier in einem *allgemeinen Interesse* zu schreiben und zu lesen: und mit dieser Tätigkeit ist immer das *eigene und selbst* wahrgenommene Interesse sehr leicht und vollständig zu harmonisieren. Zwar *wird* es natürlich wahrgenommen, wie das Beispiel von Dickens und seiner bürgerlichen Leser rasch zeigt: aber wie sollte es als sinnzerstörend erscheinen können innerhalb einer Praxis, die die allgemeine Sinnzerstörung gerade bekämpft? Es verschwindet, um dann in unkenntlicher und verallgemeinerter Gestalt wieder aufzutauchen: in Sinnlösungen, denen das bürgerliche Interesse *überhaupt* einharmonisiert ist.

So scheint der fiktive Autor von *Oliver Twist* ein Beispiel zu geben, wie es sich innerhalb der Klassenhierarchie auch in der herrschenden Position noch sinnvoll leben läßt; zugleich behebt er aber scheinbar auch einen Sinnmangel des bürgerlichen Lesers, der seinen Ursprung woanders hat. Mit Brownlow ist eine gesellschaftlich funktionslose bürgerliche Existenz beschrieben, die einem Leser in ähnlicher Lage leicht ins Idyllische verfälscht vorkommen kann. Am Beispiel von Tennyson war zu sehen, wie deren behäbiges selbstgenießendes Glück gerade in diesen Jahren umschlagen kann in einen Zustand der Isolation, Kommunikationslosigkeit, der Angst und der Neurose. Auch dieser Seite des bürgerlichen Sinndefizits, die aus der schlechten Autonomie der Tauschindividualität und dem Ausgeliefertsein an ihre widersprüchlichen Interessen stammt, bietet der fiktive Autor mit seinem Beispiel einer ›selbstlosen‹ – und freilich kostenlosen – Menschlichkeit ein Sinnziel an, nach dem sie sich ausrichten kann. Außerdem durchbricht er für den Leser scheinhaft dessen Verkapselung und Isolation und gibt ihm die Illusion einer unmittelbaren Teilhabe am ›Leben‹, die er sich so sehnlich wünscht. Gerade weil der Autor, als *selber* entfremdeter, sich gedrängt fühlt, in der Tendenz *alles*, auch das ›Überflüssige‹, zu schildern, holt er immer wieder Einzelszenen aus einer sozial weit entfernten Welt wie mit einem *zoom* vors Auge des Lesers. Durch die Technik einer realistischen, ›registrierenden‹ Beschreibung von Figuren und Stadtlandschaften, durch Überzeichnung und einer durch Mittel der Komik hergestellten ›Wiedererkennbarkeit‹ werden sie dem Leser soweit nahegerückt, daß sie ihm, der sonst keine Erfahrung mit ihnen hat, auf einmal durch und durch *menschlich* vorkommen – freilich innerhalb eines erstaunten und herablassenden Begriffs von ›Menschlichkeit‹, der sich kein Leser selber zugehörig fühlt. Sie werden also zugleich zum *ganz anderen* des Lesers, zu seinem Objekt nämlich, von dem er sich schließlich doch nicht berühren lassen muß.

Es ist hier zu sehen, daß die vom Roman vorgeschlagene Sinnlösung gerade auf den bürgerlichen Leser zugeschnitten ist, der kein direkt funktionales Verhältnis zum gesellschaftlichen Vorgang hat: so wenig wie der fiktive Autor selbst. Das zeigt sich deutlich an seiner Haltung zu zwei elementaren gesellschaftlichen Bereichen: dem der *Arbeit* und dem der *Institutionen*. Es ist ja nicht nur so, daß die ganze Sphäre der Produktion aus dem Roman einfach ausgelassen ist; sondern Arbeit erscheint darin in der

Perversion und Parodie – innerhalb der Verbrecherwelt nämlich, mit dem Juden Fagin als ›Arbeitgeber‹ und Finanzier, mit Sikes als Vorarbeiter, mit Artful Dodger und Charles Bates als Gesellen, und Noah Claypole und Oliver als Lehrbuben. Sie sind auf verschiedene Arbeitsarten (des Diebstahls) spezialisiert, ihre Arbeit ist mühsam und entbehrungsreich (wie der lang geschilderte Anmarsch im Kapitel XX zeigen soll), und der Verdienst wird von Fagin bis auf die kärgliche Versorgung der ›Arbeiter‹ eingeheimst. Auch die sonst vorkommenden Arbeiten, etwa die Verwaltung der Kinderkrippe oder des Arbeitshauses, sind durchwegs mit Diebstahl und Unterschlagung gekoppelt. Damit ist das Arbeitsverhältnis auf *beiden* Seiten objektiv als kriminell denunziert: der Bürger kann von Glück reden, wenn er nichts mit ihm zu tun hat.

Der eigentliche Gegenstand gesellschaftlicher Kritik sind für Dickens aber die *Institutionen*. In *Oliver Twist* sind es das Arbeitshaus und die Justiz, in anderen Romanen das Gefängnis, die Schule, das Parlament, die privaten Wohlfahrtsorganisationen. »Dickens hat die englischen Institutionen mit einer Wildheit angegriffen, der seither niemand auch nur nahegekommen ist«, sagt Orwell, »und doch hat er das fertiggebracht, ohne sich verhaßt zu machen«[93]. Der Grund dafür ist nicht schwer zu finden. Was nämlich nach seiner Meinung daran falsch ist, ist allein die Bosheit, Selbstsucht, Raffgier und Borniertheit ihrer Funktionäre – in deren Beschreibung sich dann (so wenig wie in anderen Dickensfiguren) niemand mehr selbst erkennt. Dabei wird nach dem gesellschaftlichen Sinn dieser Institutionen nicht gefragt, oder ob sie unter den Umständen der englischen 1830er Jahre überhaupt funktionieren *können;* was aber feststeht, ist ihre Verderblichkeit als ›Milieu‹ für alle Beteiligten: und *daher* ist es am besten, und Vorbedingung für sinnkonsistente Lebenspraxis, sich nicht auf sie einzulassen, und um nicht von ihnen ›angesteckt‹ zu werden, funktionslos zu *bleiben.* Und das heißt so zu leben, wie Brownlow und der fiktive Autor gemeinsam: herausgehoben aus allen wichtigen gesellschaftlichen Zusammenhängen, aber mit dem ›richtigen‹ Urteil ihrer kritischen Ablehnung.

So hat sich jetzt bei der Betrachtung der inhaltlich-ideologischen Seite des Romans gezeigt, daß ein Urteil ungenügend bleiben muß, das sich nur auf seine herausgehobene kritische Absicht stützt – so sehr man mit ihr vielleicht auch von einer liberalen Position aus sympathisieren mag. Sobald man die Gegenfrage stellt, was er vielleicht *trotzdem* zur Stützung der herrschenden Ideologie leistet, zeigt sich etwas ganz anderes. Die kritische Haltung des Romans, mit der er die gesellschaftlichen Mängel *nur* beschreibt, und in ihrer krassesten Form, bedeutet noch lange nicht, daß sich dadurch irgend jemand zu ihrer Abschaffung aufgerufen fühlen müßte: sie treten ihm vielmehr als ursachenlose und unabschaffbare entgegen – und sein Praxisantrieb muß daher (vorausgesetzt, eine Romanlektüre könnte ihn *überhaupt* verändern) entmutigt statt bestärkt werden. Auf der anderen Seite wird ihm mit der Figur von Brownlow eine Lebenspraxis innerhalb des Bestehenden vorgeführt, aus der alle Elemente von Sinnmangel oder Sinnabwesenheit entfernt sind, die mit der Rettung Olivers im Gegenteil das einzig noch Sinnvolle betreibt: und sollte er dieses Beispiel als nicht plausibles unannehmbar finden, so steht dahinter immer noch das ähnliche, differenziertere und scheinbar unanfechtbare des fiktiven Autors selbst. Daraus läßt sich, wenn zunächst auch nur formal, eine Legitimierung des Bestehenden ableiten: dieses muß, solang darin noch eine sinnerfüllte bürgerliche Existenz möglich ist, als weniger veränderungsbedürftig erscheinen, als wenn die Sinnzerstörung als allgemeine vom Roman zugestanden wäre. Achtet man aber auf die Interessenseite, so wird aus dieser formalen Legitimierung eine massiv-direkte. Daß die beschriebenen Mängel aus der bürgerlichen Klassenherrschaft stammen, wird nirgends mehr deutlich; sie sind außerdem so schlimm, daß sie durch nichts, auch durch kein wahrgenommenes Interesse, noch schlimmer werden könnten; und infolgedessen stellt sich auch die Frage nicht, weder für Brownlow noch für den fiktiven Autor noch für irgendeinen bürgerlichen Leser, was es denn mit *seinen* Interessen, *seinem* Ausbeutungsverhältnis, mit der Erzeugung und Verlängerung der Misere durch *ihn selbst* auf sich haben könnte. Sie alle können bleiben, was sie waren: ihr Sinndefizit ist durch das Buch sowohl nach der Seite der Klassenhierarchie wie der schlechten Tauschautonomie wenigstens zeitweise gedeckt; und so ist auch in diesem Beispiel die hier behauptete Funktion von Literatur in allen Punkten erfüllt: daß sie innerhalb des jeweils Bestehenden ein plausibles Beispiel für sinnkonsistente Lebenspraxis erfinden soll, in die das herrschende Interesse einharmonisiert ist und also ungestört weiter wahrgenommen werden kann.

Ein letzter Punkt, der wichtigste von allen, bleibt jetzt noch aufzuklären. Bis hierher war der Roman in der Hauptsache als *inhaltlich* ideologische Sinnlösung gesehen, und durchs Anlegen an seinen realgesellschaftlichen Kontext sind die Mittel deutlich geworden, die er dazu einsetzt: Ausblendung des gesellschaftlichen Hauptwiderspruchs und Hinstellung der sozialen Misere als ursachenlos und irreparabel auf der einen Seite, Vorschlag für die scheinbar einzig noch übrigbleibende sinnvolle bürgerliche Praxis auf der andern. Der Leser, vor allem der damalige, *kennt* aber den Hauptwiderspruch und *weiß*, daß er die gesellschaftlichen Mängel durch sein wahrgenommenes Interesse mitverursacht. Trotzdem wird ihm die Sinnlösung des Romans damals wie heute für die Zeit der Lektüre *eingängig;* er merkt nichts, oder doch nur bei gezielter kritischer Anstrengung, besser gesagt: *das Buch* und sein fiktiver Autor merken nichts von dieser Ideologisierung. Damit sind wir wieder bei der Grundsatzfrage angelangt, wie es die Literatur, auch noch in diesem sehr offensichtlichen Fall, eigentlich *fertigbringt*, sich plausibel zu machen: und wie im Beispiel des *Kaufmanns von Venedig* zeigt sich, daß erst durch ihre ästhetische Organisation ihre Sinnlösung hergestellt und haltbar gemacht ist.

Das wird klar, sobald man auch hier auf das strukturelle Sinnverhältnis, sagen wir des Helden, oder auch von Sikes oder Brownlow achtet. Wie sonst in der Literatur tun sie in dem Roman keinen wichtigen Schritt, haben kein tiefergreifendes Erlebnis, die nicht für den Leser erkennbar in einem nachprüfbaren Bedeutungszusammenhang mit allen vorausgehenden und folgenden Schritten, Erlebnissen, Sätzen stünden; und wie in anderen Kunstgebilden ist dieser Bedeutungszusammenhang von anderer Struktur als ein real erlebbarer. Nehmen wir den Romananfang: Olivers Mutter stirbt, und dadurch kommt Oliver ins Arbeitshaus – ein Ursachenkonnex, wie er auch in der Erfahrungswirklichkeit auftreten könnte. Aber anders als dort stirbt die Mutter im Roman, ›damit‹ Oliver ins Arbeitshaus kommt, ›weil‹ er seinen Weg durch die Verbrecherwelt machen soll, ›damit‹ er später in der Bürgeridylle aufgenommen werden kann, usw. Insofern hat dieser Tod einen *Sinn,* und zudem eine *Notwendigkeit:* Olivers Mutter *muß* sterben, sie ist dazu *erfunden, daß sie stirbt.* Aber nicht nur über das Syntagma einer ›Handlung‹ sind so die einzelnen Erlebnis- und Handlungselemente untereinander verknüpft, sondern außerdem noch über ein – im Dickensfall recht primitives – Paradigma von

Himmel/Hölle, Sühne/Verbrechen, Glück/Leid, Bürgertum/Verbrecherbande. Innerhalb dieses Paradigmas ›muß‹ Oliver (im 5. Kapitel) zwischen Särgen schlafen, ›weil‹ er nur nach dem Durchgang durch eine Hölle zu neuem Leben aufsteigen ›kann‹; der Einbruch ›muß‹ ins Haus der Familie Maylie geplant werden, ›damit‹ die ihn später errettet; Bumble gerät an die schreckliche Mrs. Corney, und später ins Unglück, ›wegen‹ seiner blinden Überheblichkeit; Sikes erhängt sich versehentlich, ›weil‹ er Nancy umgebracht hat, usf.

Diese Strukturierung leistet zweierlei. Durch das über die ›Handlung‹ geworfene Paradigma – es ist das sehr alte, hier sozial abgewandelte der ›poetischen Gerechtigkeit‹ – werden die geschilderten Lebensläufe *schicksalhaft,* das heißt sie zeigen eine ständige und durchgängige Bezogenheit auf ein überindividuelles Allgemeines, die das bürgerliche Sinnbedürfnis auch dort noch strukturell befriedigt, wo dieses Allgemeine inhaltlich schon als ideologische Erfindung erkannt ist: was diesem Bedürfnis fehlt, ist ja gerade, daß die eigene Lebenspraxis sich auf nichts Allgemeines der Theorie oder Gesellschaft beziehen läßt, daß ihr alles Durchgängige von ›Handlung‹ oder gar ›Schicksal‹ eben abgeht. Auf der anderen Seite schließt die ›Notwendigkeit‹ der einzelnen Romanelemente, ihre lückenlose Verknüpfung untereinander, ihr mögliches *Anderssein,* also ihre Kontingenz aus dem Horizont des Buches aus: es ist darin nichts anderes als das Geschilderte ›denkbar‹. So ist die ästhetische Strukturierung gerade das Mittel, mit dem sich ganze Bereiche von sinnlicher Wirklichkeit ausblenden lassen, ohne daß ihr Fehlen als Lücke irgendwo deutlich werden müßte: und hier ist offensichtlich die Stelle, an der Ideologie nun auch inhaltlich in die literarische Sinnlösung, und zwar *unbemerkbar,* einfließen kann. Die literarische Möglichkeit zur Ausblendung braucht jetzt nur noch mit einem anderen Bedürfnis zusammenzutreffen, nämlich mit einem *Interesse,* das sich eine bestimmte Ausblendung *wünscht,* etwa die des gesellschaftlichen Hauptwiderspruchs, das diese Lücke also gar nicht sehen *will:* und schon kann ein fiktives Gebilde entstehen, das dem herrschenden Bewußtsein auf der Seite des Autors wie des Lesers als eine *vollständig* beschriebene, wirklichkeitsnahe und doch sinnreiche Welt erscheinen kann, und in dem die Sinnzerstörung durch das eigene wahrgenommene Interesse an keiner Stelle mehr aufzutauchen braucht.

Dieses grundsätzliche literarische Strukturgesetz tritt jetzt bei Dickens in derjenigen historischen Abwandlung auf, die das bürgerliche Sinndefizit seiner Zeit erfordert. Dabei war zu sehen, daß die bloße *Fernhaltung* der gesellschaftlichen Fehlentwicklung aus der Kunst zu leeren, nicht mehr plausiblen Sinnlösungen führte: das bürgerliche Individuum weiß sich jetzt seit der offen ausgetragenen Klassenauseinandersetzung zu der *ganzen* Gesellschaft vermittelt, *auch* zu ihrem unterdrückten Teil, und als solche soll sie fortan als Gegenüber des Erzählers und Lesers auftreten – freilich am liebsten nur in der unmittelbaren Tauschhinsicht, also als tauschunfähige *Armut,* und nicht als über den Tausch von Arbeitskraft gegen Lohn ausgebeutete *Arbeit*. Beide Forderungen kann Dickens mit seiner Neuerung des Realismus einlösen. Aber mit diesem neuen Gegenüber ist zugleich die Bearbeitung einer tatsächlich unendlichen Material*masse* nötig geworden, die sich nicht mehr, wie noch ein Shakespearestoff, bis in alle Elemente der sprachlichen *Feinstruktur* organisieren läßt zu einer durchgängigen allseitigen Bezogenheit. Nur noch die größeren, handlungstragenden Einzelteile, der große ›Faden‹ des Romans, werden jetzt noch von Dickens mit ›Sinn‹ und ›Notwendigkeit‹ ausgestattet: daneben braucht er als Beleg für die Universalität seines Horizonts auch noch das ›überflüssige Detail‹[94], das zum Romanganzen nicht mehr im Verhältnis der Notwendigkeit, sondern nur noch der *Wahrscheinlichkeit* steht. Daran wird dann zwar die Sachgenauigkeit und ›Wirklichkeitstreue‹ gelobt; aber um so gewaltsamer muß er dem Ganzen dafür einen melodramatischen ›plot‹ und ein vereinfachtes Normenschema überwerfen, und *darin* wird seine Sinnlösung auch schon von der zeitgenössischen Kritik als unzulänglich empfunden, die ihn für die ›Marionettenartigkeit‹ seiner Figuren und für die *Unwahrscheinlichkeit* des großen Verlaufs tadelt: »Oliver, dem alle diese Unwahrscheinlichkeiten zustoßen, ist die unwahrscheinlichste von allen«, heißt es in einer Kritik[95]. Wie immer, wenn in einer literarischen Sinnlösung die *Wunschseite* zu deutlich hervortritt, zeigt sich das Sinnbedürfnis von ihr unbefriedigt und düpiert.

Damit sie trotzdem akzeptabel bleibt, muß Dickens die Plausibilisierung auf die formale Ebene verlagern. Im Widerspruch zu seiner Rolle des bloßen Berichterstatters[96] rekurriert der fiktive Autor dabei auf eine Konvention aus dem 18. Jahrhundert und gibt sich als formender und auswählender Erzähler offen zu erkennen. So beschreibt er sich als »einfacher Autor«, dem es »keinesfalls anstünde, eine so mächtige Persönlichkeit wie einen Büttel warten zu lassen«; eine Ohnmacht von Oliver nennt er »eine Schwäche, die der Erzählung Gelegenheit gibt, den Leser aus seiner Spannung zu erlösen«; lehnt es ab, »meine Leser auf die Folter zu spannen, indem ich den jungen Oliver Twist in Lagen des Zweifels und der Schwierigkeit sitzen lasse«; oder vergleicht sein Buch mit einem »guten mörderischen Melodrama«, bei dem es üblich sei, »die tragischen und komischen Szenen in so regelmäßiger Abfolge zu bringen, wie die Schichten von Rot und Weiß in einer durchwachsenen gutgeräucherten Speckseite«. Auf dieser Ebene ist es für den Leser einfach, einen Sinnbezug auch für die erzählerisch sonst disfunktionalen Teile des Buchs herzustellen: Nancys vergebliche Suche nach Oliver in der Polizeiwache dient der ›Spannung‹; die ›überflüssige‹ Kartenpartie in Kapitel XXV dem ›Kontrast‹; Grimwig ist ein ›Double‹ von Brownlow, usf. – lauter schon aus ihren Begriffen deutliche Sinn*konventionen,* »in Büchern durch langen Gebrauch geheiligt«. So wird der Leser entgegen dem ersten Anspruch von realistischer Darstellung mit dem beruhigt, was er natürlich immer auch schon weiß: daß das Berichtete ja doch nur erfunden ist. Es wird ihm, wie vorhin inhaltlich, so jetzt formal die Praxis des *Oliver-Twist-Schreibens* als Identifikationsangebot nahegebracht, und zwar *gerade* so, wie sie der fiktive Autor betreibt – der sich gegen die gesellschaftlichen Mängel zwar nicht blind macht, aber sich dann doch schwer tut, sie stehenzulassen, ohne ihnen wenigstens ein *durchschaubares* Sinngerüst zu unterlegen. Dafür handelt er sich zwar ein gelegentliches Donnerwetter ein: »dies ist der allerniedrigste von allen niedrigen Kunststilen«[97] – aber es ist ihm doch das scheinbar Aussichtslose gelungen, die gesellschaftlichen Widersprüche dieser Jahre literarisch zu bewältigen und den bürgerlichen Leser zu versorgen mit dem Vorbild eines sinnkonsistenten *und* interesseharmonisierten Verhaltens zu ihnen.

As it would be by no means seemly in a humble author to keep so mighty a personage as a beadle waiting (172) – A weakness on his part, which affords the narrative an opportunity of relieving the reader from suspense (72) – to tantalise my readers by leaving young Oliver in situations of doubt and difficulty (106 n.) – in all good, murderous melodramas: to present the tragic and the comic scenes, in as regular alternation, as the layers of red and white in a side of streaky, well-cured bacon (105) – sanctioned in books by long usage (106)

7. Zusammenfassung

Aus dem Gesellschaftszustand der englischen 1830er Jahre war für das Bürgertum eine Situation auszumachen, die politisch und moralisch schwer erträglich erscheinen mußte: gerade in die gesamtgesellschaftliche Verantwortung gerückt, sieht es sich konfrontiert mit den tiefsten bis dahin erlebten ökonomischen Krisen und einer bis zur Hungergrenze verelendeten Arbeiterklasse, die nun zu organisierten Formen von militantem Widerstand findet und zur revolutionären Bedrohung wird. Durchs Konkurrenzgesetz wirtschaftlich fast ohne Spielraum gelassen, bietet sich ihm als Ausweg nur noch die politische und militärische Unterdrückung an – oder die Solidarisierung mit der Gegenseite, die linksbürgerlich auch vielfach versucht wird. In der Masse, und gerade zu seinem sensibilisierteren Teil, wehrt sich bürgerliches Bewußtsein gegen *beides*, einerseits aus humanitären Bedenken, andererseits aus Interesse: es fühlt sich einer erschreckenden Gesellschaftswirklichkeit gegenübergestellt, an der es *faktisch nichts ändern kann;* zum andern durch die eigene Bereicherung von derselben Wirklichkeit in wachsendem Abstand entfernt, und in seinem Verkehr zu ihr immer weiter auf bloße Tauschverhältnisse eingeschränkt – Grund zur Beruhigung *wie* zur Angst, zur Zufriedenheit *wie* zur Ermangelung; und zuletzt weiß es mindestens undeutlich das eigene wahrgenommene Interesse als *Mitursache* für beide Mängel. Die letzte dafür noch mögliche theoretische Plausibilisierung, nämlich das *Eigeninteresse* zum naturgesetzlich-einzigen menschlichen Handlungsantrieb zu erklären, läßt sich vielleicht rational und öffentlich als Doktrin vertreten, aber in keinem denkbaren Fall zur Maxime der eigenen Existenz machen: sie müßte sich als sinnlose, als von jedem lebendigen Bezug zum Allgemeinen abgeschnittene verstehen. So erhebt sich die dringende, aber scheinbar unbeantwortbare Frage nach einer beispielhaften Haltung und Lebenspraxis, in der solche Erfahrungen von Sinnabwesenheit und Sinnzerstörung ferngehalten sind.

Mit *Oliver Twist* erscheint, und wird explosionsartig rezipiert, die literarische Lösung: sie nimmt gesellschaftliche Mängel nicht nur in sich auf, sondern wirft sich auf die allerschlimmsten, die jenseits aller Behebung sind; insofern allein ›durch sich selber sprechen‹; und daher auch *nur* beschrieben sind bis in ihre ›überflüssigen‹ Einzelheiten. Damit ist im Namen einer ›wahren

Wirklichkeit‹ der Hauptwiderspruch als ›unwesentlich‹ hingestellt und das Elend als unbehebbar und selbsterzeugt. In diesem Rahmen sind als sinnvolle ›Schicksale‹ die von Oliver und Brownlow eingezeichnet, wenn auch als Ausnahmefälle und *durchschaubar* erfundene. Damit sind die Mängel *strukturell* durchgängig wenigstens auf ein vereinfachtes Sinnschema bezogen; und wem das inhaltlich nicht genügt, dem wird als eigentlich *plausible* Verhaltensmöglichkeit das praxislose Beispiel des fiktiven Autors zur Identifikation angeboten.

Der Leser wird so in eine gesellschaftliche Wirklichkeit, die er kennt, aber nicht erträgt, zugleich hineinversetzt und herausgehoben. Auch noch im tiefsten Unglücksabgrund kann er sich an seinem bitter-ironischen oder lustigen Erzähler festhalten, der sich von dergleichen offenbar nicht aus der (Schreib-)Fassung bringen läßt. Er begegnet monströsen Beispielen von Hartherzigkeit und Brutalität, aber die haben immerhin noch Züge des Komischen oder wenigstens eine Beschaffenheit, die mit seiner eigenen nichts zu tun hat. Er wird durch abstoßende Landschaften des Verfalls und der Verfaulung geführt, aber sie sind doch noch sinnreich von schaurig-magischem Untergangslicht belebt. Er wird einem Wechselbad von Spannung, Rührung und Gelächter ausgesetzt, aber die sind als Erfindungen und bewußte Anordnung eines menschlichen, vernünftig-optimistischen Erzählers deklariert und entwirklicht. So ist in dem Roman von gesellschaftlicher Wirklichkeit gerade soviel eingebracht und wieder zurückgenommen, daß sich der Leser lediglich moralisch-kontemplativ, das heißt *praxislos* zu ihr verhalten kann: und zugleich ist er für die Dauer der Lektüre seiner Tauschisolation und -entfremdung enthoben und kann glauben, an einer zwar schrecklichen, aber dadurch nur um so *wirklicheren*, von Leben wimmelnden, von *greifbaren* Leiden erschütterten Welt unmittelbar teilzuhaben.

Aus Gewissenhaftigkeit, eben weil diese Abhandlung ihren Hauptstreit mit dem Realismus hat, muß ich nochmal auf die Frage der Abbildlichkeit und der möglichen literarischen Wirkung des Romans eingehen. Hier ist vorgebracht worden, daß *Oliver Twist*, wie alle »realistische Erzählung einer korrekten übertragenen Leseweise offensteht, die ihn mehr als Fiktion statt als Mimesis sieht«[98]. Das kann sein; aber damit bleibt wieder das Problem liegen, wieweit er seinen eigenen mimetischen Anspruch des »wie sie wirklich waren« eingeholt hat, und wieweit nicht – und da war zu sehen, daß er tatsächlich die illusionäre Mimesis einer *Überab-bildlichkeit* zustande bringt, die gerade bei Dickens besonders deutlich entsteht aus Vereinfachung, Überzeichnung und konsistent gemachter Sinnbezogenheit; und das sind eben die Elemente, die die strukturelle Verschiedenheit zwischen der literarisch strukturierten und der Erfahrungswirklichkeit ausmachen. In ihr erkennt der bürgerliche Leser wieder, nicht wie er gesellschaftliche Widersprüche erfahren hat, sondern wie er sie erfahren *möchte* – Mimesis seiner *Wünsche*, an der Welt ohne Schranke teilhaben und doch sein Interesse weiter wahrnehmen zu können.

Als gesellschaftsverändernde Wirkung ist von *Oliver Twist*, darin von vieler späterer realistischer Literatur verschieden, von vornherein nur eine reformistische ins Auge gefaßt: entweder die auf eine ungenau umrissene *Obrigkeit*, daß sie endlich etwas unternehmen soll; oder auf den einzelnen Bürger, in sich zu gehen und wenigstens Barmherzigkeit zu üben. Aber dreierlei hat sich am Roman gezeigt, was gegen eine solche Wirkung spricht: die in ihm geschilderte Überwirklichkeit, die mit der möglichen Lebenspraxis des Lesers in der Struktur inkommensurabel ist; die Ausblendung gerade derjenigen gesellschaftlichen Widersprüche, die den bürgerlichen Leser zur Praxis drängen könnten, weil er sich für sie verantwortlich fühlen müßte oder ihre Behebung aussichtsreich erschiene, und dazu das *Unsichtbarmachen* der Ausblendung; und schließlich die im Roman vorgeführten Beispiele von der scheinbar immer noch möglichen sinnkonsistenten Lebenspraxis Olivers, Brownlows oder des fiktiven Erzählers innerhalb des (angeblich so) Bestehenden, die den Leser doch gerade nicht in Beunruhigung versetzen, sondern ihn in seiner Untätigkeit bestätigen müssen. Und nehmen wir den günstigsten Fall desjenigen, der sagen wir für die Abschaffung der Arbeitshäufer schon kämpft, der also in seiner *schon bestehenden* Haltung vom Roman nur noch *bestärkt* werden müßte (ein gewiß bescheidenes Wirkungsmodell), dann stößt er im Roman auf die Behauptung, gleichgültig ob Dickens sie beabsichtigt hat oder nicht, das Arbeitshaus sei im Schicksal Olivers *sinnreich*, innerhalb des Schemas von Prüfung und Errettung *müsse* Oliver diesen Mangel erleiden: ›Notwendigkeiten‹, die von der Sinnvernetzung aller Erlebniselemente *mitgesetzt* sind, das heißt von der Kunstqualität des Romans selbst, die im Realismus zutiefst und unaufhebbar zwiespältig wird. Er erfährt jetzt, daß auch im sozialkritischen

Roman die gesellschaftlichen Mängel nicht als Mängel stehenbleiben können, so wenig wie die Erfahrung von existentieller Sinnlosigkeit als solche: am Schluß müssen sie aufgehen. Und leicht kann er dann seine mängelabschaffende Praxis inhaltlich für überflüssig, oder mindestens für symbolisch schon erledigt halten – so wie sie der politische Schriftsteller so oft schon durchs Schreiben fortschrittlicher Literatur für erledigt gehalten hat.

So bleiben alle expliziten oder unterstellten Dickensapologien aus der Abbildungshaftigkeit und Wirkungskraft seiner Romane unglaubwürdig, und zudem leisten sie nicht viel: sie können die ideologische Deformierung der gesellschaftlichen Wirklichkeit entweder darin nicht sehen – weil sie sie nicht sehen *wollen* –, oder jedenfalls nicht erklären außer mit einer zufälligen und bedauerlichen Autorenschwäche; sie bekommen den Roman in seiner Eigenart nicht zu fassen, weil ihnen der *literarische Vorgang* undeutlich geblieben ist. Sobald man ihn auffaßt als einen Versuch, auf ein bestimmtes und bezeichenbares Sinnbedürfnis zu antworten, fügen sich alle ›Schwächen‹ und ›Stärken‹, alle ›zufälligen‹ Mängel und Unvereinbarkeiten des Romans zum Ganzen, er tut sich auf, wird verständlich und erklärbar: man kann darin geradezu *zuschauen*, wie schwer es dem bürgerlichen Bewußtsein fällt, seine wahre gesellschaftliche Rolle und die von ihm erzeugte Wirklichkeit ins Auge zu fassen; solang wie irgend möglich redet es von was anderem; und auch jetzt, wo es, wenn es *überhaupt* noch von etwas reden will, nicht mehr darum herumkommt, weicht es bei der ersten Gelegenheit aus in die Humorigkeit, die ›Schicksalhaftigkeit‹ des Erzählten, die kostenlose und wirkungslose Entrüstung. Es will Bücher lesen, in denen davon gerade soviel vorkommt, *aber auch ja nicht mehr*, daß die Sinnbeispiele glaubhaft bleiben. Alle wichtigen Merkmale des Romans haben sich so erklärt: die realistische, ›nur‹ beschreibende Darstellung des Elends – statt der Aufdeckung seiner Ursachen; die Depsychologisierung und Vereinfachung der Figuren – statt ihrer Differenzierung, wie sie schließlich *Chaucer* schon genauer geglückt war; ihre komische Wiedererkennbarkeit *und* Distanzierung zu fremdartigen Lebewesen – statt der Solidarisierung; die Auswahl der *Ausnahmegeschichten* von Oliver und Brownlow – statt des kapitalistischen Normalfalls auf beiden Klassenseiten; die Mischung von Sentimentalität, ›bitterem Gelächter‹ und Optimismus im Erzähler – statt der Trauer und der Absage; sein

augenzwinkerndes Eingeständnis der *Erfundenheit* des Ganzen –
statt dem Beharren auf der Tatsächlichkeit: aus welcher Abbil-
dungs- oder Wirkungsabsicht könnten diese Züge wohl kommen?
Sie *können* keine andere Funktion als die von Sinnstützen fürs
herrschende Bewußtsein haben – und darin liegt ihre Verwandtschaft mit aller unpolitischen Literatur –, das aber außerhalb
solcher Bücher der Wirklichkeit *begegnen,* eine eigene gesellschaftliche Praxis *begründungslos* verweigern, die schmerzlichen
Erfahrungen von der Sinnlosigkeit seines Erlebens und Handelns
ohne Lösung aushalten muß.

Damit ist nun nicht für einen ›besseren‹ Realismus plädiert: es
wird diesen ›besseren‹ Realismus ja geben, und seine Funktion
wird ganz genau dieselbe sein. In der realistischen Literatur nach
Dickens braucht sich der fiktive Erzähler nicht mehr humorig-
optimistisch zu geben, er kann zur zweifelnden oder stoischen
Figur werden, den Leser zu mehr auffordern als zum distanzierten
und untätigen Hinschauen, seine Geschichte mit mehr Wahrscheinlichkeit ausstatten, dem Bürgertum auch die eigene Häßlichkeit vorhalten: aber in Verhältnissen, in denen das Bürgertum
glaubt, eine Überwindung der gesellschaftlichen Widersprüche
wenigstens als fernes Reformziel angeben zu können und daher
ihre vollständigere Aufnahme in die literarischen Sinnlösungen
nicht nur erträgt, sondern, damit sie wahrscheinlich bleiben
können, auch *verlangt.*

Fiktive Sinnlösungen bleiben sie allemal, Antworten auf das
immer vorhandene, historisch wechselnde Bedürfnis nach der
Befreiung aus der klassen- und tauschgesellschaftlich erzeugten
Sinnlosigkeit im Erleben des herrschenden Bewußtseins, Erfüllung des Wunsches, seine Leiden möchten *wenigstens* nicht ohne
höhere Bedeutung sein und einfügbar in ein Allgemeines, das
selber wahrgenommene Interesse möchte nicht Teil des herrschenden sein und ohne dessen menschenunterdrückende und men-
schenzerstörende Folgen. Es gibt keine andere Möglichkeit, oder
ich sehe sie nicht, zu erklären, warum Literatur jeweils so gewesen
ist wie sie war. Ihre Notwendigkeit liegt in der Not dieses
Bedürfnisses, seinetwegen wird sie geschrieben, seinetwegen gelesen, mit ihm bleibt sie lebendig, stirbt sie ab, verändert sie sich.
Warum nicht zugeben, daß *Oliver Twist* heutzutage ernsthaft nur
noch zu rezipieren ist von einem *kindlichen* Sinnbedürfnis, das ihn
als *Märchen* liest? Oder von jenem oberlehrerhaft-reaktionären,

das nach wie vor erstaunt und gerührt darüber ist, daß die Unterdrückten tatsächlich bisweilen menschenähnliche Züge tragen, und das sich immer noch damit beruhigt, daß es übermorgen in sich geht, und dann werde alles gut. Der ganze Dickensstreit: ob er ein aufrechter Mann oder ein humanitärer Schwindler war, ein Schriftsteller von Herz und Humor oder ein ekelhafter Allesbelächler, ein realistisches Genie oder ein Mythenrauner, löst sich so *historisch* auf, wie zuletzt der Streit über die ›richtige‹ und ›falsche‹, bessere und schlechtere Literatur überhaupt: sie ist ihrer *Funktion* nach richtig und gut im Maß, in dem sie das Bedürfnis nach ihr stillt. Zur Dickenszeit war dieses Bedürfnis für ein Bürgertum, das endlich zur Macht gekommen war und auch schon vor dem ökonomischen und gesellschaftspolitischen Bankrott stand, nur noch notdürftig durch eine grobe, grelle, massiv deformierende Sinnüberschreibung zu beruhigen: und die holt man sich zu solchen Zeiten, wo sie eben noch zu holen ist. Die Späterkommenden sollten sich nicht wundern, wenn da kein Proust geschrieben hat.

Ich bin mit dem Beispiel zu Ende: an ihm hat sich gezeigt, wie weit Literatur, über das Sinnbedürfnis von herrschendem Bewußtsein, auf die gesellschaftlichen Verhältnisse ihrer Entstehungszeit reduzierbar ist. Der Antrieb zu ihrer Entstehung, ihre Funktion, ihre wahre Verarbeitungsweise von gesellschaftlicher Wirklichkeit sind bis in Einzelheiten von Thema, Handlung, Schreibweise, Leserverhältnis aufzuklären gewesen – freilich um den Preis nicht nur ihrer vermeintlichen politischen Wirkung, sondern auch Erkenntnis- und Abbildungskraft. Trotzdem kann sie Erkenntnismittel bleiben: wenn man auf das achtet, nicht was sie sagt, sondern wodurch sie hervorgebracht ist. Das *Bedürfnis* nach ihr ist ihre Wahrheit; *daran* ist im historischen oder gegenwärtigen Fall bis ins einzelne zu lernen, was das bürgerliche Unglück ausmacht, wie es mit dem Ganzen der Gesellschaft zusammenhängt, und daß es sich vielleicht durch bedachtes Handeln, aber nicht durch das Verfassen und Lesen von Literatur aus der Welt schaffen läßt. Immer gewußt, ungern wahrgehabt, schwer weiter zu leugnen.

Benutzter Text: Charles Dickens, *Oliver Twist*, ed. Kathleen Tillotson (London etc., 1966)

Daneben: Charles Dickens, *The Adventures of Oliver Twist*, New Oxford Illustrated Dickens – NOID – (London etc., 1949)

Jeremy Bentham, *Works*, 11 vols. (London, 1838-43)

Eugene C. Black (ed.), *Victorian Culture and Society* (New York, 1974)

T. Blount, *Dickens: The Early Novels* (London, 1968)

C. D. H. Cole, *A Short History of the British Working-Class Movement, 1789-1947* (London, 1948)

C. D. H. Cole and Raymond Postgate, *The Common People* (London, rev. ed., 1956)

Philip Collins (ed.), *Dickens. The Critical Heritage* (London, 1971)

R. J. Cruikshank, *Charles Dickens and Early Victorian England* (London, 1949)

Phyllis Deane and William A. Cole, *British Economic Growth, 1688-1959* (Cambridge, 1962)

A. E. Dyson (ed.), *Dickens. Modern Judgements* (London, 1968)

Friedrich Engels, *Die Lage der arbeitenden Klasse in England*, Marx/Engels, *Werke* 2 (Berlin, 1957)

George H. Ford and Lauriat Lane (edd.), *The Dickens Critics* (Ithaca, N. Y., 1961)

R. G. Garnett, *Co-operation and the Owenite Socialist Communities in Britain, 1825-1845* (Manchester, 1972)

Arthur G. Gayer and W. W. Rostow, *The Growth and Fluctuations of British Economy, 1790-1850*, 2 vols. (Oxford, 1953)

Pauline Gregg, *A Social and Economic History of Britain, 1760-1950* (London, 1952)

Élie Halévy, *Histoire du peuple anglais au XIXᵉ siècle*, 5 vols., vol. III (Paris, 1913)

John F. C. Harrison, *The Early Victorians, 1832-1851* (New York etc., 1971)

Patricia Hollis (ed.), *Class and Conflict in Nineteenth Century England, 1815-1850* (London etc., 1973)

Steven Marcus, *From Pickwick to Dombey* (London, 1965)

Karl Marx, *Grundrisse der Kritik der politischen Ökonomie* (Frankfurt und Wien, o. J.)

Brian R. Mitchell coop. Phyllis Deane, *Abstract of British Historical Statistics* (Cambridge, 1962)

J. Hillis Miller, »The Fiction of Realism: *Sketches by Boz, Oliver Twist* and

Cruikshank's Illustrations« in: Ada Nisbet and Blake Nevius (edd.), *Dickens Centennial Essays* (Berkeley etc., 1971), 85-153

George Orwell, *The Collected Essays, Journalism and Letters of,* 4 vols. (London, 1968)

E. H. Phelps Brown and Sheila V. Hopkins, »Seven Centuries of the Prices of Consumables, Compared with Builders' Wage-Rates« (1956) in: Eleonora Carus-Wilson (ed.), *Essays in Economic History Reprints,* 3 vols. (London, 1954-), II, 169-96

Christopher Ricks (ed.), *The Poems of Tennyson* (London, 1969)

Walt W. Rostow, *British Economy of the 19th Century* (Oxford, 1949)

Michael Slater (ed.), *Dickens 1970* (London, 1970)

Leslie Stephen, *The English Utilitarians,* 2 vols. (London, repr. 1950)

Hallam Tennyson, *Alfred Lord Tennyson. A Memoir by his Son,* 2 vols. (London, 1897)

Dorothy Thompson (ed.), *The Early Chartists* (London, 1971)

E. P. Thompson, *The Making of the English Working Class* (Harmondsworth, 1968)

Stephen Wall (ed.), *Charles Dickens. A Critical Anthology* (Harmondsworth, 1970)

Anthony Wood, *Nineteenth Century Britain, 1815-1914* (London, 1960)

E. L. Woodward, *The Age of Reform, 1815-1870,* Oxford History of England XIII (Oxford, 1918)

Anmerkungen

1 Die Buchausgabe erschien vor dem Auslaufen der Fortsetzungsserie im November 1838.

2 Ein Ausdruck aus Daniel Paul Schreber, *Denkwürdigkeiten eines Nervenkranken*, abgedr. *Kursbuch* 3 (1965), 162.

3 Das Vorbild ist Dickens' Geburtsort Rochester, vgl. Marcus, 63.

4 »a true everyman« (Blount, 17). Der Bunyan-Vergleich ist nahegelegt durch den Untertitel der Fortsetzungs- und verschiedener anderer Ausgaben *The Parish Boy's Progress*, und wird von Marcus näher ausgeführt.

5 Die Vorstufen sind durchwegs von geringerer Konkretion und Detailgenauigkeit, oder, wie in Dickens' *Sketches by Boz*, noch nicht großformatig angelegt.

6 In der unten zitierten Passage aus dem Vorwort sind alle diese drei Merkmale zumindest angedeutet, vgl. Anm. 13.

7 »the substitution of mechanisms for minds, puppets for characters«, George Henry Lewes in Ford, 65.

8 *Oliver Twist*, 23-4.

9 »demi-gods and heroes . . . the last of the mythologists, and perhaps the greatest«, Ford, 112/4.

10 »In my own mind Dickens's people are present far more than and far more vividly than Tolstoy's, but always in a single unchangeable attitude, like pictures or pieces of furniture«, Ford, 166.

11 Zwei andere Beispiele sind der Gang zur verhungerten Mutter, Kapitel 5, und *Jacob's Island*, Kapitel 50.

12 »Dickens's ›Animism‹, his way of imparting life to objects in a passing image, an elaborated fancy, or in a symbolic pattern«, Ford, 13.

13 »of one thing I am certain: that there are such men as Sikes, who, being closely followed through the same space of time, and through the same current of circumstances, would not give, by one look or action of a moment, the faintest indication of a better nature. Whether every gentler human feeling is dead within such bosoms, or the proper chord to strike has rusted and is hard to find, I do not know; but that the fact is so, I am sure« (lxiv-v).

14 »Oliver is every starved orphan in the world, and the master of the workhouse . . . every agent of an oppressive system anywhere«, Kettle in Ford, 255.

15 »His radicalism is of the vaguest kind, and yet one always knows that it is there . . . As a matter of course he is on the side of the underdog, always and everywhere«, Ford, 168-9.

16 »There is no clear sign that he wants the existing order to be overthrown . . . Dickens attacked English institutions with a ferocity that has never since been approached«, *Essays* I, 415-6.

17 »he was able to express in a comic, simplified and therefore memorable form the native decency of the common man«, Ford, 170.

18 »is the struggle of the poor against the bourgeois state«, Ford, 262.

19 »his duty as a popular writer . . . to shock the more comfortably-off classes at least into an awareness of the situation«, Slater, 101.

20 »This . . . is the revolutionary role of literature, of imaginative art, to stir up the sympathy and imaginative identification that vitalize conscious, reconstructive reform«, Ford, 7.

21 Rostow, 14.

22 Mitchell-Deane, 179 und 131.

23 Deane-Cole, 282.

24 Deane-Cole, 8. Dabei liegen die größten jemals gemessenen Zuwachsraten in den Jahrzehnten 1811-21 (16,9%) und 1821-31 (15,2%).

25 Errechnet aus Deane-Cole, 166, und Mitchell-Deane, 471.

26 Crisis vom 15. 5. 1834, zitiert nach Hollis, 44-5.

27 Woodward, 123-4.

28 Wood, 89.

29 Mitchell-Deane, 348-9.

30 Phelps Brown/Hopkins, 196.

31 Wood, 92.

32 Errechnet aus Wood, 119.

33 Die gründlichste Darstellung ist E. P. Thompson; dort ist die Entstehung eines deutlichen subjektiven proletarischen Klassenbewußtseins auf 1830 datiert (888). Ähnlich Harrison, 19.

34 »Public opinion is at last ripe for a revolution«, Halévy III, 15.

35 Gregg, 175.

36 Gregg, 167.

37 »The Whigs in office proved no more humane and enlightened, and something less efficient than the Tories . . . The discontent of the working classes was so great that it was not Engels alone who believed the country was bound to be engulfed in the bloodiest of revolutions«, Cruikshank, 6.

38 Halévy III, 38-9.

39 Halévy, III. 51.

40 »closest to revolution«, Wood, 83; bei Cole/Postgate, 192, heißt es: »Never since 1688 had Great Britain been so near actual revolution as in 1831; never in all the troubles of the next two decades she came to it so near again«.

41 »left five out of six working men without votes«, Woodward, 123.

42 »in 1836 the good harvests and the trade boom came to an end, and by 1837 the country was plunged into a prolonged depression lasting till 1842. These six years were the grimmest period in the history of the nineteenth century. Industry came to a standstill, unemployment reached hitherto unknown proportions, and with high food prices and

inadequate relief the manufacturing population faced hunger and destitution. At no time did the whole system seem nearer to complete breakdown«, Harrison, 12.

43 »Peacefully if we may, forcibly if we must«, Gregg, 209.

44 Dorothy Thompson, 38-9.

45 Ein solches *torchlight meeting* ist in Disraelis *Sybil*, Bk. IV, chap. IV geschildert.

46 »It seemed that the whole country was roused to support the Charter«, Cole, 100.

47 »1842, a year of the greatest distress, and, now that it is passed, I may say of the utmost danger ... troops were continually called on ... for three months the anxiety which I and my colleagues experienced, was greater than we ever felt before«, Gregg, 219.

48 »the power of Chartism as a revolutionary force was spent«, Gregg, 221.

49 Harrison, Woodward.

50 s. die Weizenpreise, bes. 1799-1816, Mitchell-Deane, 487.

51 Der Streit geht dabei in Wahrheit nicht darum, wer für das proletarische Elend verantwortlich zu machen ist, sondern um die Verteilung des Profits: mit den Kornpreisen steigen die proletarischen Lebenshaltungskosten und damit die Mindestlöhne bzw. die Kosten für die Armenhilfe.

52 Das Gleichgewicht ist etwa 1818 erreicht; 1840 stehen die Anteile am Bruttonationaleinkommen von Landwirtschaft und Industrie schon wie 100:155, Deane-Cole, 166.

53 Hollis, 35.

54 Seit Owen die Leitung der Spinnerei 1800 übernommen hatte, arbeiteten dort keine Kinder unter 10 Jahren, der normale Arbeitstag war 12-stündig mit einer Essenspause. Für die Produktionskooperativen in Orbiston, Ralahine und Queenwood s. Garnett.

55 *Labour Defended against the Claims of Capital* (1825), s. Hillis, 35-6.

56 »What is capital? It is reserved labour! – From whom and what was it reserved? From the clothing and food of the wretched« – »(the workers) will work for each other, labour and capital will no longer be separate but they will be indissolubly joined together in the hands of the workmen and work-women«, E. P. Thompson, 912.

57 »There is a point beyond which patience will not be able to endure; there is a point of oppression, which if once passed will produce a dreadful reaction ... I warn every accumulating capitalist ... It would be folly amounting to madness for the rich capitalist to assure himself of safety«, Hollis, 55.

58 »A man who is born into a world already possessed, if he cannot get subsistence from his parents, on whom he has a just demand, and if

society do not want his labour, has no claim or *right* to the smallest portion of food, and, in fact, has no business to be where he is. At nature's mighty feast there is no vacant cover for him. She tells him to be gone ...« Die Stelle aus der zweiten Auflage des *Essay on the Principle of Population* von 1803 ist später, wohl wegen ihrer Unerträglichkeit, zurückgezogen worden.

59 »reaches its highest pitch«, Stephen II, 41.

60 Die englischen Termini: ›pleasure‹, ›pain‹, ›the greatest happiness of the greatest number‹.

61 Stephen I, 292.

62 Gegen den Gesellschaftsvertrag richtet er die rhetorische Frage: warum sollte ich durch einen Vertrag gebunden sein, den dein Ururgroßvater mit meinem Ururgroßvater geschlossen hat? (Stephen I, 275); für den Eigentumsausgleich hat er ein charakteristisch scharfsinniges und plattes Argument: es besitze einer £ 1500 und ein anderer £ 500; es gebe der Reichere dem Ärmeren £ 500 zum Ausgleich: so verliert der Reichere ein Drittel seines Besitzes, der Ärmere gewinnt die Hälfte dazu, ›Schmerz‹ und ›Lust‹ verhalten sich wie 30:50, das Gesetz vom Glück der größten Zahl verlangt mithin den Ausgleich (Stephen I, 308). Und wie groß ist der ›Schmerz‹ und die ›Lust‹ des Hierarchieausgleichs? Aber man mag gegen soviel Menschenunverstand ja kaum polemisieren.

63 »the primary principle of self-preference, in virtue of which every man always desires his own happiness«, Works IX, 5. Die folgenden Begriffe heißen englisch »moral sense« und »fictitious entity«.

64 Stephen I, 202-5.

65 s. o. p. 395-6.

66 *Oliver Twist*, 71.

67 Marx, *Grundrisse*, 156.

68 s. u. das Tennyson-Beispiel, 412 f.

69 »often thought of themselves as an island, surrounded by vast seas of poverty«, Harrison, 21.

70 »an emotional perception that something is wrong«, Ford, 168.

71 E. P. Thompson, 111-203.

72 Die Entwicklung des ersten habe ich skizziert in einem Artikel »Die Fortentwicklung der Romantik am englischen Beispiel: Thomas Hood« DVjLG 38 (1964), 534-60. Die Tennyson-Interpretation ist eine Kurzfassung aus *Viktorianische Lyrik. Tennyson und Swinburne in der Geschichte der Entfremdung* (München, 1969), 56-64. Der dort verwendete literaturtheoretische Ansatz ist dadurch ungenügend, daß er nur die utopische Grundstörung durch den Warentausch, nicht aber, aus ideologischem Sehfehler, die klassenhierarchische berücksichtigt.

73 Ricks, 400.

74 »Tennyson, you cannot live in Art!« Hallam Tennyson, I, 118.

75 »the outstanding, unmistakable mark of Dickens's writing is the *unnecessary detail*«, Ford, 159.

76 Dickens las mit großer Vorliebe den Mord an Nancy öffentlich vor und berichtete triumphierend von der großen Zahl der dabei ohnmächtig gewordenen Damen; angeblich ist er an diesen übererregten Lesungen sogar gestorben (*Oliver Twist*, NOID, *Introduction*, ix-x).

77 der fiktive Erzähler weist darauf sogar selber hin, *Oliver Twist*, 105-6.

78 »(he) descends with a startling fidelity to the lowest of the low«, März 1836, Collins, 30.

79 »their verisimilitude is undisputable ... excerpts from veritable life ... exact representation of trivial things«, Dezember 1836, Collins, 34.

80 »His excellence appears indeed to lie in describing just what everybody sees every day«, Juli 1837, Collins, 53.

81 »Mr. Dickens has created a new era in our popular literature ... He has opened the inexhaustible mine of the domestic life of the masses«, 1841, Collins, 93.

82 »The amount of detail ... is ... to an ordinary writer something incredible ... He describes London like a special correspondent for posterity«, 1858, Wall, 127.

83 »The very spirit of a penny-a-liner ... breaks out in the prolix description of the various walks ... merely to fill the necessary room«, 1840, Collins, 44.

84 »The accumulation of little details of misery and discomfort positively pains, and at last harasses the reader ... something descriptive of a little more comfort and happiness«, Juli 1837, Collins 54-5.

85 »It is all among workhouses and pickpockets and coffinmakers ... I do not like those things; I wish to avoid them. I do not like them in reality and therefore do not like to see them represented«, Collins, 44.

86 Engels, *Lage*, Marx/Engels, *Werke* 2, 252.

87 Nämlich für *True Sun, Mirror of Parliament*, und *Morning Chronicle*, s. Dict. Nat. Biogr. (1908), V, 926.

88 »deformity, wretchedness, squalid misery«, *Oliver Twist, Preface*, lxii.

89 »a public crime more vast ... I mean, the *working of little boys and girls to death in the factories*« (Originalunterstreichung), Oktober 1838, Collins, 78.

90 Auch theoretisch kommt Dickens über solche Ursachenlosigkeit nicht hinaus: »I fear there are in the world some insensible and callous natures that do become, at last, utterly and irredeemably bad« (lxiv).

Was heißt *at last?* »the proper chord to strike has rusted and is hard to find« (lxv). Wodurch, warum?

91 Der Jude Fagin trägt als Verkörperung dieser Hölle auch deutliche Züge der traditionellen Teufelsfigur, s. Marcus, 58-9.

92 s. o., p. 388-9.

93 »Dickens attacked English institutions with a ferocity that has never since been approached. Yet he managed to do it without making himself hated«, *Essays* I, 415.

94 s. o., p. 415 und Anm. 75.

95 »Oliver, to whom all these improbabilities happen, is the most improbable of them all«, Juni 1839, Collins, 84.

96 s. o., p. 384-5.

97 »this is the very lowest of the low styles of art«, Stephen 1859 in Ford, 43.

98 »all realistic narrative . . . is open to correct figurative reading which sees it as fiction rather than *mimesis*«, Miller, 124. Miller geht davon aus, daß »the notion of a literary text which is validated by its one-to-one correspondence to some social, historical, or psychological reality can no longer be taken for granted« (85). Seine ›correspondence‹ sieht dann so aus, daß *Oliver Twist* die bloße Nachschrift oder Abbildung einer *schon fiktionalen* Gesellschaftswirklichkeit sei, die »as a whole is based on arbitrary convention, on the fictional ascription of value and significance« (111). Daß Dickens sie vielmehr zur Sinnkonsistenz *umstrukturiert*, bleibt hier wie überall aus dem Blick.

Peter Szondi
Studienausgabe der Vorlesungen in 5 Bänden

Peter Szondi
Schriften

Die Literaturwissenschaft darf nicht vergessen, daß sie eine
Kunstwissenschaft ist; sie sollte ihre Methodik aus einer
Analyse des dichterischen Vorgangs gewinnen; sie kann
wirkliche Erkenntnis nur von der Versenkung in die Werke,
in »die Logik ihres Produziertseins« erhoffen. Daß sie dabei
nicht der Willkür und dem Unkontrollierbaren anheimzu-
fallen braucht, jener Sphäre, die sie manchmal mit einer
merkwürdigen Geringschätzung ihres Gegenstands die dichterische nennt, muß sie freilich in jeder Arbeit von neuem
beweisen. Dieser Gefahr aber ins Auge zu sehen, statt bei
anderen Disziplinen Schutz zu suchen, schuldet sie ihrem
Anspruch, Wissenschaft zu sein.
»Mit Peter Szondi hat die vergleichende Literaturwissenschaft in Deutschland ... ihren einzigen Repräsentanten von
weltweitem Ruf verloren.«   *R. R. Wuthenow*

Walter Benjamin im Suhrkamp Verlag

Gesammelte Schriften
Unter Mitwirkung von Theodor W. Adorno und Gershom
Scholem
Herausgegeben von Rolf Tiedemann und Hermann Schwep-
penhäuser
In Zusammenarbeit mit Tillman Rexroth und Hella Tiede-
mann-Bartels

edition suhrkamp
Briefe. 2 Bände
Herausgegeben und mit Anmerkungen versehen von Theo-
dor W. Adorno und Gershom Scholem
es 930. 1978. 884 Seiten
Das Kunstwerk im Zeitalter seiner technischen Reprodu-
zierbarkeit
es 28. 1963. 158 Seiten
Über Kinder, Jugend, Erziehung
Mit Abbildungen von Kinderbüchern und Spielzeug aus der
Sammlung Benjamin
es 391. 1969. 128 Seiten
Versuche über Brecht
Herausgegeben und Nachwort von Rolf Tiedemann
es 172. 1966. 168 Seiten
Zur Kritik der Gewalt und andere Aufsätze
Mit einem Nachwort versehen von Herbert Marcuse
es 103. 1965. 109 Seiten

Bibliothek Suhrkamp
Berliner Chronik
Nachwort von Gershom Scholem
BS 251. 1970. 136 Seiten
Berliner Kindheit um 1900
BS 2. 1950. 184 Seiten
Denkbilder
BS 407. 1974. 144 Seiten
Deutsche Menschen
Eine Folge von Briefen. Auswahl und Einleitung von Walter Benjamin. Mit einem Nachwort von Theodor W. Adorno
BS 547. 1977. 134 Seiten
Einbahnstraße. Aphorismen
BS 27. 1955. 130 Seiten
Über Literatur
BS 232. 1969. 208 Seiten

suhrkamp taschenbücher
Der Stratege im Literaturkampf
Zur Literaturwissenschaft
st 176. 1974. 146 Seiten
Illuminationen. Ausgewählte Schriften
Herausgegeben von Siegfried Unseld
st 345. 1977. 414 Seiten
Über Haschisch
Novellistisches, Berichte, Materialien. Herausgegeben von Tillman Rexroth. Einleitung von Hermann Schweppenhäuser
st 21. 1972. 160 Seiten

suhrkamp taschenbücher wissenschaft
Charles Baudelaire. Ein Lyriker im Zeitalter des Hochkapitalismus. Zwei Fragmente
Herausgegeben und mit einem Nachwort und Rolf Tiedemann
stw 47. 1974. 196 Seiten
Der Begriff der Kunstkritik in der deutschen Romantik
Herausgegeben von Hermann Schweppenhäuser
stw 4. 1973. 120 Seiten
Ursprung des deutschen Trauerspiels
Herausgegeben von Rolf Tiedemann
stw 225. 1977. 240 Seiten

Theodor W. Adorno im Suhrkamp Verlag

Ohne Leitbild. Parva aesthetica. 1967. es 201
Stichworte. Kritische Modelle 2. 1969. es 347
Zur Metakritik der Erkenntnistheorie. 1972. es 590

Bibliothek Suhrkamp
Berg. Der Meister des kleinen Übergangs. 1977. BS 575
Mahler. Eine musikalische Physiognomik. 1960. BS 61
Noten zur Literatur I. 1958. BS 47
Noten zur Literatur II. 1961. BS 71
Noten zur Literatur III. 1965. BS 146
Noten zur Literatur IV. 1974. BS 395
Minima Moralia. 1969. BS 236
Über Walter Benjamin. Herausgegeben von
Rolf Tiedemann. 1970. BS 260

suhrkamp taschenbücher
Erziehung zur Mündigkeit. 1971. st 11
Studien zum autoritären Charakter. 1973. st 107
Versuch das »Endspiel« zu verstehen. Aufsätze zur
Literatur des 20. Jahrhunderts I. 1973. st 72
Versuch über Wagner. 1974. st 177
Zur Dialektik des Engagements. Aufsätze zur
Literatur des 20. Jahrhunderts II. 1973. st 134

suhrkamp taschenbücher wissenschaft
Ästhetische Theorie. 1973. stw 2
Drei Studien zu Hegel. 1974. stw 110
Einleitung in die Musiksoziologie. Zwölf theoretische
Vorlesungen. (1962) 1977. stw 142
Kierkegaard. Konstruktion des Ästhetischen. 1974. stw 74
Negative Dialektik. 1975. stw 113
Philosophie der neuen Musik. 1978. stw 239
Philosophische Terminologie I. 1973. stw 23
Philosophische Terminologie II. 1974. stw 50
Prismen. Kulturkritik und Gesellschaft. (1955) 1976.
stw 178
Soziologische Schriften I. 1979. stw 306